ヨーロッパ中世の宗教運動

Shunichi Ikegami
池上俊一 著

名古屋大学出版会

ヨーロッパ中世の宗教運動／目次

序章　宗教運動とその霊性

ヨーロッパ中世は「信仰の時代」であると、しばしばそのようなレッテルを貼られることがある。実際、中世世界を揺るがす大きな出来事の大半は、煮え滾るような信仰心への洞察抜きにはまったく理解し難いし、その文化・社会のあらゆる領域に宗教は隠れもない寄与をしてきた。

中世人の醇乎たる信仰心は、脇目も振らずに唯一の超越神に向かってまっすぐ昇ってゆくことを祈念する、修行者たちの胸に濃密に宿っているだろう。しかしヨーロッパ中世の刮目すべき特徴は、人間を超越するものへの魂の憧れや渇仰が、エリートのみならず一般の民衆にまで広く共有され、さまざまな観念や理想と結び合いながら芸術や思想の精華をもたらしてきたという点にある。

救いを求めて絶えざる上向運動をする魂の動きや聖性をめぐる情感の発露を霊性（spiritualité）と呼ぶもよし、敬虔心（piété）と称するのもよいだろう。いずれにしてもこの心的特性が、現代人にとって中世という時代をもっとも分りにくくしていると同時に、きわめて魅惑的にしていることは確かである。そしてこの信仰の次元の理解なしには、政治の出来事も社会の仕組みも、あるいは文化の様相や人々の日常の生活も、現代人のさかしらな把捉の手をスルリとすり抜けてしまい、捕まえたと思った相手はおそらく抜け殻にすぎないだろう。西洋中世理解のために、その時代の信仰・霊性の特性を是が非でも感得しなくてはならない理由はそこにある。

中世におけるこの〈霊性〉の大衆的なあり方とそれを起爆剤として起こされた宗教運動が、本書の対象である。言葉を換えれば、ヨーロッパ中世世界を宗教運動とその〈霊性〉を軸に見直してみることを、本書は主眼としている。[1]ヨーロッパ中世世界の枢要な構成要素であったキリスト教とその信仰の諸相は、他の文化・社会構成素と混じり合いつつも、折に触れ、卒然として世俗の論理の一切を無視するかのごとき飛躍をみせる。そうでなければ、執念深く欲得ずくの政治生活を送っていた王侯貴族が、地位も財産も家族のしがらみも顧みず、命懸けでやにわに聖地に出立したり、巨大な教会建築を築くために農民や都市民たちが無償の労働を捧げたり、厳しい弾圧も恐れずに正統教義とは背馳する教説を死守する、などという信じがたい行動がどうしておこりえただろうか。このことのみを取り上げても、現代の私たちの価値基準で中世ヨーロッパの人たちの行動を計ってはならないことが悟られるし、逆にそこに着目することで、信仰と霊性の世界に深く切り込む手掛かりが得られよう。

だがともかく、〈霊性〉とは何かを検討することから始めよう。私は前著『ロマネスク世界論』で、十世紀末から十二世紀前半までのヨーロッパの心的世界を全体として捉えようと努め、その際、心的世界を五つの局面に腑分けして分析した。〈思考〉〈感覚〉〈感情〉〈想像〉そして〈霊性〉である。〈霊性〉については、つぎのように考えた。[2]すなわち〈霊性〉とは、物事の通常の秩序の外にある知性化を拒むもの、畏怖の対象たるヌーメン（聖なるもの）に向かい触発される心的機能である。一種の感情の動きとも看做せるが、残余の感情が身体的・社会的な価値と対応するのに対し、絶対的な価値を追求し、生全体の意味を問い、至高の価値に対応する〈霊性〉は、身体性も主観性も超克した精神的感情である。合理性を超えた心的機能であるため、文化の一領域でありつつそれを突き抜けている。この〈霊性〉は、自己の現状を超出し、異界でのより高き状態を希求することを教える宗教にはかならず備わっているとはいえ、キリスト教におけるほど、またヨーロッパ中世におけるほど、多数の者たちがそれに真摯に動かされたケースはない。それはこの時代、超人的な宗教者の修行や、カトリックの教えの礎を築いた神学者の教説として結晶しているのはもちろん、民衆の信心業や宗教運動により広範に浸透していたからである。

心的世界における〈霊性〉の位置についての私の考えは、現在でも大要、変化ない。だが本書は、前著『ロマネスク世界論』とは異なって、同時代（ロマネスク期）の心的世界における〈霊性〉の構造や特性を明らかにするというよりも、時代の移り変わりに応じてそれがどのように変化するのか、という歴史的発展の相の下に捉えようとするところが大きな相違である。

宗教の力は個人個人の心を摑むことで発揮され、人が救われるかどうかは、個人の心掛け如何に掛かっている。だが、ヨーロッパ中世の大いなる特徴は、救済の集団性ということである。〈霊性〉も、個人個人が内面から身体性を超出する際に発露するばかりでなく、集団的な現象としても捉えることができる。ということは、超人的な努力のはてに修道士や神秘家などの宗教の達人が麗しい霊性を流露させるというケース以外に、大衆的な霊性の形もありえたということである。この〈霊性〉のことを、欧米の学界では、「民衆的霊性」spiritualité populaire とか「民衆的敬虔心」piété populaire と呼んでいる(3)。そしてエリートの霊性が宗教思想・教理・儀式などとして彫琢され、上から垂示されつつ少数者のあいだに共有されてゆくのに対し、民衆的なものはそれをショートカットして、日々の生活における苦悩や希望を養分として急激に拡散する。そしてエネルギーが集束したところではその火花が飛び散って、激しい運動を引き起こすのである。

本書で扱うのは、主にこの民衆的宗教運動とそこに発露した〈霊性〉である。宗教運動に着眼したのは、民衆的な霊性は、日常の信心形態（日曜のミサに出掛けたり、貧者に施しをしたり）によりも、非日常的な宗教運動により強烈に現出していると私は考えるからである。文字をもたず、明晰に語る言葉をも有しない農民や都市の普通の市民、また騎士たちが、独自の信仰の形を求めて時ならぬ呼び掛けや兆に身震いしながら反応し、歌い、叫び、嗚咽とともに運動に参加したのは、文字通りにからだを張っての行動であり、それは生から死、そして永遠の生へと向かう道行きを、彼らなりに真剣にたどろうとしたからである。こうしておきたさまざまな宗教運動に、〈霊性〉が深い刻印を押していないはずはない。というのも、〈霊性〉が宗教的な体験の芯を形成し、人間の生と死の深く高い見地からの観念化の根っこにある精神の動きにほかならないとすれば、日常から非日常へと信徒たちが飛翔する宗教運動においてこそ、それが輪郭も露わに表現されるに違いないからである。だから以下の諸章では、修道士の霊性や神秘主義などの選良的な信仰の形にも言及するが、それはあくまでも民衆的霊性の特徴を際立てるかぎりにおいてである。

私が本書で取り上げ詳しく吟味する六つの宗教運動とは、「隠修士」「カタリ派」「少年十字軍」「ベギン会」「鞭打ち苦行団」「千年王国運動」であり、十世紀末から中世末まで、多かれ少なかれ西欧中の人々の耳目を欹て、一部の熱烈な信奉者を生み出した目覚ましい運動である。

そして、これまでかならずしも十分に照らし合い相共に盛り立ててこなかった宗教運動と〈霊性〉の研究を、それぞれ補完するものとして解明し、そしてとりわけその展開・変容の仕組みを見とどける、ということを本書では一貫して目指した。当然のことながら、それぞれのテーマに関する主要史料に自ら当たり、最新までの目ぼしい研究をすべて調べ上げた上で見解を開陳する訳だし、途中、いくつもの新説を披露するつもりではあるが、しかしあくまでも眼目は、それぞれの宗教運動から〈霊性〉を抽出し、それが盛期中世から後期中世という時代の展開とともにどのような変容を遂げるのか、その継承と切替の歴史的変化の中における意味と価値について論じたい、ということである。そうした観点からの研究、宗教運動を〈霊性〉と関係づけながら中世世界にパースペクティブを切り拓こうという研究がいまだほとんどないことを勘案すれば、本書の意義は小さくはないだろう。

ただ、各運動から〈霊性〉を抽出するとは言っても、それだけ素の形で取り出せるものではない。その歴史的な発現は、純粋な化学物質そのものではなく、いつも化合物として不純である。不純という言い方はしかし正確ではないだろう。むしろ社会の中、文化的諸要素の間に紛れ、そして社会関係や政治的動向に翻弄されながら、民衆的な霊性はその形を整えてゆくのであってみれば、その現世との絆こそが〈霊性〉の形成素であるのだから。信仰の内容と、信仰が歴史的コンテクストにおいて人々によって生きられる様態とのダイナミックな統一にこそ、〈霊性〉の真価があるのである。

そこで、各宗教運動の霊性の内的な意味形成と、現実の政治や社会の動向との絡み合いについても、必要な箇所で縷説することにする。なぜそれぞれの運動が特定の時代・地域に生まれたのか、またそれらは権力者たちからいかなる統制を被り、あるいはそれを出し抜いて生き延びたのか、周辺の文化的・社会的現象とはいかなる関係をもちながら霊性を発現していったのかを考えてみたい。

また〈霊性〉が、同時代の文化・社会へと広まり、儀礼や制度へと結実していく途次で、どのようなイメージを媒介としたのか、これもとりわけ重要な点であると思う。中世の霊性がイメージへと結晶し、逆にイメージを足場にして羽ばたいていく、そうした相互的な関係があることをたえず頭の片隅において考察を進めたい。これは、前著『ロマネスク世界論』で〈霊性〉と〈想像〉の連関について考えた点へと繋がっていく。

中世の宗教運動についても〈霊性〉についても、欧米ではこれまで、それこそ汗牛充棟もままならぬ、カトリック・プロテスタント双方の立場での研究が積み重ねられてきた。近年では護教色を払拭した、しかも「俗人」や「民衆」の宗教や霊性も大いに考慮した研究が盛んになってきた。これら諸研究の研究史を細かく追うことはしないが、以下、各章の冒頭でそれぞれの時代の宗教運動や俗人の宗教生活にかかわる研究動向については、簡単に触れるつもりである。

無知で迷信に染まり利己的な民衆を善き聖職者や聖なる修道士らが上から教導する、というエリート主義的ヴィジョンでも、善き信徒が腐敗した教会ヒエラルキーの肩越しに、あるいはそれを向こうに回して自発的に福音の価値に目覚める、という民俗調のヴィジョンでもない、歴史的に形成された民衆的霊性の真の姿を明らかにできればよいのだが……。

第1章 隠修士

ロランド・デ・メディチ

はじめに――民衆的宗教運動の叢生

キリスト教的信仰心ないし〈霊性〉が西欧世界に広範に広まって、教徒たちの魂をつき動かす力を獲得したのは、丁度、ノルマン人、マジャール人ら異民族侵入の第二波が去って、社会がやや落ち着きを取り戻した紀元千年を越えた頃であった。紀元千年の「宗教的覚醒」とはしばしば言われることだし、私も基本的にはその立場に立つ。(1)「巡礼運動」「『神の平和』運動」「第一回十字軍」「異端運動」「教会建設運動」といった形態の宗教運動に、未曾有の数の民衆が身を投じた理由は、経済発展とか政治的な事件の影響を云々するだけでは到底理解できず、霊的な次元の出来事としてはじめて深く捉えられるからである。

もちろんキリスト教会においては古代末期以来、〈霊性〉のエリートとしての修道士たちが高い理想を掲げて修行をつづけていた訳であるが、彼らが作る海上の浮島のように小さな共同体が、周囲のいまだゲルマンやケルトの習俗に染まった一般信徒たちに感化をおよぼすにはかなり時間がかかったし、貴族たちの援助で修道院が地歩を固めていくのと並行して、「私有教会」の悪弊が発生して修道院にも堕落傾向が顕著になり、なかなか模範的な宗教理想を体現するにはいたらなかった。カール大帝をはじめとするカロリング期の君主による教会改革と布教の努力の甲斐あって、九・十世紀にキリスト教化が進捗しハンガリー人やスカンジナヴィア人にまで福音が伝わったのは確かである。だが皇帝こそ「キリストの民」populus christianus の指導者であり、キリスト教化とは皇帝権・俗権の伸長拡大の副産物ないし手段にほかならなかったカロリング期においては、フランク軍が辺境の地に攻め入り、しばしば暴力的に異教徒にその伝来の宗教を放棄させ改宗させてきた（たとえばザクセン人）というのが実情であった。だから皇帝の保護下に成長を志向する教会とそのヒエラルキーの方も、世俗世界と混淆して権力を伸長させてきた。そのため教会当局は制度を整え、教義や典礼を統一し、儀礼を浸透させるのに汲々として、かならずしも常住、〈霊性〉の果実を育て周囲に分け与えるゆとりはなかった。ようするに当時の教会にとっては、懸案は宗教や霊性というよりまだ「政治」であり、組織としての安定であったのだ。(2)

当時の教会の第一の運営方針は、農村住民を教会の教区構造に嵌め込み、世俗当局とも協同して礼拝に威厳を与えることだった。そこで聖職者には統一的な典礼を遵守させ、一般信徒には日曜日の礼拝義務を厳しく課した。カロリング期の贖罪儀式は、公開かつ繰り返し不能のものとしてカテドラル前広場で行われ、罪人は恥辱にまみれた悔悛者(penitenti)の身分に陥り、浄めには一生を要した。その浄罪の鍵を握るのは司教であった。初期中世の実践面での「順応主義」が生まれたのは、こうした上からの指導への服従慣習によるのだろう。(3)

それでも、皇帝の後押しおよび異教徒への布教活動に身命を捧げる果敢な修道士たちの活躍もあり、イタリア・プロヴァンス・スペインから東欧そして北欧へと、司教区組織はゆっくりと拡充していった。司教区の下位区分の小教区の網の目も密になり、司牧を任された司祭により信徒たちに初歩的な教育が施されて、福音が徐々に西欧全域に広まっていった。

そして各修道院が宝物として保有する聖遺物の霊威を頼って、近隣の住民がしばしばその聖堂に通うようになり、それは折から改革を進める修道士たちの霊性が彼らに感化をおよぼす機会になったし、また教会当局も贖罪規定書で信徒たちの生活を厳しく律し、守らない者には「償罪の業」を課すなどして、半ば強制的ながら内面にも根を張る信仰心を植えつけていった。だから初期中世においても、俗人の霊性の発揚は散発的で制度従属的な形ではあれ、な

かったわけではないのである。(4)

このように、箍を掛けられ遅々としてのみ進展していった俗人の宗教生活がようやく熟し、新たな段階に入ったのが、丁度キリスト生誕後千年が経ち、第二の千年紀を迎えようとする頃であった。

それ以降、修道院改革や教会改革の理想が周囲の住民にも伝わって、しかも民衆的な心性から養分を得ることで、〈霊性〉はその姿を刷新して瑞々しい姿を示すようになる。その〈霊性〉が教会制度の垣根を越えて零れ落ち、零れ落ちた雫が寄り集まって徐々に大きな流れになるとき、民衆的宗教運動が勃発するのである。そして一端緒に就くや、教会当局も世俗権力も完全に押し止めることのできなくなったこの民衆的宗教運動は、時代を下るとともに姿形を変え、駆動力となる霊性の内実を変化させながら、数世紀のあいだ途切れることなく中世末までヨーロッパ中に脈動しつづけることだろう。

*

ここで、十世紀末に民衆的宗教運動が駆動を始めるための刺激となった教会側の動きに目を注いでおこう。教会のエリートと民衆とは、爾来中世末までそれぞれの〈霊性〉を一貫して守り通すのであり、どちらか一方に回収されることはなかった。それでも両者が相互に影響を与え合いながら変容していったことは否定できないし、とりわけこの最初の段階では、民衆の霊性がエリートのそれから受けた影響は絶大であったからである。

その最初の段階で、ヨーロッパの一般信徒たちの胸を激しく鼓動させたのが、二つの大きな教会改革運動の発条であった。すなわちクリュニー主導の「修道院改革」と、教会全体の改革を目指す「グレゴリウス改革」である。まずはロマネスク期の「教会改革」の前半を担った修道院改革から見ていこう。(5)

十世紀初頭にアキテーヌ公ギヨームの肝煎りでブルゴーニュ地方に建設された教皇庁直属のクリュニー修道院は、

第二代院主オドーのときにヌルシアの聖ベネディクトゥスの精神の厳格な復興を目指して刷新運動を始めた。しかもクリュニーとその分院のみならず、当修道院の院長や出身の修道士が、依頼を受けて別の修道院に行って改革を断行することもあった。さらに第五代院長オディローの時代（九九四～一〇四八年）には、分院体制にもとづく中央集権的修道会（congretatio）が確立し、所属修道院も急速にふえてその影響は全西欧におよんだ。そしてユーグ院長の一〇七〇～一一〇〇年に、分院・副分院を従えた修族がピラミッド状に出来ていった。改革修道院は、教皇庁と直接のコンタクトを密に取って保護され、修道会自体も中央集権化し、その組織・意志伝達・行政は形を整えて効率化し、封建貴族からの干渉から解放されることになった。分院は原則として母院に下属するが、しかし地域的な小範囲の修族を自らの下に作る中心ともなりえた。貴族家系の菩提寺として日々の典礼でメモリア（死者記念）を刷新しつづける修道院と関係を結ぶことで、貴族たちは「キリストの騎士」を自任し、領地の支配を正当化できた。だから貴族は分院を建てるのに絶大な関心をもったのである。そこに世俗の干渉を免れた教皇直結の修道会のフィクション性がある、とも言えるかもしれない。

このクリュニーの運動は、修道院世界のみならず結果的に教会全体に清新の風を吹き込んだ。とはいえ在俗教会の改革にはとくに関与せず、修道院内の規律刷新、「聖ベネディクトゥス戒律」の厳格な復興、典礼の整備などを当面の課題とする所謂「カロリング路線」に従った。それでも修道院改革は、騎士や農民、あるいは揺籃期の都市の市民たちにまったく影響を与えなかったわけではなかろう。クリュニーをはじめとする伝統的な修道院が外部世界といかにかかわっていたかは諸説があるが[6]、その聖堂には夥しい群衆が巡礼にやってきたし、聖務にも見物人としてではあれ外部の住民が参加した。またたとえば周期的な「洗足」「貧者給養」の儀礼には、少なからぬ民衆が修道院の門内に入った。たとえ儀礼であれこうした接触が反復されるとき、周囲への影響力はけっして小さくはなかっただろう。

クリュニーのほか、八世紀半ば、メッス近くに建設されたゴルツェ修道院も、九三〇年代から一〇七〇年代にかけてのロレーヌ地方、および――トリアーの聖マクシミン修道院を介してゴルツェ修道院の慣習律が波及することで――ドイツにおける改革のセンターとなった。[7] ただしこちらは、終始、親皇帝の立場を崩すことはなかった。ほかに十世紀末にヴォルピアーノのグィレルムスによって改革されたディジョンのサン・ベニーニュ修道院や、グレゴリウス改革期に俗人との関係を清算して、教皇直属になったシュパイアー司教区のヒルザウ修道院も、それぞれの地域での重要な改革センターとなった。[8]

ロマネスク期における「教会改革」の第二期は、十一世紀半ばより教皇庁を中心に始められ、一一二二年のヴォルムス協約で一応の終結を見る「グレゴリウス改革」の時期である。[9] グレゴリウス改革者たちは、教会を俗人支配から解放するため既存の封建的秩序に意気軒昂と挑戦し、それまで世俗権力の下に従属分立していた諸教会を、教皇庁を中心とする教会組織に再編成して新たな教会秩序を創り出そうとした。その点、修道院改革とは改革の規模が異なっていた。またグレゴリウス改革の倫理的改革プログラムは、かつてなく厳正で、しかも広範囲であったことにも注目すべきである。たとえば聖職売買（シモニア）と聖職者結婚（ニコライスム）を二大標的として、これらの悪癖に染まった聖職者を秘蹟執行にふさわしくないと、教皇自ら糾弾したのである。

そしてこちらは、広い民衆による支持と熱い期待が改革運動を直接後押ししたという意味でも、修道院改革以上に民衆たちの霊性に感化をおよぼした。聖職者の倫理的刷新の提唱は、民衆たちにも瀆聖聖職者弾劾の動きをもたらし、場所によっては、不適格聖職者の放逐にも繋がった。ミラノのパタリア運動などはその典型である。[10] 助祭のアリアルドとミラノ教会の元書記ランドルフ・コッタに率いられたこの運動は、早々に聖職者内部の運動という性格を失って俗人=民衆運動となり、ミラノ以外のキリスト教徒にも大きなインパクトを与えた。聖職者の風紀の乱れとシモニアやニコライスムの罪の蔓延を攻撃し、キリストを模範にせよと高唱するアリアルドの説教は、聖職者には馬耳東風でも民衆の熱烈な賛同を得たのであり、当時の市民や農民たちがいかに教会・聖職者の福利繁栄をめぐるポレミックに強い関心を抱いていたかが窺われる。この特異な民衆的宗教運動は、ローマ教皇たちの熱烈な支持を得て制度的な改革をも目指したが、ハインリヒ四世支持者の反撃を受けて停頓し、完全な聖俗分離の目標には到達できず、教会の封(土)、とくに十分の一税の権利を授かる世俗の家臣が教会から一掃されることはなかった。

グレゴリウス改革(ないし叙任権闘争)という教皇庁を中心とする教会改革運動と、聖俗の頂上における権力闘争が、どれほど一般信徒の宗教生活に直接的影響を与えたのかは、なかなか測りがたい。そのエリートたちの闘争から改革精神が民衆の懐に直接、滔々と流れ込んだというよりも、まさに溢れ出ようとしていた彼らの信仰心を引き出す魔法の杖になった、というのが真相ではないだろうか。つまり、すでに心性のレベルで民衆たちには自発的な運動を展開する準備ができていたということであり、その前提から私たちは出発するだろう。

ところで、クリュニー改革路線とグレゴリウス改革の路線との、連続性と断絶性の問題については、古くから論争が行われてきた。クリュニーは、十一世紀後半から十二世紀前半にかけての教会改革運動であるグレゴリウス改革の起源となったのか否か、その指導理念を与えたのかそうではなかったのかは、長らく学界を二分する大きな問題であった。連続説に異を唱えるE・ザックールの今や古典的になった考えでは、クリュニーの関心は修道生活の改革のみに集中して教会全体への視野はなく、教会を俗人のコントロールから解放したり世界全体を変革しようとの意図は見られないとする[11]。しかしクリュニーでは当初より教会や修道院の要職任命への俗人の干渉を非難し、シモニアやアルコール中毒などの悪弊を弾劾しており、それが修道院の囲いを超えて教会全体に刷新の気運をもたらしたこと、そしてユーグの時代になるとよりラディカルで包括的な改革原則を採用して教皇庁と協力したこと、あるいは無秩序な封建的分裂の時代において中央集権的政治=社会モデルを、教皇庁に数十年先駆けてフランス国内で実現したこと、これらの理由を挙げて、クリュニーの自由理念はグレゴリウス改革に直線的に継承されているのだ、と連続説を唱える学者も少なくない。[12]

が、G・テレンバハはこれを厳しく批判している。[13] グレゴリウス改革においては、内向的な修道院改革とは次元を異にする「キリスト教世界」へのヴィジョンが呈示されたし、また霊的側面や俗人との関係で見れば、グレゴリウス改革は明らかにクリュニー改革よりはるかに密なかかわりをもった、という議論が批判の骨子である。またクリュニーにとっては、封建貴族たちとの密接な関係を断ち切ることなど不可能であり、その一族を受け容れ、寄進を得、修道院を建設してもらうなどの連帯関係——ロンバルディア地方ではハインリヒ派の貴族とも友好——はグレゴリウス改革後いよいよ強化されたという事実も、テレンバハ説を側面から補強しよう。[14]

連続説を採る研究者の言うように、クリュニーはユーグ時代にグレゴリウス改革とともに成長し、その改革に理念ばかりか人員をも提供したというのは正しかろうが、その俗人への影響をもたらしたのは、もともとクリュニーに備わっていた理念や方向性ではなく、グレゴリウス派の論客がクリュニーに授けたもの、あるいはグレゴリウス時代の改革者と新段階に踏み込んだクリュニーの協同の賜ではないだろうか。

私たちの議論にとって重要なのは、テレンバハやモルゲン、ニチュケ、ラールホーヴェン、ロビンソンらの理念史的・精神史的研究が明らかにしているように、グレゴリウス改革の改革プログラムの背後には、——クリュニーにはまだなかった——新たな「キリスト教世界」についての、また信仰内実についての理念がある、ということである。[15] それは救霊のための修道理念という面においては「共住修道制の危機」といわれる事態へと連続しており、[16] グレゴリウス改革に前後して、まさに澎湃と湧き出るような多様な民衆的宗教運動が、ヨーロッパ各地で勃発したこととよもや無関係ではないだろうからである。ではそれはどんな理念なのだろうか。

伝統的修道院は、免属特権に支えられて法的に保証された修道会になると同時に、周辺住民を支配する大領主となった。多くの貴族家系から代禱の見返りに多量の寄進を受けたことも、その発展を強力に後押しした。[17] ところがいくら物質的な隆盛を極めても、ベネディクト会系の修道院が西欧キリスト教会において、以後、宗教思想や霊性のレベルで再び意義深い貢献をすることはほとんどなくなった。この方面では、隠修士やその流れを汲むシトー、プレモントレなどの新興修道院がイニシャチブを取り、その後、都市化の進展とともに、それはすぐに托鉢修道士へとバトンタッチされていくだろう。しかも、「教会改革」については、教皇庁が教会の自由と独立を確保するために、社会改革にまで踏み込んで、中世末にいたるまで世俗権力と対峙して強力な施策を遂行するようになるのであり[18]、それはクリュニーなどの与り知らぬ、独自の世界観に裏打ちされていたのである。

グレゴリウス七世および周辺の改革者にとって、教会とは「キリストの神秘的体軀」であるとともに、ヒエラルキーをなす具体的制度でもあった。世俗の諸領域や諸君主を下に従えて、聖ペテロの代理人たる教皇によって支配された霊的かつ世俗的世界が「教会」=「キリストの神秘的体軀」なのである。俗人はキリスト教徒であるかぎり、すべからく聖職者の指導下にこの教会を補弼すべきであった。「キリストの戦士」militia Christi はここに意味を変じて、かつてのように修道院内で激烈な祈禱によって悪の力と霊的に戦う修道士でなく、教会のために現実の武器を携えて戦う者（十字軍兵士）となる機縁を得たのである[19]。

こうした理念を掲げて遂行された教皇主導の風紀一新運動に、民衆たちが感じ入ったということは、もしかしたらあるかもしれない。そしてそれとともに、巡礼や「神の平和」運動、あるいは十字軍のような教会の制度としての位置づけも可能な運動に、教会の中で果たすべき役割とその際の身分を与えられた俗人たちも、われ先に参加したというこどもできるのかもしれない。ロマネスク期の民衆的宗教運動の未曾有の規模の叢生は、そうした上からの「影響」ということである程度説明がつく部分もある。

だが十世紀末以降、民衆らが初期中世には見られない大規模な信仰の業に身を投じたこと、聖遺物崇拝などの外的な崇拝の業が内面の衝動に移って独自の高度な霊性を発露させたこと、エリートの教義論争であった古代や初期中世の異端（三位一体論、聖体論、キリスト論）の段階を脱して、はじめて生活態度を問題とする「民衆的異端」が生まれたこと、これらを教会側の改革運動の「影響」とのみ説明することは、とてもできないだろう。というのは、俗人たちが宗教的に目覚めて「キリスト教社会」societas christianaを生きていると自ら思い始めたとき、世俗から分離して改革を進めていた教会当局はそれを全体として受け容れるのにかえって苦労したからである。「影響」があったとしてもそれは不本意な影響であったろう。

そもそもグレゴリウス改革は教会ヒエラルキーの確立と不可分であり、オルドー（身分・位階・秩序）を厳密に定めようとした。天使や大天使にさえ位階があるのだから、人間には当然身分・職分の別があり、平和と慈愛が支配するためには区別のあるuniversitas（団体・組合）のハーモニーが大切だと、グレゴリウス七世やそのイデオローグのシルウァ・カンディダのフンベルトゥスは説いていた。聖俗は峻別されそれぞれの仕事をこなすべきである。しかもこの区別はやがて道徳的なものから法的なものへと変容する。すなわち法的な資格を与えられたordo clericalis（聖職者身分）のみが排他的に聖なるものへの接近ができ、ordo laicalis（俗人身分）はひたすら受け身で聖職者に服従すべきなのである。そして聖職者には厳しい義務（シモニアやニコライスムの厳禁）が課されるが、俗人にも教会財産（への権利）の返還が求められることとなる。

したがってエリートの霊性と民衆の霊性は、同時代に高揚したとしても別々の土壌から養分を得た質の大きく異なるものであったのであり、いわばヨーロッパには、背中合せに二つの別個の精神が併存していたのである。その点を見逃してはならない。

二つの精神のうちのひとつは、今上に述べたような、広い意味での教会改革を領導した精神である。もうひとつは以下で詳しく述べてゆくように、人間欲求に源をもち時代の要求の反映であるような精神であり、それは大多数の平信徒と一部の聖職者に共有されていた。両者には相互に関係・影響のあったことはもとより事実である。さらに宗教的な精神ばかりでなく、この時代の精神構造の全体像を解き明かすとき、ともにおなじ時代の子としてその構造の内にしかるべき位置を占めるだろうと予想される。それでも視野を限定してそれらに着目した場合、両者のあいだにはかなりはっきりした境界線を引ける。それは程度の差とか、一方を洗練させたり呪術的色合いを加えたりしたら他方になるとかいったたぐいの差ではなく、質の違いである。

なるほど、グレゴリウス改革の精神界への影響は甚大であったはずだ。しかしその影響の大きさは、かならずしもグレゴリウス改革の精神自体が民衆に受け容れられたことを意味しまい。後段で隠修士との対比でやや詳しく述べるように、いくらグレゴリウス改革が新しい世界観を高々と掲げたとしても、聖職者の倫理的刷新という、グレゴリウス改革の要諦のための牙城であった聖堂参事会員らの生活と霊性は、まさにクリュニー的な典礼重視の共同生活をモデルとしていたからである。

もう少し詳しく言えば、グレゴリウス改革で発せられた革命的教会理念や教皇の指令のみで改革が遂行できる道理はなく、それらを実地に移すには、実際的な改革プログラムとその担い手が必要であった。教会ヒエラルキーがいまだ組織的に弱体であった当時、聖職者を俗人支配から解放し教会の倫理的刷新を成し遂げるための最大の拠点が、十一世紀後半以降急速な叢生を見た聖職者の共住の運動、所謂「聖堂参事会運動」であったことは、最近ではもはや常識となっている。(20) 十一世紀後半の歴代教皇は、皆、この聖堂参事会の改革を並々ならぬ熱意で後援した。「聖堂参事会運動」に着目した場合、注視すべきことは、それが「世俗からの逃避」という従来の修道精神の影響を大いに蒙っているという事実である。聖堂参事会での共同生活は、財産共有、貞潔・服従の義務、典礼重視など、クリュニーその他のベネディクト派の修道生活と寸分異ならなかった。聖堂参事会の改革運動は、ひたすら修道精神に近づくことで行われたのである。そして一〇五〇年代以降、教皇庁が提案した新たな教皇令によりフランス、ドイツ、イタリアで受容されていった聖堂参事会の所謂「聖アウグスティヌス戒律」が、その証拠となる。

ここで言いたいのはこういうことである。グレゴリウス改革はたしかに教会の制度的革新の萌芽を内に蔵しその隆盛の基礎を築いたばかりでなく、半世紀以上にわたる教権と俗権との持続的戦いによって、西欧では社会・文化・法制などあらゆる分野において決定的転換期が現出した。にもかかわらず、キリスト教的生活の精神、あるいは〈霊性〉というレベルでは、教会は以前の修道院改革の伝統をそのまま引き継いでおり、ほとんど何ら新たなものを生まなかった。それゆえに、私たちが本章で扱う十世紀末から十二世紀前葉という時代（ロマネスク期）には、教会におけるキリスト教的精神について論じるかぎりは、ほぼ一様で連続的であったといって差し支えない。修道士や聖職者ら教会関係者の霊的生活を律した精神は、この時代を通して同一の質をもって存続していたのである。

十二世紀初頭に、より厳格な生活を人跡離れたところで行いたいという修道士らが集まって成立したシトー会修道院でさえ、まもなく彼らが批判したクリュニー修道院とほぼおなじ道を歩むだろう。[21] というのも、この「白衣の修道士」たちが聖ベネディクトゥス戒律をより厳格に解釈して、簡素な生活、清貧を追求しつづけたことは事実だが、それと同時に、彼らは未開地の開拓やさまざまな作物の栽培、牧羊、ワイン生産、塩や石炭・銀の採掘といった農業分野でのパイオニア的な技術をもって、ポーランドからポルトガル、そしてスカンディナヴィア半島まで進出していった。こうした分野でのビジネスが激増したため、近隣の農民を「助修士」として受け容れ、大半の手労働を彼らに任せることになったのである。つまり、俗人（助修士）と修道士の分離・差別が、シトー会の発展と修道士の典礼・霊的観想・学問への専念を可能にしたのであり、皮肉なことに、発展が初発の理想を変質させてしまったのである。

また修道会が組織として徐々に巨大化・中央集権化の道を歩むのも必然であった。シトー会の母院は分院への巡察・訪問の義務をもち、また修道院総会をつうじて行政的統合がより洗練され、院長はすべての修道院・分院に力を揮うことができた。こうした組織化の進展も、聖俗分離の徹底とともにシトー会にもともとあった隠修士的な霊性を変容させていくだろう。

結局のところ、クリュニー会、グレゴリウス改革期の聖堂参事会、シトー会、いずれの改革運動も最終的には体制化して、ほぼ同様な霊性が支配することになったのである。

だが翻ってより視野を広げれば、西欧には別個の精神もあった。当時、教会の制度自体が改革運動の中心軸であったことは言うまでもないが、教会制度の外にも改革的精神は広まっていた。それは時代の要求をより忠実に反映し、人間欲求を源泉としてもつような精神であり、大多数の平信徒や一部の聖職者に分有されていたものである。それは、教会・修道院の霊性から影響を受けながらも、独自の形に彫琢され表出されていった民衆的霊性である。

民衆はまず「言葉」を自分のものにした(22)。ロマネスク期には、聖職者や修道士のみが「言葉」を占有し、その権威をもつという初期中世を特徴づけた独占体制は崩れ、福音に叶った生活振りを立脚地として自発的に説教をする者たちが輩出することは、後述の通りである。その福音の言葉は、民衆同士でも語り合われ、浜辺に打ち寄せる波のようにひたひたと広まっていくだろう。それとともに、イタリアから北方へと祈りの内面化がおき、個人の宗教意識の発展へと繋がった。個人の功績を共同体の執り成しよりも重視し、秘蹟や典礼の義務より悔悛のための業や自らの手労働を重んじる。原始キリスト教の使徒的世界を模範とし、清貧にして貞潔な生活をし、信仰の仲間に慈愛を示せば、誰でも魂の救拯へといたるという考えが、教会当局の与り知らぬところで民衆たちのあいだに漸次広まっていく。

だが民衆は、新しい福音の「言葉」を語り合いそれを内面化していくだけではなく、その激しい宗教的熱誠はなにより身体を動かす「運動」として現出した。教会が制度の枠に嵌めて十分の一税を支払わせたり、日曜ごとのミサ出席を強要したり、贖罪規定書に照らした償罪の業を課したり、という強制型の司牧の受容ではもはや満足できない、忘操堅固でダイナミックなエネルギーが彼らのあいだには充満しており、それが宗教運動となって発現したのである。すなわち「巡礼運動」「神の平和運動」「初期十字軍」「教会建設運動」「異端運動」などの形を取った運動である。これらの運動については、また本章の中心テーマたる隠修士の運動とのかかわりについては、本章の「むすび」で論じよう。

＊

ここに最初の沸点に達した民衆的な霊性を集約した人物たちが、本章の主役たる「隠修士」である。[23] 彼らはその重要性にもかかわらず、これまで注目されることが比較的少なかった。アモルフな存在様態で正統と異端のあいだを揺れ動く彼らは、たしかに扱いにくい。しかも間もなく教会組織の中に包摂されてしまう彼らは、過渡的存在でありたいした歴史的意義をもたない、と考えられるかもしれない。しかしながら実際は、隠修士は大きな歴史的意義を、とくに十世紀末から十二世紀初頭（ロマネスク期）に有していた。というのも、彼らはこの時代の民衆的宗教運動の霊性・精神を集約していたからだ。その要素には〈清貧〉〈禁欲主義〉〈キリストへの帰依〉〈終末観〉〈贖罪〉などがあり、後で見るように、それらは隠修士の霊性と民衆的宗教運動の霊性の共通要素であったからである。隠修士の重要性は、社会の多くの人々に共有されていた精神を独特のやり方で鋭く体現しており、それを自覚的に生活理想としたところにあるのである。

では、隠修士は西欧世界にいかにして出現したのか、そしてどんな〈霊性〉を有していたのか、詳しく検討していこう。

一　隠修士の霊性

隠修士最古のモデルは、三世紀に古代エジプト、シリア・パレスチナに輩出した「砂漠の師父」にまで溯ることができる。なかんずく聖アントニウス（二五一頃〜三五六年）は、アレクサンドリアのアタナシウスによる伝記が書かれた後、早くも四世紀末から修道生活の始祖として崇められたし、また近代にいたるまで、その荒野での生活が画家・作家のイマジネーションを捉えて離さなかった。この世を厭い、憂え、捨てるこの「砂漠の師父」随一のモデルは、一貫して、修道者が到達すべき目標として輝いていた。[24]ほかにアントニウスの師であった聖パウルス、上テーバイド生まれの元兵士で改宗して隠修士になった聖パコミウス、さらには四世紀から現れた、柱や塔の頂に登って終生そこで修行をする柱上行者の代表格聖シメオンらが著名な砂漠の師父であった。

では、ヨーロッパには隠修士はいつ登場したのだろうか。彼らは初期中世にもいないわけではなかった。[25]けれどもその数はいまだごく少数にかぎられており、しかも修道院に下属した形態のものがほとんどであった。近年の研究の進展によって、トゥールの聖マルティヌス（三一五〜三九七年）の時代からメロヴィング期——とくに七世紀から八世紀初頭——にはある程度多数の隠修士がいたことが明らかになってきたが、カロリング期には所謂「カロリング路線」の締めつけにより、その勢いはやや翳って十世紀末までは低調であった。

しかも隠修士に対する高い評価は、西欧でも四〜六世紀の修道制確立期にすでに出来上がっていたのだが、無条件に推奨された訳ではない。孤独の生活は「危険」だと考えられており、許容範囲内での隠修生活のみが修道士の生活形態として存在する余地があった。つまり聖ベネディクトゥス戒律からも窺われるように、それは高い完徳に達した修道士のみが送ることのできる生活で、事前にテスト期間を通過しなければならないとされたのである。[26]さらに一人であれ小集団であれ、戒律に従い、権威に服し、修道院のすぐ近傍に留まって、その組織・人員に従属する形態のみが許容された。つまり修道生活の最初は、共同生活を受け容れそこで修行を積むべきであり、はじめからそれを拒んで孤立の苦行に邁進するのは悪しき修道士だと咎められたのである。

もうひとつ修道院との関連で指摘しておきたいのは、隠修生活はいつでも修道院の原点、到達すべき理想として掲げられ、著名な修道院長もしばしばこの生活を体験していることである。たとえばクリュニー修道院でもマルムーティエ修道院でも、修道士らが改革を志し「初心」に帰る必要が叫ばれるときなど、隠修生活が間歇的に高く評価されたのである。しかし初期中世において、あるいはその後においても、体制側の宗教者にとって中心にあったのはあくまでも共同生活のほうであった。だから隠修生活といっても、事実上、形態は修道院に下属したものしか存在しえなかったのである。(27)

本章の主題である自由な隠修士の数は、ようやく十世紀末から十二世紀前葉にかけて、ヨーロッパ中で飛躍的に増大することになった。ここに生まれたのは、修道院から離れて思い思いに森の中へと入っていった者たちであり、共同生活を嫌ったはずが、逆説的にも初期中世の隠修士や修道士よりも自由な立場で人々と接触できるようになった。また修道院に下属した形態の隠修士（籠居修士／籠居修女）が、完徳の域に達した者たちであったのに対し、反対に到達不能の完徳を目指す「罪人」が、ロマネスク期の隠修士たちの本質であった。救済のエコノミーにおけるベクトルがまったく逆なのである。そして初期中世においては修道制と隠修制は連続した塊であったのに、自由な隠修士の登場によって、今度は両者は対立する二つの救いを目指す生き様へと変貌したのである。

このヨーロッパにおける隠修制発展は、ケルト系修道士やギリシャ系修道士からの影響という外的影響と、キリスト教の原初的純粋さへの回帰の気運という内的要因とが共働して生起した事態であった。後者についてはすでに「はじめに」で述べたので、ここでは前者の外的影響について簡単に解説しておこう。

まずケルト系修道士についてだが、(28)アイルランドの修道院では、当初から厳格な禁欲生活が営まれ、独自の隠修制がその修道制の不可欠の部分を構成していた。そしてそこのケルト系修道士は、六世紀末以来十一世紀にかけて、イングランドはもちろん大陸をも盛んに布教して歩き、トゥール、ヴェルダン、メッスをはじめ、彼らが巡歴し布教を行った西欧各地で、その影響下に隠修士が生まれた事例がいくつか認められる。(29)また後に見るように、ロマネスク期の隠修士の禁欲行に見られる冷水浴、反復跪拝、mulierum consortia（女性同伴）などは、ケルト系修道士のとくに好んだ苦行であった[30]。これらの事実から、西欧の隠修士はアイルランドのケルト系修道士から大きな影響を被っていることが窺われる。

ただしケルト系修道士の「影響」はあったとしても、それは埋み火のようなじわりとした背景的影響であり、西欧の隠修制発展の直接的な契機とはならなかっただろう。というのも、イタリアや西フランスの主要な隠修制との連続性についての証言がまったく見つからないからである。

ギリシャ系修道士はどうだろうか[31]。シチリアやカラブリア、アプリア地方には、七世紀末以来、東方のギリシャ系修道士が陸続と植民し、バシリウス派修道院が数多く設立された。もともとは清貧を慫慂し、祈りと労働を共同でする厳格な共住制が主流であったが、九世紀にアラブ人がシチリアとカラブリアの一部を占領してから、この共住タイプ主導は崩れ、戦火とイスラーム教徒への隷従を逃れて北上するギリシャ系修道士らにより、隠修生活の形態——あるいは共住から隠修へと段階を追って進む折衷形態——が盛んになり、彼らは洞穴を掘って住居や礼拝堂にした。かくて十～十一世紀になると、カラブリアとバジリカータ南部の地域は新たな「テーバイド」のごとく、隠修士とラウラ（散居形態）での修行者が多く住み着くことになった[32]。

では、南イタリアのギリシャ系修道士は西欧の隠修制発展に感化をおよぼしたのだろうか。部分的にはモンテ・カッシーノやローマにまで達したギリシャ系修道士北上の過程で、彼らは説教をして歩くかたわら、所々に修道院や隠修士のコロニーを建て、また各所で西欧の修道士との交流も見られた。だからギリシャ系修道士が西欧の隠修制発展に貢献する可能性は十分にあった。

また十一世紀後半までビザンツ人が支配し、東方と西方の架け橋となったギリシャの香りがするプーリア地方は、北方ヨーロッパの修道士にとっての神話的理想郷で、またエルサレム巡礼の中継地でもあったから、エルサレムに旅立つ前に隠修生活に憧れる悔悛的な召命をもつ巡礼者が立ち寄ったし、隠修士としてそこに住み着く者もいた。実際、南イタリアやパレスチナに巡礼に赴き、当地の隠修士の感化を受けて隠修生活を始めるようになった注目すべき西欧の人物例もある。(33)

こちらの東方モデル、南イタリアからの影響のほうは直接的証拠があるので、西欧の隠修士の簇生の契機となった可能性はあろう。しかしこうした外的な影響のみ、一部の地域での接触のみで、ロマネスク期の隠修士の運動があれほど澎湃とおきたとはとても考えられない。それよりも、ロマネスク期という古代理想復興の時代にあって、古代の修行僧のモデルがかつてないアピール力をもって迫って来たということのほうが、インパクトが大きいだろう。**Vitae Patrum**（砂漠の隠修士の伝記を含む東方修道制の雑多な作品の編纂物）とその翻訳・翻案の広まりは、十二世紀後半からルネサンス期にいたるまで目を瞠るものがある。(34) またケルト系修道士にしても、南方のギリシャ系修道士・隠修士にしても、やはりカッシアヌス（三六〇頃～四三五年）の著作や **Vitae Patrum** によって伝えられた古代東方の「砂漠の師父（隠修士）」の生活を文字通り模倣しようと志していたのであるから、何が直接的影響かという議論は副次的意味をもつにとどまるのである。

ともあれ西欧における隠修士ルネサンスは、十世紀末のイタリアから始まった。ポー河デルタ地帯、トスカーナ＝エミリア地方のアペニン山中、カラブリア、プーリアなどがイタリアの隠修士の主要な「棲息地」であった。なかでもロムアルド（十世紀半ば～一〇二七年）と、その伝記を書くとともに、フォンテ・アヴェッラーナで隠修生活を目指す修道士らの規則を起草し、同運動のスポークスマンとなったペトルス・ダミアニ（一〇〇七～一〇七二年）の役割は甚大であった。(35)

自由な隠修士の「父」ともいえるロムアルドは、九七一年、弛緩した修道生活に不満を抱いてサン・タポリナーレ・イン・クラッセ修道院を去ってから、ヴェネツィアのラグーナに住む無手勝流の隠修士マリーノを訪ね、ともにあるべき生活を模索していたが、ヴェネツィアでピレネー山地のククサの修道院長に出会ったのをきっかけに、その遙か遠い修道院まで同行した。そこの図書室で『砂漠の師父伝』Vitae Patrum とカッシアヌスの『師父の言葉』Collationes Patrum を読んだことで開眼し、イタリアに戻って五十年以上のあいだ、精力的に巡歴をつづけ、隠修生活に適した沼沢地や山中や島に籠もるかたわら、いくつもの修道院を建て、あるいは改革することになった。しかし修道院にかかわる度に伝統的な共住制のあり方と衝突し、自らの生活においては隠修制を徹底させることになった。

ロムアルド、ペトルス・ダミアニとともにもう一人イタリアの隠修士運動を率いた重要人物が、後にヴァロンブローザ修道院を建てたジョヴァンニ・グァルベルト（十一世紀初頭～一〇七三年）であった。[36] 彼は、最初ベネディクト派の修道院に入ったが、シモニアに失望してそこを去り、何人かの仲間とともにアクアベッラの孤独地、後のヴァロンブローザに赴いて修道院を建てた。当初の隠修士の共同体は厳格な聖ベネディクトゥス戒律を採用することで、グレゴリウス改革派の教皇や周辺の改革者にも注目される修道院となった。またフィレンツェやミラノでのシモニア聖職者との戦いは、彼の改革熱の激烈さを示してあまりある。

やがて隠修生活の火の手はイタリアからフランスに飛び火する。一〇三〇年前後には、リモージュや南フランス各地に隠者の庵が点々と設営されたようだ。が、十一世紀後半から十二世紀の第1四半期が、フランス隠修制の最盛期だったと言えよう。とりわけメーヌ、ブルターニュ、ノルマンディー、さらにはアンジュー、トゥーレーヌ、リムーザンにまたがる北西フランスの広大な森が、隠修士の格好の棲処であった。[37] その森は、アルブリッセルのロベール（一〇四五～一一一六年）、ティロンのベルナール（一一一六年死）、サヴィニーのヴィタル（一〇六〇頃～一一二〇年）、サルのジェロ（一一二〇年死）といったスターを輩出、[38] 彼らの巡歴説教に集った弟子たちのために、いくつもの隠者の庵が散居形態に集結した集落が作られた。ほかに、後にグランモン修道会に発展する隠修士の共同体をミュレ（リモージュ近く）に建てたミュレのエティエンヌ（一一二四年死）や、おなじくリムーザン地方のオバジンに仲間を集めたオバジンのエティエンヌ（一〇八五〜一一五九年）などが有名である。[39] この西フランスが今度は新たなテーバイド、第二のエジプトとして令名を馳せる。[40]

こうした西フランスの隠修士たちの弟子や感化を受けた者らが、さらに遠方（サントンジュ、ペリゴール、ラングドック、ピカルディー、シャンパーニュ、オーヴェルニュ）にも隠者村を作った。

フランスとともにフランドルでも隠修士の運動はかなり盛んで、リエージュには隠修士の建てた多くの共同体があったし、カンブレーにも隠者の共同体が作られた。しかし、ドイツ、スペイン、ポルトガルなどでは隠修士運動は微弱であった。ドイツでは、とくにロートリンゲン（ロレーヌ）に、シャルトルーズのブルーノや聖ノルベルトの影響でいくつかのセンターが作られたのが目立つが、[41] この地では自由な隠修士よりも inclusus と inclusa（籠居修士・籠居修女）が多かった。

ではイングランドはどうだろうか。イングランドには、まずベーダの影響を受けたイーヴシャムの修道士ら三名が一〇七三／四年に修道院を去って、北方――ジャロウ、ウィアマス、ホイットビー、ダラム――に向かい隠修制の運動を始めたが、十二世紀初頭になると、ノステル（ヨークシャー）、ラントウニー、ゴウスランド、やや遅れてファウンテンズ、ラドモアなどにも隠修士のコロニーができた。[42] しかしイングランドでもっとも特筆すべき人物は、海洋交易で財をなした商人の経歴をもち、清貧にめざめて隠者になったフィンカルのゴドリックである。[43]

ところで非常に気になる問題は、なぜヨーロッパの中でも北西フランスの森が隠修士の「楽園」となったのか、ということである。森ならあちこちにあったのに、なぜとりわけ隠修士の棲みつく場所として、この地に白羽の矢が立てられたのだろうか。この問題に光を当てることは「隠修士が活動できる条件」の解明にヒントを与えてくれるので、やや慎重に考えてみよう。

十一世紀後半から十二世紀初頭に西フランスで活躍した隠修士たちは、指導者のもとに組織立って展開したのではなく、変容しつつある社会における、修道生活の既存の方式をおのおのの仕方で解体すべく森の中に入っていった。その入植先として好まれたのが、「第二のテーバイド」と称された、メーヌ・アンジュー・ブルターニュの境界域の森であった。ここはカロリング期の古い権力（伯）やより最近の城主によるコントロールが弱い辺境地帯であり、また教会権力が浸透せず修道院の設置も遅れていた。とくにクリュニー系の修道院がないことが隠修士たちには幸いしたようだ。

たとえば、もっとも隠修士の集まったバ・メーヌについて、D・ピショの研究を参考に考えてみよう。[44] この地方では十一世紀には都市化の進行や商品流通はまだ萌芽的であり、権力は一握りのバロンの手の内にあった。しかもヨーロッパ各地で紀元千年頃より始まった「細胞化」encellulement――住民が領主権力の複雑な編み目の中に取り込まれる――は不完全であり、むしろ分散傾向が勝っていた。人々の集結化の動きはこの地域にも確実におきていたのだが、それが遠心的な分散化と同時に進展したのである。

その結果、人々は城やブール、大きな村落に集結することはなく、「囲い地」bocage の景観の中に分散した小集落・小村（hameaux）が多数、現れることになる。それらの小村は、小教区教会、また墓地の周りに出来ていった。人目を避けるはずの隠修士たちも、逆説的ながらこうした分散割拠する集団の一員となったのではないだろうか。小村の増殖は、折からの森の伐採と入植、開墾運動と不可分だが、その開墾運動に礼拝堂・祈禱所の周りに住み着いた隠修士も、細々とながら力を貸したのである。その土地は、領主間で領有権が争われている境界・周辺部であることが多かった。しかも司教や土地の伯・城主など聖俗領主も、たいした返礼なしに森林を切り開いてもらえる、ということで彼らに土地を分け与え、森林の使用権を認め、隠修士の生活維持に協力してくれたのだろう。

隠者は、森の木の実・野の草のみを食べるのが理想だといっても、現実にはパンも食べるし、果樹も栽培するほうが生活は安定する。理想は自給自足であったため、自ら森を切り開いて耕すとともに、すでに農民らが切り開いた農地に効率的技術を授けて、生産率向上を手伝うこともあった。現世厭離していた彼らが、経済成長を促進した面があるのは皮肉である。

この西フランスの隠修士の隠修処の場所選択の理由は、もうひとつの「テーバイド」と呼ばれた南イタリアについてもほぼ同様に当てはまるであろう。[45]カラブリア、プーリア、バジリカータといった南イタリアの隠修士運動のセンターは、古来、地中海の東西交流の拠点として重要であったが、カロリング王朝の崩壊後、アラブ人の侵攻、ついでビザンツの反攻があり、さらにザクセン朝の皇帝オットー一世と二世が一部を自国領域に収めるが、政情はずっと不安定でありつづけた。事態はノルマン人が「征服」してからもおなじであった。

民族的な多層性が特徴で、もともと優位を占めていたランゴバルド人のほか、順次支配権を交替させたビザンツ人とノルマン人、さらにはスラブ人、アルメニア人、アラブ人、ユダヤ人が皆、固有の法と慣習の下に暮らしていた。経済的に遅れをとり、領主権力は安定せず一円的な強力な支配は貫徹しなかった。一世紀半以上にわたるビザンツ人支配中の帝国政策により、大貴族の勢力が切り崩された代わりに小土地所有者および共同体が保護される。そしてここでは、初期中世の荘園システムはその内部から領主制構造を生み出さすことはなかった。聖俗とも領主制は不完全であり、こうした政治・経済状況が、隠修士たちに棲みつく余地を与えたのではないだろうか。

ロマネスク期に、教会ばかりかまた世俗をも沸き立たせた宗教的な熱狂に加えて、隠修士がある程度恒常的に、孤独な活動をしやすい政治的・社会的・経済的な環境・状勢というものが、おそらくは存在した。それは、まだ封建制の網の目がヨーロッパのすみずみまで行き渡らず、「辺境」「未開地」が大幅に残っており、城主が城を拠点として領域全体に強権を発動するといったゴシック期の政治体制・社会関係が出来上がる以前の、まさに制度がゆるやかで、隙間が沢山あった、ロマネスク的な世界に特徴的な状勢であった。そこにおいてこそ、森を拠点とする宗教運動が生まれたことを、上の西フランスや南イタリアのケースの検討ははっきりと示している。[46]

*

かくして誕生した自由な隠修士の最盛期（十世紀末から十二世紀前葉）における活動と、そこから窺われる〈霊性〉を原史料の検討をつうじて再構成し、その意義を明らかにすることから始めよう。一応、十の要素に分けて論ずるが、もちろんそれぞれの要素は相互に無関係に登場するのではなく、渾然融和して隠修士の精神を形作っている。

教会法はじめあらゆる社会的規範から完全に免れることはないにせよ、「社会」のごく片隅におり、司教や修道院長への服従もなく、一人ないし二〜三人で孤独な地に行って思いのままに修行をする隠修士たち。人それぞれの生き様であるが、それらを総合して見透せば、この時代と地域（ロマネスク期ヨーロッパ）の特性がしからしめた共通の性格が浮かび上がってくる。その性格を浮かび上がらせる作業がこの節の課題である。史料には、主に「伝記」を用いる[47]。

①孤独

隠修士は、なによりもまず孤独者であった[48]。故郷・家族・財産を捨て、唯一人決然と「孤独の地」へと赴いた彼らの態度には、孤独への熱烈な憧れが表れている[49]。彼らは世俗からの逃避・孤独の追求を徹底的に突きつめ、人間社会から完全に隔離されることを理想としていた。彼らの出身母体は、経歴の知られている多くが騎士・貴族階級であるが、商人や農民もいて、あらゆる身分・階層にわたっている。多くの者は宗教的渇仰を癒そうとまず修道院に入るが、そこでの規律の緩さや俗人の干渉に倦んで早々に立ち去ることとなる。いや、修道院での共同生活でさえ一種の「社会生活」だとして、禁欲・観想の効果を妨げると判断されたのである。よりよく神に仕えるためには、地理的にあらゆる人間社会から遠く離れることが不可欠だと考えられていた。その考えは「人々から離れているほど神により近い」[50]という言葉が端的に表現している。その点、変転窮まりない外界の現象から内的に離れ心の中に沈潜することで神に近づく、といった内的孤独の観念を抱懐していた中世末期の神秘主義者と彼らとのあいだには径庭があった。

隠修士にとって「孤独の地」はどんな意味を有していたのだろうか。ひとつには当然のことながら、罪にまみれた世俗の汚辱や喧騒から隔離された場所で、あらゆる束縛から自由となり、神にのみ親密に仕えることのできる地、ということである。しかし、ときによりポジティブな意味づけがなされたことも見落としてはならない。つまり「孤独の地」は、芳香を放つ徳の花が咲き乱れる至福の天国であり、甘美で神的な喜びに満ち溢れた永遠の世界であるという具合に。[51]それは、世俗や人間社会への厭悪に比例して、その補償として孤独の地を美化・聖化していった彼らの心理状態をよく表している。

隠修士にとっては、実際、現世は仮の棲処にすぎず、地上の生は神に向かっての苦悩に満ちた放浪にほかならなかったのである。[52]そして、その神との地上におけるわずかな接点が、孤独の地だと意識されていたのだと考えられる。ゆえに彼らは、すぐさま孤独の地に落ち着くとはかぎらない。いや、たえず別の場所を求めてさまよいつづける永遠の放浪者を地で行く者もいた。北イタリアからピレネー山中まで行ったロムアルドについては上に触れたが、ヴェネツィア人アナスタージョも、アドリア海から大西洋そしてピレネー山脈まで遍歴した。[53]現世全体を隠修処にする、そう看做すという立場は、第6章で詳しく検討するフィオーレのヨアキムに近いが、ロマネスク期の隠修士たちにとっては、自らの身体を移動させることとその理念が不可分であったことが特徴的である。

隠修士が聖なる人物であり、超自然力の権化というように人々に感じられるようになったのは、もしかしたら彼らが入って行き長く住み着いた「場」＝トポスの力かもしれない。その場所こそ聖なる場所であり、だからそこに入って行く者たちに聖性を授けるのである。不可思議な空間としての特徴づけを好んだイマジネールの次元を考慮すれば、いよいよそのような考えが成り立つように思われる。それは、まだキリスト教のヨーロッパ全域への普及間もない頃合いであり、ゲルマン・ケルトの異教的な自然観がキリスト教の観念にも染み込んでいた、そういう時代であったことも思い起こすべきだろう。だが反対に、隠修士たちの盛名によりその場が聖なる場になる、ということもありえよう。あたかも聖遺物の現存が、それを保管する聖堂とその周囲を聖なる空間とするように、隠修士たちのカリスマが、彼らの棲み、動き回る地帯を神聖な空間にするのである。

さて、隠修士が求めた孤独の地（eremus/ solitudo）とは、「砂漠の師父」らにとっての孤独の地たる荒涼たる灼熱の砂漠ではなかった。それは孤島や海岸、荒野や沼地、丘の上という場合もあったが、ほとんどの場合、鬱蒼たる森の奥深くであった。そこに洞穴を見つけ、あるいは掘っ立て小屋を建てて彼らは住み着いた。その事実は二つの側面から説明される。まず現実的な条件から。大開墾運動が始められたのは、ようやく十一世紀末以降のことであり、十二世紀以前の西欧は、まだいたるところ広大な森に覆われていた。森は野獣や盗賊が横行する危険な場所で人々の接近を峻拒し、それゆえ古代東方の砂漠に対応する隠修士の絶好の棲処を提供していた。そういう事情である。

いまひとつは心理的な条件である。当時の人々には、森は世俗の秩序とは別種の秩序が支配し、権力関係、社会的結合、経済システムなどすべての価値観が逆転する神秘的な空間だと看做されていた。「森に入る」ということは、ただたんに現実的な森に入り込むというだけではなく、「森に入る」瞬間、ただちに世俗の法や規範を逃れ、自由で幻想的な空間に入るという象徴的な意味をも併せもっていた。それは生成も経過もない永遠の時間であり、神の法・神の言葉の支配する神的な空間であった。隠修士には、この神秘的な秩序に対する強度の憧憬があったのだと思われる。[54] 彼らが修行に適した孤独の地を求めて森の奥深くへと入り込んだのは、このような二つの条件に規定されてのことであった。

隠修士は天涯孤独の状態で森に入り、神と向き合うのが理想ではあったが、本当に一人であることはむしろ稀であったようだ。たとえば一一二〇年頃に北フランスないしネーデルラントで書かれた『教会の諸身分』De diversis ordinibus et professionibus qui sunt in aecclesia という論考には、隠修士も取り上げられているが、そこで「この生活を順守する者らがかくも多様でおのおのが別の生活形態をしており、ある者は一人で他の者は二〜三人ないしそれ以上で生活するとしても驚いてはならない。（中略）しかも各人は自分が願望し、その力が許す到達目標に達するために判断と力を用いるが、それゆえに神に呪われることはない」[55]と述べており、一人ではないケースについて触れている。アルブリッセルのロベールが「荒野」に籠もりに行くとき一人の司祭を伴ったという件は、だからけっして例外的ケースではなかった。[56]イエスが福音を伝え悔い改めさせるために二人ずつ弟子たちを派遣したというルカによる福音書第一〇章一節の記述に着想を得て、布教をするために複数で旅立ったとも考えられる。

また先述のように、西フランスとくにバ・メーヌは「第二のエジプト」といわれるほど隠修士が多かったが、東方のラウラのように散在した掘っ立て小屋に住み着いている多くの隠修士たちの指導的立場に立つ複数の magistri pauperum（貧者たちの師傅）がいた。また隠修士たちは定期的に会合をもち、霊的問題や教会の問題について話し合い、あるいは聖務を執行した。これはモデルとなっているエジプト・パレスティナでも同様であったのであり、Vitae Patrum にもあるように、[57]多くの隠修士は、荒野の中ですでに長い隠修生活を経験している先輩隠修士を霊的指導者と仰いで、その近くに居を構えて修行を開始したのである。師に就いてまず修練をする、というパターンはロマネスク期にも不変であったようである。しかもロマネスク期の隠修士は、それを済ませても悪魔の誘惑に晒されたアントニウスのようには、めったに一人きりになることはなかった。二人、三人、あるいはそれ以上がともに森の中で暮らしたのである。そこには精神的な不安に耐え、また盗賊への備えという意味があったのかもしれない。

だから隠修士仲間がいないときでも、famulus＝奉公人・従僕がいることが普通であった。[58]この従僕は、世俗のときにすでにそうであったか、あるいは霊的な面での新参の配下であるのか、いずれにせよ彼は主人（隠修士）のすぐ脇あるいはおなじ屋根の下に住んで隠修士が霊的な修行に専心できるよう、食事の用意や身の回りの世話などさまざまな雑事をこなすのである。こうした下僕を連れて来られるのは、元の身分が騎士であったか、その心性を分かちもつ者たちだったにちがいない。また聖務を手伝う助祭などを伴う司祭身分をもつ隠修士もいた。

さらに一旦孤独生活を始めたら終生そのままという訳ではなく、修道生活と隠修生活を幾度も交替させる隠修士もかなりいた。たとえばティロンのベルナールは数年おきに両者を交替させ、三度の隠修生活と四度の共住修道生活を送った[59]。

このように、本当に一人きりの孤独は現実にはむしろ稀であったとしても、それでも隠修士の伝記には、完全な孤独への憧れとその追求の試みが頻繁に綴られている。より完全な孤独地を求めて、幾度も移動する孤独な戦士もいた。また後述する文学では、そうした憧憬が定型的な形象となった一人きりの隠者が（とりわけ武勲詩には）頻出するのである（ただし十三世紀以降の「アーサー王もの」ロマンには、やはり二～三人、ないし多数で暮らす隠修士が多くなる）。ということは、現実にはすぐ近くに仲間がいたり、定期的に会って一種の人的ネットワークをなしていたとしても、完全な孤独になる、という主観的意識はロマネスク期のどの隠修士にも具わっていたはずであり、それが文学中の理想化された隠修士に結晶したのだと考えたらよいのではあるまいか。

②清貧

隠修士は世俗を捨てて孤独の地に赴く際、すべての土地・財産を放棄し、あるいは売り払って貧者に施したとされる。自ら無所有の貧者となるためである。彼らの粗末な服装や貧しい食事、また聖職者や修道士と異なって自らの労働で自分を養うという生活態度は、清貧の「外的表徴」であった。実際、森の実りの採集のほかは、小さな菜園での野菜・果物・穀物の栽培で露命を繋ぐか、でなければ木材加工・鍛冶をマスターし、製品を農民たちの作物と交換したりして、不足な食物を入手していた。

かように〈清貧〉に徹した生活の励行は、この第一期（十世紀末から十二世紀初頭）の隠修士の主要な特質のひとつである。「世俗的なものに欠くことが多いほど永遠のものを多く手に入れられる」[60]との表現が如実に物語っているように、彼らにとって〈清貧〉は、救霊との相関の下に捉られていた。

隠修士の清貧追求の典拠ないし支柱となったのは、福音書に現れるキリストの言葉でありその姿であった。「わたしについて来たい者は、自分を捨て、自分の十字架を背負って、わたしに従いなさい」（マタイによる福音書第一六章二四節、ルカによる福音書第九章二三節）、「もし完全になりたいのなら、行って持ち物を売り払い、貧しい人々に施しなさい。そうすれば、天に富を積むことになる。それから、わたしに従いなさい」（マタイによる福音書第一九章二一節）。これらのキリストの言葉は、彼らによって文字通り受け取られた。しかも彼らの第一の模範が貧しいキリスト自身であったことは、多くの史料が証言している。たとえば「裸のキリストに十字架において裸で従う」[61]「貧しい主（キリスト）に死ぬまで清貧の精神で従う」[62]といった表現が頻出するからである。隠修士が当時「キリストの貧者」pauperes Christi と呼び習わされたことも、このことを裏書きするだろう[63]。

この隠修士の清貧理念の革新性を知るためには、それ以前に広く行われた清貧理念と引き比べるに如くはない[64]。ベネディクト派修道士が精神界を風靡した時代、およそ八世紀から十一世紀にいたる時代には、清貧=私有財産放棄とする考えが支配的であった。物欲の対象となる私有財産は円滑な共同生活を阻害するものとして厳に排されたが、共有財産はそうではなかった。むしろ修道院全体としては蓄財に努めたのである。結局のところ修道士の清貧は、世俗からの切離や倫理的純潔の理想で彩られていても、財自体を悪とする考えはいまだそこには含まれていなかったのである。これに対し一切の所有をラディカルに否定し、絶対的清貧を宣揚した隠修士は、西欧の清貧理念の歴史に画期をもたらしたと言って過言ではない。それまでの清貧とは「財の共有」に重点があり、真に貧困であることに価値は付されなかった。のみならず平信徒にとっては、寄進や善行の手段である富が魂の救いへの捷径であり、その貧しさは罪の結果・神罰だと看做されていたのだから。隠修士はそのような従来の価値基準を転倒し、真の貧者・無所有者こそキリストに似ており、神に嘉され救いを保証された者だとしたのである。

絶対的清貧を求めた隠修士を中心とする清貧運動は、十一・十二世紀の経済発展と関連づけることができる。すなわち経済発展が進行し貨幣経済が広範に展開する中で、人々は貨幣の追求を余儀なくされたが、その反面、新たな経済秩序に適合した倫理をいまだ確立できないでいた。この齟齬が罪の意識を醸成し、貨幣への反撥、ひいては清貧運動を引き起こす基盤となったという訳である。幾人かの隠修士が貨幣を蛇蝎のごとく恐れ生理的な嫌悪感を示しているのは、その間の事情を物語っている。(65)

それは多くの隠修士が、たとえ末端であっても貴族社会に属する家系出身であり、あるいは商売で財をなした羽振りのよい商人出身であった事情にも由来しているだろう。日常、貨幣を扱い商品取引をする者——たとえばフィンカルのゴドリック——が、回心とともに清貧を追求するのは当然だが、貴族層出身者の動機はどういうものだったのだろうか。彼らのあいだからは、伝統的修道院に入って、そこでの土地経営や寄進の上にあぐらを掻いて安閑たる生活をしたり、あるいは土地からの実入りのほか聖職禄や十分の一税、さらには通行税・市場税からの上がりなど、貨幣を愛好する司祭や聖堂参事会員が続出した。しかもその美味しい地位をめぐってシモニアが横行していた。こうした富追求の風潮が心有る者の反発を招いて逆に清貧を指向させ、森へと誘い寄せることになった。自分が親譲りの聖職を受け継ぎ、またレンヌ司教選出の際のシモニア加担に内心苦しんだアルブリッセルのロベール(66)、聖堂参事会員に任命されて安楽な生活を享受していたサヴィニーのヴィタル(67)などは、清貧への内的渇望が隠修生活を選択する無視しがたい契機となった典型的人物である。

③慈愛

つぎに問題とするのは、隠修士の〈慈愛〉、すなわち他者へのかぎりなき愛情である。これはたしかに〈孤独〉の追求とは矛盾する。ゆえに隠修生活の初期段階では、自身の救霊を求める彼らは〈慈愛〉どころではなく、他の人間との接触や会話を罪深き陥穽として忌避するのは、隠修士としてのありふれた態度であった。思いがけず多くの人が集まってくると、それを嫌ってまた別の場所に逃げていくのが通常のパターンであった。それにもかかわらず、彼らはある程度孤独の戦いを戦い抜いて功徳を積んだ後には、聖性の噂(fama sanctitatis)を伝え聞いて殺到する人々に助言や慰藉を与え、福音を語り掛け、あるいは告白を聞くようになる。(68)その理由が、自分の受けたものを周囲に広める必要、他者の救いに尽力すべき責務を、彼らが福音書の言葉から感じ取っていたからだということは、疑いを容れない。

隠修士のところには老若男女、貴族も貧者も、由緒正しい家柄の婦人も自堕落な女も、あらゆる身分・境遇・年齢の者が集まった。そして隠修士は、来るものは誰をも拒まず優しく受け入れた。(69)したがってかぎられた者に対してではなく、すべての階層の者に偏頗なくおよぶ普遍的な愛が、彼らの愛の基本的な姿であると考えてよい。しかしそうはいっても、その愛が社会の落伍者、つまり貧者や病者の方により強く傾いていたことも確かである。それは、隠修士の今に伝えられる貧者や病者(とくにライ病者)への励ましの言葉、そしてなけなしのパン・家畜・着物などを己の明日をも考えずに貧者に分与したり、身寄りのない病人の介抱のため自ら出掛けていったりした彼らの行為の多くから判断される。(70)ティロンのベルナール伝には、「びっこ、脆弱者、病人、ライ患者」「肢体不自由、びっこ、佝僂、腕障害、がに股、矮人、盲人、瘰癧、手足損傷、彎曲者」と、まさに臨床的な病気一覧のように、あらゆる寄る辺のない病人・身体障害者がやって来たことが語られている。(71)

貧者・病者に犠牲的に献身する隠修士のこの態度は、福音書に現れるキリストを髣髴とさせる。〈清貧〉追求でもそうであったが、キリストとともに十字架につけられ、キリストと同化せんとする意志がここにも窺われるのである。

隠修士の愛のもうひとつの特徴は、それが人間ばかりでなく動物にまでおよんだということである。多くの隠修士は動物（小鳥・蛇・狐・鹿・野兎など）への並々ならぬ関心を蔵し、それらと語り、ともに暮らし、かくまい、説教し、暖を与えるなどした。(72) もちろん文学的なトポスだとも看做せようが、トポスが定着・普及するという、そのこと自体にも意味はあるだろう。動物の感情を人間とおなじように読み取り、あたかも自然と人間を同一レベルで理解しているかのようなその異様な光景は、自然の美しさや楽しさの牧歌的な観賞とは相容れないように思われる。したがってこれは、動物も人間とおなじようにすべて神の被造物であり、そのかぎりで平等に愛するということ、換言すれば自然を介しての神への愛、神との同化の願望に帰すると理解すべきではなかろうか。

さて貧者・病者への愛や動物への愛にもまして、この時代の隠修士に固有であり、社会的にも重要な意義を有するのは、彼らの女性に対する愛、なかんずく娼婦に対する愛であった。それはとりわけ、十一世紀半ばから十二世紀初頭にかけて活躍した西フランス地方の隠修士――アルブリッセルのロベール、サルのジェロ、サヴィニーのヴィタル、ギョーム・フィルマなど――や後に異端とされたローザンヌのアンリ（一一一六〜四五年活躍）、あるいは隠者ピエールなどにはっきりと窺える態度である。(73) 彼らは皆、娼婦の救いと更生に真剣に取り組み、その回心に努めたことで共通している。目的遂行のためには、彼女らに神の慈悲を教え贖罪を奨める説教をするのみではなく、燃えている薪や燠火を自分のからだに押し当てることも辞さなかった（ヴィタルら）。それに平然と堪えて禁欲の意志の強さと神の恩寵を明示するためである。

またロベールは、ある日、ルーアンの淫売宿に暖を取るために入っていった。娼婦たちの言い寄りを拒否して、連中のうちもっとも策略家の女を選んで対決することにした。ありとあらゆる甘い言葉・雑言にもめげなかった彼は、反対に、もしも罪を放棄して彼の賢明な助言に従えば神の慈悲が疑いなく得られるから絶望するな、と説得した。首尾よく説得に成功し、回心した女リーダーがグループ全体を悔悛させ、ロベールは彼女たち皆を町から孤独地へと連れて行くことになったというのである。(74)

ヴィタル、アンリ、隠者ピエール、ノルベルトが娼婦らを「自分の娘たち」と呼んで、彼女らに再び悲しい境遇に戻らぬよう正式な結婚をさせようと骨折ったことは、隠修士の現実感覚を示すものとして注目に値する。(75) さらにアンリは、集めたお金を身持ちの悪い女たちにまともな衣服を着せるために使ったという。(76)

こうした隠修士の女性への態度は、男女双方の弟子を歓迎し、自分の庵から目と鼻の先に女性らの館を作ったオレイユのゴーシェも認めていたように「神の国からは男女どちらの性も排除されておらず、そのため天のエルサレムは男女両性からなる壁で建設するよう努めるべきだ(77)」と彼らが考えていた証拠だろう。

もちろん娼婦の例は大変瞠目すべきものだが、隠修士が世俗の生活から引き離し、神のみに仕えさせようとしたのがあらゆる階層・年齢の女性にわたったのは言うを俟たない。ノルベルトの随身にはモンモランシーのアデラ、アルブリッセルのロベールの追随者としてはシュミーユのペトロニッラという、それぞれ貴族の女性がいたが、貴族女性は少数派であった。ノルベルトには何千という女性の追随者がいた。(78) アルブリッセルのロベールには「あらゆる身分の男女がひしめき集まった。女たちもいた。貧者は女たちを伴い、寡婦も生娘も、娼婦も他の女も、男たちを逃れてやってきた(79)」。ティロンのベルナールは、しばしば乳飲み子を抱えた女性が何人もいる男女の集まりの真ん中に座って話をした。(80)

各地に女性の贖罪・禁欲生活のための修道院が建てられたのは、このような隠修士の下への女性の殺到のためである。サヴィニーのヴィタルは、おそらく一一一三〜二二年のいつかの時点で、束の間の存在ではあったが、サヴィニーの近くにその修道院に従属した女子の共同体を作った。そこには貴族でない女性で他の場所に落ち着くことの難しい若い女性が入り、また悔い改めた娼婦も加わっただろうと、J・ファン・モーレンブルークは推測している。(81)

この時期に隠修士が女性の救いを真剣に考えたことは画期的であった。なぜなら当事一般に、教会関係者のあいだでは、悪と罪の源泉としての女性に対する警戒と蔑視の念が非常に強く――ペトルス・ダミアニ、ソーラのドミニコ、ミュレのエティエンヌなど隠修士の中にも反女権主義者はいた――その救済などいまだ思いもよらなかったのであるから。フェミニストの隠修士はつぎのように考えた――これまで霊的生活と救済のチャンスという観点からあまりに蔑ろにされてきた女性こそ救われるに値する。なぜなら、彼女たちが貧者やライ病者とともに救われないような社会は、調和が取れた平和な社会とは言えないから。世界全体が悔悛すれば暴力も貪欲もなくなり、身分も性別も関係なしに悔い改めたキリスト教徒として一体化する……こうした隠修士のプログラムのいわば中心に、娼婦の更正があったのだと考えられよう。

ロマネスク期の隠修士らによって芽生えたふくよかな〈慈愛〉の樹は、それから一世紀も経つとたわわに実をつけていることだろう。

④巡歴説教

〈慈愛〉の延長線上にあり、それを原動力として行われた隠修士の活動に巡歴説教がある。(82) 来るべき福音を、キリストや使徒に倣ってすべての子羊たちに広めるため、庵を離れて自ら遠方の町や村を訪れ説教をする、ということである。これはとくに、十一世紀後半から十二世紀前葉にかけて盛んに行われた。もともと彼らが「孤独の地」に定着しっぱなしであることは、むしろ稀であった。キリスト教がこの世の人間の境涯の本質と謳う peregrinatio とは、詩篇第一一九篇一九節にあるように、地上において永遠の余所者であることだと観じ、家族・故郷またそれらの指標を離れて、アブラハムのように動き回ることを好んだ隠修士も多かった。彼らの巡礼癖もそこからくるのだろう。だから巡歴すること自体には、とくに忌避する理由はなかった。が、積極的に巡歴説教するのは、すべての隠修士という訳ではなく、一部の資質豊かな者のみであった。イタリアにも、ソーラのドミニコのように半島を歩き回り、燃えるような雄弁で人々のこころに永遠の生を祈念させるとともに、瀆聖聖職者を批判した隠修士がいた。[83] しかしとりわけ質量ともにこの面で秀でていたのが、西フランスの隠修士たちであった。

アルブリッセルのロベールは、一〇九六年二月十日、アンジェでの新たなサン・ニコラ修道院教会の献堂式に際して、聖俗貴顕を含む大群衆を前に説教をした。それはその場にいた教皇ウルバヌス二世に、まるで聖霊から霊感を授かっているようだ、と感銘を与えた。そこで教皇はロベールに、教会のためいたるところで「神の言葉」を説く公的任務（officium praedicationis）を課したと伝えられる。[84]

ロベールだけではない。隠修士の「伝記」には、彼らの説教の模様が数えきれぬほど記されている。ロベールの仲間のティロンのベルナール、サヴィニーのヴィタル、サルのジェロ、あるいはラ・フュテイのラウールなどは、メーヌ、ブルターニュ、アンジュー、ペルシュ、リムーザンなど、西フランス地方を中心にフランス中を縦横に説教してまわったし（ベルナールとヴィタルはイングランドにも赴いた）、ローザンヌのアンリも、ルマン、ポワティエ、ボルドー、トゥールーズなどフランス各地で説教をして大成功を収めた。民衆十字軍を率いた隠者ピエールは、フランス北部で孤独生活を送った後、フランスのいたるところ、そしてロートリンゲン、ライン地方で説教して下層民を熱狂させた。ドイツ出身者ではクサンテンのノルベルトが、ドイツ、フランス、ネーデルラントの各所を説教して歩いた。

以上の遠隔地をめぐり歩いた著名な巡歴説教師のほか、たとえばエスコー河とスカルプ河のあいだの森林・沼沢地帯にヴィコーニュ修道院の基礎を築いたギィのように、近隣の町や村や城に出掛けてゆき、人々に「生命の種子」semina vitae を撒き散らした隠修士の数はけっして少なくなかっただろう。[85] これが許されたのは、まさにグレゴリウス改革の熱誠がいたるところに沸き立っていて、教会当局にも隠修士の説教に期待するところがあったからに違いない。ギィもその一員だが、フランドル、ブラバント、エノーなど低地地方には、グレゴリウス改革の一翼を担い、妻帯聖職者やシモニアの聖職者に苛烈な言葉を浴びせる隠修士＝巡歴説教師が何人もいた。[86]

巡歴説教をする隠修士が例外なく非常に雄弁であったことは、史料が欠かさず言及している通りである。[87] あたかも聖霊が彼らの口を借りてしゃべっているようだとされ、それは彼らの清貧に徹した貞潔な生き様と相俟って、あらゆる階層・年齢の男女を魅了し、後に付き従わせた。また、ことさら粗野で無知な住民のところに出掛けてゆき、模範と言葉の力で聖なるものの霊威、キリストの教えの功徳を教え諭しもした。[88]

雄弁の様子は人さまざまで、激しく情熱的に畳みかけたり、雷鳴のように大声だったり、トランペットのように甲高く張り上げたりという声量と力強さが称えられることが多いが、[89] 柔らかい流麗な調子で知られる隠修士もいた。なかでもヴィタルの雄弁は特別だったようだ。モルタン伯の礼拝堂付司祭・サン＝テヴルー参事会教会の聖堂参事会員の前歴をもつ彼は、修辞学と古典的雄弁術を完全にマスターしており、キケロ風の雄弁のエレガンスを具え、それを大多数の者の救いを目指して使ったのである。[90]

では隠修士の説教の内容は何だったのだろうか。素材的に見れば、それは聖書のエピソードを嚙み砕いて分りやすく話すことであった。しかしそれだけではない。材料の主たるものは聖書であったが、彼らの説教は本質的に「贖罪説教」であり、それがもっとも際立った特徴をなしていた。情欲に屈し、悪事を行う者を非難し、永遠の報酬のみ期待するよう奨めつつ、富・名誉の害毒や現世の空しさを教え諭して聴衆を悔い改めに導くこと、皆の救いを獲得するために、悔悛させ、告白させ、償罪の業（断食など）を命ずる、という回心のプログラムに則って話をすること、隠修士の説教の目的はそこにあった。[91] そして聖職者・騎士・貴婦人・商人・農民などそれぞれの身分・地位に応じたさまざまな罪を暴いてみせ、矢のようにまくし立てながら神の懲罰に怯えさせ、あるいは恥じ入らせて赤面させた。だが悔いている者には優しく、ひねくれた者には厳しく、嘆き悲しむ者と共に泣き、老人や病者の杖となる、といったように、臨機応変に相手の様子・状況に適応できるのがよい説教師であった。[92] 隠修士らによる説教の効果は抜群で、富貴を気取る者は質素に、傲岸な者は謙虚に、残忍な者は柔和になり、姦通・貪欲・嫉妬・不実などの罪状をもつ者はただちに悔い改めたと伝えられる。

もうひとつ、隠修士の説教の内容に関して付け加えておかねばならないのは、彼らの巡歴説教が栄えた時期が、ちょうどグレゴリウス改革の期間に当たっており、その影響を受けて彼らがいたるところで鋭い瀆聖聖職者批判を繰り広げたことである。アルブリッセルのロベール、ティロンのベルナールをはじめ、彼ら風紀刷新の意気に燃える隠修士は、ニコライスム、シモニアを厳しく責めた。またこの封建的な「無秩序」の時期にあって、騎士たちが相争い合い殺し合うというフェーデの連鎖が各地で見られたが、それを和解させることも隠修士たちの厳しくも慈愛溢れる言葉の目指すところであった。

隠修士が自分の庵の付近のみでなく、遠くいくつもの司教区を横切って説教をするには、教皇より与えられる特別の許可、つまり「無限定説教権」licentia praedicandi ubique が必要であった。司教区内での活動については、ローザンヌのアンリがヒルデベルトゥスから得たように「民への説教権」licentia sermocinandi ad populum を司教から得た。たいていの著名な巡歴説教師はこの許可を得て説教した。上述のアルブリッセルのロベールのほか、一一〇六年頃、ティロンのベルナールがパスカリス二世から、告白を聞き償罪の業を課し洗礼を施す権能に加えて説教権をも与えられ、ノルベルトは一一一八年にゲラシウス二世から、オレイユのゴーシェが一〇九五～九六年にウルバヌス二世から、罪人に忠告を与える許可を得たといった具合である。(93)

しかしなんらの許可をも得ずに巡歴説教した者もかなりいたことであろう。それは聖ベルナルドゥスが、教皇から派遣されるか、司教の許可を得た巡歴説教師以外は受け容れないよう、トゥールーズ人宛の書簡で忠告していることからも推察される。(94) 著名な巡歴説教師もつねに許可を得ていた訳ではない。これらの巡歴説教の許可を得ない隠修士は、自らの「説教権」に関していかなる正当化を行ったのか。教会から自発的巡歴説教を非難された三人の隠修士の返答を見てみよう。

ティロンのベルナールは、クタンスのカテドラルでの説教で、聖職者の妻帯を非難する説教をしたところ、そこに居合わせたさる妻帯している大助祭に、修道士としてこの世で死んでいるのになぜ生者に説教するのかと激しく難詰されたとき、聖書のエピソード（士師記第一五章参照）を引きつつつぎのように答えた――その顎（の骨）は、民を正しく教えるために肉の快楽からその生を切除すべき説教師を表している。骨の孤独をもつ隠修士＝説教師は、サムソンがその助けを得て敵たちを殺した驢馬の顎の骨のように硬くて、悪徳と罪に雄々しく抗しうるのだ。隠修士は世俗で死んでいるからこそ、これまで罪と悪に埋もれて生きてきた人々を矯正する説教をすることができるのであり、説教の許可は禁欲・苦行の功徳によって得られるのだ……と。(95)

つぎに、ローザンヌのアンリは「往きて生命の言葉をことごとく民に語れ」と命じた主の言葉に服従して説教するのであり、人よりも神に服すべきであるがゆえに、あらゆる禁止に立ち向かって説教するのだと答えた。(96)

また一一一八年のフリッツラーの公会議で、いかなる修道会にも属さず、許可なしに説教していることを難じられたクサンテンのノルベルトは、「罪人を迷いの道から連れ戻す人は、その罪人の魂を死から救い出し、多くの罪を覆うことになる」（ヤコブの手紙第五章二〇節）という章句を引用して、自分の巡歴・贖罪説教を弁護した。(97)

以上の例を代表的見解と看做せば、隠修士の多くはその「説教権」licentia praedicandi を教会から与えられる形式的権利の有無にかかわらず、聖書を最高の権威として導きだしたということが分る。彼らが説教の実行において、袋も履物も二着の下着ももってゆくなという福音書の命令にそのまま従ったことも、これと関連することは明らかである。グレゴリウス改革の熱気が充満していたこの時期、たとえ俗人でもまた文盲でも、福音の教えを広めてもいいし、それどころか積極的に広めるべきだ、という考えが人々のあいだに広まっていた。そこで身分が聖職者であれ修道士であれ、あるいは俗人であれ、腐敗した聖職者や教会に舌鋒厳しい非難を浴びせながら福音を広める使命を感ずる者が続出したのであり[98]、彼らの自発的福音説教は、十二世紀半ば以降、異端のカタリ派やワルド派の説教へと繋がっていこう。

ところで隠修士の巡歴説教は、「使徒的生活」vita apostolicaという理念を更新することになった。「使徒的生活」とは、まさに原始キリスト教時代の使徒たちの生活を模範として生きていくという理想なのだが、聖ベネディクトゥス以来、十一世紀後半まで、それは「共同生活」と同一視されてきた。この同一視は修道生活ではもちろんのこと、私有財産を放棄した聖職者の共同生活に頽廃からの救済策を求めたグレゴリウス改革期の聖堂参事会運動においても、同然であった。その根拠は、使徒言行録第一章一四節、第二章四四~四五節にある[99]。

しかし十一世紀後半、とりわけ十一世紀末から十二世紀前葉にかけての巡歴説教師は、寝食を共同で行ったり、財産を共有したりするということが「使徒的生活」ではなく、清貧に徹して自由に各地を巡歴しつつ福音を述べ伝えることこそ「使徒的生活」だと主張し実践することによって、この理念に新たな意味を与えたのである。それを、vita vere apostolica(真の使徒的生活)として、やはり使徒言行録を典拠に正当化しようとした。

誰が説教や司牧をする権利があるのか、と言えば「キリストの貧者」となって模範的な生活をした彼ら隠修士にこその権利があるのであり、慢心して物質的欲望に取り憑かれた司祭ではない。これは、瀆聖聖職者の司牧権否認に繋がるような異端ギリギリの主張であろうが、グレゴリウス七世自身をはじめとして、教会内にも過激な瀆聖聖職者批判を繰り広げる改革者がいる嵐のような時代であったから、彼ら隠修士にもなお活躍の余地があったのである。

上述のように、教会当局は隠修士に「説教権」を与えてなんとかそれを改革に利用しようとした。とりわけグレゴリウス七世が、教会刷新の運動を進めるために広域での説教権を付与し、また贖罪者・悔悛者の告解を聞いて、罪障の消滅を認める権能を付与したことが注目に値する。それに、大司教・司教らも同調したところで、隠修士は説教できたのである。しかし、当然、秘蹟執行などにおいて、在地の司祭らとの利害の対立がおきることは珍しくなかった。

いずれにせよ、改革の熱誠の雰囲気が公的な権利をもっていない彼ら隠修士の説教・司牧活動をも存在させる余地を作っていたことを覚えておこう。

ロマネスク期において、福音書の精神に忠実に、男女・年齢・身分の隔てなく、すべてのキリスト教徒に語り掛ける隠修士の言葉は、教会の改革に資するだけではなかった。強大な公権力が存在せず、フェーデが頻発するキリスト教社会の「平和」を実現するためには、隠修士のようなカリスマをもつ者たちに縋ることで、その効果が期待されたのである。

制度的には自らが最高権力者で、ゆえにかえって身動きがとれず、頼る者とてない教皇・皇帝や国王も、制度外で、別のところからも権威を得ている隠修士のようなカリスマをもつ者――そのカリスマはどこから来るのだろうか、森の聖性だろうか――に頼ることがありえた。制度に結びつかないからこそ、どんな罪人も告白できるし、助言を受けられるのである。これは十二〜十三世紀の宮廷文学に頻出する隠修士が、なによりも冒険騎士たちの罪の告白を聞き、助言を与える存在として登場することとも関係している。

⑤禁欲主義

これまで述べてきたように、十世紀末から十二世紀前葉にかけての隠修士は、他者の救いに多大の関心を払った。けれども彼らが孤独の地を求めたのは、本来、禁欲と観想で神に仕え、自己の完徳と救霊を達成するためであった。それゆえほとんどの時間はそれらの業によって費された。まず禁欲・苦行について論じよう。

概して常軌を逸して過激であった彼らの禁欲行のうち、どの隠修士も欠かさなかったのが、長期間にわたる断食および間断のない徹夜であった。

断食の様態は人によってさまざまであまり一般化できないが、週二〜三日はたいてい断食し、肉の誘惑が執拗なときや、死の準備の際にはその期間は一週間以上にもおよんだ。[100] 彼らの食事は僅少のパンと水であり、その他、乳や魚を摂る者もいたが、肉はけっして口にしなかった。苦い草の根・葉やまだ熟さぬ果実のみで満足した者も珍しくない。[101] 灰を混ぜたパンや黴が一面に生え、腐臭漂う煮草を好んで食べる者さえいた。[102]

隠修士の徹夜も大変に厳しく、疲労の極に達するまで何日も祈り明かすことはごく普通であった。しかもわずかの眠りをとる寝床でさえ、休息の場というよりも苦行の場であった。[103] 寝床とは、地面か岩あるいは堅い板や木の枝であり、枕とは石か木の切り株であったのだから。ときには坐って眠る者もいた。十一世紀末のノルマンディーの隠修士ギョーム・フィルマは、夜の大部分を聖歌を歌って過ごし、それも衣服と履き物をつけたままであった。そればかりか、居眠りすると転ける三脚の椅子に座ってその修行を行い、実際うとうとすると倒れるのであった。[104] マテーラのジョヴァンニなどは、凍りついた水中に喉まで浸かり、からだに縄を結んで木の幹に繋いで一夜を過ごすのを日課とした。[105] そこには意図的に安楽さを排し、可能なかぎり眠りを妨げ、いや眠りにおいても苦行を継続しようという強い意志が認められる。

また大部分の隠修士は、キリキウムと呼ばれる山羊や豚・馬などの毛で作られる毛襦袢やロリカという重い鉄の鎖帷子のようなものを直に身につけた。[106] これらの贖罪服は、とげとげしさと重圧とで肉体に非常な苦痛を与えたにもかかわらず常時着用された。ことに著名な例は、ペトルス・ダミアニがその伝記を書いているドメニコ・ロリカーティのケースである。[107] 彼は両親が画策したシモニア（聖職売買）に嫌気がさして、聖職への道を捨てて孤独の地（ポンテヴェッツォーリ、フォンテ・アヴェッラーナ）で苦行生活をした。断食のほか裸足歩行、鞭打ちもあるが、彼の渾名のもととなって有名なのは、金属の環を体に巻きつける苦行であり、彼はそれを三つ、四つと数をどんどんふやしていった。類似の苦行をしたヴェルチェッリのグッリエルモは、腹と胸に鉄輪をはめそれに二つの鉄球をぶら下げて肩に背負ったという。[108]

服装に関しては、隠修士が大変な不潔を求めたことも指摘しておこう。彼らはその粗末な衣服を夏も冬も替えずに着用し、汗と垢と虱で真っ黒になりボロボロに傷んで腐臭を放つがままにした。[109] 十二世紀の隠修士ファーンのバーソロミューは、前修道院長のトマスがファーンにやってきてしばらく同居したときに毛襦袢を脱いだが、それはその汗と臭さで来客を悩ませないためであったという。[110]

その他しばしば見られる禁欲行としては以下のものがある。まず毎日何百回となく繰り返し膝を降り曲げ、平伏して祈る反復跪拝。[111] これによって体力の消耗、顔面や手・膝の擦傷・変形などを結果した。つぎに凍りついた川や池、あるいは水桶の中に飛び込み、首まで浸かる冷水浴。[112] 徹夜の祈りと組み合わせて行われるのが普通で、長時間の低温のため、体中凍えて硬直し、仮死状態になることもあった。

それから裸足歩行。[113] これはほとんどの隠修士の慣行であり、彼らは柔軟で平坦な道のみでなく、険しい山道やゴツゴツした岩の上、沼沢地や雪の中でも、苦行のためつねに裸足で歩いた。裂傷や凍傷の結果、ひどい流血を見ることも稀ではなかった。

さらに一部の隠修士は、自らあるいは仲間の手を借りて鞭打ちを行った。[114] 毎日、詩篇を唱えながら、血のでるまで体の各所を容赦なく鞭打つのである。罪を犯したら余分に鞭打ちをする。また、睡眠を恥ずべき病と考える者たちは、眠気を解消するためにも、聖務日課の賛課のときに仲間と互いに鞭打った。

ドメニコ・ロリカーティは、ひとつの詩篇を唱えるごとに百の鞭打ちをし、三十の詩篇が一年分の贖罪（償罪の業）に相当する。だから、詩篇集全体を読めば五年の贖罪をしたことになるが、彼は毎日数をふやしていって平均六日で二十回詩篇集を歌うにいたり、「また彼自ら私に告白したところによれば、この百年分の償罪の業を、習慣により六日で容易に達成する」[115]のである。さらに反復跪拝をそれに組み合わすこともした。死の直前にも激しい祈り、詩篇の朗誦と鞭打ちを行った。[116] まさに偏執狂的に数をこなすことに取り憑かれていたのである。

一風変わった禁欲行としては、アルブリッセルのロベールの行ったmulierum consortia（女性同伴）がある。[117]これは、多数の女性と生活を共にするのみならず、そのかたわらに寝る、という誘惑をあえて自らに課し、それによって点された肉欲の火を消そうと努めることで「性において死んでいる」ことを自ら確認するためのものであった。

さて、このように過酷な隠修士の禁欲・苦行のモチーフは何だったのであろうか。肉体を責めるほど神に喜ばれると思われたのに相違はなかろう。が、もう少し細かく見ると、そのモチーフは四つほど考えられる。

まず第一に禁欲的霊肉二元論とでもいうべき考えがある。世俗的・物質的なモノを軽蔑し、自覚的に霊的なモノのみを追求した隠修士にとって、肉体は魂を監禁する穢れた檻にすぎなかった。したがって、肉体からあらゆる快楽を取り去り、逆に徹底的に痛めつけ汚穢に塗れさせることが、肉を霊に屈伏させ霊の純粋さを獲得するための大前提だと考えられていた。

第二にキリストの受難の追体験という意味である。彼らの苦行には、人々に辱められ、鞭打たれ、十字架につけられたキリストとともに、そしてキリストのために毎日死に、その神秘に参加するのだという意図が含まれていた。[118]

第三は第二とも関連するが、隠修士の嗜虐的殉教願望である。[119]彼らには、最高のキリスト教的選民としての殉教者へのやみがたい憧れがあった。実際の殉教の機会が僅少となった十一〜十二世紀においてその願望を満たすため、彼らは激烈な苦行で自ら迫害することによって、生きたままもっとも死に近づこうとした。禁欲・苦行は、いわば日常的殉教形態であったと言えよう。

第四は次項で独立に扱う〈贖罪〉というモチーフである。

以上のような四つのモチーフが、隠修士の過酷な禁欲・苦行の推進力となっていた。さて、苦行の最終的な極限目標は、現世での「死」であろう。だが修道士、ことに修道院長の死は輝かしく、天使に紛う美しい声で祈りを上げながら死んでゆくような荘厳な死だが、隠修士は苦しい死を迎える定めであった。苦行はその死への準備であり、輝かしいものではなかった。栄光は、死後はじめて訪れるのである。

⑥贖罪

〈贖罪〉、つまり罪を贖うことは隠修士にとって終始きわめて大きな関心事であった。それというのも、なんらかの出来事を契機に回心し、自己を罪人と自覚した彼らは皆、非常なる罪の意識に憑かれており、その罪を贖うことが魂の救いに不可欠だと痛感していたからである。罪の意識がどれほど執拗であったかは、絶えず己の罪に泣き、嘆息し、神に祈りを捧げて寛恕を冀った彼らの日々の行状から推し量られる。

殺人とか淫欲といった重い罪だけではない。一見些細な罪も、彼ら隠修士となった者にとっては耐え難い重荷となって繰り返しフラッシュバックして迫ってきた。たとえばアルブリッセルのロベールが晩年行った罪の告白とは、子供時代の大食と、一〇七六年に俗人であるラ・ゲルシュのシルヴェストルがレンヌ司教選出時に犯したシモニアに関わり合いになったことであった(120)。

贖罪に関する隠修士共通の認識として、つぎのように言うことができるだろう。罪の贖いは自分で行わなければならない。峻厳な神は個々人に責任を課し、自ら努力し罪を贖う者にのみ救いを与え給う。教会の秘蹟や寄進などの善行だけではとても根深い罪は贖えない。結局、罪の贖いは自らの禁欲・苦行によってしか成就しない――というように。

祈りながら贖罪の念が高まると、神への愛に駆られて感極まり、身が持ち上げられ、しばしば涙が溢れる。この涙は聖霊の賜である。隠修士はじつによく泣く――「なぜなら彼は、神の観想にかくもこころを奪われたので、しばしばからだ全体涙に崩れ、えもいわれぬ神への愛の炎に燃え立ち、叫んだものであった――愛しきイエス、ああ愛しの人よ、わが蜜、名状できぬ甘美な願い、聖人たちの快美、天使たちの愉楽……(121)」、これはロムアルドについての記述だが、ティロンのベルナールもよく泣き、祈禱・黙想とともにほとんど一日中、両の目から二筋の小川のように涙が流れ落ちていたという[122]。

隠修生活を始めるに際して、この罪を贖うこと自体が第一の目的として掲げられる場合もあった。ことに騎士が直接隠修士になるときは、殺人・傷害などの悪行や卑劣な欲望を悔いて、その罪を贖うために孤独の地へと赴くケースが多かった。後にアフリジャン修道院（十一世紀末ブラバント地方）創設者となった騎士たちはその典型例である[123]。

隠修士は自己の贖罪のみでなく、他人の贖罪にも大いに意を用いたことを見落としてはならない。いや極端に言えば、彼らは全世界の罪を思って泣きそれを贖いたいと希求していたのである。ヴィトリのヤコブスがティロンのベルナールについて述べたように、「キリキウムと灰の中で痛悔し、己のみならず全世界の罪を嘆き悲しんでいた[124]」ということであった。そして隠修士の「言葉」と「模範」に接した無数の罪人が悔悛し贖罪に導かれたことは、彼らの伝記が好んで書き留めているところである。隠修士の説教が本質的に贖罪説教であったことはすでに触れた。動物にまで断食・鞭打ちなどの償いの業を課して贖罪を迫った隠修士の例さえ散見されるのである[125]。隠修士の日常的活動の大きな部分は、まさに〈贖罪〉をめぐって回転していた。

この罪の意識、そして〈贖罪〉は、隠修士を当時の修道士や聖職者と分かつ大きな特徴であった。というのは、修道士は新たな「洗礼」ともいえる修道誓願を立てることによって、他方、聖職者は叙品の神秘を介して得た権威によって、いずれも平信徒とは画然と区別される「天国の住人」となることができた。そして「天国の住人」である彼らには、通常、罪の意識は希薄であり、贖罪のために激しく苦行することもなかったからである。それに対していかなる特権的施設にも帰属せず、いかなる教会的権威をも身に帯びない隠修士には、救いは絶えず贖罪しつづけることによってしか得られないと感じられた。その差は歴然としている。

⑦キリストへの帰依（福音主義）[126]

十一～十二世紀には、福音書の精神と原始キリスト教徒の生活に立ち帰って厳格な生活を営もうという新鮮な気運（福音主義）が、聖職者のあいだにも平信徒の周りにも湧きおこってきたが、そうした趨勢の中で、隠修士はもっとも厳格な福音主義の遵奉者であったと評価できる。彼らは福音書の絶対的価値を主張し、体制順応型の福音主義――それは福音書（聖書）のみでなく教父・神学者の福音書（聖書）解釈にももとづいていた――に対抗したのである。福音書が、そしてそれのみが隠修士の生活の指針であり、至上の掟であったことは、「キリストの福音書のほかに戒律なし！」**Non est alia regula nisi evangelium Christi**[127]！とのミュレのエティエンヌの高唱が遺憾なく示している。福音書をそのまま絶対視することから、隠修士の福音主義が福音書に現れるキリストの言葉に忠実に従うこと、キリストをできるかぎり完璧に模倣することを核心とし、その帰依心がキリストに集中していったのは当然である。

すでに述べたように、隠修士は〈清貧〉において、〈慈愛〉において、そして〈巡歴説教〉においてキリストを熱心に真似ようとし、〈禁欲主義〉においてはキリストの受難を追体験しようとした。彼らが孤独の地を求めたことも、荒野で四十日間サタンに試みられたキリスト、あるいは己を捕えて王となさんとする群衆から離れ、一人山に遁れたキリストを真似てのことだと意味づけられることがあった[128]。その他、彼らが乗り物として馬ではなく驢馬を用いたのも、驢馬がキリストの乗り物であったからだろう[129]。さらに特異な例としては、人類の罪という恥辱を一身に背負ったキリストを真似て、糞尿を籠に集めて肩に掛けて運搬したオバジンのエティエンヌや[130]、弟子たちに貧しいキリストに倣うよう遺言したティロンのベルナールなどを挙げることができる[131]。

このように、隠修士はその振る舞いのあらゆる点でキリストを模倣しようとした。「キリストの模倣」imitatio Christi がかくも熱烈な勢いで実践された時代は西欧の歴史上、他になかったし、隠修士ほどそれに執着した人物群も他にいなかった。この時代の隠修士は、まさに「キリストを愛し、キリストを説き、キリストを模倣し、キリストに飛躍した」Christum amavit, Christum praedicavit, Christum imitatus, ad Christum evolavit.[132]と評してよいだろう。

こうしたキリストの模倣と福音主義があまりに過激になると教会にとっては危険であり、制度的・法的な箍をはめるよう態度を硬化させるだろう。

⑧洗礼者ヨハネとマグダラのマリア

前項で見たように、隠修士のもっとも篤い帰依心は、他の誰よりもキリスト自身に向けられたが、彼らの崇拝の的になったのがキリストのみであった訳ではない。いよいよ隆盛を極めつつあった聖人崇敬の風潮の中で、二人の聖人が隠修士と特別の因縁を有し、彼らの大きな崇敬を集めた。洗礼者ヨハネとマグダラのマリアである。

来るべきキリストのために道を準備した洗礼者ヨハネが神に召される以前、荒野での苦行と観想の生活でメシア王国到来に備えたことは聖書に親しんでいる者には周知の事実である。その荒野での禁欲生活は、人々のところにやってきて悔悛を説く様と相俟って隠修士の生き様そのものであり、したがって彼はつねに隠修士の模範として崇められるにふさわしかった。[133] 洗礼者ヨハネこそ、まさに「隠修士たちの第一人者」princeps heremitarum である。ロマネスク期には、多くの隠修士が洗礼者ヨハネを手本とし、父と崇めてその生活態度を真似、また自分の庵や礼拝堂・教会を彼に捧げて頻繁に祈願した。[134]

洗礼者ヨハネが教父時代から孤独の地（eremus, solitudo）と結びつけて語られ、[135] その素地の上に初期中世より隠修士の模範とされてきたのに対し、[136] マグダラのマリアの方は十世紀末にはじめて隠修士と結びついた。それは時代の特質をより顕著に反映した歴史的現象だということができる。[137]「福者マグダラのマリアの隠修女伝」Vita eremitica beatae Mariae Magdalenae は九世紀に南イタリアで生まれ、ヨーロッパ中に広まって十二世紀に流行の頂点を迎えるが、それに並行するように、十一〜十二世紀はヴェズレー修道院の影響でマグダラのマリア崇敬が全西欧に広まった時期であった。そして隠修士にはことに彼女への帰依心が篤かったのである。隠修士のマグダラのマリアへのかかわりの例としては、つぎのようなものが記録されている。

サルのジェロは、毎日マグダラのマリアとともに主の死や罪人に同情し、また悲惨の延長と天国の到来の遅延のために涙した。(138) ある日ゴドリックが祈っているとマグダラのマリアが夢幻に現れ、苦難のときには自分が助けてやろうと慰めた。(139) チューリンゲンの隠修女パウリナは、マグダラのマリアに倣った生活をしようとして礼拝堂を彼女に捧げた。(140) 同様にティロンのアジュトゥールやリヨンのアデライドも、自分たちの庵をマグダラのマリアの保護下においた。(141) その他、アルエーズの隠修士たちも礼拝堂をマグダラのマリアに捧げたし、(142) アルブリッセルのロベールも悔悛した娼婦たちをマグダラのマリアの霊的保証の下におくため、彼女に捧げられた教会を建てた。(143) またクサンテンの聖堂参事会付属教会の主祭壇にマグダラのマリアの聖遺物が付け加えられたのは、ノルベルトの個人的帰依心によるものであった。(144)

以上の諸例から窺われるように、多くの隠修士、なかでも隠修女はマグダラのマリアを隠修生活のパトロンとして重んじ篤く帰依した。その上、隠修士（隠修女）の数が多く、その影響の大きかった地方でとくにマグダラのマリア崇敬が普及し活況を呈していたのであり、そこに両者の相関関係を読み取ることができる。(145)

ところで隠修士がマグダラのマリアに惹かれ、その生活に倣おうとした理由は何だったのだろうか。それは彼女のもっていたつぎの二つの基本的性格にもとづいていた、というべきである。

ひとつにはマグダラのマリアが「贖罪者」であったこと。彼女は娼婦として神から離れた罪人であったが、涙と悔い改めによってキリストから多くの罪を許され、再び神の懐に戻ることができた。隠修士が皆、贖罪者であったことは既述の通りである。彼らはなによりもまず、神から嘉されるべく贖罪を成し遂げた者、つまり贖罪者の模範としてマグダラのマリアを崇敬し、模倣しようとしたのだと考えられる。

今ひとつはマグダラのマリアが「観想者」でもあったこと。中世においては、マグダラのマリア像にベタニアの人、マルタの妹であるマリア（ルカによる福音書第一〇章三八～四二節）の像が二重写しになっており、しかも教父時代よりマルタがvita activa（活動的生活）の、マリアがvita contemplativa（観想的生活）の代名詞として用いられてきたという事情があった。したがってマグダラのマリアは、観想的生活の代表者ともされることになったわけである。彼女は罪を悔い改めるという消極的回心のみではなく、神との神秘的合体という積極的回心をも体験することで完徳に達した者だと理解されていた。次項で見るように、この「観想者」であるという点においてもマグダラのマリアは隠修士の模範でありえたのであり、一部では彼女こそ「最初の隠修士（隠修女）」と看做された。

⑨観想的生活

禁欲・苦行とともに隠修士の生活の大半が費やされた行為に〈観想〉がある。観想的生活、祈りの生活こそ、完徳のため孤独の地を求めた彼らの随一の目的であった。他の行いは純粋な〈観想〉のための「条件作り」だといっても言いすぎではない。彼らが昼夜を問わず一日中〈観想〉することを止めなかったのは、それゆえむしろ当然である。

それでは彼らはどんな祈りを捧げ、その祈りと観想の目標はどこにおかれていたのであろうか。[146] 一般に隠修士の個々の祈りは短く単純であった。そしてその素材には、とりわけ詩篇が好まれ熱心に唱えられたことが、どの隠修士の伝記にも記されている。ドイツの隠修士グンターが正式に学び知っていたのは、生涯いくつかの詩篇のみであったこと、[147] ロムアルドが神の言葉への聡明な服従に習熟するため、こころを没入させるよう弟子たちに勧めたのが詩篇の句であったこと、[148] オバジンのエティエンヌが日夜詩篇を唱えていたこと、[149] ミュレのエティエンヌが詩篇や他の祈禱を二～三日間何も食べず恍惚となりながら唱えていたこと、[150] などは顕著な例として注目される。

詩篇さえ知らぬ無教養な隠修士は、より簡単な祈りの文句を繰り返し唱えたようである。救憐誦・主禱文・天使祝詞だけを何度も繰り返していたと伝えられる騎士出身の隠修士ジェルラック（ヘルラッハ）がその例証となる。[151]ともかく複雑な祈りや豪華な典礼を嫌い、単純な祈りに真摯なこころを託すという態度が、隠修士共通の祈りの姿勢であった。いたずらに数だけ多い祈りは無意味であり、贖罪の気持ちを込めて真摯に祈るべきである。詩篇などの祈りの内容もさることながら、神に向かって気持ちを集中させる下地作りとしての、また鞭打ちや反復跪拝の動作にリズムを与える伴奏としての役を、単調な祈りの反復が果たすのだろう。

これらの祈りや場合に応じた祈願を唱えながら、彼らは神の言葉に思いを凝らし、種々の霊的主題について観想した。[152]観想は地上で行われるにもかかわらず、天上に連なり天上においてのみ完成するものであり、その点、地上で完結する他の行為とは本質的に異なっていた。幻想的な色合いを帯びた緊張した雰囲気の中で、観想者の魂は集中的な観想のはてに外界から自由となって天上に飛翔する。神の恩寵によって一時的に達成したこの至福の世界で、唯一人神と語り合い、霊的に合体して平和と安息の境地に浸ること、地上において永遠の悦びを先取りすること、それが隠修士の不断の観想的生活の目標であったと言えよう。

ここで隠修士の観想的生活と修道士のそれとの相違点を考えてみなくてはならない。なぜなら修道士も観想的生活に非常に高い価値を付与し、修道院とは中世をつうじて観想的生活を専門に行う宗教的施設であったのだから。隠修士の短く単純な祈りに比し、修道士の共同の祈りが複雑で豪華絢爛を極めたことは誰の目にも明らかな形態的差異であろう。カロリング期以来、修道院のネットワークや寄進者・後援者の貴族たちの家系との繋がりが緊密化し、こうした関係者のための代禱・記念祈禱が隆昌し、修道院の祈りの生活はますます複雑化していった。

その他には、観想的生活と活動的生活との関係の中に、両者の根本的差異をつまびらかにする鍵があるように思われる。活動的生活とは、貧者・病者の世話、説教、労働、禁欲・苦行などを総称した言葉である。活動的生活と観想的生活との関係は、教父時代からさまざまに論議されてきたが、グレゴリウス大教皇（在位五九〇～六〇四年）以降、活動的生活と観想的生活とは継起的・段階的関係にあり、後者をより高い生活形態だとする見解が一般的になっていた。この見解は、ロマネスク期の修道士や隠修士にも共有されたと言ってよい。

しかしながら修道士——ベネディクト派の——が、活動的生活を乗り越えられるべきものであるとして、九世紀以降、なかんずく十一世紀以降、労働や禁欲・苦行を軽視して観想的生活に専念していったのに対し、隠修士は活動的生活（とくに禁欲・苦行）と観想的生活を救いのための不可分の二要素だと看做した。観想に高い目標を掲げれば掲げるほど、それは禁欲・苦行の厳しさによって際立てられねばならない。禁欲・苦行によって十分贖罪し、身を浄めてはじめて観想は大きく結実する。活動的生活は、魂が神との合体という観想的生活の目標に向かって上昇するのを助ける梯子のような役目を果たす——これが隠修士の考えであった。

ただ注目しておきたいことがある。当時、修道院がいよいよ俗人を排除する傾向にあり、それは隠修士や彼らの創設した組織での俗人の優越と対照的であった、という宗教界の制度的問題である。クリュニーをはじめとするベネディクト派修道院は、十一世紀初頭までにほとんど聖職者で構成されるようになっていた。つまり修道士らは大半が聖職身分をもっており、だから説教や司牧ができることになり、それが彼らのエリート性を倍加したのである。伝統的修道院や新来の修道院が、押し寄せる俗人の宗教的渇望を癒すべく、十一世紀末から十二世紀初頭に創設したのは「助修士」conversiという身分であり、それは修道士の高貴な召命の物質的手助けをする、いわば下働きの役割を負う集団であった。[153] 助修士は修道生活のお零れに与れるとはいえ、実際には農作業に励み、建築工事に当たり、院内の雑務をこなしたりして、修道士が世俗から隔離されることを可能ならしめる助っ人にとどまり、彼らの救霊よりも修道士らの都合がつねに優先された。そしてここには、修道院内部での身分の上下関係が明確に出来上がっていることが見て取れる。

これに対して隠修士には、もともと聖職身分はその霊的追求とまったく無関係であった。説教や聴罪といった「司牧」活動さえ制度の保障なく実践する彼らであり、俗人の隠修士はいくらもいたのである。ロムアルド、アフリジャンの六人の盗賊騎士、フローヌの三人の俗人、ベックのエルルアンとレラスのポンスなどがその代表例だし、またイングランドの隠修士ゴドリックもそうである。隠修士の周りに集まった俗人は聖職者以上に多く、皆平等、ないし俗人のほうがむしろ上位を占めるくらいの勢いであった。手労働の価値への信頼の篤さが、観想のみに魂の救拯への捷径を与えなかったという、本項で明らかにしてきた霊性の特質とこの聖職身分への軽視は関連している。

組織の後ろ盾もなく仲間たちの協力もない孤独な隠修士の祈りは、修道士や聖職者たちの祈りに比べればまったく無力だという見方もありうるだろう。しかし、教会改革や原始キリスト教への回帰といった運動から修道院が脱落しつつあるときに、革新の最後の戦士としてキリスト教を活性化させつづける、微かな鼓動を打っていたのが彼ら隠修士なのであった。彼らの祈りは孤独なものであっても、それはいわばキリスト教世界全体を一人で代表する祈りであったのである。特定の集団のための祈りではなく、自分と全キリスト教徒たちのための内面的な祈りは、より神に喜んで受け容れられるのである。まことにアルブリッセルのロベールが、ブルターニュ伯夫人エルマンガルドに伝えたように――「短い祈りも有用なのです。唇の祈りではなく、こころの祈りが神には心地よいのです。神は言葉にではなく祈願する者のこころに注意を傾けます(154)」というのが、彼らの信念であった。

⑩終末観

最後に隠修士における終末観を取り扱おう。まず世界終末への恐れや期待をはっきり表明した隠修士の例を見てゆくことにする。

やや早い時期になるが（九六〇年）、チューリンゲンの隠修士ベルンハルトは領主たちの集まりの席に現れて、神から啓示されたこの世の最後の日が近づいていることを告げ知らせた(155)。

聖ブルーノの伝記によると、彼はある日、埋葬されようとするパリの偉大な教師が三度まで起き上がって神の審判による呪いを嘆き叫んだ奇蹟を目前にした。それをきっかけに悔い改め、仲間を誘って隠修士になろうとしたとき、彼はつぎのように語った――「ああ親愛なる者たちよ、どうしたらよいのだろうか。われわれは皆、一緒に破滅し、逃げ去った者以外は救われないだろう。――(中略)――もしかくも立派な生活を送ったように思われ、かくも著名であった、かくも地位高く学識豊かな人が、かように疑いなく呪われたのなら、われわれまったくみじめな小人はどうしたらよいのだろうか。もし一人の人間の悲嘆の声によって、われわれがかくも戦慄すべき呆然とさせる恐れと戦きに動揺させられ、驚愕させられたのなら、最後の審判の喇叭とともに獅子の咆哮がわれわれの耳に打ち響くとき、どうしたらよいのだろうか。われわれ皆が、『死者たちよ、起きて審判に出頭せよ』という言葉を聞くとき、そのときはどこに逃れようか。われわれはどうして出頭できるだろうか。天の柱も震動し、天使も不安にさせられ、恐れる者は錯乱させられるだろう、かくも恐るべき審判に、われわれはどうして出頭できるだろうか。そのときはどこに隠れようか。隠れるのは不可能だろうし、出頭するのは堪え難いだろう。だから神の剣の面を避けて、罪の告白の中にその面を先取りしよう。さあ懇願し、神の前に平伏しよう。われわれを創りたもうた神の御前で泣こう。――(中略)――永遠の審判者の怒りと永遠の呪いの判決と罪人を押し流す洪水を、ノアの方舟とキリストがその中で風と嵐を鎮めたペテロの小舟、つまり贖罪の舟の中で避け、永遠の救いの港と平安に到達できるように山の中に閉じ籠ろう(156)」。

じつはこの「聖ブルーノ伝」の記述は、他の史料による裏づけが得られず「事実」ではない、少し後の時代の挿入ではないかと、すでにボランディストやその後の研究者によって指摘されている。その意味からすれば、これをブルーノの考え・事績として捉えることはできないことになろう。それでも私は、こうした記述が付け加えられたのは、隠修士の霊性の中に終末論的な要素があったからではないかと考えたい。論点を先取りしておけば第三節の隠修士をめぐるイマジネールの問題ともこの考え方はかかわってくる。

隠者ピエールが神から遣わされた預言者として天来書状を携帯し、神の国の接近とそこでの貧者の選抜に関して弁舌巧みに宣べ歩いたこと、そしてその言葉に鼓舞され熱狂的につき従った下層民の大群とともに、反キリストと戦い神の国を準備するべくエルサレムに向かったことは、比較的よく知られた事実に属する[157]。さらにクサンテンのノルベルトも「反キリストの到来は近い」と述べていたことが、聖ベルナルドゥスのシャルトル司教宛の書簡から知られる[158]。

ペトルス・ダミアニが、オスティア司教兼枢機卿に任命されて間もなく執筆した二つの論考で、いつ何時到来するとも分らぬ最後の審判の恐ろしさとそれに先立つ前兆について熱心に思いを巡らしているのは、厳密にいえば隠修士の終末観を表した言説の例に含めるのは不適当かもしれない[159]。当時の彼を隠修士とは呼べないからである。しかし長らく隠修生活を送り、教会政治に巻き込まれた後も絶えずそこへの回帰を願って教皇に頻繁に司教解任を願いでた彼の経歴を考慮に入れれば、この想念は彼の内面に固着した隠修士としての気質の表れと考えられなくもない。

隠修士の終末観を直接、表していると思われる言行は、以上が見つけられた例のすべてである。けれどもここに名を挙げなかった隠修士の胸の中にも、強度の終末論的危機意識が潜んでいたに相違ない。福音書において清貧と終末観とが結びつき、間近いキリスト再臨が待望されているように、福音書に則して生きようとした彼らの清貧生活には、世界終末の予感に打ち震えたような切迫した趣があるからである。彼らが憑かれたように熱烈な贖罪の願望を有していたことも、その危機意識を裏書きするだろう。

十世紀末から十二世紀前葉にかけての西欧は、とくに濃厚に世界終末の雰囲気が漂った時代である。飢饉・疫病・地震など、ことあるごとにそれらは世界終末の前兆と看做され、人々のあいだに激しい動揺を惹き起こした。思うにこの時代の隠修士は、時代を覆うこの終末の雰囲気を、常時もっとも敏感に感じ取っていた者たちであり、それゆえに間もなく峻厳な審判者に立ち向かう準備として、彼らの贖罪生活はいよいよ激烈を極めたのだろう。

＊

以上、ヨーロッパ中世の宗教運動の歴史の第一期（ロマネスク期）に生存した隠修士に関する原史料に検討を加え、その活動と精神を十項目に分けてそれぞれ考察してきた。もちろん、すべての隠修士のあらゆる活動と精神がそれで尽くされているとは主張しないし、個人差もあれば地域差もあるだろう。しかし当時のほとんどの隠修士に共通の、そして隠修士をそれ以外の者から区別する精神的特質は、この十項目にわたる議論でおおよそ捉えられるであろう。

そのような主要構成要素を内包する隠修士の精神世界には、独特の「教会観」「キリスト教世界観」が胚胎している。最後にそれを付言しておこう。その教会観はローザンヌのアンリの教説に明示的に表れているものである。[160] 彼は教会の組織・伝承・秘蹟を否定されるべきものとして、あらゆる物質性から自由な「霊的教会」の必要性を説いた。そこで問題なのは、神との内的コンタクトと無関係な富や権力や儀式や制度ではなく、個人的な福音の信仰であり、福音を信ずる信徒の霊的共同体こそ「教会」だというのである。しかもこの「霊的教会」にはなんらの階層秩序もなく、神への愛をつうじてあらゆる人々が慈愛によって結合されるのだとされた。かような教会観は、ハイムラートやロムアルドの思考のうちにも垣間見ることができる。[161] アンリのようにはっきり提示している者は稀でも、このような教会観は、すくなくともこれまで明らかにしてきた隠修士の精神に適合的な教会観であると言うことはできよう。

隠修士にとっては、余分な装飾のない単純で真摯な祈りこそ神への捷径であり、その祈りの行われる彼らの庵が、謂わば教会の中枢であった。教皇庁を頂点とする大々的な組織としてのローマ＝カトリック教会ではなく、森の中の粗末な掘っ立て小屋と祈禱所が「キリスト教世界」Christianitas を支える屋台骨だとの自恃に溢れた思想が、彼らの身をもって提示されたのである。隠修生活のスポークスマンでもあったペトルス・ダミアニは、フォンテ・アヴェッラーナの僧坊の集まりは慈愛の絆（vinculum caritatis）によって結びつけられており、完徳生活の得難い模範を世界に示しているとしたが、これも同様な考え方であろう。

隠修士たちがロマネスク期にかくも大きなインパクトをもちえたのは、ロマネスク的な〈霊性〉が展開する舞台として、この独特の「教会」「キリスト教世界」が民衆たちによって想定され、いや生きられていたからこそだろう。

だが隠修士の自由な運動はあまり長つづきしない。隠修士たちは結局のところ教会の懐にしっかり取り込まれる運命にあり、その一部が大きな修道会――本来の修道会と律修（聖堂）参事会――の創設者となるという側面にのみライトが当たるようになって、彼らがもっていた革新性は急速に忘れられてしまうだろう。

十二世紀中葉から十三世紀にかけて、つまり時代がロマネスク期からゴシック期に移り変わるや、西欧の宗教世界はそれ以前とは別個の問題を構成するようになる。それまで組織的に脆弱であった教会ヒエラルキーが高度の制度的組織化を遂げ、教会政治の運営に際して修道院や教会体制外の宗教運動の助けを借りなくてもよいような、行動主体として立ち現れてくることが重要である。そうした動きの中で、マージナルで自由な隠修士は教会秩序の内に包摂されることになる。すなわち、もし彼らが異端として弾圧されるのを欲しないならば、既成の修道院の修道士になるか、新たな修道院や聖堂参事会を創設して規則的な共住制を始めるかのいずれかの選択を余儀なくされるのである。そして隠修士はその時点で、私たちの扱っている時代とは形態も性格も異にするものへと変貌する。

次章のカタリ派を代表とする組織的異端運動は、ローマ＝カトリック教会の厳格な組織化という、すぐれてゴシック的な動向の中であえて民衆的霊性を鋭く磨こうとしたときに、正統の枠内での運動――隠修士の運動はそうであった――がもはや不可能、あるいは非常に困難になることをはっきりと示しているのだろう。

二　隠修士と教会制度

そもそも隠修士は教会の中でどのような位置・身分をもっていたのだろうか。この点については史料も少なく、あやふやなイメージしか描けない。

孤独生活に入るときには、まず教会の権威に服すること、つまり清貧・貞潔・服従という修道生活に入る修道士に準じた誓願を発し、司教の許可を得てから隠修士となるらしい[162]。またその際、特別な衣服を賜ったようである。これらは隠修生活を一種の教会公認の身分とする儀式であり、あたかも「巡礼者」が特別な身分であるように、「隠修士」にもそのような身分が与えられたということだろう。しかし十一〜十二世紀には、いまだこの通過儀礼のような典礼的・教会法的な儀礼は十分広まってはいなかった。司教の許可を得ず、各自が好きな格好をして出発するケースもあったようだ[163]。また「説教権」についても、アルブリッセルのロベールや隠者ピエールのように教皇（や司教）から得た場合もあるが、かならずしもそれは必須ではなく、各自、己の召命を信じ、聖書の記述を典拠に巡歴説教したことについては上に見た通りである。

いずれにせよなんらかの宗教服をまとい、孤独の地に旅立った隠修士らは、司教の下に赴いて、町中のある場所・教会を住処とすること、あるいは森の中に小屋を建てる許可を得たことだろう。そしてその助言にできるだけ従おうと努めたことだろう。そうしないでは聖ベネディクトゥスの非難する「サラバイタ」（無規律修道士）や「ギロウァグス」（放浪修道士）と自らを区別できなくなってしまうからである。だがロマネスク期の自由な隠修士は、たとえ司教の許可を得て、さらに決められた儀礼を通過したからといって、それだけでは当局の批判を免れることはできなかった。本節では、聖職者・修道士と隠修士との相互の批判について検討していこう。

A　教会人の隠修士批判

前節で明らかにしたような精神を体して活動する隠修士に、典礼・教義・法制などの上で正統を確立しつつあったカトリック教会はいかなる態度でのぞんだのか、隠修士の精神と当時の教会改革運動の精神とはいかなる関係にあったのか、その解明は隠修士の〈霊性〉の特質を浮き彫りにする役にも立つに違いない。

隠修士と教会制度との関係を考えるためには、当時の教会人の隠修士に対する発言や態度を検討することから始めるのがよいだろう。ここで取り上げるのは、十一世紀末から十二世紀前半にかけて活躍し、隠修士に強い関心を示した五人の代表的教会人である。すなわちヴァンドームの聖三位一体修道院長ゴッフリドゥス（在位一〇九三～一一三二年）、レンヌ司教マルボドゥス（在位一〇九六～一一二三年）、シャルトル司教イヴォ（在位一〇九一～一一一五年）、ルマン司教ヒルデベルトゥス（在位一〇九六～一一三三年）、そしてクレルヴォー修道院長聖ベルナルドゥス（在位一一一五～一一五三年）である。[164]

まず最初にゴッフリドゥスは、一一〇六～〇七年、西フランス地方の著名な隠修士アルブリッセルのロベールに宛てた書簡で、ロベールが罪の源泉である女性に対して積極的な世話をしていることに警告を発し、とくに彼の苦行の一形態 mulierum consortia（女性同伴）や男女の群を引き連れての巡歴などのスキャンダラスな行動、珍奇な服装、顕官への中傷、信徒たちが教区司祭を見捨てる結果を伴うような説教活動などを公の風紀・秩序を乱すものとして慨嘆し、糾弾した。それとともに、彼がもっと思慮分別（discretio）をもち常識に帰るように要請もした。[165]

一〇九八～一一〇一年、マルボドゥスもロベールに宛てて同様な趣旨の苦言を呈している。[166] とりわけ「女性同伴」が神の法にも人間の法にも違背しているとし、若い娘らがつぎつぎ孕んで出産するような男女混淆の放浪生活は有害至極で、そのうちロベール自身もその誘惑に陥るだろうとし、傲慢・偽善だと呪う。修練期間もなく英雄的生活に参入し、裸足で毛むくじゃらの奇態な風体、しかも無一物で歩き回るのは百害あって一利なく、またその激しい瀆聖聖職者批判は批判ではなく中傷だ……と。マルボドゥスはロベール以外に彼の弟子たちにも二通の書簡を書き送り、そこで彼らの瀆聖聖職者批判のゆきすぎを遺憾とした。(167)

つぎに、イヴォは一〇九四～九五年頃ロベール宛の二通の書簡で、ロベールの隠修生活は未熟なままの孤独な悪魔との戦いであり、世俗を捨てる前よりもかえってひどい堕落に陥る危険を孕んでおり、より安全に戦うには修道院に入って服従と謙譲の制御の下に経験を積むことが必要だ、下から頂上に向かって登っていくべきであり、頂上から始めて真っ逆さまに深淵に墜落してはいけない、などと述べ、彼の激烈な禁欲生活を緩和するよう勧めた。(168) また一一〇七(九)年頃、クロン(Coulombs)の修道士たちに宛てた書簡では、粗野な服を着、卑しい食事を採り、村や城や町をあちこち放浪しながら高位聖職者を非難したり、背徳的な十分の一税の収入で暮らしている修道院を去るように奨励する隠修士を、隠修士というより「放浪修道士」「無規律修道士」だと難じ、修道士らは修道誓願を堅く守るべきであり、その誓願を蔑ろにして堕落した隠修士の二の舞にならぬよう警告を発した。(169) 教会とは「キリストの体軀」全体――つまり聖職者全体――であり、そのごく一部にすぎない隠修士が、それを独占的に占有するなどとは、あるべき事態ではないのだ。一一一三～一四年頃、修道士――後、隠修士になった――レノにもイヴォは書簡を宛てており、そこで私有財産と自己の意志を捨てて共同の戦いをする修道院での生活の功徳に、目立つだけで益のない誘惑と虚飾に満ちた隠修生活の危険を対比させ、隠修士になりたがっている彼にそれを思い止まるよう勧告した。(170)

さらにヒルデベルトゥスはローザンヌのアンリの説教にはじめは寛大であったが、一一一六年以後、その説教に熱狂した市民たちが反聖職者暴動を起こすと彼の神学上・典礼上の無知を軽蔑し、説教権の承認を撤回して市外に放逐した。(171) またある書簡では、アンリを恥辱に塗れた生活ぶりと有毒な教義とで人々を悪の道に誘い込む悪魔の罠であり、反キリストの腹心だと罵倒した。(172)

最後に、聖ベルナルドゥスはトロワの聖マリア修道院の一修道女に宛てた書簡で、ただ一人で孤独の地に赴けば容易に悪魔に誘惑されてしまう、けれども共同生活ならば、たとえ悪をなしても多くの仲間からすぐ見つけられてただちに矯正されうるのだと説いて、彼女が孤独の地に赴くのをやめさせようとした。(173) サン・ジル伯宛の書簡とトゥールーズ人宛の書簡では、ヒルデベルトゥス同様、ローザンヌのアンリの活動によって惹き起こされた教会の惨状を嘆き、彼を悪魔の手下、背教者、羊を気取った狼などと呪った。(174) また自分の修道院の修道士には、唯一人で悪魔の狡猾さに立ち向かう孤独生活の危険や放埒、仲間の数だけ援助者がいる共同生活の効用、そして巡歴説教をする修道士の害悪などを説いて、修道士が隠修士になったり巡歴説教をしたりすることを非難した。(175)

以上、五人の代表的教会人の隠修士・隠修生活に関する意見をかいつまんで紹介してきた。それらが不信と無理解に満ちたものであることは一読明瞭であろう。彼らは改革者として、厳しい掟の修道生活には満腔の賛意を表する者たちである。しかし一人で荒野に赴いて悪の力と戦うのはあまりに危険だし、「acedia」つまり空虚なむなしさを抱えた不安に満たされ、懈怠に沈む、不条理な心の混乱（irrationabilis mentis confusio）に陥りやすいと考える。(176) 共同生活は、それらの危険に皆で立ち向かえるし、過ちを犯しそうなときにはいつでも院長や兄弟が注意・助言をしてくれる。しかも兄弟たちとの和合の生活は、原始キリスト教の共同体を思わせる慈愛で結ばれた麗しい生活だと、教会の代表者である彼らは懇々と説くのである。

同様な視点からの発言は、いくらでも収集可能である。紀元千年頃、ラヴェンナ大司教レオは修道院を去って隠修士になった者に向かって、たとえよりよき生活を求めようとしたのだとしても、戒律と誓願を裏切ったわけだから非難されるべきであるし、なにより服従の義務をはたし、兄弟たちとの絆を定住（stabilitas）によって維持し、そして院長の許可を得るべきことを説いている。(177) また十二世紀を代表する年代記作者オルデリクス・ウィターリスはノルマンディーのサン・テヴルー修道院というベネディクト会の修道院所属であったが、一一三五年頃、隠修士たちの新しい運動について悪意ある記述をしている。これもおなじ思考回路のもたらしたものだろう。[178] さらにエノーの隠修士クレスパンのエベールも、その管区の司教たちによってひどく警戒されて、執拗な審査の対象とされた。[179]

しかも教会関係者の隠修士に対する非好意的態度は、彼ら高位聖職者のみにかぎられていた訳ではない。ティロンのベルナールが司祭とその妻たちの憎しみを買ったように、[180] 下級聖職者や修道士もしばしば隠修士に敵対的であり、非難中傷は言わずもがな、暴力をもって彼らを近傍の土地から追放することも辞さなかった。聖職者は、彼らを標的とした隠修士の批判的説教により信徒たちに見くびられ、ひいてはクビにされ収入が途絶するのを恐れていたのだ。物理的な暴行の具体例としては、ハイムラート、ジェルラック、シャラールのジョフロワ、フランドルの俗人隠修士ロベール、あるいはニーダーラインのリウドルフとその仲間たちがそのような冷酷な仕打ちを受けた。[181] 極端な例では、一一二〇年頃、イタリアの隠修士マテーラのジョヴァンニが、バーリの聖職者らに許可なしに説教したことを恨まれ、異端で冒瀆者にほかならないとされて間一髪火炙りを免れた。[182]

最後に、ペイアン・ボロタン（Payen Bolotin）という伝統的共住修道制の擁護者、おそらく自身シャルトルの司教座聖堂参事会員だった者が一一三〇年代はじめに書いた、いかさま隠修士を批判した詩「放浪する偽隠修士について」De falsis eremitis qui vagando discurrunt を紹介しよう。[183] そこではつぎのように言われている――隠修士は森の中の孤独よりも安楽な町中滞在を好み、しかも放浪癖がある。彼らは大食い・貪欲・酔っ払いで寝坊助だ。彼らの言説は偽善であって、民衆を誘惑して若者の人気を得ようとするためにのみ弁舌爽やかに語っている。隠修士が修道士を非難する苛烈さ、それは修道士の無為や食事への興味を槍玉に挙げているのだが、そういう彼らも修道院の閉ざされ、厳格な戒律に拘束された生活に耐えきれず、気ままに動いているのだから褒められたものではない……。ボロタンはこのように独立の隠修士を非難するが、監視下に規律正しい生活を送る修道院付きの籠居修士は擁護した。偽の隠修士たる放浪修道士と無規律修道士を批判したのである。聖書にある偽預言者の偽善の系列に、自由な隠修士たちをも入れてしまおうというのである。

とどの詰まり伝統的な聖職者や修道士たちは、その安定した既得権を脅かす、身分秩序（ordines）の境界を溶解する勢いの隠修士を毛嫌いし、新規な生活形態を送る彼らを教会の構造の中に含め入れることに難色を示したのである。

B 隠修士の聖職者・修道士批判

他方、隠修士の聖職者や修道士に対する批判もそれに劣らず厳しかった。そもそも最初修道士となったものの、その修道院の院長のシモニア、修道士らの生活振りの堕落にあきれはてて落胆し、それを公然と非難しながら隠修士になった者がかなりいた。グァルベルトやヴェネツィア生まれの隠修士アナスタージョがそのよい例である。[184]
隠修士が巡歴説教師として辛辣な瀆聖聖職者批判を行ったことは既述したが、二～三例示してみれば、ロムアルドは各地を説教して歩きながらとくにシモニアの罪を犯した聖職者を辛辣に批判したし、[185]ティロンのベルナールは妻帯聖職者に食ってかかり、聖職者たちの集まりで非難を込めた話をしただけでなく、住民集会においても舌鋒鋭く批判した。[186]アルブリッセルのロベールも、自らがニコライスム、シモニアを身近に経験した罪の意識を抱えていたゆえ、なおのことその瀆聖聖職者批判は熱を帯び、レンヌではニコライスムと戦い、シャルトルではシモニアを告発した。[187]司祭から隠修士になったアンジルジェルは、おなじく過激な仲間の一団に支援されて、信徒たちに欠陥のある聖職者がいる教会を見捨てるようけしかけて司教マルボドゥスの反発を買った。[188]
その他には、ミュレのエティエンヌが聖ベネディクトゥス戒律を福音の掟に無関心だと非難したことがある。[189]すなわち、キリストの福音書以外には戒律などありえないし、そこから掟を汲んでいるかぎりでのみ聖ベネディクトゥス戒律には意義があるのにそれが忘れられている。神の掟は万人に妥当し、独身者も既婚者も救えるが、聖ベネディクトゥス戒律はごくかぎられた修道士しか救いの対象としていない、というのである。それどころか、ベネディクト系修道院になることも聖堂参事会になることも拒みつづけたグランモンの創設者になったエティエンヌであってみれば、キリストが語った言葉の精神を次第に蔑ろにし、とりわけ清貧の理想を忘れた修道士や聖職者は救いから遠ざかり、周囲の者たちに言葉と態度で救霊の模範を示すことなどできない、と感じられたのだろう。イヴォから隠修士になることを思いとどまるよう忠告された先述のレノが、その忠告を無視したのみでなく、福音の掟を忘却し贅沢で安逸な生活を貪る修道士を散々に皮肉り痛罵したことも、ミュレのエティエンヌの過激な福音主義に通ずる。(190)

ロムアルドはじめ数人の隠修士の伝記を書き、自身も長く隠修士としての経歴をもち、フォンテ・アヴェッラーナに定着してからも隠修士とその生活に共鳴しつづけていたペトルス・ダミアニは、隠修士エティエンヌに宛てた論考で、修道生活の鈴の冗長な鳴らし方、歌の過剰なハーモニー、ピカピカ光る装飾、またあらゆるこの種のものを無視するように促している。(191) 彼の考えでは、聖ベネディクトゥスは挫折した隠修士なのであり、その戒律を受け継ぐ修道院の生活も、魂の救いには手枷足枷になって目的の到達は覚束ない。整然と行われる典礼の祭儀よりも孤独と涙のほうがましであり、詩篇の詠唱をひとしきりしたら頑固な沈黙が支配するべきだというのが彼の一念であった。

もちろんペトルス・ダミアニは、隠修士としての理想をつねに胸に秘めてはいても、修道院を管理し、後には司教=枢機卿にまで上り詰めた「教会人」であり、あくまで体制側の人間として教皇はじめ他の教会人と厳しく敵対することはできなかった。苦しい立場ではあったが、体制内から隠修士の理想を教会関係者に突きつけつづけた、特異な存在であった。

さらに過激なのが「異端」とされたローザンヌのアンリである。(192) 彼はルマン司教ヒルデベルトゥスに、一一一六年頃、隠修士として歓迎されて町に受け容れられ、四旬節のあいだ説教することを許された。身なりも、十数年前のアルブリッセルのロベールを思わせる粗衣に裸足・蓬髪であった。しかしパタリア的な過激な反聖職者主義で在地の聖職者たちを批判し、不適格司祭の秘蹟の有効性を否定してヒルデベルトゥスを慌てさせた。

結局ロマネスク期には、隠修士と体制としての教会とは相互に不信を抱いて不断の緊張関係にあり、ときにはそれが公然たる敵対関係に発展したのである。

C　対立から宥和へ

では隠修士と教会制度は対立しっぱなしだったのだろうか。両者は折り合うことはないのだろうか。

もともと修道生活は、孤独や禁欲といった隠修士の特許のようになっている生活を、まさにする場所のはずであった。修道士と隠修士は、元来違うものではなかったのである。それは「砂漠の隠者（師父）」たちが、両者共通の始祖とされたことからも推測できる。「砂漠の隠者（師父）」の伝記とその翻訳・翻案が中世をつうじてずっと人気を博し、修道院でもその外部でもよく読まれていたのは、究極の理想が同一であったからだろう。

西欧修道制のスタンダードな戒律となった初期中世の「師の戒律」**Regula Magistri** でも「聖ベネディクトゥス戒律」でも、第一章で四種の修道士を区分している。共住修道士、隠修士、無規律修道士、放浪修道士であり、後二者は断罪されているが、前二者は褒むべき存在とされている。[193] ただしロマネスク期の隠修士は、しばしば断罪された後二者になぞらえられたことも事実である。

これらの戒律によれば、修道士で孤独な隠修生活を求める者は、共同生活に不満を抱えるからではなく、より高い完徳を目指して単独生活に入るべきであった。彼らはすでに修道院内での、兄弟たちとの隊伍を組んだ長年にわたる共同生活で、謙譲・服従の徳を体得し、悪魔と戦うやり方を学び、肉体と思考の悪徳に陥ることなく、荒野の孤独な戦いにも十分な準備を整えている者でなければならない、ということである。[194] その上でより高いレベルを望む者が、孤独の修行に入るのである。それは、修道士のなかでもエリートのみが達せられる完徳と観想の境位であり、しかも共住の修道士と同様に stabilitas loci（一所定住）を遵守すべきであった。[195] 彼らはあちこち落ち着きなく動き回ることなく、修道院ないしその縁辺に固定して厳しい禁欲生活を送らねばならないのである。それが籠居修士 inclusus（reclus）、籠居修女 inclusa（recluse）という解決策だったと言えるだろう。[196]

実際、これらの修道院付属の一所定住の隠修士・隠修女たる籠居修士・籠居修女は、初期中世からかなりの数いたようである。すでに七世紀の公会議でも規定されているように、一定の期間、共住修道士として文句のない生活を全うしてから籠居することができた。その数はカロリング期から一段とふえ、また大修道院たるクリュニーにもシトーにもこの制度があった。院長の許可の下に修道院内の独房に籠るか、あるいは修道院からほど遠からぬところ、多くは森の中の礼拝堂の脇に僧庵を作って籠るかした。

また修道院付属以外の籠居修士・修女もいた。十一世紀の西欧世界を揺るがした社会・政治・経済・法すべての領域にわたる激変とともに、修道院に下属しない自発的で「俗人」出身の籠居修士・修女がふえたのである。初期中世には男性が大半であったが、盛期からは女性化が進展したという傾向の変化もある。都市・教会・修道院のほか王侯が保護者となり、管区の司教が監督した。もう人里離れた森が「孤独地」なのではない。人里近くても、いやその只中にも「孤独地」はあるのだという考え方が、この「都市化の時代」には現れたのである。

彼らは空の下、いつでも出入りできる庵に住む代わりに、二度と外に出ることのない独房に閉じ籠る。仲間に別れを述べて抱き合った後、厳かな行列で籠居所に向かう。彼らが入った後、扉は塗り込め閉ざされるか、あるいはその替わりに司教などの教会当局者がその印璽・印章を扉に押して閉鎖した。籠居といっても、その房はしばしば壁に囲まれた小さな庭に面していたし、また小さな窓からは、食料を受け取ったり告白したり訪問者と話したりすることができた。さらにその房は通常、教会や礼拝堂に隣接していた。房の第二の開口部からその教会・礼拝堂内を望み、そこで行われる聖務日課に加わったり聖体拝領したりできたのである。

厳しい苦行をその中で一人で行う彼または彼女は「この世で死んでいる」のであり、そのことを赤裸々に示すべく――籠居候補者がとくに女性の場合に――しばしばつぎのような儀式がなされた。すなわち司教から終油の秘蹟を受けた後弔鐘が鳴る中、籠居候補者が房の中の墓に入り、その上に司式者が少し土を掛けるのである。

パリやトゥールーズ、リヨン、ストラスブールなどの大都市には多くの籠居修士・修女がいて、都市の組織の公的で敏感な部分、大通り・四つ辻・橋・市門・墓地・施療院・教会脇などに居を構えた。彼らは人々の喜捨に縋って生きるしかないが、かわりに天と地、生死のあわいにいるからこそ体現できている「聖性の糊」をもって、いわばあの世の霊威で都市をはじめとする共同体にひびが入り崩壊することを防いでいた。共同体のために、一人、貧苦の中で苦しみ、祈る彼らが、都市を内外の敵・危険――火事・疫病・敵兵など――から守ってくれるという仕組みである。

彼らについてはいくつか戒律が作られて、孤独生活の効用と忍び寄る危険が喚起されている。すでに九世紀末には、古代からの師父の教えを集めて、孤独者らに組織と霊性を呈示した「グリムライクスの戒律」Regula solitariorum があり、また十二世紀にはリーヴォーのアエルレドゥスの「籠居修女の生活指針」De institutione inclusarum が書かれた。[197] しかしこれらの戒律は、厳格な規律を課すことを目的とするより、孤独生活の称揚・道徳的な助言・励ましが主な内容である。

ペトルス・ウェネラビリスは、クリュニーの第九代院長（在位一一二二～一一五六年）だが、『奇蹟について』De Miraculis 中でカルトジオ会の隠修生活を賛美しており、また籠居修士ギルベルトゥスに宛てた書簡で彼を激励している。[198] すなわち荒野では傲慢・無為・怠惰・嫌気・おしゃべり・貪欲・愚昧などの悪徳の危険があり、そこでの修行者はいつでも悪霊から格好の餌食として狙われているが、しかしうまくそれを克服すれば、貞潔・清貧・謙譲・観想的な祈り・聖書の黙想・典礼・手労働・禁欲行・沈黙・慈愛の精神など、すべて高次の果実が得られる。籠居修士の生活は聖書に出てくるイザヤ、いやキリストや東方の砂漠の隠者らの生活を範としていて、普通の修道生活よりずっと尊厳がある、とペトルスは考えていた。

以上のように、修道士や修道院長はいつも孤独な修行をより高い霊性の果実として称揚し、敬意を抱いていたのであり、一所定住の籠居修士・修女という形態ではあれ、隠修士と共通する理想を欣求していたと言っても間違いではない。であるとすれば、教会の中で「制度的な隠修生活」を広げていこうという解決策が生まれるのはごく自然の成り行きであろう。教会人と隠修士は対立するばかりでなく、共存し共栄することが可能だったのである。ベネディクト会の伝統的修道院に改革の風が吹くときには、このモデルがいつも想起されるし、ロマネスク期の代表的な隠修士も、周囲に蝟集した弟子たちのために修道院を建てたとき、そのように考えたことであろう。

しかしこの妥協策は、伝統的修道院への隠修生活理念の普及ではなく、すぐに隠修生活の理想の枯渇となって結果した。当初は共同生活と隠修生活を折り合わせることが求められ実践されたが、それは徐々に伝統的な共住修道制へと接近してしまったのである。どのような経緯を辿ったのだろうか。

すでに述べたように、ロマネスク期の自由な隠修士は、ゴシック期になると歴史の表舞台から消えていく。それは、彼らが周囲に蝟集した夥しい弟子たちとともに共住修道制を始めるからである。というより、彼らの「自由」とはいつでも「束の間」のものにすぎず、すぐに讃仰者の群が押し寄せ、その大群を混乱なく適切に指導して神への道を歩ませるには、定着して共同生活を営むしかなかったのである。指導的立場の隠修士は、だから当初は明確な修道戒律を制定しないまま、小さな聖堂参事会や修道院分院を森の中に作っては、そこから一人離れて巡歴・隠修生活を再び始める、という行程を繰り返したのである。その最後の段階が、大きな修道会の設立と既存の戒律の採用である。たしかに隠修士のうち著名な者は、新修道会の創始者になり、厳しい修行と理想を手放さないまま改革に尽くした。ではどんな修道会が新設されたのだろうか。

たとえば、カマルドリ会（ロムアルド創建）である。[199] ロムアルドは長い隠修生活の後、トスカーナのアレッツォ近くのカマルドリに定着した。一〇一二年のことである。これは共住制と隠修制を組み合わせた独創的な修道院で、山の上では隠修士たちが小さな庭で隔てられた小屋に住んで厳格な沈黙を守りつつ修行したが、しかし労働や食事は一緒にすることができた。山の下では共住制の修道士がいて、両方の生活を行き来することも可能であった。またペトルス・ダミアニは、ロムアルドに影響を受けてフォンテ・アヴェッラーナ修道院を組織したが、そこではより一層禁欲的な生活が行われた。[200]

それから聖ブルーノが一〇八四年、集合的隠修制としてグルノーブル近くに創った修道院から発展したのがカルトジオ会である。これも共住制と隠修制を組み合わせた形態であった。[201] ここでは終始一貫して共住制が隠修制の理想に従属していた。だから一二二〇年代に作成されたその戒律においても、禁欲の厳しさ、集会の希少性の規定とともに、あまり大人数にならないよう人数制限の定めがあった。[202]

一〇三八年に最初の祈禱所が奉献されグァルベルトが創始者となったヴァロンブローザはどうだろう。ここは十一世紀の北中部イタリアの改革運動の中心のひとつであったが、共住制と隠修制の中間形態で、修道士らは森の中の小屋に住み、好きなときに近隣の山に戻っていくことができた。[203] しかしすぐに標準化がおこり、ヴァロンブローザ修道院はヒエラルキー化した修道会の頂点に位置するようになる。

こうした修道院の存在は、ある意味では、隠修士の生活理想と教会当局の共住制の規範の拘束とを折り合わせた美しい「作品」であると捉えることができる。しかしカマルドリとフォンテ・アヴェッラーナにおいては、まもなく隠修制は当初の理想の力を失って、十三世紀末には、その隠修制は事実上共住制に飲み込まれた。きっかけは、あまりに人々が周囲に集まりすぎて孤独生活が不可能になったという事情である。カルトジオ会はよく堪えたが、中には共住化の波に飲まれてしてしまう傘下の修道院もあった。

イタリアについでフランスでもこうした制度化の波が押し寄せた。アルブリッセルのロベールは、最初ラ・ロエに聖堂参事会員の修道院を作って、弟子らとともに暮らし始めたが（一〇九五〜九八年）、ついでより本格的な共同生活をする施設として、普通の修道院でも聖堂参事会でもないフォントヴローを建てる（一一〇一年。一一〇六年にポワティエ司教と教皇による認可と保護）。これは、ベネディクト系の二重修道院――唯一の院長の下、男女双方の修道院があり、教会・財産を共有する――であり、しかも女子修道院が優位に立ち、女子修道院長が全体の最高指導者になるという独自性で際立っている。[204] ティロンのベルナールも一一〇九年、ノジャン・ル・ロトル近くのティロンに共住修道制の修道院を創って、聖ベネディクトゥス戒律を採用、使徒的生活も隠修生活も諦めた。たちまち系列の修道院と分院が増加し、フランスばかりかイングランドへも修道会傘下の修道院が建てられた。サヴィニィーのヴィタルも同様な修道院を建て、一一一三年から亡くなる一一二二年まで院長を務めた。これらは分院をふやして、やがて修道会（修族）となる。[205]

聖ベネディクトゥス戒律の代わりに、聖アウグスティヌス戒律を採用するケースもある。これは修道院ではなく律修聖堂参事会を作って、聖職者として司牧を行いつづけるためである。たとえばノルベルトは、巡歴説教師としての活動の後、一一二〇年クシーの森のプレモントレに修道院を建て、禁欲的な律修生活を始める。[206] 聖アウグスティヌス戒律を採用して、己も弟子たちも従来の司牧活動を放棄しないでよいようにした。より小さな規模だがアルエーズ、ラルティージュ、オレイユ、ル・シャラールなどもおなじである。これらの律修聖堂参事会は、一〇八〇〜一一二〇年の敬虔心の沸き立ちの中で、原始キリスト教の使徒的生活を模範としながらも、教会当局の求める制度的な形を整えた。

ミュレのエティエンヌの弟子たちが、一一二四年、師の遺骸とともにグランモン（現在のアンバザック県サン＝シルヴェストル）の森林地帯に移動して建てた修道院（後、多くの分院ができて修道会となる）は、いささか特異であった。

すなわちこの修道院は、エティエンヌの教えに従い福音書の精神に忠実な戒律を定め、だからベネディクト系修道士でないのはもちろん、聖堂参事会員と呼ばれるのも拒否し、司祭の仕事を放棄した。彼らは厳格な絶対的清貧の理想を貫き、原始キリスト教の共同体をそのまま当代に甦らせようとしたである。(207)

自分たちの修道院や律修聖堂参事会を形成する代わりに、既存の修道会に合併するという道を採る者たちもいた。隠修士らがもっとも惹かれたのが、シトー会であった。シトー会の修道院では、厳格に聖ベネディクトゥス戒律が守られ、また世俗から厳しく隔離されていたから、共住制とはいえ隠修士の気持ちも満足させられたのである。たとえばオバジンの修道士らは、一一四七年にシトーへの加盟を要請する。サルのジェロの建てた多くの修道院も同断であり、十二世紀に創られた五三〇ほどのシトー会修道院のうち一割が、かつての隠修士グループに遡るという。

かくてさまざまなケースはあれ、十一世紀末から十二世紀前半にかけて隠修制から共住制への移行が抗いようなくおき、隠修士とその弟子たちの集団は、修道院ないし聖堂参事会、あるいはそれらの分院に組み入れられる。とくに一一二〇～三〇年代が、かような隠修士の運動の標準化=規格化の大転換点であった。というのも、教皇庁はさまざまな保護特権をちらつかせて、隠修士の孤立した体験を統制しようとしたからである。そして多様な体験の試みを規律ある生活の信用できる形態へと一元的にまとめて公認したのである。(208)これは、グレゴリウス改革として知られる教皇庁主導の教会改革運動が終熄に向かい、瀆聖聖職者批判よりも体制の安定が重視される局面に入ったからである。

秘蹟をはじめとする教義を確定し、教会法を整備していきながら、教皇を頂点とする教会組織のヒエラルキーによって全キリスト教世界の信徒たちを掌握するためには、聖職者個々人の資質が厳しく問いただされ、秘蹟の効力が疑問視されるなどということは、もはや望ましくなかった。資質向上は努力目標だとしても、グレゴリウス改革の熱狂が去った今、一群の改革者たちの宿志であったドナティスト流の主観主義的秘蹟論（人効論）は捨てて、アウグスティヌス主義の客観主義的秘蹟論（事効論）に戻るべきなのであった。そこで教会という客観的救済施設が、懐に救いを求めてやって来る信徒たちの救済を保証しているのであり、個々の聖職者ではない、ということをあらためて強調せねばならなかった。隠修士のような個人のカリスマを振りかざす者たちは、この期の教会にとってはかえって邪魔だったのである。

いずれにせよ、こうして十二世紀半ば以降、西欧の森を渡り歩き、集落に立ち寄っては人々に神の言葉を告げる自由な隠修士は姿を消していく。またそれは、隠修士以外の夥しい民衆たちに共有されていたロマネスク期の〈霊性〉がみるみる枯渇していくことと、もちろん無関係ではない。〈霊性〉の歴史も新たな段階に入るのである。

＊

ロマネスク期に水を得た魚のように活躍し、遠く人里を離れた森の中をさまよい歩いた隠修士だったが、その後、すべての者たちが修道院に加入してその自由な身の立て方を放棄してしまった訳ではない。異端に落ちる危険を避けるべく、しかし修道院にとり込まれることのない都市的現象としての隠者が、十三世紀以降十五世紀までのイタリア都市に見られる。賑やかな退嬰的都市生活を冷ややかに見守りながら、その周縁を惑星のように運動していた俗人隠者たち（romiti）である。[209] トスカーナ、ウンブリア、マルケなどの地方に輩出した彼らは、完全な孤独を求めるのではなく、集落から少し隔離されたちょっとした山や丘のヴィッラやピエーヴェ、ヴィーコやボルゴにおいて、聖堂参事会や修道院から荒れ地や廃墟・洞穴などの不毛で不快な場所を与えられて、そこに庵を作って住み着いた。彼らの仕事は聖堂の守り役、使者、司祭の手伝い、村人・巡礼・病者・死者の世話などであった。しかしやがて彼らも戒律を与えられ、アウグスティノ会、フランシスコ会、ベネディクト会、カマルドリ会などに合流していくことだろう。[210]

三　隠修士の記号学

A　イマジネールの中の隠修士

私たちは、初期中世の修道院に下属した隠修士＝籠居修士・修女が、十世紀末から十二世紀前半（ロマネスク期）に自由に西欧中を歩き回る隠修士となって生活形態を刷新し、その印象的な生活ぶりと贖罪説教で信徒たちのこころの内奥にまで達するメッセージを伝えたが、しかし保守化して体制固めを進める教会当局の働き掛けにより、十二世紀二〇～三〇年代以降になると、隠修士たちは再び新たな修道院的組織（ベネディクト会またはアウグスティノ会）を作るようになり、多かれ少なかれその初発の理想を失っていく……こうした変化を、彼らの活動の最盛期における豊かな〈霊性〉とともに観察してきた。

ヨーロッパでは隠修士の全盛時代はもう二度と戻ってこないだろう。一部イタリアの都市の周辺で、時代から取り残された良心のようにして、壊れかけた教会を守る隠者たちが息長く生活しつづけるが、それは例外的であった。孤独な修行生活をしたければ、また初期中世のように籠居修士・籠居修女となるしか手はなくなったのである。

ところがはなはだ興味深いことに、現実の隠修士たちが姿を消していったまさにその時に、文学空間において彼ら隠修士は縦横無尽の働きを始めるのである。森の奥深くに庵を構え、神の恩寵を得たキリスト教の護持者として、迷える騎士や貴婦人らに雨風を防ぐ場を提供するばかりか、その告白を聞き、助言を与え、預言をし、立ち直らせるといった役回りを負う、重要な脇役である。この天使とともに一人神と会話している孤独な聖なる老人は、十二世紀半ばから十三世紀半ばという宮廷文学の最盛期、「武勲詩」「古代もの」「ブルターニュもの」、そして「アーサー王もの」をはじめとする宮廷風ロマンに、圧倒的な存在感とともに登場するのである。

修道士や聖職者が都市の諷刺文学で揶揄される対象と化していったのとは対照的に、隠修士のほうは諷刺文学にはほとんど現れず、中・後期の武勲詩・ロマンに数世紀にわたっていわば脇役の中の花形としていぶし銀に輝くことになる。彼らは主人公たちの良心のつっかえ棒としてたえずその姿を見せる不可欠のレギュラー陣なのである。(211)

これは不思議なことではあるまいか。まるで現実の隠修士が消滅した時代に、かえって彼らが前の時代に蒔いた宗教的霊性の種が文学に浸透していき、思いがけず大輪の花を咲かせたかのようである。この形象は、ロマネスクな文学空間に取り憑いたように現れつづけてルネサンス期にいたるのであり、たとえば十六世紀にもなお健在であったのは、アリオストの『狂えるオルランド』(一五一六年)の末尾の方で描かれている隠者を眺めれば納得がいこう。(212)すなわちそこでは、海岸からほど遠からぬ岩礁の中程に穿たれた庵に住む八十歳の隠者が登場し、彼はその場で四十年も敬虔な暮らしをしているとされる。庵の上方には小さな祠があり、また澄んだ泉から絶えず綺麗な水が流れ下って林を潤している。その水とあれこれの木の実・果樹で、老隠者は命を支えているのであった。隠者はそこに泳ぎ着いたルッジェーロを歓待する。隠者はルッジェーロの来し方行く末、いやその子孫末裔の定めまで神の啓示で知り、彼を叱責するとともにキリストが助けてくれようと慰める。そしてルッジェーロは老人から洗礼を授けられ、キリスト教の奥義を教わることになる(第四一歌)。またおなじ隠者は、しばらく後にやってきたオルランド一行に祝福を与え、また傷ついたオリヴィエーロの足を奇蹟的に癒し、異教徒ソブリンを悔悛させて洗礼を授けもした(第四三歌)。さらに彼は「庵にて、客人たちを心からなる友愛の強き絆で結び合わせた。かかる友情、宮廷にては他の者たちには結び得ぬもの。してその絆、そののちも死ぬまで決して解けずに続いた」(第四四歌)のである。

アリオストによるかような隠者の描写は、この隠者(隠修士)の理想が、ルネサンス期の市民たちにも生き生きと息づいていたことをはしなくも物語っていよう。フィクションじゃないか、と一蹴することのできない枢要な問題が、この長期にわたる「人気」には潜んでいると私は考えている。というのは、そこには隠修士が栄えた時代から一貫して、彼らの生活ぶりがいかに民衆たちにとって大切なものだと信じられつづけてきたか、彼らによって口々に言い習わされて、親愛なるイメージとして結実したか、という歴史に表立っては登場しない民俗的地下流が垣間見えるように思われるからである。

文学作品から隠修士の有する意味を引き出す前に、史料の「客観的価値」についてごく簡単に予備的考察をしておかねばなるまい。文学作品だけではなく、私たちが第一節で隠修士の〈霊性〉を抽出した主たる史料である聖人伝にしてから、はたして「客観的情報」がどれほどその中に含まれているのか、疑問を突きつけられることが稀ではないのだから。聖人伝の記述から何を事実として読み取ればよいのだろうか[213]。

私たちが隠修士の〈霊性〉を探る中心史料として利用してきた「伝記」Vita が書かれるにいたったのは、その者が教会にとって受け容れ可能なばかりか、その発展に寄与しうる活動をしたからである。心ならずも森中の庵から引きずり出されて修道院改革を任されたり、周りに蝟集した弟子たちを囲い込んで伝統的な修道戒律を採用した修道院を創設したり、懸案山積の司教区の司教に抜擢されたり、という体制順応型にならざるをえなかった者たちだ。

しかもその伝記は、隠修士の建てた修道院における弟子が書いたものもあるが、才筆を示す司教や修道院長などの高位の教会人が、依頼を受けて執筆することもしばしばあった。聖人を直接知る者であればよいが、中には死後百年以上後に執筆されることもあった。こうまでして伝記が書かれたのは、その伝記には当該修道院に益になる以上の用途があったからである。

R・グレゴワールが、その聖人伝マニュアルでまとめているところに従えば、聖人伝には、神の偉大さを称えるとともに守護聖人の奇蹟力・保護力を高からしめて典礼暦の中で記憶を再現させるよすがとする、という霊的・道徳的教化ジャンル共通の一般的目的以外に、つぎのような実際的目標があった[214]。

(1)当該聖人が創建者になった修道院や聖堂参事会を顕彰しその名を高からしめて、たとえば寄進や巡礼者の増加を図るためであり、また聖人崇敬を盛んにし祝日を制定するためでもあった。この範疇には、実際に「創建者」であるかどうか、根拠薄弱、牽強付会な者も含まれる。

(2)「列聖手続き」の一件書類として。十三世紀前半以降、地方的な司教の認可ではなく、教皇庁に聖人と福者を認める権限が独占的に集中してゆくとともに手続きも厳密化したが、審査に提出すべき書類として聖人伝が準備されたのである。

(3)後任の修道院長らが自分の支配を正当化し、より権威あるものとするため前任者を称えて作ること、さらに修道院の内部対立を収めるため、理想を掲げて作成することもあった。より伝統的には、聖性が忘れられないように、また読者・聴衆の見本として神の栄光を称えて作られた教化作品としての性格もある。

こうした「目的」を脇に置いてみれば、それがたとえ自らの目撃や本人を直接知る者の証言、あるいは聖人に直にかかわる史料（死者巻物の回状、ティトゥリ、年代記など）にもとづく記述でも、だからただちに「客観的」な史料だとして正確な情報を引き出すのは無理だということは、すぐさま得心がいくだろう。しかもこのジャンルには長い伝統が無数の「トポス」を提供していて、聖書とりわけ福音書、「砂漠の師父伝」Vitae Patrumや教父の著作のパッチワークの趣もなきにしもあらずなのである。

それにもかかわらず、このジャンルは固定した無時間の史料ではない。誰を（殉教者か、司教か、修道院長か、しがない職人や農民か）聖人とし、そのどの功徳・奇蹟を称えるかの基準は時代とともに変化するし、またそこから当該聖人やその周囲に瀰漫していた精神を読み取ることが可能だということも、また確かなのである。いくら歪曲や潤色があるとしても、それでもある環界（で作られ、受容された）の作品であり、一定の事実に照応する。共通の源泉から拾ってきた場合でも、どの箇所・モデルを採用するか、それは何を強調し主張するために拾われてきたかの聖人伝ごとの差異の根拠は、伝記の当人がそれにふさわしい言動をしたからだったり、聖人を讃仰する著者やそのサークルがそこをとりわけ重視したからだったり、あるいは民間伝承に反響を見出しうるところがあるからこそだろう。六世紀から本格化した中世の聖人伝の編纂作業は、いずれイデオロギーを免れないとして、その神学的立場、修道院・修道士のイデオロギーや教会ヒエラルキーの検閲といった幾重にも重なる分厚い格子から透けて見える、伝記の対象の発する精神や〈霊性〉を掬い取るという作業の有効性が大きく損なわれるとは思われない。私たちはその立場に立って、第1章で隠修士の〈霊性〉の探求をしてきたのであった。

上に述べたように、十二世紀半ば以降、教会制度上は修道院や聖堂参事会の中に取り込まれて、そのカリスマも霊性も十分発揮することができなくなった隠修士であるが、イマジネールの中では彼らはますます大きな存在感をもって縦横に活躍することになる。「砂漠の師父伝」**Vitae Patrum** が俗語に訳されて大人気となるのは十四世紀初頭以降であり、それはイコノグラフィーとともに、テーバイドの神話を西欧に広めたのである(215)。この神話の成功は、しかし先立つひとつの時代（ロマネスク期）に民衆たちの無意識にまで達する鮮烈なメッセージを隠修士が発しえた、そういう「幸せな時代」を彼らがもったからに違いない、ということを強調しておきたい。

だから、ロマネスク期の隠修士のメッセージそして〈霊性〉は、同時代の彼らの活動と思想を伝える聖人伝をはじめとするラテン語の史料ばかりか、やや後代に彼らを重要登場人物に選び出した世俗語の文学作品にもかならずや反映していよう。しかも著名な、結局は教会・修道院当局の意向へと慴伏したおかげで「聖人伝」に名を連ねることになった隠修士ではなく、その陰で、名もなくいかなる「客観的」史料にも記されずに、森の奥地や小島の洞穴で朽ち果てていった隠修士（隠者）が無数にいたと想像される。そうした隠者たち、有名ではないが稀に目撃され、夜の集いで農民たちの語りぐさになり、あるいは、パンを差し入れする替わりに霊的助言を与えてくれた隠者たちの姿は、むしろ民衆の口頭伝承が滔々と流れ込んだ文学作品からこそ私たちの眼前に彷彿として甦るのではないだろうか。おなじように孤独に神に仕えた隠修士たちの、どの特定の人物ということではないにせよ、多数の者たちの公約数、あるいはその一面が、文学中の隠修士の人物類型に表されてはいないだろうか。その最盛期から、代々民衆たちのひそかな憧れとなり、尊崇を集め、夢を仮託された隠修士についての、口承・書記双方を繰り返しての伝承がそこにはあるのではないだろうか。文学作品に流れ込んでいる神話的時間や形象・民俗的慣行について独創的な研究をしているPh・ヴァルテルの業績をここで思い起こしてもよいだろう。(216)

もしそうだとするなら、そこにロマネスク期の現実の隠修士の——ラテン語の伝記には現れない——いくつかの特徴が描き込まれているかもしれないし、また十二世紀半ば以降制度化の波に飲み込まれて、自由に動けなくなってしまう時点以前なら無論のこと、それ以後も聖俗当局の目をかいくぐり「荒野」へと入っていった少なからざる者たちが社会を捨てる大きな決断をするときに、支えとなった勇気と希望を与える精神の浸透したイマジネールの世界が、そこにはあるかもしれないと考えられる。

だから私は、ロマネスク期の隠修士の本来の姿を探るためにも、これらやや後代の文学作品を「史料」として使いたいのである。

B　生活コードの解読

それでは、文学作品を中心に、ラテン語の聖人伝や年代記なども含めて、まず隠修士の身体・生活コードを解読してみよう。(217)その後、文学に現れた〈霊性〉についても瞥見していくつもりである。

住居

最初は「住居」から。

隠修士とはまずなにより「森の人」であり、彼らは修道院からも宮廷からもひとしく遠いマージナルな場所で生活する。そしてその日常の社会関係から隔絶した場所で、彼らは救いを求めてやって来る誰をも拒まず、霊的な悩みの相談に乗る。この点はラテン語の伝記でも世俗語文学でも変わりない。

しかし文学中では、霊的悩みにとどまらず、さらに放浪を余儀なくされた苦境にある騎士や貴婦人の恋愛問題の相談相手としても彼らはしばしば登場する。これは恐らく事実とぴったり重なる訳ではなかろうが、民衆にとっての理想と通ずるところがあるのだろう。森という日常の規範を免れた神聖な空間での孤独を経た成熟が、どんな塵界の物事の問題についても、彼のアドバイスを信頼のおけるものとしている、と人々には感じられたからである。だから反対に、町や城近くに住処を定める隠修士は猜疑の目で見られ、ペテンの疑惑を掛けられることは、すでにペイアン・ボロタンの諷刺詩を取り上げて指摘しておいた。

正統な隠修士たるものは——

彼は大きく広い森の中に入った。
たっぷり五里というもの、宿るべき
垣根をめぐらした居住地も、町も砦もなかった。
彼が残してきた隠者の庵をのぞいては。(218)

というように、とにもかくにも人里離れた人跡稀なところで彼らは修行すべきであった。隠修士の庵は、森の中のさらに山や丘の上にあることも多い。「朝、気がつくとまるで岩だらけの山があって、そこにまったく人里離れた、一軒の隠者の庵があった」[219]。十三世紀の冒険物語のひとつ『フロール王と美女ジャンヌ』では、子供に恵まれないことを悩んでいたフロール王の王妃の懺悔を受け悩みの相談に乗る隠者は、王妃の聴罪司祭として宮廷に通っていたが、「オーセイの人里離れた奥深き森の庵に一人住んでいたのである」[220]。

こうして人間社会から遠く離れた森の中に居を定めた隠修士の最初の仕事が、しばしば野獣の放逐ないし飼い慣らしとなった。そこには森を植民してイエスによる「福音の教え」の地歩を回復・拡張する、という聖なる意味合いがある。かつてエデンの園にいた人を騙した動物（蛇）は、人間の聖性に頭を垂れて場所を譲るべきなのである。『ギョームの出家』では、隠修処を探しあぐねてギョームはモンプリエの西のジロナにやってきた。そこでは、河が恐ろしい峡谷を穿っていた。さらに巨大な蛇・トカゲ・蛙がそこに住み着いていたが、主人公が祈るだけでその邪悪な爬虫類たちは深淵にまっさかさま、溺れ死んだ[221]。翌日より天使が現れて神の命を伝える中で——

「（……）

されどなお、神はお手前を試したいご様子、

まだ大いなる試練を課したいご様子。

この荒野にお手前は庵を造り、

日夜神に仕えるだろう。

そして神は十分与えようとお手前に告げる、

お手前の善は、天国で報われようと[222]」

こうして「エデンの園」の回復者ともいうべき隠修士は、文学中ではしばしば獰猛な獣とも仲良しであり、ライオンや蛇さえ彼らの前では謙虚になって受けた世話に恩返しをする。また『ドーン・ド・マイヤンス』では、主人公の

父親の伯ギーに追われ自分の庭に逃げ込んだ鹿を保護したためにある隠修士が誤って矢を胸に受け命を失うことになる。[223] ラテン語聖人伝を含めて、他のテクストにおいても、野獣の雌たち（牝鹿など）が隠修処を頻繁に訪れ、隠修士自身か彼が保護した子供に乳を与える件がよくあるし、隠修士が亡くなったときには埋葬の手伝いをする、といった「奇蹟」がしばしば現出するのである。

獰猛な野獣の存在は、自然の人間への反乱を表し、それはこの世にもたらされた混乱のひとつである。彼らが飼い慣らされれば、その反乱のきっかけになったアダムの堕罪が回復され、現在の世界を苦しめるスティグマが消え去って、人類は堕罪以前の無垢に戻ることができ、あらゆる動物は人間と諧和する。隠修士が浄化し平和と愛の世界に変じた庵の周囲の小さな空間は、失われた楽園の回復を予兆するとともに、世界終末時の普遍的調和を先取りし象徴している。隠修処にはほぼかならず礼拝堂が付設され、隠修士はそこに聖務日課のため長く籠って観想する。その礼拝堂の存在こそ、その場を聖なるものにするようだ。

現実においても、西フランスでの例をはじめとして、森の中に入り込んだ隠修士が修道士などとともに開墾者として森を切り拓いたことはよく知られている。野獣を飼い慣らすとともに、文明の土地（＝耕地）を切り開くことが彼らの仕事であった。当時の文明の先端基地たる宮廷や都市、あるいは修道院から、手つかずの自然に逃げるのが彼らの本願のはずなのに、その逃げた先で文明の版図を広げていくという矛盾した行動を採るのである。クレチャン・ド・トロワの『イヴァン――獅子の騎士』（一一七七〜八一年、以下『イヴァン』と略）で狂人になったイヴァンが林の中を動物を狩ろうとうろつき回っているとき見つけた隠修士も、開墾に従事する貧しい隠修士であった。[224]

失われた楽園の縮図、という意味もあるのだろうか、庭づくりが隠修士のお好みの時間つぶしであった。ラテン語の聖人伝にもあるが、フランス中世文学ではしばしば隠修士が野菜・果樹を育てている庭が登場する。それは観想的生活とペアーになって彼らを完徳へと導く活動的生活（手労働）を可能にし、まさに美しく整えられた多種多様な灌木・果樹・草花が、芳ばしさと色とりどりの花の美しさで楽園を彷彿とさせるようだった[225]。しかしあまりに庭の手入れに夢中になってその作業に淫してしまうと、霊的探求の妨げになると戒められることもあった。

かように広大な森の中で新約聖書の始原の世界への回帰による「文明化」の試みをする彼らだが、その拠点となるはずの彼らの「住居」は質素でごく狭く、安楽さとは無縁である。しかし武勲詩やロマンの隠修士は、古代オリエントの砂漠の隠者のある者のごとく、樹の洞・洞穴・地面の穴・熊の洞穴巣・雨水溜め・廃墟などに住み着くことはあまりなく、通常自分で小屋を建設した。神に祈り神を求める毎日なのだが、それはひたすら自然環境に服従しながら行うべきではなく、自然を飼い慣らし文明化する営為と並行して遂行すべきなのであった。作庭と小屋の建設はその小さな表現である。世界の聖性への関係が、オリエントの隠修士と西方の隠修士とでは違っているのだろう。

その家は、自分が森で切ってきた木とその枝、そして土と藁でできている。羊飼いの避難所や狩りのための小屋と同様な掘っ立て小屋であるが、隠修士はそこを生涯の棲み処とするのである。『ギョームの出家』にはその建設の労苦が綴られている[226]。またその小屋には、修行・食事・睡眠をする狭い一間に隣接して（別棟で）礼拝堂がある、としばしば宮廷風ロマンには注記されている。文学中の彼らは聖職者の身分をもち聖務日課を行うとともに、冒険騎士ら森をさまよって彼らの庵にたどり着いた者たちの告解を聴き秘蹟を執行するとされているからである。ベッドは硬く干し草か緑の草でできていて、毛布は稀である。食卓は木かあるいは石製である。

森にいくつか隠修士の庵がある場合には、森の奥深くにあるほど霊性のレベルが高まるようである。そして奥地にいる隠修士ほど高度のカリスマをもち、霊妙な啓示を受けた言葉を発する。たとえば『ランスロ』には三つの庵がでてくるが、まず最初のものは「四つ辻」del Quarefor という名前をもち、分かれ道にあってそこからの進路を決定する必要がある。ついで「秘密の庵」Ermitage Repost で、孤独の中の神秘への最初の接近の手掛りを与えてくれる。最後に最奥地にあるのは、「十字架の庵」Ermitage de la Croix で、世界の水平性と聖なるモノの垂直性の出会う中心

地である。(227)

身体と衣服

つぎに「身体的特徴」はどうだろうか。

若いうちから世俗を捨て、師に就いて徐々に修行を積んでいく聖人伝の隠修士とは異なって、文学の登場人物となった隠修士は――はじめから――たいてい年を取っているが、それは、若き日の情熱に駆られてかなり長期にわたる騎士の生活をした後に、悔い改めて神に仕える生活に入ったからである。あまりに早く隠修士の生活に入ると acedia（懈怠）の悪徳の虜になる。だから文学では老人というのが隠修士の相場になっている。百歳を超える者さえいる。「vielz hom, moult vielz, vielz et ancien, de grant eage」などと、高齢であることが頻繁に強調されている。老年はここではポジティブな価値・コノテーションをもち、知恵・美徳・完徳の徴となっている。

しかし老人だからといってけっして耄碌してはおらず矍鑠としているのが、隠修士の特徴である。齢八十を超えても、壮年のようにエネルギッシュである。たとえば『ペルレスヴォ』（十三世紀前半）では、ゴーヴァンは八十五歳前後の隠修士が四十歳くらいにしか見えないのに驚いている。(228)若さの秘密は、常住、聖なるモノ・神的なモノと接しているからこそだと説明される。神との親密さで不壊の身体が作られる。ときに輝くような隠修士の美しさ――こころの美しさの反映――が喚起されることもある。

ただし美しさが喚起されるのはつねにではなく、逆に、苦行でやせ細り、暑熱、寒冷に傷められ、また断食によってボロボロになった皮膚が提示されることもある。黒ずんでかさかさになった醜い肌、皮膚病や傷・痣などで目も当てられない状態でも、それも悪の力との戦いの証跡として称えられるのである。こちらは文学中の隠修士よりも、聖人伝中の隠修士において、肉体=悪との戦いの戦果として誇示されているケースが多い。

「衣服」もコード化している。彼らは後に「白衣の修道士」と称されるシトー会修道士――もともと隠修生活に近い生活形態を採用していた――以前に、伝統的なベネディクト系修道士らの「黒衣」を拒否して、白っぽい色や灰色の衣服をまとっていた。そして自分らこそもっとも聖なる人間であると主張した。たとえばロルデュクのエルベールは、使徒ヤコブを模して亜麻布を着用したし、ノルベルトはキリスト復活のときに現れた天使たちが白い色をまとっていたからと白衣を着、また素材にウールを用いたのはそれが悔悛の布だからだと意味づけた。ところがこの白衣について、ノルマンディーの修道院の年代記を書いたオルデリクス・ウィターリスは「彼らは廉直をきどって黒を排している」(229)と批判している。

素材的には、隠修士の衣服は植物・羊毛のほか、豚や山羊などの農家に普通にいる動物の毛、あるいは布袋生地で作られ、それは粗くごわごわと毛羽立ち肌を直接刺激した。この毛襦袢(キリキウム)のほかに、ロリカと呼ばれる鎖帷子を着用することもあった。こちらは文学テクストよりも聖人伝に頻出する着衣だが、重い鉄の鎖帷子をしばしば他人の目からは隠すように内側に着て、次第次第にその重さを増していくという苦行の一形態となっていることは上述した。

粗末な継ぎ接ぎの毛衣であるキリキウムは、貴族性や富という隠修士たちが決別した社会を代表する価値と対極をなす価値のシンボルとなるとともに、彼らが常住つきあうことになる農民たちの普段着でもあった。またロリカは騎士らの甲冑・鎖帷子つまり戦闘服を思わせるが、戦う相手は、今度は異教徒や外人ではなく己の肉体的欲望であった。換言すればそれぞれ pauper Christi(キリストの貧者)と miles Christi(キリストの戦士)の象徴だと考えられる(230)。

文学作品のうち「アーサー王もの」などでは、彼らは白衣を着ていることになっているが、武勲詩やロマンの隠修士の多くは、このような単純だが品のよい白衣や灰衣を着ておらず、しどけなく不潔な服、場合によってはひどいぼろ切れをまとっただけであり、「狂人の装備一式には杖だけが欠けている」とも評された。ラテン語聖人伝が伝える現実の隠修士の多くも、汗まみれの弊衣を着ていた。

いずれにせよ、現実の隠修士でも文学中の隠修士でも頻繁に強調されるのは、衣服の「貧しさ」であり、あるいは禁欲行の一環としての衣服であって、その不快な印象が力説されることはない。ちゃんとした白衣をまとっている場合は、他のところで苦行をするのであり、裸足や膝・肘の露出についての注記が、ラテン語の聖人伝にもまた文学中にも現れる。

＊

衣服以外に、外貌の大きな特徴は、毛髪・髭である。

隠修士の髪は、蓬髪、ボサボサの長髪と相場が決まっており、ラテン語で hirsutus（もじゃもじゃの）との形容を付されている。ローザンヌのアンリはまだ異端とされる前に、裸足でもじゃもじゃ頭の出で立ちでルマンの町に入っていったとされる。そして天使の群れのように歓迎されたという。[231] 図像上でも彼らはたいていそのように描出されている。[232] 彼らの髪形は修道士の剃髪ときわめて対照的である。修道士は王冠のような形に髪を残して後の部分を剃髪し、キリストの荊冠を引き継ぐイメージを呈示する一方で、天国の栄光を予兆させた。それに対して隠修士の蓬髪は身なりへの無関心を表すか、あるいは自然の力・ある種の魔力の宿りを期待するものであろう。

髭は長く蓄える。[233] 現実の隠修士では、たとえばアルブリッセルのロベール、ティロンのベルナール、フィンカルのゴドリック、そして十世紀に活躍したアンデルラクのグィドなどが、もじゃもじゃと伸び放題の髭をしていたことが伝記に明記されている。[234] ベルナールの髭は、死後弟子たちの聖遺物になった。髭は、男性性もしくは生命力の象徴として民俗学的に普遍的な意味をもち、さまざまな儀礼や社会的慣行を生みだしてきたが、キリスト教においては、聖性（美徳）と罪性（悪徳）の両方の意味が当初から付与されており、教父・神学者らはその意味について盛んに議論しあった。

その通り隠修士の髭も両面的であり、一方に罪の証跡・悔悛の徴という意味があるとすれば、他方では世俗から離れた自由、最高段階の美徳への到達、成熟の標、すなわち老賢者という意味があった。しかも文学中の隠修士は、大半、老いているため白髪白髯である。この「白」も純潔・聖性を表しポジティブな価値をもっているだろう。たとえ衣服が白でない場合も、白髪白髯が純潔の印となるのである。髭や髪は、肉体の一部というより魂とつうじている特権的部位なのである。

中世西方教会では東方教会とは異なり、一貫してパウロの掟（コリント人の信徒への手紙一第一一章一四節）に従い、聖職者と修道士は剃髪ないし短く刈り込んだ髪をし、髭も剃ったり短く刈り込んだりすることが求められた。そうした趣旨の規定が公会議や地方教会会議の決議に盛られたし、修道院の慣習律では髭剃りの回数が規定されていた。これに対して隠修士は、あえてキリストや使徒、古代の修道者らの模範に倣おうとしたのだろう。

乗り物の動物にも特徴がある。それは驢馬である。ティロンのベルナールは驢馬で移動し、二人の裸足の弟子を従えていたが[235]、ほかにもラテン語で書かれた聖人伝、世俗語文学作品とも、驢馬を乗り物としていた隠修士が多く登場する。また民衆十字軍を率いた隠者ピエールは雌騾馬に乗り、その毛が熱狂的追従者らよって毟られて「聖遺物」として崇められたという[236]。驢馬はキリストの乗り物であったし、また封建社会の騎士たちの特権的な乗り物である馬――大きな修道院の院長もこれに乗った――と対比される乗り物でもあった。驢馬の謙譲・忍耐・勤労は、隠修士の美徳にほかならない[237]。

食物

第三に「食物コード」も興味深い。隠修士らは貧しい食事を取り、とりわけ木の実や根や草や蜂蜜といった野生の恵みを食することがしばしば伝記および文学に記載されている。洗礼者ヨハネの思い出もそこには込められていることだろう。たとえばティロンのベルナールがクランの森に到着すると、丁度良く蜂の巣があったという(238)。

ラテン語の伝記によると、隠修士は通常はセレアルと野菜・豆類、果実、パン、水と塩、ときに魚を食べたが、肉とブドウ酒は大体禁じられていた。断食の厳しさもさることながら、より高度の修行を目指す者の中には、生ものを通常食とする隠修士が多く、これは「生もの」と「火を通したもの」の神話論的対比を思い起こさせる。また彼らは可能なかぎり自給するので、森の中での採集と川での魚釣り、わずかな菜園・畑での栽培が欠かせなかった。

俗語文学でも同様に、赤ら顔のふとった修道士に対して、隠修士は禁欲的でごく少量しか食べない。生の草・根と果実のみ、あるいは、たまにわずかの塩をつけたパンのみ食す、とされているケースが大半である。肉はごく稀にしか食べないかまったく食べない。彼らは日常的な断食をしていたのであり、一日一度、九時課の時間か日没時に食べるだけだったと考えられる。ヴォルフラム・フォン・エッシェンバハの『パルチヴァール』（一二〇〇頃〜一〇年頃）では、主人公パルチヴァールが森の中で出会った隠者トレフリツェントの食事についてつぎのように記されている――

あるじは草の根を掘った。これが彼ら二人には最上の食べ物だったのだ。その際彼はけっして戒律を忘れなかった。たくさんの草根を掘り取っても、聖務日課の九時課までは、けっして口にしなかった。取った草はきちんと灌木に掛けて、また探し歩いた(239)。

『散文トリスタン』は、

「私は岩間で見つけるような生の草を取り、それを食べるのです(240)」

そして、『ポワティエのジュフロワ』は、

「（トンネールの住民たちに）自分が毎日草の根、野生の果実と草しか食べないと信じさせる[241]」

聖ジルは、人里からまったく隔離されたところにある洞穴の中に小枝や草葉を集めて小屋を建て、禁欲と観想の生活をする。食事については肉・魚はまったく目にすることもなく、パンさえ食べず、根とクレソンのような葉だけという貧しいメニューである。しかしあるとき神が遣わした鹿がそのミルクで彼を養ってくれるという奇蹟がおきる。[242]

パンとビール、あるいはパンと水が通常の食べ物とされている作品もある。たとえば『聖杯の探求』がそうである。[243]パンを食べるとしても、小麦粉のみで作られた白パンではなく、黒くて渋いパンで藁屑がいっぱい混じっている粗悪なものであり、貧しい農民とおなじだった。それを隠修士とともに食べる客人がいるとき、とくに娘の場合は喉が痛いと文句を言われることもあった。

より明確詳細な記述は、クレチャン・ド・トロワの『イヴァン』の中にある。気の触れたイヴァンが隠修士の庵を見つけてやって来たとき、恐れに震えながらも慈悲心のある隠修士が窓縁のところに置いてやったのは、大麦に麦藁を混ぜて捏ねて作り、黴臭い上に火のように渇いたパンであった。イヴァンはそれに併せて冷たい水を飲んだのであり、それがいつもの隠修士の食事でもあった。[244]文学作品では黒く硬いパンと水（かビール）に肉なしの隠修士の食事は、白い柔らかなパン、ブドウ酒、そして肉が中心であった騎士の食事と対比されながらしばしば持ち出されている。それは、彼らのところにやってくる冒険騎士らが宮廷で食べていた豪勢なご馳走と対極にある貧しい食事を提示して、まず禁欲の効能を見せつけるためである。

ところが騎士道文学の特性なのだろう、「歓待」のシーンでは日常の断食が破られる場合がある。ジェルベール・ド・モントルイユによる『ペルスヴァル続編』においては、ある隠修士がペルスヴァルとノロシカを分け合う場面がある。[245]それは彼が狩りで獲たものであった。そしてそれを半分茹で、あと半分は焼いた。だが肉は胡椒もニンニクもなしに調理された。またその庵には、ワインもビールも蜂蜜水（酒）もおいてなかった。『散文ランスロ』でも、隠者は従者に、遍歴騎士ボオールに供するため普段自分では食べない獣肉を火で調理するよう指示しているし、[246]こうした客人に備えて喜捨としてもらったもの——たとえば雌鶏の冷たいパテ——を所持する隠者は珍しくなかった。

文学中の隠修士は、アルコールはワインもビールも飲まないが、小川や泉の水——とくに後者——は、武勲詩、ロマンとも彼らの定番の飲み物となっている。清冽な泉（fontenele）がしばしば登場するのは、それが純粋さや恩寵に結びつき、澱んで濁った水と対比されるゆえである。またそれは野生の森の恵みでもある。さらに激流は聖霊のシンボルとして、力を与える爽やかな恩寵のイメージでもあった。

＊

それでは「時間」の観点から見た隠修士の行動に、何か規則性はあるだろうか。

まずラテン語の聖人伝や年代記に登場する現実の隠修士にかかわる情報では、彼らが「贖罪の時」を演出している様が窺われる。そもそも、異形の出で立ちで人々の集まる町中に突如現れるのも、日常とは違った「時」を出し抜けに普通の生活中に入れる、という意味合いがあっただろう。ローザンヌのアンリ一行は、ルマン入場の日を「灰の水曜日」と決めたが、それは自分たちのパフォーマンスを悔悛＝贖罪のコンテクストに当て嵌めたためだろう。[247]

また人が隠修士になろうとするとき、大要、つぎのようなパターンを辿る。すなわち、なんらかの出来事を契機とする回心、孤独地への出発、師や仲間の下での修行（移動、定着、別の仲間との合流）、一人前の隠修士としての活動、という過程だが、それでずっと安定する訳ではない。それどころか、きわめてしばしば周囲に集まる弟子たちの要望や定着地の近隣にある伝統的修道院・教会の圧力で、修道院への帰還（入院）と、そこからの再出発を何度も繰り返いる。

すというパターンがあるのである。ロムアルド、アルブリッセルのロベールをはじめとして、教会当局と民衆の注目を浴び、最終的になんらかの修道院や聖堂参事会の創建者となる隠修士は、ほぼこのパターンに沿った生涯を送っている。

では文学中の隠修士の行動パターンはどうだろうか。これは聖人伝の隠修士とはまったく異なっている。文学中の隠修士は、通常、主人公ではなく、主人公の騎士たちが森の中で「出会う」人物であり、その出会いが隠修士の特性を引き出すのである。しばしば森の入り口という、移行・通過部分に居を構えた隠修士の役割は、自発的あるいは強制的に森に入り込んだ騎士に、日常世界を去って神秘の冒険世界、しばしば迷宮的性格の世界で任務を全うするのを助けるという役割である。霊的な助言者というよりもミッションへの導入者・情報提供者である。観想者というよりも行動的なイニシエーションの援助者である。彼ら隠修士の「歓待」は、宿と食事を提供することだけではない[248]。隠修士の庵にたどり着いた騎士は、そこでさまざまな情報、待ち受ける危険、あるいは災厄の原因などについて教えられる。隠修士は彼を的確な助言で励まし教え諭したり、冒険の意味を告げて秘められたミッションを課す。

騎士たちが自分でも知らない己の情報を、隠修士から聞かされる場面は多数ある。ベルールの『トリスタン物語』では、マルク王が彼ら（トリスタンと王妃イズー）を追放刑に処し、生死にかかわらず彼らを引き渡せば百マルクの褒美を進ぜようと懸賞金を掛け[249]、クレチャンの『聖杯の物語（ペルスヴァル）』では、ペルスヴァルは自分が去ったために母が心痛で死んでしまったという罪を犯し、それゆえ槍についてもグラアルについても何一つ質問しないというはめに陥ったことを教えられ[250]、さらに『散文ランスロ』では、モルドレが、オイディプス王のような父親殺しの罪を犯し円卓の「大いなる栄光」grant hautesce を破壊するだろうと告げられる[251]。

ロマンといくつかの武勲詩では、隠修士と騎士の出会いは、通常「九時課」の時間の後、いや、よりしばしば晩課や夜の帷の降りるときに設定されている。そしてやって来た騎士に、隠修士が晩課を聴くよう誘う場面が頻出する[252]。

それは朝から遍歴した騎士が寝所の心配をし出す頃合いである。さまよえる騎士は、森の中で危険におびえ不安だが、日が沈むと、誰かが「晩禱」を唱しているのを耳にしたり、鐘が呼び掛けているかのように鳴るのを聞いて少し安心する。あるいは暗がりの中で鶏が鳴いたり光輝が走ったりして、彼は自分が「避難所・砦」recet の近くにいることを知る。この徴は主人公が試練の夜を通り抜ける案内となり、悪の力が再び森の中の野生世界で活気づく時間に、文化と霊性の現存を告知しているのである。(253) またその時間に隠修士も手労働をやめ、読書と祈禱に身を捧げ始め、夜の沈黙の徹夜課に備えることになる。

隠修士は聖人伝でも文学でも、予言力・読心術などさまざまなカリスマをもつ者として描かれている。聖霊の賜が彼に宿っているからである。しかし隠修士のカリスマは、文学中ではラテン語の教会史料とは異なって、他の不可思議な存在、妖精・魔術師・悪霊たちの霊力と並んで登場する。そうした異教的な諸力の中で、神からカリスマを授かった彼らが奇蹟を起こし、病を癒し、狂気を治すのは、異教に対するキリスト教、野蛮に対する文化の勝利をも意味しよう。なぜなら病気になり狂気に陥る騎士や貴婦人には、まだ半ば異教的な魂が宿っているからである。(254)

こうしたカリスマは、文学では登場人物の騎士たちに奉仕するためにのみ使われる。その必要・懇請に応じてである。彼らはやって来る者たちに、霊的な果実も物的な果実ももろともに、何であれいつでもあげてしまう。彼の人間関係は一方的な「歓待」であり、放浪騎士や怪我人、意気消沈した者たちを歓待し尽くす。おそらく現実の隠修士が、近隣農民らの喜捨や援助を受けてなんとか身過ぎをしていた関係とは大分違っている。もうひとつ奇妙なことに、ただ一人での黙想生活や祈りのシーンは、文学ではほとんど語りの展開に素材を提供していない。実際はこうした観想生活こそ、天の賜を得て自分ばかりか周囲の人々および教会全体を善導する隠修士たちに固有の資質を作り上げているはずなのだが、まこと、文学の隠修士は「社交家」なのだ。

ラテン語の聖人伝では、歓待はもっと稀でいつでも観想生活に従属しているのに、文学中では歓待こそ彼らの随一の役割となっている。客人のおとないは神の恩寵と感じられ、いつも一人分のパンをもって来てくれる天使が二人分のパンを届けてくれたとき、客人があることを隠修士は悟る、といった具合である。

歓待する隠修士は、武勲詩にもいくらか登場するが、それが頻出するのはとくに十三世紀の散文ロマンである。そこでは、まるで「宿泊所としての隠修士の庵」が常套的なモチーフを語りのシンタックス中で果たし、物語を構造化し、諸局面を分節しているかのようである。隠者の庵への立ち寄りは、遍歴騎士にとって休憩ないし寄り道のときであるが、またしばしば主人公の冒険の準備や資格獲得または剥奪のシークェンス、あるいは運命の定まるエピソードともなることがある。

両者の出会いのよくあるパターンは、客人があったときにまず挨拶として Benedicite（我を祝福せよ）と隠修士の方が言い、Deus または Dominus（神が汝を祝福されんことを）との答えを期待する。適切な答えがないときは悪魔が変装しているのかもしれない、と小心な隠修士は恐れた。また名前を尋ねることもある。そして本格的に受け容れて話をする前に、一緒に礼拝堂で祈りを捧げるよう隠修士は客人に誘いかける。これは隠修士側の、悪魔的な存在から身を守る用心の手立てであり、客人が隠修士との会話で善導される可能性があるか、あるいは箸にも棒にもかからない悪人かを見極める機会でもある。

歓待される客人は、遍歴騎士やその恋人であるが、じつは文学テクスト中の隠修士の出身が、またたいてい騎士階級なのであった。彼は隠修士となって騎士の客人を遇するのに、自らを貶めて楯持ちかたんなる従者の役目で、いそいそと身の回りの世話、人ばかりか馬の世話までする。そこには謙譲の美徳が発揮されており、歓待に際して狭量でけちけちしたり、喜んでしなかったりというのは、不完全・エゴイズム・自己愛の徴であり、避けるべきだと考えられていた。これは騎士道の「大度」の徳と通じ合う。

観想の人＝隠修士と行動の人＝騎士は、互いに補完し合い互いに必要とし合っているかのようである。彼らはともに神から与えられたミッションを果たすのであり、それは自分やその周囲の人間のためのみでなく、いわば「キリストの神秘的体軀」全体に対してなのである。隠者なしの騎士は、神を忘れてさまよい歩かねばならない（『聖杯の物語』のペルスヴァルや、『聖杯の探求』のゴーヴァンや他の騎士）のであり、騎士なしの隠者は無力な預言者にすぎない。相共に悪の力と戦い、神の計画を実現する定めであり、そして両者はもともと同一存在から分岐し、同一存在へと帰っていくべきなのであった。

＊

以上のコードの解析をまとめてみると、まずその出で立ち（蓬髪、裸足、粗衣）によって、隠修士の周りには非日常的な空間が形成される。その常ならざる身辺空間は、掘っ立て小屋の建物空間、それを大きく包み込む森の空間と接して二重化・三重化し、世俗社会と鋭く対峙するイメージが出来上がる。たとえば宮廷の華美な騎士たちの出で立ちや石造りの堅牢な建物と、隠修士のあばら屋はまさに対照的なのである。この対立は彼の「食べ物コード」によりさらに補強される。黒いパンと白いパン、水とワイン、生のものと焼いたもの、肉断ちと肉食、こうした対比は、野生・自然と文明世界を対照的に表しているように見える。

しかしながら過去に遡行して福音的世界を回復しようとする清貧と禁欲に徹した隠修士の努力により、この自然の世界は一種の文明世界になる。というより自然も文明も超えた霊的な世界になる。そこでは野獣たちも懐柔されてなつき、罪人が赦され回心して再出発する。その霊的世界は、個々の動物や罪人にのみかかわるのではなく、いわば人類全体の救いに資する光源であり、そこでは原罪の結果がすっかり払拭されているのである。自然にまみれ、野人のような生活ぶりに見える隠修士が、文明世界を創るとは不思議なめぐりあわせだが、これは霊的世界が自然も人間も超越しているからだろう。クレチャン・ド・トロワの『イヴァン』で、野人そのものとなって獣のあいだで暮らし、上着を破って裸体になり、狂気の淵に沈んでいたイヴァンが、隠修士の庵にやって来て、そこで彼の慈愛――と侍女が塗ってくれた軟膏の効験――により「人間性」を取り戻すエピソードは象徴的である。(255)

以上の隠修士をめぐるイメージは、現実の隠修士についての史料ばかりか、もっぱら想像上の隠修士を描いた文学描写にも受け継がれつつ、さらにファンタジックに展開する。それは、騎士との出会い・歓待の場面と、それらの時間的な流れにおいてである。そして宮廷風ロマンにおける隠修士のイメージ発展の起爆力になったのが、隠修処が「社交場」となり、そこでとめどない言葉が交わされる、という一事である。言葉のやりとりが騎士らに罪を悔いさせ、救霊を憧憬させ、使命に奮い立たせ、その秘められた過去を暴き、待ち受ける未来を預言する。

ひとりの騎士が世俗を捨てて森の中をさまよって隠修士の庵にやって来る。それは宮廷の掟を破って禁断の恋に身を焦がしたり、あるいは冒険の途中に戦闘で傷ついたり、さらには愛する女性や主君の死に際会したことが原因である。これはいつものパターンなのだが、(後期の)騎士道物語で面白いのは、そうしたところにいて、傷つき迷える騎士を受け容れ、告白を聞き、助言を与える隠修士が、じつは元々の騎士であり、さらにそこにやってきた騎士が自分も隠修士となって、その後神に仕える道を選ぶというプロットである。上に、騎士と隠修士の相互補完性について指摘したが、一見かくも異なる人間類型は、じつは同一人の変化したものにすぎないのであり、「時間」の経過、年齢の積み重ねとともに、この騎士から隠修士への移行がなされるとも言える。

『アーサー王の死』(作者不詳、一二三〇年頃)には、アーサー王が亡くなって女たちに舟で運ばれていったのを知った家臣ジルフレが、「黒い礼拝堂」の祭壇を守っている隠修士に、もうこの世で望みもないゆえ自分も仲間の隠修士にしてくれと言って隠修士になり、一八日後に亡くなった。(256) またランスロがアーサー王の裏切り者であるモルドレの末息子を見つけて追いかけ殺した後、部下のところに戻ろうとして逆に森の奥深く入ってゆき、彼の貴婦人と従兄弟を亡くして悲痛な思いに沈んで進むと、岩でごつごつした山にたどり着いた。そこには隠者が住んでいた。古い礼拝堂を見つけそこに入ると、白い衣服を着た二人の男（カンタベリ大司教と、ランスロの従兄弟のブレオブレリス）がいた。彼らはソールズベリの悲しい大合戦の日にここにやってきて隠者に歓待されたが、彼が死んでしまい代わりに隠者となって神とイエスに仕えているのだと言う。するとランスロは、自分も生きているかぎりここに留まると宣言し、皆喜んで心を込めて神に感謝し、三人とも隠修士となったということである。(257) ほかにも『聖杯の探求』には、ペルスヴァルがガラードが死ぬと町の外の隠修処で隠修士となって、一年と三日そこで暮らして亡くなったとの話がある。(258)

隠修士にならない場合でも、隠修士と出会って身の上話と告解をし、謎の言葉や幻夢の解き明かしを長々と聴かされた冒険騎士は、その出会いと会話によって内面が変容し、あたかも隠修士のような生活をするよう贖罪のため償罪の業を課される。クレチャン・ド・トロワの『聖杯の物語』では、ペルスヴァルは泉の水と大麦とカラス麦のパンのほか、山人参、チシャ、クレソン、黍などの菜食をすることを隠修士にまず促され、(259)『聖杯の探求』ではイエスへの愛から、聖杯のテーブルに着くまでパンと水だけしか口にしないと約束したボオール、肉を食さずブドウ酒も飲まずチクチクと肌を刺す剛毛肌着を着、謙譲の動物である驢馬に乗って進むことにしたランスロが登場する。(260)

ようするに宮廷風ロマンによって、騎士と隠修士は互いになくてはならない存在となり、いや騎士が隠修士になり、その隠修士を頼ってきた騎士がまた隠修士になり、というような反復によって、反対物が一致するのであり、その一連の過程は儀礼化した所作を結節点として物語を分節化している。隠修士と騎士の出会いが、物語の中の出来事の流れを変える役割を果たす。これは想像世界の出来事ではあるが、宮廷風ロマンに次第に濃厚になるキリスト教倫理が流れ込んで、それによって読む者のこころもいつの間にか陶冶されていく。そのキリスト教倫理の受け皿になったのが、隠修士の〈霊性〉にほかならない。

C　霊性と想像

つぎに、文学中に結晶している隠修士の〈霊性〉の特徴について簡単に見ていこう[261]。

隠修士の聖性の噂を聞いて会いに行きたいという俗人が文学には多数出てくる。そして彼は、世俗社会で犯した数々の罪を告白しその罪を解いてもらう。隠修士はたとえ聖職に叙階されていなくても、とくに近くに聖職者がいないときは、告解の秘蹟を授け罪を解いて罪障消滅を言い渡すことができると信じられた。その力は、彼らのカリスマ的な性格に負っていた。司祭身分がないため秘蹟を執行しないまでも、告白を聞き、償罪のためのアドヴァイスをすることは、文学中のすべての隠修士の役割である。

ところでロマネスク期には、宗教的に覚醒した民衆のあいだで互いに告解することも黙認されていたが、グレゴリウス改革が進展し終熄に向かうと、俗人への告解は認められなくなり、たとえ行われたとしてもそれはたんなる「告白」で「告解」の秘蹟ではないとされた。そして十二世紀から十三世紀第1四半期の教会著作家は、俗人に「結び解く」力をけっして認めず、それを聖職者の専権としたのである。

ところがゴシック期以降も文学に棲息地を見出した隠修士は、普通の俗人とは看做されなかった。彼らに告白する者たちは、罪の赦しを得ることを望んでいたのではない。むしろ慈愛を込めて熱心に耳を傾ける隠修士に告白することによって、重苦しい良心を軽くしたいと思っていた様子である。文学中の隠修士は罪を許すのではなく、相手に話させ、気持ちを楽にさせるのである。この隠修士は、だからまずなによりも「聞く人」であった。

隠修士に対する告白、そして償罪の儀式は、たんに儀礼的なものではない。騎士たちは、隠修士に内的な良心の導きをしてもらい、神と和解し、魂の平和を得ようとする。しかし多くの主人公は、隠修士に告白しても赦免されないまま立ち去る。無理矢理告白させられても、まったく悔悛の情を催さない『小樽の騎士』の主人公のような傲岸不遜な極悪人——それでも子供騙しのような苦行を履行しようとして果たせず、別人のように憔悴して隠者の下に舞い戻って奇蹟がおきるのだが——は論外として、善意をもっていても、たとえばP・ブルテルの指摘にもあるように[262]『ペルレスヴォ』中のランスロが、罪は告白してもグニエーヴルへの愛を後悔することを拒んでむしろ美化し、悔悟 attritio——つまり、罪を犯したことの真摯な悔いの情だが、その動機がもっぱら懲罰への恐怖など人間的——からすすんで痛悔 contritio——こちらはおなじ悔悟でも内面から変化し、神への愛がその根源にあり、罪を真に憎み告白によってそこから解放され償罪の業で浄化されたいという意志を含む——へといたる謙譲の行為、神への愛の行為を採ることができないというところに、よく現れている。[263]また『聖杯の探求』中のゴーヴァンも、同様な告白のとき生活を変えられず、悔悛の（秘蹟）を完遂できない。[264]ベルールの『トリスタン物語』のトリスタンとイズーは、隠者の必死の悔い改めの促しにもかかわらずそれを聞き入れず、別れるよりは物乞いの身になるほうがましだと居直り、隠者のほうが節を曲げることになる。[265]

隠修士は苦しんでいる主人公の話を聞きそれに対し助言して、今でなくとも将来は遂行されるだろう贖罪を手助けしてあげているのである。良心の呵責を軽くし、愛の中で神との和解の願望を育ててやる。だから闇雲に償罪と赦免にまでいたらなくてもよいのであり、その心構えを整えてやることが大切なのであった。正式の儀礼としての悔悛・告解は、いつか機が熟したときにつづけばよかったのである。

さて、隠修士は「聞く人」であると同時に「話す人」でもあった。彼は、来客の話に耳傾けた後、長々と説教をし、一夜をまるまるつぶしたり、いくつかの場にわたって広がる一連の話をする。沈黙を美徳とするはずの彼らが、文学中では悩める騎士たちの特権的な対話者であり、神の「言葉」の饒舌な伝え手となる。聖霊から言葉のカリスマを受け取り、また事情により必要とあらば奇蹟をも起こして悔悛者の罪を赦す。だが彼らは、ロマネスク期の現実の巡歴説教師のようにあちこち出掛けていって長広舌を振るうのではなく、いや、そもそも伝道・布教をする任務を負っているとは、いささかも感じていない様子である。

彼ら文学中の隠修士には、騎士道のモラルやイデオロギーを教え、過ちをただす教育者としての役割もある。その騎士の役割とは、聖なる教会の守護と、弱者（貧者・寡婦・孤児）の保護であり、グレゴリウス改革期以来の教会が、俗人のキリスト教世界と教会に対するポジティブな役割として考え出したものである。だが不思議なことに、在俗聖職者や教会ヒエラルキーはこうした物語からはほとんど消え去っている。教会ヒエラルキーの退去とその管理権の隠修士への移行といったことがここではおきている。いわばそれらの制度や人員なしに、グレゴリウス改革のテオクラシー理念が実現されている、と言ったらよいだろうか。制度に代わって神の霊に住まわれた――教皇に代わる隠修士――人間が代行する、人類の救済計画がそこにはある。

隠修士が騎士の補助者・相談者として活躍する宮廷風ロマンが流行した時代には、十字軍理想は減退し、また国家間、封建諸侯同士の争いもなく、大きな戦闘は少なくなっていった。騎馬に跨り剣を揮う騎馬戦よりも歩兵隊が勝敗の帰趨を決める重要な駒になると、出番の少なくなった騎士たちは、騎馬槍試合に現を抜かすしかその存在意義がなくなってこよう。そして実際の戦いよりも、彼らには文学的な想像の世界で、思う存分羽ばたくことが快楽になるのだろう。彼らが宮廷で、ジョングルールが読み聞かせてくれる武勲や驚異の世界に心躍らせ、恋愛に憧れるのはそのためである。

しかしこの世俗的な文学空間には、十二世紀から十三世紀にかけて着実にキリスト教倫理が浸透していった。いや、アーサー王伝説が聖杯伝説に姿を変えたように、多くの宮廷風ロマンがキリスト教の奥義のアレゴリカルな物語に変貌する。だがそれはもちろん教会当局の垂示する神学的なキリスト教ではなく、民衆たちのあいだに育まれてきた、異教的要素をもふんだんに採り込んだキリスト教であり、教会の聖職者たちがいくらコントロールしようとしても、その都度、民衆的に改変される態のものなのだろう。エリートたちの観念やイデオロギーとともに、騎士から商人・

職人をへて農民まで、民衆たちが生活の中で生み出した観念が文学的にコード化されて、その構成要素となっていることを見落としてはならない。

そこにこそ、文学の想像空間に「隠修士」が活躍し、愛されつづける理由、現実の隠修士が森の中にいなくなったときに、文学世界の隠修士が輩出する理由があるのではないだろうか。ゴシック期において、その宮廷で作られた文学中の隠修士が、騎士たちの世界に適合したイメージへと彫琢されているのはたしかだが、それは、教会当局の指示の下に作られたロマネスク期の聖人伝から窺われるイメージと相補い合って、隠修士の真の姿を投射しているとは考えられないだろうか。

とりわけこの文学的想像世界から拾うことのできる〈霊性〉の諸要素に、ラテン語の聖人伝からは零れ落ちた、名もない、歴史にその痕跡をほとんど止めなかった無数の隠修士たちの〈霊性〉が反映しているに違いない。私はそのように考えて、聖人伝文学と世俗文学両者から透視される、ロマネスク期の隠修士の〈霊性〉を摑まえようとしたのである。

むすび

十世紀末から十二世紀前葉にかけての時代（ロマネスク期）、西欧世界はいくつかの宗教的運動＝精神運動を湧き立たせた。それらの精神運動に体現された精神は、大きく二つに分けることができる。ひとつは修道院改革運動や聖堂参事会運動にその典型を見る教会体制内的な精神である。もうひとつは主として教会体制外の平信徒——とくに下層の者——のあいだに瀰漫していた精神である。伝統に支えられた前者と異なって、後者の形成は日常的な人間欲求にもとづく人々の心の中の現象であり、教会の指導も教理の統制もおよばぬ領域での出来事であった。それゆえそれは教会の支配的精神とは明確に異なったものであったのである。

隠修士は教会制度の中ではきわめて周縁的な位置しか与えられず、最盛期であるロマネスク期においてさえ、つねにマイノリティーにすぎなかった。彼らが教会の動向に決定的な影響をおよぼすことがなかったのは、むしろ当然である。政治・経済・文化などの領域への影響は、なおさら修道院や聖堂参事会とはくらぶべくもなかった。しかしだからといって隠修士に対して積極的評価ができない訳ではない。この時代、隠修士は、〈孤独〉〈清貧〉〈慈愛〉などのキリスト教的精神の本質的要素に独特のアクセントと解釈を与え、それらの具現化をかつてない力強さで推し進めるという目覚ましい精神運動を展開した。しかもその精神運動は、教会体制の中でこそ片隅で行われる少数者の孤立した運動にすぎなかったとしても、より大きなコンテクストの中で考えれば、けっして孤立したものではなかった。換言すれば、当時の西欧社会の大多数の人々の普遍的で永続的な宗教的要求を、彼らは敏感に感じ取っていたのである。つまり、彼らはその時代の時代精神とも言うべき独特な信仰の形のもっとも雄弁な表白者であったのである。

このロマネスク期の時代精神ともいうべき独特な信仰の形=民衆的宗教運動の精神は、より広範な民衆を巻き込んだもろもろの運動に現れている。前著『ロマネスク世界論』の「霊性」の章において詳述したのでくわしく繰り返すことはしないが、[266] 当時展開した「巡礼運動」「『神の平和』運動」「第一回十字軍」「異端運動」「教会建設運動」といった形態の民衆運動には、それが明瞭に表れている。

紀元千年前後以降には、巡礼運動が一気に盛り上り、ローマ、エルサレム、サンチャゴ・デ・コンポステラの三大霊場のうち、とりわけイエス・キリストの生き、受難したエルサレムに向けて集団巡礼が繰り返された。また十世紀末から十一世紀初頭の南フランスにおいて、司教と民衆（農民・都市民）たちとの共同作業として実現した「神の平和」「神の休戦」運動は、聖遺物の霊威と悔い改めの呼び掛けによって封建貴族の私闘（フェーデ）をやめさせた、一種の宗教運動であった。そして十一世紀末には巡礼の延長上に、聖地回復を目指した第一回十字軍が実現し、そこでも民衆・貧者たちが霊的な次元の保証者として大活躍した。正統に対峙する中世史上最初の民衆的な異端運動も基本は福音主義で、儀式・制度よりも生活態度、原始キリスト教を模範にした清貧と悔い改めの生活を重視した。さらにヨーロッパ中を覆う「白いマント」に喩えられる教会の建設に無償の労働を捧げた民衆たちにとって、教会建設には贖罪のための宗教行為としての一面があった。

これら、まさに大地から湧き出るようにして澎湃と現れた諸種の民衆的宗教運動の〈霊性〉——その要素としては、たとえば、清貧、贖罪、キリストへの帰依、終末観などがある——は、隠修士たちが生涯を捧げて追求した〈霊性〉と同質のものであり、そのことがロマネスク期における隠修士たちのもっとも重要な役割であったのである。この時代には、「キリスト教社会」societas christiana、「キリスト教世界」Christianitas が、その組織を分化させながらヨーロッパ全域を版図として出来上がりつつあったが、個々の信徒にとって基底的であったのは制度的な局面ではなく、むしろ観念的な局面、つまりすべてのキリスト教徒のこころとこころを結ぶ清純なるスクリーン上に映る原始キリスト教の福音的世界としての「キリスト教世界」のイメージであった。(267)

それを汚し変質させる悪の力を浄化することこそ、改革者の目途であり任務でもあったが、ロマネスク期には、教会当局にも増して、民衆たちが独自の運動によってそれを実現しようとした。その尖兵が、彼らの〈霊性〉を鋭く体現し、言葉と見本によって運動を率いた隠修士であったのである。

上に述べたように、隠修士たちは十二世紀半ば以降、教会制度上は修道院や聖堂参事会の中に取り込まれて、そのカリスマも、霊性も輝きが鈍ってしまう。しかしイマジネールの中では、彼らはますます大きな存在感をもって縦横に活躍することになるのが、まことに興味深い。繰り返して強調しておくが、それはひとつの時代（ロマネスク期）に、民衆たちの無意識にまで達する鮮烈なメッセージを隠修士が発し得た、そういう「幸せな時代」を彼らがもったからこそに違いない。その鮮烈なメッセージは、同時代の彼らの活動と思想を伝える聖人伝などのラテン語の史料とは違った仕方で、やや後代に彼らを重要登場人物に選び出した文学作品にもかならずや反映していよう。

民衆のイマジネールにおいては、彼ら隠修士は当局の統制や抑圧政策に脅かされることなく、自由奔放に成長していったのであり、十二世紀から十三世紀を中心に、中世末、いやルネサンス・近代においてまで愛すべき聖なる老人として親しまれ、超自然的な能力が仮託されつづけたのである。これは聖フランチェスコなどごく一部の例外をのぞけばどの修道士にも聖職者にもなかったことだし、異端者にもなかったことで特筆に値する。

そこには、隠修士が栄えた時代から一貫して、彼らの生活ぶりがいかに民衆たちにとって大切なものと信じられつづけてきたか、そして、昔の隠修士の事績や現存の隠修士の目を疑うような英雄的行動が、地域の住民間で口々に言い習わされていかに親愛なるイメージとして結実していったか、その厳粛にしてしかも微笑ましい消息が如実に現れている。

第2章　カタリ派

聖ドメニコと処刑されるカタリ派

はじめに——ゴシック期の組織的宗教運動

第1章で考察したロマネスク期の民衆的宗教運動の大きなうねりが収まった後、民衆たちの宗教的渇仰は、一旦、制度としての教会の胎内に吸収される。しかしやがて再び、前に倍して力強く稼働し始めることになる。ゴシック期に展開する宗教運動の形態や〈霊性〉の特質は、ロマネスク期のものとは一変するが、それは社会全般の構造変革と軌を一にしたものであった。すなわち、

(1)教会のヒエラルキー組織がほぼヨーロッパ全域に網の目を張り巡らし、教皇庁を中心とする中央集権的支配・管理が可能になったため、宗教運動とりわけ異端運動においては、このような体制に対峙すべく自らも組織化し、教義をスコラ化して武装を整え、その過程で「権威」=「書物」を利用する者たちが数多く現れた。

(2)都市化が進捗し、その中で信心会などの団体が市内の社会的結合関係を足場にそれぞれの信心業を展開し、〈霊性〉を涵養していった。それに対処する体制側の方策として、托鉢修道会が主要都市に入り込み、伝統的なベネディクト会とはまったく異なった理念を掲げて司牧に当たった。

(3)儀礼とその手順が空間的にも時間的にも重視されて、信心業がいよいよ儀礼化していき、その所作・言葉・歌に大きな意味が与えられた。

これら三つの変動である。後二者については後段（第4章と第5章の「はじめに」）で語るとして、ここでは組織的

異端運動とかかわりの深い最初の点について主に考えていこう。

＊

十二世紀後半以降、神聖ローマ帝国の皇帝権を再興しようとするホーエンシュタウフェン家（フリードリヒ一世・ハインリヒ六世・フリードリヒ二世）とその同盟者による教会の特権への侵害、南フランスおよび北イタリアの異端（カタリ派、ワルド派）、十字軍国家のイスラーム勢力による征服といった、つぎつぎと出来する内外の危機に際会して、インノケンティウス三世、グレゴリウス九世、インノケンティウス四世という有能な教皇を戴いた教皇庁は、霊的刷新と組織の効率性を求めて立ち上がった。具体的には、敵からキリスト教会を「法律」の力で守るために教会法を集成し、新たに学校・大学を建て、托鉢修道会とそれと連携した信心会を作らせ、地方分権に繋がる司教権を抑制して定期的に地方教会会議を招集するなどの方策を矢継ぎ早に実行し、教皇の下に着々と中央集権化を図っていったのである。

観点を変えてみれば、ロマネスク期にヨーロッパ全域を揺り動かした教会改革の熱狂が冷却していったとき、教会は組織化と教義の体系化を強力に推進するとともに、そこからの自由解放を目途としていたはずの世俗権力と見紛うばかりの世俗的な財産・権力をも手中に収めていった、ということになろう。俗人たちの霊性の発露に関しては、最初は教会組織発展の援護射撃になると寛容に遇していたが、十二世紀に入るとその横溢を持て余すようになり、今度は手の平を返したように懐柔――そしてやがて弾圧――に必死になった。隠修士の運動を、修道院・聖堂参事会的組織に吸収したことは上述したが、より広く民衆に浸透していた急進的な霊性の要素は、部分的には正統教理に取り込みつつ、信徒たちを教育・管理しようと努めたのである。

また第三回ラテラノ公会議（一一七九年）では、教皇による教令（教皇令）が公会議によって裁可される仕組みが決められるとともに、厳密に職権を割り当てられた委員会が個別案件を審理する道筋が出来上がり、以後、山積みになった公会議決議を中心とする法律がキリスト教生活の根幹に据えられることとなる。そこで教会人とは、すべからく教会法の注釈に通じ体系的思考法に秀でた者でなければならなくなる。福音的生活は、教会によって密に編まれた法体系に身の丈を合わせることを求められて変質を余儀なくされるだろう。その他当公会議では、教義問題、異端問題、世俗君主や都市当局と聖職者とのかかわり、トーナメントについての規定、ユダヤ人やイスラーム教徒に仕えるキリスト教徒奉公人についての問題などが審議された。

また一二一五年の第四回ラテラノ公会議では、年一回の聖体拝領と告解の秘蹟が義務化され、信徒たちの信仰心と宗教実践を教会の要請に叶うものにしようとした。しかし、そうした教育的手段の効果にもかぎりがあり、あくまでも教会に逆らう者たちを弾圧する強圧的な組織としての教会が本公会議を分水嶺として誕生したことは、そこでカタリ派をはじめとする異端が断罪されているところからも窺われる。

ゆえに十二世紀半ばから十三世紀半ばには、「正統と異端」のパラドックスが極点にまで達する。このメカニズムへの視点は、中世の宗教運動研究のパイオニア、H・グルントマンが解明してから研究者の共同財産となっているものである。(1) それまでは改革の熱気が教会全体に瀰漫し、民衆たちの宗教的熱誠もその中にほぼ吸収されていたかに見えたのだが、教会が体制化を進め、その途次で聖職者と俗人というキリスト教徒の二つの範疇を隔離し、前者がはるかなる高みから後者を指導・管理するようになると、俗人の霊的欲求は教会当局には届かぬまま、彼らは不満を抱えることになった。そして激しい不満を抱える者たちは、正統の枠の外に飛び出していくことになろう。すなわち教会の教義・組織・法制において「正統」の確立期であるこの時代に、「異端」がはじめて組織原理の問題となるのである。(2) グラチアヌスとその後継者によって教会法が集成され、また神学がスコラ学者らによってスンマとして総合的に組み立てられるとともに論理的に分析される体系志向の「正統」の動向を傍目に、異端運動はこれ以後、正統の原理の模倣か反転といった外見上の姿を取ることになるだろう。

十二世紀前半に福音の教えに戻ることを説き、瀆聖聖職者を批判し教会の秘蹟・ヒエラルキーを否定する、タンケルムス派、ブリュイのピエール派、修道士ローザンヌのアンリ派、ブレッシャのアルナルド派、さらにロンバルディアの法学者ウーゴ・スペローニに由来するスペローニ派、十二世紀末に短期間北イタリアでのみ流行した旧約聖書の教えを遵守しようとするパッサジーニ派などの群小異端が生まれたが、(3) その後を承けて登場し、中世ヨーロッパの二大異端として知られるのが「カタリ派」と「ワルド派」である。これら二派は、いずれも南ヨーロッパを中心に北方にも広まっていき「使徒的生活」や「自発的清貧」といった、貨幣経済の展開と商人層の抬頭によってますますインパクトを強くした福音主義的理想を提示した点が共通し、ロマネスク期の宗教運動を継受している。しかしいずれも正統の教会組織を脅かすほどの組織化を遂げ、また「権威」とする「書物」をもっていたことが新たなゴシック的特徴である。

カタリ派については後段で詳しく論ずるが、ロマネスク期の福音主義をもっとも直接的に受け継いだのがワルド派であろう。(4) 一一七〇年代半ばにリヨンの商人ピエール・ヴァルデスが財産を擲ち、使徒に倣った清貧と説教の生活をすることを決意し、聖書の一部と教父の作品の一部を俗語に訳したものを所持して各地を説教し始めた。そしてその後には、たちまち大群衆がつき従うことになった。彼らは自分たちを「キリストの貧しき兄弟」Frères Pauvres du Christ、「リヨンの貧者」Pauvres de Lyon と呼び、もともと正統の範囲内で活動していたが、説教権をめぐって地方教会と衝突、教皇アレクサンデル三世の決裁（一一七九年の第三回ラテラノ公会議）で、地方教会権威（大司教）の許可を得ることを命じられる。一旦はそれに従うものの、その後も道や広場で大衆を集めて説教し、とりわけローヌ河盆地と南仏で成功を博す。当然、懸念を募らせる教会当局と衝突し、一一八四年には公会議によって断罪された。

ワルド派は、教義の面では宣誓と流血を拒否し、煉獄や死者への祈りを否定、聖像崇敬や巡礼も無価値とする。もともとカタリ派のようには秘蹟を否定せず、むしろ洗礼・悔悛・聖体などを重視していた。しかし、最後にドナティスト的態度をとって道徳性の低い司祭の秘蹟の効果を否定した。自発的清貧の遵守のほか、瀆聖聖職者を頼れないことから、俗人への告解の実践、女性の説教活動などを発達させたことが特徴的である。

ワルド派はやがてカタリ派とも混淆し、ラディカルになって異端とされ、一二三〇～四〇年代には地下に潜って活動するようになる。しかしウェスカのドゥランドゥスを長とする穏和グループは「カトリックの貧者」Pauvres Catholiques に改宗し、教皇インノケンティウス三世によって公認されて生き残り、十三世紀半ばまで南仏、スペイン、ロンバルディアで活動した。

本来のワルド派も、十三～十四世紀の異端審問ではカタリ派ほど徹底的には迫害されずに、ローヌ河の谷からヨーロッパ中に広まっていった。すなわちプロヴァンス、ラングドック、ガスコーニュ、ブルゴーニュ、北イタリア、ドイツ、中央ヨーロッパにまで信徒をリクルートしたのである。十五世紀にはピエモンテの峡谷の共同体が、運動の核であった。ワルド派には元来、「もうひとつの教会」を作ろうという志向はなく、福音の教えを遵守し、個人の回心を志す者たちとそれをお膳立てする者たちとの契約的な性格を潜在的に所持するセクトであった。しかし迫害下に世代を重ねるにつれて、「もうひとつの教会」のような形態を取ることになったのである。

さてかように叢生する異端に直面して教皇が縋ったのが、二つの托鉢修道会、フランシスコ会とドミニコ会であった。彼らはその清貧に徹した乞食生活と福音説教によって、異端に靡く信徒らを正統の懐に取り戻そうと努めたのである。

そしてドミニコ会の修道士――後フランシスコ会士も加わる――が審問官を務める教皇直属の「異端審問制」Inquisitio が、一二三一年、教皇グレゴリウス九世の下に活動を始動させる。この密告を奨め拷問も排除しない陰湿な制度により、教皇権は補強され強大化への足掛りを得る。異端審問は開始から十四世紀前半までがその最盛期であった。すでに十二世紀から教会は教会会議の決議・教勅を集成し、教会法学者がその注釈を書き、大量の教会法によって「武装」される法的機関になる道を歩み始めていたことは上に触れたが、異端審問制の誕生を機に、刑事的・司法的性格をいよいよ強めていったのである。

だが、こうした托鉢修道士の活躍や強権的な教会制度の構築で信徒たちのこころを陶冶し敬虔心を導くことが、完全に首尾よく進むわけはない。あちこちに不満がくすぶり、それが異端となるかどうかは別として、いくつかの宗教運動へと結晶していくのである。異端については、各種のタイプが、一方で教会の構成の仕組みや教義の特質の、他方で社会のさまざまな人間関係や政治の仕組みから生み出される欲求やイデオロギーの、それぞれの光と影を映しだす尖鋭的な鏡となって、以後、中世の末まで出没しつづけるであろう。

その異端を中心とする宗教運動のゴシック的原理とは、樺山紘一氏の説くように、心情的な道徳主義、清貧理想に支えられた純粋主義に加えて、使徒的生活という祖元形を具体的イメージとする道徳的理想主義に依拠した、客観的組織原理として確立された教会への批判である。そこに、ゴシック期後半に文化の総体的受容者としての教会を批判する、非日常的宗教体験を基本におく理想主義が登場するのである(5)。

〈霊性〉に着目してみれば、エリートの霊性は、もちろん托鉢修道会の代表者たち——ドミニコ会のトマス・アクィナスとエックハルト、フランシスコ会の始祖聖フランチェスコとそれを受け継ぐボナヴェントゥーラら——が、主な形成者であった。ドミニコ会士には、形而上学的な考察から信心体験を演繹する傾向があり、フランシスコ会士は、より体験・情動を重視して自分の中の聖霊の賜に突き動かされた禁欲と慈愛を実践する。しかしいずれにせよゴシック期には、キリストの受肉の謙譲と受難の慈愛が、かつてなく真剣に受け止められ、望むらくは神との類似を深め、愛の中で神と一体化しようと希求する者たちが続出した。キリスト受難への黙想と聖体への信心、マリア崇敬が高まり、典礼暦に関連儀礼が夥しく登記されるほか、文学・美術のさまざまなジャンルにきわめて多様な表現を見出することになる。このエリートの霊性は、第4章以降で検討する民衆たちの贖罪・悔悛運動と神秘主義的動向に片方で影響をおよぼしながら、他方では逆に感化を受けることとなろう。

＊

ゴシック期の異端のうちでもとりわけ大勢力を誇り、教会当局を苦悩させたカタリ派が本章のテーマである。有名でありながら、あるいは有名であるがゆえに、カタリ派の「客観的」研究は、なかなか進展しなかった。ここで少し研究史を振り返っておこう。

十九世紀末からのロマン主義的な風潮の中で、この有名な異端は、多くの好事家・作家・映画監督の食指を動かし、またとくに南フランスでは、郷土愛とレジオナリスムに彩られた団体が、カタリ派を自分たちの輝かしい祖先としてもてはやすことになった。「聖杯」やトゥルバドゥールとの関係、ひいては薔薇十字、フリーメーソンといった秘密結社への系統がしばしば云々されたし、太古に遡る秘教として彼らの砦（モンセギュール）のシンボリズムを解析し、秘匿されている宝物を探す試みまでなされた。悪魔教としておどろおどろしい色に塗り込められることさえあった。いずれにせよ、きわめていい加減で際物的なイメージが生み出されてきたし、今でも再生産されているのは残念なことである。

もちろんその一方で、真面目な研究が地道になされてもきたのだが、事実に向かうその進路はしばしば妨害されてきた。それにはいくつもの理由があろう。

本格的研究は、宗教改革後の宗派的対立の中でスタートした。当初はカトリック、プロテスタント双方による独善的で護教的な色彩の濃い研究がなされ、学問的には無意味な擁護・非難の応酬があったが、十八世紀の啓蒙主義の時代になると、いまだ護教的な傾向は残り、誤謬も多々あるとはいえ、史料刊行・史料批判が進み、それらにもとづいた研究がまがりなりにも行われるようになった。それらの個別研究の成果は、十九世紀の半ば、最初の総合的研究として、ストラスブールの神学者・教会史家たるCh・シュミットの著作に結実した。(6) この著作は当時閲読しうるあらゆる史料・文献を渉猟し、正確さ・客観性を旨にカタリ派の歴史を明確に時期区分しながら跡づけ、教義・慣習を分類説明しており、いくつもの誤りやプロテスタント史学の残滓が散見されるものの、今日でも通用する優れた仕事である。

この研究の後、長らく学問的に価値のある仕事は出なかったが、一九四〇年代になってようやく重要な史料の発見・校訂が矢継ぎ早に行われて、その後の研究の発展を準備した。この領域でのA・ドンデーヌ師の役割、すなわちシトー会、ドミニコ会の論客によるカタリ派駁論をいくつも見つけ出し校訂した業績は強調しておくべきだろう。(7) そしてその後につづいて、ライツェンシュタイン、ゼーデルベルク、ランシマン、ボルスト、マンセッリ、トゥーゼリエといった真摯な研究者の専門研究が登場した。(8)

S・ランシマンの『中世のマニ教』の影響力には、大きなものがあった。彼はカタリ派とそれに先行する二元論異端諸派の精神史を叙し、古代のグノーシス主義→マニ教・メッサリウス派→パウロ派→ボゴミール派→パタレニ派・カタリ派というように、それら諸派のあいだに思想的・系譜的連続性を認め、カタリ派は、古代から絶えざる鎖の繋がりのようにして小グループが代々受け継いできたグノーシス伝統の保存者だとしたのである。こうした系譜的連続性は現在では受け容れがたいが、いまなお通俗的紹介に影響力を揮っている。

シュミット以来存在しなかったカタリ派の体系的叙述を新たに企てたのがA・ボルストである(一九五三年)。研究史と先駆的異端を概観した後、運動の経過、信仰・教義、倫理・儀式、ヒエラルキー組織などを論じ、結論として、カタリ派とはグノーシス的二元論が十二世紀の民衆的福音主義勃興の流れに乗って西欧キリスト教世界に入り込んだものであり、もともと鬩ぎ合い相容れぬ二つの霊感を統合する明確な試みだとした。

Ch・トゥーゼリエ（一九六五年）は、異端駁論の分析とそこに映し出されたカタリ派の教義や活動、そして教皇の異端対策の変遷と帰結などを、史料の深い読みをつうじて明らかにした。全体像としては目新しい所説はないが、厳密な研究として定評がある。

しかしこれらすべての研究には、ドンデーヌ師以来、致命的な「欠陥」があった。それは史料としてカトリック側の「カタリ派駁論」に依拠したために、いくら学問的誠実さを保とうとしても、どうしても中世の論者の「マニ教的異端」「二元論異端」のレッテルに迷わされ、そこから出ることができない、という袋小路に陥っていることである。そして、こうしたペルシャのマニ教（二神論）と、パウロ派・ボゴミール派を介在させたマズダ教に遡るカタリ派は、非現実的にして厭世的・反社会的であり、一般民衆の福音主義的で敬虔な思いとはまったく無関係だ、という見立てが定まってしまった。それは異端どころか異教に近く、そうならば弾圧も当然だし、十字軍も異端審問も、いずれやってくる自然消滅を早めただけ、という評価が陰に陽に共有されていったのである。

一九七〇年代末以降、この状況を一変させ過半の研究者に態度を変えさせたのが、精力的な史料出版と綿密な研究、および一般への啓蒙をもつづけているJ・デュヴェルノワとA・ブルノンの二人の研究者である(9)。カトリックの修士や神学者が異端を糾弾するポレミックな論考にのみもっぱら頼ることをせず、その後発見・出版されたカタリ派自身の書いた書物（二つの教義論考と三つの典礼定式書）、およびとりわけそれまでほとんど利用されてこなかった膨大な異端審問記録をも駆使しながら、カタリ派の真の姿をその時代の社会と教会の内から解明しようとし、そして今もその作業をつづけている両人とその仲間たちの研究は、きわめて貴重である。

彼らのたゆみない努力によって、当時のキリスト教世界の中にカタリ派が適確に位置づけられ、おおよそ次のような観点が提起され広く受け容れられるようになってきた。すなわちカタリ派とは、古代東方の二神論とは無関係である。そして外部——たとえばブルガリア——から西欧へと十二世紀半ばに持ち込まれた二元論異端ではなく、異教にせよキリスト教にせよ、「グノーシス」と結びついているのでもない。グノーシス的性格があるとしても、それは聖書の言葉、とりわけヨハネによる福音書とヨハネの手紙一を参看しながら真のキリスト教を求めた揚げ句に、自生的に生まれた福音主義的な態度なのである。彼らは原始キリスト教の使徒たちを自らの模範として清廉に振る舞い、その禁欲的な生活振りはまさにキリスト教の修道者そのものなのである。

神を善なる存在で不可視の霊的なるものの創造主とし、悪とのかかわりからは免除する、その代わりに物質的なもの、可視的なものの作者を悪魔に比定する。この絶対二元論は、あくまでも穏和二元論からの発展上に結晶したのであり、ある時点（かつて一一六七年のサン＝フェリックス・ド・カマラン宗教会議でニケタースがもたらしたと言われてきた）で、東方から移植されたものではけっしてない。カタリ派の二元論はマニ教のごとき二神論ではなく、あくまで一神論の中の二元論であり、言ってみればパウロの思想にもすでに存在し、苦行に没入する修道士や隠修士の霊性などキリスト教の歴史の中に繰り返し顔をのぞかせ、西欧でも十一世紀以来頻繁に登場した「禁欲的二元論」の一形態にすぎないのである。マルキオン派やグノーシス派（したがってマニ教）との教義の類似が適切に見えても、それは後から振り返ったときの思い込みである。カタリ派やボゴミール派にとっては、二元論的な構えは出発点の原理・公準としてあったものではなく、聖書分析の残滓、推論の帰結であり、最後（十三世紀末のルジオのジョヴァンニによる理論化）にそうした様相を見せるようになっただけなのだ。

つまるところカタリ派とは、修道士的な禁欲傾向をもち、アルカイックで儀礼主義的な性格を使徒的な革新と結びつけている、もっぱら聖書のみにもとづく反ローマ、反カトリック教会的な「キリスト教」なのである！

こうした福音主義的な禁欲的二元論は、西欧のカタリ派とほぼ時をおなじくしてブルガリア（ビザンツ、スラブ世界）のボゴミール派にも現れた(10)。ボゴミール派は、司祭コスマがブルガリアでの存在を九七〇年頃にその駁論中で特記し――教皇ボゴミールと称される者が説いたとされる――十一世紀前半には小アジアおよびコンスタンチノープルの修道院内で、アクモニアのエウテュミオスが彼らを告発しており、またアナトリアの高地までもその教理は届いてビザンツ帝国中に広まったようである。

これらの史料的証言からは、ボゴミール派の発生と展開は西欧のカタリ派よりもずっと早いように見える。しかし西欧でも紀元千年頃に、東欧と同時に叢生したのだとの見方も可能である。南フランスでの大展開や、ドイツのケルン大司教区とそのリエージュ属司教区（ライン地方）に発生した異端（シュタインフェルトのプレモントレ会参事会長エウェルウィヌスの聖ベルナルドゥスへの一一四三年の書簡と、シェーナウのエクベルトゥスの一一六三年の書簡から、南仏のカタリ派と類似の組織や教義・儀礼がかなり詳しく知られる）からカタリ派の歴史が始まるのではなく、十一世紀前半の群小異端（オルレアン、アキテーヌ、ペリゴール、トゥールーズ、アラス、シャロン、モンテフォルテ）もその仲間だと看做せるのであり、教義・霊性の酷似のほか、儀礼面（コンソラメントゥムや「聖なる祈禱」のパン）でも、しっかり連続していると考えられ始めている。[11] グレゴリウス改革期に正統内に吸収されていた（プレ＝）カタリ派が、一一三〇〜四〇年代になって再び正統教会の外部に吹き出たのであり、なかでも彼らが急成長する格好の土壌が、南フランスとイタリアに準備されていたのである。

以上がデュヴェルノワやブルノンらによって、新たな「定説」となりつつある見解である。

私としてもこうした先入主を排した誠実な研究の成果を受け容れるのに吝かではないし、カタリ派を民衆的な〈霊性〉の歴史に位置づけるためにも、彼らの説はきわめて都合がよい。だがそれにて一件落着とはいかないようにも感じている。

第一に、福音主義が西欧でも東欧でもほぼ時をおなじくして禁欲的な宗教生活と二元論的な教義を生み出していったのだとして、たとえばドイツ、南仏、イタリア、ブルガリア、ビザンツなどの信徒団が、互いに連携し合い大きな組織の下部組織として自らを位置づけている、そうした史料的な証言があることは誰も否定していない。しかも完徳者と一般信徒（帰依者）の別が共通し、「按手」——霊的洗礼——を唯一の秘蹟とし、また祝福されたパンの分配、主禱文の儀礼的朗唱中で「王国」「永遠に」というギリシャ起源の栄唱由来の文言を含めるなどの儀礼の共通性もある。このように、地中海の北岸を中心に西から東まで広く展開する「もうひとつの教会組織」が、十二世紀半ばにはしっかり出来上がっていたとするならば、紀元千年前後に三々五々、自然発生的な「二元論」が西欧・東欧のあちこちで火の手を上げたとは考えにくい。それこそかなり早い時期から、組織的な伝道活動がどこかの本部からの指令によって（たとえば東方から）なされたのではないか。バルカン半島を中心にその周囲に広まっていたボゴミール派が、マケドニア、そしてコンスタンチノープルに伝播し、第二回十字軍の際にフランク人（フランス人）らがコンスタンチノープルでブルガリア教会の代表者と出会ってその教えに染まり、フランスに戻ってその教義を広め、北仏の司教区、ついでロワール以南に四司教区、さらには北イタリアにまで伝播していく……との見取図は修正を余儀なくされるのではないだろうか。

この問題は、サン＝フェリックス・ド・カラマン（ないしサン＝フェリックス・ド・ローラゲ）宗教会議（一一六七年）の意義、その真贋問題とも関係するだろう。[12] 今日、過半のカタリ派研究者から真正性が認められている史料（Acte du Concile cathare de St-Félix）がある。この「公会議」ないし宗教会議は絶対二元論教義の西欧導入の場ではなく、教会組織の活性化と管区の境界画定の行政的な意味しかなかったとしても、東方からニケタースというコンスタンチノープルのドラゴヴィツァ教会の高位の聖職者（司教）がやって来て、集まった西方の六教会の代表者に再びコンソラメントゥムを授けた——司教への（再）任命——意義は大きい。こうした会議がもたれたということは、西欧の（プレ＝）カタリ派にはギリシャとブルガリアに仲間の宗派がいて、十年や二十年といわずもっとずっと以前より互いに連絡を取り合っていた証拠になろう。

いずれにせよ、十世紀から十三世紀にかけてのカタリ派・ボゴミール派双方を関係づける全体組織図が描かれねばならないだろう。

第二の点は、聖書のみを根拠に「原始キリスト教に帰る」という福音主義が昂じて、その論理的帰結としてカタリ派は絶対的二元論となった、というのはよいとして、広くその教えが根づき、そのプロセスが進行した「土地」とのかかわりを闡明しないでは片手落ちではあるまいか、ということである。たとえばなぜ北方ヨーロッパでは、おなじことが起きなかったのだろうか、ロマネスク期の福音主義運動は北方でも花開いたのに……。

本章では、カタリ派の〈霊性〉の解明ともども、この第二点、すなわちなぜカタリ派は南フランス（ラングドック地方）にかくも強固に根を張ったのか、という点をじっくり考察してみたい。

時期的には、カタリ派がラングドック地方に広く根を張り組織化を進めていった十二世紀半ばから十四世紀初頭までを考慮に入れる。[13] 当地のカタリ派は、一一八〇年から数十年間、最盛期を迎えるが、強い危機を感じた教皇インノケンティウス三世の宣したアルビジョワ十字軍（一二〇九〜一二二九年）とそこへの仏王ルイ八世の参加のために壊滅的な打撃を蒙る。彼らを支持してくれたトランカヴェル、カルカッソンヌ、アルビ、ベジエ、ラゼスの各副伯領の領主たちは、敗戦後仏王のセネシャル管理下に置かれ、トゥールーズ伯自身が異端に対抗する最良の保証人となる。一二七一年には相続の関係でトゥールーズ伯領も王領に組み込まれ、ラングドック独自の政治領域は消えてしまう。この間、多くの完徳者（善信徒）が火刑台の露と消え、カタリ派教会組織はずたずたに切り刻まれる。生き残った完徳者らは、ロンバルディア、あるいはスペインに逃げるしかなかった。

畳みかけるような攻撃に衰微・疲弊して、生き残ったカタリ派は地下に潜って信仰を守ろうとするが、教皇は「異端審問制」というきわめて巧妙な機構を南フランスに持ち込んでそれを根絶しようとした。ローラゲ、アルビジョワ、トゥールーズ、フォワ伯領の村々で、静かなカタリ派狩りが大規模な戦闘・合戦なしに効率よく進行したのである。家族・親族が密告し合い、多くの者が財産没収・投獄・強制巡礼・胸と背中への黄色い十字の縫いつけの罰を受けた。

完徳者と再犯の帰依者は火刑である。これが一二四〇年代から長い年月にわたってつづいたのである。小さな村々で繰り広げられたこの蛮行は、ラングドック地方の農村組織、家族の連帯をぼろぼろにし、と同時に輝かしくもエロスと生気に満ちた、高度な南仏文化をも抹殺したのである。

十四世紀最初の十年、生き残り地下に潜った完徳者らは山の教会でカタリ派の儀礼と慣習を守って禁欲的生活を送った。一三〇九〜一〇年にピエール・オーティエをはじめとする最後の偉大なカタリ派説教師たちが、再犯の男女の一般信徒とともにトゥールーズとカルカッソンヌにおいて火炙りにされた（一三二九年にもカルカッソンヌで火刑があった）。かくてラングドックのカタリ派は最終的に壊滅した。

以上のラングドックのカタリ派の全体を対象に、本章ではその〈霊性〉を検討し、ついで文化的・社会的コンテクストにおけるその意味を解明したいと思う。

さてカタリ派はマニ教のような二神論ではなく、外部から移植されたセクトでもない。宗教的な熱誠に駆られた俗人たちが福音主義をつきつめて二元論的な教義を奉ずるようになっただけであり、土俗的習俗との結びつきが見られるものの、本質的には真正のキリスト教と言っていい。とすれば〈霊性〉の面でも、前代のキリスト教、民衆的宗教運動からの連続性が見出されると考えられる。まず最初にその点を考えていこう。

一　カタリ派の霊性

宗教運動に体現された〈霊性〉を調査するのに、ロマネスク期の場合には儀式や教義は二の次に、なによりも身体を動かす行動に注視してきた。しかしゴシック期以降になると、たとえ民衆的宗教運動といえども、儀式・教義抜きにはその特質を評価できなくなる。とくに思弁的な性格を強く有するカタリ派の場合はそうである。ゆえにここでは、〈霊性〉の繫留点となった儀式にまずもって着目していきたい。

A　コンソラメントゥム

それはカタリ派の唯一の秘蹟として知られる「コンソラメントゥム」である。[14] すなわち按手（相手の頭の上に手をおく）による「聖霊の洗礼」であり、ボゴミール派も含めて東西の「カタリ派」共通の儀礼であった。神学的な不和対立がおきたときにも——デゼンツァーノのアルバネンセス派も、コンコレッツォのガラテンセス派さえも——これだけは一緒に共有したのである。わが国では渡邊昌美氏が「救慰礼」と訳されたが、本書ではコンソラメントゥムとする。

手と書物（福音書）を入信志願者の頭に置くという儀礼は、すでにそれを受けた者（完徳者）のみに執行する権限がある。彼らにとってはこの「聖霊の洗礼」であるコンソラメントゥムはキリストが創始したものであり、それによって弟子たちは罪の汚れから浄化されることができた。それをカタリ派は受け継いでおり、この権限の連続性は、カタリ派にとっては使徒から延々とつづくいわば使徒伝承であっただろう。[15] それなしにはカタリ派は存在しえず、それによって人ははじめて「キリスト教徒」になれるのであった。コンソラメントゥムはカタリ派唯一の秘蹟だが、「いつ何を授けるのか」によって、じつに多面的な効果をもつ、いわば万能の儀礼である。この按手の秘蹟をもつことと、カトリック教会の教義・儀式の否認ということで括れば、十一世紀前半からの群小異端の多くも、カタリ派と称してよいことになる。カタリ派の福音主義・使徒的生活が強調される近年、この十一世紀前半以来の異端の基本特性が「福音主義」であることと相俟って、カタリ派の起源・発生をかなり遡らせる議論があることは、上述した通りであるが、秘蹟の同一性はそこにさらに有力な論拠を加えることになる。

　カタリ派がコンソラメントゥムを行うについては、無論、福音書を典拠としている。たとえばマルコによる福音書第一章八節、マタイによる福音書第三章一一節と第二八章一九節などである。コンソラメントゥムの擁護者に言わせれば、悪しき欺瞞的ローマ教会が実践しているのは、物質としての水による洗礼であり、それはキリスト到来以前に洗礼者ヨハネが行っていたものである。キリスト到来後は、水ではなく聖霊の洗礼が施されるべきなのである。

　しかもカタリ派はカトリックのような「幼児洗礼」、つまり生後間もない嬰児に洗礼を施すことはしない。というのも、善悪の区別のつかない嬰児が受洗するとするなら間違いなく自らの言葉によって罪を犯し、呪われてしまうのは必定だから。ものの道理が分り、自らの意志で福音を信ずる人（成人）にのみ、この聖霊の洗礼は施され、その後、純潔な生活を送ることができてはじめて彼は救われるのである。つまりカタリ派は、洗礼に魂の救拯への決定的意味を与え、しかもカトリックのように安易な償罪の業や執り成し・善行などは認めないのである。

　では、万能のコンソラメントゥムにはどんな役割があるのか、もう少し詳しく検討してみよう。

洗礼

　まずそれには「加入儀礼」そして「洗礼」に相当する役割があった。すなわち入信式におけるコンソラメントゥムである。カタリ派の残した三種の「典礼定式書」rituels――すなわち、フィレンツェのラテン語典礼定式書とリヨンとダブリンのオック語典礼定式書――を繙くと、この儀礼の詳細が見えてくる。(16)

　コンソラメントゥムを受ける候補者には、その前にかなり長い修練期間が課されたようで、通常、三度の四旬節（＝百二十日）にわたって修練した。入信志願者は古参者（Ancien）、つまり彼が修練士として過ごした共同体の上長によって、品級を受けた役職者（司教）の家に連れて行かれる。その司教が司式者となるのだが、彼には大子 Fils majeur または小子 Fils mineur のうち一人が補弼している。またそこには、他の仲間の信徒たちも集合して儀式に加わることになっていた。そしてコンソラメントゥムが授けられる前に、前置き的な儀式があったようである。それはカテケーシス（教理問答）の説教で、新入会者がする誓約の意味と基礎を明らかにし、またそれに伴う聖なる身振りについても説明された。そこで聖なる祈禱が口伝され、主禱文のテクストを一語ずつ提示・解説した後、司式者と新人が一緒に祈りを唱える手順であった。

ついで「善進礼」（メリオラメントゥム）として知られる定式と身振りが行われた。コンソラメントゥムにかぎらず、集団的儀式において下の者がもっとも古参のヒエラルキー上位の者たちに対して行う儀礼的挨拶である。それは三重の跪拝（そのたび毎にベネディキテを唱える）をし、「皆々様、私、哀れな罪人のため神に祈り、私を善信徒にし、善き終わりに導いてください」と挨拶する。挨拶を受ける善信徒（完徳者）は、各ベネディキテに対して「神が汝を祝福せんことを」と答え祝福する。その後、最後のベネディキテの後「どうか神が汝を善信徒にし、善き終わりに導き給わんことを」と唱える。

コンソラメントゥムの儀式では、この善進礼の際、入信志願者に聖別された生活の召命と同等の「神と福音書に自らを捧げることを受け容れますか？」との問いが発せられ、入信志願者はいくつかの修道士的な誓約をする。すなわち禁欲・節制、不断の菜食主義、共同生活のほか、殉教を恐れて聖なる教会のオルドーを捨てないこと、嘘を言わず爾後は誓約もしないこと、死ぬまで信仰に忠実であること、他の福音の掟を遵守すること、などを誓うのである。こうした誓言が発せられてから、はじめて司式者は入信志願者＝修練士に按手をし、福音書（聖書）を置いて、慰め手の聖霊を呼び寄せる。そして列席の仲間の信徒たちはヨハネによる福音書のプロローグを読む。

それから儀礼的な定式と祈りの朗誦、一群の信心の身振り——跪拝と「アドレームス」——Adoremus Patrem, Filium et Spiritum Sanctum——を付け加えた儀礼的な平伏を行い、最後に平和の接吻の交換でコンソラメントゥムの儀式は幕を閉じる。

ところで、異端審問が暗躍する前、つまり十三世紀の三〇年代以前は、この「洗礼」の儀礼は完徳者の中でも叙品を受けた者、すなわちカタリ派司教・補佐司教・助祭らの専属特権であった。しかも公開の厳格な典礼儀式として善信徒の〈家〉で大規模かつ平和裡に行われた。そこには一連の役職者と多くの善信徒が参加した。

しかし後には、男女のとくに役職のない完徳者（善信徒）が、ただ一人でもカタリ派教会を代表し、おなじ儀式を司式するようになる。それは迫害に追いつめられ、近くに役職者がいないときにも、病気その他どうしてもコンソラメントゥムを受けねばならない事態がたびたび生じた、という理由からであった。

悔悛と終油

「洗礼」のコンソラメントゥムは、同時に「悔悛」の秘蹟の役割をも果たしていた。それは按手の直前に「罪の赦し」の儀礼があることから裏づけられ、フィレンツェ（ラテン語）とリヨン（オック語）の典礼定式書にはそのためのはっきりとした定式がある。(17)

「罪の赦し」の儀礼においては、新人がしたり、言ったり、考えたり、行ったりしたすべての罪について、神・教会・列席者に寛恕を請い、列席者はそれを承けて、神と教会と自分たちによって新人の罪が許されるように神に祈るのである。つまりまず入信志願者による祈りの文句のようにして、ついで司式者による恩寵の行為として「赦しと慈悲を受け取りなさい」との文句が二重に表明されるのである。オック語の定式書では、全善信徒が行う三つの「アドレームス」の後に、他の秘蹟的な定式語を加えているが、それは「聖なる父よ、あなたの僕をあなたの正義に受け容れ、あなたの恩寵と聖霊を彼の上に送ってください……」(18) Pater sancte, suscipe servum tuum in tua justitia, et mitte gratiam tuam et spiritum sanctum tuum super eum であり、彼らはその際、右手で志願者を按手（コンソラメントゥムが執行される）するのである。ゆえにコンソラメントゥムには、洗礼に加えて罪の赦しを完遂し保証する意味合いがあると考えられる。

つづいていくつかの儀礼的な祈りの後、司式者は順に主禱文五回、アドレームス三回、主禱文一回、アドレームス三回、そしてヨハネによる福音書のプロローグを厳かに唱える。最後に一連の集団的な祈り、さらに主禱文とアドレームスを唱え終わると、志願者は本（聖書）に接吻し、全員での平和の接吻の交換で儀式は終了する。

しかしコンソラメントゥムに「悔悛」の秘蹟の意味合いがあり罪が赦されるといっても、そこで赦されるのはカタリ派が信じていない「原罪」ではないことに注意しよう。赦されるのは、志願者がそのとき以前に犯したすべての世俗的な罪である。聖霊の拝受が彼の地上での罪を解くのである。その典拠としてはヨハネによる福音書第二〇章二二〜二三節が挙げられる。

さらにもうひとつ、コンソラメントゥムには「終油」の秘蹟の役割もある。つまりもし瀕死の信徒（帰依者）に、まだ意識があり、自ら求め決められた言葉を発せられるなら、彼（女）にコンソラメントゥムが施されるのである。典礼定式書によると、二人の完徳者＝善信徒がいればこれは授けられるとされ、ベッドに純白のシーツを広げて行われる。[19] このコンソラメントゥムは、魂に直ちに決定的な救いをもたらすが、「あの世にいく前に新たに罪を犯さないならば」という条件付きである。もし瀕死の病人が予想に反して生き延びたときには、そのコンソラメントゥムは、通常のイニシエーションの価値はもたないでいわば無効になり、盛大に快癒の宴会を開催して彼（女）を世俗生活に戻らせる。したがって、後日、もし彼（女）が完徳者になることを希望するときには、もう一度秘蹟を受けるために本来の修練期間を勤めなくてはならず、そして今度は二度と取り消しも後戻りもできないのである。

こうしたことが可能なのは、コンソラメントゥムの多面性そして柔軟性によると考えられる。

この終油としてのコンソラメントゥムは、逃避行をつづける後期カタリ派にとってはとくにで重要で、夜、密かに瀕死人に対して施された。しかもこの最後の時期には、瀕死でコンソラメントゥムを受けた人は絶食して、飢え死にを自ら甘受することがしばしばあった。endura（耐忍礼）と呼ばれる慣行である。

叙品

コンソラメントゥムはカタリ派（の完徳者）へのイニシエーションであるが、これは同時に、「オルドー」ordoに入ること、いわばカタリ派の位階制に組み入れられることをも意味する。

ローマ＝カトリック教会と同様な意味での「叙品」を受けた者とは、カタリ派では司教とその二人の「息子（大子と小子）」、さらには助祭で、通常時には彼ら「叙品」のコンソラメントゥムを受けた者たちが、カタリ派の「キリスト教的生活」に入るためのコンソラメントゥム（洗礼のコンソラメントゥム）を入信志願者たちに施すのである。つまり彼ら叙品のコンソラメントゥムを受けた者のみが、カトリック教会における「聖職者」に相当するというように一見思われる。

しかしじつは、叙品は司教などの役職者だけにかかわるのではない。一般の完徳者も、完徳者になったからには彼らに課された規律にもとづいた生活をし、多かれ少なかれ司牧的な役割を社会的に果たすようになるのであり、彼らは「洗礼」のコンソラメントゥムによって位階の基底部に組み込まれ、そのための「叙品」を受けたのだと言ってもよい。すなわち彼らは皆、「聖職者」の仲間入りをするのである。司牧、つまり他の人にコンソラメントゥムを授け、説教し、パンを祝福し、善進礼（メリオラメントゥム）を受けることは、彼ら非役職者にもすでに可能なのである。

端的に言えば、カタリ派のヒエラルキーの上位に位置する司教およびその代理にして後継者たる「大子」「小子」と一般の完徳者とは、その役割には本質的差異は存在しない。コンソラメントゥムに二重性——洗礼と叙品——があり、しかもその儀礼が反復可能な理由もそこにある。かつて二重のコンソラメントゥムを誤って解釈した研究者は、先行するコンソラメントゥムの無効性を唱えたが、それは正しくなかったのである。

さらに理論的には、女性もコンソラメントゥムを受ければおなじ権利・義務を与えられるはずであった。前世、天国で暮らす天使であった人間（の魂）は、コンソラメントゥムを受ければその死後肉体の牢獄から救われ、性の別は関係なくなる。というのも天使に性別はないからである。だが現実には男女はまったく平等というわけではなく、女性はコンソラメントゥムを受けても授けるのは稀であったし、男性完徳者に比べて説教の機会も少なかった。

＊

結局、カタリ派の「コンソラメントゥム」は、たんなる入会の儀式でもなければ誓願の儀式でもない。それは複数の「秘蹟」の性格をも兼ね備えていた。そうした多面性をもつ秘蹟の根拠が聖書にあるところから、カタリ派たちは使徒以来の系統を主張し、自分たちこそ真正の教会だとしたのである。「この聖なる洗礼は、それによって聖霊が与えられるのだが、神の教会は、使徒たちから今日までそれを維持したのであり、善信徒から善信徒へとそれは伝えられ、世界終末まで維持されることだろう」とリヨンのオック語典礼定式書には述べられている。[20]
福音書を遵守して厳しい清貧の生活を送っている完徳者は、自分たちは使徒時代の原始キリスト教の教えを当代に受け継ぐ真正なるキリスト教徒だと自認しながら日々の生活を送ったのであり、コンソラメントゥムをはじめとする数少ない儀礼は、キリストが聖霊の賜を介して使徒たちに授けた「結び解く」力を、現時点では自分たち（のみ）がもつことを確認するとともに、その使徒由来の霊力を枯らさずに伝える手段であったのである。

B　完徳者と帰依者

「洗礼」としてのコンソラメントゥムを受けるかどうかが、まずカタリ派の中の聖職者にして修道士たる「完徳者（＝善信徒）」になるか、一般信徒に相当する「帰依者」に留まるかを分けることは上述した通りである。では普段の生活において、両者の境遇と役割の相違、そして両者の関係はどのようなものだったのだろうか。

完徳者

完徳者は罪を赦す力を使徒たちから直接連なる系譜で受け継いで、それを霊的洗礼（コンソラメントゥム）の執行でまた伝えていくという責務を負っている。カタリ派の帰依者すべてを完徳者にして天国に帰還させるまで、その任務は継受されていかねばならない。そこで彼らは、任務にふさわしい者でありつづけるため、自らの厳しい修練と帰依者の教育および布教という二つの仕事を引き受けた。

完徳者たちのあいだには、ささやかではあるがヒエラルキーをなす組織があった。つまりカタリ派司教区それぞれに、司教と彼を補助する大子・小子そして助祭がいた。司教が司教区――ラングドックには、アルビ司教区、トゥールーズ司教区、カルカッソンヌ司教区があった――の最高責任者であることはもちろんである。大子と小子は司教の補佐役でつねに司教に付き従い、日常の諸業務において司教を補佐した。大子は司教が亡くなると跡を継ぐことになっていた。また司教と無役職の完徳者および帰依者を仲介する助祭は、それぞれの司教区の修道院（＝後述の〈家〉）全体の管理に責任をもち、毎月そこを訪れて「準備礼」apparellement（apparelhament）の儀式を執行した。apparelhament とはオック語で「準備」との意味だが、完徳者の男女が戒律に対する軽微な違反について公開の悔悛と告白をし、その後にやはり公開の「罪の赦し」がつづくという儀式である。

コンソラメントゥムの儀式には、上述のように通常何人かの役職者が必要であった。完徳者になるのはしかし容易なことではなく、長い修練期間が必要とされた。すなわち完徳者になれば、今度は彼が説教・司牧をして帰依者たちを導かねばならなかったから、必要な知識を得てはじめて完徳者になれるのである。そのためまずは二年から三年の間神学の教育を受けねばならなら[21]ず、彼らのために新約聖書の体系的な注釈を教育手段とする一種の「学校」ないし「セミナール」があった。そしてカタリ派の規律に従った生活ができるようになったら、やっとコンソラメントゥムを受けられるのである。

これもすでに触れたことだが、モンセギュールの陥落（一二四四年）以後迫害が厳しさを増し、カタリ派教会の組織が断裂すると、仲間をふやし教会を生き延びさせるために、一般の——修練期間をこなさない——帰依者にも、入信のコンソラメントゥムが授けられるようになった。また瀕死人は——完徳者になった途端この世を去るため——説教・司牧の義務を引き受けることがないので、臨機の処置でコンソラメントゥムを受けられた。

修練期間を終えて完徳者となった者たちは、彼ら・彼女らの〈家〉を離れて親族や友人の家庭に赴いて説教をする。いやもっと遠方の、他人のところにまで赴くことさえ稀ではない。それは彼らが模範とする原始キリスト教時代の使徒たちを真似た使徒的生活の実践であり、自らの福音的生活で模範を示しながら言葉で帰依者たちを慫慂する、ということである。単純な言葉、福音の言葉を、容易に記憶できる慣礼表現で包み飾りながら話をした。異端審問記録などを見ると、民衆の生活上の関心事にひきつけたり、地域に広まる口頭伝承を利用したりして、説得力をもつ話をする完徳者たちの様子が手に取るように分る。

完徳者の生活は帰依者にくらべて清貧・禁欲がはるかに厳しく、とりわけ食の規定は厳格であった。肉・卵・乳製品は採ることなく、脂製品もオリーブ油をのぞいて摂取しなかった。さらに二日に一日はパンと水のみで断食、また年三回の四旬節も同様な断食をつづけた。しかもつねに禁止された食物で汚れていない「皿」を使うよう注意を怠らなかった。迫害時には自分の皿をもち歩いて、自分で料理するか、信頼のおける者に料理してもらって、けっして皿も食べ物も汚れないように用心したほどである。また自分たち完徳者のみで食事をし、帰依者とは食卓を共にしなかった。だが彼らは香辛料をうまく使い、調理術にも長けていた。たいていの完徳者は魚を好み、さまざまな魚、あるいは諸種のフルーツなどを帰依者がプレゼントしてくれることも頻繁にあった。[22]

当然のこと彼らは性交渉をもつことも厳禁され、それは結婚していようといまいと関係なかった。もしその禁令を破ると深い罪に堕ちた。そもそも悪魔の作った「肉体」を再生産するだけの結婚にはなんら価値がない、結婚を秘蹟にするなどとんでもない、というのが彼らの考えであった。ほかに、嘘や冒瀆の言辞を吐く、暴力を揮う、殺生する、裁いたり誓ったりする、といった福音書で禁じられた「罪」も重大な結果をもたらした。

しかし彼らカタリ派の完徳者には、カトリックの聖職者のような手労働忌避はなく、反対に、食事準備を含め身の回りのことはもちろん、さまざまな職種に就いて完全に自活した点が刮目に値する。

十三世紀初頭、まだカタリ派たちが諸侯・貴族の援助を受けて自由に活動できた時期には、完徳者となった男女は、村のカタリ派の〈家〉で、共同で暮らしていた。しかしこの〈家〉は、第三節**C**項で詳しく述べるように、カトリック教会の修道院とは異なって、塀で囲われた禁域という訳ではなく、空間的にも人員的にも外部に「開かれた」共同生活の場であった。司牧をする聖職者と修道士（女）を兼ねた存在とイメージすればいい。完徳士の〈家〉には古参（Ancien）が指導者としており、完徳女のそれにも上長がいた。彼らは貞潔・謙譲・服従・清貧を守り、集団のあるいは個別の鍛錬・禁欲に励んだのである。

さて、男性の完徳者（完徳士）と女性の完徳者（完徳女）とは、理論的には資格は同一でも、実際の生活や教団での役割は大きく異なった。完徳女の社会的役割については後述するが、ここで指摘おきたいのは以下の事実である。完徳士と異なって、完徳女は一部の者をのぞいてほとんど公に説教することはないし、コンソラメントゥムを授けることも稀で、男のヒエラルキー上位の完徳者がいないときにしか彼女らは司牧を行わなかった。完徳女の〈家〉の指導者・管理者として彼女は男の「古参」と同等だが、司教や大子・小子はいわずもがな、助祭の役割やランクも彼女のものにはならなかった。つねに末端に留まり、カタリ派のヒエラルキーをより高く上ることはなかったのである。完徳士は説教と司牧をこととするが、完徳女は家の中で坐って祈り、女性にふさわしい労働、また病人の世話や修練士（入信志願者）の教育をする。そして女性同士で信仰を温め、せいぜい女性の帰依者を日々の付き合いの中で教化することが求められた。ただし彼女らは、聖なる祈禱のパンの祝福の儀礼は実践することができた。

しかし、女性の聴衆への説教にかぎってみれば、説教も完徳女によってしばしば担われたことを看過してはなるまい。それは自分の〈家〉あるいは親族・知人の〈家〉で、相手も大概、親族・友人の女性たちのあいだというごく小範囲の聴衆を前にしての講話であった。女性同士のほうが生活上の悩みや問題点を共有し、女性の境遇に特有の話柄を引き合いに出したりもでき、話に説得力をもたせることが可能だったのだろう。

完徳女には完徳士にはない制約がほかにもあった。カタリ派の生活規律に従うことは無論だが、その上に、一人では生活することは許されず、かならずもう一人の仲間＝socia と暮らさねばならなかったのである。あたかも原始キリスト教会の使徒のごとき共同生活であるが、これには相互監視という意味合いもあったのだろう。とくに食事の規則を守っているか否かが問題であった。完徳女はけっして一人で食事してはならなかった。

ところで「神への祈り」は、コンソラメントゥムを受けた完徳者にのみ、本来その資格があるのであり、一般信徒にはなかった。カタリ派の唯一の祈りは「主禱文」Pater で、この祈りは修練士がコンソラメントゥムの儀式中かその前に受け取っていたものでもある。修練士や完徳者はその祈りを学んだら一日何度もそれを唱え、また、食事前にも唱えることを求められた。労働を中断して一連の主禱文またはアドレームスで断続的にリズムづけながら、平伏と跪拝に身を献げた。

彼らの主禱文は、カトリックのそれと二カ所のみが異なっていた。つまりギリシャ式栄唱「なぜなら、王国、力、栄光は、永遠にあなたに属するから、アーメン」が付加されたこと、および、カトリックの「日々のパン」の代わりに「超実体的なパン」の表現を使ったことである。日々のパンとは、カタリ派にとっては物質的な腐敗（堕落）のパンにほかならず、完徳者が父なる神に求めるのは、神の言葉によって養われることであったから表現を入れ替えたのである。聖なる祈禱（sainte Oraison）で完徳者が祈るのは、「私たちを悪から解放してください」との願いであり、それが彼にとっての主禱文の呼び掛けの深い意味なのである。愛の神はけっして見捨て給うことなく、暫定的に悪の力により堕天したあらゆる被造物は最終的には救われると、完徳者は皆、確信していたのである。

帰依者

カトリック教会の一般信徒に相当するのは、カタリ派では credentes（帰依者）である。彼らは受け身のカタリ派メンバーであり、カタリ派儀礼にも受け身の参加者として加わった。指導者たる完徳者に従い、その話に耳を傾け、死ぬ前には自らもコンソラメントゥムを受けたいと願って、濁世ではできうるかぎり貞潔で福音主義的な生活を送ろうとしたが、それには自ずと限界があった。

しかし彼らにも積極的な役割があった。それは普段、完徳者に宿と食べ物を確保して助けるという、教団の維持・展開に不可欠の働きである。また完徳者と帰依者は二つのグループではあるが、カトリックのようには牆壁で隔離されていない。すべての帰依者は潜在的には完徳者なのだ——遅くとも死の床ではコンソラメントゥムを受けるから——とも言えよう。

帰依者に課される掟は完徳者に比べればずっと穏和であった。断食は厳しく要求されないし、結婚もすることができた。結婚に際しては、カトリックのように秘蹟の意味はないとしても一種の儀式を行い、完徳者が司式することもあった。新郎新婦に結婚の意思があるか、忠誠と互いの支え合いの意思があるか否かがその機会に確認された。完徳者としては、一般信徒に貞潔な生活を望んだのは当然である。どれだけその要請に応えられたのかはつまびらかにできないが、カトリック側の非難するように、また一部の研究者が考えているように、カタリ派の帰依者がことさら放縦な生活を送ったと考える理由はまったくない。

一般信徒と完徳者は「善進礼」の儀式を交わした。コンソラメントゥムの儀式に際しても行われたことは上に見たが、これは帰依者が――すでに聖霊を戴いている――完徳者に敬意を表するために行う挨拶である。たとえば道で、帰依者が二人の完徳士や完徳女に出会ったら、敬意を込めて膝を曲げ、決められた定式に則った三重の祝福の願い――ベネディキテ――を述べ、それに完徳者が「主の恵みがあらんことを」「神が汝を祝福せんことを！」などの定型句で答える。この儀式は、帰依者が自分自身、死の床または只今の生活で完徳者になりたいという希望を述べて終わる。つまり帰依者は自分の将来のあるべき姿を完徳者の中に見て、そのような言葉を発するのだと考えられる。

最後の三回目の願いの言葉には異種があり、「神と彼らの祝福をください」「善信徒よ、私のために神に祈ってください」「主よ、われらを救い給え！」「あなたが崇められますように」「善信徒よ、神がわれらを善き最期に導かれるよう、われらのため神に祈ってください！」などのヴァリエーションがあった。

「善進礼」は完徳者への敬意と憧れの表明、という意味をもつだけではない。帰依者にとっては、この挨拶をすることがカタリ派教会との絆の表明にもなるので、これはなおさら重要であった。またそれをつうじて「パンの祝福」に参加することもできた。後期の迫害時には、信徒は完徳者と会うことが稀になり、なかなか善進礼ができなくなったので、祝福パンを肌身離さず聖遺物のように持ち運んだ。場合によっては、完徳者がいないときにそのパンは瀕死人のコンソラメントゥムに取って代わることさえありえた。ちなみに善進礼は、完徳者同士が交わすこともあった。とくに厳かな機会や最初の出会いの挨拶のときなどである。

あらかじめ一種の契約・結縁 convenenza/ convenientia によって、死のときに――自ら要請する力がもはやなくても――完徳者から「洗礼」を受ける保証を得ることもできた。モンセギュールの攻城(一二四三～四四年)をはじめとして、十三世紀半ば頃、迫害が激しさを増して不慮の死を遂げる可能性が高まったためにこの慣行ができたのである。

ピエール・セランの『償罪の業の記録簿　一二四一～一二四二年』は、完徳者を受け容れる帰依者の告白が記載されていて、両者の関係が窺われる興味深い史料である。

たとえばグルドンでは、「ギョーム・ボナルドは、自分は完徳者は善い人々だと思うと言った。彼は彼らの説教を何度も聞き、世俗語(ロマン語)の福音書を数度読み、頻繁に彼らを崇め(善進礼を捧げ)、説教を聞き、しばしば他の人々を完徳者たちの下に連れて行った。彼は彼らと一緒に飲み食いし、彼らから小さな贈り物を受け取り、彼らにチーズを買い与え、平和の接吻を与え、彼らの準備礼とコンソラメントゥムの儀式に列席し、彼らに二個のパンを与えた[23]」。

もうひとつ、モンプザでは、「アン・ゴルスの妻マルトは、各所で完徳士たちに幾度も会い、たびたび崇め(善進礼を捧げ)た。彼女は彼らの説教を聞いた。彼女は病気になってコンソラメントゥムを受け、もし死ぬことになったら自分のベッドを叔母で完徳女のユゲットに遺贈することにした。彼女はコンソラメントゥムを授けてくれた完徳者たちにカオール貨十スーを、もう一人の完徳女には五スーを与えた。彼女は完徳者たちに、カバノールのドメスティークからだと言ってウナギのパテをもって来た。彼女は完徳者らと飲食した。彼女は自分の家に、完徳士と完徳女を受け容れた。彼女は完徳士らにチーズ半スティエを、また叔母のユゲットには丈夫な平織薄布で覆われた毛裏付コートを与えた。彼女は完徳者らによって祝福されたパンを食べた[24]」。

帰依者が完徳者に会うのは、道ばたで偶然ということもあったが、それ以上に完徳者たちの〈家〉を訪れたり、あるいは反対に自宅に招じ入れたりして、ゆっくり一緒の時を過ごした。上の二例からも窺われるように、動機はさまざまであった。コンソラメントゥムを授けられたり、公開の集団的な叙品の儀式にでて平和の接吻と祝福を受け取ったり、説教を聞いたりという目的を果たすだけではなく、一緒に食べたり話したり、贈り物や必要なモノ（たとえば衣服、巻いた糸、工具）をもっていったりする、という日常の卑近な関係もあった。帰依者と完徳者が親戚・友人関係であることも頻繁だったからである。コンソラメントゥムを授けてもらった後、完徳者にお金を渡すとの記載も多いが、肉や卵を忌み嫌ったのに金銭を厭わず、貨幣経済に順応していたカタリ派の姿がそこから彷彿としてくる。帰依者は完徳者に出会うこと、付き合うことを好み、彼らを見るだけで道徳的満足を得られた[25]。説教を聴くのはなお悦びであった。

C　カタリ派の福音主義

さて霊性・敬虔心・宗教感情に着目しつつ宗教運動を通覧している本書の議論からすれば、カタリ派はその本流に位置するというよりも傍流であり、ワルド派こそ、福音主義を体現した本流であるのかもしれない。カタリ派はワルド派などと異なって、外来の二元論思想・神話にもとづいた教説を奉じ、その周りに儀式も日常生活も組み立てていったのであり、きわめてペシミスティックな異端であるカタリ派は、一見、異教にも見紛うばかりだと考えられてきた。とはいえ、カタリ派も時代の子であり、おなじ西欧の土壌から生えた宗教運動であることは間違いない。中世で最大最強ともいえる異端運動が夥しい信徒たちのこころを摑んだのは、たんに思考に訴えかける独特の思想の力のみに拠るはずはない。感情をも鷲摑みにするような、強力な〈霊性〉の影響があったはずである。それに上述のように、近年はカタリ派を「福音主義」の宗派とする説が有力になってきたし、それほど「ペシミスティック」な宗教かどうかも、判断が分かれよう。

それではカタリ派の霊性・敬虔心・宗教感情とは、いかなるものであったのか。きわめて思弁的で組織化を重んじた宗派ではあるし、そこにはその展開した地中海世界の風土的刻印も当然、印されているであろう。だがそれでも、独自の〈霊性〉があるのだと考えてみたい。

カタリ派も一種の「福音主義」であった。聖書の文字通りの忠実な遵守、なかでも「山上の垂訓」のかたくなな遵守がカタリ派の生活の核となり、また魂の救いの礎ともなっていたから。これまで見出された三つの典礼定式書（リヨン、フィレンツェ、ダブリン）からはとりわけ福音の掟の遵守がよく窺われる。(26)

たとえば一二四〇年以後に作成されたオック語の典礼定式書（ダブリン）では、自分たちの教会は聖なる汚れのない教会であるとし、第三章から八章まで殺人、姦淫、窃盗、虚言、誓約、冒瀆といった悪行を慎みそこから離れていったことを章を追って述べている。(27)もちろん新約聖書、なかでも福音書がその拠り所であった。シュタインフェルトのエウェルウィヌスが初期カタリ派の言として報告しているように、「彼らは、キリストが無一物で弟子たちにも所有権を認めなかったように、家も土地も何も所有せず、使徒の生活の真の模倣者であり、日夜断食と禁欲をし、祈りと生活に必需なものを得るための労働に勤しんで、この上なく厳格で聖なる生活をしているのに、使徒や殉教者のように迫害される」と自認していた。(28)

福音書、ヨハネ第一の手紙、パウロの手紙などが絶えずカタリ派によって参照されるべきテクストとなった。まさにテクストとしてその内容を読み注釈する、それが完徳者の仕事なのである。この点、カトリック教会にとっては、ミサの儀式において、ラテン語で福音書の一部が朗誦されるのを立って聞くだけが、信徒がその教えを受ける機会であったのに対し、カタリ派の福音書利用・研究はより能動的だった。カトリックとの論争やプロパガンダにおいても、福音書をなにより自分たちの立場を擁護する議論の土台として利用する習慣を早くから身につけ、福音書を聖なるものと祭り上げて終われり、とすることはなかった。

そしてカタリ派の完徳者たちは、世俗を求めず何も所有しない自分たちこそ使徒の一統に連なり、キリストの恩寵の下にあって世界の終わりまでそうありつづける本当のキリストの教会であり、自分たちを迫害し殉教者にさえしようとしている悪魔の教会が、ローマ教会にほかならないと主張した。そして彼らは禁欲生活で使徒的生活の見本を見せながら、新約聖書のみにもとづき、迷える子羊たちをキリストのもとに連れて行こうとした。この点では、ロマネスク期の隠修士やカタリ派と同時代のワルド派、いや十三・十四世紀の托鉢修道会とも近いスタンスであろう。

福音の掟を遵守し、絶対的な非暴力、虚言と誓約の拒否を唱えたカタリ派の完徳者は、貧しい巡歴説教者として大衆の前に姿を現した。十三世紀初頭のトゥールーズ、アルビ、カルカッソンヌでは、彼らの姿が〈家〉やブール、カストルムで自由に見られた。この時期のすべての霊的革新がそうであるように、カタリ派もキリストのメッセージに則ってさまざまな主張をした。すなわちその基本は福音主義であったのである。

二つの原理があるというのは、もしもひとつの原理しかないとすれば、悪いものからは善いものはでてこないのだから、それは悪い原理ではないことになり、また善い原理からは悪いものはでてこないからそれは善い原理でもないことになる。どちらもおかしい。その証拠に、マタイによる福音書第七章一七〜一八節には、「すべて良い木は良い実を結び、悪い木は悪い実を結ぶ。良い木が悪い実を結ぶことはなく、また、悪い木が良い実を結ぶこともできない」とある。こうした福音書を典拠とした思弁を進めて、彼らは二元論にたどり着いたのであり、二元論自体、福音主義の産物だと捉えることさえできる。

さらに、カタリ派もワルド派とおなじく新訳聖書を俗語訳しようとした。訳語も多少異なるし、翻訳の根本モチーフも異なる。説教本が残っていないので詳細は不明だが、完徳者らは、新約聖書つまり四福音書、使徒言行録、書簡、黙示録といったすべてをもち運びながら教えを説いたようである。「リヨンの聖書」という唯一残っているオック語訳の聖書は、そのよい例だろう。

ある〈家〉で完徳者が説教するときには、二人ないし数人で出掛けていくが、そのうち一人が、聖書抜粋からなる基本テクストを読み、他の者がそれに注釈する、という形で説教は進められた。末期カタリ派のピエール・オーティエとその息子のジャックもそのようにやっていたことが判明している。自分たちはまさに使徒の後継者であり、自分たちの話はすべて聖書に書かれているということを、そのようにして示したのだろう。またその場の聴衆で字の読める者に聖書の章句を読ませてみて、それを自分が注釈するということもあったようだ。紀元千年直後における西欧の「宗教的覚醒」以後、福音の言葉・神の言葉をとことん吸収したいとの民衆たちの願望に答えるためには、誰もが分る世俗語でそれを伝えることが不可欠であった。だから説教も世俗語で、俗語訳聖書を引用しつつ行われるようになったのである。完徳者は自分の聖書をベルトに挟み持ち、説教や儀礼に使った。

ただしカトリックと決定的に違う点がある。旧約聖書を認めなかったことである。カタリ派は聖ヨハネのように、愛の福音の善なる神と、旧約聖書の怒れる神を対立させつつ文字通り使徒的生活を送ろうとし、なぜこの世に悪があるのか、神がキリストに予告された「父」ならば……という、潜在的に聖書に含まれる二元論を強迫観念の中で発展させていった。ドイツのカタリ派についての証言であるエウェルウィヌスの書簡中にはまだ二元論はなく、一一六三年のシェーナウのエクベルトゥスの報告でようやくその形を整えた様が窺える。

カタリ派は神の完全な無垢を説いて悪から隔絶させ、可視的世界に神はいないとする。二元論かつ絶対的心霊主義である。彼らの〈霊性〉もその根本的姿勢によって規定されている。しかしヨアキム主義のごとくこの世に正義と平等の天の国を実現しようというのではない。彼らにとっては、この世は地獄そのものであるから、最終的にはこの世はすべて否定されるのである。ゆえにローマ＝カトリック教会は悪の教会であり、この世を神の名において支配しようとする教皇は欺瞞的な悪の手下となる。福音的な非暴力精神で十字軍の精神を呪い、天のエルサレムのモデルによりこの社会や教会のヒエラルキーを否定し、十字架・聖像・聖遺物・奇蹟崇拝などを迷信と嘲笑う。聖体の秘蹟を祝福されたパンによる簡単な食事に取って換える。まさに福音主義を合理的に徹底させた結果である。

カタリ派はこの世の不正を認めず、ましてや不正を正当化する試みを許さない。戦争、犠牲、苦悩、死、排除、断罪、社会的・政治的専制などは、神の欲する秩序に適合しないとすべて排斥する。そして人間社会の不正やこの世の恐怖とは徹底的に戦わねばならないと確信する。ローマ＝カトリック教会が、まさにテオクラシーと聖戦により神の代理人たる教皇を頂点とする帝国を作ろうとしていったゴシック期に、カタリ派はそれに真正面から対決する姿勢を打ち出したのである。これ以上勇敢な福音主義はないだろう。

救済は福音のモラルに従ってもたらされるとしつつも、次節で吟味するようにそれに独特の哲学論理と民間の神話が混ざりあったのがカタリ派の教説の特色である。神話の豊かさにくらべ日々の守るべき掟は簡明であった。まず「山上の垂訓」であり、それにくわえてコンソラメントゥムの儀式の際には、修道士的な誓約をした――今後、共同体（少なくとも仲間 socius と二人以上）で暮らすこと、日夜、決まった時間・定められた機会に儀式的祈禱を唱えること、さらに二重の禁欲として断食と節制を励行すること、これらを誓った。食の規定の厳格さについては上述した通りである。

こう見てくると、カタリ派とは、徹底的に福音主義をつきつめたセクトだと称してもかまわないだろう。ただし、おなじ福音主義でも、ロマネスク期の隠修士などのそれとはたしかに性格が異なっている。まずなによりキリストの受肉を認めないことにより、人間としてのキリストを模倣するというカトリック側の福音主義の根本義が欠如しているからである。清貧、説教、共同生活などの模範として使徒は真似ても、キリストは模範になりえないのである。人類が肉体と魂双方の復活と救いを手に入れるためにキリストの受難・昇天・復活はある、とカトリック教徒なら考えるはずなのに、肉体をもったキリストを一切認めないとは、いかにも奇妙な福音主義ではある。それが次節で述べていくような独特な思想的背景から彼らが福音書を読み込んでたどり着いた結論である。〈霊性〉が神話で汚染されていたというべきか、それとも神話が〈霊性〉の骨格となっていたというべきか、グノーシス的な傾向が基底に控えているためだろう。

よく注視してみればそこには一種の内的な操作があり、黙想者がそれによって宇宙的・心理的・霊的プロセスのまさに本質を、己の意識の中に生まれさせるのである。この直截的体験こそカタリ派にとっては大切であり、そこには彼ら独自の「善」の理解が参与している。救いを求めるのに外的な制度や秘蹟などにすがるのではなく、「霊」により、人間が自己変容できると考え、そうした内的変容を重視したのである。これは「教育者」たるイエスの霊的教え、およびコンソラメントゥムに際しての完徳者=禁欲者の支えによって実現されるようになる。この自己変容は集団の権威に服従することよりも勝っており、カタリ派はけっしてカトリックのような神学的宗教の信徒たちがしばしば訴える暴力に身を捧げることはなかったし、制度への所属のみで救いが確保されるとの客観主義からも彼らははるか縁遠かった。教義や制度よりも内的体験が第一義なのである。だから彼らはコスモスと人間の条件に敏感になった。神秘主義との類似性はあるが、神との合一は問題にならず、霊の重視がヨアキム思想を思わせるとしても、カタリ派には「歴史」も「千年王国」も無縁であった。

カタリ派がラングドックでなぜ栄えたのかについては多面的な考察を要するが、カトリックの司祭の教えが、その放埒な生活ゆえ信頼がおけず、かたや清廉なカタリ派の完徳者たちの生活が聖性に輝いていたことに加え、高所から権威主義的に教えを垂れるのではなく、おなじ立ち位置でいわば仲間の言葉として、しかし倫理的でもあり改革的でもある言葉を語り掛けるカタリ派の福音主義が、魂の底まで魅了する力を備えていたからだ、ということも理由のひとつに違いない。

十三世紀の三十年代以降、トゥールーズ、カルカッソンヌ、パミエの異端審問所の強圧的な締めつけが始まると、キリストが福音書の中で奨めた慈愛の精神は、カトリック教会にはなく、追いつめられたカタリ派教会（完徳者）にある、多くの者たちにそう思われたことだろう。十四世紀に入っても、農民たちのあいだにカタリ派が広まりつづけた由縁はそのあたりにあるのではないだろうか。

二 カタリ派思想・神話の基本構造(29)

十一〜十二世紀の群小異端やワルド派といった「福音主義的」異端とは異なり東方の二元論の流れを汲む異教的要素も濃厚にとどめるカタリ派、というかつての定説はいまや崩れ、カタリ派もワルド派とおなじく、本質的に福音主義の異端であることが次第に優勢な見解になりつつある。そのことは前節で明らかにしてきた通りである。カタリ派も、自分たちこそ真のキリスト教徒だと誇らしげに自認し、彼らの行動の中にはまさにキリスト教の信仰心、唯一神を信じ魂の救いに向かう精神の運動がある。その宗教運動としてのカタリ派の霊的な流露の様態（独特の福音主義）を捉えるという作業を、前節で行ったわけである。

だが福音主義的な異端として当初始まったとはいえ、やはり漸次的にではあれ、その霊性を限取る一種の神話が作り上げられたことは紛れもない事実である。それは一部の主知主義的傾向のカタリ派指導者にとどまるものではなく、カタリ派の一般信徒にも共有されていた。そのことは、異端審問の証人供述の中にこうした神話の断片が見出されることからも明瞭となる。すなわち彼らカタリ派の〈霊性〉は、神話・思想と不可分であったのである。霊性の特質を探るためには、神話・思想にも探索の足を踏み入れねばならない。

A 絶対二元論とその帰結

カタリ派には絶対二元論派と穏和二元論派とがあることは、シュミット以来確認されてきた事実に属する。ラングドックのカタリ派は、一一六七年のサン＝フェリックス・ド・カラマン宗教会議を契機に、ほぼ完全に絶対二元論派に属するようになったと言われてきた。ところがその大半の研究者が踏襲してきた通説、すなわちこの宗教会議に教義の「変更」ないしその徹底の転回点を求め、その際、東方の指導者ニケタースによって西方の司教たちが叙品し直されたという説は、いまやほぼ崩れていることは既述の通りである。

穏和派と絶対派の「論争」があったのはイタリアのカタリ派たちにおいてであり、私たちが関心をもつラングドックのカタリ派は、その元来の福音主義をつきつめ、聖書の典拠を求めて反省を繰り返しているうちに、穏和派的傾向から自ずと絶対二元論に近づいていった。その過程でカトリックの教義に対峙できるような神学的な教義が彫琢されたのだと、そのような道筋が考えられる。

その絶対二元論派の教義・思想・神話を知るのに好適なもっともまとまった書物は、一二三〇〜四〇年頃にクレモナのルジオ（ルジオのジョヴァンニ）——北イタリアのデゼンツァーノ教会の大子、ついで司教——がスコラ学的な体系にまとめあげた『二原理の書』である。[30] 関連する聖書の章句を注釈しつつ、コンコレッツォ教会のガラテンセス派の緩和されたテーゼによって絶対二元論のカタリ派教説の正しさを証示している本書は、アリストテレスの形而上学に養われたスコラ学の弁証法にも支えられている。

『二原理の書』に先行するラングドックのカタリ派の手になる教義書がある。まず逸名氏による論考の断片が『逸名論考』としてあり、それは、元ワルド派だが「カトリックの貧者」に改宗しローマ教会に協力してカタリ派を論駁する論陣を張ったウェスカのドゥランドゥスの『マニ教徒駁論（カタリ派論考）』Liber contra Manicheos（一二二〇年頃）という作品の中に、パラグラフ毎にコピーされている（ちなみにドゥランドゥスはまだワルド派時代の一二〇〇年頃にも『異端駁論』Liber Antiheresis というカタリ派駁論を書いている）[31]。

その『逸名論考』の内実は、カタリ派の信徒たちへの説教やカトリック陣営との論争の支えとするために必要な聖書のレファレンスのカタログのようなもので、二つの創造説、この世と天国、二人の創造主の存在の正当化などが、善悪の二樹の譬え話を使って説かれている。

ほかにいくつかのカトリック側論客の筆になる「カタリ派駁論」がある。これらは本来の駁論と、また異端審問や説教師用のマニュアルに分類できる。前者の範疇には、シェーナウのエクベルトゥス、リールのアラヌス、エルメンガウドゥス、ライモンド・サッコーニ、ボナクルスス、クレモナのモネタなど、多くのカトリック（しばしば元カタリ派）の論客の著書が含まれる[32]。元カタリ派で、後ドミニコ会士にして異端審問官になったサッコーニは、一二五〇年頃、『カタリ派とリヨンの貧者駁論大全』Summa de Catharis et Leonistis seu Pauperibus de Lugduno を書き、そこで個人的知識に加えてルジオのジョヴァンニの未詳作品から情報を得ている。おなじドミニコ会士クレモナのモネタが一二四〇年頃書いた『カタリ派とワルド派駁論大全五巻』は巨大な作品だが、無数に枝葉の広がる綿密な議論で逐一聖書の該当箇所を引用しつつカタリ派の議論を論駁している。これらの作品からは、カタリ派の——カトリック教会にとっての——論駁されるべき形而上学・神学・教会論・儀礼を精密に把捉することができる。

後者の範疇、つまり十三世紀のドミニコ会士の異端審問官の手になるものは、説教師や異端審問官が地下に潜ったカタリ派を発見し、審問するためのマニュアルである。トゥールーズの異端審問官ベルナール・ギーによる『異端審問官提要』Pratica inquisitionis がもっとも代表的なものである[33]。だがこちらは、古代以来の異端駁論の紋切り型の議論に乗っている部分があり、利用には注意が必要である。

以上の史料を用いて、ラングドックのカタリ派の思想・神話の基本的な特徴を捉えてみよう。

元来おなじ源泉から発したとはいえ、絶対二元論と穏和二元論は多くの点で意見を異にする。そのもっとも大きな相違は、前者では、ともに永遠の原理にして創造主である善神と悪神＝サタン・悪魔が創った相対立する二つの世界があると信じ、現世・可視的世界を創ったのは悪神で、不可視の世界を創造した神は現世の創造と無関係だとしているのに対し、後者では、悪魔はもともと神の僕たる不実な一天使であり、反抗して堕天した後、神の創った未分化の現世に形を与えたのだとされるところにある。後者の説では、あくまでも永遠にして善なる不壊の神が天使や世界の四元素を創ったのであり、それを勝手に歪めて形成したのが悪魔なのであった。

ここでは、十二世紀半ば以降ラングドックに広まった絶対二元論派の教説に集中して考えていこう。

絶対二元論派の教説の中心には、まず第一に二つの原理を中心とする二つの存在界の抜き差しならない対立がある。すべての存在を拮抗する二方向に対称的に両断する視点と言い換えてもよいだろう。カタリ派が二元論といわれる所以である。善と悪、光と闇、純粋と不純、不可視物と可視物、魂と肉体、天と地、善き天使と悪しき天使等々。前者が善神の創造になり、後者が悪神（悪魔）の創造になることは言うまでもない。それぞれが「王国」を宰領しているのである。二神論ではないが、創造の秩序が二つの源をもつ二元論ではある。

ラングドックのカタリ派の——あるいは絶対二元論のカタリ派の——独自性は、悪魔を神と対等な永遠に存在する創造主（原理）としたところに存する。(34) 善悪二分法は、さらに新約聖書と旧約聖書、カタリ派教会とローマ＝カトリック教会などにもおよんでいる。カタリ派が旧約聖書を排したのは、現世を創ったのが悪魔ならば、創世記の神は悪魔であり、したがって旧約聖書は悪の遺産を啓示したものとなるからである。(35) アブラハム、イサク、ヤコブ、モーセなどの族長や洗礼者ヨハネも、皆、神の敵であり、悪魔の一統であった。

それに対して新約聖書は、彼ら枕頭の書ともいうべく、唯一無二の聖典として崇められ、彼らはそれについて深い知識をもっていた。とりわけ「ヨハネによる福音書」が重視された。もちろんカトリックとは異なる独自の解釈をすることもあったけれども。

また聖霊の霊感を受けた新約聖書のみを拠り所とし、その精神をキリストの後継者たちによって実現させるカタリ派教会が救いを与える真の教会であるとされたのに対し、他方のローマ教会は、人々を罪の淵に陥れる悪魔の巣窟であり、その聖職者とはすなわち悪魔の手先にほかならなかった。[36]

ラングドックのカタリ派の現世での生活、ならびに救済計画に関してとりわけ緊要な規定条件は、現世の組成とそこに住む人間の神話的起源である。

カタリ派にとって現世とはいかなるものと認識されていたのだろうか。悪魔は現世を闇から創った。それは醜く、暗く、悪意に満ち、そのうえ転変して窮まるところを知らない、というようにあらゆる負の属性を具備していた。それゆえ自然現象、すなわち星辰の回転、降雨・雷・嵐、草木の芽生え・動物の誕生などは、悪魔の所行の表明であり、ゆえに本質的に悪であった。[37] 彼らには、地獄や煉獄の観念は存在しない。というより、現世こそそこで罪人が苦しみ罪を贖う地獄そのものなのである。[38]

この現世＝地獄と対照的に、正反対の価値を付与されているのが天国である。[39] 天国とは霊的世界であり、完全で美しく、そこではすべての存在が諧和している。悪や醜い物質性はそこからは一切排除されている。天国では飢えも渇えも寒冷も暑熱もなく、貧富の差・身分の上下もない。太陽は沈まず月は欠けず、黄金と水晶は無尽蔵であり、清冽な水が流れている。光に満ちた甘美な楽園である。

さて、悪魔の創った物的世界と神による霊的世界が、対立し不断の緊張を孕みつつもそれぞれの領域に留まっているかぎりは両者のあいだに闘争はなく、人間にもなんら影響はないだろう。が、じつはこのような言い方自体、カタリ派の論理では成り立ちえないのである。というのは、まさに両世界の衝突の直中で人間は生まれたのであるから。人は生まれながらにして、善と悪、光と闇の抗争のドラマに身を委ねている。それはいかにしてなのだろうか。

当初互いに対立しつつも平衡を保っていた善悪両世界は、悪魔の息子ルシフェルの奸計によって動揺し、両世界が混淆して人間が創られる。宇宙論から人間論を導きだす独特の神話に耳を傾けよう。(40)

悪魔は、善神への怒りまたは妬みから、息子ルシフェルを従者とともに善神の宮廷に送り込んで天使たちを誘惑しようとする。大天使ミカエルと善神の天使たちが悪の力を相手に奮戦力闘したにもかかわらず、天国にいた天使たち――のうち三分の一――は光の天使の振りをしたルシフェルの美しさに惑わされ、甘言に籠絡されて彼に従って堕天してしまう。このようにして悪魔の王国に引き摺り下ろされた天使が人間の魂なのである。悪魔は天使を彼の創った「忘却の服」つまり肉体に封じ込め、至福の悦びに満ちた天国の記憶を奪い、己に隷属させるのである。

この神話はつぎのことを意味しよう。人間は地上に生を受ける前に天上に存在した経験をもち、現世で罪を犯す以前にすでに囚われの天使であったということを。これは――ボゴミール派を介して――オリゲネスの伝統を有する東方教父らの教説と結びつく。アダムという人類の祖先創造時に(身体に)先在するように創造された個々人の魂は、その欲する適当なときを選んで身体の中に降りて宿るとするカトリックの教えに背馳する人間観(オリゲネス主義)は、五五三年の第二回コンスタンチノープル公会議で断罪されたが、ラングドックのカタリ派によって再び息を吹き返したのである。

だから彼らにとっては、性欲・貪欲・罪・死は(アプリオリに)人間に備わった悪徳であった。人間の魂がもともと天に属する清浄な天使であり、それが悪魔の創造した悪しき現世で悪魔の創った肉体に封じ込められたことにより、一人一人の人間の内に宇宙的なドラマが展開することになる。不断の善悪の緊張・相剋を生きること、それが人生なのである。

またそれは、カタリ派でしばしば問題になるnihil（nichil）の解釈ともかかわろう。[41] カタリ派は悪を善の欠如とはせず、おそるべき実体——とはいえ「存在」と対称的に対置されるのでなく、ロゴスの外の存在として不完全な否定的存在である——に造り上げた。それが聖書（ヨハネによる福音書）にあるnihilという言葉のカタリ派的解釈なのだが、それは同時に、人間の罪、悪魔に拘束された天使の罪をも象徴する言葉であった。またそれは神の介入なしで創られたこの世自体のことでもあった。その罪の状態は、神の恩寵によって霊魂が蘇生させられた正義の状態caritasと対置された。caritasを得てnihilから逃れることによってのみ救いはもたらされるのであるが、そのためにはどうしたらよいのか。移ろいやすく腐敗した現世を脱するには、実生活上どうしたらよいとカタリ派は考えていたのであろうか。

囚われの魂は地上に連れて来られて以来、忘却の淵にまどろみ、悪魔への隷従の現状やかつての天国での生活を想起できない。己を緊縛する囚われの鎖を見ることさえできないのである。その鎖を見、己の来歴や現状についての「知識」をもって、ようやく魂は悪の世界からの解放を望み、天を求めるという救いの前提を獲得する。この「知識」を得るには、天国から人の魂まで光輝（神の啓示）が降りて来なくてはならない。その神の啓示を有する者がほかならぬカタリ派の完徳者なのである。残余の者はカタリ派に入信し、完徳者からコンソラメントゥムを受け、天からの導き手（霊）を享けとって、はじめて魂の解放を達成できる。[42]

今、魂の導き手たる霊に言及したが、[43] これについて説明するためには溯って天国での原初状態に話を戻す必要がある。

天国での天使は三つの構成要素から成っていた。すなわち、霊・魂・肉体である。ルシフェルに誘惑され堕天した天使とは、厳密に言えばこの魂の部分であり——ただし霊と魂は区別されない場合も多い——魂は天国に光り輝く肉体と霊を忘れて置いてきたのである。[44] 霊は己の分身たる魂を探すために天から抜け出す。霊が魂を見つけだして呼び掛けると魂は呼応する。そこで両者が結びつき（コンソラメントゥム）、現世からの解放の条件が整うのである。その後人間は、天国への上昇に期待しつつ罪を犯さぬよう慎重に最後の生を送ればよい。男女の結合ではなく、この霊と魂の結合こそが真の「結婚」だとされた。結婚の秘蹟をもっぱら象徴的に解釈する彼らは、按手の秘蹟（コンソラメントゥム）によってそれを置き換えたのであり、かような教説はコンソラメントゥムの神話的基礎づけともなっている。

既述のように、カタリ派にとって現世とは、悪魔に欺かれ神に背いた魂が再び天国に戻る前に罪を贖うための場、すなわち「地獄」――カトリックの教義ではむしろ「煉獄」に近い――である。しかし人間は誰でもすぐさま帰天できる訳ではないのであり、もしもカタリ派に入信して正しい生活を送り罪を贖わないならば、現世での生活はいつまでもつづくだろう。贖罪を完了しない魂は死んでも天国へは戻れず、再び他の人間もしくは動物の肉体に宿って流転を繰り返さなければならないのである。(45)

別の言い方をすれば、神の恩寵と自身の努力によって一定の水準まで徳性を高め、その結果、完徳者（になるべき人）の肉体に宿ることができたとき、魂は霊の呼び掛けに応じ、ようやく輪廻から解放されるのである。輪廻の回数は七回とか三二回とか特定されあることもあったが、何度でも贖罪し終わるまでと説かれる場合のほうがより多かった。カタリ派、なかでも完徳者は、肉食を忌避するのみか、鶏のごとき家禽や小動物にいたるまで動物の殺生を厳しく禁止した。これには福音書の掟に厳格に従うという意図以上に、動物にも堕天使たる人間の魂が宿りうるという上述の神話が深くかかわっていた。(46)

以上のような世界創造観・人間観からの当然の帰結として、カタリ派においては人間の最終審判時の「復活」は否定されるし、「煉獄」の考えも無意味である。そもそもこの世は終末せず、最終審判はすでに下っており、繰り返されることはない。カタリ派は、人間を清浄で善き魂と不浄で悪しき肉体との混成物と見ることはすでに述べた。その魂が天啓を受けて肉体から解放され、故郷である天国に上昇帰還することが「救い」の意味である。かような救済観念は、個々人に己の罪——天国で犯された人間の条件たる罪——を贖い現世から脱出することを求める。カタリ派はすぐれて個人主義的宗教であり、個々人の死によってすべてが決まる。すべての「個人」の救済が完了した後、悪しき世界とそこに住む悪魔や悪霊がどうなろうと、カタリ派の関知するところではないのである。肉体は悪魔のものであるし、肉体の復活は否認されているのだから、天に戻った魂とは無関係である。だから世界終末はほとんど問題にもならない。とはいえ、まったく想定されていないわけではない。

ある神話によると、魂のガイドたる霊（天使）は魂の帰天を促すが、両者の天国への旅は二つの過程を含むという。[47]すなわち、結合した魂と霊はまず不確定な新天地=待機所にゆき、全堕天使が集合するまでそこに留まる。その完了後、はじめて世界終末・キリスト再臨がおこり、魂は天国に帰って天の肉体をとり戻すのである。原初的なまったき秩序の回復である。そして最後の帰依者が完徳者となって天の王国にたどり着けば、可視的で腐りやすいこの世は、神的な光のあらゆる閃きが放棄されて nihil に決定的に還元され、いわば「終末」を迎えることになる。

B　キリスト論

これまで吟味してきたカタリ派の宇宙論・人間論が、ローマ=カトリック教会のそれと大きく趣を異にすることは、ことさら強調するまでもあるまい。が、その差異はイエス・キリストの評価においてより露わになる。[48]

カタリ派にとっては、キリストとは神の子ではなく人類の罪（原罪）を贖った受難者でもない。ドセティスム（キリスト仮現説）信奉者においてとおなじく、彼の人性は否定され、天使マリアから生まれた——マリアの中に宿りその耳から生まれるか、その側に突然出現した——一天使だとされるのである。したがってキリストは肉体をもたず、それゆえ当然肉体の蘇りもまたなく、死さえ見掛けだけのことである。彼は純粋に霊的存在なのである。そして、キリストの受難とはアレゴリーにすぎないとされた。キリストがこの世で食べ、飲み、受難し、復活したとするローマ＝カトリック教会の教説を、彼らは妄言として端的に退ける。

それならば一天使たるキリストは他の天使と異ならないかといえば、そういう訳ではない。キリストは、神性に与っていて、悪魔の作ったトゥニカの汚れに染まることはない。彼は堕天使ではない。むしろ堕天使たちを救うため、娘たち＝魂を憐れんだ父なる神によって、神の書いた書物に記された使命を果たし福音を述べ伝えるべく、特別に地上に遣わされた「伝道者」なのである。彼は説教をつうじて、いわば眠り込んでいる堕天使たちに彼らが悪魔に囚われて忘却した天国に由来する事実、そして福音の掟を遵守して救われるという定めを教える。その説教を聞いた魂たちは、この世は空しい仮の世＝悪の世だということを知る。目覚めの方途は、聖霊の洗礼（コンソラメントゥム）である。彼の啓示＝聖霊を受けた者が、キリストの最初の弟子である使徒たちであり、そこからカタリ派（完徳者）の法統が途切れることなく今日までつづいている、という理屈になるだろう。しかしもし魂たちが目覚めなければ、悪夢のような輪廻を繰り返すことになるのだ。

結局カタリ派にとってキリストが大切なのは、失われた真理を信徒たちに喚起しにやってくるメッセンジャー・教化者としてである。キリストは人類の贖罪を担ったのではないのだから、その犠牲を真似た苦行をする必要などまったくない。また十字架は悪の武具飾りに属する拷問と死の道具でしかないから、十字架を崇拝したりするのは愚の骨頂である。当然、カトリックでもっとも要となる秘蹟である聖体の秘蹟、聖変化も否定される。というのも見掛けだけの身体をもつキリストの肉や血、からだを、物理的・物質的な意味で現存すると信じることなど、烏滸がましいもいいところだからだ。最後の晩餐でのキリストの「言葉」はアレゴリカルに捉えるべきで、カトリックのように文字通り理解するのは完全に間違っている。

ただカタリ派たちは、最後の晩餐の記念として、祝福パンの分配を行う。それを祭壇上でなく、毎回の食事のはじめに食卓上でやるのである。具体的には、善信徒（完徳者）のうちもっとも年長者がテーブルの前に立って左肩を白いナプキンで覆い、そこに置かれたパンを包むようにする。ついで頭をその上に傾げて祈りの言葉をつぶやき、「デオ・グラティアス（神に感謝し奉る）」と唱える。それから会食者に一々「ベネディキテ」を唱えながら「聖なる祈禱のパン」として分配するのである。そのとき、それはキリストが分かち合い広めることを教えた神の言葉のシンボルだと教えられる。この彼らの典礼の身振りには秘蹟的な価値はなく、象徴的な価値のみあるのだと考えられる。

イエス・キリストを「天使」であり「教導者」だと捉えるカタリ派は、当然のことながら三位一体説も否定した。彼らにとっては、父は子（や聖霊）よりも上位の存在であり、また聖霊については、三位一体の位格としての聖霊と、使徒言行録が人間の魂の守り手として描いている聖霊（複数）を決定的に区別することはない。というより聖霊もキリストも、じつは魂たちを救うべくこの世へと向き直っている、神の存在の面なのである。聖霊とは、いわば天にいて魂との合体を待っている霊たちすべての総和である。

さらに一部の者たちは、マリア（と使徒ヨハネ）についても、天の王国からキリストの地上へのミッションに同伴するよう使わされた天使――あるいは証人――だとする。[49] マリアが母であるのは見せ掛けだけであり見掛けの身体をまとっているとする者と、天国でキリストの母としてヨセフや弟子たちとともに暮らしていたとする者がいた。あるいは、比喩的な意味でマリアはカタリ派教会を指示するとする者（ギヨーム・ベリバスト）もいた。

C　審問記録から

カタリ派が迫害され殲滅させられたのは、十字軍のような武力によるだけでなく、より陰湿で効果的な異端審問のシステムのせいであった。その審問の取り調べでは、被告人および証人たちに対して詳細な証言が求められた。審問記録には、神学的知識の豊富なカタリ派のエリートの思想ではなく、それを受け容れた一般信徒、しばしばまったく教養のない無学な農民らの言葉が載っている。たしかに、決まった質問がお決まりの答えを引き出してしまうということはある。審問官が決まった質問をし、書記たちも、あらかじめ決まった「書式」に沿った書き方しかしないのであれば、そこからカタリ派信徒たちが信じていた信仰の内容がただちに引き出せるとは言えないかもしれない。

だが、それでも供述の言葉の端々から、底辺のカタリ派信徒たちがカタリ派の思想・神話をどのように理解していたのか、農村的・異教的な伝承との習合があるのか、自分たちの日常生活との関係でいかなる意味を見出していたのか、そういったことを垣間見ることができるのは、この種の史料のメリットである。また完徳者のみでなく、農村の一般信徒にもその思想・神話が行き渡っている事実の確認は、カタリ派がいくら福音主義を本質とする宗教であり、ということは十一世紀から十二世紀半ばの教会改革の熱誠の中で生まれた教えであったとしても、そうしたロマネスク期からの連続的〈霊性〉に着目するだけでは、ゴシック期に栄えた異端としての特質は捉え切れないことをも示唆していよう。

次節で見るように、初期のカタリ派が都市的異端と看做せるのに対し、末期のカタリ派は農民・羊飼いなどのあいだに主に広まった。まさに民衆的になったカタリ派の姿がそこにある。(50) それ以前の時代には審問記録は当然なく、少数の教義書とカトリックの神学者による駁論から信仰内容を読み取るしかなかったが、ここに民衆のあいだでのカタリ派信仰が、はじめて史料に記されたのである。

フォワ伯領、サバルテス、オット・コルビエール、アリエージュ地方の「山のカタリ派」が、単純な頭の者に教えを理解させるため、教義としては堕落し迷信的になったとの説もあるが、最盛期に都市で栄えたカタリ派の帰依者が信じていたのも、おなじように「迷信的」な教説であった、と考えてはならないのだろうか。本節の検討から明らかになるように、迷信に染められた部分があるとはいえ、むしろ農民たちに語られた末期カタリ派説教師の言葉が、初期カタリ派の教説とほとんど齟齬なく一貫していることのほうが、私には印象的なのである。

本項では、つぎの史料を使うことにした。

第一に、ジョフロワ・ダブリとその代官であるジェロ・ド・ブロマックとジャン・デュ・フォグーによるフォワ伯領のカタリ派帰依者の一三〇八〜〇九年の審問記録である。[51] ラングドック地方最後のカタリ派を率いたピエール・オーティエ周辺の者たちの証言である。

第二は、著名な異端審問官ベルナール・ギーによる一三〇八〜二三年の『判決集』である。[52] これはカタリ派のみならず、ワルド派、ベガン派など南フランスに蔓延していた諸種の異端者たちを剔抉し撲滅するために、繰り返し審問した後の判決と説教であるが、そこにも審問を受けた証人・被告自身の言葉が含まれている。

最後に、末期カタリ派たちすなわちベリバストらを指導者として、アリエージュ地方に根を張った者たちを追いつめるべく行われた、有名な審問官ジャック・フルニエによる異端審問（一三一八〜二五年）の記録である。[53]

もちろんほかにも膨大な審問記録が存在し、そのうち大部分は未刊行でまだ写本のままでの状態である。本来こうした未刊行写本も含めて、すべての審問記録を精査してみるべきだろうが、ここでは公刊されたものにかぎって検討してみたい。[54] 審問記録全体に目を通し、そこからカタリ派の思想・神話の一般信徒における受容と展開を追跡できれば一番よいのであろうが、同種の供述を沢山集め、ましてや統計的な処理で平均値を求めるなどといった作業は、莫大な労力を要しよう。しかもそれは、ここでの議論にはあまり有効ではないし、いささか無駄な作業になると考え、典型的で意味深い供述をピックアップして提示してみることにした次第である。私の目的にはそれで十分だからだ。

善神と悪神

まず、二元論の根幹たる善神と悪神についての供述から始めよう。

ジャン・ド・モリーは「私は、グィレム・ベリバストが二つの神があると言うのを聞いた。つまり悪神、よそよそしい神と呼んでいる神がまずいて、それは自らは偽って神と称しているということだ。彼は悪しかなさず、魂たちが救いにたどり着くのを遅らせようと努めている。またもう一人の神もいると聞いた。それは善神で、ただ善なる聖霊たちの父とのみ呼んだ。彼はまた、霊以外のすべてのものはこの世のものでありこの世に帰る、そしてただこれらの善霊のみが神に戻る、というのは神がそれらを創ったからだと言った(55)」。

ベルナール・ギーはピエール・オーティエへの判決説教において、つぎのように述べる――「お前が開陳し主張するのは、二人の神=主が、つまり善なる神と悪の神があるということで、あらゆる可視物および身体的なものは、天帝であられる神と主イエスによって創られたのではなく、悪魔とサタン、つまり悪神によって創られ、それをお前はこの世の神、この世の職人にして君主だとしている(56)」。

おなじくベルナール・ギーは、異端審問における説教で、ピエール・オーティエとジャック・オーティエ父子の話を聞いた者の証言として述べている――「神はこの世においては『霊』以外は創らず、残りすべては、ルシフェルに属する。神は花を咲かせず、芽生えさせも実を生らしもせず、ただ土（大地）の質がそれらをもたらした。同様に他のときには、彼はそこで異端者ピエール・オーティエとピエール・サンスを見て、彼らの過ちを聞いた。すなわち礼拝堂付司祭たちは、練り生地からいくつもの神々を作り、その後食べてしまうということを。また同様に聞いたのは、神の教会に仕えている異端者に従う道を通ってでなければ、誰も救われず礼拝堂付司祭たちと修道士らは、悪魔の教会に仕え、十字架、木と石の像、そして偶像を崇めているとの言葉である(57)」。

ジョフロワ・ダブリの審問記録にはつぎのような件がある――「農民たちが、神は彼らに立派な小麦をくれたと確言すると、異端者らはこれらの小麦は神の業ではなく、神はそれを気に掛けない、もし小麦の種を石の上に置けば成長しないだろう、土の腐敗物がその芽を萌えさせるのだ、と言った」[58]。

またおなじジョフロワ・ダブリの記録が、神と教会との関係について記している――「ローマ教会は教会ではない、というのはそれはバリケードに立て籠り、誰も中に入れないからであり、またそこには荆が生えて枯渇しているからだ。異端者たちは、彼らこそ真実の神の教会であり、神の教会は彼らのような善信徒・善信女のもとにしかない。同様に彼らは、自分たちのほかには誰も魂を救えない、彼らは誰にも悪口を言わず害を及ぼさないが、ドミニコ会士やフランシスコ会士は悪いことしか言わないから、とする」[59]。

魂の堕天

つぎに、魂の堕天はどのように説明されているだろうか。

フルニエの審問録によると、ジャック・オーティエやギョーム・ベリバストはエロチックな誘惑を強調し、霊的王国にサタンが侵入する様を描写している[60]。サタンはこの世=可視的な世界を作った後、金銀宝石で飾り立てた絶世の美女を地上から連れて来て、あるいは自ら美女に姿を変えてその麗しい姿で天に昇る。そして善神は彼らに休息しかくれないが、彼のほうはもっといろいろなよいもの、妻子や羊・牛・畑・金銀財宝・肉の快楽・安楽な家族生活の家などを提供しようと、善き霊たちに大いに吹聴するのである。

ほどなく悪神が天に開けた穴からサタンとその美女を追って、われ先にと外に出るすべての霊たちが落ちてくる。六十昼夜の間（九昼夜との説も）夥しい霊が落ちるが、大きさは雨の小滴、草の尖くらいである。もし天の神が自分の王国が見捨てられていくのを見て、玉座から立ち上がりその足で穴をふさぎ、今後誰であれ動いた者は永遠に休みも憩いもないだろうと誓わなかったとしたら、もっと多数落ちていたことだろう。

もうひとつ、興味深い場面を描写するジャック・オーティエの言葉がフルニエの審問録にはある――「これらの霊が天からサタンに従って落ちると、天の父を去ったことを悔いて、彼らはシオンの雅歌を歌い始めた。サタンはこれを聞いて『お前らはまだシオンの雅歌を覚えてるのか？　なら忘却の土の中に入れて、お前らがシオンで言ったりもっていたものを忘れるようにしてやろう！』そして彼は彼らにトゥニカ、つまり忘却の土の身体を与えたのだ」[61]。

堕天の原因については、霊が天において神に等しくなりたいという、高慢の罪に落ちたことを挙げるケースもある。この罪ゆえに、魂たちは天から大気を通って大地に落ち、無作為に出会った身体に入った。だからたとえ野獣であっても、その霊の入った野獣は人間とおなじく理性と知識を具えているということである[62]。

霊的結婚

それでは「結婚」については、どのような話が語られたのだろうか。

ジャック・フルニエの審問記録では、一三〇六年アレラクのフィリップがつぎのように述べている[63]――「実際、魂はつねに死ぬまで人間の身体の中に止まりますが、霊は出たり入ったりします。そこで善により、魂と霊の『結婚』がなされますが、それは魂と霊が互いの望まぬことを望まないというやり方においてです。両者が真実と正義の状態に合意するのです」。これは、モンタイユーの羊飼いのピエール・モリーの供述中にあるのだが、彼は完徳者のフィリップおよびベルナール・ベリバストとともに、居酒屋で食事をしたり町の外まで歩いていったりしながら、妹のギユメットがベルトランという虐待男と結婚してしまったことを話すと、フィリップは、妹を夫から掠って自分たちのところに連れてこい、と逃避行の計画を提案する。そのときにローマ＝カトリックの結婚（親等の近い家族・親族との結婚禁止）との対比において、本来の結婚を解説しているのである。その後彼らは計画を実行に移し、ミルポワ、ボヴィル、カラマンとへて異端者たちの待つラバスタンスまでたどり着くが、妹は自分の婚礼衣装とベッドシーツを持ち出してきたという。これは先の結婚の時持参したものだろうが、新たな「結婚」——霊的結婚——をするために、持ち出したという意味合いもあるのだろうか。

ジョフロワ・ダブリの審問記録では、タラスコンのピエール・ド・ガイヤックが異端者から教えられたことを詳しく述べており、そこで「結婚」についても詳解している。カトリック教会の秘蹟となっている結婚は見せ掛けの結婚にすぎず、天国ではけっして存在しなかったため、無駄な堕落した結婚である。それは男と女の二つの肉体の結合であり、結合とはいっても別々の肉体のままで、けっして二つがひとつになれるわけではない。が、カタリ派の魂と霊との結婚は肉体や腐敗の結婚ではなく、まったく霊的なものであり、福音書にある通り、神が定め、またコンソラメントゥムがそれを実現してくれる。それによって魂の贖いが完遂される。単純明快に霊的な結婚である。神は無知と傲岸でこの世に天から落ちた者が、聖霊と合体して生に戻れるようにとこれを作られた(64)。

おなじくジョフロワ・ダブリの記録には、アクス・レ・テルムのギョーム・ガルサンが異端者たちから聞いた話として、「結婚には何の価値もない、というのはそれは神が考案したものではないから。神が制定した唯一の結婚とは、神と魂とのあいだのそれである。自分の妻と同衾するのは他のどの女と寝るよりも重大な罪である、というのもそれは公然と、厚顔無恥になされるから(65)」とある。

輪廻

この輪廻の観念は、初期のラングドックのカタリ派においてはあまり登場しなかったが、中期、そしてとりわけ末期にはしばしば審問記録に記載されることになる。輪廻は農民たちの素朴な信仰世界にピッタリのテーマだったのだろう。有名な元馬の伝説がある。

すなわちジャック・フルニエの審問記録によると、あるカタリ派に入信した農民が、仲間の完徳者に「俺が馬だったとき、ある夜、二つの岩の間に蹄鉄が挟がって取れてしまい、その夜中、蹄鉄なしで走らなくちゃならなかったんだ」と話して、二人で蹄鉄を探すと無くしたその場所に見つかったというのだ。同工異曲な話が繰り返されるのは、それが囲炉裏の周りの夜の集いでのお話にしばしば登場し、粗野な人々の会話の糧となっていたからだろう[66]。

おなじフルニエの審問記録で、より詳しい輪廻の仕組みをアクスのアルノ・シクルが供述している——

これらの霊は、トゥニカ、つまりある肉体から出ると真っ裸で「怯えた様子」で急いで立ち去った。それらはものすごく早く走るので、ヴァランスで肉体を出た霊がフォワ伯領の別の肉体に入らねばならぬとして、途中土砂降りの雨がずっと降っていても、三滴とそれらには懸らないほどだった。かように、「怯えた様子」で走り、見つけた最初の開いた穴、すなわちまだ生の宿っていない子宮をもつどんな動物の胎内にも宿る。つまり雌の犬、兎、馬その他、また人間の女の胎にも宿るが、もしこの霊が最初の体の時に悪行をなせば、それは野獣の体に宿ることになり、逆に悪行をしなければ人間の女の胎に宿るのだ。

かくて霊たちはトゥニカからトゥニカへと経巡り、とうとう美しきトゥニカすなわち「善」の知識をもつ男か女の肉体に入れば救われ、その美しきトゥニカから外に出て、聖なる父の御許に帰る（というのはそれらの霊のいかなるものも、彼らの手によって、ないし彼らの信仰の中でしか救われないから[67]）。

魂の数は創世以来決まっていて、それが救済のときまでいくつもの身体を経巡る。魂は順次、九つまで身体を順に巡り、最後の身体が完徳者のものということである[68]。九つ巡るまでに完徳者の肉体に宿らなければ魂は呪われる。当然、運のよしあしにより、王妃や乞食の肉体にも宿りうる[69]。ほかに、使徒パウロについて、彼の魂が救われるまで十三のトゥニカ（つまり肉体）に宿った、そして最後に真実と正義の状態の身体に入った、と異端者（完徳者）から教えられたピエール・モリーの証言もある[70]。

十字架

十字架については、つぎのように証言されている——誰も十字架を崇めてはならない。その印を何であれ、使ってもならない。というのはそれは神がそこで死んだ場所として、大いなる不名誉・恥辱だからである。そして、もし誰か友達がある木で首を吊ったらそれは両親にとってつねに厭わしいし、それを呪い、われわれが崇めるべき神が磔にされたところと類似した場所を、その木の中に見るのを決して望まないだろう、という例を付け加えている。カトリックの十字架は腐敗堕落の十字架であり、キリストが「私の後に従いたければ、己を捨て、十字架を背負って私に従いなさい」(71)と呼び掛けた本当のキリストの十字架とは、カタリ派にとっては善行・真の悔悛・神の言葉の遵守のことなのである。

いやさらに、それは悪魔の印でもある。ジョフロワ・ダブリの記録には「同様に、誰も十字を切ってはならない、というのはそれは悪魔の徴だから」(72)とあり、さらにベルナール・ギーの異端審問における判決文（一三〇八年三月三日）では、「同様にお前は、教会全体が主の受難を再現していてわれわれの救いの印として崇めている聖なる十字架を、悪魔の厭うべき印だと主張し、申し立てる」(73)とある。

＊

以上、カタリ派の思想・神話の基本的特徴を概観した。一部の例外をのぞき神学者の手によって彫琢されていないカタリ派の教義が、ローマ＝カトリックのそれとくらべていかに稚拙で未熟であろうとも、また子細に検討すれば神学的に矛盾だらけであろうとも、天地創造から人類の誕生、そして救済にいたるまで、その信仰は体系として整序され、各要素は独特の神話によって全体の中に統一的に関係づけられている。そのことは私たちの概観からも明らかであろう。

ここではカタリ派思想・神話中のそれぞれの要素に着目して系譜をたどるという作業はしなかった。あるものはユダヤ＝キリスト教的伝統に、ほかのものはヘレニズム的伝統に、また別のものはオルフェウス神話やグノーシス主義にと、さまざまな源泉をもつと推定することができる。しかしそれらの諸要素自体にではなく、ラングドックのカタリ派におけるそれらの関係、そしてそれらの形成する全体の構造に、私たちの関心はより惹きつけられていた。ルジオによる二原理論のような、カトリックのスンマに対抗して構築された神学書や、あるいはカトリックの論者のカタリ派駁論には首尾一貫した教義が記されていても、異端審問の記録その他からは、彼らの信仰はいつも流動的で発展の途上にあり、日々の生活に合わせた理解と敷衍が行われたことが窺われる。はじめから完備した不変の教義があったというよりも、信仰が奔流となって苦界を掘削して、その跡を合理的に整序したものが教義として呈示されている、と考えたほうがよい。民衆たちに教義が広められる過程では、さまざまな民間伝承と習合し、また農村生活の現場を題材に平易で興味深い話を作って教え込まれたが、それでも玄義を損なうことはなかった。

カタリ派の福音主義にせよ、独特な神話に裏打ちされた二元論にせよ、十二～十三世紀のラングドックという文化・社会で広まり、人々の生き様に深く作用した。この地域との絆はきわめて強固である。そうならば、つぎにカタリ派の〈霊性〉〈思想〉と文化・社会の関係を闡明するという作業に踏み出さなくてはならない。

三　南仏的文化・社会構造の中のカタリ派

これまで明らかにしてきたような霊性と思想・神話をもつカタリ派が一大勢力になり、社会に根づき、司牧・布教が成功したと言えるのは、ヨーロッパの中でも、ただ南フランス、なかでもラングドック地方――トゥールーズとフォワの両伯領、トランカヴェルの副伯領——だけである。カタリ派はラングドック地方に格好の文化的・政治的・社会的温床を見出したのである。だとしたらどんな特徴をその地域がもっていたから適合したのか、その地域的限定についてもっと深く考察してみたい。それはカタリ派自体の理解にも資することであろう。

社会的な現実ということではいくつかの所論があるが、これまで大要つぎのように論じられてきた。すなわちカタリ派がラングドックに受容された基盤には、教会財産に対する支配権を失った封建貴族の、富裕な教会・修道院への嫉妬・反教権主義があったことが第一。だから伯や副伯をはじめとする大貴族、またブールやカストルムの小貴族らは彼らを寛容に遇し、ときには積極的に支援したのだという。

旧態依然たる農村的・封建的世界——その代表がカトリック教会——の中に都市的・商業的世界が登場してきたとき、「都市的異端」たるカタリ派がこの新たな世界を求める者たちの心情に叶ったことが第二。さらに第三番目には、当時のラングドックの教会の世俗化、聖職者の怠惰・無能力が宗教的に目覚めた人々の反撥を買い、禁欲的で貞潔な生活を送るカタリ派の完徳者に彼らが惹きつけられたという事情もしばしばあげつらわれる。以上のような論拠のいずれか、または組み合わせが、カタリ派のラングドック定着の理由づけに挙げられることが多かった。(74)

まずこの第三番目の宗教的覚醒という論拠だが、H・グルントマン以後の異端研究の趨勢が強調する根拠が、カタリ派にも当てはまる面はたしかにある。すなわちグルントマンは、カタリ派を含む中世の宗教運動の源泉を十一世紀以来教会と社会を揺り動かした霊的革新の力動の中に見出し、そのことによって、さまざまな異端運動を正統の托鉢修道士などとおなじ視角から見通せるパースペクティブを与えた。(75) 教皇を中心とする教会改革運動の高揚した雰囲気の中に吸収されていた、民衆たちの福音主義の熱意が、教会体制側が保守化し聖職者と俗人の牆壁を通行不能にまで高く堅牢に聳えさせるようになると、異端的な運動に流れ込んだのであり、また異端の叢生に対応して、使徒的生活を地で行く托鉢修道士とタイアップして、教皇は民衆の宗教的熱誠を慰撫し体制内に押さえ込もうとした、というパースペクティブである。

近年主流になりつつあるカタリ派論においても、東方由来の二元論ではなく、むしろ西欧に自生的に発生し、十一世紀の異端へと遡及しうるような福音的な禁欲主義にカタリ派の本質を見出そうとしていることは上述の通りである。さらに、長い間スタンダード・ワークとされてきた著書でカタリ派の体系的叙述をしたA・ボルストが、カタリ派とはグノーシス的二元論が十二世紀の民衆的福音主義の勃興の流れに乗って西欧キリスト教会に入ったものだとしたことも先に言及しておいた(76)。東方からのグノーシス的二元論の流入、という性格づけは現在では受け容れにくくなっているとはいえ、十二世紀の福音主義がそれを育んだという捉え方は近年の通説と変わらない。つづくR・マンセッリも、カタリ派が西欧社会に入った現実的基盤は禁欲的な福音主義的生活、カタリ派の神話や儀式の吸引力であるとする(77)。こうした考えは、今日まで多くの研究者が従うところである。

だが個別によく見た場合、福音主義的雰囲気の吸引力があったにせよ、ではなぜ――たとえばドイツや北フランスではなく――この地が選ばれたのかの理由づけについては、それだけでは十分に説明できない。ラングドックの聖職者がとりわけ堕落していたという論拠は、きわめて薄弱で疑わしいし(78)、貨幣経済の展開・経済発展への不適応が清貧理念を生み、カタリ派を他の異端ともども誕生させたというのも、商業活動や高利貸しなどの金融業に積極的に携わることで延命したカタリ派には妥当しないというべきだろう(79)。

日本でのカタリ派研究を代表する渡邉昌美氏は、この点、つぎのように考えておられる(80)――カタリ派がバルカン半島から西欧に導入された契機は、まずなにより倫理的共鳴、換言すれば西欧に広まっていた「清貧運動」のうねりであった。それに対してカタリ派固有の二元論教義の諸箇条は、副次的にのみ順次、沈着していった。西欧に流入したカタリ派が南フランスで大展開しえたのは、そこにおいて「教団の構造」と「社会の構造」がいわば絶妙なコンビネーションを現出したからである。複雑な儀礼を媒介に不即不離の関係にある完徳者と帰依者の二重構造は、後者を不羈奔放な生を送りつつ救済を約束される境涯においたがゆえに、あらゆる階層の男女の人気を博した。くわえて漸く新たな領主秩序を形成し始めたカストルムに割拠する中小領主が、競合する教会を敵視しカタリ派支持に回ったことが、カタリ派隆盛を促進した主要な要因であったという。

だがどうだろう。カタリ派がカタリ派であるのはその固有の思想（教義・信仰・慣習）によるのであり、その他何によるのでもない。渡邊氏の主要業績といえる、起源や既存教団との系譜関係の解明に際しては、教義内容をもっとも主要なメルクマールに設定したにもかかわらず、社会との接線を探る段になるとそれを括弧に入れ、「清貧運動」や「反教会感情」といった側面のみクローズアップするのはいかがだろう。福音主義に由来する「清貧運動」や「反教会感情」は、たしかにカタリ派の本質のひとつではあるが、それはカタリ派が、十一世紀以来の他の異端・宗教運動と広く共有する本質である。もうひとつの本質である、絶対二元論の思想・神話をここで無視すべきではないだろう。

また、カタリ派教団の二重構造が「倫理的無拘束地帯」を作ったとの説も再考の余地があろう。南フランスには、もともと近親相姦や姦通恋愛や同性愛を輩出させる（許容する）文化的・社会的風土があり、それにカタリ派教団の構造が適合したと考えるほうが、より自然だろう。私たちが十四世紀のモンタイユー村で出会うリベルタンは、カタリ派がもたらしたというより、南フランスの文化・社会が、外的・内的条件の変化により、その道徳規範が緩んだ結果、生まれた異端児である。いやこの地中海に洗われ強烈な日差しを浴びるラテン文明の温床は、元来「倫理的無拘束」どころか、高度に倫理的な文化・社会を作ってきたのであり、それは、「姦通恋愛」を謳歌するように映るトゥルバドゥールの抒情詩にもじつは表現されているし——姦通、同性愛、幼児性愛が、（古代ギリシャ・ローマでもそうだが）、即不道徳というのは近代的偏見だろう——また見本と言葉でカタリ派の完徳者たちが示す福音の教えが周囲の人々の胸に響いたのも、そうした風土と住民の資質があればこそだろう。

むしろ私は、この地方には革新を生み出しつづける古代以来の文明の伝統が牢として根づいていたと考えている。そして、社会とカタリ派との接点にその伝統が息づいていることを明らかにするためには、今一度、福音主義の陰で軽視されつつあるカタリ派の思想・神話構造を再び俎上に乗せねばならないのではないだろうか。社会との関係というのは、たんに社会構造や制度の特質や欠陥をあげつらって適当な応答を見つけてくるだけでは果たされない。それを個人もしくは特定集団の動機に解消することも、またできない。総体的な歴史過程を視野に入れ、一旦、風土的レベル、文化的レベル、政治＝社会的レベルというようにレベルを分けて、カタリ派とその隆盛した土地との関係を吟味し、しかる後にそれらのレベルの複合の関係や意味を考察したらよいのではないだろうか。

南欧から北アフリカまで、地中海の西から東まで、その景観と生活様式はほぼ似通った形であり、地中海的な風土というものの存在を確信させてくれる。夏にはサハラ砂漠の乾燥した熱気が北上して海面を覆い、紺碧の空にギラギラ照る太陽に、その海面の水が水晶のように輝くが、大地は乾燥していて乾燥に強い植物しか育たない。だが半年が経ち大西洋の低気圧が湿潤な空気を大量に東に運ぶや、海は夏とは様相を一変させて灰色に沈み、またしばしば嵐が起こって陸地を襲い篠突く雨を降らせる。こうした甚だしい気候の変化交替が、農耕作業を困難な手間の多いものにし、牧畜を盛んにさせる。丘や山地が居住地として好まれ、栽培作物としてはオリーブ・ブドウ・小麦の三者に集中していった(81)。

かような地中海的風土が、ラングドックの人々の生活と文化を底辺から規定していたとするなら、カタリ派が地中海沿岸に栄えた理由も、一部は風土から説明できるのかもしれない。地中海の光と影、気候の交替の激烈さが善悪の「二元論」異端を準備した……というように。しかしこれを実証することは不可能だし、いずれにせよ茫漠とした関連づけしかできないであろう。

より歴史学的な関連づけが可能なのは、「地域の文化」のレベルにおいてである。地中海世界の中でも、その西の端のラングドックを中心とする南フランス（と北スペインの一部）においてカタリ派がもっとも勢いをもち、文化と社会に定着できたのは一体どうしてだろうか。その原因を本節では探求してみたいのである。

ラングドックで培われ、受け継がれてきた文化に、カタリ派思想がマッチして根づき転生していったことについては、この地方固有の文化構造とそれを生み出した心的構造があったことを、トゥルバドゥールの抒情詩とカバラ思想との比較をしながら本節**A**項で考えてみよう。その後**B**項では、「社会」との関係について具体的に考察してみなければなるまい。もちろんその際にも文化と無関係になる訳ではなく、両者はおなじコインの裏表である。

A　カバラとトゥルバドゥール

第1・2章で見てきたような思想体系と、〈霊性〉の特徴が地域の深い懐から生まれたということは、たとえば同時代・同地域に目覚ましい発展を見せた二つの精神運動の構造と比較することで、確認することができるのではないだろうか。それはトゥルバドゥールの抒情詩および、ユダヤ神秘主義のひとつであるカバラの教説である。それぞれごく簡単に要点を述べてみよう。

結論を先取りすれば、ラングドックのカバラを語る際に不可欠な文書である『清明の書』（バヒールの書）の吟味から抽出される思想構造、およびトゥルバドゥールが残した代表的抒情詩に窺われる〈愛〉の観念の構造は、カタリ派の思想構造と驚くほどの同型性を示すのである。まずはカバラから検討してみよう。

カバラ思想の特徴

ラングドックのカバラ思想は固定した体系をなすものではなく、十二世紀後半、バビロンの初期ゲオニーム時代に作られた『創造の書』(イェツィラーの書)を本質的要素として、合理主義への反発という形をとって形成され、以後、連綿として継続し、近代まで変容・展開をつづけていった運動である。[82] 十二世紀後半以降十三世紀前半までラングドック、ついで十三・十四世紀の北スペインにおいてカバラの広範な精神運動が繰り広げられたことは、秘教として日の当たらない陰に潜みがちであったカバラの歴史をつうじて注目に値する。

ラングドックのカバラ思想は、まだ曖昧な点や混乱も多いが、その反面、独自の個性を強く主張している。この地域のカバラを語るのに不可欠の文書が、先述の『清明の書』である。[83] この書物は、古来のユダヤ゠グノーシス的伝統やラビ的神智学など、さまざまな伝承にもとづいて編纂された断片的かつ無統一な小冊子ではあるが、独自のコスモゴニー、コスモロジーを含んでいる。それはやがて十三世紀末、カスティリアでモーリス・デ・レオンが著した『光輝の書』(ゾーハルの書)の長大な象徴的神智学世界へと繋がっていくだろう。

一般的にいって、カバラとはつぎのような根本的特徴を有している。カバラ思想は宇宙的生命をもつ神の領域から出発し、汎神論的世界としての存在界を理解しようとする。言い換えれば、世界の創造を神の自己顕現プロセスを指し示す無限大のシンボル体系として理解しようとするのである。それは神の言葉の世界の自己展開過程にほかならない。言葉は存在のエネルギーとして、燦然と煌めく光のように四方に拡散流出し、かぎりない事物を創る。これを人間の立場から見れば、神的領域にいたる上昇のための象徴的指標を言葉によって創り出すということである。根源的エネルギーの流出する結節点をセフィーロート(セフィロース)と呼び、それは十の球体を有する樹木のシンボルで表現された。十の有機的に連関したセフィーロートの全体構造が、神の内的構造かつ世界像なのである。セフィーロートの樹にかぎらず、人体そしてとくに文字など、カバラの教えはシンボルに満ち溢れているがそれも当然で、その教えによれば、シンボルを通してのみ深遠な神の創造の秘密が認知されるからである。また随所に現れる流出のイメージ等、著しく力動的な性格も大きな特色といえよう。

カタリ派との関係を考える上で『清明の書』から必要な部分を引き出してみれば、中心となるのは天地のあいだに神によって植えられた「樹」である。それは宇宙樹であると同時に、そこから魂が出入りし上下する魂の樹でもある。この樹の諸部分や樹を潤す泉は、カバラ思想の要諦である上述のセフィーロートに対応する。樹を植えた神は、元来、善にして慈愛に満ち、最高の諸価値を具備している。ところが神は善=光の世界（Bodu）のみでなく、悪=闇の世界（Tohu）をも創ったとされ、『清明の書』ではその悪の像がほとんど二元論に近いほど増幅されて独立化しているのが特徴的である。形は無定形だが、その上に悪魔が力を揮うところの危険で暗い力素である。悪魔は北方からやって来て人々を惑わし、悪や罪に靡かせようと謀る。こうして悪魔の干渉によって神の植えた生命と恩寵の樹に不均衡・欠如・闇が招来され、天使はその結果、天から地に堕ちる。

失われた均衡を回復する試みとは、堕天使=魂が神の座まで上昇する過程とひとつである。なぜなら、もともと魂とは悪の世界の中にセフィーロートの世界から一条の光――天使ないしシオンの娘のイメージが用いられる――が入り込んで闇と混淆する、その混合領域から生まれたものだからである。魂は、この両世界の本質的戦いの烙印を押されており、かくしてセフィーロートの階梯を上昇し、神の座にいたらんとする憧憬を生まれながらに抱懐している。善（光）の力と悪（闇）の力との緊張・争い・混乱の中で、徳を身につけ神の失われた均衡・統一性を回復するか、あるいは逆に罪を繰り返すことによって悪の力を肥大させるかは、ひとえに人間の自覚と行動に懸かっている。

カバラにも輪廻思想が存在する。これはユダヤ正統教典にはまったく見出されないものである。『清明の書』によると、この世では悪人が幸福で善人が不幸であることがままあるが、それは前世では悪人が善人で善人が悪人であったためであり、彼らは前世の罪を今贖っているからだとされた。輪廻はイスラエル共同体全体にとって広い有効性をもち、天の新しい魂にふさわしくないイスラエル人の古びた魂は、いくつもの肉体を通って遍歴をつづけねばならない。それは千度繰り返すとも言われる。そしてすべてのイスラエル人が徳を積み、優れた人格を備えるにいたったとき、はじめて新しい生き生きとした魂が天からこの混合世界に降り立ち、イスラエルの民に最終的な救いがもたらされるのである。

トゥルバドゥール抒情詩の〈愛〉の観念

つぎにトゥルバドゥール抒情詩の〈愛〉の観念について吟味してみよう。

トゥルバドゥールとは、十一世紀末にリムーザンないしポワトゥー地方を揺籃の地として活動を始めた抒情詩人たちのことで、十二世紀以降、ラングドックの宮廷や城館を中心に急速な発展を遂げるが、開花期間は比較的短く十三世紀半ばには衰退する。カタリ派の伝播と比べるとトゥルバドゥールの活動範囲のほうがより広く、トゥルバドゥールの活躍したリムーザンやプロヴァンスにはカタリ派が定着しないなど、両者の領域は完璧に重なり合うわけではない。しかしラングドックでは、トゥルバドゥールとカタリ派の善信徒(完徳者)らが同一の宮廷を訪ねておなじ聴衆に語り掛けたことだろう。

トゥルバドゥール抒情詩は、その大半が栄誉、廉直、大度、権力の拒否、中庸、知性、若さ、謙譲など、宮廷人のもろもろの美徳、なかんずく貴婦人への〈愛〉をテーマとしていることは、あらためて指摘するまでもない。その貴婦人への〈愛〉を中心として、あたかも太陽の周りの惑星のごとく、ほかの美徳が配備された関係体系が形成されている。真実の〈愛〉は絶対的な重要性を有しており、それは全世界の光、善なるものすべての源なのである。それではかように比類なく優れた〈愛〉は、いかなる構造を有しているのであろうか(84)。

周知の通り、トゥルバドゥールの歌い称揚する〈愛〉とは姦通恋愛、つまり既婚の貴婦人に対する愛であり、不可能な、成就しえないことを本質とする愛である。したがって、恋人と貴婦人とのあいだには架橋できない無限の〈距離〉がある。この〈距離〉をいわば滅却させることが、トゥルバドゥールの詩のライトモチーフである。が、〈距離〉

が消滅したとたん〈愛〉は存立の基盤を失う、というジレンマの上にそれは成り立っている。この〈距離〉は姦通恋愛という倫理前の性質に伴って、ジョフレ・リュデルの「遙かなる愛」amor de lonh——見たこともなく地理的にも遠い——として表出されることもあるけれども、より一般的には、典型例をベルナール・ド・ヴァンタドゥールの詩などに見る心的な距離である。待ち遠しさ、近づきがたさ、心許なさ……などは、言葉を連ねて執拗に表現されている。

また〈距離〉は、外的表徴としては社会的な距離として表される。すなわちトゥルバドゥールの歌う〈愛〉は、領主の夫人に対する下賤の騎士や小姓の愛という、身分的上下関係にある者のあいだの愛なのである。けっして対等という訳ではない。貴婦人と恋人との関係がしばしば封建的主従関係のアナロジーで語られ、オマージュの儀式で象徴されていることは、つとに指摘されてきた通りである。ただしその実質は、主君・家臣の関係のような双務契約的主従関係ではなく、恋人は、貴婦人をあたかも神か偶像のように神格化し、絶対服従を誓うのである。それは一時の官能のドラマなどではなく、一生を賭した賭だと言ったほうがよい。

ところで〈愛〉の対象である貴婦人はどんな特性をもっているのだろうか。その点でまず挙げられるのが、無名性・抽象性である。この貴婦人は特定の貴婦人というよりも貴婦人一般として抽象化されている。具体的な名が付されているときでさえ、その姿・挙措はきわめて類型化されている。すべてのトゥルバドゥールが同一の貴婦人を歌っているのではないか、と言われる所以である。彼女は誰よりも美しく優雅であり、また誰よりも聡明で快活である。その身体は豊満に整い、柔らかで瑞々しい。雪のように白い肌、繊細な眉、ブロンドの髪、バラ色の顔、白い歯……。類型化や決まり文句の多様は、貴婦人ばかりでなく周辺の情景にまで及んでいる。美しい小川、緑なすサンザシの葉陰、太陽へ向かって飛び立つヒバリ、そしてベッドと窓。

今度は〈愛〉の過程の進行する場に目を転じてみよう。〈愛〉はけっして順調には進行しない。というのは恋人と貴婦人両者の関係——それ自体困難至極だが——以外に、その〈愛〉を邪魔だてするlauzengiers（告げ口屋）がいることがひとつ。もうひとつは恋人自身に巣喰う「偽りの愛」fals'amorsのためである。

lauzengiersとは悪玉の代表であり、あらゆる悪しき価値を象徴する人物像である。彼は他人の愛を妬み、二人の仲を裂こうと画策し、そのためスパイを働き、悪口を言い、貴婦人におべっかを使って取り入ろうとする。わけても二人の愛を吹聴することは、秘密裏にしか存続しえない〈愛〉にとっては致命的である。それゆえlauzengiersは失望・挫折の源泉としてこの上なく憎まれることになる。

fals'amors（偽りの愛）はfin'amors（精緻の愛）の対極をなす愛で、トゥルバドゥールの本来の目標である後者が人を高貴にし、悪に染まった心を善導するのに対し、こちらは肉体的で卑劣な愛であり、人を悪徳に誘って堕落させ、ひいては社会全体の堕落の元凶となるものである。

彼自身かくあらんとする宮廷人の模範に対する悪の権化たるlauzengiers, fin'amorsに対するfals'amors、あるいはまた清貧・礼節・優美などの美徳に対する淫乱・貪欲・粗野などの悪徳等、二つの対立する価値群に挟まれて、恋人は期待と不安、成就と挫折、大胆と小心のあいだを揺れ動きつつある。が、この対立の場が彼を自己超克へと向かわしめるのだということを見落としてはならない。

fin'amorsとfals'amorsに関連して魂と肉体との関係にも言及しておくべきだろう。トゥルバドゥールの〈愛〉がプラトニックなものか否かは、しばしば議論されるところである。詩句の字面を追うかぎりは、寝姿の観察・接吻・抱擁など、最終的結合をのぞいてあらゆる快楽の願望が登場する。だから明らかにプラトニックではない（ように見える）。ところがいくらエロチックな言葉を連ねても、いささかもエロチックな情動を喚起しないのがトゥルバドゥールの詩なのである。その原因は、この〈愛〉が肉体ではなくこころの結合を究極の目標としているからである。それは肉体的衝動を昇華させ精神的なものにする。美しい肉体とそれに対する憧れは、美しく良きこころとそのこころへの憧れの投影だと解釈すべきであろう。

したがって〈愛〉の成就の過程は、両者のこころがひとつになる過程と等置しうる。しかし前述のように、貴婦人は恋人にとってほとんど無限の高みにあるのであり、彼女に近づくためには、不断の努力をつうじてもろもろの美徳を身につけ、魂を純化・高貴化させることが是が非とも要求される。とはいえ内的・外的障害は山積しており、しかも貴婦人自身つれなく気紛れで、無理な要求を重ねるのが通例である。そこに〈苦悩〉が生まれる。〈苦悩〉はトゥルバドゥールの詩を織りなす縦糸であり、死ぬほどの苦しみが繰り返しテーマとされている。この〈苦悩〉は、しかしながら〈愛〉の不可欠の前提条件だとされる。つまり苦しみと忍耐の度合いが深く長引くほど受ける報いもまた大きい、というように〈苦悩〉は魂の浄化・霊的再生の源なのである。

このように試練を耐え忍びつつ、徐々に〈愛〉の成就に近づいたとき生ずるこころの状態が〈悦び〉joy である。身体へのわずかな接触、ただ一度の接吻、ただ一回の眼差し、あるいはちょっとした恩恵によって瞬時に高度のエクスタシーが得られる。〈苦悩〉がトゥルバドゥールの詩を織りなす縦糸ならば、〈悦び〉は緯糸である。〈悦び〉は〈愛〉の目標ではあるが、〈愛〉の定義からして永続しないことを運命づけられている。恋人は何度となく〈苦悩〉に堕ち、幾度となく〈悦び〉に甦りつつ、永遠で最高の〈悦び〉を目指して不安と緊張の中で努力をつづけなくてはならない。〈悦び〉は〈苦悩〉を孕み、〈苦悩〉は〈悦び〉を予徴しているのである。ようするに接近と隔離、期待と失望を繰り返しつつ、たゆみない努力でつねに自己を乗り越えていくこと、そして魂を純化・高貴化し、貴婦人の魂との結合に向かって行われる緊張に満ちた上昇運動、これこそ〈愛〉の過程にほかならない。

〈愛〉の過程がこのようなものであるならば、当然の帰結として、そこでは心映えが身分や権力よりも重視されることになろう。〈愛〉の前では、社会的に下層の者も上層の者と対等である。宮廷風の美徳を体得し、〈愛〉の規範に従って振る舞うことで魂を高貴化すれば、たとえ身分は低くともこの世界では傑出することが可能なのである。この心的上昇運動を社会学的に解釈して、トゥルバドゥールの〈愛〉のイデオロギーは、当時勃興しつつあった新たな下級貴族=騎士層が、旧来の伝統的高級貴族家系に同化せんとする要求を昇華・投影したものであり、共通の理想を掲げることで、二つに分裂した貴族層の内的葛藤を緩和させ、両者を統合しようとしたものだ、との興味深い所説を提示したのはE・ケーラーである。(85)

〈愛〉の主要な構成要素として言い残したもの、mezura（中庸・節度）について一言すれば、それは〈愛〉の情熱を抑え、宮廷人としてふさわしい自制心を与える徳である。それは感情と理性との均衡、忍耐・謙遜などの機能を司り、無謀さ・思い上がり・欺瞞・肉欲・利己心などを排す。それによって人は賢明にそして幸福に自己と環境とに処し、自己を〈愛〉の規則によりよく適合させることができる。だがこの徳の過度の強調は、〈愛〉の〈悦び〉を窒息させるだけである。技術的に洗練され高度の様式化を遂げた反面、活力を失い衰退していった後期トゥルバドゥールに、その良き例証が見て取れる。

*

カタリ派に加えて、カバラ思想とトゥルバドゥール抒情詩双方から読み取れる構造とそこに内在する指向性を簡約すれば、まずなによりも両極性が全体を支配している。善と悪、光と闇、極端な〈悦び〉と〈苦悩〉など、背反する価値を対立原理とその属性とに付与し、両断する構造である。それは妥協を許さない深刻きわまる対立であり、そこに高揚した緊張が醸しだされ、エネルギーが蓄積・流出するというダイナミズムが見出される。

つぎに上昇志向ないし運動。上昇と下降といっても差しつかえないが、結局のところ上昇に力点があるのは自明である。緊張と矛盾の場での魂の上昇・資質の向上と、貴婦人そして〈悦び〉への接近など、無限の低さから無限の高みへという、これまたじつに落差の大きな運動である。最終目標にいたる過程には、成功と失敗の繰り返しと不安・

緊張の増大が随伴している。言い方を換えれば、これは対立項のあいだで醸しだされる緊張した磁場の中で、上昇と下降を反復しつつ階梯を登攀してゆく螺旋状上昇運動を本質とする過程である。

第三には、上昇運動と関連して〈距離〉の消滅、または失われた秩序の回復という点が挙げられる。これはカタリ派における魂の天国帰還、あるいはトゥルバドゥールにおける貴婦人との合一などの運動の軌跡に顕著だが、カバラのセフィーロートの木（の中柱）やトゥルバドゥールの〈愛〉における mezura（中庸）のように、両極構造自体に、その破綻をあらかじめ予防する均衡調節機能として内属しているものもある。また以上の指摘とはやや性質を異にするが、カタリ派やカバラにおける輪廻思想、カバラのセフィーロートでの女性原理の役割、そしてトゥルバドゥールの女性崇拝などには、明白に母性原理（円環的世界観）の支配が認められよう。

カタリ派とカバラ思想とトゥルバドゥールの抒情詩は、三者それぞれ担い手も違えば、所属するサークルも別であり、明示的メッセージも相異なる。厭世的でメタフィジカルなカタリ派、南仏社会にかなり溶け込んでいたとはいえキリスト教徒とは異質の教育・慣習・伝承を有するカバリスト（ユダヤ人）、さらに世俗的な宮廷人たるトゥルバドゥール。外的な差異は大きい。しかしながらこの三つの精神運動がラングドック（およびカタロニア）という同一地域に、しかも十二世紀半ばから十三世紀前半という同一時代に花開いたことはおそらく偶然ではなく、その深い関連はこの三者の深層構造の同型性からも裏づけられるであろう。

では、これら三者に直接的接触はあったのだろうか。

まずカバラとカタリ派は思想的交流があったのか。南フランス、とりわけラングドックのユダヤ人たちは、ラングドックがフランス王国に併合される前には寛容に遇されており、都市の中では一定地区に固まっていたものの、ゲットーではなく開かれた地区に住みキリスト教徒との経済的交流も盛んであった(86)。彼らは貸金業のみならず、農業・商業・手工業など、ほぼあらゆる職業に就けたし、土地の所有・保有も普通に見られた。官職に就くユダヤ人もいた。

またナルボンヌ、ポシキエール、ベジエ、リュネル、モンプリエなどにはユダヤ人学校があり、その盛名はスペイン、ロレーヌ、ライン地方にまで届いていた。ラビ学が発展し、とくにマイモニデスの著作の翻訳が大きな影響力をもった。アラブの学問をユダヤ人学者が翻訳してキリスト教徒に伝えることで、諸文化の交流もこの地でなされた。こうしたユダヤの学問興隆の中でカバリストたちも活躍し、カタリ派とも当然接点をもったはずであるが、直接的な関係についての証拠はない。カバラに関しては、カタリ派との直接の接触・思想的交流についてのはっきりした証拠は存在せず、状況証拠のみだというのが現状である。

たとえばS・シャハールは、十二・十三世紀のラングドックとカタロニアというように、活動の時期と地域をほぼ等しくしていた両者のあいだに交流があっても不思議はなく、実際、教説を検討してみると類似点が目につくという[87]。まず『清明の書』には、すでに私たちが上で示したように、カタリ派の神話および教義と至極類似している部分があるとして相互の影響の可能性を示唆している。また一二四〇年サラゴサ生まれのアブラハム・アブラフィアはカバラと『創造の書』を研究し、後者の注釈書を書いたが、その著作におけるサタンの位置と役割、蛇、成長と生殖、人間と天使のあいだにある連合、輪廻思想などがカタリ派と似ているということを、シャハールは指摘している。これは絶対二元論派ではなく穏和派との類似、とくに『秘密の晩餐』Cena secreta――『ヨハネの問い』Interrogatio Iohannisともいわれるボゴミール起源の聖書外典で、ブルガリアのボゴミール派たち、そしてイタリアの穏和カタリ派の一部によっても用いられた聖典であり、もともとスラブ語ないしギリシャ語のオリジナルがラテン語に訳されたものが伝わっている[88]――との類似ということで多少弱い立論となるが、上で行った私たちの深層構造の同型性論を補う所説ではあろう。

トゥルバドゥールについてはより議論が沸騰した。すなわちトゥルバドゥールが隠れキリシタンならぬ「隠れカタリ派」であって、トゥルバドゥールの歌う貴婦人への愛はじつはカタリ派教会への愛のシンボリックな表現であり、彼らはトゥルバドゥールに身をやつし、秘密の用語法・暗号で明るい装いの下に神秘的なカタリ派信仰を仄めかしたという考えがかつて一大センセーションを巻き起こしたのである。[89]

しかしながら教えが類似しているとされるトゥルバドゥールの歌にも、戦争や暴力の肯定などカタリ派にはありえない言説があるし、キリスト論についても、その肉体を仮象として受肉を認めず受難も死も否定するカタリ派とはまったく違うキリストを歌っている。十字架についても正反対の態度が現れる。メッセージ全体としては、類似とおなじくらい相違が見つかろう。R・H・ジアーなどによる徹底的な批判もあり、公平に見てトゥルバドゥール即カタリ派説を支持することはとてもできないのである。[90]

「オック語学院」Institut d'Études Occitanes 創立者で、カタリ派やトゥルバドゥールの思想史的・倫理的研究に一時代を画したR・ネリは、オック語の詩人たちが太古から伝わるオリエントの神秘的異端の先蹤者だというフィクションの息の根を止めようとし、オクシタニーの詩人が稀に異端に触れることがあっても、それは、むしろアルビジョワ十字軍による文化・社会の破壊に憤り、過激になった反聖職者主義の表れであって、カタリ派への執着ではないとする。そしてもしカタリ派とオック語詩人のエロチックが深く手を結びあっているとするなら、それは相互の影響ではなく、必要な要素、併存する要素をおなじ十二世紀の南仏文明から採ったからだ……として美的・道徳的な価値を両者が深いところで共有している可能性を示唆した。[91]

このネリの考えを受け継いで、道徳面での共通性を探る傾向の研究が近年いくつも現れている。たとえばブルノンは、ペール・カルドナル、ギレム・フィゲイラなど一部のトゥルバドゥールによる辛辣な聖職者批判・諷刺や、「シルヴァント」sirventès での「ずいぶん苦しんできたし、罪も犯してきた、神よ、これ以上地獄落ちさせて苦しませないでください」との訴えなどに着目して、キリスト教の根源への回帰の願望・真摯な道徳性・厭世観を剔出し、そこにカタリ派の道徳的態度との深い共通性を見ようとしている。[92]

実際カタリ派には、深い苦悩、春への願望、霊的探求、道徳的・知的刷新といった、キリスト教世界の原初の意識の危機に通ずる精神の運動がある。人間の魂が失われた栄光を不断に求め、「絶対」を探求する感動的な姿が、彼らの運動の中で幾度も目撃される。一方、トゥルバドゥールの活躍する宮廷では、joie et liesse（悦びと歓喜）の二つの価値が支配する。トゥルバドゥールは貴族たちに、恋愛技法の新たな振る舞いを指南するとともに、fin'amor（精微の愛）の価値を引っ提げて腐敗堕落した世界の危機への社会的救済策とする運動を展開したのである。さらに進んで、彼らのメッセージのあいだには、ときにこの世の価値と快楽を捨てて神に仕えようという高い道徳性が、あちこちに見出される。騎士道も奢りも捨てて自己放棄の美徳を追求すべきことを説いたり、この世の空しさ、死をもたらす悪しき富、罪人の回心の必要性といったテーマが再来することもまたたしかな事実である。

束の間ではかない地上のモノ・世俗のモノ、これを捨て去ってはじめて天も救いも貴婦人も手に入れられる！　こうしてカタリ派にもトゥルバドゥールにもおなじように現れる高度の道徳性は、とりもなおさずこの時代の南仏に広まっていた道徳性の集約であり、それは、「絶対」を限界概念として、社会全体を道徳化しようとする類例のない運動が、さまざまな形態でこの時代この地域に展開していたのだ、と言い直すことが可能だろう。

こうした捉え方は、カタリ派の根本的特性を、「福音主義」にあるとするカタリ派研究の新動向ともかかわっているように思われる。二元論異端としての性格がまず最初にあるのではなく、キリストの言葉と行動、原始キリスト教の生活、こうしたキリスト教初源の局面を再興させることがカタリ派信徒たちの目標だったとすれば、こうしたカタリ派・トゥルバドゥール両者ともの、社会全体を道徳化する文化運動としての特徴づけは納得がいく。

とはいえ、カタリ派はたんなる「福音主義」に終始したわけではなく、それをつきつめていって絶対二元論にたどり着き、また固有の思想を形成した。だから私たちとしては、どうしてラングドック地方では、福音主義や高度の倫理を追究すると二元論にたどり着くのか、この経緯を探る手掛りとして、表層の観察だけからでは見えない「深層の共通性」を、構造と運動という観点から「形」が見えるように分析してみたかったのである。

カタリ派のすぐ脇に、カバラやトゥルバドゥールという直接の影響関係のないかくも異質な文化現象がなぜ「共存」し、同時に隆盛を極めて華々しい精神運動を展開し、多くの支持者を得たのかと問い直してみると、よく言われるような、ラングドックの「寛容」とか封建社会の変革に伴う「文化的革新」だとかといって片づけられず、あるいはネリやブルノンらの主張するこの時代・地域に広まっていた高度の倫理性というだけでは、まだ不十分であり、どうしても深層構造の同型性に行き当たるということである。

この「同型性」に照らせば、カタリ派が、グレゴリウス改革の終熄後、行き場を失った宗教的熱誠の暴発というヨーロッパ全体の〈霊性〉をめぐる動向の一角を担うだけでなく、ラングドックという地域の文化的な刻印を帯びていることに異論はあるまい。が、そうした型をもつ精神が身体に宿って人を動かし、人と人との関係を作る、そうした事態に対応する社会的・政治的・制度的構造、またはその変革とは、一体どのようなものだったのだろうか。今度は「社会」に目を注ぐ番である。

B　カタリ派の社会的基盤

ラングドック地方のカタリ派が他の異端と異なるのは、教義・儀式と不可分に結びついた特異な思想・神話を有していることのほかに、彼らがその地域に別個の教会組織を打ち立てるほど広くまた堅固に根を下ろしており、農民や職人といった下層の者のみでなく、貴族や上層市民など社会上層部の者たち――さらに女性の絶大なる役割――にも信奉されていたこと、否、末期をのぞけば後者のほうがむしろイニシャチブを取っていたらしいことである。ゆえに、二つの点、つまり近年の研究でしばしば指摘されながら十分に掘り下げられているとは思われない、カタリ派が大諸侯や小貴族といった社会上層部にも広く受容されたという点、および「都市的世界」との適合といった点について、より深く考察する必要がある。

この社会的基盤からカタリ派隆盛を説明するのは、なかなか容易な業ではない。トゥールーズとその周辺地域について、数十年にわたってカタリ派時代のあらゆる政治的・社会的な局面を詳細に検討しているJ・H・マンディーでさえ、その地域でカタリ派が広く受け容れられた理由を、結局は捉え切れていない。そしてアルビジョワ十字軍を終結させた「モー=パリ和約」(一二二九年)前、まだ比較的平和にパトリチアと土地領主による寡頭制が支配していた時代には、政治領域でも経済領域でも聖俗当局による警察(公安)・規制の圧力がまだ微弱で、ラングドック社会が柔軟性に富み、人々は比較的自由を享受し、家族も開かれた構造をしていた、そこにカタリ派が入り込む余地があったのだと、大ざっぱな説明でお茶を濁しているように見受けられる。[93] さらにマンディーは、十三世紀半ば以後になると、高利貸しの禁止、経済的決疑論、経済警察の増加、商人・職人ギルドの成長などによって特徴づけられる規律化し法人(団体)化した経済構造が本格的に定着し、それに並行するように都市は仏王権との絆を強めて刷新された君主権力に屈してその自由を失い、また家族もより形式化した「社会階級」の制度に保護されつつもそれに従属するようになった、だからカタリ派の入り込む余地はなくなったのだ、と考えている。こうした考え方はとくに間違いという訳でもなかろうが、もう少し議論を前に進めることはできないものだろうか。

封建制とカストルム

ここではまず、封建制のピラミッドの上層部にいる貴族たちが、なぜカタリ派を支持するようになったのか考えてみよう。

じつはラングドックの農村では、カタリ派の栄えた十二世紀後半から十三世紀前半にもまだ「アプリシオ制」——

農民に対して現金ないし現物貢租給付の見返りとして三十年ないし無制限に土地所有を認める制度――が存続し、自由地の広範な残存があった。[94] 人と人との関係は、北仏の封建制のような封の授受にもとづく保護と奉仕の明確な主従関係ではなくて、誓約によるゆるやかな相互的誠実関係であった。それは主従関係ではなく、とりあえず対等な関係での横の繋がりであり、領主の権力基盤ははなはだ脆弱であった。地方貴族間の主従関係も、他地域ほど組織化・合理化されていなかった。たしかに南仏貴族は強度にヒエラルキー化していた。頂点にはカロリング朝の支配家系由来の諸侯がいた。つぎにいくつもの戦略的地点に城をもつ、伯や副伯の土地の一端を占める大領主がいて、彼らは諸侯の家臣である。その下にはより質素な城主、最後に都市や農村の小貴族がおり彼らはしばしば貧しくて生活に窮していた。このうち一般の城主以下の貴族の支配の礎は、かなり弱いものであった。

封建制を「封を媒介とした主従関係」と捉えれば、ゴシック期のラングドック地方には封建制はまだ浸透せず、君臣間の臣従の程度、支配の実効性は小さかった。[95] なるほど一〇五〇年には封建的な臣従礼についての証言がこの地方にあり、またアルビジョワやカルカッソンヌ地方の城主の大半はトランカヴェル家に臣従礼をした。だが従属といっても彼らがもつ城について明確な奉仕義務を果たすよう強要されるわけではなかった。

十九世紀末から二十世紀初頭にドイツ、ベルギーそしてパリの学者たちによって構想された封建制概念は、川上ではフランク王国から継受し、川下ではフランス王国やドイツのラントへと繋がっていく「ライン＝ロワール間」で先駆的に成立した制度が、他の辺境域へと広まっていったものだ、と考えられてきた。しかしそれが近年、大いなる疑問符をつきつけられ、封建制概念そのものが存亡の危機にあることはよく知られていよう。[96] 私たちも『ロマネスク世界論』においてこの流れに棹さして、当時の社会関係を心的世界との関連の下で考えてみた。そして本来の封建制が波及していく過程で、辺境で息切れがおこって「不完全」「周辺的」「不純」の封建制になったのではなく、封建制には本来の（社会的な）封建制と法的な封建制がありうるということ、そして本来の封建制は、南フランスやスペイン北部に発祥し、そこから北方へと——堕落し不完全になりながら！——伝播していったのだと述べておいた。[97] 実際、古典的封建制モデルなどは北仏でも完全に実現したことはなく、法的なモデルにすぎないのである。

いずれにせよ、J・L・ビジェも説いているように、問題とすべきは南仏的「封建制」の中での領主階級と農民階級それぞれの集団形成のあり方と、両階級の関係如何であり、この地ではそれが異端に開かれていたことが重要なのである。[98]

この開かれた「封建的」関係を編む原基となっていた社会的=法的関係がある。それは、法の守り手たる君主の正義=裁判が消え去った後、仲裁裁判と調停が公的な法の適用に取って代わったことである。専門の判事が消え、係争は両陣営から選ばれた調停者に委ねられる。大半の係争は判決でなく、妥協・根回し・調停によってお互いが納得して決着した。まず権力者たちのあいだでのこうした調停・和解が十世紀末から広まり、それがより下の身分の者たちの人間関係の調整にも適用されるようになっていったのである。

ことは係争の解決にかぎらない。いやそれ以前に十一〜十二世紀のラングドック社会においては、安全確保や城をめぐる主君と家臣の——臣従礼に代わる——対等な立場での自由意志による双務的な関係の構築、そのための「誠実誓約」**serments de fidélité** の儀式、慣習法的な契約が社会の歯車として重要な機能を果たしていたのである。[99] H・デバックスの言うように、この地域での **convenientia**（約定）が平等・双務を謳う法的・形式的な合意の条項であって、現実には社会的な上下関係がなかった訳ではないにせよ、物質的裏づけや法的拘束のないゆるやかな人と人との誠実関係がいたるところで人々の関係を形成していたことは刮目すべき事実である。それは集権的な権力が欠如ないし有効に機能しておらず個人主義が大手を振りながらも、社会がアナーキーに堕するのを防ぐ慣習法的契約の働きによってある程度の安定を保証されていたという事態へと接続している。

ではこうした社会的慣習が根を張っていた社会で、貴族や農民はどのような境遇におかれていたのだろうか。

この地域では大家系は長子相続であったが、より小さな郷紳は原則として均分相続の慣習を守っていた。[100] 兄弟間どころか従兄弟や又従兄弟（arrière-cousins）でも土地・財産を分け合ったのである。分割相続による家産の縮小・弱体化を防ぐために、多くの小領主は「共同領主制」で家産をプールした。小貴族は領主直営地をほとんど所有せず、保有農に賦課租ないしサンスの支払いとひきかえに土地を保有させた。そして金納に置き換えられた租税部分は、貨幣のインフレーションで当初の価値をなくしていった。かくして多くの騎士が、直接、バン・タイユないし裁判の報酬に与れなくなってしまった。

共同領主制は封土の自由な売買という取引の盛況と相俟って、長い時間が経つと結局は領土・財産の分割を結果し、貧しい領主を多数生み出したこと、いや領主制の形成を阻みさえしたこと、その反面で家産を切り売りし貨幣を手にして自由に振る舞える小貴族が多数生まれたこと、これらの点に注意しておこう。一二〇九年の十字軍のときには、アルビジョワのロンベールには、土地の細分化の結果なんと五十人もの領主がいたという。

財産や政治権力を「封」として他人に与えることなく家族で管理する伝統は、分割相続・自由地の優勢と相俟って封建化・領主形成を阻み、また女性が財産管理者・相続者として重きをなす要因ともなった。家族集団はよそにくらべその大きさで際立ち、グループ内や近隣グループのあいだでは「言葉」と「思想」が行き来しやすかった。家系の権利にもまして個人の意志が契約や遺言において有勢を占めたことも、この地に特徴的であった。

では農民はどうだったのだろうか。彼らはかつての自由地所有農も含めて、伝統的な地租とは区別される新しい租税——タイユ・通行税・市場税・宿泊義務など諸種のバナリテ——を課されるようになった点では、厳しい状況だったし、また農奴（隷農）も存在し領主支配に服していた。だがこの地では、農民たちは大半が自由な保有農であった。彼らは土地に対する大幅な個人的自由と管理権をもっており、また荘園組織は、強制労働を介しての農民保有地と領主直営地との密接な結びつきという意味では、さほど発達していなかった。[101] 農民は多くの義務を領主に負ったが、別の土地へ移って領主を代えることも、あるいは自分の能力に応じて保有地をふやしたり――しかるべき税を払えば――自由地に転化させることもできた。なかでも富裕な者は、自由地をかなり所有して自律性を維持でき、領主層末端へと社会的上昇を遂げることも不可能ではなかったのである。

かくて貴族・農民とも、ラングドック特有の社会関係のおかげで、他地域よりも自由で個人主義的な傾向がきわめて顕著であったが、運命の悪戯と個人の才覚不足で貧窮化する危険もあったと言えるだろう。この上下の渦巻きの回転は水平の波紋の広がりと交差していた。そしてこうした貴族・農民たちの社会関係は、この地特有の要塞集落たる「カストルム」をつぎつぎと誕生させることになったのではないだろうか。

カストルムとは、紀元千年前後に公権力が細分化して城が増殖し、その周りに蝟集した集落が塊となって出来る城塞集落である。集落のあり方が初期中世の分散状態から密度の高い防護集落へと変わったのである。地中海地方に広く見られるが、とりわけ南仏では集落がきわめて密に寄せ集まり、共通の城壁で囲まれていた。(102)

しかもローラゲ、トゥールーザン、アルビジョワ、カルカッセなどの地方には夥しい数が出来たことが、手薄な北方諸地方とは異なっている。南部では、たいていのカストルムは丘の上に鳥の巣のように佇んでいる。地域によって異なるが、十二世紀を中心に十一世紀半ばから十三世紀にかけてつぎつぎ作られていった。

こうした局地的共同体では、小名望家が宗教・慈善事業の指導的地位にあり、地方教会の組織の維持や、施療院・ライ施療院などの慈善施設の管理維持も受け持った。いくつかのカストルムでは、彼らは地方の領主に仕える者たちと合流して、自治コンスル制 consulates の核を構成する。一二〇〇年以降、多くのカストルムと農村がその地位を得た。(103) 十二世紀末に政治的組織化が進み、十三世紀には大都市をモデルに農村・小都市も自治のコンシュラを作るようになった。領主にしかるべき税を払えば、保有地を譲渡ないし再下封できた、そういう土地の自由処分度の高さが、商人・農民の移動の激しさ、人口増加などと相俟って、十二〜十三世紀のこの地で多くの集落（定住地）が大幅な自治を得られた要因であろう。こうして叢生したカストルムは政治・軍事の中心であるばかりか、通商路をコントロールする要衝にあって経済的にも地域の分散核となった。

＊

ところで、新村落ないしカストルムにカタリ派が格好の拠点を見出したことは、古くから指摘されてきた。異端審問記録から信徒数の統計を出してみると、大都市には、中小都市や職人の集まる小村よりも遅れてカタリ派が広まったようである。農民には末期（十三世紀末〜十四世紀初頭）にのみ広まった。だから最盛期のカタリ派とは、社会上層民の宗教であり、政治・文化のエリートの流行宗教であったという推論が成り立つ。そして城主一族の牛耳るブールないしカストルムが、カタリ派の拠点だったのであり、カタリ派の司教らもそういった中小の町に居を定めた。注目すべきことに、貴族の中でも中小貴族らは大貴族以前にカタリ派の魅力に取り憑かれていて、それを受け容れ自ら実践したという事実がある。彼らは皆、おなじようにやや貧窮していたが、世俗文化を楽しみ、周囲に快適で楽しい環境を形成していた。その世俗的生活のかたわら、カタリ派を受容していったのである。十二世紀末から二十〜三十年もすぎると、いくつものブール・小都市（カストルム）には、二世代、三世代のカタリ派が根を下ろして、家族・親族ぐるみでカタリ派を奉ずる貴族家系が輩出する。

一例として、異端が集中的に定着したカルカッセ地方について検討してみよう[104]。アルビジョワ十字軍以前には、この地域のカストルムの大半の場所に公然と活動するカタリ派の完徳者がいた。とりわけカルカッソンヌの北のモンターニュ・ノワールに集中し、カバレ（Cabaret）とロール（Laure）という二つのカストルムが異端の温床、二大拠点であったという。

カバレには十二世紀末には完徳者の〈家〉があり、彼らは当地の領主の支持を得てその場で活動していた。この町には、一般の完徳者たちの共同住居（修道院）があるだけではなく、カタリ派の助祭が住んでいてカタリ派教会司教区のヒエラルキー上も重要な位置にあった。その助祭は説教したり、会議で発言したり、カトリック陣営と論争したり、といった重要人物であった。一二二〇年代になってからは助祭ではなく、カタリ派司教がカバレにやって来た。カバレの領主家族と異端の関係は密接で、領主は司教の家での説教に参加したり、異端を支援したりした。

一方、カバレの領主とならんで大きなロールの領主の家は、ミネルヴォワ地方の異端の活動の中心地であり、そのカストルムは地域の異端宣布の拠点だった。この町にもカタリ派の完徳者男女の〈家〉があって、そこに騎士や貴婦人らも話を聞きに行ったり崇めに行ったりしたりしている。このロールには帰依者も多かった。

カバレとロール、両カストルムの領主らは一貫してカタリ派を援護する態度を崩さなかった。近隣には他にもカストルムがいくつもあり、ミラヴァル全体が異端に侵されていく。領主たちは一二一〇～二〇年には沈黙しているが、その前後それぞれ十年間にはおおっぴらに援助活動をし、また一二四〇年代にも密かにカタリ派を支えつづけた。領主の家族内にも異端がいることがあり、おそらく地域の異端ネットワークの拠点となっていたようだ。領主家族は三～四世代にわたって数十年間、異端とかかわっていることが、この北部カルカッセ地方の例から窺われる。

こうした異端支持者の中心的存在であったカストルムの領主も、分割相続により世代を重ねるごとに窮乏化を余儀なくされた。グレゴリウス改革の結果、泣き面に蜂といった具合に、もともと「家族の財産」であった十分の一税と教会財産へのコントロールを喪失したことが反教権主義を進行させ、ローマ＝カトリック教会を批判する説教にも耳を傾けるようにさせたことは十分に考えられる。

しかし貴族階級の異端への接近を貧窮化の腹いせにのみ求めるのは、正しくあるまい。というのも、大貴族やその奥方にもカタリ派に加わった者は少なくなかったからである。その当時、ラングドックにはトゥールーズ伯、バルセロナ伯、フォワ伯、カルカッソンヌ副伯、モンプリエ副伯、ナルボンヌ副伯、ベジエ副伯、アキテーヌ公をはじめとする数多くの諸侯の家系が割拠しており、彼らは夥しい小貴族の主君となっていた。[105]
十二世紀末以来、トゥールーズ伯やナルボンヌ副伯はカタリ派を支持するようになったし、ロジェ・トランカヴェルとその妻アザライス、フォワ伯の家系などは、より一層深く異端者たちにかかわった。これら大貴族のカタリ派支持には、政治的理由があったとも考えられよう。すなわちローマ＝カトリック教会とのあいだの利害対立がグレゴリウス改革後、ますます深刻化したという中小貴族にも当てはまる要因に加え、バルセロナ伯やアラゴン王との争いの最中でトゥールーズ伯がプロヴァンスの諸都市の司教たちを苛み、カタリ派に好意を抱いたことからも窺われるような、領域支配をめぐる覇権争いの戦術的な理由である。
大貴族の女性にも熱心な信徒が多かった。シンボル的なフォワ伯夫人エスクラルモンドをはじめ、カタリ派を許容する伯や副伯の妻や姉妹が、しばしば完徳女の生活の魅力の虜になる。彼女らは政治的理由ではなく、カタリ派の清廉潔白な生き様に、心底、惹きつけられたのだろう。
さてところで、カストルムとは一種独特の人間関係を生み出す世界ではないだろうか。そこでは小商人・職人・羊飼い・農夫らが、没落貴族らと肩を並べて生活していた。大廈高楼のかたわらに掘っ立て小屋・職人工房が接して建っており、町を縫い取る細い道を進めば、教会と領主の主館のある広場に出た。この小宇宙では、皆が顔見知りで思想も噂も急速に伝わったことだろう。この地方には強大な統制権力がなく、地方小権力が分散し、彼らが割拠するカストルムが諸社会層の混淆の巣となっていた、というのが現状だ。さまざまな社会層が同居し、緊密にして余儀なく接し合う小宇宙としてのカストルム。ここでは法的な制度や身分の上下によって他人に対する振る舞い方が決まるというよりも、仕事や日々の活動における付き合いが人々の関係を規定していた。そして生得的な家産・血縁よりも、個人の才覚や魅力が物を言う。当然、人々は身分の壁を超えて個人の意志をぶつけ合いながら交流し、そこに共同体意識、共同体精神が発展していくだろう。

カタリ派の帰依者とカタリ派教会を結びつける唯一の絆が convenenza（結縁）という意思の表明による合意であるのだが、それとおなじ水平的にして意思的な発意に支えられた関係が、南仏的封建制のベースになっていたし、またカストルムの生活の中でもそうした関係がきわめて重要であった。上下関係がなく義務も明瞭ではない約定・信義としての封建制、そしてさまざまな身分の者がそれぞれの専門職をこなしながら、肩寄せ合って共同生活を行うカストルムの日常。いずれにおいても個人の資質・能力が肝要で、また約定を守る慣行の浸透が社会をまとめていく。これこそカタリ派の組織の凝集性と延命を支えていた人間関係にほかならない。

カストルムの人間関係とカタリ派との適合性という論点は、しかし絶対のものではない。なぜなら、おなじくカストルムの密集地帯であったプロヴァンスは異端を免れていたし、東部ラングドック地方も、カタリ派の広まりはごく局所的であったから。それでもカストルムの生み出すソシアビリテが、カタリ派の活動形態や信仰のあり方を支えていたことは間違いあるまい。

都市的世界

カストルムの独特の宇宙は、また「都市的世界」に浮かぶ島のようなものだった、と言えるのではないだろうか。カタリ派と社会との繋がりを考えるとき、この地方に浸潤した都市性は見落とすことのできない着眼点である。既述のように、もともと初期・盛期にカタリ派の主要構成員であったのは、中小貴族ついで大貴族、さらには商人・職人たちであり、交易と商品流通の経済情勢の高潮に乗り、価値観においてもそれを採り入れながらカタリ派の教説は広まっていった。だから当時のカタリ派に、大小の都市を舞台に広まった「都市的異端」とのレッテルを貼っても間違いではないし、後期をのぞけば都市のカタリ派の吸引力に引きつけられてのことであった。その段階では、農民たちが引き込まれたのも、窮乏化による反教会的立場がカタリ派信奉の要因になったのではなく、先端の経済活動にマッチしたポジティブな動きがカタリ派を広めていったというべきだろう。

商業活動と貨幣経済の展開でダイナミックに変容しつつあったラングドック地方は、農村をも都市化し、小貴族と都市民との差異を少なく流動的にした。そもそもカストルムにしてからが、まさに農村と都市の中間形態をなす、農民と都市民の坩堝のような世界であった。農村とか都市とかいっても、都市内に広大な耕地が含まれ、また商人・手工業者層も同時に農民としての生活をやめなかったこのラングドックでは、両者の明確な区別はできない。さらに政治制度も双方でほぼ共通していたのである。法史料では司教座都市をキウィタース（キウィタース）、司教のいないものをヴィッレ（ヴィッラ）というが、農村地帯では要塞集落がカストラ（カストルム）、要塞化していないものがヴィッレ（ヴィッラ）で、さらに一円的裁治権を備えたあらゆる集落もまたヴィッレ（ヴィッラ）と呼ばれたのである。

この時代のラングドック地方は都市化が一際進んでおり、トゥールーズなどの大都市はもちろん、中小都市もかなりの程度の政治的自律性を得ていた(106)。新たに勃興したラングドック諸都市が、北フランス諸都市ともっとも異なる点は、大都市・小都市をとわずそれらが数人ないし十数人のコンシュル（執政官）の合議によって行政が行われるコンシュラ都市であったことである。この制度は一一三〇年代から十三世紀初頭にかけて着実に発展していった。コンシュラ制の発展過程は、伯や副伯などの個別の上級領主の支配権からそれらの都市が徐々に脱して「自由」を拡延してゆく過程でもあった。コンシュルは十三世紀初頭までに、裁判権・徴税権・警察権などをつぎつぎに手中にし、伯らの都市領主の特権的裁判権を制限するとともに、恣意的な流通税・通行税などの減額・撤廃を勝ち取っていった。

おなじ過程を都市内の社会層に焦点を当てて見直してみれば、当初は都市の下級貴族=騎士層が繰り返しコンシュル職について市政を牛耳り、したがって都市政治は、都市領主と市内に自由地を広げようとする下級貴族層の対立の場としてまず立ち現れた。しかしやがて主にブール（新街区）に居を構えて、通商・ビジネスで財をなす新興商人層が経済力を増大させるにつれて政治的にも台頭し、シテ（都市中核部）を根城にしていた一部貴族とともに probi homines（有力者層）に合体して、コンシュル職に代表を送るようになった。そして十二世紀末ないし十三世紀初頭以降になると、富裕な商人・企業家は貴族との合体をやめ、貴族を排除して自らの力で都市を統治する道を選んだ。がしかし、その道はかならずしも平坦ではなく、旧都市貴族の復興、両者の確執も生じたのである。

さらに十三世紀の進展のうちに、残余の中小商人や手工業者層も経済発展の結果自らの力・役割を自覚し、市政への参加を求めていった。かくて職業団体がコンシュル選出の母体となる。(107) そして貴族支配時の法・裁判様式も徐々に削除・変更を余儀なくされていった。ゆるやかではあるが不断の上昇・下降の渦巻き運動、内的緊張の時代が都市を舞台に展開した。この時期、milites（騎士）、burgenses、alii bonihomines と三階級があったが、このうち第三階級が職人と商人であり、burgenses は自らの手では働かない特権（名望家）市民である。

新たな銀行技術に依存した国際交易の世界で羽ばたき、経済的・社会的飛躍を遂げたラングドック諸都市のブルジョワたちは、この時期に貴族的な趣味と慣行に身の丈を合わせようと背伸びをした。カタリ派への入信も貴族を気取った選択のひとつだったのかもしれない。土地・血縁にもとづく貴族でなくとも、ブルジョワは都市貴族として力をつけ、それに比例するかのように彼らは宗教的な自覚も強めていくのである。かくて中・下級貴族・騎士らと、身分としてはその下の「キウェース」「ブルゲンセス」（都市民）は、見掛けも実態もほとんど変わらなくなっていくだろう。

一般にカタリ派が、交易の盛んな要衝の地に定着したのもこうした状況から説明がつく、とブルノンは言う。(108) カタリ派信仰は先端の経済活動と結びついて広まっていったのであり、たとえばベネディクト会の修道士のように、森を耕してそこに修道院を建てたり、村を建設したりすることはない。そうではなく、彼らは土地をもたないのであり、したがって従属者としての小作農も農奴も当然いなかった。彼らカタリ派集団は自ら働き、と同時に説教し秘蹟を広める信徒の集まりなのである。都市とブール（カストルム）には、カタリ派の教義の広布と日々の実践のためのセンターである〈家〉がいくつもあった。そこには完徳者が集まり、規則に従って生活し職人業を営んでいた。巡歴説教する完徳者は、外では可動的な職業——たとえば医者や大工——に携わり、家に戻ると織工の梭、皮なめし商人の小刀、衣服屋の針を取り戻したのである。

こうしてカタリ派は商人たちの世界に向かって大きく開かれていた。生きるためには騎士さえ織布や裁縫を学び、貴族の婦女も糸紡ぎをした。また彼らは行商人としてブールから市（いち）へと商業路をたどっていった。行商人＝完徳者が、ブルジョワあるいは商人・職人たちをカタリ派に引き入れるのは容易であった。日常的なつきあいの中でのコンタクトが頻繁だったし、おなじような世界に属すると感じられたカタリ派の完徳者への、商人・職人らのシンパシーは絶大であったからである。多くの職人たちもカタリ派信仰に惹きつけられ、労務者、鍛冶屋、毛皮職人、矢製造人、馬具屋、馬銜製造人、刃物屋、マント職人、織工、仕立屋、靴屋、靴直し職人、居酒屋、小間物商、パン屋などが異端者のリストに現れる(109)。

そのうえカタリ派教会は、十分の一税を徴収せず、破門することもない、さらに利子を取る金貸しを高利貸しとは同一視しないことも、商人らに歓迎された。とはいえ完徳者が金貸しをした訳ではない。カタリ派教会は堅気な労働と寄進によって豊かになった。福音主義に忠実なカタリ派は、自分の手労働での収入のみをよしとし、税を課して一般信徒に寄生して生きているようなカトリックの聖職者を痛烈に非難した。完徳者も自分の手で働いて「教会」を助け、また遺贈によっても援助すべきであった。カタリ派の〈家〉（男女完徳者の）が、都市でもブール（カストルム）でも、説教・祈りのセンターであるとともに工房でもあったのはそのためである。そこでは機織りや裁縫が行われ、日常生活に必要な木の器や角製の櫛までが作られ、入り用な材料が買い集められた。家＝工房の健全経営は大切だったが、ただし、個人としては清貧に徹した生き方を目指したことは、もちろんである。

異端審問関係の記録を見ると、迫害期にはカタリ派信徒が完徳者をその家に匿い、彼らから説教を聞き、崇拝する（adorer）だけでなく、パン・チーズ・魚・蚕豆といった食べ物のほか、金銭・財産を供与したとの記述が頻繁に出てくるが、これも金銭をタブー視せず、それをうまく生活に採り入れたことを示していよう。[110]

かようにカタリ派には商業精神が染み着いており、おそらく助祭が担当地域の〈家〉において司牧の使命を果たすとともに、その〈家〉の管理状況を古参（Ancien）とともに確認していたのだろう。カタリ派教会には、あちこちから金が預けられ、それらの預金をもともとの原資と合わせて運用したようである。経済動向にうまく棹させたからこそ、ラングドックのカタリ派は活動を拡大できたのである。

異端審問記録などから判断するに、カタリ派は、貴族、ブルジョワ、富裕職人、法律家、公証人らのあいだでとくに広まったようである。[111] 十三世紀末のアルビには、人口八千〜一万人のうち二百五十人ほどのカタリ派信徒がいた。また二万五千〜三万の人口のトゥールーズには、二千五百人ほどだった。だがこの数字は、最小限に見積もってという数字である。というのもすべてのカタリ派信徒が審問所に告発されたはずはないし、教会裁判所と密告者は、異端者の財産「没収」を狙って、どちらかというと富裕な者をターゲットにしたからである。

以上、活発な商業活動と新たな経済倫理に適合し、ブルジョワ・商人・職人らの共感を得たからこそ、カタリ派がこの地域に栄えたという側面を論じてきたが、それとは別の点に人々は惹きつけられたという考え方もありうる。すなわち、都市民ないし都市的世界観を受け容れた農村の住民たちは、封建領主の特権や封土、あるいは教会の特権に抗して、自治権を獲得しようとする。しかしこれは既得権を守ろうとする貴族・教会の抵抗にあって、つねにうまくいくわけではない。そこに現世に対するペシミズムが生まれ、それはカタリ派の現世＝地獄観ともマッチしたのではないか、とビジェは言う。[112] また市民や村人たちは金儲けに邁進することで、信仰と職業活動の板挟みになり苦しんだが、カタリ派はそれを呪わなかった。カタリ派の教説は彼ら商品経済にどっぷり漬かった者たちの霊的要請にも叶っていたのである。

以上、本節ではカタリ派が栄えたラングドック地方には、上下のヒエラルキーが確立し権力や法が幅を利かせる世界ではなく、誠実関係・約定・誓約によって合意と紛争解決が目指される水平的な世界が広がっていたこと、それと同時にこの地方では、都市性が都市ばかりか農村にも浸透していたことを述べてきた。カタリ派の繁栄は、この両方の原理の結節点ともいえるカストルムでとくに著しく、そこでは小貴族家系を中心に、あらゆる身分・階層の者たちが肩寄せ合って集まり個人の才覚を発揮しながら生活していたのである。

かように個人とその自由が尊重された地域であった点は重要だが、しかしカタリ派への入信は、個人的選択であると同時に「家族」全体の出来事であり、その教えが「家」の中で広まっていったことを見落としてはならない。一一八〇年頃生まれた世代が、カタリ派に回心してそこから世代を継いで信仰が継続していったのである。だからC項では、カタリ派と家、そして家の中でカタリ派信仰の守り手・伝播者として勇往邁進した女性について見ていこう。

C　女性と〈家〉

カタリ派には女性も惹きつけられ、聖職者に相当する完徳者（完徳女）になる者も少なくなかったことは何度も述べてきた。女性と〈家〉に注視することで、ラングドック地方へのカタリ派の社会的浸透の原因追求に、新たな視野が開けるかもしれない。

女性問題

カタリ派と女性の問題は、より一般的な異端ないし宗教運動と女性のかかわりの中で、近年脚光を浴びている。ラングドックのカタリ派において女性参加が大きな比重を占めたことは、以前よりよく知られている。まずR・アーベルズとE・ハリソンによる一二四五〜四七年のベルナール・ド・コーとジャン・ド・サン＝ピエール主催の異端審問の史料（トゥールーズ市立図書館写本六〇九番）の調査にもとづく統計的数字を挙げてみれば、ローラゲ地方の完徳者として名前が挙げられている——十三世紀前半のいずれかの時点で存在が確認されている——七一九人のうち女性が三一八人で、その割合は四五％に上るという。これは、驚くべき数である。[113]

帰依者についてもほぼ半数の割合だと確認されているので、これらの統計資料によっても、カタリ派では帰依者も完徳者も、ともに半数近くが女性によって占められており、彼女らは熱心に信仰を堅持し、またその宣布にも携わったことが明瞭に窺われる。カタリ派の完徳女は、カトリックの修道女よりもずっと活発に活動できた。〈家〉の中では布教・教育をことととする完徳女として自由に振る舞えたし、外でも男性（完徳士）ほどでないにせよ司牧の任を担えたことは上述した。

カタリ派の女性問題をはじめて正面から論じたのは、旧東独の歴史家、G・コッホである。彼は一九六二年に『中世における女性問題と異端』を上梓し、二年後、書物と同様な趣旨を論文にまとめている。[114]

コッホによれば、女性がカタリ派に惹かれた理由はつぎの通りである。南仏では十二世紀以来、小貴族はますます進展する分割相続の犠牲となって社会的・経済的危機に瀕していた。彼らには娘にまで与える土地の余裕がなくなり、したがって女性の給養が緊急課題となっていた。そこで生活苦に陥った貴族女性が、カタリ派の〈家〉domus hereticorum に送り込まれたのである。また他方、当時発展しつつあった都市では、女性問題がより先鋭化した様相を呈していた。多くの女性が苛酷な労働条件下で織物業その他の手工業に従事し、男性の抑圧下に喘いでいた。失業中の寡婦や独身女性の生活はさらに悲惨を極めた。都市にはいまだ救貧施設など有効な保護手段が存在しなかっただけに、生活不安はなおさら女性を脅かした。このような状況下の女性たちは、集合して既存の階級関係に対立し、悲惨な状況を理由づけるカタリ派に逃れたのだと、コッホは論ずる。

女性のカタリ派参加にはイデオロギー的裏づけもある、と彼は言う。カタリ派にとっては、性別は悪魔の創造になる肉体にのみあり、神の創った魂は、元来、無性で、それゆえ男女は本質的に平等だとされた。そのうえこの世は悪魔の産物である。男性の抑圧下にあり現世秩序に憤懣やるかたない女性にとって、かようなカタリ派イデオロギー以上に魅惑的なものはあろうか、というわけである。

さらに議論は儀式や司牧活動にもおよぶ。すなわちコンソラメントゥムなどの儀式において、完徳女は、すくなくとも十三世紀前半までは男性と同権であったろうし、実際に説教・司牧活動にも携わったという。教会においても修道院においても女性に沈黙を命じるカトリックに比すれば、ずっと好条件ではないかとの考えだ。

結局コッホの主張に従えば、政治的・社会的状況にこそ問題を解く鍵があり、カタリ派への女性参加は彼女らの社会的地位の回復、封建的圧政からの解放運動という意味を有していた、というものである。この考えは、あまりに図式的にすぎると難ずることは容易だろう。しかし貴族・都市民・農民など、各社会層それぞれの社会的・政治的状況に規定された利害関係・要求を綿密に分析し、豊富な史料・研究で裏づけた明晰な議論は、傾聴に値する。しかもこの著作が世に出た当初、女性と異端の問題を女性の宗教生活への渇望の高まりに帰したグルントマンの大きな影響下に、社会・経済史的研究がないがしろにされていた西欧学界には、その鋭い批判としてインパクトをもったことだろう。

その後カタリ派と女性の問題は、カタリ派に関する総合的著作ではかならず重要な局面として注目され、言及される反面、まとまった研究が現れ始めたのはごく最近であり、その間は、いくつかの論文が大筋でコッホに従った議論を繰り返した。

たとえばM・C・バーバーの説は、南仏の都市の早期的発展、そこで織物業などに従事する女性の経済的隷属と解放恣願望、あるいはまた現世秩序を悪と規定し、男女の魂の等価性を説くカタリ派教説の魅力等々、コッホの説明とほぼ軌を一にしている。[115] だがコッホ説には部分的には批判もある。E・マクラーフリンによると、コッホはカタリ派教説における魂の男女平等を強調するが、カタリ派の神話には「悪の世界の創造の張本人としての女性」という考えや、女性と性・生殖の同一視が見られるし、実際生活の上でも種々の点で女性は忌避され差別された。しかも女性の参加が多いといっても、それが異常なほどとか男性以上だという証拠はない、などとして、カタリ派の「女性問題」をあげつらうことに彼は否定的である。[116] それどころかP・ゼーグルのように、カタリ派はきわめて女嫌いの宗派であって両性の平等の理論的根拠は何もなく、女性が参加したのは使徒的生活への憧れ、信仰に活発に加わりたいとの欲求であり、彼女らは逆説的にも、カタリ派の神学をよく知らなかったから入れたのだ、とまで言う研究者も現れた。[117]

残念ながらこれらの批判は的外れではあるまいか。というのはカタリ派に入信した女性は終局的には――ということはコンソラメントゥムを受けた後では――「無性」となるのだし、「女性問題」が存在するためには、数の莫大さをかならずしも要さないだろうからである。また女性に使徒的生活への憧れがあったのは事実でも、善悪二元論の神学・神話の要諦を――男性以上に――知らなかったということも、考えにくいからである。

R・アーベルズとE・ハリソンの批判（一九七九年）も同断である。[118] 彼らの説くところでは、女性がカタリ派内で栄えた「理由」はコッホによって十分詳述されたが、肝心の実態の「統計処理」がなされていない。そこで彼らは異端審問記録を使用して、カタリ派女性の数と具体的活動を精査した。その結果、男の完徳者が広範囲に旅行し、説教や秘蹟執行に積極的だったのにくらべ、女性の完徳者ははるかに非活動的で、稀にしか説教や秘蹟執行を行わなかった。彼女らはしばしば仲間とともに、カタリ派の〈家〉あるいは自分の家に閉じ籠って生活した。女性完徳者の数は、アルビジョワ十字軍後、異端審問制が確立する以前には多くかなりの割合に達したが、一二四〇～五〇年代には一〇％あまりに激減した。ところが一般信徒のほうは、その後も減少せず、むしろ活発で熱心な信者が増加した……これらのことが明らかになった。彼らは、いずれにせよ女性の信徒は男性より少なかったのだからことさら「女性問題」をあげつらうべきではなく、男女の区別なくカタリ派の成長・繁栄の社会的理由を問うべきではないか、と結論づけた。

統計処理の有効性を認めるのに吝かではないが、この批判も女性の宗教活動への積極的参加、というかつて見られない新事態こそ説明を要するのだ、ということを見落としている。それればかりか男性のカタリ派への参加と女性のそれとは、外面的にも内面的にも、同一の動機から発したものとはかならずしも言えないだろうし、女性参加に固有の意義を認めることさえ可能かもしれない。

ところで、十一世紀末から南フランス（および西フランス）の貴族女性ら——アキテーヌ公ギレムの妻、トゥールーズ伯の妻など——は、アルブリッセルのロベールの近辺に集い、女性が指導権を握る独自の二重修道院、フォントヴロー修道院に神と救いを求めに行った。女性に沈黙を命じ高い霊性は修道院に閉じ籠もって追求するしかなかったカトリック教会のあり方にくらべれば、カタリ派もこのフォントヴロー修道院と同様に、高揚する宗教的渇仰にはるかによく応えてくれるセクトであっただろう。教皇庁を中心に教会が体制を固め、保守化の度を強めていた時代だけに、ますますこの対比は際立ってきた。だからカタリ派の〈家〉を訪ねてファンジョー、ダン、オプール、ピュイローランスなどに赴いた女性たちには、一世紀前にフォントヴローを訪ねた女性たちとおなじ精神の動きが見られることは、否定できまい。

だがここでは、女性が帰依者や完徳者として活躍する拠点としての〈家〉のあり方に、もっと注視してみたい。一方ではラングドック地方の〈家〉の構造とそこにおける女性の位置・役割が女性たちにカタリ派を希求させる土壌を構成し、また他方では、カタリ派が女性に依拠して信仰を維持・普及させていくのも〈家〉であったのではないか。その点を一考してみよう。

〈家〉と女性ネットワーク

ラングドックのカタリ派は、個人から個人へと受け継がれてゆくのではなく、家を単位として家から家へと家族を丸抱えにしてつぎつぎ飛び火していった。また、ローマ＝カトリック教会の信仰が小教区教会を中心に維持・展開したのに対し、カタリ派においては、各家庭を礼拝の場として信仰が実践された。もちろん、おおっぴらな礼拝も宣教もできない「異端」であってみれば、各家庭くらいしか礼拝の場所はないし、教えを広める場もなかったという事情もあろう。しかしラングドックには、カタリ派と親和性のある、独特の家と家族の構造があったのではないだろうか。

E・ル・ロワ・ラデュリが『モンタイユー』で、村における社会・家族・文化的生活の統合概念とした〈家〉domusは、家族と住居の両義を含み、感情・経済・系譜の上で決定的に重要な役割を担い、その〈家〉の繁栄に住民たちの最高の価値が置かれていた(119)。またドイツの研究者M・ベナートは、ル・ロワ・ラデュリの研究を受けて、モンタイユー村の〈家〉についてより詳細に検討している。その結果つぎの事実が明らかになった――この村のカタリ派の〈家〉とは、帰依者が完徳者を尊崇し、教えを学び、コンソラメントゥムを授かる、事実上の救済の前提条件の場であった。したがって帰依者は、ますます進展する貨幣経済に適合して成員のために物資を購入し、〈家〉を維持・確保した上で世俗の仕事に励むことになった。最終的に悪魔の創造物たる物的世界と決別することを見込んだ上で、帰依者らはそうした〈家〉の中で倫理的裁定・決断よりも家族の利害を優先させ、コンソラメントゥムを受けるまでは世俗にまみれ、完徳者のような禁欲をせずに生活することを認められていた。つまり政治・経済の仕組みに支えられた世俗的構造物の一部でありつつ、救霊の保証となる場がカタリ派の〈家〉なのであった(120)。

このカタリ派の活動のための細胞ともいうべき〈家〉における女性の役割を強調するのは最近の傾向であり、それまでの、理論的なカタリ派像と女性参加の矛盾の説明に苦しんできたドイツを中心とする研究動向へのアンチテーゼとなっている。そこには未刊行のものをも含めた異端審問の膨大な記録の利用が、面目躍如たる成果を上げている。

この方面では、A・ブルノン、D・ミュラー、G・アンクらが代表的研究者である[121]。

彼女らの研究が解明したところによると、女性は、家族的結合の中でカタリ派の教えを受け取り、その教えを生きていった。カタリ派との最初の出会いも家族環境の中であり、彼女らは家の中でその教えに染まっていった。とくに母の教育的役割がきわめて大きかったようである。カタリ派の完徳女としての最大の役割は、その家族の霊的・宗教的教育であり、あるいは家系全体の良心の指導者となることだと言っても過言ではない。寡婦ないし結婚を解消した女性が、〈家〉を守る「母」というのは皮肉だがそれは事実である。多くの史料が、女性同士の家族的関係がカタリ派を広め、護るのに役立ったことを示している。

カタリ派の中心地帯においては、老いた完徳女が近くで孫を育てながら信仰をたたき込んでいくこともあれば、貧しい階層の妻や内縁妻が、より地味なやり方で自分の帰依心を子供に伝えることもある。娘たちは、母・祖母以外では家に出入りする親族や知人の完徳女の感化を受けてカタリ派に親しんでいくケースが多かった。とくに十三世紀までは、子供たちは母から学ぶのでなければ、親族の完徳女の〈家〉に短期か長期かで預けられ、そこでカタリ派信仰を学んでいくのが通例であった。〈家〉には男女の子供が集められ、完徳女によって教育がなされた。子供は半年から数年のあいだそこに住み着いた。

農村の小貴族たちのあいだでは、カタリ派の草創期だけでなく家族の「伝統」としてカタリ派信仰が次世代に受け継がれていった。改宗するというよりも親の信仰を承継するのである。家の女たちがその伝統の守り手であり、親から学んだ信仰を、自分が長じた後は、今度は彼女が家の母としてあるいは姉として、周囲に情愛の絆を張り巡らしながら広めていくのである。

カタリ派信徒たちは、結婚も同宗派間で結ぶのを好み、たとえカトリックの相手であったとしても、カタリ派にシンパシーを抱いている家族と姻戚関係を結ぶのが普通であった。だからカタリ派の小貴族家族間には、一種の信仰ネットワークが出来上がる。十三世紀の後半以降の迫害期には、おおっぴらにカタリ派支持は表明できなくなっていくが、この家族の信仰ネットワークを介して、たえず移動する完徳女に密かに援助が行われたのである。

カストルムの中には、いくつもの完徳女が集団で住む〈家〉があった。それらは史料中では domus、稀に hospicium、mansio と呼ばれている。(女子) 修道院のような性格もないわけではないが、しかし人が生まれ育つ生活・仕事の場としての普通の「家」としての性格が基本であった。一般の家、教育のために子供たちが集められる家、完徳女が複数共同生活する家、これら三者に本質的相違はなく、相互になだらかに連続していた。そうした〈家〉では、たとえば寡婦とコンソラメントゥムを受けた娘が同居して生活する。だが後者の娘らのうちには完徳女の身分をずっと守ることができずに、結婚したりカトリックに変節したりする場合もある。同意の上で夫の許から去った妻や逃げてきた妻もその〈家〉に暮らした。

こうした〈家〉に住む完徳女の大半は小貴族に属する。人数が明記してある史料はわずかだが、一家に二人から三十人入居したようである。しかし十人を越えるのは稀で、通常数人だったろう。当然、大人数の〈家〉のほうがカタリ派教会のヒエラルキー上でもまたミッション的にも母娘二人のみの〈家〉よりも重要であった。たとえばパミエにあって、フォワ伯夫人エスクラルモンドが指導していた〈家〉は、きわめて影響力が強かった。これらの〈家〉は、私宅——一人の完徳女またはその夫ないし親族の男のもの——に他の完徳女をも受け容れている場合と、カタリ派教会が所有する公的な〈家〉である場合とがあった。

こうして女性同士が集い、親しく付き合いながら信仰を守り広めていく慣習が出来上がるが、面白いのは、女性の帰依者が完徳女の下を訪れ儀礼に参加するときは、一人でなくかならず他の女性と連れだってであり、もっぱら女性同士で儀礼が進行したということである。(男ではなく) 女帰依者であればこそ、完徳女の司牧を抵抗なく受けられたのである。これらの女性グループは、しばしば親族で構成されていた。自分の家、自分たちのカタリ派館を出て友人・親族、いやそれ以外の人の家にも説教をしに行くカタリ派の完徳女が幾人もいたが、彼女たちの言葉は、もっぱら「女性」に語り掛けられる。また完徳士の話を聞きにその家に行ったり、司教から「結縁」convenenza を受け取るときも、女たちは個人でなくグループで出掛けた。

ようするに女性たちにとってのカタリ派信仰とは、いわば家族・親族を核とするグループ宗教であり、そのグループは発展膨張しえたが、個人として分離独立することはない。また男性の信徒が完徳女に「善進礼」melhorament を捧げるケースは稀だが、女性信徒は完徳女、とくに家族の一員の完徳女を訪れると、ほぼかならず善進礼をしたことも記憶しておこう。

たとえばマズロルのアルノーの妻でカタリ派の帰依者であったエリスの女性人間関係が、彼女が一二四三年に異端審問官フェリエの前に出頭して証言した件から窺われる。アンクが Doat コレクション二三から蒐集した事例を紹介してみよう[122]——一一九〇年代、エリスが子供の頃、彼女は母のオーダ——後の完徳女——とともにしばしば司教であるカストルのギラベールをファンジョーに訪ねた。また同様に、祖母であり完徳女のトナンスのギエルマが仲間のカタリ派女性ともっている家をも訪ねた。一二〇八年には、エリスはやはり完徳女の義姉、モンレアル在のマズロルのフォレーザの家にいた。フォレーザの家にいるあいだ、彼女は義姉とともに祝福されたパンを食べ、完徳女たちに善進礼を捧げた。翌年、彼女は妹のガイアおよび従姉妹ゴジオンとフォレーザ——完徳女の姉ブライダの娘たちだが——とともに、モンセギュールのカストルのギラベールの家を訪ねた。ブライダのほうは妹エリスの訪問を、一二一八年頃、モンレアルの家で受けた。そして一二四〇年頃、エリスはカタリ派の説教の聴衆として姿を現すが、今回は義理の娘のエルメッサンとエルマンガールを伴っていた……。まさに女性ネットワークに沿って展開するカタリ派の生活がここにある。

〈家〉は自律的な生活の細胞であり、その運営は完徳女らの労働で支えられていた。それはあらゆる年齢層と社会層を含みうる平等で開かれた社会空間であり、場合によっては、駆け込み寺のような役割も果たした。そこで、鍛冶屋の女孤児も、織工の寡婦も、騎士の寡婦も、労働と宗教教育をともにした。しかし織物関係とくに羊毛紡ぎがもっとも普及した彼女たちの仕事であった。もうひとつ完徳女の主な活動として病人の世話があった。自分らの〈家〉に病人を受け容れる場合のほか、自ら出向くこともあった。この点は北方のベギンとよく似ている。

ところで女性が〈家〉において活発な信仰の伝達ができたのは、ラングドック地方において、女性の地位が北部フランスよりずっと高かったこととも無関係ではあるまい。南仏においては、女性の社会的地位は北にくらべてもともと高く、土地財産の相続は他の男子の兄弟（および姉妹）と均分であり、したがって封建領主からその封（土）をすべての権利義務ともどもも相続した。ラングドックの女性は十二歳になると成人し、あらゆる財産の所有権をもった。利殖や金の貸し借り・保証金支払いもできた。理論的には男と同権なのであった。しかし無条件の平等ではなく、父の後見下にあるあいだはその権利を行使できず、また裁判所での証言でも、財政問題・遺言・契約に関しては発言できなかった。また自身が被害を受けても、夫のみが裁判で犯人を訴追できた。

ところがローマ法の復興と領主権・家系の定着が進むとともに、彼女の地位は劇的に低下する。[123] 彼女は事実上、あらゆる物的所有権を失う。遺産相続も十二世紀までは男女平等であったが、十三世紀が進むにつれて動産しかもらえなくなり、不動産は男子間で分割されることとなる。また結婚においては「寡婦産」douaire は消えてゆき、一旦結婚して嫁資をもらうともう親の資産への権利はなくなってしまう。しかも彼女は自分の財産とくに嫁資をもつとはいっても、「結婚期間中」は夫が用益権を握った。このように十二世紀から十三世紀にかけて、ラングドック地方でも女性の地位は次第に悪化していくのである。

女性の地位悪化と直接関係はなかろうが、一二三〇～四〇年頃より完徳女は〈家〉の中で平穏な暮らしを送れなくなり、異端審問を逃れるために放浪生活を送ることを余儀なくされた。〈家〉は漸次消滅していき、十三世紀後半にはほとんど完徳女（したがってその共同体）はいなくなってしまったのである。

開かれた〈家〉

〈家〉を信仰の拠点としたのは女性にかぎらない。上で指摘したように、カタリ派教会の宗教生活の基礎である〈家〉は、家、修道院、教会を兼ねている。多面的な機能をもちうる〈家〉では、帰依者が完徳者と出会い、その説教を聞き、皆で食べるパンが祝福され、善進礼を行い、コンソラメントゥムを拝する、そういう場所でもある。一言で尽くせば信徒らの出会いの場、「歓待」の場である。だから修道院の意味をもつといっても、カトリックのそれとは違って、大きく外に開かれており、完徳者は助言を求めてやって来る多くの帰依者や訪問者を受け容れ、またなんら制限なく外出して外の世界と接触することができた。

妻は夫に、母は娘に、代父は誰でも出会った者に、カタリ派説教師の説教やその様子を触れてまわった。そのニュース、語られた言葉、そして信仰内容は、顔見知りの世界でその波紋を広げていった。説教する完徳者自身も聴衆の親族か、そうでなくとも誰か知人・友人の息子だったり、従兄弟だったりするのである。完徳者が語る福音の言葉は、近所の〈家〉で広がり、親族・友人らが微笑みを浮かべて受け容れ、さらに周囲に伝えていくのである。

またもし大きな居間があるような家の所有者なら、そこに完徳者を招いて家族全体、さらに従兄弟の子や隣人らも集めて話を聞き、その後の食事会ではパンを祝福してもらい、家に「善」の光を呼び寄せようとした。(124) しかし迫害期に入ると、こうした完徳者の招待は危険になってその機会は消滅していく。

ところでこの時代のラングドック地方の〈家〉のまとまりは、父系が原則だが母系もまったく排除されておらず、家族の主目標は男女双系を活用しながら〈家〉を守ってゆくことであった。だから子供が母の家名を採用する事例もありふれており、夫さえ妻の〈家〉に居を定めたときには妻の家名をもつことがあった。(125) あたかも個人が一定程度の自由をもって――父権から解放され――自分が縁組みしたい〈家〉と親族グループを選べるかのように見える。そのかわり親族を統轄する権力の所在はあまりクリアーではない。同世代のメンバー間では、しばしば誰が実効的なリーダーシップを握るかで争いがおきた。息子が父に逆らうこともしばしばであった。おそらくこの地域では、家父長、長子の絶対的権力・優位はなかったのだろう。〈家〉とは住居単位でもあるとともに親族ネットワークでもあり、また社会生活と感情備給の中心でもあった。カタリ派はこうした多面的特徴を備えた家族のラインに沿って、公布されていったのである。[126]

ところで〈家〉は、迫害から身を守るためカタリ派信徒が縋る最強の砦であった。異端審問官への抵抗のうちもっとも大規模で効果的なのは、コンシュルら都市当局者をはじめ、都市ぐるみで異端審問の活動に抵抗して暴動を起こすことであった。そして異端の嫌疑を掛けられた者を救い出したり、審問官やそれを助ける司教やその代官・侍者などを捉えて殴ったり追い出したりした。ナルボンヌやアルビの例（ともに一二三四年）、トゥールーズの例（一二三五年）、十三世紀末のカルカッソンヌの例などが知られている。

しかしより通常は、カタリ派の守護と延命は異端者とそのシンパだけではなくて、家族、農村、主君＝家臣関係といった他の社会制度によって保証されたネットワークにも負っていた。とくに親族関係つまり〈家〉のネットワークが有効な抵抗の組織であり、[127]家族の有力者が司教や領主、あるいは審問官の手下たちを買収しようとしたり、さまざまな影響力を行使して証人に沈黙を強いたり、好意的な証言をしてもらうよう頼んだりした。中には教皇庁にまで手紙を送ったり、直接異端者たちを匿うこともあった。何人かの被告が、ジョフロワ・ダブリとその代官の前で、異端を匿ったのは彼らが家族・親族だったからだと証言している。[128]敬虔なるカトリック教徒（ドミニコ会士）であってさえ、自分の親族の異端やその支援者を守るために、異端者に有利な情報を漏らし、危険人物を捕縛して密告者のさらなる連鎖を防ぎ、ときにはその命を奪ってまで家族・親族を守り抜くことがあった事実は、家族の絆の強さを雄弁に物語っている。

結局、ここでも封建制における騎士同士の関係、カストルムにおける雑居する諸身分の関係などとおなじく、開放性・通気性のある共同体たる〈家〉における横の繋がり、ネットワークがカタリ派の信仰を育て守っていったのであり、権威ではなく情愛による布教がカタリ派をこの地に根づかせたことが了解できた。

むすび

以上、私は南フランス独特の文化的風土と社会構造が、当地でカタリ派が人々に熱狂的に受け容れられ、広まった背景にはあったと考えて、さまざまな側面から吟味してきた。ここでまとめてみよう。

カタリ派の信仰広布の拠点となったカストルムは、当時のヨーロッパ、とりわけ地中海沿岸地方に広く見られる細胞化・城塞集落化の動向のひとつと理解できるが、南フランスにおいてはとりわけ多くのカストルムが作られた。それは、防備のための要塞であると同時に、ありとあらゆる職業・身分の者たちが入り交じり、密な社会的結合をなして生活する場でもあった。折から領主権力は弱体化し、中でも中小領主は分割相続制の慣習のために貧窮化して、強い支配力をもたなかった。むしろ小さな領域を効率的・一円的に支配しようと、カストルムを構えて住民たちを集めたのであろう。そこで展開する生活は、それぞれの身分・職業の者たちが、個性・資質・技術を十分生かして助け合いながら行われた。こうした自由な人間関係を生み出す開かれた社会は、カタリ派の信仰が広がっていく格好の舞台であった。

だがより広く考えてみると、カストルムは一方で封建制の落とし子であるが、他方では都市化の副産物でもあった。

それは封建領主の支配域でありつつ、半ば都市的な世界でもあった。だからロマネスク期よりこの地域に濃厚に残っていた協約・約定（convenenza)、あるいは誓約によって調整される人間関係がカストルムでも支配し、その上に貨幣経済に適合した動きが現れてきたのである。この誠実や根回し・協約の重要性と「都市性」は、カタリ派の結束や流布、そして彼らの生活を支えるものであった。

さらにこうした社会関係において、多面的な顔をもつ細胞で一種のネットワークをなしてカタリ派を支えたのが〈家〉であった。この地方の〈家〉では、ヨーロッパの他地域以上に女性が活躍できる仕組みが出来上がっており、子供や孫、甥や姪、あるいは近隣女性への教育者としての女性が、カタリ派の伸長に大いに役立ったのである。

ではどうして女性はカタリ派に積極的に参加したのだろうか。教義的には、あまりメリットはないのではないだろうか。死後の魂は無性で平等といっても、生前は女性の肉体は男性以上に汚れているのだし、カトリックの女性が、妻にして母なる者の最高の模範として崇め親しんだ聖母マリアも、カタリ派女性は崇敬することができなかった。というのもマリアは天使にすぎないか、あるいはイエスの母だとしても、悪魔の創った肉体を生み出しただけでなんら尊敬すべき点はないからである。

この時代の女性に、とりわけ訴えかけるインパクトがカタリ派に何かあったのだろうか。思うにそれは、主体的にかかわることの出来る文化活動のひとつの選択肢としてのカタリ派ということであり、その運動への参加をつうじて自己表現が可能だったからではないだろうか。

＊

ここでもう一度トゥルバドゥールに戻るが、今度は、カタリ派との関係を問題にするのではなくて、ラングドックにおける女性の文化的発言力のよい例として、「女トゥルバドゥール」trobairitz の問題に触れておきたいのである。[129]

中世文学史において、北仏には「女歌」として男性作者によって女の名で書かれた抒情詩があるだけだが、南仏では女性作者がほんとうに trobar の世界に伍して歌を作ったことは、瞠目すべき事実である。彼女らは「言葉」を男から奪回し、自らも発するようになり、男を口説く権利を要求した。女性が書き始めたのは男より遅く一一七〇年頃のことであり、制作は一世紀足らずしかつづかず一二六〇年にはもう作られなくなる。その期間前後にも男性はしばらく歌を作っていたので、女性の活動期間は男性よりも多少短い。だが作成時期が確定していない詩もあるし、女トゥルバドゥールの作った歌のどの程度が私たちのところまで伝わっているのかも不明ゆえ、容易には統計を割り出すことは出来ない。

女トゥルバドゥールになったのは、おそらく、かなり高い身分出身の女性であり、また彼女らがトゥルバドゥールと同一の宮廷・貴族社会に入り込んで活動したことは確かだろう。その背景には、教養程度の相当に高い貴族女性たちの集団が存在し、また女パトロンとしても文学生産に大きな役割を果たしていた、という事態が控えていた。

トゥルバドゥールの世界では、トゥルバドゥール自身が愛を明かしてはならない、それは秘匿すべきだ、という規則があった。しかし女トゥルバドゥールはそれを公然と明かし、また愛する人が目の前にいることを望んだ。女トゥルバドゥールに特徴的な主題といえば、assag つまり「愛の試練」がある。これは女性が男性に課す試練で、本当に自分が愛されているのか、それとも肉体を求められているだけなのかを知るために男を試す、というテーマである。あるいは女性にとって結婚の長所と短所は何かというようなテーマもある。彼女らの歌は大半が恋人 amics に対して歌い掛けられる。男性トゥルバドゥールよりも一般に単純な韻律シェーマで表現され、言葉遊びは少なく、より直截的なスタイルでおおっぴらな官能が歌われるのである。

私たちは本章の冒頭「はじめに」で、ゴシック期の宗教運動の特色を、制度化を進め構造的にハードなものになった教会に見合う、組織化し儀礼・教義を整えた異端の発生、およびロマネスク的な特質であった、個々人がそれぞれ神と繋がるその「個人主義の普遍性」が、さまざまな団体の「集団主義の個別性」へと移行する——したがって多様な団体がそれぞれの宗教運動を起こす——ところに求めた。

だが、代表的な異端運動=宗教運動であるカタリ派を、こうして霊性、思想、社会というように、三つの観点から一通り見渡してくると、少し違った解釈がふさわしいように思えてくる。

ロマネスク期の宗教運動とは、ヨーロッパがまさに成立したその巨大な地殻変動と連動した運動であり、そのとき固有の「キリスト教世界」Christianitas のイメージと観念が成長し、それを参照枠とする〈霊性〉が高揚したのであった。そしてその霊性は、当時のキリスト教徒（ほとんど）すべてに共有されていた。清貧とか贖罪、キリストへの帰依といった霊性の要素は、ヨーロッパという版図全体に「キリストの神秘的体軀」として霊威をもって覆い被さる「キリスト教世界」にじっくり染みこむ慈雨のように、信徒たちの胸に浸透すべきものであった。

しかもこうした〈霊性〉の特質は、政治・社会の「構造」と相即している、別言すれば、相共に「こころ」「心的世界」の別種の表現だ、というのが前著『ロマネスク世界論』のテーゼのひとつであった。

その考えをラングドックのカタリ派解釈に生かしてみれば、また近年通説の座を射止めそうになっているように、カタリ派の〈霊性〉の本質が、十一世紀から十二世紀前半の異端者、あるいは改革熱に燃える隠修士や民衆のあいだに広まっていた福音主義と、ほぼおなじものを基本とするとすれば、カタリ派がラングドック地方で十二世紀の後半まで栄えたのは、その地にロマネスク世界がずっと残存していたからではないか、と想到できる。またその視点からすれば、アルビジョワ十字軍とは、早期にゴシック世界に突入した北方世界によるロマネスク世界の最後の砦の征服運動であった、と言えるのではあるまいか。事実、彼らカタリ派の霊性は、どちらかと言えばロマネスク期の修道院（クリュニーやシトー）の霊性に近いとも看做せ、托鉢修道士を先頭に、より具象的で肉体的な性格の新たな宗教性が登場した十三世紀以降は、すでに時代遅れになっていたのだろう。

ゴシック世界によるラングドック地方の征服によって、たんにロマネスク的なる柔軟な「約定」で結ばれた社会構造が、厳格な法制度として上下の主従関係が貫徹するヒエラルキー組織をもたらす封建制に取って代わられただけではなく、その寛容な地で花開いたトゥルバドゥールの抒情詩をはじめとする文化も、ほぼ同時に息の根を止められた。アルビジョワ十字軍とそれにつづく異端審問制によって、文化・社会の北方化ないし破壊変容がおきたのである。完徳女や女トゥルバドゥールに見られるように、女性たちが文化的発言力をもちえたのも、ロマネスク的世界の残留ということで一部は説明できよう。

しかし、それは事態の一面にすぎないこともまた事実である。カタリ派がこの地方に勢力を広められたのは、カトリックの教会組織のミニチュアのようなヒエラルキー組織・教団組織を作ったからであるし、思想の面では十二世紀半ばから十三世紀初年にかけて、カタリ派も時代を彩る知的生活に参加し、聖書についてのスコラ学的な思弁を繰り返し、いわばゴシック的な思想世界へと自ら踏み入ることで、カトリック神学と対峙しようとしたからである。この合理主義的二元論への道を突き進んだ最終結果が、ルジオのジョヴァンニの『二原理の書』であった。こうした宗教のあり方、その組織原理は、「正統」側にも深甚なる危機感を感じさせる脅威となったであろう。ゆえに教会としては「対決」しか解決法がなかったのではないだろうか。ロマネスク的な〈霊性〉をもつカタリ派が組織・教義の両面でゴシック的な特徴をしょいこんでいたからこそ、それはかくもひどく弾圧されることになったのではないだろうか。

カタリ派やワルド派を打倒したローマ゠カトリック教会であり、(フランス) 王国ではあったが、それで異端が消滅する訳ではないし、民衆の宗教運動がなくなる訳でもない。反対である。後期中世にはますます多様な異端が叢生し、いよいよ多くの民衆が魂の渇仰に駆られて、ルーティーン化した信心業を超えた、敬虔なる行いをしたいと願うようになるのである。カタリ派で大きな存在感を見せた女性は、中世末まで、さまざまな運動に身を投じて、いやます存在感を誇示しつづけるだろうし、さらには子供もそこに参入するのである。またカタリ派が肉体を否定して、聖霊を受け取ることで天に回帰しようとした祈願は、おなじくスコラ的な思弁と無縁ではないとしても、そこに歴史性を取り込み、終末論へと脱皮させた思弁の中で甦る（フィオーレのヨアキム）ことも、私たちはやがて確認するであろう。まことに、〈霊性〉の歴史は途切れることがないのである。

第3章　少年十字軍

聖ニコラウスと子供たち

はじめに――子供の宗教的覚醒

この章で考察の対象とするのは、子供の宗教運動とその〈霊性〉である。まだいたいけな子供が、成熟した大人とおなじように宗教に目覚めて運動を展開するなどということが、はたしてありうるのであろうか。現在では想像することも難しいこうした運動が現実におきたとすれば、それはなぜ、いかなる精神的・社会的状況においてなのだろうか。十三世紀の奇妙なエピソードに照らしてそのことを考えてみたい。

主題とする事件は、十三世紀初頭のドイツとフランスに不安の小波をたて多くの大人たちの耳目を峙たせた「少年十字軍」である。(1) カタリ派――あるいはワルド派――において、「女性」が西欧の歴史上はじめて宗教運動の主要な担い手になったように、「少年十字軍」においては、「子供」が物狂いのように一気に〈霊性〉を発散させることになった。ヨーロッパ人の霊的生活の成熟、そして若年化を象徴する事件がこの「少年十字軍」なのではないかと推測されるのである。だが子供たちの行為を捉えるのに、現代の子供にまつわる事件などとの安易な比較をもちだして、時代錯誤的な評価をしてはなるまい。なによりも同時代人の宗教意識・価値観に照らして、この奇妙な事件を判断しなくてはならないと私は考える。

これから検討を加えていく一二一二年の夏の事件以後、子供たちはあたかも水を得た魚のように活発な動きをみせる。それはべつに宗教の舞台にかぎったことではないが、本章第二節でさまざまな観点から述べるように、子供たちは集団で、春の陽光を浴びて蠢動する虫たちよろしくワラワラと広場や街路で動き出すのであり、宗教的にも、これまでのもっぱら受け身の、いや半人前とさえ扱われなかった境涯から、彼らにしかできないかけがえのない聖性への接近の方途を見出すのである。こうした子供たちの成熟を承けて、大人たちの、聖性の舞台における子供への見方も一変していくだろう。

では、宗教運動と霊性の歴史の中に「子供」が割り込んできたその要因と意味はどこにあるのだろうか。これも前章で触れ次章で一層詳しく検討する女性の立場と同様、「ゴシック期」の福音主義の次元の拡大として考えられるのだろうか。

たとえばこんなふうに考えてみる。紀元千年前後に覚醒したヨーロッパの〈霊性〉は、いまや熟成し、範囲を一段と拡大した。小教区網がほぼヨーロッパ全域を覆い尽くし、しかもその編み目が密になってくると、初等宗教教育や成長儀礼、そして無知や迷信から由来する誤謬の矯正がより効果的に行われるようになる。地理的な飽和点に達した霊性のヨーロッパは、ベネディクト系の伝統的修道士に代わって、シトーやプレモントレといった新しい修道士たち、さらに十三世紀からはとりわけ托鉢修道士らの説教や司牧活動によって一段と深く侵攻するようになった。女性が男性に伍して積極的な信心業の追求をつづけるのはもちろん、今度は子供たちも大人を真似て、より熱心に魂の救いを希求するにいたったのである。ここには前代（ロマネスク期）の大人たちが展開したような厳しい苦行を含む運動もなければ、教義上の異議申し立てもないが、それでも子供として精一杯、キリスト教の奥義に近づこうとすることになった。素朴・単純な姿ではあれ、純な魂が天を目指して滑空しているのが認められるのである……そのように考えることができるかもしれない。

だが、そうではないという見方もできる。ゴシック期になって、大人たちが集団・団体としてまとまりその内部で宗教生活を送るようになり、外面的な儀礼や制度に拘泥しだすと、またそれ以上に世俗的な要素によって霊性が脅かされると、純粋な福音主義が人々から忘れられてしまう危機が出来した。そのとき突如、巡礼や十字軍の精神を忘れた大人たちに代わって、子供がキリスト教世界を救うために立ち上がったのではないのか、そんな考えも可能である。解答を得るためには詳しく事件の帰趨を見定め、そこに表れた〈霊性〉を検討してみる必要があろう。

*

一般に「少年十字軍」の名で呼ばれる事件は、その主人公がいたいけな子供であったこと、結末が悲劇的でしかも謎めいていることなどから、十九世紀のロマンチストたちの想像の食指を刺激し、貪欲な大人の醜い企みの犠牲になった、無垢な子供たちの魂の純粋さが歌い上げられた。十九世紀末には、フランスの作家マルセル・シュウォッブの『少年十字軍』が出版された。さまざまな立場の話者が、それぞれの立場からこの事件に照明を当てるという構成の本書は、透明な抒情性を湛えた美しい作品に仕上がっている。(2)

かくして「少年十字軍」が——ヨーロッパで——人口に膾炙するようになった反面、その歴史的な意義についての研究は、長らく蔑ろにされてきたことも否定できない。「少年十字軍」とは一体、何だったのだろうか。歴史家としては、まさか集団ヒステリーなどとして片づける訳にはいくまい。

本章ではまず前半で、不明な点の多い事件の経過を、同時代の年代記などを検討して可能なかぎり跡づけ、後半では、この事件を時代の文化・社会との連関の下に理解するべく、四つの観点から議論を進めたい。

「少年十字軍」は同時代の人々にとってよほど衝撃的な事件であったらしく、ヨーロッパ各地の約六十の年代記がこれについて記載し、「前代未聞の」とか、「狂気の沙汰」とか、「じつに奇蹟的な」といった言葉で、一様に驚きを表明している。それらの年代記の多くは、しかしながらごく簡単な記述しか「少年十字軍」に割り当ててはおらず、比較的詳細な記述を行っているものの中にも、空想的な記述、幾歳月を閲した後の不正確な情報が多く含まれている

など、その扱いには慎重を期す必要がある。(3)

事件の経過を跡づける前に、参加者の年齢・社会階層についてあらかじめ一言、費やしておかねばなるまい。というのも最近では、P・トゥーベール、P・ラエツ、F・H・ラッセルなどのように、史料に現れるpuerという言葉は、年齢概念であるよりは社会概念、つまり一人前の身分を手に入れる前の状態・境涯を指している――その見解によれば、puerとは子供ではなくむしろ農村社会の貧者やアウトサイダーだとされる――として、「少年十字軍」の存在そのものを否定する研究者さえいるからである。(4)

たしかにpuer（女性はpuellaまたはvirgo）という言葉は、広義にはadolescens（青年）をも含み、したがって最高二十八歳までをカバーしえたが、そのような用例は稀で、通常はセビーリャのイシドルス（五六〇頃～六三六年）の六世代説が基準となって、七歳～十四歳（あるいは十二歳）の子供を指示した。また中世のカノニストらの教説に拠っても、生後七歳までがinfans、七歳～十四歳（女性は十二歳）がpuer（puella）と規定されているのであり、聖人伝でも同様である。(5)後述の、十三世紀に多数作られた子供の育児・教育マニュアルにおいても、そうした扱いで各年代の自然な性向とその悪しき影響の矯め方が論じられている。

しかも年代記には、若者や成人・老人と対比されてpuerという語が使われるかたわら、親の周章狼狽や嘆息の描写にも事欠かない。いくつかの年代記に「十二歳以下の子供ばかり」「十歳以下の子供が中心」「本当に子供」「六歳以上の子供たち」といった限定が加えられ、さらに指導者が十二歳前後だったことをも勘案すると、「少年十字軍」の主体は本当の子供であり、より厳密には六～十二・十三歳の少年少女が中心であった、と推測しても大過なかろう。もちろん成人も多数含まれていたことは否定しえないが、puerをjuvenisと同一視し、少年十字軍の存在を否定しようといった論調には、到底、同じることはできないのである。

社会層という点では、貴族の子供も含まれてはいたが、大半は羊飼い・農奴の子・僕婢などをはじめ中・下層の子供たちであったことが史料から読み取れる。

これらの確認は、以下の議論の関係上、是非ともはじめに言っておくべき前提であった。

一 「少年十字軍」の顚末

「少年十字軍」はまずフランスで、やや遅れてドイツで発生した。[6] これらは一連の運動だと考えられるが、便宜上、別々にその一部始終をたどってみることにする。

A フランスの少年十字軍

少年十字軍はかなり衝撃的な事件であったらしく、相当数の年代記が、一二一二年の項にこの出来事を記している。そして事前の前兆として、鳥や蝶が大量に飛ぶとか、蛙が大挙して海に向かって進むとか、犬の大群が城付近で二手に分かれて決闘し大半が死んでしまったといった、自然の驚異現象を付記している年代記も一、二にとどまらず、それがいかに衝撃的な事件であったかが窺われる。[7]

一二一二年六月フランスのシャルトル司教区で、ヴァンドーム城近郊クロワ村出身の十二歳の羊飼いの少年エティエンヌにイエスが貧しい巡礼の姿で現われ、パンを乞うとともにフランス国王宛の書簡を託したと伝えらている。[8] エティエンヌが同年代の仲間の羊飼いたちとフランス国王のもとへゆこうとすると、その周りにはたちまち約三万人の少年少女が各地の町や村・城から集まった。おなじ頃エティエンヌ以外にも、奇蹟を行うと信じられ大いに尊崇を集めた十歳前後の子供があちこちに幾人も出現したようである。そしてそれぞれが子供の大群を率いていたが、やがてそれらの部隊は「聖なる少年」エティエンヌを最高司令官とすべく、彼の一隊へと合流した。

彼らは旗を掲げ、ローソク・十字架・香炉を捧げて、つぎのような唄を歌いながらリズムにあわせて行進したのであった。それは「神よ、キリストへの信仰を高からしめよ。神よ、真の十字架をわれらに返したまえ」[9]といった内容のもので、そこから彼らが聖地回復を志していたことは容易に察知できよう。かくして彼らはサン=ドニにたどり着いた。ところがパリ大学教師の助言を受けた国王は、子供たちを接見するどころか解散・帰郷を命じ、そこで彼らはやむなく帰途についた、と『ランの逸名聖堂参事会員による年代記』には記されている。[10]

しかし他の数編の年代記によると、一部の子供はそこでは諦めず、地中海目指して熱に浮かされたように練り歩いたのだとされる。[11]どこにゆきたいのかと訊ねられると、ひとつの霊に導かれたかのように、声をそろえて「神の御元へ」と答えたということである。[12]さらに『トロワ=フォンテーヌ修道士アルベリクスの年代記』には、マルセーユにやってきた約三万人のフランスの子供たちが二人のマルセーユ商人兼船主に欺かれ、七隻の大船に分乗して聖地に向かったが、途中で嵐に襲われ二隻が沈没、他の五隻に乗っていた子供たちも、アレクサンドリアやアルジェリア沿岸のブギアでサラセン人の商人や君侯に奴隷として売られてしまった……といった経緯について、興味深い後日譚と併せて詳しく記録されている。[13]が、最近の研究者はこの記述を疑問視し、同時代人ではないアルベリクスはフランス部隊とドイツ部隊を混同したのであり、マルセーユから旅立ったのはじつはドイツ部隊の方だった、という見解が有力になりつつある。[14]

B　ドイツの少年十字軍

ここでドイツの「少年十字軍」に目を転じてみよう。[15] おなじ一二一二年の夏、おそらく七月初頭から半ばにかけての頃、フランスよりやや遅れてドイツでも、誰が説き勧めた訳でもないのに、六歳以上の何千何万という少年少女が、手にしていた鋤や荷車を打ち捨て羊の群を放りだして十字架を負って集まった。二十人、五十人、あるいは百人ほどの集団がいくつもでき、それぞれ先頭に旗を掲げて聖歌を歌いながら聖地を目指して進んだ。天使にサラセン人からの聖墳墓解放を要請されたケルン出身の十二歳前後の少年ニコラウスが、全体の指導者であった。彼は奇蹟力の標として、首にギリシャ文字のタウの形（T）をした金属製の十字架バッジを携えていた。[16] タウの徴は、初期キリスト教時代より、神による選抜、悪からの防護、犠牲、死への勝利、あるいは贖罪などを象徴するが、ここではおそらく、神からのお告げを得た自己の選抜の徴であろう。ニコラウス以外にも、おなじ年格好の指導的少年がすくなくとも二人はいた模様である。[17]

この運動はドイツに発したものではあったが、途中でフランス・ブルゴーニュからも多数の子供が加わった。先述のフランス部隊とおなじく子供の参加は突発的で、家族・親類・友人などの諫めや嘆願をふり切り、監視の目をくぐり抜け、柵や壁を破ってまで飛びだしていった、と一年代記作者は伝えている。[18] 出発の理由を尋ねられると、彼らは「サラセン人の非道で悪辣な手と力から主の墓を奪い返す」[19] つもりであり、「この行為においては、神の命令に服し、したがって神が彼らに要求することは、何でも喜んでこころから進んで実行するのだ」[20] と答え、「かつてのイスラエル人のように、海は、乾いた道をさし出す」[21] だろうと、確信の堅さを表明した。エジプトからイスラエル人の子供が出発して約束の地にいたったように、彼ら少年十字軍兵士の前でも、海がパッと分かれて渇いた通路ができたところを通って約束の地に入るのだと、無邪気に信じていたのである。

こうして武器の替わりに旗を掲げ、十字架の標を上着に縫い取り、巡礼杖・頭陀袋を携えた子供の大群は、おそらく七月前半に意気揚々とケルンを出発し、ライン河左岸を上流に向かって進んでいった。マインツ・エベルスハイム・シュパイエル（七月二五日）[22]、アルザス諸都市をへてアルプスを越え、イタリアのピアチェンツァに着いたのがようやく八月二十日[23]、さらにジェノヴァに入ったのが八月二十五日で、途中多くの死者・脱落者があったにもかかわらずなお七千人あまりいた、とジェノヴァの年代記には記録されている[24]。道々、沿道の住民は神命をおびたこの驚くべき子供たちを厚遇し、食物その他の生活必需品・宿を提供したが[25]、困難な長い道のり、暑熱と飢え渇き、盗賊の難は、年端のゆかぬ者たちの体力と気力をおし拉ぐには十分すぎたであろう。ロンバルディア地方に入った地点で、かなりの子供が諸都市に散らばり、その大半が捕えられ僕婢とされたという。

他方、指導者ニコラウスとともにジェノヴァ入りした子供たちも、間もなく市当局によって追放された。というのは、ジェノヴァ市当局が、莫大な数の子供の闖入で物価が騰貴し、市に危害のおよぶことを恐れたためであり、またゲルフ党として、皇帝と対立している教皇の心証を害することを避けたかったからである[26]。放逐された子供の一部は、ヴェネツィア・ピサ・ブリンディジ・マルセーユなどの港町で船を待ち、他の一部はローマに赴いて、教皇に十字軍の誓願から解いてもらおうとした[27]。ヴェネツィアやピサ、マルセーユから実際に海に乗りだした子供たちもいたようだが、嵐に遭って沈没溺死したり、海賊に襲われてサラセン人に奴隷として売られたりしただろうことは、すでに述べた通りである[28]。ブリンディジに行き着いた者たちは、司教の許可が得られず出帆できなかった[29]。

残った子供たちは失意の中に帰り始めた。行きは隊伍を組んで歌いながらリズミカルに行進した彼らも、帰りはうち拉がれ、沈黙し、一人ずつバラバラに、しかも裸足で帰っていったと伝えられる。当初歓待した沿道の住民も、掌を返したように嘲弄罵倒し、十・十一月のアルプスの厳寒、長途の疲労、飢えなどのため、大半は森や荒地、路上や広場で野垂れ死にした[30]。かくして「少年十字軍」は烏有に帰した。

この驚くべき出来事を記しているのは、大半が都市や修道院の年代記である。事件直後のものもあれば、発生から数十年、いやもっと経ってから一二一二年の出来事として記載しているものもある。ひとつずつ、なぜ、いかにして、この出来事を記載したのか、それは信頼のおけるソースから情報を得ているのか、どこまで「事実」だと看做すことができ、またどこからが怪しげな伝説・夢想の世界に浴しているのか、そうした確認手続きは、たしかにすることが望ましいのかもしれない。

しかし個別検討以前に、各年代記でこの事件の叙述部分（のみ）が伝説的な潤色が強く施されていて、しかもある共通のソースから大半の年代記作者にそれが伝わり受け容れられたというようなことがもしあれば、事件の性格づけのみならず、本当に現実の事件なのかと疑念が生じてこよう。だが子供たちの行進のルート沿いの多くの年代記が、自分たちの郷土・都市に出来した目覚ましい出来事として、少年十字軍についての個別状況を独立して記載している部分が多いのであるから、皆が共通の「伝説」を挿入したということは考えにくい。

またこれを伝える主要年代記が、客観的記述という点で信頼の置けないものであり、「子供」が主役でない事件をそうであるように潤色したということでもあれば、また疑念を抱かねばならないことになる。この点はどうなのだろうか。試みにドイツの少年十字軍についての主要史料である『ケルン国王年代記』Chronica Regia Coloniensisと『マールバッハ年代記』Annales Marbacensesを取り上げてみよう。

*

『ケルン国王年代記』は、その続編（Continuatio IIa et Continuatio IIIa）に「少年十字軍」の記述を含んでいる。この年代記は、十二世紀にシュタウファー王朝下の重要な都市で大司教区になったケルンで、王権の伸長に共鳴する作者が、国王を中心とする年代記を書こうと一一九八ないし一一九九年にまとめ、一二〇二年に補遺を付したものが本編だが、少年十字軍の記載されている続編は、政治的に中立の別の著者が、一二二〇年頃、自分の時代まで記述したのだという。党派性のないバランスの取れた視角で歴史を叙述しているし、事件発生からきわめて近く、その意味では記憶も新しく、証言者もいくらでもいたであろうから、少年十字軍についても大きな歪曲を疑う必要はないだろう。[31]

また『マールバッハ年代記』のほうは、グレゴリウス改革の最中、その前線基地としてシュトラースブルク教会のミニステリアーレによって建てられたアウグスティノ会の修道院の年代記である。[32] この年代記は、全体が一気に書かれたのではなく、その作成にはいくつかの段階があって、既存のものへの追加・挿入が何度かなされ、全体が一二四〇年にまとめられたようだ。最終的なまとめは、ノイブルクのシトー会修道院の修道士がシュトラースブルクで行ったようである。文法的特徴、文体や書かれている内容、著者の政治的立場などから、誰が何年まで書いたのか、その腑分けがさまざまに議論を呼んでいた。だが少年十字軍の記述は、しばしば信じられてきたように一二三八年の続編執筆者（シュトラースブルクの司教座聖堂管理官ビュルクレンのアルノルト）によって書かれたのではなくて、一二一四年の年代記作者（シュトラースブルクの司教座聖堂参事会長ザンクト・トーマスのフリードリヒ）によってすでに一二一三年に書き留められていたことが、O・オッペルマンによって示された。[33] とすれば、この部分は伝説や編纂ではなく、まさに自身が目撃したか、そうではないにせよ目撃者・近くの証言者から得た記述部分と考えていい。

このようなデータをいくら積み重ねても、それぞれの年代記の記載のどこまでが少年十字軍の「事実」と合致しているのか、その詳細が明らかになる訳ではない。しかしながらそこにある程度、想像や誇張が紛れ込んでいるとしても——地中海に船出してから難破しイスラーム教徒に奴隷として売られる件などは、フィクションである可能性が高い——ニュースソースが複数ある年代記が独立して記載しているのであれば、しかもそれらが基本的に大きく矛盾することなく並立するならば、ここに私が再構成したような事件が実際に展開したと捉えてよいであろう。三万人とか七千人とかの「数」は当てにならなくても、事件の存在そのものの根底が崩れることはない。

十三・十四世紀にもなれば、伝説書でもファンタジー・奇蹟譚でもない年代記は、それなりの客観性を追求するようになる。たとえ聖人の奇蹟や、自然の驚異が採録されていても、それらとは一線を画す「事実」を記述している、という意識がこうした政治的・社会的出来事を記述する際にはかならず働いていた。だから長雨や飢饉、下層民の暴動や君主の死亡、教会の建立や聖遺物の遷座などの出来事と同様に、年代記作者にとって意味があり、しかも「事実」だと考えられたものとして、少年十字軍を捉えねばならない。

ということは「少年十字軍」という奇妙な上にも奇妙な出来事は、架空の伝説ではないし、だからといって追いつめられた者たちの集団ヒステリーでもない。時代のコンテクストに照らして理解しなくてはならない、興味津々たる出来事なのである。そして私たちはこれを一種の宗教運動と看做して、そこから子供たちの〈霊性〉を抽出したいのである。

二 「少年十字軍」と十三世紀ヨーロッパ

「少年十字軍」を十三世紀ヨーロッパの文化・社会の全体像の中にどのように位置づけたらよいのか、それを考察するのが本章の課題である。この事件は、いかに小さな出来事だったとしても、当時の文化的・社会的諸関係の網の結び目のひとつとして、その意義を考究することが可能なはずである。あるいは「出来事」とは、多面的な切り子細工のようなものであり、それぞれの面に異なった現実の側面を鏡映しているとともに、逆にそれぞれの角度から眺めて目に映る像を総合して、はじめてそれ自体、生きたものとして蘇るのだ、というように言えるかもしれない。「少年十字軍」の場合、その秘密を解き明かす主たる鍵はつぎの四つの観点ではなかろうか。すなわち**A**十字軍史の観点、

B祭儀史の観点、**C**遊戯史の観点、**D**子供史の観点である。これらの四つの観点から、順次「少年十字軍」の成立要因や文化的・社会的意義についての評価を試み、その後で子供の〈霊性〉をめぐる最終的結論を導き出すことにしたい。

A　十字軍史の観点から

まず、「十字軍」という名を冠されている「少年十字軍」は、はたしてその名に値するのだろうか。彼らは大人たちにできなかった聖地回復を自分たちこそが成し遂げるのだ、という熱意に燃えていたことは確かである。そして少年十字軍が発生したのは、教皇がイベリア半島のサラセン人（イスラーム教徒）らに対して十字軍を呼び掛け、そのすぐ後（一二一二年七月十七日）、ラス・ナバス・デ・トローサ（Las Navas de Tolosa）でスペイン・ポルトガル・フランス連合のキリスト教徒が大勝利を収めた時期の前後に当たっていた。

だからヨーロッパには、まだ十字軍の熱誠が、教皇庁を中心に滾っていたことは疑えないだろう。そしてこうした反イスラームの強腰姿勢が漂う中、子供たちの胸中にも十字軍に出発したいとの考えがにわかに湧き上がり、一見無謀きわまりない行動に移ったとしても不思議はない。だがそれを正式に十字軍と呼べるのだろうか。そもそも十字軍とは、一体、何か。

教科書的記述によると、十字軍とは、ヨーロッパのキリスト教徒たちがイスラーム教徒に奪われたエルサレムを奪還するために企図した軍事遠征で、通常八回の軍事遠征ないしその試みだと説明されている。聖地回復と同時に、十一世紀までは妨害のなかった聖地巡礼がセルジューク＝トルコの小アジア進出とともに迫害を被ったので、それを改善することも目途とされていた。まず一〇九五年クレルモン公会議で、ローマ教皇ウルバヌス二世が聖地回復を目的とする軍隊派遣を提唱して、翌年の第一回十字軍が実現した。以後、一二七〇年に仏王ルイ九世がアフリカのチュニスを攻撃しただけで惨めにも失敗した第八回まで、回数を付される正式の十字軍が派遣された、ということである。

しかし、十字軍の呼び掛けは八回に止まるものではないし、第一回から八回まで、それぞれ統一的な部隊が編成されて実行に移された訳でもない。実際は、岸辺にさざ波や海流が押し寄せるように、西方から東方へと、十字軍兵士や武器をもたない十字軍参加者（巡礼でもある）が、もっと継続的に旅立ったのだし、目的地に到達した人員のうちかなりの者たちは、東地中海岸に「王国」「公国」を建ててそこに定住したのである。ならば、教皇提唱の大波のみ一回から八回と名づけてみて調べても、十字軍の全体像はとても摑めないだろう。

第二次世界大戦以前には、十字軍を政治的・経済的要因に帰する見解が一般的であったが、近年は十字軍の「理念史」「精神史」「社会史」が盛んで、C・エルトマン、P・アルファンデリー、P・ルーセらの著作が、いまなお大きな影響力を揮っている。[34] くわえて一九五五年ローマで開催された第十回国際歴史学会議で「十字軍理念」が共通テーマのひとつとされたことも、この視座の上に立った十字軍史研究を促した。[35] これらの研究によって、十字軍とは巡礼の伝統と聖戦思想を根源の機動力とする運動であったことが明らかにされるとともに、十字軍と「神の平和」運動や、教会改革運動とのかかわり、「キリストの戦士」ないし「聖ペテロの戦士」概念の効力、諸侯・騎士が「営利心」から行った十字軍と純粋な「十字軍精神」を体現した民衆の十字軍との区別などが、仔細に示された。またその「十字軍精神」の構成要素としては、清貧理念・キリストへの帰依心・贖罪願望・終末観・聖書的世界の現前する超自然的雰囲気・世界の中心を占め乳と蜜が流れるエルサレムの魅力、などが指摘されてきた。

そこで、上に述べた理由から最近の歴史家のあいだで常識となりつつあるように、第一回、第二回などと番号を付けられたものにかぎらず、十一世紀末から十三世紀末まで、さまざまなリズムで東方に寄せては返す波の動きの全体が十字軍なのだとするならば、あるいは純粋な「十字軍精神」に則った運動をこそ十字軍と呼ぶべきだとするならば、

「少年十字軍」は、世俗化し政治の一手段に堕した後期十字軍以上に十字軍の名にふさわしい、と言わねばならない。なぜなら子供たちは皆、こころをひとつにして、イスラーム教徒から聖地を回復するという神命を果たすべく、聖地に赴くことを熱望していたからである。彼らは、いわば「約束の地」に赴く新たなる選民であった。おなじ思いが、束の間で非日常的な集団として子供たちを統合していた。既述のように大半は貧しい子供で、武器は無論のことほとんど無一物で出発したが、〈清貧〉こそ神に嘉される美徳であったし、勝利は武力によってではなく、霊的な力によってのみ手に入れられる、と信じられていたのである。

ところで、十一～十二世紀にはヨーロッパ全体にあまねく〈清貧〉理想が広まっていたのに対し、十三世紀にはそれが局所化したと考えられる。十三世紀になると、貨幣経済がより一段と進展し、貧富の差も一層拡大して「貧困」が社会問題として深刻化し、人々の良心に重くのしかかったのは確実である。だが、自発的貧困の理想を体現する人々の範囲は——理想自体はよりラディカルになったとしても——それに比例して局限化した。ワルド派やフミリアーティなどの異端をのぞけば、托鉢修道士、とりわけフランシスコ会士が〈清貧〉の代表的旗手であった。けれども当のフランシスコ会においてさえ、聖フランチェスコの理想を忠実に反映した一二一〇年の第一会則が一二二三年に改訂された第二会則ではより温和化され、教皇庁の片腕として躍進途上にある修道会の運営・発展に支障のない政治力・経済力の確保との折り合いが図られた。勢いの赴くところ、絶対的清貧の是非をめぐって十三世紀後半から十四世紀初頭に闘わされた「清貧論争」（第6章参照）に窺われるように、大勢は清貧理想を疎んじ、あくまでそれを固守する者たち（聖霊派）は、終末論的危機感を深めつつ、異端として弾圧されるほかなかった。

十字軍の歴史においても、同一の軌跡を辿ることができる。十字軍精神の発露の名に恥じない第一回と第二回十字軍にくらべ、十三世紀の十字軍はその統一性が失われ、色褪せた清貧理想に代わって国王・教皇や都市の政治的打算、領土・財産獲得欲が前面に迫り出してきた。よく知られているように、第四回十字軍（一二〇二～〇四年）は聖地へ向かうことをせず、あろうことかコンスタンチノープルを陥れてラテン帝国を建てたし、つぎの第五回十字軍（一二一八〜二一年）も、聖地へは向かわす、エジプトを攻撃して失敗した。われらが「少年十字軍」は、この二つの大いに逸脱した十字軍の中間におきた出来事である。

そのうえ、十三世紀以降の十字軍においては傭兵依存度が高まり、「誓願」の換金償却・代行が一般化するかたわら、軍事行動の足手まといとなる女性・子供・貧者らはそこから排除される傾向にあった。民衆たちの参加しない十字軍は魂の抜けた十字軍であり、とりもなおさず十字軍とも宗教運動とも看做せないと、憤りを感じる人たちがいたとしても不思議はない。このような公式十字軍の堕落に対し、「少年十字軍」は民衆のあいだに伏流として命脈をたもっていた十字軍本来の清貧理想を体現し、それを小さなからだで夢中に演じてみせたのだ、との評価がひとまず可能であろう。

しかし以上述べてきたような精神史的アプローチ以外に、十字軍の法的な定義から出発して「少年十字軍」を査定するのも、根拠のないことではない。その定義とは、アウグスティヌス以来の聖戦理論を継承・発展させて、十三世紀のカノニスト、ホスティエンシスの理論に結実したところのものである。法的な意味での十字軍とは何なのか。M・ヴィレイ、A・ブランデッジ、F・H・ラッセル、J・ライレイ＝スミスなどの研究に拠りつつ要点を述べれば、法的な制度としての十字軍とは、以下の諸条件を具えたものだといえるだろう。(36)

まず第一に、十字軍とは教皇が直接、宣言ないし認可する全教会的事業であり、教皇が主導権・監督権そして責任を一身に担うものであった。第二に、十字軍はそのための特別な誓願を行った者にのみ参加が認められ、その誓願の遂行は、破門・聖務執行停止、その他の教会法罰の威嚇によって厳しく義務づけられていた。この誓願は巡礼の誓願の応用ではあったが、一二〇〇年頃そこから法的に独立し、より一層輝かしく公開性に富むものとなった。各人が肩に縫い取った「十字架」は、その公的表徴であった。第三の要件としては、参加者すべてに教会法的な意味での贖宥はじめ一連の特権が、教皇またはその代理人によって与えられたということを挙げねばならない。さらにこれらに第四の要件をつけ加えるとすれば、十字軍は「公正な戦い」であった。言い換えれば、領土獲得や異教徒改宗のための戦いではなく、キリスト教世界＝教会の領土・権利やキリスト教徒の保護・防衛・回復のための戦いであり、「正しい意図の下に」――つまり「平和」のために――行われなければならなかった。

以上四つの根本的特徴の結合したものが、法的な意味での「十字軍」であり、その結合が十字軍を一般の聖戦や巡礼から区別していた。十字軍の法的制度としての固定化プロセスは、第一回十字軍時代から緒に就き、一二一五年の第四回ラテラノ公会議でほぼ完了したと看做しうる。さらに教皇エウゲニウス三世（在位一一四五～一一五三年）と聖ベルナルドゥス以来、教会当局は、エルサレム回復のために東方に出陣する行軍のみが十字軍ではなく、キリスト教世界の四方八方での異教徒との戦いや、キリスト教世界内部の教会の敵（異端、対立教皇、敵対する世俗権力）との戦いも、おなじ価値をもつ十字軍として、参加者は贖宥を得られ、その魂は救われ天へ向かうという理屈を練り上げた。そしてついには間接的に聖地回復を妨げるビザンツへの攻撃さえ正当化されるにいたる。(37)

さて、この法的な基準に照らした場合、「少年十字軍」は十字軍と言えるのだろうか。明らかにそれは教皇のイニシャチブにもとづく遠征ではなかった。しかし子供たちは「正しい意図の下に」、しかも十字軍の誓願を定式通り行ってから出発し、その印に十字架を上着に縫い取っていたのはほぼ間違いのないところである。というのは、ほとんどすべての年代記作者は、子供たちが cruce signati すなわち、「十字架によって印づけられた」と語り、彼らが十字軍兵士たることを認めていたから（ちなみに crucesignatus は、十二世紀末に十字軍兵士を指すべく成立したテクニカルタームで十三世紀に普及した）。

十字軍の誓願は、司教や司祭によって公開の厳粛な儀式においてとり結ばれ、厳しい強制力を有するものであったが、注目すべきことに、教皇インノケンティウス三世もこの子供たちの誓願の有効性には疑いを挟まなかったようなのである。『マールバッハ年代記』によると、なんらの権威も後ろ盾もない自らの努力の軽率と無駄を悟った一部の子供たちがローマにやって来て、教皇に誓願の呪縛からその身を解いてくれるよう申し入れたとき、教皇はごく幼い者と老齢で疲弊した者以外はけっしてその誓願から解放しなかった、と記されており、[38]『トロワ=フォンテーヌ修道士アルベリクスの年代記』にも同様な件があるからである。[39]

結局、教会法的な観点に照らして、「少年十字軍」は子供たちが教皇によって裁可された組織的軍事行動に加わったのではなかった、という点では十字軍の要件を満たしていないけれども、子供たちは「十字軍兵士」を自認し、教会（教皇）もそれを追認していた、ということができよう。

B　祭儀史の観点から[40]

ヨーロッパ中世の一年の生活は、祭りによって節目づけられていた。一言で祭りといっても、野性的情熱の渦巻く異教的色彩の濃いものもあれば、元来、厳粛な聖職者の典礼的儀式から発達したもの、あるいは宮廷の遊戯に由来するものなどさまざまであった。が、どの地域を選んでも、とにかく大変な数の祭りが存在した。祭りとそれに伴う雑多な儀式に加わることによって、人々は単調な日常生活のルーティーンの外部に脱出し、束の間の歓喜を味わい、その反動力で自らの所属する共同体理念の強化、その中での己の序列や位置の確認・誇示が行われた。

少年十字軍成立の背景を探索する私たちにとって大切なのは、クリスマス、聖ヨハネ祭その他、キリスト教の祝祭に子供たちも積極的に参加していた事実である。宗教行列には多数の子供が編入され参加したし、復活祭前の鐘が沈黙する贖罪の時期には、ミサのときに教会内で、そして定刻には街路で、鐘の代わりに木槌を打ち鳴らすことが子供たちに委ねられた。葬送行列には、捨て子や保護施設の子供がつき従うことになっていた。また祭りではないが、大人たちが奇蹟を願い聖堂目指して行く巡礼行に、子供たちも同伴することがあった。子供たちは、宗教行事に際してたんなる見物人ではなかったのである。

ここで、本章の主題である「少年十字軍」との関係で特記したいのは、年末・年初に行われた「愚者の祭り」である。「愚者の祭り」とは、十二月二十五日（クリスマス）から翌年の一月六日（キリスト公現祭）まで、より広く見積もれば、十二月六日から一月十四日まで、ほぼ連続的に行われた祭りの総称で、もともとべつべつの対象に捧げられたいくつかの祭りが連なって出来上がったものである。これらは典礼暦に則った教会の儀式に由来し、司教座教会や他の参事会教会などで祝われていたものが、後には厳粛な典礼的・宗教的性格の払拭された――あるいはパロディー化された――皮肉で放埒などんちゃん騒ぎとして大衆、わけても子供たちを喜ばせた。「愚者の祭り」の最大の特徴は、子供・弱者・貧者・愚者・動物など、普段貶められている者たちを称揚し、逆に厳かな教会儀式をグロテスクに格下げするという「さかさまの世界」の現出に索めることができる。

中世、とりわけ十三世紀以降の人々を感動させ、同情心に強く訴えた聖書のエピソードのひとつに、マタイによる福音書第二章一六節の「聖嬰児の殺害」がある。この聖嬰児を記念する祭りが「愚者の祭り」の一環をなす「聖嬰児の祭り」で、祝日は十二月二十八日であった。[41] この祭りは、フランスとイングランドで盛況を極めたが、他の西欧諸国にも多かれ少なかれ伝わっていった。十三世紀初頭以降、度重なる教会会議や司教による断罪・禁令をかいくぐって生き延び、衰退したのはようやく十六世紀に入ってからのことであった。

「聖嬰児の祭り」には、「聖嬰児の虐殺」のエピソードが典礼劇（神秘劇）として脚色されて、あちこちの教会で上演され、聖嬰児には少年聖歌隊の少年たちが扮した。ヘロデの嬰児殺害命令、子羊を抱えた少年たちの入場、兵士らの乱入と嬰児虐殺、ラケルの嘆き、天使による慰め等の場面が、交唱を交えながら簡潔に演じられたのであった。

「聖嬰児の祭り」以外の日でも、国王や諸侯の都市入場時の勝利のセレモニーなどには、この豪奢でエキゾチックでますます拍車が掛けられた。

野蛮な場面が、スペクタクルの好個の題材としてしばしば取り上げられた。十三世紀には、嬰児イエスの崇拝とならんで、この聖嬰児が真に崇拝の対象となり、その傾向は彼らを表した絵画・彫刻・文学・説教などの影響によってますます拍車が掛けられた。

面白いことに「聖嬰児の祭り」の日――もう一人の子供の守護聖人聖ニコラウスの祝日（十二月六日）もしばしば同様なイベントの機会となった――には、聖歌隊の少年の中から選ばれた少年司教が盛装し、儀式や勤行についての一切の実権を握って人々にミサを執行し祝福を与えた。大人の聖堂参事会員らは「高座」から引き摺り下ろされ、普段少年たちに課されている雑用や儀式の手伝いをし、反対に、少年たちが典礼や教会管理において聖堂参事会員の役目を果たしたのである。ここにも一時的な「さかさまの世界」が成立しているのを目撃できる。セレモニーの展開は、無論、地域によって習俗面での格差は認められるが、典型的にはつぎのように進行した――その日、あるいは前日、少年たちは二人ずつ組みになり、少年司教を先頭に押し立て、ローソクと香炉を携えて鐘の音を響かせながら、聖歌を歌いつつ市内をめぐった。行列は各教会の前で祈りを捧げ、本当の司教の家を訪れると何かと茶化したり揶揄したりした。そして一日の活動がすむと、子供たちはお菓子やリンゴの饗応を受けたのだという。

「少年十字軍」とはこの「聖嬰児の祭り」の一形態ではないのか、というのが私の考えである。これはつとにP・アルファンデリーが提示している仮説であるが[42]、上に紹介した十三世紀における祭儀的環境のあらましは、この仮説を裏づける状況証拠として役立とう。「少年十字軍」の子供たちは、聖歌隊の少年たちが少年司教を選ぶのとおなじように、エティエンヌなりニコラウスなりを指導者に戴き、おなじように旗・ローソク・香炉などを捧げて、唄を歌いながら行進し聖地を目指した。実際、両者の形態は酷似している。聖地が長らく異教徒の手に落ちたままになっているというキリスト教世界の危機に際して、かつて最初の殉教者たる聖嬰児らがキリストの身代わりに死んでキリストを救ったように、彼ら「新たな聖嬰児」が犠牲になってこそ、聖地は異教徒の手から取り戻され、「真の十字架」

が蘇るのではないか……、そのような思いが彼ら子供たちの心の片隅に宿るには、十三世紀の聖嬰児崇拝の盛況はうってつけの土壌だったであろう。

こうしてみると「さかさまの世界」を現出し、束の間、子供たちが主導権を握る「聖嬰児の祭り」はパロディーであり、巫山戯た遊びであり、大人たちの寛容な眼に見守られてのみ遂行されたのだと言い切ってしまうのは、正しくあるまい。一年のかぎられた期間、子供たちは、信仰心を高揚させながら一生懸命この祭りでの任務を果たし、大人たちさえ無垢な子供たちの悲劇を思い起こし、子供たちの奇蹟力・救済力に思いをはせることになったという側面も否定できないからである。いや好都合なことに、このような聖嬰児祭との繋がりの仮説をさらに証拠立てる記述が、史料にもいくつか見出せるのである。

『韻文のオーストリア年代記』によると、ニコラウスに率いられた子供たちは、道々、つぎのような唄を歌っていた。引用してみよう——「キリストの僕ニコラウスは海を越え、聖嬰児らとともにエルサレムに入場するだろう。彼は足を濡らすことなく安全に海を踏破し、若者と娘を貞潔に結びつけるだろう。彼は主の名誉のため、かくも大きな事業をなしとげ、その結果、平和・歓喜・神への賞賛の叫びが鳴り響くだろう……」[43]と。

また『リケルスによるセノン修道院事績録』からは、当時の人々も少年十字軍と聖嬰児との類似に気づいていたことが窺われる。いわく「そしてこの少年たちは、かくして実際、キリストのために殺された大いなる聖嬰児に比肩しうると信じられよう。なぜなら、彼らもかくも幼弱なのにもかかわらず、大いなる労苦と飢えによる死——剣による死よりなお残酷な死——を被るに値したのだから……。[44]」

さらに『トロワ゠フォンテーヌ修道士アルベリクスの年代記』には、聖ペテロ島付近で船が沈没し溺死した子供らのために、後にグレゴリウス九世（在位一二二七〜一二四一年）がその島に「新たな聖嬰児」に捧げた教会ecclesia novorum Innocentumを建立し、十二聖職録を給付した旨、記されている[45]。これらの史料は事件よりやや後代に編まれたものであるが、各地に「聖嬰児」と「少年十字軍」の子供たちとの密接な関連についての言い伝えが存在したことの証拠としては、十分、雄弁である。

より時期的な符合を重視すれば別の行列が想起されるだろう。それは子供たちの運動が一種の「宗教行列」であるという捉え方を側面から補強する。

キリスト教世界の危機に際して教皇インノケンティウス三世が呼び掛けた祈願・行列がここでの懸案である。[46] インノケンティウスは、イスラーム教徒の侵攻に脅かされるスペインのキリスト教徒のために、危機に際しての集団的祈願の連禱を、一二一二年キリスト昇天祭（五月三日）に先立つ三日間に行った後、五月十六日にはローマでも繰り返した。そもそもこの時期には、毎年、司教区ごとに大聖堂に向けての巡礼（行列）が十字架や旗や聖遺物を掲げて行われていた。そこに折からの社会危機とスペインの危機への教皇の懇願の連禱（litanies de supplication）の呼び掛けが重なって、厳かな儀礼の連鎖をかたわらで見ていた小さな者たちの胸の中にも、かつてない衝撃を惹き起こしたのだろうと想像できる。

この運動が聖霊降臨祭と復活祭の贖罪の時期、すなわち犠牲と再生の時期におきたことを考慮すれば、子供たちは自分だけでなく周囲の人々からもキリスト教世界に満ちる罪を祓うにふさわしい犠牲であると思われていたのではないだろうか。それが、運動の初期段階において彼らが行く先々の町でそれなりに厚遇された理由だろう。

C　遊戯史の観点から

「少年十字軍」の子供たちは、実際に十字軍兵士であり、またその運動は、「聖嬰児の祭り」と形態上類縁関係にあるものだった、という**A**・**B**項の論点は、もしかしたら砂上の楼閣のように危うい基盤のうえに成り立っているのかもしれない。私たちも十三世紀の年代記作者も、時代は違え、ひょっとしたら成人の論理で事物を眺め、子供の世界にも成人の定規を当て、ありもしない宗教的役割を子供たちが演じているものと思い込んで、ひとしお感に耐えない思いで勝手に合点しているのかもしれない。

「少年十字軍」が本来の十字軍として算入されようが、また彼らが「聖嬰児」の再来であろうとなかろうと、多分、当事者の子供らにとってはどちらでもよかった。たとえ十字軍や聖嬰児に関して子供たちのあいだに一連のイメージが共有されていたとしても、それはたかだか「十字軍ごっこ」であり「聖嬰児ごっこ」であった、つまり「遊び」にすぎなかったと言ったほうが、肯綮に当たっているのではなかろうか。上に述べた観点が否定されるべきだという気は毛頭ないが、「遊び」という視点を導入することは、子供の立場で「少年十字軍」を考えそれに肉薄するためには不可欠な作業のように思われる。

子供は遊ぶ。だが大人も遊びに熱中することにかけて子供に遅れはとらない。ヨーロッパ中世の子供が竹馬・風車・騎士人形・輪遊び・凧上げ・鬼ごっこ・縄跳び・石投げ・雪合戦などにわれを忘れていたとすれば、大人たちは、トーナメント・チェス・サイコロ遊び・狩り・恋愛遊戯などにうつつを抜かしていたのである。(47) 両者のあいだの差異をあえてあげつらうとすれば、子供にとって遊戯が存在のまったき中心にあり、なんの造作もなく日常世界と遊戯世界を往復越境できるのにくらべ、その肉体が労働をつうじて大地の引力に強く繋縛されている大人が遊戯世界に飛び立つには、意識の表面に仮面を被り、日常的な自己を意志的に否認しなければならない、という違いがひとつある。そしてもうひとつ、大人にはない子供の遊びの際立った特徴として、大人の模倣、つまりR・カイヨワのいうミミクリ型の遊びが偏愛されることが挙げられよう。(48)

幼少時から武勇に憧れ、父や兄たちとおなじように馬に乗ることを願った中世の貴族の子供たちのあいだに、棒や木刀での戦い、棒馬遊び、兵隊ごっこ、模擬トーナメントが大流行したのは、この子供の模倣衝動のなせる業である。

その他、狩・牧羊・農耕・行列・結婚式・処罰なども、しばしば子供の模倣遊戯の題材となった。大人の活動としては意味を失った歴史の残滓が、子供の遊びや玩具として沈殿する傾向が顕著に認められるのも、子供の模倣作用の繰り返しによる、それらの活動形式の無意識への沈殿=継受として説明ができそうである。それはつまり、大人の活動として（において）かつて有していたある行為・道具の社会的機能が失われると、そこに世俗的ないし宗教的制度とはなんらかかわりのない「遊び」としての構造が明瞭に浮かび上がってくるのである。たとえば真剣な闘争がスポーツとなり、呪術の道具は玩具となるのだが、その構造の保存者としてもっとも貢献したのが、機能の変容以前から模倣遊戯に親しんできた子供たちなのである。子供たちは、それらを一旦、無意識の遊戯台帳に記帳すると、世代を超えて継承伝授してゆくことができるからである。子供の遊びの中に過去の慣習や制度のモデルが比較的無傷で保存されているのは、そのためであろう。

中世に例を求めてみれば、古代世界から受け継ぎ、初期中世にも宗教儀式において悪霊退散のために使われていたガラガラは、後期中世にはたんなる遊びのために用いられることが多くなったし、洗礼・告解・破門・説教・ミサその他の宗教的行為も、後期中世から近世にかけては、子供たちのパロディー遊戯の格好の題材となることを妨げられなかった。

キリスト教暦を点綴する祭日は、彼らにとって遊び騒ぐ絶好の機会であった。大きな祭りには彼らは家々の戸を順に叩いて、ときには暴力的に食べ物やお金をせびり、それはとりわけ「新年のお祝い」の際に行われた。また復活祭では、彼らは大人たちの前で家禽競走に興じたり、大人たちから卵をもらい受けたりした。そこには宗教的な追憶も欠けてはいないかった。なぜなら卵は復活祭の卵であるし、摑まえて犠牲にする雌鳥はユダヤ人たちに殺されるキリストを象徴しているからである。

ことほど左様に、子供たちは大人の脇で何でも遊びにしてしまう。だから「少年十字軍」を大掛かりな「遊戯」と看做すこともあながち不可能ではなさそうである。つまり「少年十字軍」とは、十字軍という法的かつ宗教的な行為が正道をはずれ衰退しつつあるときに、子供らがかつての神聖な姿を「模倣」した——くわえて、聖書の伝説をもパロディー化して「聖嬰児ごっこ」としてとり混ぜた——集団的「遊戯」であり、それ自体、なんらの物質的利害関係や効用・目的をもつものではなかった。それは遊びとして純粋で自由な行為であり、参加・脱退は随意で、日常的時空とは別の異時間・異空間において、規則正しくリズムとハーモニーに満ちて——少なくとも途中までは——進行したのである。

ここで試みに「遊び」と「祭り」の相違を反省してみるならば、「遊び」とは、願望を象徴的に実現することによって、人生におけるもろもろの苦悩や欲求不満を軽減させ、アンバランスな個体の内部世界と外部世界との均衡を暫時成立させる象徴行為であり、それゆえ一般に、遊びはそのものとして道徳規範の外にあり、社会的に没価値である。これに対して「祭り」においては、社会が本来的に抱えている矛盾や緊張の鬱積を解消させ社会を刷新するために、宇宙的な出来事の待望の下に一時的に社会秩序が逆転されたり、供犠が捧げられたり、さまざまな儀式がとり行われたりするのであり、それは祭りがすぐれて共同的な象徴行為であることを示している。ようするに祭りとは聖なるもの（または俗なるもの）のためにあり、明確な社会的機能を備えている。だから自己完結的な遊びとは区別されなければならない。しかしながら同一行為が、同時に遊びであり祭り（の一部）である、ということは当然おこりうる事態であろう。

したがって「少年十字軍」を「祭り」と見、その目標・社会的機能や神聖なる意図を云々するとすれば、それは社会化された共同性の視点であろうし、「遊び」と見るとすれば、より当事者たる子供の境位に即した直接的で個人的な視点となろう。

しかし、十字軍という真剣な聖なる壮挙であるのか、あるいは祭り、いやそれどころか聖性のかけらもない遊びであるのか、これは大きな違いであろう。だがおそらくどちらか一方のみ正しいとする訳にはいかないだろう。双方ともにその正しさの持ち分があるのであり、宗教行為にして同時に遊びでもあったというところが、「少年十字軍」の特異な位相であったのではないだろうか。これはしかし、子供にかぎらないかもしれない。たとえば巡礼は、悲痛な思いで罪を贖いたいと思う者たちだけの行為ではなく、物見遊山気分で出掛けた者ももちろんいたし、後段で話題にする鞭打ち苦行団やビアンキのような宗教行列にしても、そこに禁欲性だけを見るのはおそらく正しくなく、束の間の非日常的な気分を味わえる行動に走りたくて参加した大人たちもいたに違いないのである。

D　子供史の観点から

「少年十字軍」の担い手が大人ではなくまさに子供であるという事実から、C項では「遊戯史」の概念をめぐって考察したが、本項ではその延長として、子供の社会的地位、家族・社会の子供についての観念や態度、それに応ずる子供の心理的発達といった近年の「子供の歴史」研究における主要トピックスを取り上げ、そこから「少年十字軍」の意味づけにどのように接近できるのかを、一考してみたい。

「子供の歴史」といえば、Ph・アリエスの名がすぐに口を突いて出てくるほど、彼のオリジナリティー溢れるパイオニア的な研究は、今日なお大きな影響力を有している。(49) 彼によれば、中世においては子供時代の特殊性は明確には表象されておらず、子供とは、いわば「小さな大人」にすぎなかった。子供は動物同様、匿名状態に留まり、その固有の必要や能力、感受性の存在はいまだ認識の外にあった。家族内での重要性も極小だった。十七・十八世紀に、子供の教育の手段として学校が徒弟修行（家庭奉公）にとって代わり、子供が大人から分離された状態をもつようになり、と同時に家族のまなざしが子供に集中するようになったときにはじめて、子供時代は無邪気で幸せな、かけがえのない時代として哀惜の対象となったのだ……このような見通しが立てられた。

この明確だが極端なテーゼは、最近では、中世の子供を専門の研究対象としている研究者によって徐々に批判・修正されてきている。(50) そしてヨーロッパにおいては、近代以前にも両親・家族が子供と意識的な関係を結び、社会における子供の独自の存在意義が認識されるようになるための二つのステップがあったことが、次第に鮮明になりつつあるように思われる。そのステップのひとつは一二〇〇年前後もしくは十三世紀であり、今ひとつは十五世紀前半のルネサンス期である。ここで問題にしたいのは、いうまでもなく前者である。

まず最初に指摘しておかねばならないのは、十三世紀になると、多くの著作家が子供の世話や教育、そして子供時代――それをさらにいくつかの発達段階に区分して――の特質についての啓蒙的論考を執筆し人気を博した、という事実である。バルトロマエウス・アングリクス、ボーヴェーのウィンケンティウス、シエナのアルドブランディーノ、ノヴァラのフィリッポなどがその代表的論客であった。彼らは子供の大人とは異なる肉体的・感情的特徴や習癖、成長の過程での問題点や陥りやすい悪徳とその対処法を論じ、十分な睡眠や遊び・入浴・厳選した食事、あるいは母親の手づからの育児などの必要性その他、養育の目的や方法百般を説いた。また他方では、子供を無闇に殴打することや子供に無関心で冷遇することが窘められた。これらの論考は大学のスコラ学の産物であり、キリスト教神学とともにローマ文学やアラブの医学などを典拠としているが、それらが「育児マニュアル」としても人気を博したことは、当面は貴族や上層市民にかぎられていたとはいえ、子供時代の各発達段階における独自の必要や能力に対する正しい配慮の意識を人々に植えつけるのに、いささかなりとも役立ったであろう。

これと並んで十三世紀には文学作品――叙事詩・ロマン・ファブリオー・レーなど――にも、親の子供への愛情、出産・授乳による母との固い絆、大人と違う子供のロジック、無邪気に遊ぶ子供の仕草、性急で反抗的だが弱々しく、すぐに泣き叫ぶ子供への驚きや哀れみの情などが、かなり頻繁に描かれるようになった。(51) 子供は宝であり希望であり喜びのすべてだとして、母の子供への愛着、別離のたとえようのないつらさ・悲しさを直接語ったジャン・ルナールの『エスクーフル（鳶）』L'Escoufle（一二〇〇～〇二年）のような作品さえある。[52]

また十二・十三世紀の奇蹟譚には、母親がその小さな子供から目を離さずにいつも注意を向けている様がときに描かれている。そこでは、もし子供が怪我をしたり死ぬようなことがあれば、彼女は髪を毟り、顔を引っ掻いて悲痛この上ない苦悩の様子をする。[53] また祈りと約束を繰り返して聖人や聖母の恩顧を得て、神に執り成してもらおうとする。聖堂に留まり、日がな一日、祈願に明け暮れる。奇蹟がおきると驚喜して聖人と神に感謝する。この祈願と感謝の強さ・熱烈さは、母の子に対する思いの丈をも表していよう。いや母親ばかりでなく――多少抑制されてはいても――おなじく父親も同様な態度をとる様が描かれるのである。

またどの階層の家でも、兄弟姉妹らは一緒によく遊んだし、片親ないし両親がいなかったり、親にハンディキャップがあるときなどは、兄弟姉妹の絆は非常に強く、長女が妹・弟の面倒をみた。まだ十歳前後の子供であっても、弟たちや妹たちに食事をやり、風呂に入れてやるのである。平均余命の短いこの時代は親が早く亡くなるのが一般だったので、その分、兄弟愛は強固であったのだろう。

こうした近年の研究が明らかにしてきた子供の境遇を見れば、盛期中世、とくに十三世紀になると、子供たちが無視されたり冷遇されたりしつづけた、というようにはとても言えないだろう。父母は子供を気遣い、兄弟姉妹は連帯して助け合ったのだから。おそらく十三世紀という時代は、子供に対する家族・社会の関心がそれ以前にくらべて急速に高まった時代であり、子供が固有の感情、あるいは可能性を秘めた存在であることが、はじめて認識されるようになったという点でひとつの転機をもたらした。

この転機の形成には、宗教的な感情の変化も与かって力があった。神の子というより人間的な弱さと愛嬌を具えたイエス、そして優しい母としてのマリアの像がさまざまな媒体を介して普及し、人々が彼らについて思いをめぐらす機会が十二世紀後半から十三世紀にかけて飛躍的に増加した、という心性の変化がそれである。このイメージ普及の震源地はまずシトー会、ついでフランシスコ会の霊性であった。

その他十二世紀半ば、ことに十三世紀以降、聖職者や俗人有力者による孤児院ないし捨て子院が――一一七〇年、ギ・ド・モンプリエの聖霊修道会を嚆矢として――フランス・イタリア中に数多く設立されたこと[(54)]、または **Bons-Enfants** と呼ばれる十~十五歳前後の貧窮学生のための教育・慈善施設が、北仏・ネーデルラント諸都市に簇生したことなども[(55)]、「子供観」の変遷がもたらした同様な感情の結晶作用である。ちなみに十二世紀以前にも慈善施設はもちろん存在したが、そこでは大人も子供も、巡礼も浮浪者も、健常者も不具・病人も、皆一緒に保護されたのであり、子供のみを大人との混在の危機から守るべく隔離して集めた施設は存在しなかった。

十三世紀に子供への関心が高まったのは、紀元千年を越えたあたりからの人口上昇曲線が、この世紀にぐっと跳ね上がり、一二六〇~八〇年に頂点に達したという事情も与っていよう。子供が生き延びる確率は前代に比してはるかに高くなった。高齢化社会という訳ではないから、子供と若者人口が過半を占め、地域によっては十四歳以下の子が三分の一ほどを占める。新たな法規や教育機関もそのために創られた。いたるところに姿を見せるこの子供の存在感の大きさは、大人の子供への関心を高める圧力になっただろう。そして、子供増加傾向に歯止めがかかり、鈍化していったのが一三二〇~三〇年頃であり、それは晩婚傾向、生活水準の低下、飢饉・不作、出生率低下などに起因する。その前の十三世紀は、まさに幸多き子供の時代だと評したくなる。

＊

しかしながら別の観点から眺めれば、子供をめぐる十三世紀の現実はまだまだきわめて厳しいものがあった、ということを言い落としては片手落ちになる。なにより子供の死亡率はいまだ非常に高く、十人に三人は、生きて生まれたとして一年以内に亡くなったし、また三人中一人ないし二人が青年期に達する前に亡くなったことを、当時の史料や墓地の発掘調査から窺い知ることができる。子供が四～六人生まれたとしても、一人二人しか残らないのが普通だったのである。また乳児死亡を除外した（成人）平均寿命も約三十歳と相当短命で、疫病・飢饉・戦争の他、病気や怪我により、子供が十分成長を遂げる前に片親もしくは両親を失うケースはごく当たり前であった。

寿命という半ば自然的要因を別にして、否、それをはるかに凌いで子供にとっての受難の根源は、当時の親子間に「遺棄の慣行」がなお根強く支配していたことである。この遺棄の慣行は、ヨーロッパでは初期中世からアンシャン＝レジーム期まで変わることのない親子関係の不幸な下部構造を形成し、それは物理的なものと感情的なものとに区分できる。前者はまた、多少とも制度化されたものと非合法的なものとに分けられる。中世、とくに盛期中世から後期中世にかけての貴族・上層市民家庭の母親——ときには中流の商人・職人家庭の母親も——は、生まれたばかりのわが子を自分の手で育てることをせず乳母に委ね、子供は乳母とともに田舎で暮らした。ただしこの、母が母乳で育てないという慣行は、以前考えられていたほど広まってはおらず、高い割合を示すフィレンツェなどのケースは例外的であったという説が今日では認められつつあり、最上層の貴族や富裕市民以外は、多くの場合母親が自分で養育したようだ、と見直されつつあることを付言しておこう。

里子に出された子は、二～三歳で乳離れして親元に戻って来ても親は養育には携わらず召使に任せ、しかも七歳かしばしばそれ以前に、子供たちは他の家庭や修道院に見習・小姓・侍女・献身者（oblats）などとして送られるのが一般的風潮だったようである。献身者の場合は一生身を修道院に捧げることになり、世俗には戻れなかった。

貴族の子供たちは、教会が親たちに自ら養育することを奨めてもしばしば乳母に育てられ、また騎士になることを定められた者は、たいてい七～九歳で母の懐から切り離された。そして叔父などの親戚、あるいは他の貴族の宮廷に出仕させられ、騎士になるための教育を受けた。まず小姓となって大人に仕え、十二～十五歳まで本格的な軍事演習をした。大貴族の長男のみが、自分の「家」で他の少年ら——父の家臣の子や友人の子——とともに生活ができ、その他の子供にとっては両親とともに過ごす時間はごくかぎられていた。さらに長男は父親の跡継ぎとしての期待を一身に負い手厚い世話を受けただろうが、次三男は早く家を出るようにとの有形無形の圧迫をたえず肌で感じていたことだろう。女子も含めて、聖界への道を幼いときから選ばされることも稀ではなかった。それが貴族社会の掟であり、主君への忠誠、身分の向上を狙っていたといっても、子供のこころには相応の痛手、生みの親とのやるせない疎隔感が刻印されただろう。

つぎに、都市の子供たちはたとえ八〜十歳の子供であっても、父のいないときには店番をして商品を売ったり仕事を手伝ったりした。読み書き算盤を学ぶため街区の学校に通うこともあった。下層階級の家庭では、子供を徒弟奉公に出す慣行があった。徒弟はたいてい十二・十三歳以上の少年で、平均は十五・十六歳であった。徒弟奉公する子供は家族を離れ、ときには実家から遠くへ送られて、衣食を与えられて親方の下で暮らした。しかし完全に両親と離れてしまうのではなく、一年の一定の期間に母に会いに戻って来た。近くの商店で店番として会計を任されるだけの徒弟は、毎日実家に帰ることさえできた。だから、徒弟はかつて考えられていたほど厳しい境遇ではないと見直されているが、それでも早期に母親から離される子供のこころには喪失感が蟠ったことだろう。

最後に、農民の子供たちは早くから畑仕事を手伝い、小鳥・動物や虫が農作物を傷めないように、追い払ったり殺したりする役割を負い、また刈り入れや運搬を手伝ったりもした。鵞鳥などの家禽、豚などの家畜の世話は、八〜十歳で任された。肉体労働をするという意味では大変でも、いつも親の近くにいられる農民の子供たちは、親子関係の面では貴族や都市民の子よりも幸せだったかもしれない。

修道院への献身者や職人の徒弟奉公を、制度化された遺棄の慣行として一括してよいとすれば、非合法的な遺棄の慣行としては、十三世紀に入っても一向に減少した形跡のない子殺しと捨て子の慣行に、まずもって指を屈しなくてはならない[56]。孤児院設立の多さがその雄弁な証拠となる。

他方、感情的な遺棄という表現は、たとえ子供が親元に留め置かれたとしても、親は一般にわが子に対し非常に冷酷、あるいはまったく無関心だった、という日常化した態度を指している[57]。どの身分・階層の子もしばしば親のたんなる「所有物」として扱われ、容赦なく打擲され、幼い頃から厳しい労働に服させられた。余分な子供が生まれると母親は絶望――自分の健康・円満な夫婦生活・家族の糧食を脅かすものとして――し、満足に栄養を与えないことも稀ではなかった。親子間の感情的断絶は、十三世紀においても厳然として存在していたのである。

親子間の感情的断絶という厳しい状況については、中世において、子供たちが近代以降よりずっと早く独り立ちを求められたという事情も与っていよう。徒弟修行や修道院への預託もそうだが、一般に両親が子供の世話の義務を負うのは、多くの場合、七歳までで――十四歳までのこともあるが――いわゆる成年までの養育義務はなかった[58]。またたとえばドイツにおいて、子供が法律上の成年になり自分の行動に責任をもつのは、たいていは十二歳であった(ときに十四歳とか十八歳というケースもあり、ドイツでも都市・地域で異なった)。それでは窃盗や殺人を犯した子供はどうなるのか。ローマ法によると七歳以下は責任能力なしとして処罰されず、償うのは両親か後見人であった。しかし七歳を超えると――刑法上の成年は、一般に十四歳であったが――、なんらかの罰を課されたのである。ドミニコ会の著名な説教師レーゲンスブルクのベルトルトは、八歳ないし十二歳で大罪を犯しうると言っている[59]。

かような「遺棄の慣行」は上述した「子供の発見」と鋭く矛盾するが、その矛盾こそがこの時代における大きな問題だったのではあるまいか。十三世紀には子供時代の固有性への理解が芽生えたため、子供はそれ以前のような全き忘却からは救いだされ、両親の感情生活の中に受容されるようになった。乳児期の扱いは手厚く情愛に満ちたものになり、期待を背負った長男などは、十分な世話を受けることもあっただろう。しかしこの受容はあくまで苦汁と苛立ちに満ちた受容であり、拒否的で破壊的な態度と慈しみ養育しようとする優しい態度が葛藤するアンビバレントなものであった。子供を大切にせねばならぬとする厳しい倫理的要請や、選ばれし状態としての子供期の理念が登場したにもかかわらず、根強い「遺棄の慣行」が残存し両者が葛藤していた。この構造的な矛盾が、子供の自我の統合の足場を掘り崩す作用をしたことは疑いを容れまい。

子供は、乳児期の母親との融合状態から脱し幼児期から少年期に移行する頃には、自分が一個の人間であることをしっかりと確信するようになる。だがそのつぎには、自分が「どんな種類の人間」になろうとしているのか知らねばならない段階が踵を接してやって来る。その段階は、言語感覚の発達、移動能力の増大と相俟って、訓育と教育のもっとも活発な時期なのだが、その裏面で、子供たちはじつに多くの事柄にわたって想像をほしいままにし、その想像によって自分自身が脅かされ戦くことになる。その恐怖を社会の健全性と文化的連帯性の力を借りて建設的なものに転化させ、子供が社会的現実の中で明確に定義された自己に発達しつつあるという確信を与えるのは、言うまでもなく親の役割である。

それゆえ、もしも両親が変化する文化的規範や制度を子供に対して反映するのに不適切であるとき、子供は現実主義的野心や独立の感覚を身につけて少年期の脅威や試練から抜け出すことができず、自我の統合は危殆に瀕する。そうした場合、彼らは幻想的な自我に同一化することによって、救済を求めざるをえない。換言すれば、みすぼらしい自分を偉大なモデルに凝縮させて置き換えて、欲求不満を解消するしか道はないのであろう。

だから現実では得られない生き生きとした所属観を絶望的に希求する子供たちは、しばしば幻想的な自我に同一化することによって救済を求めざるをえなかった。そうした願望のひとつの具体化が、自分たちを「新たな聖嬰児」と同一視した「少年十字軍」であり、あるいは命を賭した途轍もなく大掛かりな集団的「遊戯」としての「少年十字軍」であった。いずれにせよ子供たちは、想像上の快感で現実の不快感を覆い隠すほかない窮地に追い込まれていたのである。

どの時代においても、子供は小さな大人であるどころか、子供が大人の世界に入っていくのは、一歩一歩手探りをしながらなのであり、貴族の子であれ農民・職人の子であれ、ままごとや玩具での遊びで、そして両親の働く姿を身近で見て、見よう見まねで手伝ったり遊びにしてみることが、大人世界に参入するためのイニシエーションとなった。だがその一方で、中世においてはごく幼い時期から子供にも「責任」を課され、また親子のあいだに感情的な疎隔を生じさせるさまざまな慣行が残っていて、そのギャップが子供たちの心理に重い負担を課したということは、十分考えられる。

三 子供の霊性

両親に守られなにくれとなく面倒をみてもらい大切に育てられる子供、世間の荒波に揉まれることもむずかしい人間関係で神経を磨り減らすことも糊口を漱ぐためあくせく働く必要もないいたいけな子供が、どうしてあの世を希求する宗教などに積極的にコミットするだろうか。たしかに、大人たちのお尻にくっついて教会に通う子供たちは、少しずつキリスト教の教えを学び、正しい生活態度を身につけていくのだろう。だが子供が自発的に宗教運動を起こすなどとは、ゆめ考えられない……このように思うのは現代人として自然だが、おなじ年齢の「子供」でも、昔と今とではまったく境涯が異なることは、前項**D**で明らかにした通りである。

そもそも子供に宗教が理解できないというのは、はたして正しい判断だろうか。また、これからこの世で成長し、仕事をしてゆかなくてはならない子供にとって、宗教が老い先短くあの世での救いを真剣に思い始めた大人にくらべ無縁である（はずだ／べきだ）というのは正しいだろうか。

一二一二年の夏、ドイツとフランスで突如発生し、線香花火のように一瞬にして消え去った「少年十字軍」を、前節では四つの観点から再検討してみた。というのもこれまでたんなる奇妙奇天烈なエピソードとして、あるいは十字軍の歴史におけるひとつの感動的だがなんらの成果も影響ももたらさなかった小事件としてのみ話題になることが多く、たかだか、近代のロマン派の小説家の琴線に触れるにすぎなかったからだ。もっと酷いことに、近年の研究は、少年十字軍の「少年」puer が、じつは本当の少年ではなく、社会に落ち着いた地位を占めない未婚の若者だとまで言って、少年十字軍の存在自体を疑問視し、大人の社会問題へと解消しようということで一致団結しつつあるが、この論拠の薄弱性はすでに本章の冒頭で批判しておいた。

私は十三世紀のヨーロッパで、およそ六歳から十三歳の子供たちがあのような形の運動をなぜ引き起こしたのかを、時代固有の文化や社会のあり方と、そこに生きる子供たちの境涯との関係の下で理解したいと願って、多方面に目を配りつつ考察してきたつもりである。そして、少年十字軍は「十字軍」という連綿とつづくキリスト教的伝統と、「祭り」という多少とも異教的な伝統の交差する地点に位置し、その二重の伝統によって情動的なポテンシャルを高められていたのだと看做した。しかし同時に、それがつぎからつぎへと磁石に引き寄せられる鉄粉のごとく、大人ではなしに同年代の子供たちを糾合させたのは、それらの伝統から社会的機能も元来意味のあるべき内容も脱色・揮発して、高いボルテージと純粋な形式のみが骨格として残ったからだろうと推測した。その骨格とは遊戯構造であり、それに参加する子供たちは、集団遊戯として「十字軍ごっこ」に加わっていたのである。聖なるものと遊なるものは、俗なるものを挟んで対蹠点にあって、それでも自由にクルクル交替できる回転式ドアのようだ。そしてその回転運動に弾みを与えたのは、ひとつは十三世紀以後しばらくのあいだ、ヨーロッパ社会において支配的であった子供と大人の関係、アンビバレントな親子関係の増殖である、と考えた。

このような解釈は、しかしこの運動に子供たちなりの〈霊性〉が現れていること、いやその〈霊性〉こそ、俗なるモチーフと交替しながら、この運動を推進していたということを否定するものではない。私たちはまだ「少年十字軍」の宗教運動としての側面、その〈霊性〉について十分探査を進めていない。本節ではこの問題に取り組んでみよう。

A　霊性教育

「少年十字軍」に明瞭に表れている〈霊性〉とは、一体どんな性格のものなのだろうか。そもそも中世の子供たちは、どのような手段を通じて霊性を涵養していったのだろうか。その道筋を辿ることが最初にすべき作業であろう。宗教教育の実態と成果をまず見届けてみたい(60)。

幼児期の子供の教育に対する母親の役割には絶大なものがあった。母親がべったりと付き添って世話をする嬰児期から幼児期にかけてはもちろんのこと、もう少し大きくなってからも、キリスト教信仰の基本は家庭において母から教え込まれた。しかし詩篇集や祈禱書を入手して読み方を習い、キリスト教要理を文字から学んだのはごく一部のエリート層の子供にかぎられた。大半の農民や職人の妻は文盲で、その子供たちにも知識は当然、口頭でのみ伝達された。そこでは「言葉」と「模範」によって見本を見せ、それに子供たちが自然と倣うという形で、冒瀆の言葉や色欲を避けるよう導いたが、家庭でのおもちゃや遊びを利用したキリスト教の手ほどきも、母親の工夫次第だったろう。

なにより先に子供に覚えさせるキリスト教の言葉は、三つの基本の祈りである。主禱文、天使祝詞、使徒信経がそれである。また日曜になれば子供を教会に連れて行き、彫刻や聖画像を見せ、跪いたり十字を切ったりといった祈りの仕草を教え、さらに典礼歌を一緒に歌わせる。そしてはじめは分ろうが分るまいが、司祭の説教（聖母や聖人についての話、キリストの生涯についての話やその日に朗読する使徒書簡や福音書の部分についての話）を聞かせる。また皆で生者・死者・教皇・司教・王のために祈り、あるいは平和と十字軍の成功を祈念した行列にも参加するようになる。こうして母と教区司祭の働き掛けにより、子供たちはいつの間にか七大罪やモーセの十戒を暗記し、三位一体のドグマ、キリスト教の掟の要点なども覚えることになっただろう。

十三世紀には、教会当局も信徒たちが異端説に染まらぬよう、彼らが幼い頃からその胸に正統教義を浸透させる努力を重ねた。教会の考えでは、理性の年齢に達して言葉を操れるようになった子供、すなわち「puer」は、神について神のために神へ語る言葉を学ばねばならなかった。だから俗人たちの最小限の宗教的義務がシステマティックに定義され、祈りの仕草などを教え込む方途が発明され、その体系的な普及が目指されたのである。

この点、画期をなしたのは一二一五年の第四回ラテラノ公会議である。その第二一決議は aetas discretionis（分別の年齢）に達した男女は、少なくとも年一回その主任司祭にすべての罪を告白し、聖体拝領を受けるべきだと定めた。その後も多くのフランスの司教区教会会議で同種の案件が取り上げられ、七歳以上の子供はその小教区の教会で聖金曜日に十字架に接吻し、復活祭には告解後、聖体拝領するようになどと定められた。つまるところこの時代、「子供期」の者たちにも小教区民としての義務が課されるようになり、ミサへの出席、貧者への喜捨、年一回の告解と聖体拝領、そして断食などが義務化するのである。

おなじく第四回ラテラノ公会議のいくつかの決議で強化されたことだが、有資格の神学者・説教師が正しい信仰を広めて適切な告解の秘蹟を施し、また各司教区に貧しい学生や聖職者を教える立派な教師を選んで配置し、小教区司祭の司牧が適正なものになるよう、その道徳的教育レベルを向上させるための努力が重ねられた。

だが、教皇庁としては司祭だけに頼るのはいかにも不安であった。そこで、教皇は教区の在俗聖職者を補完するエリートの司牧者を、自らの手足として平信徒らを教導するため役立てようと図った。とくに托鉢修道会――ドミニコ会とフランシスコ会が主で、後にカルメル会、アウグスティノ会が加わる――が中心となって、キリスト教世界の末端部まで教化を徹底させようとした。彼ら托鉢修道士は各都市に拠点を置いて、都市とその周辺を舞台に活躍した。そして司祭など現場担当者の教育・司牧スキル向上の手ほどきをするとともに、自ら説教壇に立ち、女性や子供も含めた一般信徒に語り掛けたのである。

こうした托鉢修道士による子供への関心の高まりの風潮の中で、大量の教育書・育児書が書かれた。たとえばドミニコ会士のトゥールネのヴィレルムスには、多くの仲間から慫慂されて書いた『子供の教育について』（一二四九／六四年）という論考があるが、[61] そこで彼は、聖書や教父、理性、範例によりつつ、子供たちに道徳と有益な知識を授けることの意義を説いている——悪徳に染まりやすい子供たちを若いうちに矯めて美徳に向かわせることが必要で、両親、とくに父は、言葉・模範・鞭を駆使して教育に努めねばならない。両親のほか、代父・代母も協力して、純潔で正義を愛して神を愛するよう促し、高利貸しや不誠実な商人や盗人にならぬよう子供に教えるべきである。使徒信経と主禱文を覚えて神を愛するよう促し、またしばしば教会に通って説教から学び、善人の例に従うことを教えるべきである。ダンスや大道芸に夢中になるのは御法度である。教師も模範的な生を送って生徒に範を垂れねばならない……。

こうした専門書だけではない。聖人伝、聴罪司祭のマニュアル、百科全書、教訓逸話（exempla）、説教などにも、いかに子供を教えるべきかという項目が含まれるようになった。十二世紀までは、修道院に入った子供たちの恥知らずで下品な言動・欲望をいかに矯めるか、羞恥心・沈黙・服従を子供たちに要求せねばならない、といった趣旨での提言はあったが、修道院の枠を越え、俗人の子供たちの教育にまで教会が大いなる関心を示しだした十三世紀の教育観の展開は、じつに画期的である。

この世紀には、教育はまだ教会の手に握られており、教師の大半は聖職者、すなわち主任司祭や副助祭であった。初等教育と宗教教育は不可分であり、修道院がブルジョワの学校を開くこともあった。もちろん義務教育がある訳ではないが、すでに一一七九年の第三回ラテラノ公会議では、各司教座聖堂に、若い聖職者のみならず貧しい出身の見習いをも無料で教える教師を据えることが命じられている。さらに一二一五年の第四回ラテラノ公会議では、小教区教会の聖職者の教育に当たる教師を確保しようとした。そして、十四世紀初頭には典礼学者で司教のマンドのグィレルムス・ドゥランドゥスが、村ごとに学校を開設することを推奨している。

聖職者が管理する「小学校」petites écoles は十三世紀からその数がふえた。都市のコレージュは貧民にも開かれ、さらに奨学金を授けて農民をも引きよせた。ランスのボン＝ザンファンのうち半数の生徒は、都市周辺の農村の子供であった。この頃から村にも学校が開かれるようになり、小教区では初等教育を教える聖職者が、主任司祭によって扶養されていた。村の住民自ら金を出し合ってその生活を支えることもあり、読み書きを習おうとの意欲は、相当のものであった。とはいっても、こうした初等教育を受けられるのはごく一部の子供にかぎられただろう。が、読み書きを学び、典礼の祈りの文句をいくつも覚える子は、十二世紀以前に比してはるかにふえたことは間違いない。

もっと多数の子供たちが神の言葉を受け取る機会もあった。説教である。(62) しばしば托鉢修道会の後援で、それまで社会の底辺・周縁にあってあまり魂の世話をしてもらえなかった者たちに、説教を中心とした霊的指導がなされるようになるのである。相手は主に女性・労働者・家庭の奉公人らだが、子供たちもまた説教の受け手となるのであり、カリスマをもつ説教師は子供の大群を周りに集めたという。(63) そしてアダムのサリンベネがフランシスコ会士のレッジョのバルナバについて伝えているように、説教師はラテン語ばかりか世俗語をも各種扱い、身振りや方言もマスターした上で、女性には女性向けに、子供には子供向けに話をしたのである。(64)

説教は、カテドラル、小教区教会、托鉢修道会の教会や墓地で多くの市民を集めて行われた。托鉢修道士は都市住民を相手にするばかりでなく、ときには田舎に出てその地域の農民にも語りかけた。彼らの説教は「この世は誘惑に満ちているから、魂の救いのために、あらかじめ死を思え」などと威嚇しながら、初歩的な真理を教え込む宗教教育になっており、日曜のミサや復活祭中の聖体拝領の義務を力説した。また各身分（status）はそれぞれにふさわしい助言を与えられた。すなわち既婚者には夫婦の義務や子供への務めを果たすこと、商人なら詐欺・高利貸行為・強欲から遠ざかること、女性なら媚態を避けること、これらの責務が諄々と説かれた。そして説教師はさまざまな祈りを解説し、典礼暦を点綴する救拯史（聖史）を教え込んだ。托鉢修道士にとっては、信徒はまずもって罪人であるゆえに定期的に罪を告白すべきであり、モーセの十戒と聖職者の助言に従って暮らさねばならないと信じていた。

宗教教育の進捗に比例するように、教会での宗教儀式に多くの子供たちが加わるようになるのが、またこの時代である。子供たちはまず少年聖歌隊として、あるいは行列要員として群をなして登場する。さらに各種のキリスト教儀礼の参加者・見物人として、ますます多くの子供が加わるようになっていった。とりわけ嬰児イエスを祝う祭り（クリスマス、割礼の祝日、公現祭、受胎告知）が、彼らが主役となれる機会であった(65)。

以上の説明から明らかなように、十三世紀は、家庭教育、教区教会での日曜ごとのミサ参加、托鉢修道士の説教、学校、宗教儀礼への参加など、公私双方で子供の教育環境が整っていったのであり、それは彼らに、まだ未分化であれ、かつてないほど高度な宗教意識をもたせることになったことだろう。

B　聖人の子供時代

キリスト教徒にとっての聖性の模範をその生き様で示す聖人たち。それぞれの時代にどのような聖人が誕生したのか、あるいはいかなる聖人が崇敬を集めたのか、とくに聖人たちがどんな「子供時代」を過ごしたとされているのか、これらを調べることで、各時代の〈霊性〉の一端が窺い知られる。というのも、聖人の振る舞いは、同時代のあらゆる人間の行動が測られる一種の基準——もちろんキリスト教の救済計画の中で——となる訳だし、若者には、至上のお手本として折に触れ示されたことだろうから。実際、ミラの聖ニコラオスやトゥールの聖マルティヌスがしばしば子供の〈霊性〉のモデルとして掲げられた。[66]

十三世紀においては、大半の聖人は富裕な貴族か都市エリート家庭の出身であるが、彼らの伝記では、両親の子供への敵意と世代間紛争が、ほとんど原型的と言ってよいほど繰り返し現れるという。子供時代の様子が分っている聖人の場合、そのほとんどが子供時代にネグレクト――片親ないし両親の不在、乳母・親戚・修道院への委託、子沢山ゆえの無視――され、喪失感をしたたかに味わっている。こうした無慈悲な父親に対する敵意が、未来の聖人の幼い胸の中に醸成され、青春時代にも感情的ストレスの時期がつづく、だがそれが宗教にすがることで解決される、というパターンである。あるいは自分たちが奨める仕事や結婚を拒否する子供に、いくつもの禁令を無理矢理押しつける両親との葛藤シーンも、しばしば登場する。[67]

聖人伝特有のステレオタイプ化を蒙っているとはいえ、ステレオタイプにも諸種あるとすれば、ことさら両親からの意図的ないし意図せざるひどい仕打ちが将来の聖人の幼少期に登記されていることは、それがこの時代の読者に訴え掛ける真実らしさを具えていたからではないだろうか。幼い時期から聖性の道に踏み出した変わり者の子供を抱える家庭が、緊張を余儀なくされることはたやすく想像されるところである。

聖人の子供時代には、すでに前節で触れた「感情的な遺棄」があったのであり、こうした喪失感を埋めてくれたのが、修道院長、あるいは幻想のイエスまたはマリアであった。そして聖人らは、この悲惨な子供時代を原体験としながら、長じて後神に仕える道を選ぶや、両親の価値観をひっくり返そうとするだろう。聖人伝では、しばしば七歳以前の子供たちの行状が「まるで老人のようだ」quasi senex と表される。またたとえばパドヴァのアントニオ・マンゾーニは、子供の頃から断食し、ミサに出席したり説教を聞くのに夢中で、ふつうの子供の遊びはせずにいたという。他の聖人の子供時代も通例ませていて、子供なのに思慮深く敬虔な大人のようだ。遊ぶ代わりに教会や修道院をぶらついて時間を過ごす者もいた。七歳になると早くも遊び仲間からも父親の畑からも逃避して、部屋に籠もって苦行をし、マリアと会話したりイエスの受難を観想する子も現れた。また十分な食事を取らずにわざとパンと水だけにしたり硬い毛織りシャツを密かに着込むなど、贖罪者そのものの生活をする子供もいた。

後に聖性に輝くことになる多くの敬虔な子供たちは、その幼年期においては、意気阻喪するような敵対的環境に囲まれたが、それは彼らの敬虔心を強め固めるのに大いに役立った。そしてなんとか自分の敬神の思いを吐き出せる通路を探そうとした。娘がフランシスコ会第三会に加わりたいと知った父に、髪を切って縄で繋ぐぞと脅される娘、息つく暇もないほど家事手伝いを強要される息子や娘、また純真無垢で従順な故に、ユダヤ人の主人・狼・略奪者らの犠牲になる子供、こうした受難の子供が十三世紀の聖人伝には多出する。

もちろんもう少し遅い青年期にも劇的な回心シーンが目白押しである。放蕩生活の後、幻視を見て回心し、いくら親や親類に説得・虐待・嘲弄されてもその勧めには従わず、親に期待される商売・結婚や戦争といった世俗生活の代わりに、清貧を追求し、天の父のみを父と慕う聖人たち。聖フランチェスコやそのパートナーのクララをはじめ、十三世紀にはこうした親への反発をバネに聖性に飛び立つ聖人は数多い。とくに反抗の対象となるのは、家父長としての権力を振りかざす父親である。母親のほうは、最初父に同調していても最後は子供に従うことが多いようである。

聖フランチェスコ伝などに明らかだが、社会の主要な行動モデルと宗教的使命との折り合いの困難さが、ますます聖人伝の中心テーマになり、それはフランシスコ会とドミニコ会の作品においては、ほぼ例外なく都市を舞台に展開する。回心の舞台が農村や貴族社会ではなく都市に特化していくのは、そこにこそ聖性の条件となる新たな経済・社会が出現したからであり、それはなにより家族内のコンフリクトとして発現する。しかもその家族とは、政治的党派や、軍事クランの代表ではもはやなく、経済統一体としての家族であり、その特徴に未来の聖人たる子供・若者が、早くから反撥するのである。フランチェスコも家族たちの計算高い言い分を軽蔑して家を捨て、それが彼の聖性の不可欠の要件となっている。

こうした傾向は、イタリアのフランシスコ会とドミニコ会圏内で生まれた聖人伝にほぼ共通する。といっても、両托鉢修道会によってこのモデルが創り出されたということではない。なぜなら托鉢修道会出現以前から商人階層出身の聖人のモデルはあり、聖性を志し、憧れる者たちにとっての共通了解になっていたからである——将来聖人になる者は、子供時代にかならず家族の無理解と敵意に遭遇し、さなきだに束縛の多い父権的な「家」が堪え難くなって、やがて逃亡する。子供時代にかならず家族の無理解と敵意に遭遇し、さなきだに束縛の多い父権的な「家」が堪え難くなって、やがて逃亡する。「家族」を捨てた彼は、世俗的快楽・浪費はもちろん、職業としての「商業」を捨ててもっぱら神に仕えるのである。彼らの内にはすでに子供時代から聖霊が働いて回心を準備していたのであり、彼らは突然、家族団欒のテーブルを、食事も終えないまま去って両親を狼狽させるのである。そしてそれは、後に全面開花する制限を知らない聖性の発現を予期しているのである。

ちょうど少年十字軍の年、一二一二年にピアチェンツァにおいて、聖堂参事会員のルッフィーノによって書かれた福者ライモンド・パルマリオの伝記を紹介しよう(68)——

主人公は十二歳のときに父親の経営する靴屋の工房に入れられ、そこで仕事を学ぶとともに商業の実践を習得するよう強要された。だがこんな卑屈で下賤な活動はいやだとひどい嫌悪感に囚われたライモンドには、もっと大きく高い世界に飛び立ちたいとの思いが募ってきた。が、父が生きているかぎりは、その命令に従うのが両親の尊敬を命ずる神の掟を守ることだと諦めた。

まもなく父は亡くなった。ライモンドは十四歳、すでに青年期に達していたので、神の霊感に導かれて聖地巡礼を志したが、老母のことが気掛りだった。優しい情愛で結びついた母子だったから、家族的義務を感じ、母の許可なしに旅立つ訳にはいかなかった。しかしこのまま家に止まりつづけていると神の恩寵を失ってしまうのではないかと危惧して母に頼むと、母はこんな有り難い話はないとライモンドを励ましてくれた。相互の優しさが発露する感動的シーンを経て二人してともに旅立つことになった。相互の愛で支え合って聖地に向かい、目的地ではユダヤ人の不実な行為を考えながらともに胸が張り裂けそうになり、悲哀と甘美さが極まって聖墳墓に滂沱と涙を注いだ。やがて帰途についたが、ピアチェンツァに到着する前に母は死亡、子の嘆きはいかほどか……という話である。

以上まとめてみれば、十三世紀になると聖人の世界はその出身階層に商人・職人が俄然ふえてきたが、そこには家と家父長権への反抗・逆転としての宗教生活の選択、そこでの自己否定と神への献身によるカリスマ的な力の獲得、という構図がある。ある日、広場で公衆の面前に立った若者の内部では劇的な霊的変革がおき、ごく普通の安定した家が急に牢獄に見える……というパターンである。家族への嫌悪感は、ただ母親のポジティブな役割の承認によってのみわずかに緩和されている。

しかし家族を捨てた聖人は、社会から逃避するのではない。これがロマネスク期以前の聖人と、このゴシック期の聖人との大きな相違であろう。前者が孤独の地を求めて社会を捨てたのに対し、後者はその力によって、再び社会と以前とは別の人間としてかかわり合うのである。世俗での価値観（ヒエラルキー社会、家族の名誉、富の重視）を逆転させた聖なる価値観をもって、自分たちの生まれ育った社会に働き掛けるのである。

以上の十三世紀の聖人伝の子供時代の検討は、私たちの「少年十字軍」の解明のために光を当ててくれるだろうか。少年十字軍に参加した子供たちも、ある日、突如霊の光に打たれたかのごとく、狼狽し押しとどめようとする両親の説得を振り切って「家」の外に飛び出し、他の多くの子供たちとともに、指導者を戴いてエルサレムを目指した。これはたとえば、父親の死後、エルサレムに巡礼に旅立った福者ライモンド・パルマリオのこころの動きに近いものがあるのではないだろうか。経済の領域で商業的原理が地歩を固め、また「家」が家父長を中心に凝集を始めた時代、それら世俗の動向に反発することが聖性飛躍の契機になったのであり、少年十字軍参加者も、そのような状況の中で〈霊性〉を発揚させたのではあるまいか。

無論、別の考え方も可能である。年代記作者も聖人伝作者も、ともに聖職者ないし修道士であり、教会関係者としての価値観を共有していた。聖人伝に触れることの多い教会関係者の年代記は、前者の内容・プロットを踏襲して、奇妙な出来事を年代記に記載したのであり、それは運動に参加した子供たちの心理・霊性を明らかにすることはなく、ただ彼ら聖界に属する大人の作者の価値観を示しているだけだ、と。

しかし隠修士の「伝記」についても述べたように、年代記にはどこに具体的真実が記載されており、どこに嘘偽りが紛れ込んでいるのかの見分けが困難だとはいっても、こうした教会関係の著者といえど、貴族なり都市民なり農民なりの家庭で生まれ育ったのだし、その作品の読者もまたそうである。しかも説教活動が全盛期を迎えたこの時代、知的で孤独な執筆作業がそれだけで完結することはなく、口頭の伝達、民間の伝承がその作業を補助し、また広い層の聴衆に向かって語り伝えられることが予想されていたのであるとすれば、語りのプロットがまったく真実味を欠くということはなかった、すなわち現実への対応物を含んでいた、と推論できるのではなかろうか。

C　子供の聖性

十三世紀の子供の聖性についてもう少し考え進めてみよう。子供は大人にはない聖性をもちうる、奇蹟的な行為をなしうる、という考えが十三世紀から十四世紀にかけて高揚したようである。(69) それは子供たちが霊的な力の核心となって、それをつうじてもろもろの「団体」はその統合性、しばしば分断化・細分化に曝された凝集性を取り戻す、という考えにも発展していく。

もともと古代キリスト教以来、子供という存在は気まぐれで無礼な振る舞いをし道徳的にはまだ曖昧であるが、大いなる発達の可能性をもつ、いや割礼と洗礼とともに純化されまだ汚れを知らない子供こそキリスト教的な美徳——優しさ・謙譲・敬神・服従・従順・節制など——の権化であり彼らには心身の純粋さがある、と信じられてきた。[70]

もちろん、すでに新約聖書は、天国に入るためには子供のごとく無垢でなくてはならないと言っている（マルコによる福音書第一〇章一五節、ルカによる福音書第一八章一七節、マタイによる福音書第一八章一〇節）し、教父のヒエロニムスも、マタイによる福音書第一八章三〜四節の子供が謙譲のシンボルであるとの件を自問して、子供を神が地上に送った模範だとする。子供は女を見ても何の快楽も感じず、自分の思考を隠すこともいらず、嘘をつかず、怒りにこだわらず、恨み辛みの執念深い人ではない。キリストが愛した子供時代は、謙譲の女教師、無垢の規則、柔和のモデルなのであった。修道院でも、子供は謙譲・無垢・純潔の模範に祭り上げられる。かように子供をキリスト教的な美徳の体現者とする言説が古代以来ずっとあり、それが盛期中世にも流れ込んでいったのである。

たとえば十二世紀の女性神秘家ビンゲンのヒルデガルトは、赤子の魂はアダムのように喜悦に満ちているが、それは彼に罪がないからであり、それがデリケートで汚点のない子供の身体に反映しているのだとした。[71]

中世を下るにつれて、子供の無垢はますます強調されることとなる。子供の無垢はすなわち聖性の三つ組、「無垢」「処女・童貞」「殉教」となる。だから infans（幼児）と聖人の無垢はよく似ていて、おなじ功徳をもつのである。聖人は **per virutem**（美徳により）、子供は **per naturam**（自然により）である。十二世紀末からは一層子供の無垢は明確に規定されるが、それは、史料がふえるとともに罪とその責任についての思考がスコラ学者らにより深められたからである。「意図のモラル」論が、アベラルドゥス、ペトルス・カントール、アンセルムスらにより練り上げられ、意図せずに行動する子供は免責される。十三世紀に入ると、教会当局また世俗社会も、個人の行動の規制システムを確立しようとし、その結果法領域において、過ちの意図とその償罪の方法、責任の概念が強調されることとなる。それらから免れているのが純粋無垢な「子供」なのである。

十三世紀半ばの「シャルトルの聖母の奇蹟第四」Miracle IV de Notre-Dame de Chartres には、ごく小さな子供ギヨが、ある娘と愛人との乳繰り合いの場面を目撃したが、見られたのに気づいた娘は、父に密告されるのを懼れて愛人に頼み、彼は子供の舌を切ってしまった。だがシャルトルに行って乞食をして奇蹟を待って祈っていたこの子供に、復活祭の三日後、聖母はまず――舌はまだ返さず――、言葉のみしゃべれるようにした。その状態は四十七日続いた。しかしその後、聖母は奇蹟を完成させるべく舌を返したという。

こうして生まれながら美徳を具えた無垢な子供が、神により神意を告げる仲介者として選ばれる、との考えが広まっていく。まだ言葉も話せぬ子供=嬰児は泣くことしかできないが、しかしそれは預言の言葉になっているのであり、すでに聖ベネディクトゥスは、「主がしばしばより若い者によりよい道を示すことがあるからです」としていた(72)。ごく幼い子供があの世からのメッセージをもたらして、敵や復讐者を圧伏すべく神の賞賛を成し遂げたり、またひどい病気のとき、どこの聖堂に行ったらいいかを夢の中に現れて教えてくれたり、あるいはまだしゃべれない嬰児なのに言葉を発したりするといった話が、ゴシック期以降の聖人伝や教訓逸話には数多く採録されている。しゃべれないのにしゃべるのは、それが「神の言葉」だという証拠だった。

三世紀のこと、キリキアのタルソスで裁判官によって階段から投げ落とされ、母の目の前で三歳で殉教した聖キュリアコスは、「僕はキリスト教徒です」と告白したが、ウォラギネのヤコブスはそのことを説明して、「年齢から言えば、まだ満足にものも言えない子供だったはずだが、聖霊がこの子の口を通して語ったのである」とした(73)。ほかにも聖人らが、告訴された者の無実を示したり、その逆に有罪を告発したりといった「真実」を語るようにごく小さな子供に命ずる、といった逸話は少なくない。

聖人伝の中の話だけではない、幼児が神のお告げをする、という信仰は現実にもあったようだ。たとえば十二世紀半ば、ソールズベリのヨハネスは、彼の師は占いをするために子供たちを使った、と言っている。すなわち先生は子供らの爪に聖油を塗って鍋の中で読ませたのであり、これは子供が神意の受託者だとの考えにもとづく行為であろう(74)。

この子供の聖性についての考えは、大人たちのものとはいえ、上に「霊性教育」の項で述べたようなさまざまな回路で子供たち自身にも伝えられたであろう。たとえばイエスの幼時を祝う祭り（クリスマス、割礼の祝日、公現祭、受胎告知）が、「嬰児イエス」を祝う機会になり、それに多くの子供たちが参加する。すると嬰児イエスおよびそれを「モデル」とする子供たちにとって、清貧と謙譲が霊的な理想の焦点になる、という具合である。子供のようになる者にのみ、天国は開かれるのだから（マタイによる福音書第一八章一～五節参照）。

すでに十二世紀から、シトー会の守護の下、聖母子が観想の中心テーマのひとつになり、そこで嬰児イエスが完璧な選抜の器 vas electionis に祭り上げられた。神学者や説教師たちは、その論考や説教においてしきりに聖母子をテーマとし、真の聖性を得るには嬰児イエスのような無垢の魂をもつべきであり、救いに達するためには、彼に具わった無垢・思慮の欠如・受動性・時空の超越・弱さなどの諸性格、ようするに子供のような性格が必要だと説いた。[75]

十字軍を契機に、また十字軍が強化した聖遺物取り引きのおかげで、聖嬰児崇拝熱が格段に高まったが、これは救世主の人間的特徴を特権化するキリスト中心主義の刷新の表現のひとつであり、そこから聖なる母性、および肉体的・物理的様相における「子供イエス」への神秘的注視が由来する。聖ベルナルドゥスの嬰児イエスへの崇拝がそれをよく物語っている。

イエスへの崇拝は、イエスの命を救った聖嬰児の崇敬へと重なっていく。十一世紀以降、彼らに捧げた礼拝堂が建てられ、いくらかの聖遺物が見つかった。その後、中世末まで美術と文学において聖嬰児虐殺のテーマは大人気となり、母親たちはこのイメージに感動し、最初の殉教者ともいえる嬰児の姿を我が子と重ねることもあっただろう。

十二月二十八日に殺された聖嬰児の祝日は、子供の霊性に集中している。これがとりわけ人気を博したのは『黄金伝説』のおかげだが、そこに採録された逸話自体、すでに人口に膾炙していた伝承が下地になっていた。すなわち作者ウォラギネのヤコブスは、その中世聖人伝の大傑作の第十話で「罪なき聖嬰児ら」を取り上げ、アスカロニテのへロデが、その生涯とその受難とその報酬とのために「罪なき聖嬰児ら」と呼ばれる子供たちを殺す命令を下すにいたった経緯と彼が受けた罰について、教訓を交えて語っているのである。(76)『黄金伝説』は十三世紀後半の作だが、「少年十字軍」のおきたときにも、崇敬はすでに高まっていたことだろう。

教会に正式に認められた訳ではなく、司教区教会会議で断罪されたりもしたが、民間で行われた聖嬰児祭の最初の行事は少年司教を選ぶことであった。彼は他の聖歌隊少年とともに、普段大人の聖職者が携わっている諸聖務を果たす。前項**BC**で述べたように、これは長くつづいたカーニヴァル的な楽しい慣行のひとつで、同様な少年の活躍は聖ニコラウスと聖アンドレアの祭りでも見られた。(77)典礼の行列や改心のための儀礼、福音キャンペーンなどには夥しい子供たちが熱狂して参加した。彼らは、自ら贖罪のための「償罪の業」にも参加した。既述のように聖人の祝日には、子供たちが見物人としてだけでなく聖人の呪術的治癒力の受け手としても出てくるのである。(78)

こうして子供たちが尊崇の対象になり、神の意志の道具となりうることを、説教・儀礼・民間伝承がこぞって言い立てた結果、十三世紀には、大人たちは無論のこと子供たち自身にも、「聖なる子供」の観念が浸透し、その意識が非常に強まってきたように思われる。やにわに始まった無統制のエクソダスたる「少年十字軍」が、短期とはいえ各地で歓迎され大人たちの応援を受けたのは、時代の趨勢に疑惑と不安を感じていた彼らの、「聖なる子供」と二重写しになった子供たちへの期待が大きかったからこそである。

これに関連して、十三世紀に子供の守護聖人（聖ニコラウス、聖なる猟犬）がまさに人気沸騰した事実がある。とりわけ人気が高かったのが、聖ニコラウスである。

子供たちの守護聖人である聖ニコラウス崇拝は、北方ヨーロッパには、(79)南イタリアやビザンツをつうじて東方から伝わった。東西を行き来する水夫・巡礼が土産話にもたらしたのだろう。そして十世紀末までには、彼の祝日は西方教会の暦に記入されるほど遍く知られるにいたる。オットー朝では、多くの教会・修道院が彼に捧げられるようになった。ドイツ宮廷とビザンツとの密接な文化関係にもとづいて、聖ニコラウスは貴族にも人気の聖人となる。十一世紀半ば以降のフランスやドイツにおいては、十二月六日の祝日が積極的に祝われるようになった。そして十二世紀になると、各国でこの日（と前日）に特別のミサや諸種の民衆レベルの行事――少年司教を選ぶなど――がとり行われた。

子供のための奇蹟も多発する。医者から見放された、あるいは医者に掛かれない子供の病や障害を癒してくれる専門の聖人の登場である。もっとも代表的なのが「聖なる猟犬（聖ギヌフォール）」だろう。[80] 十三世紀にドンブ村（リヨン北部）の農民たちに濫觴し、ドミニコ会士エティエンヌ・ド・ブルボンがその教訓逸話集『聖霊の七つの賜』の中に再録したこの民間伝承はつぎのように語る――当地のお城の領主夫妻が外出から帰り、乳母の叫び声を耳にして慌てて駆けつけてみると、赤ん坊が寝ていた揺りかごと周囲の地面が大量の血に染まっていた。その脇にぐったり横たわった犬の口も血で塗れていたため、領主は犬が赤ん坊を殺したものと勘違いして剣で殺してしまう。しかしじつは、忠実な犬は赤ん坊を襲おうとした大蛇と格闘して見事退治し、赤ん坊は無事であった。そのため、この犬は聖人と看做されるようになり、埋葬された井戸と脇に植えられた樹木のある場所に、病気の子供を抱える親が子供連れで、治癒を願ってつぎつぎとやって来るようになったのである。

少年十字軍の指導者たちはカリスマをもっていたが、彼ら以外にも、この時代においては子供たるもの、いわば集合的にカリスマのかけらを分有していたと看做すことができる。[81] それが危機的状況において、特定の指導者に収斂してゆくのだろう。最後に、少年十字軍の指導者の二人について、そのカリスマの拠ってくるところを考えてみたい。ドイツのニコラウスはタウ型の十字架バッジを携帯した。この「タウ」のシンボリズムについては既述した。エティエンヌのほうは「羊飼い」である。[82] 中世では、旧約の族長や預言者は羊飼いだと看做されていたし、またイエスの誕生を最初に知って崇めたのは、東方三博士よりも先に羊飼いたちであった。十三世紀から人気が出て世俗語にも訳された「子供時代のイエスの福音書」という外典は、また宗教美術にその活躍の場を見出したが、教会の中の「子供時代のイエス」作品群の絵に羊飼いへの告知がかならず含められ、そこには羊たちの中で、横笛と杖をもっている羊飼いが盛んに描かれた。さらに羊飼いが、さまよえる子羊たちを守り導く牧者＝キリストを連想させるのはもちろんだ。

常住、自然・動物と接している彼らは、都市化の進んだ社会に住む人間にとっては、しばしばずるく怠惰で恐ろしい異人と看做された。天候を動物・鳥の様子の変化で予知し、季節ごとの羊の世話の仕方、病気への対処を心得ているその知識は、常人のおよぶところではなかったし、個々の領地の境界を跨いで広範囲を移牧する彼らは、それぞれの土地の領主の支配権に服するとはいえ、領主権によっても農村の慣習によっても、一般の農民ほどは十分に規制しえない特別な存在であった。少年十字軍という常軌を逸した奇蹟的な出来事の指導者として、羊飼いほどふさわしい存在はあるまい。

聖ニコラウス崇敬や子供の守護聖人、また羊飼いとしての子供への不思議な霊力の付与などは、民衆のあいだで古くから培われてきた異教的信仰がキリスト教的観念と化合し、時宜を得て噴きだした結果だろう。

*

これまで子供の聖性について考えてきたが、それは恒常不変の特性ではなくてあくまでも歴史の産物であり、聖性の概念は、歴史の中で変容していくことは贅言を要しない。子供に聖性が強く仮託されるのは、ヨーロッパでは十二世紀から十三世紀にかけて、つまりゴシック期であり、その時代の社会こそそのための格好の土壌を提供したのである。またそれは聖俗政治権力の共存の難しさ、新たな宗教性の発現、家族構造の変化なども示唆しているだろう。家族構造の変化については、次章の「むすび」において女性の立場と一緒に考察するとして、ここでは、聖俗関係の変化の只中における「聖性」のあり方と子供の選抜の関係について一考してみよう。

ゴシック期には、教皇庁を中心とする教会ヒエラルキーが実体化し、世俗領域全体をそのヒエラルキーの底辺に据えて従属させていった。聖界が俗界の上に立って指導するのであり、従属する俗界は王侯貴族たちをはじめとして、それぞれの役割をもって教会の福利向上に尽くすべきだとされた。聖俗の領域は明確に分離されたのである。しかしこの「分離」は法的・制度的な分離であって、教会のプログラムを実地に移すには、教会の人員がつねに俗人たちに接しながら彼らを教導しなくてはならなくなる。人里離れた場所に修道院を建ててそこで神を称えるというロマネスク期のエリートから、都市の司牧を積極的に行う托鉢修道士というゴシック期のエリートへと、主役が交替するのである。

また教会がその組織を拡大・充実させていく過程は、財政基盤の強化の動きと不可分であった。その富の産出・蓄積の仕方は、世俗の国家や都市と異ならない。教会は気づいてみれば、いかなる世俗権力にも劣らない世俗に対する権力を有する組織体になっていたのである。

またロマネスク期には民衆のあいだに分散していた聖性を、ゴシック期の教会はその懐中に吸収し、それを分与する権能を壟断する。その手段に選ばれたのが秘蹟執行と列聖手続きの厳格化である。だが聖性を独占するにいたった教会から、民衆は満足のゆく信心業を与えられることはなかったし、どうしても教会の中には聖性を見出せない者たちも現れてこよう。カタリ派、ワルド派などの異端運動の叢生はそこに起因していた。さらに教会の中に見つからない聖性をその外部ないし周縁に発見しようという、異教への退行も此処彼処でおきたのではないだろうか。

十三世紀以降、聖人の出身身分が低下し、貴族だけでなく中流の都市民、いや農民出身者までが列聖され、それとともに女性の割合もふえたことは、こうした事態への教会当局の対応だと看做すことができる。そのとき、子供にも聖性を付与する戦略が、意図的にか無意識のうちにか採用されるようになったのだろう。聖性が世俗化するという後期中世の動向は、ありふれた女性とともに、変哲もない子供をも聖性の舞台に上らせたのである。

ではその後、中世末から近世にかけての子供たちの運命は、どのように転回したのだろうか。この点、法的にも社会的にも地位を低下させ、それどころか一部で悪魔との結託を疑われて魔女迫害の犠牲者となった女性以上に子供の運命が恵まれていたようには思われない。というのも、子供たちは中世末から近世にかけて、家父長権に圧伏されるとともに、親世代との感情的疎隔を広げ、極端な場合、魔術の主体となり、あるいは犠牲となることさえあったからである（魔児）[83]。

都市ばかりか農村にも、より教養ある司祭や判事、医者や学校教師がふえていき、子供たちが家庭の外（学校）で、国家・教会の標準化圧力の下、格下げされた農村の伝統的価値に代わる新たな価値観を身につけるようになると、その適応の過程で罪の意識を感じる子供が家族・親族の告発に走り、あるいは逆に告発されることになったのだと、R・ミュシャンブレはこの間の事情を捉えている[84]。

むすび

以上、ヨーロッパ史上稀有の驚くべき出来事である「少年十字軍」の顚末を明らかにした後、四つの観点から、同時代の文化・社会の中でその意義を探ることを試み、最後に〈霊性〉に着目することで、そこに潜むより深い意味を時代の精神史的・社会史的コンテクストの中で見つけようとしてきた訳である。

本章の要点をもう一度簡単にまとめてみよう。まず「少年十字軍」は教皇主導下の軍事行動ではなかった、という意味で正規の十字軍と呼ぶことはできないが、彼らは十字軍の誓願を結び、その印を上着に縫い取ることで、カノン法的に見ても十字軍兵士たる資格を備えていた。しかも十一・十二世紀のヨーロッパ世界に広まり、初期十字軍の原動力となっていた純粋な十字軍精神を、それが変調し希薄化した十三世紀においてなお体現することで際立っていた。その精神に照らせば、彼らは神から選ばれた選民であり、真の「キリストの戦士」であった。

そればかりではない。「少年十字軍」は明瞭に「祭り」ないし「遊戯」としての形式を備えていた。「祭り」として見れば、そこにはとりわけ「聖嬰児の祭り」の影響が顕著であり、彼らは聖地を解放するための犠牲たる「新たな聖嬰児」として周囲の人々の目に映り、またそう自任してもいた。しかしより子供たちの立場に即して捉えれば、それは「祭り」というよりも巨大な「遊戯」であり、すでに失効しつつある大人の十字軍を模擬し、何らの物質的利害関心や効用ともかかわりをもたずに、自らの囲った時空内で規則正しくリズミカルに遊んだのだ、と推し量られる。

なぜこのような驚くべき運動が十三世紀初頭に忽然と発生したのかという疑問に対しては、十字軍の世俗化への反撥とか、聖嬰児崇拝の盛況とかいう信仰上の理由の他に、子供の自我の統合をさまたげる社会的な事情、とりわけ家族内での事情があった。アンビバレントな親子関係の様式が、家父長の下、折りから凝集力を強める家族の中で——女性や貧者・下層民とならんで——子供たちを疎外したのである。

このことは子供たちを自我喪失の危機に陥れたが、現実の環境を変化させる力のない無防備な彼らは、「少年十字軍」に加わることによって「新たな聖嬰児」という理想的自我と同一化し、ポジティブなアイデンティティーを手に入れようとしたのであった。大道具・小道具の整った広大な舞台で、無数の観衆を前に感動的なシナリオをもつ遊戯を夢中で演じ、日常世界から切り離された遊戯的時空に身を潜めることで、社会的抑圧や親子間の情緒的疎通の障害に起因する鬱屈を忘れ、遊びの存在リズムに乗って高く儚い飛翔をしたのである。

この命懸けの飛翔には〈霊性〉のアウラが伴っていた。嬰児イエスの聖性を受け継ぐ聖なる存在として大人たちにも認知されていた彼らは、キリスト教の始原、福音の教えに戻って「キリスト教世界」の失われた和合、その玲瓏たる姿を取り戻そうと、身の危険も顧みずに出発したのである。彼らは神から選ばれその意志を実現する選民なのであり、それは十字軍という形態を取りつつ、軍事化し営利追求に走る西欧各国の「戦う人」を内奥から批判する宗教運動となっていた。ラングドックのカタリ派の運動が、南フランスという限られた地域での「ロマネスク世界」の最後の光芒だったとするなら、少年十字軍は、おなじようにゴシック期にあって、「ロマネスク世界」の精神を幼弱な存在である子供たちが束の間体現してみせた運動だったのではないだろうか。

だからそこには、〈清貧〉〈慈愛〉〈キリストへの帰依〉〈禁欲〉〈贖罪〉〈巡歴〉という、ロマネスク期の霊性——隠修士に先鋭的に体現されていた——が再発見できるのである。もちろんおなじものでも、違った文脈で発現したため異なった意味をもっていたことは言うまでもあるまい。

そもそもロマネスク期には男性が中心的に担っていた宗教運動であったが、このゴシック期には、女性と子供の宗教的覚醒が踵を接しておきた点が新規である。これは、西欧の民衆的霊性の歴史の第二段階を画す事態だと、私は考えている。その社会的背景については、次章の「むすび」で考察したい。

*

ところで「少年十字軍」は、周囲の人々の耳目を驚かすに足る常軌を逸した行動ではあったけれども、十三世紀以降十五世紀まで、おなじような行列の形態をまとった子供主体の奇矯な運動が、枚挙に暇のないほど頻発したことに注目しておかねばならない。これらの運動には、女性や貧者とともに子供がきわめて多数加わった。(85)

少年十字軍のすぐ後におきた運動に、一二三三年の「ハレルヤ（アレルヤ）運動」があり、そこでも子供の参加が目立っていた。それは数カ月にわたって繰り広げられた。(86)

四旬節の時期のパルマで、「角笛のベネデット」という気ままな放浪男が、人々を集めラッパを吹いて広場や教会で話をしたのが兆しである。彼は頭に「アルメニア帽」capellam Armenicamを被り、長い黒髭を蓄え、黒くて足元まで届く長い衣服に皮帯を巻きつけ、山羊の毛の頭陀袋を抱えていたという。そして神と三位一体または聖母マリアを称える俗謡を歌ったようである。木の枝と蠟燭をもった子供たちが後に従い俄かづくりの行列をなす。ベネデットが俗語で歓呼の呼び声を上げると子供たちがそれを復唱する。あいだに「アッレルイア」との叫び声が幾度も繰り返され、くわえてラウダや他の善き言葉が挟み込まれた。角笛（ラッパ）の音が景気づけに鳴り渡り、天使祝詞を抒情的にふくらました歌で一連の歌唱が終った。この運動においてベネデットが伝えたかったのは、平和への漠とした希望とそれが達成された暁の悦びだった。そして当初はきわめて民衆的・異教的な明るい悦びの情の発散が見られた。しかもベネデットに多くの子供が従ったとすれば、これは「少年十字軍」の遊び・祭りとしての性格をも連想させる。

ところがこの運動には第二局面があった。季節が春から夏へと移り変わり、ヴェネトとロンバルディアまで伝播するや、都市の党派間の争いを、市民皆の罪を贖うことで鎮めて和平を再興するという、政治性を強く帯びた平和＝悔悛運動に転回したのである。すなわちドミニコ会士（説教師として有名なヴィチェンツァのジョヴァンニら）の介入と「平和と悔悛」の組み合わせ説教で、喜悦ふるえる当初の運動は贖罪運動へと変質してしまうのである。

ほかに、莫大な数の子供の参加で顕著なものには、まず一二三七年、エルフルトからアルンシュタットへ千人以上の子供たちが踊り飛び跳ねつつ向かった事件がある。子供たちの多くが死に、死にいたらなかった者も、その後長らく四肢の震えや痙攣がとまらず病気がちだったという。

より積極的な参加としては、ネーデルラントと北フランスから発した「羊飼いの十字軍」（一二五一年と一三二〇年）がある。(87) 農民や羊飼いのほか、召使やごろつきなど多くのマージナルな者たちが加わり、子供も多数参集したようである。十三世紀半ばのものは、もともとルイ九世を虜囚から救い出すことを目的に出発したが、十字架を先頭に整列して聖地を目指した初発の高い理想はすぐ褪せて、反聖職者・反ユダヤ主義的な傾向を強めて暴徒の群れに堕していった。一三二〇年春には、フランスのフィリップ五世による十字軍の呼び掛けに呼応して北フランスで同様な運動が発生した。群衆は、パリ、アキテーヌ、ラングドックと各地で衝突を繰り返しながら南進し、ユダヤ人を虐殺、聖職者と貴族をも攻撃したが、まもなく鎮圧された。

さらに一三七四年にはドイツ（ライン・モーゼル河沿い）・ネーデルラント・ベルギー各地で、一四一八年にはシュトラースブルクで、主に貧しい子供が大人とともに集団舞踏病（聖ヨハネのダンス）に罹り、疲労困憊し胸苦しく倒れるまで踊り狂い、叫び声を上げながらリズミカルに行列したという。

一四五七〜五九年には北フランス、ライン地方出身者をはじめ、何千人もの子供と若者がモン・サン・ミシェルに旌旗——聖ミカエルや武器・出身地などを描いた——を押し立てて、さまざまな唄を歌いながら集団巡礼を行った。(88) 彼らは両親に挨拶もせず、金もパンもワインももたずに出発したとされる。そして聖ミカエルに、トルコの進出で危機に陥っているキリスト教世界を守ってもらおうという目標を掲げていた。十五世紀以前にも、同様な子供によるモン・サン・ミシェル巡礼があったという。

これらの運動は「宗教行列」の一種だと看做せるが、もともと宗教行列は、その多くが異教的な内容を含み、気候の温順や豊作など、自然の好意を引き寄せることを目的としていた。それがキリスト教化されると贖罪の性格をもつようになる。しかしいずれも、自然のまたは人間界の危機に際して、人心が乱れ合理的な方策が見つからないとき、人々の無意識に働きかけて社会をまとめ連帯を築く役割がある。まさに少年十字軍もそのような役割を果したのであった。

なぜ十三世紀以降、このような行列とダンスの形態をまとった異常な示威運動に頻繁かつ大量に子供が巻き込まれたのか、それは、子供と聖性の結びつきの新たな段階が十三世紀に濫觴し、そこにこれまでなかった〈霊性〉の要素が加わったからというのが、本章で私たちが「少年十字軍」を多面的に検討して出した答えである。

第4章　ベギン会

ワニーのマリ

はじめに——都市の宗教運動：托鉢修道会と女性

ヨーロッパ中世の宗教運動の歴史の第一期、すなわち十世紀末から十二世紀前半のロマネスク期においては、〈慈愛〉は一部の宗教者を惹きつけたものの、民衆的宗教運動全体としてはいまだ微弱な力しか発揮しなかった。〈慈愛〉が〈霊性〉の中心要素になるのが、第二期すなわち私の用語では「ロマネスク期」につぐ「ゴシック期」であり、およそ十二世紀半ばから十三世紀後半までを想定している。これまで検討してきたカタリ派、少年十字軍とともに、同期の代表的な宗教運動の形態が、本章の主題となる「ベギン（会）」であるが、彼女たちの運動の中で〈慈愛〉の扉は全開することになる。

教会の制度・組織原理の確立に対抗した「異端」の組織原理と教義の彫琢については第2章で説明したので、ここでは新たな〈霊性〉を育てた社会状勢の変化と、それに直面した教会側の対処について触れておこう。

まずなにより先に指摘すべきは、十三世紀以降「都市」が宗教運動の主要舞台となり、宗教運動に「都市性」が浸透していったこと、また宗教運動とそれが生み出した団体が、都市の市民たちの生活を律し、いやその生活の細胞にさえなっていくという事態である(1)。周辺農村は政治的・経済的に都市に従属するばかりか、宗教的にも中心地である都市に服し、そのカレンダーに沿った行事に参加し、その守護聖人を崇敬し、その儀礼の末端に加わることを迫られるだろう。

宗教の中心地としての都市の出現とは、都市自体の救済史的性格が浮上してくるということにほかならない。とくにイタリアでは、十三世紀になると説教師が広場に大聴衆を集めて説教し、平和・和合の仲裁役となるだけでなく、殺人を裁いたり、判決を下したり、条例改訂の助言をしたりと、政治の成り行きを左右するようになる。都市当局が裁判権や立法権の一部を托鉢修道士に委ねるという事態は、逆に見れば、都市のプリオーリ（執政官）やポデスタ（司法・行政長官）たち自身、自分らの職務に宗教的性格を仮託していた、ということでもあろう。神の加護、聖人の助力がなければ、都市に平和と繁栄はもたらされない。神意に叶った施策を採るのが為政者の役割なのである。

都市に聖性のセンターができる、言い換えれば、都市自体が、究極的には天なるエルサレムの写し絵として聖化されるにいたると、人里離れた辺鄙な農村や山林の中にある修道院や隠修処での修行、あるいはエルサレム、サンチャゴ・デ・コンポステーラ、ローマの三大霊場目指して遠距離を踏破する大巡礼、さらには命を賭して異教徒と戦う十字軍、これらロマネスク期の宗教運動の心髄はすっかり廃れていく。そして巡礼に出掛けるとしても、近場の都市の衛星霊場で済まされるし、身体を痛めつける苦行よりも視覚を重視した信心業（たとえば聖体奉挙）が重んじられるようになる。

ゴシック期にはとりわけ手順を尽くした「儀礼」を滞りなく行うことが、〈霊性〉の発現に不可欠になっていく。宗教行列を中心とするさまざまな都市儀礼が盛行したのはそれゆえである。行列には信心会も都市役人も教区司祭も修道会のメンバーも、それぞれしかるべき序列で参加した。勢い、民衆的な宗教運動にも儀礼化の波が押し寄せる。いずれにせよ、都市、あるいは都市的な原理がこの時期の宗教運動と霊性の特質を考える鍵になる。都市にはそれぞれ守護聖人が祀られ、聖人たちに捧げられた多くの教会・礼拝堂が街区ごとに建てられるだろう。

都市においては、封建的な主従関係から自由になった個人が、その与えられた条件の中でそれぞれの仕事をし、地位を向上させようと努める。自発性に富み、活発な活動をする市民たちは、もはや司教を中心とする教会当局の教化策の受動的な対象ではなくなっていく。政治・法・経済が成熟した都市で、市民の宗教への関係も成熟するが、魂の救いはそれぞれの仕事や富への態度と連関することになろう。

余所者も容赦なく入り込んでくる都市では、農村では考えられないほどいろいろな身分・地位・職業の人々が入り交じり、それまで見たこともない他人と付き合い、交渉しなくては一日たりと生活は送れない。そこで市民たちは、諸種の「団体」を形成して利害を守り、あるいは相互扶助ネットワークを編んで安心を得ようとする。宗教の領域もその通りであり、都市の儀礼がそこに簇生した団体に担われ、霊性も団体の中で醸成されるようになるのである。一見奇妙なことだが、「個人主義」が目覚め、自分の才覚によって出世も転職もできるようになったはずのゴシック期に、宗教運動とその霊性はかえって「集団化」したのであり、ロマネスク期におけるような、個人個人が唯一人「キリスト教世界」Christianitasの中で神と向き合いながら、罪を贖うための禁欲行をしていた時代は、過ぎ去ったのである。「キリスト教世界」は、いわばロマネスク期のヨーロッパ全域におよぶ広大な地理的版図を縮減し、それぞれの地域、いや都市に、ミニチュアのようにして無数に分散割拠するようになる。それぞれの地域・都市ごとにさまざまなる意匠の宗教運動が展開するという多様性が、ここに出現するのである。

ロマネスク期の霊性の個人主義は、おなじひとつの「キリスト教世界」を参照枠とし、したがって発露する霊性もきわめて「均質的」で「統合性」があったが、ゴシック期の霊性の集団主義は、局地的な聖性センターを参照枠とし、それゆえそこに発露する霊性は、あくまでも多様であった、というようにまとめられるかもしれない。

だが誤解してはならないのは、「キリスト教世界」はヨーロッパの大地から消滅した訳ではないということである。いやむしろ実体としての「キリスト教世界」が、かつてなく屈強な姿で立ち現れてきたのが、まさにこの時代だともいえる。ゴシック期には、全キリスト教徒たちのこころとこころを結び、ヨーロッパ全体を広く覆っていた「霊的次元」としての「キリスト教世界」は消えていったかもしれないが、制度的には、ますます洗練された実効支配を行うための組織と機関を具えた「キリスト教世界」の建設が、教皇庁主導で進められたからである。ヒエラルキー組織はより堅固になって、教皇を頂点に、それに服する司教、さらに司祭が一体となって教会が運営され、王侯貴族ら世俗支配者の介入は極力排される。教理と典礼が確定され、教会法もその集成が作られて、想定可能なあらゆる事態に対処できるようになっていった。

そして教皇庁の考えた効果的な民衆のエネルギーの接収法は、教会全体の信徒たちに命じられた、聖体拝領と告解の義務化による内面管理（一二一五年の第四回ラテラノ公会議）とともに、いささか時代錯誤的とも思われる聖人崇敬の増殖であった。ただしこの聖人崇敬は、従前のように下から盛り上がるのではなく、むしろ上からお墨付きが与えられるところが新機軸である。各地方で行われていたローカルな聖人崇敬を支持する組織体作りを推し進め、それを媒介に教会ヒエラルキーは民衆の宗教的熱誠を都合のよいように誘導・管理していったのである。ローカルな英雄を、教皇庁が審査して認定する（列聖手続）のが必須であり、こうして列聖された栄えある聖人が祀られた聖堂に、近隣住民は行列し巡礼するというメカニズムが出来上がる。つまり各地に散らばった信心の諸形態をうまく誘導し取り込むことで、教皇主導の普遍的な支配を維持できる、という仕組みである。もちろん教皇庁に協力すればするほど、地域の聖人の列聖認可を得やすいことになる。教皇庁によるプロパガンダ・キャンペーンがなされ、たとえばその対サラセン、反ホーエンシュタウフェン政策に協力した家族・修道会・地方などが固有の「聖人」をもてるようになるのである。(2)

信仰心が多様な現れを見せるといっても、ゴシック期にはその時代を特徴づける一般的特性があった。そのひとつが、時代の社会的結合関係、および価値体系の創成に啓発された信心形態である。信心会——これについては次章の「はじめに」で詳しく述べよう——がその中心であり、本章の主題であるベギンたちのまとまりも、おなじ方向の運動である。

そして〈慈愛〉つまり神への愛にとどまらず、そこから発展した隣人愛が〈霊性〉の中心に詰め寄ってくるのも、こうした都市の社会的結合関係のしからしむるところであった。言うまでもなく〈慈愛〉は、隠修士の霊性においても大切な場所を占め、十字軍でもより多くの人間を巻き込んで、ひときわ輝いたのではあるが、ゴシック期以降の俗人の信心業において、それはまさに恒常的な主要構成要素になって相互扶助の諸制度、貧者・病者・老人などのための多彩な施療院の設立、喜捨・寄進の流行として結晶するのである。(3) 聖ベルナルドゥス、サン＝ティエリのグィレルムスなどが展開した愛の神学が、ようやく俗人にも浸透して、〈慈愛〉が魂の救済のための階梯と認識されるにいたったのであり、さらに言えば聖フランチェスコの体験——彼は施し物の分配者となった後、ライ病患者のために働き世話をした——が、皆の模範となったのである。

かような都市とそこにおける団体形成を温床として育った運動だけが、ゴシック期の宗教運動の特徴ではないのはもちろんである。第2章で検討したカタリ派や、あるいはカタリ派と並び称されるワルド派のような福音主義的異端が、ロマネスク期的な霊性の特徴を引きずりながら、新時代の社会的・経済的、そして（教会）政治的な変化に対応する霊性を、組織の形成とともに生み出したことは既述の通りである。

カタリ派、そしてとりわけワルド派やフミリアーティ（謙譲派）に窺われるように、〈清貧〉要求がしばしば急進化し、教会ヒエラルキー、聖職者批判が大々的に繰り広げられるが、それも「都市化」の進展と結びついている。なぜなら、北イタリア、南フランス、フランドル・ブラバント地方、ライン河沿岸など、商業の発達した地域において貧富の差が露わになり、清貧運動がとくに栄えたからだし、また異端的な組織作りを援護するような原理が、まさに都市において見出せたからである。

ところで、このような、へたをすれば反体制運動に繋がる俗人の信心の変化に対して、教会当局も手を拱いていた訳ではない。一方で道を外れた「異端」を討伐・折伏し、他方で高まる信仰心をもてあましつつある健全な市民たちを満足させるために、教皇庁主導の政策の手足となって働いたのが「托鉢修道士」たちであった。

十三世紀に二つの托鉢修道会（フランシスコ会とドミニコ会）ができたのは、第四回ラテラノ公会議の指針に沿うためであり、両会は、ホノリウス三世（在任一二一六〜一二二三年）によって公認された。ドミニコ会・フランシスコ会とも、都市社会と密接な関係を結び、主要都市を狙って戦略的に位置取りをし、その修道院をヨーロッパ中の都市に広げていったようである。(4) グレゴリウス改革にともなって叢生したアウグスティノ会、カルトジオ会、サン・ヴィクトル会、グランモン会、フォントヴロー会、サヴィニー会、シトー会、プレモントレ会などが、しばしば僻遠の地に引き籠り一般信徒の司牧を敬遠したのに対して、托鉢修道士たちは、まさに大都市の枢要な場所に居を構え、積極的に町中に出て喜捨を募るとともに、キリストを真似した巡歴説教を行い、また論戦したのである。

フランシスコ会の総長も勤めた神学者ボナヴェントゥーラは「都市こそ、托鉢修道士がその司牧義務をもっともスムーズに果たせるところだ。というのは、それは彼ら独特の生活様式を維持させてくれ、書物・典礼具・衣服を保護してくれるから」と弁じた。地域によって定着時期の差はあるが、托鉢修道会の都市進出は一二三〇〜四〇年代から本格化し、一二七〇年までには、カルメル会、聖母マリア下僕会などをも加えて、ヨーロッパ中に広まっていった。

これら托鉢修道会の修道士たち相互、あるいは彼らが外部に接する態度として、「身分の差がない」というのが大きな特質であり、主従関係の下に成り立つ封建制の時代には、そのアンチテーゼとして画期的な原理を提起したことになる。当時、ロマネスク期の刷新運動が一段落して、教会や修道院自体内部に上下関係ができ、また財産蓄積に拍車が掛かって権力も強大化していったので、これは革命的であった。托鉢修道士は巡歴説教者として各地を回り、労働で生活し、必要に応じて托鉢を行っていた。この自由な流動性は、伝統的修道院の掟たる stabilitas loci（一所不動）と真っ向から対立した。托鉢修道士同士の繋がりは、したがって場所によるものというよりも人格的な繋がりであった。固定した修道院に受け容れられるのではなく、むしろ場所に制約されぬ共同体と上長との従順関係に、各修道士は参入していくのである。そして彼は、総長——そして彼を介してローマ・カトリック教会および教皇——に直接、結ばれていた。

あらゆる形態の財産と固定収入をもたぬ清貧に徹した彼らは、高い倫理性を掲げた生活振りで市民たちに感化を与えるとともに、市民の生活、ビジネスライフの実情に即した内容を織り交ぜた「説教」——これについては、次章の「はじめに」でやや詳しく説明しよう——をし、俗人らが異端に染まるのを防いだ。フランシスコ会とドミニコ会はそれぞれ高度に集権化した組織をもち、効果的な運営をした。ロマネスク期に先立って行われたゲルマン民族の改宗の第一次につづいて、これは表面的な信仰心しかもたないキリスト教徒の第二次の改宗ともいうべく、内面の襞にまで分け入って権威の言葉で信徒たちを正しい道に導こうというのであった。托鉢修道会の修道士らは教皇庁から特権を数多く授けられて、「告解」をつうじて内面管理をすることになったのである。

教皇グレゴリウス九世が創設した異端審問制において、やはりこれら托鉢修道士が大活躍したことについてはすでに上述した（第2章の「はじめに」参照）。彼らはもちまえの神学的知識、および法律の知識を武器に異端審問官となって、地下に潜行した異端者を炙り出し、その根絶に貢献したのである。またこの二つの托鉢修道会はカタリ派・ワルド派などの異端グループとおなじくらい、いや異端者たち以上にゴシック期の〈霊性〉の発揚に尽くしたことが重要である。

彼らの自発的清貧の仕草は、信徒たち、とりわけ職人や自由業の市民、小貴族らに大きな感化を及ぼした。フランシスコ会の創始者聖フランチェスコ（一一八一／八二〜一二二六年）は、騎士道に憧れる商人の息子であったが、回心し清貧に徹して、ライ病患者や貧しい者たちの救いに努力し、いやさらに進んで動物や植物など万物に愛を注いだ。当然、その会はフランチェスコの霊性を受け継ぎ、類なく豊かな霊性の発信源となった。フランチェスコの弟子たちは、イタリアばかりか世界中に福音を伝えながら、フランチェスコの理想をもとに慈愛に満ちた観想的な霊性を磨いていった。福音に則った贖罪生活を送ること、しかし他人には悦びをも伝えること、これらのメッセージを周囲に伝えた彼らは、聖職者・修道士でなくても魂の救いに到達できる道を示し、都市住民に広く受け容れられたのである。

聖ドメニコが創始者となったドミニコ会はといえば、より活動的で異端撲滅にはとくに貢献が大きかった。観想的・抒情的なフランシスコ会の霊性に対し、聖トマス・アクィナスやその師のアルベルトゥス・マグヌスを生んだことからも明らかなように、ドミニコ会では主知主義的な神学体系、そして総合的な自然学体系と不可分の霊性が発展した。いずれにせよ托鉢修道士たちは、福音的な完徳にコミットしており、それはカタリ派・ワルド派などと同様であったゆえに、異端者に引きつけられていた一般信徒たちの宗教的熱誠を正統の轍に引き戻すことができたのである。さらにその効果を恒常的に維持するために、後述の第三会という俗人組織を自分たちの修道会の末端に組み入れる、という方策を採った。

とはいえ〈霊性〉の革新者としての托鉢修道士の最盛期は短かった。たとえばフランシスコ会では、もともと「小さき兄弟たち」は聖職者身分をもっているか否かを問われなかったが、一二三〇年代の後半から律修聖職者の団体のようになり、当初の平等原理は崩れてゆく。聖職者でない会員は、選挙においても行政においても参加資格を失ってしまうのである。それに並行して組織的な整備と強化も行われた。すなわち会全体が管区に分けられて（総会以外に管区会議が開かれるようになり——その下には、分管区とその会議がある——、また放浪の悪弊が目立ってきたために、急速に会員の定住化が進められ、さらに時間割や慣習などの細かい側面で旧来の修道院の例が取り入れられるようになったのである。

そして十三世紀後半には、早くも大立て者は姿を消し、フランシスコ会は内部対立（聖霊派と体制派）で苦しむことになる。かたやドミニコ会は大きく神秘主義に傾き、対外的な司牧活動をうまく果たせる状況ではなくなっていく。そして一二七四年のリヨン公会議後は、ドイツをのぞいて托鉢修道会はほとんど成長を止めるのである。ドイツの都市化が遅れたことが幸いして、まだこの時期にも托鉢修道会が拡大する余地をこの国に残していたのである。

そしてそれ以後、托鉢修道会が霊性の歴史に名を連ねるのは、十三世紀末以前のような教皇の指揮の下、正統信仰に俗人たちを糾合することによるのではなく、皮肉にも、自分たちの修道会内部から異端的な一派を生み出すことによってか、あるいは異端を生み出さないまでも、異端に養分を施す「神秘主義」を生み出すことによってなのであった。この中世最後の霊性の段階については、本書第6章で詳述されるであろう。

*

つぎに、都市において托鉢修道士らが俗人の高まる宗教的要望に対処するために、自分たちの周辺に形成させた敬虔な俗人たちのための組織を瞥見してみたい。なぜならそれは、本章の主題であるベギンときわめて近い組織だからである。

都市民たちの宗教的渇仰に応えるには新たな組織が必要であった。それは第三会と称される組織である。[5] 対異端対策で先んずるドミニコ会が、行き場のない女性を異端化から守るため、男子の修道会成立後すぐ女子の修道会を作った。他にも一二三〇年代には、聖母マリア下僕会の女性部門が出来始めた。フランシスコ会においても、聖女クララによってその女性部門「貧しい婦人たち」が組織され、一二一八年、枢機卿ウゴリーノによって規則が付与された。そして教皇インノケンティウス四世は一二四五年と四六年に、托鉢修道会の女子会（第二会）を公認し、男性にその霊的な世話を命じた。

しかしドミニコ会にせよフランシスコ会にせよ、修道女の数の増大を忌避し、十分な持参金を携えて来る女性のみが受け容れられた。しかもその女性たちの世話をする礼拝堂付司祭（cappellani）にとっては、女性たちとのあまりに密な接触が、自分らの魂の救いの邪魔になることがすぐに判明した。そこでこれらの弊害を回避した上で、敬虔な女性たちの霊的希求を満足させるべく、修道院に囲い込まずに指導するための組織作りが急務になったのである。

それまでも、托鉢修道会の修道院の近くに居を定めて、一人ないし数人で敬虔な生活を送る「悔悛者」penitentiと呼ばれるアモルフな集団がおり、托鉢修道士は彼ら・彼女らをしばしば訪れ指導していた。後の第三会員予備軍である。いつ「第三会」が歴史上登場したのかはいまだ確定できないが、最初の第三会員の証拠としては、一二五三年ヴィチェンツァの住民の遺言書に自分がtertiarius（第三会員）だと称しているものがある。この町では、一二九四年には第三会員たちが「共同生活」していた正確な証拠もあるが、その前一二八〇年代末には、教会はこうした俗人の熱くしかし統制のとれない運動を托鉢修道会の管轄指導下に置き、会則を与えて正式の「第三会」としていた（一二八九年の教皇ニコラウス四世の教勅supra montem）。こうした聖俗の中間的身分の者たちは、まずイタリアと南フランスに広まった。

「悔悛者」については、鞭打ち苦行団を扱う次章の「鞭打ち苦行信心会」考察の節で再びより詳細に検討するとして、ここでは女性たちの第三会について、もう少し説明しておこう。彼女らは俗人の身分のまま修道女のような生活――お勤め、集会や宗教行事への参加――ができるのであり、これは、まさに多様な職種の者たちのさまざまな団体が林立する、都市にふさわしい信心形態であった。彼女らは托鉢修道士のパートナーとして、異端の広まるのを防ぎ、自らは社会奉仕をしつつ道徳心を向上させることができた。初期中世からロマネスク期にかけての修道院――しかも男子の修道院とは比べものにならないほど数も少ない――のようには外界から隔離されず、外界と積極的にかかわり、その聖性は〈慈愛〉（病人・老人・寡婦、孤児の世話）を中心に回っていた。女性たちは独自の感性で宗教生活を送り、まさに「開かれた修道院」というべく、日々共同生活の場から外に出てはまた戻り、慈善行為をなしたのである。

すでに述べたように、ゴシック期の各都市では「施療院」hospitale, hospitiumが何十となく建てられ、かつての巡礼・旅人のほか都市に溢れる孤児・寡婦・身体障害者・老人・貧者を助ける活動をしたが、第三会の女性は、こうしたところで衛生や食事、部屋の整理などの仕事に積極的に携わった。しかし、慈善やミサをはじめとする秘蹟生活に熱心であった反面、禁欲・苦行は緩和された。

だがイタリアや南フランスにおける第三会の試みは二世紀間ほどで萎んでしまうことになる。中世末の危機的な宗教・教会の状勢の中で、町をうろつき、自由に救霊を追求する女性たちを、教会はただただ管理しようと態度を硬化させる。高度の宗教生活を送りたい女性は、再び厳格に隔離されて閉じ込められることになる。こうして塀に閉じ込められた第三会の女性たちが、十四世紀末に「律修第三会」Terzo Ordine regolare を構成するのである。

托鉢修道士たちに指導されて、独自の霊性を追求する自由な女性たちは、第三会に集ったイタリアや南フランスの都市の女性たちだけではなく、北方にも多数いた。しかも北方では、南方のように早々と頓挫することなく、数世紀にわたって女性独自の宗教運動を展開したのである。これがベギンの運動である。以下、本章ではベギンについて詳しく検討していこう。

一　ベギン会の起源と発展

すでに第2章でカタリ派を論じたときに、女性参加者の多さを際立てておいたが、中世には女性だけの宗教運動もあった。たとえば十三世紀には、フランシスコ会の女性版としてクララ会ができ、またドミニコ会にも、俗人身分のまま女性たちが高い聖性を追求できる団体としてドミニコ派修道院の周縁に第三会が発達した。イタリアの「敬虔な女性たち」は、これら托鉢修道会系の第二会・第三会に集うほか、地域によってはピンツォケーレ、ビッツォッケ、ウミリアーテ、ペニテンテなどと呼ばれるゆるやかな仲間組織を作った。またフランスでは一二六九年、フランシスコ会士でルーアン大司教にもなったユード・リゴーが「神の娘たち」と呼んだ敬虔な女性たちが各地に登場した。いずれの運動もほぼ一二二〇年代から約一世紀間が最盛期に当たる。

北方世界でこれに相当する女性たちが「ベギン」である。[6] 彼女らはネーデルラント（とくにフランドル、ブラバント）とラインラントを中心に、ドイツ、スイス、フランス、そして東欧・北欧諸国にまで広まっていった。運動はおそらく十二世紀末から始まり、十三世紀に頂点を迎え、十四世紀初頭の迫害後は十六世紀まで一般に低調だったが、南ネーデルラントにかぎって見れば十七世紀にも盛況であった。ベルギーには、ごく最近までベギンがいた。

彼女らは修道女と似たような祈りと禁欲の生活を送るが、修道女とは異なって清貧・貞潔・服従の修道誓願を立てず、従うべき本格的戒律もなかった。だから彼女らの身分は俗人のままで、「館」をでて友人に会ったり、家族の祝い事に駆けつけたりもできた。また、いつでもベギンを「やめる」ことが許されていた。つまり館長の許可を得て「館」を去り、世俗の生活に戻ったり結婚することもできたのである。[7] かようにベギンは半聖半俗の存在であり、その集団ないし組織を「ベギン会」と称している。ベギンは一般に少女から寡婦まで、主に身寄りのない女性数人――一人の場合もあり、またときには十数人、稀に数十人のことさえあった――が一緒に生活した。資産の足りない者は、富裕な市民や王侯をパトロンとして、建物や生活物資の面で援助を受けた。自らの財産は一部を会に寄託し、残りは個人財産として入会後も所有しえた。彼女らは主に托鉢修道士の保護・監督下に清貧・貞潔を志し、共同の部屋で食事・睡眠を取り、敬虔な生活を営んだ。

ベギンになっても司祭や霊的指導者――托鉢修道士や司教座聖堂参事会員――に服し、また司教区の司教の通常の規制に従ったが、当初は既存の修道会には帰属しなかった。後述のように、身分規定は曖昧でいろいろなタイプがあったが、正しいベギンは、教皇の保護を得て規律正しい生活をしなくてはならなかった。

いずれにせよ、この俗人のまま高度の宗教生活を送れる境涯は、宗教に目覚めた女性たちにとって画期的なことであった。たしかに初期中世より、男子の修道院とならんで女子修道院も存在したが、男子が修道院に入って後も対社会的役割を果たしつづけ、しばしば政治的にも重きをなしたのに対し、女子修道院は王侯貴族の未婚の娘と寡婦の収容所として主に機能していた。院長に一族の娘を送り込むことがその家系にとっての栄誉であり、政治的なメリットにはなりえても、大部分の修道女は、世俗から隔離され、いわば生きながら死んでいるも同然であった。

こうした女性の修道生活の歴史を振り返ってみれば、ベギンは、俗人の下層の者もなりえたという身分規定の民主化と外への解放性という二点で、画期的であったと評してかまわない。彼女らは宗教生活を営むかたわら、他方ではごく普通の市井の女性であり、修道誓願を立てず僧院に閉じ籠ることもなく仕事をつづけ、つねに世俗的生活に片足をつっこんでいた。しかもそれは完徳を目指す運動としての欠点とばかりは言われまい。というのは、そのどっちつかずの性格が、彼女たちの社会的役割あるいは民衆文化の中での役割を、他の宗教運動の参加者以上に大きくしたからである。

カタリ派のような「異端」にならないで、聖性を錬磨する道がここに開かれたのである。ちなみにベギンの男性版をベガルドというが、女性に比してはるかに数が少なく、放浪する異端として当局の監視下に置かれた。そして一三一一年のヴィエンヌ公会議では、自由心霊派、使徒兄弟団、フラティチェッリと一緒くたにして断罪された。

A　起源の問題

では、ベギンの起源はどこにあるのだろうか。現在のベルギーのブラバント地方ないしリエージュ近郊だという説が従来定説であったが、近年ではベギン分布についての異論とともに、その起源についても新たな見解が出されている。彼女たちが登場した社会的背景とともに簡単に眺めてみよう。

リエージュかニヴェルか

一二三〇年頃からはっきりと姿を現し、四〇年頃参加者が急速にふえていったベギンの「起源」については、その「語源」ともども諸説紛々としている。たとえば、J・グレーフェンは、カンタンプレのトマスの著作や「ワニーのマリ伝」、そして他の年代記を分析して、一二〇七年頃南ブラバントのニヴェルで、シトー会の女子修道院から分岐する形でベギンが生まれたとするが、(8) それに対してG・クルトは、ベルギーのリエージュで、司祭ランベール・ル・ベーグ（Lambert le Bègue）が一一七三年に最初のベギナージュ（ベギン院）を創設したのだから、そこから広まったと考えるべきだとする。(9) だがグレーフェンがさらに反論して言うように、クルトの挙げている史料は、丁寧に史料批判してみればいずれもベギン会が十二世紀後半に存在していた証拠とは言えず、しかもランベールは、リエージュの敬虔なる女性たちの指導者ではあっても創設者と目すことはできないのである。(10) ランベールは、一一七〇年頃リエージュ司教区で活躍した、翻訳活動などで知られる教師（magister）にして説教師であり、リエージュの聖職者改革にも取り組んだ。たしかに彼は、女性の宗教運動の組織者であったが、彼がベギン（会）を創設したという証拠はないようだ。用語についてあらかじめ簡単に解説しておけば、ベギンが複数集まってひとつの館に共同生活するようになったものを「ベギン館」、さらに壁に囲まれて周囲から隔離された敷地に個人住居や共同住宅（館）が連なって並ぶようになった段階を「ベギン院」（ベギナージュ、ベギンホフ）と呼ぶ（詳しくは二九八〜三〇三頁参照）。

さらに最近、J・H・オリヴァーの研究によりほぼ明らかになったのは、ランベールがリエージュの聖クリストフ・ベギンホフの創設者だったことを示すミニアチュールの付されている「詩篇集」は一種の偽文書で、一二五〇年代半ば以降に作られたこと、それは同ベギンホフが古い創建たることを示して司教の要求する租税を免除してもらうのを目的にしていたということ、聖クリストフ教会が存在したという最初期の記録は一二一〇年頃であること、などである。[11] したがって、ランベール創設者説を支持することは最早できないようだ。とはいえリエージュのベギンが早期の現象で、シトー会の女子修道院の大盛況とも連動して、[12] 南ネーデルラントのベギン運動の中心地となったことは紛れもない事実である。十三世紀末には、同市内に二四のベギンホフがあり、聖クリストフのベギンホフは、その頃には近隣全体の土地を領有して、千五百人以上の女性を抱えていた。

一方、グレーフェンの主張にあるように、ヴィトリのヤコブスの筆になる「ワニーのマリ伝」や、カンタンプレのトマスの報告には、一二二六年頃の南ブラバント都市ニヴェル（Nivelles）のベギンの生活振りが描かれており、この地にも早い段階でベギンが活動していたことが分る。またブラバントの、ブリュッセルから四四キロ離れたティルルモン（Tirlemont）では、ポルタのゲラルドゥスという人が、一二〇二年にベギンの共同体に家付き地所を遺贈している。[13]

結局、ベギン（ベギンホフ）は、ランベールなりニヴェルの司祭なりが創ったとするよりも、おそらく南ネーデルラント各地に同時多発的に敬虔な生活を望む女性——ベギンと呼ばれたかどうかは別として——が現れ、それを援助・指導する教会関係者がいたということではないだろうか。そればかりか、南フランス、イタリアなどを含め、ヨーロッパ中でよく似た半聖半俗の女性の宗教運動が、ほぼ同時期に登場したと考えることさえ不可能ではないのである。

起源探しは脇においておくことにしよう。個々の女性がベギン会に入るには、それぞれの動機があったことであろう。もともといずれかの修道会に入って世俗を捨てた厳格な禁欲生活を送りたいと思っていた女性が、既存の修道院には定員の余りがないのでやむなくベギン会に入会したというケースもあれば、夫が死んで生計をいかにして立てたらよいのか途方に暮れて、人の勧めでベギンになった者も少なくあるまい。

とりわけ盛期中世のネーデルラントやライン地方といった都市化のきわめて進行した地域においては、人口が急激にふえて、若者は安定した職や地位を都市の中に見つけることが困難であった。無職の男性は戦争があればそこに身を投じ、さもなくば放浪や冒険を選んだ。男性が戦争・フェーデや旅行、また危険に満ちた快楽追求などで不慮の死に見舞われる確率が高かったことや、一生独身を守る男性（聖職者・修道士）の存在、さらにはギルド規約による結婚年齢の遅れが、結婚可能な成年男女の人口にアンバランスをもたらし、相対的に女性が過剰になった。しかも十三世紀の都市発展は、男女の別なく落伍者を貧困・失業で苦しめ、だから結婚できず就職もできない貧しい独身女性や寡婦・娘らのための給養施設の一種として、ベギン（会）ができた。その関連づけは一二五〇～一三五〇年という時期を考えても妥当する……としばしばこのように論じられてきた。(14)

しかしながら結婚できず修道院にも入れない貧窮女性の給養施設としてのベギン会、というように、ベギン発生を「女性問題」**Franenfrage** から解こうとする説明は、かならずしもすべての都市について正しくはない。それは女性の相対的過剰という結論を、カール・ビュヒャーの使った課税台帳から導きだすのには無理があるということ、(15)しかも初期ベギンの多くが貴族やパトリチア家系出身の恵まれた家の女性であったこと――ケルン、バーゼルをはじめいくつかのドイツ都市についての研究によって実証されている(16)――などから明らかである。

たとえばケルンについての統計的な研究では、このライン河沿いの大都市には、一二三〇年にベギン館がはじめて作られ一二人のベギンがいたが、その数は徐々にふえて一三二〇年には九九のベギン館が存在し、そこだけで約千二百人ものベギンがいた。さらにベギン館に住まない自宅生活のベギンも算入すれば、その数はずっと増大すると考えられているが、この増大に寄与したのは、大半が都市貴族層と中流の女性だという。(17)たとえば、一二七一～九五年に確認される宗教生活（女子聖堂参事会員、修道女、ベギン）に入った都市貴族女性一五七人のうち五六人、つまり三五・七％がベギンになったし、一二九六～一三二〇年では、二八八人のうち一三〇人つまり四五・一％がベギンになった。中流女性については、一一二〇〜一三二〇年のあいだに宗教生活を選んだ二八一人のうち一七五人つまり六二・三％がベギンになったという。ネーデルラントについても、個別都市研究の多くがベギンの中核を下層民ではなく下級貴族（騎士階級）および都市上層民の家系に属することを実証している。

ただし後期のベギンについては、多くの女性が悲惨な生活から逃れるためにベギンになり、住居・金銭・パン・燃料などを手に入れた。つまり過剰になった未婚女性の一部がベギンになった、という事情も時期によっては無視できないことに注意しておこう。

女性の宗教的覚醒

女性たちのおかれた社会経済的状況も大切だが、ベギンたちが、十一・十二世紀以来のヨーロッパの俗人の宗教的覚醒、福音的生活への目覚めという文脈に属していることを忘れるべきではない。それは二十世紀初頭のJ・グレーフェンそして同世紀半ばのグルントマンらの説である。(18) グレーフェンは、ネーデルラントのベギン会が下層の貧しい女性の給養施設たることを否定し、つぎのように論じた——ベギンはネーデルラントにおいても、その誕生時・最盛期には職人の女性などの都市下層民が主体ではけっしてなく、貴族・都市貴族《パトリチア》家系、あるいは富裕な商人の妻や娘といった社会上層部の者が大半を占めていた。それゆえベギン会の起源は、貧しい女性の給養施設たるところに求めるべきではなく、一二〇〇年前後の女性の「宗教運動」としての性格こそ第一義的であり、宗教的に覚醒した膨大な数の女性たちが、改革的修道院による受け容れ拒否にあって後、自然発生的に成立したのだ、と。

この説を受けたグルントマンは、巡歴説教師・異端や托鉢修道士との霊的衝迫の共通性を指摘し、さらに教会改革運動、そして教皇庁による教会体制内馴致の努力という「輪」で、十二・十三世紀の宗教的・文化的世界の一環としてベギンの運動を括り込んだ。(19) 戦後、A・メンスが詳細な霊性史的研究でグルントマン説を補っている。こうした起源についての考え方は、E・W・マクドネルなどのスタンダード・ワークも踏襲している。[20]

しかし、ベギンにおいて宗教運動としての性格が第一義だということはよいとして、本当に多くの論者が唱えているように、宗教的に目覚めた女性たちの受け容れを既存修道院が拒否したことが、ベギン成立の契機と言えるのだろうか。

歴史を遡って考えてみよう。

初期中世においては、一種の律修の助修士（助修女）のようにして修道院の中か近くに住んでいた女性がいた。[21] ロルシュ、フルダ、ジェランン、サン＝リキエなどの修道院は女性を多数抱えていた。また隠修士アルブリッセルのロベールが一一〇〇年頃ロワール河下流に建てたフォントヴロー修道院は、二重修道院で、しかも女性が院長に就任するというラディカルな形態であった。そして女性には「聖母の家」（寡婦・処女・既婚婦人）と、もと娼婦と贖罪者のための「マグダラのマリアの家」をあてがった。

グレゴリウス改革後、解き放たれた女性の宗教的渇望は、十二世紀を下るにつれていよいよ昂じ、それに対処すべくプレモントレ会、ついでシトー会において多くの女性が受け容れられ、二重修道院ないし女子修道院となった。

プレモントレ修道院はもともと二重修道院で、北東フランスとドイツに多くの女子修道院が建てられた。[22] 女子修道院は女子修道院長を戴くが、全体の管理は男性の修道院長に委ねられた。しかしあまりに多くの女性が殺到したので、早くも一一三七年には男女を分離すること、そして一一四一年には併設の女子修道院を廃止することが、それぞれ総会で決まった。しかしながら教皇の修道女保護策もあって、女性の数はふえる一方であった。

修道女となるだけではなく、俗人身分のまま施療院近くに住んでさまざまな慈善活動や家事・織物や縫い物・清掃・洗濯などをする助修女（ないし第三会員）のような存在も多く見られ、十二世紀半ばまでには彼女らが新設修道院に大量に集まった。プレモントレでは、許容範囲を超える数の女性を御し切れずに、女子聖堂参事会員としてであれ、男性修道士のための世話をする助修女としてであれ、受け容れを再び拒否した（一一九八年インノケンティウス三世が総会決議を承認した）。一二四〇年には修道女の定員を二十人にかぎり、一二五〇年頃には六七の女子修道院を解散、一二七〇年にも参事会総会の決定で、もはや一人でも修道女を受け容れることが禁じられ、一方現有メンバーが他の修道院に移ることを許可した。それでも残った修道女は厳格な生活を送るようになった。

それではシトー会の対応はどうだったのだろうか。[23]

一一二〇〜三二年に、女子修道院がまずシトーの近く（北東部）のタール村にできたシトー会では、プレモントレ会での女性受け容れ拒否の反動で女性が殺到し、一二二〇年頃、リエージュのみで七つのシトー会女子修道院ができた。その前、一二一三年には抑制を狙って女性らを厳しく閉じ込め、訪問者受け容れを禁じ、告解の機会を制限するなど、総会で厳格な規律を課すことにしたが、その翌年から数年間が第一の女子修道院新設ラッシュとなった。そこで一二二二年には、シトー会は女性の世話から免れられるよう教皇に願い出ている。

そして十三世紀前半のあいだに、修道女に修道院を離れることを厳しく禁ずる禁令を繰り返すなど、一層入院のハードルを高くした。早くも一二二八年には、総会は、修道士があまりに修道女の世話にかかわると規律が乱され、観想生活に集中できないとして新たな規定を発し、新設女子修道院をシトー会の名と裁治権の下に建てることを禁じた。しかしそれでも、既存の女子修道院がシトー会の戒律を採用することは可能であったので、シトー会系女子修道院は激増し、十三世紀には五二六の女子修道院がシトー会傘下にあり、うち三一八がドイツ、一三九がフランス、六九が今日のベネルクスに位置した。が、その場合でもシトー会は、巡察をせず司牧の責任を負わないとする立場を取った。しかし、実際に女子修道院の設立や併合がなくなったのは、十三世紀半ばに教皇庁がシトー会の方針を支持してくれたおかげであった。

ということで、やはりシトー会もプレモントレ会とおなじく、次第に「修道女の司牧」cura monialium に嫌気がさしたのである。かならずしも敬虔な者ばかりではない、俗臭芬々たる女性の殺到で、修道院全体の規律が乱れるのを防ぎたかったのだろう。経済的な負担も無視できまい。

こうしてプレモントレ、シトーをはじめとする改革的修道院が、宗教に目覚めた女性たちに門戸を閉ざしたとき、ベギンの基礎が置かれたという考えは、時期的にもそれなりの説得力をもっている。まさに一二三〇年頃からベルギーにおいて証書に、「ベギン」の名が現れる――建物建設や寄進の対象として、さらには公的な認可の対象として――のはそれゆえであり、修道院に入れない俗人女性たちは、独立して自活しつつ敬虔な生活を送る道を見つけようとしたのだろう。かくて行き場を失った女性たちは三三五五集まって、修道女の生活を見習いつつも既成の教会制度の枠に囚われない独特の共同生活を始めた。そこにベギン会が、半ば自然発生的に成立したのだ……。

しかし、より綿密にシトー会(や後の托鉢修道会)とのかかわりを観察すると、かならずしも既存修道院の女性受け容れ拒否が、ベギン誕生の理由と言えるかどうか、いささか疑問も残る。シトー会について調べてみると、ベギンは直接シトー傘下に入らなくなってからも、密接な関係をもちつづけたことが判明するのである。すなわち、規範史料のみに当たればシトー会は女性を受け容れなくなったように見えるが、実際には一二二八年の法規の後も南ネーデルラントではシトー会女子修道院がふえつづけていて、宗教的熱誠に囚われた女性は、ベギンかシトー会かどちらかを選ぶことができた。実際、女子修道院新設の第二のピークは一二二七〜三八年である。またシトー会の修道士らはベギンの世話に比類なき熱意を抱いていて、とりわけフランドルとブラバントでは、ヴィレールとサン・ベルナールのシトー会士らが、霊的・物的双方の世話をした。またシトー会女子修道院とベギン会とが地理的にも近く配置されて交流したり、またベギン共同体が改組されてシトー会修道院になる場合も多かったのである。

また無定形なベギンとしての個人的な修行段階を経てから、シトー会、やや後には托鉢修道会などの律修生活に入る女性(場合によってはベギン館・院がその修道院に編入される)も多かったことが知られている。そうなるとネーデルラントにおいては、ベギンとしての生活は正式の修道女になる「準備段階」として位置づけられていたとも推定されるのであり、当然、そこまで準備が整わず、覚悟もできない女性の多くが、あるいは修道会側のさほど大きくない受け容れ許容量からはみ出た者たちが、ベギンのままに止まったと解釈できよう。とくに初期、十三世紀前半のベギンはそうだったと考えられる(24)。

さらに霊性の面においても、シトー会周辺とベギンとの往来が盛んであった様が窺われる。というのも、著名なベギンは、長いあいだベギンとして生活した後にシトー会に入ることがあったが、そのときでもベギンたちとの絆を断つことはなく、個人的な訪問や祈り、神秘的出会いなどで互いを気遣いながら生活したからである。ナザレトのベアトレイスは、初期の教育をベギンたちから受けて、後にシトー会修道院に入った。ワニーのマリとともにベギンのプロトタイプと目されるニヴェルのイダは、結婚せよと迫られて家を抜け出し、ニヴェルの聖墳墓礼拝堂で数年間ベギンとして暮らしてからシトー会修道女になったようだし、ルーヴァンのイダも人生の大半をベギンとして過ごしたが、聖性の輝きが注目を集め、その世間の目から離れるためにシトー会修道院に入ったのだとされる(25)。

他にもベギンたちのところに足繁く通って手ほどきを受けてから、シトー会に入る女性も多かった。活動的生活や世俗とのかかわりから身を引きたくなって、あるいはより高い完徳を目指すがゆえに、規律の厳しい禁域で集中的な観想生活とより頻繁な聖体拝領の機会を求めたということだろう。ベギンとしての生活様式およびそこで培った霊性との連続上に、シトーの女子修道院での生活があった、少なくとも南ネーデルラントではそうであった。

またドイツではケルンのように、十三世紀後半にもシトー会女子修道院がふえつづける都市もあった。托鉢修道会には比ぶべくもないが、十三世紀後半から、ベギンによるシトー会への寄進・贈与や、購入・賃貸の取引、シトー会の都市内施設に住むベギンの存在、そしてシトー会の修道士によるベギン館の霊的指導など、シトー会との緊密な結びつきを示すベギン館がかなりあった。それはバーデン゠ヴュルテンベルク、ヘッセン、ノルトライン゠ヴェスト

郵便はがき

料金受取人払

千種局承認

4134

差出有効期間
平成21年1月
31日まで

464-8790

092

名古屋市千種区不老町名古屋大学構内

財団法人 名古屋大学出版会 行

ご注文書

書名	冊数

ご購入方法は下記の二つの方法からお選び下さい

A．直　送	B．書　店
「代金引換えの宅急便」でお届けいたします 代金＝定価(税込)＋手数料200円 ※手数料は何冊ご注文いただいても200円です	書店経由をご希望の場合は下記にご記入下さい ＿＿＿＿＿＿＿＿市区町村 ＿＿＿＿＿＿＿＿＿＿書店

読者カード

（本書をお買い上げいただきまして誠にありがとうございました。
このハガキをお返しいただいた方には図書目録をお送りします。）

本書のタイトル

ご住所　〒

TEL（　　）　—

お名前（フリガナ）　　年齢

歳

勤務先または在学学校名

関心のある分野　　所属学会など

本書ご購入の契機（いくつでも○印をおつけ下さい）

A．新聞広告（紙名　　）　B．雑誌広告（誌名　　）　C．小会目録

D．書評（　　）　E．人にすすめられた　F．テキスト・参考書

G．店頭で現物をみて　J．その他（　　）

ご購入書店名　都道府県　市区町村　書店

本書並びに小会の刊行物に関するご意見・ご感想

ファーレン、ラインラント＝ファルツなどの諸地方が中心である。(26)

ケルンのベギンについて細緻な研究をしたF・M・スタインは、一一二〇〜一三二〇年のケルンの女性について、各社会層ごとの宗教施設の選択可能性——司教座聖堂の女子参事会員、修道女、ベギンの三つ——と、時代によるその変遷を数量的に跡づけ、修道院の女性受け容れ拒否から直接ベギンが生まれたのではなく、むしろ伝統的な宗教生活形態に飽き足りないパトリチア出身女性・都市中流女性によってそれは創始されたのだ、と結論づけている。(27)

結局、プレモントレ会やシトー会が彼女らを受け容れてくれなかったからというより、修道女になる自信がなかったから、あるいはそれ以上に、自分たちなりの福音主義や使徒的生活の理想を抱いた彼女らの、宗教的渇望を充たす既存の組織が存在しなかったからこそ、ベギンとなった場合が多いのではないかと考えられる。多くの場合、修道女の境涯では、彼女らを満足させられなかったのである。

であるなら、本章の「はじめに」で論及し、第5章第二節冒頭でより詳細に検討する「悔悛者」penitenti の全西欧的な動向に、ベギンも棹さしているといってもかまわないだろう。ベギン随一の擁護者というべきヴィトリのヤコブスは、その『西洋の歴史』Historia Occidentalis で、一二二四年頃の諸種の俗人の贖罪運動の同時多発をつぎのように描いている——ただ世俗を捨てて公認の修道会に入って律修者 regulares の仲間になる者たちだけでなく、福音の掟の下で神に仕え、神を唯一至上の長として暮らすあらゆる敬虔な信徒たちがいる。ゆえに戒律に従い特別な制度の上に生活する司祭や聖職者がいるだけでなく、同様に既婚者・寡婦・処女のオルドーがあるのである。おなじく騎士と商人さらには農民や職人たち、まさにさまざまな人間がおのおのの資質にふさわしい神によって奨められた掟と施設で、キリストの下、教会の身体の一部として暮らすのだ。(28)

だからベギンという生活形態も、宗教的渇仰を充たす魅力ある選択肢のひとつとして女性たちの前に大きく立ち現れたのだろう。半聖半俗のベギンは、既婚者・寡婦や子連れ女性には修道女になるよりも近づきやすい身分だったし、より活動的な生活ができ、自分の財産も放棄しないでいいというメリットもあった。しかしそれ以上に、他者への愛、隣人愛を自ら実践するチャンスがここには大きく開けていたことが決定的だと思われる。

都市社会と女性の職業

ベギン誕生には、当時の都市の社会的・経済的動向とのかかわりはないのだろうか。[29] というのも家族の絆、男女の隔たり、主人と家臣の主従関係などをまったく超出・ないし断ち切ったベギンは、封建制に適合して勢力を広めてきたベネディクト会系修道院とは異なり、まさに反封建的・都市的な運動であることは疑いないからだ。

では、ベギンたちは皆、都市の市民家庭の娘や妻、寡婦なのだろうか。従来、都市在住の女性がベギンになったというのが、多くの研究者の考えであった。たとえばA・デナンスは、ベギンの大半は都市の出身であり、商業に携わる社会的な成り上がり者の親のいる家庭で育てられたものの富の蓄積を求める父親のやり方に馴染めない娘、商業的価値を軽蔑した女性が、自らの救いを社会的にマージナルな場所に行って求めたところに生まれた現象だと考えた。[30] 動機についてどう考えるにせよ、都市の女性こそベギンの供給源だとするのは、近年までほぼ通説となっていた。だとすれば、それはロマネスク期から始まった「清貧運動」と共通の社会的背景をもっている。

ところが、都市民のみでなく農村出身で都市に来た女性も、その多くがベギンになったことが、最近W・シモンズによって実証的に示された。[31] 都市が労働市場として人々を引きつけるにとどまらず、宗教施設の点でも新たな可能性を農民に見せつけたため、農村で行き場のない社会的・精神的危機に陥った結婚適齢期やそれ以前の女性が、労働者として、あるいはベギンになるべくやって来たというのである。十二・十三世紀に都市化が一層進んだフランドル・ネーデルラントでは、都市経済領域に属する周辺農村も変革を余儀なくされた。流動性が高まり農民は都市に引き寄せられた。ベギンの半数以上が農村出身だとシモンズはいう。

だが、こうした農民出身者が数多くいたことは、ベギンが都市的現象であることと矛盾しない。いやますますそのことを確証するものである。なぜならそれは、都市的な人的結合原理、都市的な価値観、それがベギンたちの運動を支えていることを側面から示しているからである。おそらく、貴族にも都市民にも農民にも共通する霊的願望と、それを誘発した社会的条件があったのではないだろうか。十二〜十三世紀の経済的に発展し変革を閲しつつある都市においては、さまざまな職業とベギンの敬虔なる宗教生活が両立可能であり、それがきわめて大きな魅力になったに違いない。南ネーデルラント、ライン地方、スイスといった都市化先進地帯でこそベギンが栄えた理由は、おそらくそこにあるのだろう。

中世末には――一三二〇年の迫害の直後をのぞいて――十五世紀末まで、十三世紀よりはるかに多くのベギン共同体（コンヴェント＝ベギン館）が建てられたが、ベギンの霊性が発現する土壌は逆に痩せていくだろう。後述のように、多くのベギンが修道院の末端に組み込まれ、その自由な活動が制限されてしまうし、十四世紀には下層民出身者がふえ、公的に規制された給養施設としての側面が増強されるからである。こうした動向は、都市の経済原理やそれにもとづく価値観をうまく利用しながら霊性を培っていった、十三世紀を中心とするベギンたちの存在形態が、都市性から離れて変質していったことを意味しているのではないだろうか。

後期中世に、大都市には新たなベギン共同体があまり建てられず、過半が農村部や森の中に建てられたボーデンゼー地域のような例は、そのことを裏面から照射していよう。(32)

女性は初期・盛期中世をつうじて男性に蔑視され、また聖職者にもなれなかった。世俗においては家に籠り、夫や父の権力下に喘いでいた。十二・十三世紀にはそうした境遇は少し改善されて、女性の独立性と活動領域が拡張し、より自信をもって宗教生活に入る者が現れた。貴族の娘や農民の娘もある程度そうだったが、とりわけ都市では、父や夫の権力から逃れる方途が以前よりも多様化したのである。十三世紀になると、女性の都市における法行為能力は農村よりもずっと高くなった。したがって、未婚の成年女性や寡婦に対する男性による後見権は大いに制限され、縮小したのである。

ベギンを考える場合には、とくに女性の経済状況の変化が重要であり、彼女らは家庭内の仕事以外に、家の内外で新たな「自由領域」を手にしえた。都市のギルドにおいては、女性は固有のメンバーにはなれなくて、多くの場合、夫の手助けをする補助・間接メンバーにとどまった。それは一種の未熟練工としてである。したがってその点では、労働の価値が低下したが、他方では自立する女性も現れたのである。

後期中世のドイツ都市の最大二五％までの家庭が、独身女性ないし寡婦自らの労働で維持されていたという統計がある。さらにかなりの数の既婚女性（妻）も、夫と独立した収入源をもち始めていた。とりわけ医療・健康業務の補助労働（看護婦や湯女）また、他家の家事手伝い（下女・洗濯・水運び）、繊維・織物業、菓子作り、ヴェール（モスリン）作り、薬種業、食料品扱いなどであり、小売商や賃金労働者としてのささいな仕事ともいえようが、かつてよりずっと多くの収入・生活手段が彼女たちの前に登場した意味はきわめて大きい。いくつかの町の製糸・金糸紡績・絹織物業では女性が優勢であり、さらに工程ごとにかなり専門化して、女親方の下に女工（女徒弟）が働く輸出を目標とした織物業が、女のみ、あるいは女がはるかに優勢なギルド——たとえばケルンやパリの例が有名——を作っていた。(33) 女性の器用さに頼ったいくつかの零細な職種が簇生したのである。

かように、農村の女性にくらべて家内での仕事の範囲が減った反面、外にでて仕事をする機会がふえたのが、十二・十三世紀のドイツやネーデルラントの都市の女性の現状であった。市民権をもつことができ、人格的自由権、法廷での証言能力なども男女同権であったケルンのような都市は例外だとしても、どこでも「独立性」と「自由領域」が女性たちの手の届くところに立ち現れたという点では共通している。それなしに、ベギンになるというもうひとつの選択肢を選ぶ意欲は湧いてこないだろう。というのも、それは父や家族からの「解放」という面では同一次元の現象だからである。財産所有権・相続権など法的な権利がただちに男性と同一になった訳ではないが、結婚しようと独身であろうと自分の仕事をもっていられる状況ができたことの影響は大きい。

フランドルのリエージュ司教区は、十二〜十五世紀まで経済的にも堅調で、女性たちは嫁資や遺産を寄進するだけでなく、集団的に織物業や教育・看護に加わることで、ベギンとして半ば宗教者的な生活をしつつ職業を営むことができた。ムーズ川沿いのある程度狭いところで、女性同士のみでなく彼女らの霊的指導者・聴罪司祭らとのあいだにも、都市と教会のさまざまな施設とのあいだにも、友情と接触のネットワークが築かれた。[34]

「起源の問題」では副次的だと考えてきたが、貧民救済の給養施設という意味合いもベギン会にはたしかにあったので、最後にそれについて触れておこう。

後期中世になると、富裕な市民の援助もあり、ベギン館・ベギンホフの数が累増していった。それは、おそらく増大する貧困化の脅威に対する社会的防衛機制であっただろう。都市には農村から過剰労働力が入ってくるが、乞食も多く、それが慈善施設の設立を正当化した。まず寡婦や恵まれない女性が入居し、それに、いくらかの観想的生活に惹かれた文学の素養のある者が加わって、たちまち驚くべき急成長を遂げた。貧者の世話のほか、手労働と信心業、またキリストの名の下に執り行われる自発的清貧などがその施設で実践された。

慈善施設・給養施設としてのベギンホフは、かならずしも貧しい者のためだけに作られたのではない。事情により結婚できない女性で、しかも貴族あるいは上級市民の名誉ある家の娘が不名誉な生活を送らないために、各地に作られたというケースもある。自分にも一族にも不名誉にならないよう、世俗の領主、修道院などが土地を提供してくれたのである。[35]

B　発展の類型学

本節では、最初に最新の知見にもとづいて、ヨーロッパのどの地域にいつ頃ベギンが登場し、いかに増加していったのかを瞥見してみよう。

ベギン会は、十三世紀初頭にまずリエージュとブラバントに誕生し、やや遅れてフランドル、ナミュール、エノー、ついでホラントへと伝わっていったようだ。証書などで裏づけられる存在年は、ティルルモン（一二〇二年）、ヴァランシエンヌ（一二一二年）、ドゥエー（一二一九年）、ニヴェル（一二二〇年）、ヘレンタールス（一二二六年）、アントワープ（一二三〇年）、ルーヴァン（一二三二年）、カンブレー（一二三三年）、ヘント（一二三四年）、コルトレイク（一二三八年）、ブリュージュ（一二四二年）、リール（一二四四／四五年）といった順になるが、これは存在が確認できる年であって、実際にはそれ以前に成立していた訳であるから、どの都市に最初のベギンが登場したかは未決である。さらに、パリをはじめ北フランス一体には、十三世紀後半にかけてベギン会が広まっていき[36]、南へ向かっては、オルレアンやトゥール、ブザンソン、ヴァレー、さらにはナルボンヌ、トゥーロン、マルセーユまで伝播した。

ドイツ語圏でも、ネーデルラントにほとんど遅れることなくベギンが登場した。ニュルンベルクには一二一一年にベギン館があったことが知られている。アーヘンは一二一六年頃、ケルンは一二二三年、ほかにも各地で一二二〇年代には登場し始め、一二四〇年以降広まった。そして十三世紀末には小都市にも多数のベギン共同体が見出せる。最大のベギン都市はケルンであり、そこでは急速に広まった（一二三〇年代に現れた後、十五世紀末までに一六九ものベギン館を抱えるにいたった）が、この大都市をのぞくとラインラント（シュトラースブルク・フランクフルト・マインツ・ニュルンベルクほか）諸都市には、十三世紀中にゆっくりと広まっていった。ノルトライン゠ヴェストファーレンでは、ようやく一二七〇年代になってからベギン館が多く設立されるようになった。

ドイツ圏の最盛期は、ネーデルラントと同様に十三世紀後半から十四世紀前半だが、十四世紀後半にも新たなベギン館がかなり出来た都市（フランクフルト、シュトラースブルク、バーゼルなど）もあり、その勢いの持続力は侮れない。衰退するのは十五世紀になってからである。もうひとつ、かつてドイツのベギンはもっぱらラインラントの都市に集中していた、と考えられていたが、近年では、密度ではラインラントに軍配が上がるとはいえ、ほぼドイツ中にベギンがいたことが明らかにされている。[37]

スイスもベギン運動の盛んな地であった。[38]最初期は今日のボーデン湖沿い（ズムヴィトク）で一二五二年から一二八七年のあいだにベギン館ができた。ベルンは十五世紀に驚くべき盛況を迎えた。ほかに十三世紀後半以降、チューリヒ、バーゼル、ローザンヌ、ベルン、フリブールにも順次ベギン館が誕生し、やがてオーストリアへと広まっていったと考えられている。さらにはプロイセン、[39]ベーメン、メーレン、ポーランドにまで、西欧・東欧のほぼ全域にわたってこの運動は広く波及していった。

スイスのベギン運動について、A・ウィルツはイタリアのフミリアーティの影響を見ている。[40]フミリアーティとは、一一七〇年代に最初、アルプスとアペニン両山脈の麓のあいだの北イタリア平原、西は今日のピエモンテのポー河流域から東はヴェネトの端までを覆う地域に出現した福音主義運動であり、ミラノ郊外の毛織物業の労働者たちがその中核となった。彼らはキリスト教的完徳を希求し、奢侈的傾向に反発して、清貧を求め喜捨を施し、また聖書を研究して俗人説教を励行した。[41]一一八四年にカタリ派、ワルド派などとともに異端として断罪されるものの、すぐ正統に帰順した。一二〇一年には教皇インノケンティウス三世によって三分割されたオルドーとして認可され、第一会（聖職者身分をもちフォーマルな共同体で生活）と第二会（共同の律修生活を送る男女）のかたわらに第三会があり、そのメンバーは家族生活を送りながら特定の規律を遵奉した。以後、織物業の盛んな都市を格好の土壌として急速に中・北イタリアに広まり、十四世紀半ばに毛織物業の放棄と教団の「聖職者化」による堕落がおきるまで、手労働会員は半ば教団生活、半ば世俗での家族生活を送った。

スイスのベギン誕生に際して、本当にフミリアーティの影響があったのだろうか。ボーデンゼー地域にベギンが非常に早期に誕生したのは事実であり、北方ヨーロッパのブラバント、フランドル、ライン地方からベギンの波が南に押し寄せたのでなく、上イタリアの使徒的清貧運動が形を変えて伝わっていったのだという見解は一考に値するが、上に示唆したように、西欧各地で、宗教的渇仰を癒したい女性の類似の運動が同時多発的に生起したとするほうがよいのではないだろうか。

さてつぎに、ベギンたちはどのような場所で宗教生活を送ったのだろうか。仲間のベギン同士、どんな集団を構成したのだろうか。この問題は〈霊性〉のあり方とも無関係ではないので、勘所を押さえておこう。

ネーデルラントにおける四段階

ベギンには四つのタイプ・段階があると、繰り返し研究者たちによって主張されてきた。これを最初に説いたのは、一九一八年、L・J・M・フィリッペンである[42]。

第一段階は「個人的ベギン」beghinae (beguinae) singulariter in saeculo manentes である。彼女たちは、一人ずつバラバラに、自分の家（両親の家）にいて普通に働くが、しかしできるかぎり福音書の掟に従って、敬虔に生活することを目指した。ときどきおなじ理想をもつ女性同士で会って一緒にお勤めをすることもあった。こうした女性は、十二世紀後半には登場している。彼女らは、嫁資をもらえない未婚女性であるか、または再婚しない若い寡婦、あるいは夫から離れることを決意した女性などであった。まだベギンと呼ばれないこともあり、mulieres religiosae（敬虔な女性）の仲間である。

第二はこうした敬虔な女性たちに組織と指導者（聖職者や修道士）が与えられるようになる十三世紀初頭から始ま

る段階であり、地区ごとに連合化して「規律あるベギンの姉妹団ないし信心会」congregationes beghinarum disciplinatarum を形成した。彼女らは礼拝堂や施療院の近隣など、お勤めに便利な場所を中心に市内に分散していたが、いつでもこの分散したベギンに連絡がとれる体制が出来上がった。彼女らは定期的に集会し、慈善行為と祈禱を共同で行った。バラバラの家に住んでいても、まとまった組織としての形が出来てきたのである。特別の館に二・三人〜六十・七十人のグループが共同生活することもあった。三人以上の場合は、館長（Magistra/Martha）が選ばれた。こうした規律化のきっかけは、教皇の一二一六年の口頭の承認だろう。

第三は、すべてのメンバーが一カ所に集まり、特別の「会」として隔離された大グループを作る段階である。壁に囲まれた周囲とは別の世界、「ベギンホフ」「ベギナージュ」「クルチス」（beghinae clausae/curtis beghinarum）の誕生である。これは、敷地の中央に教会と施療院を建て、その周囲や構内の街路沿いに個別の家々を並べた、修道院のような組織である。複数のベギンが住むベギン館がある場合もある。もちろん全体の長としてのベギン院長が統率する。この集住・組織化は、異端化の危険を避けるためであったが、これにより、誓願を立てる訳ではないベギンが、ある程度独立した「身分」を得るようになり、ベギンの集合体が教皇庁により間接的に認可されたオルドーと看做されるようになった。グレゴリウス九世による公的認可を与えられ、戒律も採用された。日本語に訳すとすれば、「ベギン院」だろうか。

第四が最後の段階であり、ベギンホフ住民の数が一層ふえて二百から数百人——ヘントでは八百人にもなった——になるとともに、囲壁や堀で囲まれた大集落を作り、また独立の「教区」を構成して一種の「都市の中の都市」となる。市壁の外の河の近くのことも多かったので、「都市に隣接した都市」と称したほうがよいかもしれない。それまでのベギンホフは、近隣にいる担当司祭に霊的な世話をしてもらっていたが、この段階に達すると、ベギンホフ内に司祭のいる教会を擁し、世俗的・宗教的な法人格を得て自治が行われることになる。ベギンの居住する家・館のほか、墓、病院、広場、街路、若者・子供のための施設、さらにはシーツを漂白する広い空き地を備えていた。

しかしながら、この第四段階にまで達したのは、南ネーデルラント北部のフラマン語圏の諸都市（ブリュッセル、ヘント、ルーヴァンなど）のみで、その独立教区としてのベギンホフの大半は、一二三〇年頃から十三世紀末に作られた。

フィリッペンは、これらのタイプを時間的に継起する段階別のものだと看做したが、大半のクルチス＝タイプ（ベギンホフ）が、一二三〇〜七〇年にはすでに出来上がっていたし、四段階の中でつぎの段階が登場しても前の段階のものが消えなかったことからも、諸段階のベギンの生活形態は並在していたというのが現状だろう。しかもベギンホフ自体、南ネーデルラントに集中し、さらにはそれが独立教区となり、全類型が出揃うのは、南ネーデルラントのみであるから、発展段階のシェーマは他の地域にはあまり当てはまらない。他の地域では、ベギン・コンヴェント（ベギン館）がもっとも普通の形態であった。(43)

＊

それでは、ベギンホフについてもう少し詳しく様子を眺めてみよう。(44)

ベギンホフは都市の中の都市というべき小集落で、外界からは囲壁ないし墓地によって隔てられていた。家々は中庭の周囲に並ぶか路地に沿って並んでおり、一人ないし少数のベギンが住んでいた。それらの家は、たいていは住人の所有物であり、他のベギンに売ったり外の親戚に遺贈できた。しかしベギンは永続的「所有権」はもたず、彼女らがもつのは、むしろ「臨時所有権」＋「居住権」といったほうが実態に近い。というのも、彼女らが結婚したりベギンをやめるときには、所有権を放棄する約束だからだ。だが自ら家を建てた者は、その費用に応じて一〜四人分の居住権を得るので、家族・親族の娘に無料で貸すことができた。だがその全員がいなくなったら、その所有はベギンホフ当局に移る契約である。立ち去るベギンは、自分が建てた家の費用の一部を回復できることになっていた。他のケースでは、ベギンホフ当局がひとつずつ家を購入していって全体の所有権者になった。その場合はベギンホフが、住民のベギンに家を賃貸して居住権を与えた。

ところでベギンホフ内には、個人の家をもてない貧しいベギンのために、富裕なベギンか聖職者によってベギン館(コンヴェント)が作られた。ベギン館での生活は共同で、地下室(食料貯蔵所)、キッチン、仕事場、屋根裏部屋、居間、養護室、倉庫などを共用した。ただし寝るのは別々の部屋であった。

ベギンホフの一部としてベギン館が出来るのが通例だが、逆にベギン館がベギンホフに発展していくことも——たとえばデルフトのケースなどのように——あった(一二七一年からベギンが言及され、一二八六年にホラント伯の許可を得てベギン館になり、十四世紀初頭に隣接する二つの家も購入し、しばらく後にベギンホフとなった[45])。

ベギンホフには、ベギンたちの家、ベギン館のほかに、共同施設としては中央の礼拝堂(教会)が、庭と墓地とともに作られ、さらに施療院、聖霊の食卓、畑、揚水ポンプ、作業所なども設営された。

南ネーデルラントの大規模なベギンホフ設立には、フランドル伯(夫人)、エノー伯(夫人)、ブラバント公をはじめとする世俗領主がイニシャチブを取り、市長や都市高官もそれを支援した[46]。フランドル女伯ジャンヌ(在位一二〇五~一二四四年)とその後継の女伯マルグリット(在位一二四四~一二七八年)、ブラバント公のアンリ一世(在位一一九〇~一二三五年)とアンリ三世(在位一二四八~一二六一年)はパトロンとして有名である。ついでより小さな地方領主やブルジョワたちが後援した。彼らは自らベギンホフの創建者となったり、ベギンに土地の所有権や用益権を与えたり、免税特権や年金を付与したりした。さほど財力のない者は財産の一部を寄進したり喜捨を施したりして助けた。北ネーデルラントではホラント伯とゼーラント伯およびその母・娘などが、ベギン共同体のために尽力したが、彼らは南ネーデルラント(フランドルやブラバント)の事例から学んだのだろうか。

こうして財力のある世俗領主のパトロネージの下、司教らの監督が行き届くベギンホフでの生活は、住民のベギンらにとっても安心できるものだったことだろう。ベギンホフの礼拝堂と礼拝堂付き司祭の地位権限については、教区司祭とのあいだで分掌されたが、ときに争いも発生した。運営はベギンホフ長（ベギン院長）と礼拝堂付司祭との相談で決められた。ともに複数いることもあった。ベギンホフには、教会・施療院・聖霊の食卓という、それぞれ独立した資産をもち、運営機構・人員を有する機関があった。

周壁内の全員は、選出ないし創始者によって任命されたベギン院長（大ベギン長）に従い、ほかにベギン院長を補佐する一人ないし数人の副院長 magistrae がいた。また各ベギン館には、ベギン館長が院長によって任命された。院長は、ベギンホフの生活全般がきちんと運営管理されるように目を光らせ、さまざまに尽力した。ベギンによる規律の遵守の徹底、外部からの権利侵害の防止、さらには財政的な手腕も求められた。ベギン院長は、しばしば聖書のベタニアのマルタの逸話から「マルタ」と呼ばれた。

ベギンの司牧、霊的な世話は、その権限をもつ男性の仕事であった。たいてい付属の司祭、あるいは近辺の司祭がその任に当たったが、くわえて聖堂参事会やシトー会、とりわけ托鉢修道会の修道士が指導訪問し、説教をしたり告解聴聞をして、彼女たちが正統から逸脱しないようにした。

ベギンは、プレモントレやシトーから受け容れを拒否された女性たちが自律して共同生活を始めたところに成立した、との側面があり、また既存の修道院では満足させられない宗教的渇仰を癒すために独自の道を進んだ、と最初に述べたが、それでも彼女たちが修道院との関係を絶ってしまった訳ではない。既述のシトー会もそうだが、それ以上に托鉢修道会との関係が終始一貫して密接であった。

十三世紀にフランドル、ブラバント地方に建てられたベギンホフの半数以上は、托鉢修道会の直接・間接の協力の下に生まれ、托鉢修道士らは、霊的なそして部分的には管理行政の任務をも担当した。[47] 先にベギンホフ・ベギン館建設に世俗の権力者がイニシャチブを取ったことを指摘したが、じつは、そこにはドミニコ会士の強力な誘導があったのである。たとえばフランドル女伯には、その伯領すべての都市にベギンホフを建てるようドミニコ会が奨めたのであった。[48] 一二二五年にこの地方に登場したドミニコ会は、一二七五年までに大いに普及していた。礼拝堂付司祭や聴罪司祭を任命監督し、説教をし、告解を聞くというのが彼らの仕事であった。一二六〇年代になると、早くも托鉢修道士であるドミニコ会との結びつきは自明視されるようになった。

しかしプレモントレ会やシトー会の前例に学んだためか、ドミニコ会は、最初は用心して女性に近づかなかった。一二二八年のパリ総会でも二重の禁令が出たし、一二三〇年以降は cura monialium に対する敵対的決定が多く下されるようになる。が、ヴェルチェッリのヨハネスの総長時代にドミニコ会は女性の世話に積極的になり、クレメンス四世は一二六七年の教勅で、新たに特権を与えて女性の世話を任せた。だからドミニコ会が拡大するにつれて、ドミニコ会修道士の管理・指導に服するベギンならびに修道女——聖アウグスティヌス戒律を奉ずる——の数が着実にふえていった。だが、女子修道院への殺到はここでも激しく、やむなく数を制限せざるをえないケースもあった。

ネーデルラントにおいてはフランシスコ会の到着は遅れ、当初はベギンの世話もドミニコ会に比べて小規模であった。しかし十四世紀初頭になると、ベギンホフはフランシスコ会の第三会と同一視されるほど両者の絆は強くなった。というのも、C項で述べるヴィエンヌ公会議における教皇による禁止決議を受けて、異端の嫌疑を避け安全に暮らすために、ベギンがフランシスコ会の傘下に入って第三会となることを司教らが推奨したからである。

ドイツの場合

ドイツ語圏のベギン研究の隆盛は、近年の中世史学界の大きな特徴となっている。その集大成ともいえるのが、F-M・ライヒシュタインによる研究とカタログである。[49] それは、ドイツ全土のベギン（館）の存在を、地方史研究と証書史料（Regesta）の博捜によって徹底的に洗いだそうという試みであり、それにより、ライン地方の大都市のみに主にドイツのベギンがいたというこれまでの「常識」は、あっさり覆されている。付属地図から瞭然とするように、ドイツのいたるところの大小の都市あるいは司教区で、ベギンがいなかった場所を探すのは困難なほどである。世俗の政治単位の公領や伯領でも、また帝国都市でも、ベギンの定住しなかったところはほとんどない。ライン地方の「濃度」はたしかに濃いが、そこだけをベギン運動の特権的地域として扱うことはもはやできないのであり、ベギンと都市化・商業発展の結びつきにも再考を促している。

ネーデルラントに広く見られるベギンホフ（ベギン院）と違って、ドイツでは市街地の一般家屋に混じるようにしてベギンが少数で暮らす館（ベギン館）がある、という形が一般的であった。ベギンホフのような個人住居がいくつも並ぶ形態ではなく、共同住宅のみである。敷地には多くの場合礼拝堂がある他、台所・食堂などが共通施設だったようだ。しかしベギン館が発展して、いくつかの居住棟・ブドウ搾り場・庭・果樹園などを壁で囲むようになり、ほぼベギンホフに近い姿を見せる場合もあった（たとえばアーヘン）。

ドイツのベギン館の設立者は、富裕な市民であることが大半であり、パトリチアもかなりの割合を占めた。とりわけ市民の寡婦が設立者になることが多かった。その代わり彼女は、地代・家賃をベギンに求める契約を結んだ。他には、都市の参審人、騎士、司祭、司教、聖堂参事会員、第三会会員などが設立者に名を連ねた。彼らがベギン館を設立――あるいはベギンへの遺贈――する最大の理由は、死んだ夫や親族、あるいは自分自身の魂の救いのための善行という意味合いであり、ベギンに自分の一族の永代供養をしてもらおうという目論見である。また家系の名誉の増大という動機もそれに加わっていただろう。(50)

ベギン館入居者は、小さなものでは三〜四人のこともあるが、大きくなると数十人になった。十三世紀にはベギン館の数は少なかったが次第にふえ、たいていの都市でその数は十四世紀にピークを迎えた。そして十五世紀にもなお相当数が残存していた。

ライン地方の諸都市のベギンについても、類型分類が可能だというのがE・G・ノイマンである。[51] 彼は五つに分類している。

第一は、女中や洗濯女・管理人などをしながら、敬虔な生活を密かに送っている者たちである。この初期のベギンは、それまでの仕事や活動をそのままつづけて外面的には残余の女性たちと区別ができない。

第二は、やはり初期に特徴的だが、家族・親族とともに生活しつつ、宗教に熱中する時間的・経済的余裕のある者たちであり、第一のタイプ同様に、ベギンになる以前の生活を放棄しないという特徴がある。

第三は、農村部からやって来たり、あるいは都市在住の女性が、単独あるいは数人で連れ立ち、町中に家を借りたり買ったりして住み敬虔な生活を営むケースで、互いの絆はまだゆるやかである。

第四が本来のベギン館に生活する者たちで、第三の延長にある。三人以上の女性が共同生活をして絆を強めるが、彼女たち自身のイニシャチブに発する場合と、外部の寄進者による施設設立の恩恵を得て規律正しい生活をするにいたる場合とがある。このタイプは終始、存在しつづけて、もっとも普遍的なベギンの生活タイプである。

第五は、十五世紀に発達した後発型であり、ベギン館同士を結ぶ連合体 Ordo が形成される。規律化されたベギン館として、後に修道院（修道会）の戒律が課される。

もちろんノイマンは、これらは段階状に発達したとはいえあくまでも理論的なモデルであって、現実には複数のタイプが混淆している場合も多いと注記している。

ところでドイツ南部のボーデンゼー地域では、すでに触れたように十三世紀にはライン都市などと同様、都市的な現象としてのベギンが一般的であったが、十四・十五世紀になると都市部よりもずっと多くのベギン館が農村部、村の教区教会脇や森・孤独地のあいだに建てられるようになる。[52] しかも十三世紀のような、二十人から六十人を擁する大きな館は姿を消し、二〜四人といったごく小さな規模が通例となる。そして既存の館においてもメンバーが縮小していく。したがってベギンの総数はさほど増加せず、小さな共同体が農村部や森林部に多数分散していくのである。これはネーデルラントでは見られない興味深い現象であろう。

ベギン館には二〜三人の上長がいて、ベギンは、その上長に服従しなくてはならなかった。後に一人の「母」が置かれた。またドイツでもネーデルラント同様、ベギン館に下属する施療院・救貧院が作られ、創設者によってベギンに管理運営、場合によっては貧者・病者の世話が委ねられた。

やがて托鉢修道士と密接な関係をもつようになる点も、ドイツのベギン館がネーデルラントのベギンホフと共有する特徴である。ドイツのベギンは、霊的な世話を当初はベネディクト会やシトー会に頼ったが、一二三〇年代からは、多くの都市で托鉢修道会がそれらに取って代わる。ベギン館にかかわる一貫した証言が得られる証書史料からは、ドイツの二四九のベギン館のうち八五パーセントほどで托鉢修道会との接触が確認できるという。[53] 都市により、ドミニコ会が主流（たとえばケルン）か、フランシスコ会が力をもつ（たとえばフランクフルト・アム・マイン）か分かれるが、いずれにせよ密接な関係を、ベギンと托鉢修道会は有していたのである。

その両者の関係には、以下の三種がある——①托鉢修道会がベギン館の霊的な——そして管理運営の——監督者となる。②ベギンによる托鉢修道会への家屋敷の贈与・寄進が証明される。③ベギンが托鉢修道会の女子修道院の俗人メンバーとして登場する。これら三種のうち①はきわめて多くの場合に認められ②もたびたびあるが、③はごく稀である。

その蜜月ぶりは、ベギン館の建てられる場所を見れば一目瞭然である。シュトラースブルクでは三分の二以上のベギンの家とベギン館が、ドミニコ会およびフランシスコ会の修道院近傍に作られたという。[54] とりわけフランシスコ会修道院の南西部のいくつかの通り gasse はもっぱらベギンの集住区で、いわばベギン街区になっていた。[55] 両修道会の礼拝堂は教区教会にはならなかったけれでも、事実上司牧を修道士が行い、その礼拝堂は周囲のベギンにとってばかりか、一般市民たちにとっても教区教会としての機能を果たして日曜ミサが行われた。したがって本来の教区司祭の権利や収入を脅かし、対立の火種となった。

ケルンでは、夥しい数のベギン館が托鉢修道会の周りに集合した。一七〇ものベギン館がこの大都市にはあり、大半は一二七五～一三五〇年に、しかもほとんど両修道会の近傍に建てられたようである。[56] 十三・十四世紀には七一人のベギンがドミニコ会とおなじ小教区に、六五人がフランシスコ会の近くにいたことが証拠立てられ、またベギン館もドミニコ会修道院近くに七十ほど、フランシスコ会周辺には五一あったという。

ベルリン、フランクフルト、バーゼル、チューリヒ、ザルツヴェーデル、ゼーハウゼン、ノイ=ルッピン、ルッカウ、ケーニヒスベルク・イン・デル・ノイメルクでも同様に、托鉢修道会とベギン館との接近が見て取れる。しかもベギン館近くにはベギン館に入居しない個人的なベギンが住んでいたというから、ドイツの多くの都市で「ベギン街」が出来ていたのだろう。托鉢修道会に守られたベギン街区は、ベギンに連帯感と社会的安定をもたらし、霊的世話を確保させるのみか、「法律補助人」をも与えた。法的行為が制限されていた彼女らの、男の代理人として托鉢修道士が働いてくれることが期待できたからである。彼女らは托鉢修道会の礼拝堂に通い、ミサを聞き、告解を行い、ベギン館の管理を托鉢修道士にしてもらった。いやさらに進んで、バラバラにベギンが住んでいた家のある街区一帯の土地を托鉢修道会が買い取って、家と館を個々のベギンに貸し与えることまでしていたらしい。[57]

十四～十五世紀になると、ドイツのベギンにも制度化・ヒエラルキー化の波が押し寄せる。ヴィエンヌ公会議の決議の標的にならないようにするためだろうか、ここでもフランシスコ会の第三会の規則を採用して、ベギンはますます修道院的な生活に接近するのである。ドミニコ会の第三会ではなくフランシスコ会のそれであったのは、つぎの事情による。すなわち一二八九年には、一二二一年の悔悛者第三会の規則を基礎に、フランシスコ会所属の悔悛者の規則が定められ、教皇によって認可された。が、ドミニコ会のものは十五世紀まで認可されなかったのである。そこでベギンは、フランシスコ会の第三会規則を採用して――各ベギン館・院の規則は、あいかわらず副次的規約として通用しつづけるのだが――、そこに加盟することになった。これまで司祭職が不足して聴罪司祭や説教師を調達できず、シュトラースブルクなど一部の都市をのぞいて、ベギンの司牧に関してドミニコ会に後れをとっていたフランシスコ会が、一矢を報いたことになろう。

かくて十三世紀のドイツにおいては、都市でも農村でも多様な組成・生活様態・経済的基礎の上に、ベギン集団が分散しつつ自由に活動していたのに、後期中世になると比較的一定のタイプに集約され、かつての多様性が均されていく。それは、ベギン館が地域の大都市の托鉢修道会によって束ねられ、その規則を採用していく傾向と並行しており、その結果ベギン館は、女子修道院に酷似することになろう。(58)

これは托鉢修道会と密接な関係を保ちつつも独立した団体として生き長らえたネーデルラントと比べて、ドイツのベギンが、民衆的宗教運動としての生命力を早期に枯渇させた大きな原因であろう。

C 擁護と批判

以上のような帰趨をたどったベギンの生活形態であるが、教会当局は彼女たちをどのように見ていたのであろうか。擁護者、批判者の二手に分けて観察してみたい。

擁護者たち

半聖半俗の女性宗教運動たるベギンが登場し、これまでのヨーロッパ・キリスト教世界にはなかった俗人女性の高度な宗教生活が可能になったのは、教会関係者の中にその理解者・擁護者がいたからこそである。フランドル女伯をはじめとする世俗の後援者は、財政面での支援で彼女たちを大いに助けたが、ベギンの〈霊性〉の飛躍に際してもっとも頼りになったのは、やはり教会関係者の力添えであった。

初期の擁護者として飛び抜けて重用なのが、ヴィトリのヤコブス（一一六〇／七〇頃～一二四〇年）である。彼は、一二一一～一六年にワニのアウグスティノ会の律修聖堂参事会で司祭として働き、当地のベギンの敬虔さに感銘を受けて彼女らを助けようと司牧と説教に身を砕いた。後に司教、教皇特使にまで上りつめるこの十三世紀の大立て者の一人は、ベギンらを中傷から守るため、もし彼女らが公認の修道会会則を採用しないのなら、是非ともローマ教皇庁の認可を得なくてはならないと考えた。そこで自ら教皇に掛け合ってベギンを公認してもらおうと繰り返し骨折ったのである。(59)

その甲斐あって、一二一六年ホノリウス三世（在位一二一六～一二二七年）から「敬虔な女性たちがリエージュ司教区のみでなく、フランス王国と神聖ローマ帝国でもおなじ家に一緒に住み、善行をするよう互いに励まし合う許可」をインフォーマルではあるが口頭で得た。(60)その結果、敬虔な女性たちは公認された修道会への加盟なしに共同生活が送れるようになったのである。これを機に、ベギンは勝手に市中に散在するもの（フィリッペンの所謂第一段階）から**congregationes beghinarum disciplinatarum**（規律化したベギン連合＝第二段階）へと脱皮する方向性が定められたと考えてよいだろう。

ヴィトリのヤコブスは、その著作においてもベギンの敬虔な生活振りを顕彰している。彼はワニーのマリの伝記を書いて、彼女をリエージュ司教区の新たな聖女として称えた他、「乙女のための説教二」では、「(前略)……それゆえ善良な男たちはいう。彼女らのどこが不都合だと思うのか。彼女らのどこが害になるというのか。彼女らは進んで教会に通い、詩篇をいくつも読み、教会の秘蹟を尊重し、毎日告解するではないか。一体、彼女らは司祭の教えを好まないだろうか。娘たちは注意深く立派に振る舞い男につけ入られることのないよう、怪しげな人物・時間・場所、非合法の集会を避けなければならない」[61]と、高く評価する。

その後間もなく教皇自ら保護政策を打ち出す。一二三三年五月、グレゴリウス九世は教勅 Gloriam virginalem により「敬虔なる女性」mulieres religiosae に保護を与えた。[62] 彼はヴィトリのヤコブスの親友で、枢機卿教皇特使だった時代、リエージュ司教区において単身女性の保護に尽力するという経歴の持ち主であった。その条項は館の確認、規則の命名、財産保持・取得の許可、所有物の枚挙を含む。これによって、ネーデルラントおよび北フランスにおけるベギンホフ形成への法的礎が与えられたということになろう。

ついでおなじグレゴリウス九世は、一二三五年十一月二十一日、ドイツのオスナブリュックとパーデルボルンのベギンを聖職者および俗人の中傷・誘惑から守るように忠告する保護の書簡を、オスナブリュックの聖堂参事会員ヨハネス宛に出した。[63] さらに一二三六年一月カンブレー司教は、教皇の発言を公式の確認として認める意図を示した。[64] そしてつぎの教皇インノケンティウス四世もオスナブリュックとミュンスター司教宛の命令を発しこれに倣った。[65]

一二六一年、ウルバヌス四世はリエージュ司教区・市内のベギンを保護する証書を出し、後継者クレメンス四世も土地の交換を承認した。[66] 教皇の支援と司教の指示の下、ベギンらは一カ所に集住して、単一の collegium（団体）を作るよう促されたのである。そこには独自の礼拝堂・墓地が設けられ、司教の保護下に独立教区を作って司祭が指導する方針が固められた。

神学者らの中にも擁護者はいた。

フランシスコ会の著名な学者でイングランドのリンカン司教ロバート・グロステストは、一二四〇年頃、托鉢修道士のように喜捨で暮らさず自分の仕事で生計を立てるベギンの生活形態を、キリスト教的な清貧および完徳の最高段階に位置づけているし、[67] ソルボンヌ学寮の設立者として知られる十三世紀パリの神学者ソルボンのロベールも、ベギンは、告白を頻繁にし敬虔で勉強熱心であり、エリート教師・法学者・神学者よりも最後の審判をうまく切り抜けられそうだとする。(68)

おなじく神学博士で一二五三〜六四年にはドミニコ会の第五代総長であったロマンのフンベルトゥスも、「当今、聖書の中の悪女に負けまいと努めている悪しき女性のかたわらに、若干の善き女性たちがおり、彼女らはマグダラのマリアのような善き女性に似ていて、堕落した世界の只中できわめて聖なる生活を送っている。彼女らはベギンと呼ばれている」(69)と褒め称えている。

ドイツのドミニコ会士ハイステルバハのカエサリウス(一一八〇頃〜一二四〇年頃)は、リエージュ司教区に多く見出したベギンらを「彼女たちは俗世の人々の中で霊的であり、淫らな者の中でも貞潔で、喧噪の只中で隠遁生活を送る」と、フンベルトゥス同様、ベギンたちを称揚する。(70)

さらに十三世紀のフランシスコ会士、レーゲンスブルクのランプレヒトは、その詩作品「シオンの娘」**Tochter von Syon**(一二三八年)で、当節、ブラバントとバイエルンにはある技能 ars をもつ女性たち——ベギンのこと——が現れ、老女でも男の博士以上に霊的な現実をよく分っていると述べ、また「彼女の混じり気のない包容力の中で、その優しいこころ、弱き精神は、内部からより容易に熱誠に燃え、それが彼女をして、この方面が不得手なぎこちない男たちよりも、天からの英知を望んで容易に理解させているのだ」と説いてその宗教理解、心映えを賞している。(71)

もちろん他にも聖俗の夥しい後援者がいたからこそ、ベギンは自分たちの求める半聖半俗の生活をつづけることができたことは、言うまでもない。パトロンとなった諸侯や貴族・ブルジョワの支援も不可欠だったが、教会関係者の助力は別の面で必須であった。司教は彼女たちの生活態度の意義を認め、その監督責任者となって教区設定、教会建設のための特権を付与したし、またシトー会や托鉢修道会の修道士、聖堂参事会員、教区司祭などが、霊的な世話・監督、礼拝堂付司祭の任命に加えて、土地提供・法的係争の解決・商取引の交渉などに力を尽くしてくれたのである。

保護する者たちにも利益がなかったわけではない。俗人のパトロンは、支援の見返りにベギンが彼らのために優先的に挙げてくれる記念祈禱や死者ミサで、死後も魂の安寧を期待できた。また自分たちの寄進によって新たな慈善施設がベギン院内に設立されれば、さらに善行とその功徳が拡充するからである。聖界関係者にとっても、ベギンらへの後押しは多少の重荷ではあれ、教会・社会全体の福利に繋がり、自分たちの権利の拡張にもなると踏んでいたのだろう。

つまるところ後援者たちはいずれも〈慈愛〉の連鎖に参与することに、悦びを感じていたのではなかろうか。ゴシック期は、まさに慈善と〈慈愛〉の時代であり、施療院の設立、貧民救済、捨て子や老人の保護などに市民たちが競って参加したが、ベギンは助けを必要とする弱者であると同時に、慈善の尖兵でもあり、彼女たちの支援が〈慈愛〉への人々の熱き思いを満たす手段になっていたのではないだろうか。

批判者たち

以上のように、ベギンの生活や信仰心は、教会人たちによって評価されることがしばしばあった。だが、この新たな信心形態・宗教生活には、擁護者とおなじくらい、いや、やがてはるかにそれを凌駕する批判者が現れた。とりわけ問題なのは、教皇や司教といった教会ヒエラルキーの中枢にいる者たちが、評価の言辞に倍する非難をしばしば彼女らに浴びせ、法的規制を課していることである。

自分の管轄区にベギンのいる聖職者や地方教会会議は、とくに自由に動き回って教会当局の管理を逃れようとするベギンを非難した。すでに一二三三年には、マインツ大司教区の司教らが、修道誓願を立てず、規則に従わずに特定の衣服を着て敬虔な生活を送る女性が、村々を徘徊することを禁止している。そして自分の家に止まって、己の資産収入により、またそれがない場合は手仕事・奉仕活動によって生計を立て、教区司祭に従うべきことを命じている。(72)

一二四四年のフリッツラーの教会会議も、ベギンを名指しつつマインツの決定を繰り返すとともに、とりわけ男性との関係に懸念を示している。そして若いベギンは純潔が損なわれる危険があるとして、悪しき評判の立っていない品行方正な四十歳以上の女性にのみベギンとしての生活を認め、聖職者との会話は教会内だけで許可している(73)。

ついで一二七三年、教皇グレゴリウス一〇世が公会議（一二七四年のリヨン公会議）で議題になる諸問題について事前に報告書を出すよう、遠隔地の司教や主要な修道会の指導者に対して求めた中で、ドイツ東部のオロモーツ司教ブルーノは、つぎのように答申した――ベギンは使徒座によって認可された修道会に属していない「セクト」であり、誰にも服従しないことが自由の中で神に称えられるのだというが、彼女らは司祭と夫の両方への服従を拒否する過ちを犯している。司祭に告解もせず、聖体を受け取るのも拒んでいる。無為でおしゃべりな彼女らは市内を徘徊し、それで自分らの評判と美徳を傷つけてる。また彼女らは結婚に反対し、多くは若いにもかかわらず働かずに援助に頼り、六十台の寡婦特権を要求している。かくして彼女らは社会の基盤を脅かす。ゆえにベギンは、結婚するか、さもなければ認可された修道会に入るべきである……(74)。

一二七四年の第二回リヨン公会議は、ベギンをはじめとする周縁集団を十把一絡げに断罪する。そして今後いかなる新たな修道会設立もまかりならぬと命ずるとともに、一二一五年の第四回ラテラノ公会議で教皇の承認を得ていない修道会については、それがいかに発展していようと永遠に禁止・無効とすると宣した(75)。

十四世紀になるとさらに厳しい断罪がやってくる。一三一一～一二年のヴィエンヌ公会議でクレメンス五世（在位一三〇五～一三一四年）が出した二通の教令が、ベギンの全面禁止を唱えたのである。ベギン迫害の頂点と看做せよう(76)。

第一の教令 Cum de quibusdam mulieribus においては、ベギンをつぎのように糾弾する――彼女らは服従を誓わず、財産放棄もせず、認可された規律にも従っていないので、教皇公認の修道者とは看做せないが、（修道女のように）特定の服を着ている。彼女らの中には狂気に取り憑かれたかのごとく三位一体や神の本質について議論したり、信仰箇条と教会の秘蹟についてカトリックの信仰に反する見解を広めている者たちがいる。彼女らはこれらの問題について多くの素朴な人々を騙したり、さまざまな誤りに陥らせている。彼女らはまた、聖性という隠れ蓑をまとい、魂に危険な他のもろもろのことも行っている……として彼女らの生活形態を永久に禁止し、排斥することを言明している。彼女らに助言・援助を与えたり付属のベギン館に入館することを許したりして、好意を示す修道士をも破門の脅しで制している。

第二の教令 Ad nostrum qui は、ドイツのベギンとベガルドを標的にしているが、そこでは八つの命題が断罪されており、それらの内容は自由心霊派を思わせる。ベギンも自由心霊派とおなじ穴の狢とされているのである。すなわち断罪されているのは——この世で人はきわめて高い完徳を手に入れ内的に罪のない状態になり、もはや恩寵においてこれ以上進歩しえない段階にまでたどり着くことができる。さらに進めばキリストを超えてしまおう。そうなれば断食も祈りも不要で肉体は何をしようと、たとえ性的放埒に耽ろうとも霊と理性に完全に服していて罪を犯すことはない。人に服従するにはおよばず教会の掟に縛られることもない。すべての知的本質（自然）は自然に祝福され、魂は神を見てそれを祝福された状態で享受するために、栄光の光を必要としない。美徳を実践するのは不完全な人のみである。聖体拝領をうやうやしくするのは不完全な証拠で、まだ純粋と観想のレベルが低いということだ。性交渉は自然がその傾向に向かうなら、なんら罪ではない、とりわけ誘惑の中でおきるときには。聖体に敬意を払う必要などない、というのはミサや聖体、キリストの人性の苦悩を考えるのは観想の高みから落ちることだから……。こうした謬説を奉ずるベギン・ベガルドが糾弾されている。

第一の教令はベギンの全般的禁令と看做せる厳しい決議であるが、あらゆるベギンを断罪したのではなく、一人または集団で家の中で敬虔な贖罪生活をし、謙譲な気持ちで神に仕えるならば許される、との例外規定が最後に付加されていた。つまり善いベギンと悪いベギンが振り分けられたことが重要だろう。放浪乞食をするベギンは、いくらそれが高い完徳に達していても絶対に許されないのである。また第二の決議は、自由心霊派、とくに異端的ベガルドに向けられたものだが、名称の上からはベギンも否定されているように読める。

これらの決議はしかし、すぐに発効したのではなかった。クレメンス五世の死とその後の空位期間のため、ヴィエンヌ公会議の決議はヨハネス二十二世のとき（一三一七年十月二十五日）に、はじめて広布された。同時に教会法大全（Corpus iuris canonici）に含められて、かなり穏和化したトーンに変更された(77)。

しかしながら、いくら例外規定があり穏和化されたといっても、そもそも決議の照準が誰に定められてるのかが明確でないことから、この両決議を楯に、後になって善いベギンも多くの高位聖職者によって不当に迫害される種が播かれたことは重大である(78)。迫害は十四世紀中つづき、たとえばシュトラースブルク、バーゼル、ベルンのベギンはその館から追い出されて財産没収され、世俗の官憲の手に「容疑者」として渡されることもあった。メッス、ヴュルツブルク、マインツ、エルフルト、マクデブルク、アイヒシュテット、ケルン、ブレーメンなどの都市、ヘッセン、チューリンゲン、ザクセンなどの地域でも迫害の動きがあった。教皇・司教の中には熱心に異端審問を後援する者がおり、世俗君主も、たとえば皇帝カール四世などは異端討伐に熱意を燃やし、側杖を食ったベギンも犠牲となった。

一三一八年には、ケルン大司教があらゆるベギン共同体の解散および教皇の認めた修道会に吸収することを求めた。この決定は代々、大司教および教皇の教令により継承され、ベギンは強制的にベギンホフに集められることになった。さらに一四二一年には、教皇マルティヌス五世がケルン大司教に明確な規則なしに宗教の名の下に生活する者の小さな宿舎を破壊するよう命じた。かくてドイツのベギンは急速に減っていく。

しかし、こうして非難の矢を浴びて異端のレッテルを貼られたり聖職者によって迫害されたのは、ライン地方の、小規模なベギン館に分散して生活したり、あるいは放浪乞食のようにさまよい歩いている独立のベギンたちであって、ネーデルラントの、修道女のように禁域で規律正しく生活するベギンについては事情が異なった。フランドル、ブラバントの両地域のベギンは閉域に守られていて教会当局が管理しやすかったので、異端の嫌疑を滅多に掛けられなかったのである。

南ネーデルラントでは、一三一八年、教皇ヨハネス二十二世が先行する教令 Cum de quibusdam の精神にもとづいて、誠実に規律正しく共同生活するベギンは保護しようという動きがあったし、一三一九年には、ブラバントのベギンホフに住むベギンが保護下に置かれた。またリエージュ司教区では、司教が正統なベギンを公正に評価しようと努めて彼女らがベギンホフに住むべきことを定めたのである。かくてこの地域では、その後もベギンホフは繁栄し、近代、いや現代までその活動をつづけることになる。

いずれにせよ多くのベギンは迫害と誤解を避けるべく、すでにB項で述べたように、彼女らを守護してくれる修道会、とくにドミニコ会とフランシスコ会の傘下に入って、しかも強制的に（フランシスコ会の）第三会規則を採用することで修道院的組織へと組み込まれることになったのである。

＊

神学者や文学者の中にも批判者がいた。フランスの文学者、ゴーティエ・ド・コワンシがベギンを標的にした最初の諷刺的批判者で、一二二〇年頃、清貧運動の従事者をおぞましい偽善者と呪っている。その流れを汲んで、サン・タムールのグィレルムスとリュトブフが、苛烈な批判者となった。

前者は、「当節の危険について」De periculis novissimorum temporum を書き、彼女らを仮借なく偽善者と呼ぶ——彼女らは、信心家を気取っているのみで何ら厳格な宗教生活をしておらず、外面的な新規さだけで改宗者を得ている。誓願を立てず財産放棄もせず、一生壁の中で暮らすのでもない。俗人なのに宗教家ぶっている。王権に庇護されても教会組織からはすり抜ける。乞食をして、嘘つき・追従・泥棒の予備軍となっている。若くて働けるのに怠惰を決め込み、働かずに喜捨で生活する。修道会の規律なしにはとても貞潔の誓いなど守れないほど若いのに、規律には服さない。ドミニコ会士と親密に付き合っていて、ドミニコ会士は彼女らに司牧活動をしたり喜捨を与えるなどして、小教区聖職者の権利を侵害する……と。(79)

サン・タムールのグィレルムスのようなヒエラルキーのチャンピオンがベギンを非難したのは、彼女たちが異端の温床となるからだけでなく、托鉢修道会がベギンホフと密接な関係にあったために、パリ大学をめぐって争い合う在俗聖職者と托鉢修道士の大論争において前者の代表的論客であった彼が、反ベギンの態度を取ったということでもあろう。

十三世紀の著名な諷刺詩人リュトブフも、一二六〇年頃、ベギンが国王の保護を得ながら見掛けだけの欺瞞的な聖性の生活を送っているとして、その言行・感情表現・幻視などを皮肉っている。(80)

たとえば彼は「ベギンのディー」Diz des Beguines と「パリの諸修道会」Les Ordres de Paris で、彼女らの矛盾した生活ぶりを揶揄する――「ベギンが何を言おうと、善いほうに受け取りなさい。彼女の人生に何が起きようと、それはことごとく宗教的性格のもの。彼女の言葉は預言です。もし彼女が笑えばそれは社交の礼儀。もし泣くならば信心の証拠。眠るなら恍惚境。夢を見れば幻視。嘘を吐いても気にしてはいけません。彼女が結婚するとしたらそれは彼女向きの生活。その誓願と信仰告白は生涯を縛るものではありません。泣いたり祈ったりして、やがて彼女は夫をもらうでしょう。今や彼女はマルタにしてマリアなのです。(後略)」。もちろんすべて皮肉である。

同様に『バラ物語』で有名なジャン・ド・マンや、ドミニコ会士ロマンのフンベルトゥス――彼は善きベギンには擁護の言辞も吐いていたのだが――、あるいはビブラのニコラウスも、浮浪者のように貧しく托鉢する托鉢修道士とともに、稀有な宗教体験を得ようと勢い込み放浪するベギン、見せかけの敬虔さの下で実際は市場や修道院を訪ね回って罪なことをしているベギンを批判している。[81]

こうしたベギン批判者たちの批判の根源は、どこにあるのだろうか。

ベギンの大半は未婚（寡婦も含めて）で共同生活を送るが、それは修道生活とは異なっていた。彼女らはいかなる修道誓願も立てないし、またいかなる公認の戒律にも服さない。服装も一定せず、俗人と自由に入り交じって生活している。こうした彼女たちのどっちつかずの曖昧な境涯 status beguinarum は、厳格な身分秩序を重んじる教会にも世俗社会にも、その両方にやっかいな問題を投げ掛けたのだろう。生得の身分や階級を越境して行ったり来たりすることは、秩序を脅かすもってのほかの行為であった。帰属すべき家族もなければ修道院もないベギンの存在は、いくらそこに敬虔な姿が垣間見えるとしても、保守的な教会人や支配層にとっては、きわめて困惑させるものがあった。

彼女らは実際に異端思想に染まることもあったし、モラルを疑われるような行為もままあったであろう。さらに放浪乞食のような生活ぶりは人々の勤労意欲を削ぎ身分秩序を崩す危険があると、聖俗当局者たちは危機感を募らせたはずだ。また在俗聖職者は自分たちの権利と財産(十分の一税、寄進、死者埋葬手当など)を、托鉢修道士らに侵害されるのではないかと、疑心暗鬼になったに違いない。

ヨーロッパでは中世が末に近づくにつれて身分が法的に厳格に定められ、また外部からの闖入者を排除しようとの動きが強まった。内攻の時代の始まりである。それは同時に家父長的な権威と権力が、家族のみならずより上位の団体でも振りかざされることと関係している。それをもっとも侵害する恐れのあった者たちが「女性」であった。ベギンは女性であるだけでなく、宗教運動を実践していたから、社会秩序に加えて宗教的な秩序、いやその教義まで侵犯する恐れがあった。そのように「男性」のエリートたちは感じていたのではないだろうか。

だが、彼らが本当に恐れなくてはならないのは彼女らの生活形態ではなく、彼女らが生み出した〈霊性〉であった。それが次節の主題である。

二　母性と霊性

本節では、ベギンの〈霊性〉を探るという本章の中核へと歩を進めるつもりだが、いくつかの方面から攻めてみたい。というのは、一方にごく普通の名もないベギンの日々の生活のうちに表れた〈霊性〉があるとすれば、他方には神秘主義的著作を著し、聖女に列せられた少数の指導的立場のベギンの〈霊性〉もあるからである。両者は同日には論じられないという考え方もありえようが、私はそれらが別の方向を向いてはいても、おなじ台座の上に載った像の二つの顔だと思っている。

A　ベギンの日常生活

修道誓願を立てるわけではないが清貧と貞潔を志し、日々の祈りのほか、ときに断食などの禁欲行をするベギン。しかし彼女らは修道女と異なり、修道院に閉じ籠もって典礼三昧の生活をする訳ではない。半聖半俗の境涯の彼女らは、都市の社会生活と物質的なレベル——生産・流通機構——で繋がれ、また代禱や慈善事業を介して精神的なレベルでも結び合っていた。彼女たちの宗教生活は、その世俗の生活、仕事と不可分であったのであり、〈霊性〉についてもその通りである。(82)

英国の年代記作者マシュー・パリスは、ベギンの手労働・貞潔と単純な生活を誉め、彼女らに熱中してる。彼は十三世紀半ば（一二四一〜五〇年の間）の年代記において、半世紀前までを回顧して書いているのだが、「近頃、とりわけアレマニアにおいて、修道者をてらう男女、とくに多くの女性が現れた。彼女らの修道の掟は軽微で、節制と生活の簡素を密かに誓うが、どの聖人の修道戒律にも縛られず、いかなる修道院に入ってもいなかった[83]」と半聖半俗の境涯の彼女らの可能性に期待を寄せている。

それゆえ〈霊性〉を代表的ベギンの伝記や著作をつうじて考える前に、彼女らの日常生活について瞥見してみよう。

規約と覚書より

創立後、間もなくベギンホフには規約が定められる。最初の規約は一二四六年リエージュで起草されたが、とくに十四世紀の制度化と生活形態の正当化への関心が高まった時代に普及し、十五世紀にかけて多数作られることになった。いずれにせよ、教皇の認可を得た統一的な会則はたえて発布されず、司教区ごと、いやベギンホフごとに異なる規約が出来たのである。

だからベギン会としてすべてのベギンに共通の規約・会則がある訳ではなく、彼女らはそれぞれのベギンホフごとの規約に従ったのである。さらにベギンホフの規約のほか各ベギン館もそれぞれの規約を持っていた。しかも内容は千差万別で、わずかな曖昧な規定で済ませているところもあれば、詳細で厳格な規定を盛り込んだ規約もあった。

規約はたいてい創設者（パトロン）によって、司教の承認を得てから伯・公・参審人の事務局をつうじて制定された。またベギン自身が起草するケースもあった。館長は四季の斎日の四つの金曜日や大斎日、あるいは各季節の始まりなど定期的に規約を読み上げることになっていた。ベギンがなすべきお勤め、祈りの種類と数などの他、外出、買い物などについてのこまごました規定があった。

では〈霊性〉の史料としての使用価値はあるのだろうか。たしかに規約からも、ベギンに求められた行動・美徳について知ることができ、そこから彼女らの〈霊性〉の特質が窺われる。すなわち彼女らは、清貧・貞潔・謙譲・慈愛を追求したが、それらを外面に表すことが大切だとされた。たとえば〈謙譲〉は衣服の簡素さにおいて、〈貞潔〉は、聖職者であれ俗人であれ男性との関係を疑われるような場所にゆかないこと、および町中を二人で歩きは歩かない——、しかも頭をヴェールで覆い目は俯けて歩むといった行為によって表された。また〈慈愛〉は、貧者・病者への喜捨や世話、仲間や上長への慈愛に満ちた言行によって示された。規約違反には罰則が設けられていた。お勤めでの不注意、虚栄の現れた衣服、軽薄なおしゃべり、ダンスや下品な歌、男性との不適切な接触、上長への敬意欠如などが処罰の対象となった。矯正されず過ちを繰り返すと、最悪の場合には追放される。

それでは二つのベギンホフを選んで、その規約をやや詳しく見てみよう。

十三世紀末のブリュージュのラ・ヴィーニュ（Wyngarde）のベギンホフの規約には事細かな規定がある(84)——囲壁内のベギン院全体の長としてベギンホフ長（ベギン院長）がおり、また院内の各館には館長（ベギン館長）がいて、ベギンらはこれら上長に服従しなくてはならない。外出は厳しく規制され、各館長の許可を得て、一人ではなくかならず仲間と一緒に出掛けなければならない。帰宅時間は厳格に守るべきである。来客についても厳しい制限がある。嘘、盗み、悪口、下品な言葉遣いが禁じられ、悪行の告発と償罪の業は集会で行われた。単純な衣服を着て他人に高価で魅力的だと思われぬようにすべきであった。ヴェールを被らねばならず、線なしの衣服は地面につくほどの長さ、上着は袖無しが決まりである。労働については誠実さが求められた。彼女らは自分の仕事でパンを稼ぎ、罪を贖い、悪しき誘惑を避け、精神をダメにする身体の弱さを避けなければならない。そうすれば神の恩寵と栄光を得られるのだという。

彼女らは最低、主禱文、天使祝詞、告白の祈り、ミゼレーレを覚えることが要求された。また祝福と慈悲の祈りもマスターして可能なら毎日の聖務日課と聖母の時禱を唱えるべきであったが、もしそれができない場合はそれぞれの聖務日課の時間に一連の主禱文を唱えることで済ませた。聖体拝領については、復活祭・聖霊後臨の大祝日・クリスマス・聖母マリア清めの祝日にはかならず受けねばならなかった。一年に七回までなら聖体拝領を受けてよいが、それ以上は許可を要した。告解は三週間ごと、すくなくとも月一回はすべきであった。罪の告白は集会でなされ、式次第に則った身振りを伴った祈りの文句のやりとりの後、ベギン館長が説諭し、その後ベギンが一人ずつ罪を告白する。館長は非行の大小に応じた償罪の業を課すが彼女自身はそのベギン院長と館のベギンたちを集めた集会で年四回罪の告白をする。ベギン院長はすべてのベギン館長たちの前で年二回告白し、聴罪司祭が償罪の業を課す。

毎晩共同の鞭打ち修行があった。それはホールの左右に半数ずつのベギンらが位置を占めて行われる。生者と死者のために七つの詩篇を唱えた後、求憐誦・主禱文などが歌われるが、それらの詠唱のあいだからだを回して自分で一度か二度鞭打つのである。そして「あなたの僕と婢を救い給え……」との祈りを唱える。

さらにつぎのようなもろもろの行動についての規定があった――歩くのに目をキョロキョロさせず、一定を保ち、頭をやや俯け、また頭をヴェールで覆い、複数歩くなら横に並んで歩き、前後にはならない。とくに町中を歩くときはそうである。何か突然しなくてはならないことがあったり呼び出されたりしたときは、事後でも仕方はないが、とにかく包み隠すことなく、すぐに彼女らの館長に報告すべきである。誰も理由なくまた許可なく囲壁を出てはならない。そして外出するときも長が指定する仲間と一緒でなくてはならない。またあらかじめ許可を得た家にのみ行ってよい。仕事が済んだらすぐにベギン院にもどるべし……。各館長はベギンが過ちを犯すごとに手か鞭か棕櫚の篦で撲つことができる。

その他このベギンホフの規約には、一週間そして一年のうちいつ断食すべきかの規定や、遵守すべき沈黙・黙想・祈りとその内容について詳記し、また年四回の瀉血の許可まで記されている。さらに、声高く話さず、明るいが落ち着いた真面目な顔つきをし、身を慎み、勝手な言行をせずにすべてを長に知らせ長の許しを得る、自慢したり非難したり噂話に興じたりせず、貧者・病者には柔らかなベッドをしつらえたり適切な食事を作ったり足を洗うなどの慈愛をたむけ……と細々と定められている。

もうひとつ、一二三六年に女伯ジャンヌが年金を付与して建てたヘント(ガン)のベギン院——聖エリーザベトのベギンホフ——については、彼女を継いだ女伯マルグリットが一二六九年に規約の厳格な遵守を命じている。[85] 規約および一三二八年に書かれたメモワールから、ある程度詳しくベギンの生活を窺い知ることができる。[86]

ベギン志願者は最初、ベギンの正しい生活を学び、二年目以降正式のメンバーになれた。共同体の教会での早朝ミサと信心書閲読が最低限の義務で、夜は沈黙と祈りのうちに過ごすべきであった。各週一回告解せねばならず、また聖体拝領はすべての祝祭日に行われる。男性との付き合いは制限され、居酒屋・宿屋などへの出入りは避けるべきであった。

当ベギンホフの敷地には、中心に教会があり、その周りにはベギンのための多くの小屋が建っていて、それらは相互に溝ないし塀で仕切られていた。それぞれの小屋は独自に菜園をもち、小屋で何人かの女性が共同生活をしていた。彼女たちは、ベッドと衣装ダンスしかもたないほど貧しいけれども、自分たちの手で働いて生計を立て、他人に迷惑をかけないようにしていた。その仕事とは、都市から送られてくる羊毛を洗ったり布を綺麗にしたりする仕事で、そこからわずかな収入を得て生活した。それぞれの小屋には仕事を監督する女性が一人いて、仕事の進展に滞りのないよう気を遣っていた。外出は厳しく詳細に規制されていた。日曜祭日の外出はとくにベギン院長の赦しがいった。

彼女たちは、朝起きると中央教会でのミサを聞き、その後、それぞれの小屋に戻って沈黙のうちに仕事に励む。仕事をしつつも祈りを絶えず繰り返し唱える。小屋の中では、代表して二人の女性が詩篇を交互に朗誦し、天使祝詞をも一節ずつ交互に読んでいく。他の者たちは熱心に耳傾け、心の中でそれを繰り返す。晩課の後、中央教会に行って祈りと黙想に没入し、鐘が鳴ったら小屋に戻る。宗教的なお勤めとしては、日曜祭日のミサと説教、祈禱と黙想で主への帰依を示した。断食は厳格であった。また衣服は灰色の地味な未染色の布地で作られ、帯、被り物、スカーフ、手袋などについては派手で奇抜なものを身に付けてはならなかった。

聖母への帰依心は篤く、毎日聖母の詩篇を読むことを義務づけられ、また聖母関連のすべての祝日の前に断食を命じられた。

*

ちなみに、このヘントのベギンホフにかぎらず、多くのベギンホフの礼拝堂の祭壇がマリアに捧げられた。マリアの像の前におくべきバラ、スミレなどの花冠ための年金を遺贈したベギンもいたという。マリア以外にも、それぞれのベギンホフに特別に縁のある聖人の祝祭には、軽い食事と特別のミサが行われた。とくに聖エリーザベト――一二三一年に亡くなったハンガリーの王女で、チューリンゲンのラントグラーフ（方伯）、ルートヴィヒと結婚した――への崇敬が厚かった。それは、夫の死後子供を捨てて貧者となって別の貧者を助ける生活をし、キリストを敬った彼女の生涯が、ベギンの模範となるにふさわしかったからだろう。

これら、マリアや聖人に捧げられる祈りと仕事を介して、彼女たちは道徳的な教育を学び、家庭の手仕事に習熟していく。しばしばそこから一歩踏み出て、職人としても一人前となってゆく。またそのすばらしい「教育」の噂を聞いて、良家の娘たちがベギンのもとに送り込まれてきた。それには、娘らが長じてのち、宗教生活や結婚生活でうまくやってゆけるようにとの願いが込められていた。

ヘントの聖エリーザベト・ベギンホフのベギンの記録にもあったように、ベギンは、修道女のような長大で永続的な聖務日課に参加する代わりに、何種類かの短い祈りで済ませた。それは仕事に十分な時間を確保するためにも必要な措置であった。仕事をしながら祈りを上げられるのであり、この臨機応変の短い祈りがベギンの信心の特徴のひとつであった。

もうひとつ、罪人を自任する彼女らは〈贖罪〉に努めたが、彼女らが贖罪の業としてもっとも重んじたのは慈善であった。当初より、ネーデルラントでもドイツでも彼女らの仕事の中心に病人看護、とりわけライ病者の世話が位置した。フランドル最初期のベギン、ワニーのマリが、キリストへの愛に駆られて夫とともにニヴェル市郊外のウィヤンブルーのライ施療院に行って、患者の世話をしたことが思い起こされる。[87]

ドイツでも早期からベギンによる慈善事業があり、ケルンではすでに十三世紀に、病人の世話がベギンの仕事となっていた。またウルムでも多くのベギン館が病人介護に取り組んだ。[88]他の都市でも同様である。彼女らの登場により、お金がなくても無料で看護を受けられる施療院ができ、それは従来の差別的な慣習を着実に崩していった。さらに、性別、病気の種類などを無視して大部屋に患者を放り込むという蛮行も徐々に消え、病人の境遇に応じたきめ細かな応対がなされるようになった。ベギン館の近くに作られる施療院があちこちにでき、そこでベギンが働いたり、また往診の看護婦・介護師として個人宅に赴くケースも多かった。薄給だが、ときに都市の奉仕義務と租税からの免除を享受できた。

ベギンが、その〈霊性〉の要素の中でも〈慈愛〉をなにより重んじていたことは上述したが、そのために特別な施設が設けられていた。ひとつはベルギーで近代初頭まで教区ごとに設立されて、特定の貧民・病者に対する物質的援助を行う「聖霊の食卓」という慈善制度であり、ベギンホフにおいても設置されたと考えられている（たとえば一二九一年以来の証拠があるルーヴァンのフロート・ベギンホフがその例である）。[89]聖霊の食卓長を頭とする管理機構の下、所領・喜捨・遺贈からの財源によって貧民救済を行うのであり、貧しいベギンに居住地を提供し、金銭と食物・衣料を分け与えた。特定のベギンを指定して遺贈が託されるのもこの「聖霊の食卓」を利用してのことであった。ベギンらの互助施設となっていた「聖霊の食卓」における貧者とは、老齢で働けないベギン、未婚の女性・寡婦のほか、捨て子も含まれた。

第二の慈善施設は施療院であり、これはベギンの遺産を貯めて運営される病院と老人ホームを兼ねたような施設であった。だがそこに入るには、全財産に対する権利を施設に委ねねばならなかった。経済力に応じて支払いを求められ、貧しければ無料で看護を受けられた。それは貧民救済的な側面をもち、食糧分配など「聖霊の食卓」と同様な機能もあった。

以上、ベギンは日常的にベタニアの姉妹、マリアとマルタの双方の領分を自分たちの目標とし、神への愛から惻隠の情に満ちた隣人愛の行為を実践したのであり、観想的生活と活動的生活の稀に見る合体がそこにあった。すなわち、かたや祈りの生活によってキリストの生と苦悩の秘密に沈潜するとともに、かたや貧者や弱者・病者の世話をして、その窮状を救うという生活を、彼女たちは送ったのである。

ベギンの祈りの生活は修道女ほど厳密な聖務日課のリズムに拘束されてはおらず、よりフレキシブルであった。場所・財政に応じて、毎日かあるいは週三回、ミサに参加した。大きなベギン館やベギン院では、定期的に礼拝堂に集まって、読み書きできるベギンが日課を率いたが、礼拝堂のないベギン館、あるいは読み書きできないベギンのみの場合は、より単純な祈り（主禱文と天使祝詞）を、朝な夕なに唱えるだけでもよかった。またランデスヘル（領邦君主）、司祭、パトロンの魂のために、決められた数の「悔悛の詩篇」やミゼレーレ、あるいは主禱文を唱えるのを毎日の日課としているベギン館もあった。

仕事と収入源

ではつぎに、生計を支えるための本来の「仕事」に目を向けよう。それ自体宗教行為でないにせよ、じつはベギンにとっての「仕事」は、その〈霊性〉と無関係ではないと考えられるからである。

ベギンは自分の生活は基本的に自分の手による収入で支えることを目指した。この自給自足体制は修道女の生活と大きく異なる点であり、それはベギンが彼女らなりの「使徒的生活」だと自認していた特徴であった。また土地家屋を所有していても、手持ち資産・定期金がなければ生きていけず働かざるをえないという事情もあった。ベギンは財産を自分で管理できたが、ベギンホフに譲渡すれば、収入は他に探さねばならなかった。彼女たちはじつにさまざまな職種に携わった。それは半聖半俗の境涯の真骨頂の発揮の機会でもあった(90)。

フランドル、ブラバントなど南ネーデルラントのほか、北ドイツ・フランスでも、毛やリネン・絹を扱う織物関係の仕事をするケースがもっとも多かった。ベギンが栄えた諸都市は北方ヨーロッパの通商路に当たり、交易が盛んで、織物業関係で殷賑をきわめている場合が多く、その産業構造にベギンが食い込んでいったのである。織物業を得意とする彼女らはギルドは構成しないまでも、ある程度の組織を有し、ネーデルラントやドイツのケルンでは、競合するギルドの反発を買った(91)。というのも織機の数や使用法、生産量、労働時間などが規約で制限されることもあったとはいえ、ギルドにおけるような厳しい規制がなく、特権で免税されていた彼女らの作る製品は非常に安価であったから。ケルンでは、絹織物製造業者（親方）の中に、ビジネスを拡大するため紡績の作業をベギンに下請けに出す者も現れ、専門の絹紡績業者の反発が強まった。十四世紀以降にはますます対立が深まり、市参事会への訴えとベギン会での絹紡績の禁止ないし制限の命令の発布、さらにはその見直しが繰り返されるだろう。またシント＝トゥルイデンのベギンホフには、免税など、優遇されているベギンに怒った市民が強襲しに来た。ディーストでは都市の織工を保護すべく彼女らによる生産が抑制された。

もちろん、ギルド（ツンフト）とうまく分業が成立する場合もあった。たとえばベギンらの仕事場に、都市の工業センターから羊毛と布が送り届けられても、ベギンは織布・縮絨や染色などの織物業の中心的プロセスには携わらずに、単純な洗浄の作業のみに当たる、といった工夫をするのである。

織布以外の繊維関係の仕事としては、レース編み・刺繡・糸紡ぎ・縫い物などの細かな仕事をし、他には小売商・書記・洗濯・櫛梳き・ローソクや松明作り・製粉・写本・印刷・巡礼代行・パン作り・ビール醸造・石鹼作り・結婚式準備・花冠作り・教会の仕事の手伝い・信心用カードの裁断など、じつにさまざまな業務をこなした。聖俗上流家庭に入って家事を手伝うこともあった。リエージュ司教区の初期ベギンの生活模様が描き込まれた「ワニーのマリ伝」にも、手仕事のかたわら祈りをするベギンが登場する。マリは糸巻き棒で糸を紡ぎながら、詩篇書を朗唱していた。そしてできるだけ長い間手仕事をしたという(92)。

こうした手先の器用な女性ならではの「仕事」以外に、彼女らが携わった業種としては、教育と福祉があった。教育については、自分らの家や館に娘たちを迎えて食費代をもらって教育を授けたり、より大規模に少女学校を経営することがあったのである。

〈慈愛〉の実践としての施療院――ベギンホフ付属の施療院や富裕な市民や王侯の建てた救貧施設――での活動については上述したが、これにも仕事としての側面があった。施療院での仕事の見返りに、都市当局の支援を受けたり、あるいは直接施療院から支払いを受けたりしたからであり、さらには病人のいる市民宅に赴いて看護婦のような役目を負って報酬を得ることもあった。

死者との触れ合い

最後に、ベギンらの専売特許のようになっていった仕事に、死者にまつわる仕事があった。すなわち半聖半俗という独特の位置にいた彼女らに死者との触れ合い、すなわち、埋葬の世話・死者の洗浄・棺台安置など、一般人にタブー視されたマージナルな仕事が委ねられたのである。

やや後の時代（十六世紀）のことだが、スイスのリュツェルンでは、彼女らの業務は「墓の母の仕事」Grabmütter-dienst と呼ばれていた(93)。死者の世話は、早いものでは一二七五年にヴォルムスの四十人のベギンが設立者の一人の墓で「徹夜して祈りを捧げた」wachten und beteten したという証拠があるが、ほかに、ハンブルク、ブレーメン、ヴィスマール、ケルン、フランクフルト・アム・マイン、マインツ、シュトラースブルク、ニュルンベルク、バーゼル、ベルンその他で同様な証言がある(94)。

彼女らは中世を下るにつれて、ますます「死の専門家」となっていった。十三世紀末からはとくにフランシスコ会士とドミニコ会士から、ベギンに対して埋葬と死者の世話が委託された。すなわち司祭が秘蹟を執行し、死者ミサをしているあいだ、彼女らは死者に付き添い、その洗浄と着替えをする。教会から墓地へと行列するときも蠟燭を持ってずっと棺に付き添い、墓では苦悩の身振りと嘆き声で激しい死者哀悼を演ずる。蠟燭は永遠の生の象徴で、遺体埋葬後、三十日間燃やさねばならなかった。また死後七日と三十日のミサにも彼女らが列席し、死者哀悼の身振り・叫びと、祈りをすることになっていた。さらに彼女らはベギンホフに戻っても、喜捨と断食と祈り（代願）により、死者が煉獄から天国に行けるように心を配るのである。

こうした死者の世話を、ベギンは、「刑吏」や「墓堀人」のような穢れた仕事として引き受けていた訳ではあるまい。あらゆる弱き者たちへの〈慈愛〉に満てる彼女らにしてみれば、死者を前にした自分たちは、十字架のイエスの下で嘆き悲しむマリアを体現していたのだろう。次節以下で見るように、キリストの受難は彼女らの〈霊性〉の大きな拠り所となっていたし、キリストに身体的に触れ、その母（マリア）となり、あるいは妻となるための信心業に現を抜かしていた彼女らにとって、死者との触れ合いは悦びでこそあれ、けっして苦痛ではなかっただろう。

また彼女らの仕事振りから窺われるのは、彼女らが「手」の人だった、ということである。あるいは触覚の人と言い換えてもいいかもしれない。手先が器用でなければできないような、細々した仕事を彼女たちは好んでこなしたし、また貧者にも死者にも触れるそうした仕事を彼女らは引き受けた。触れずにすまそうという男性とは対極的である。この点も、彼女らの〈霊性〉の特質と大きくかかわっている。

B　伝記と著作から

ではつぎに、著作をものしたり伝記の対象となった著名なベギンに焦点を当てて、その〈霊性〉に直接接近してみよう。彼女たちは一般のベギンに対して、カタリ派の帰依者に対する完徳者のような立場、そしてロマネスク期の宗教に目覚めた民衆に対する隠修士のような立場に立っていたと言えるだろう。

南ネーデルラント、とくにブラバントのベギンについては、わが国でも國府田武氏が、ハデウェイヒとワニーのマリらの〈霊性〉を彼女らの伝記・著作から探る先駆的仕事をしており、十二世紀のサン＝ティエリのグィレルムスと十四世紀のヤン・ヴァン・ルースブルークという二人の神秘主義的霊性の導師たちの思想のあいだに、彼女らの霊性を位置づけている。(95)

ハデウェイヒについては後述することにして、私たちも、最初期のベギンとして知られるワニーのマリについて、まず調べてゆこう。

ワニーのマリ

ワニーのマリについては、ヴィトリのヤコブスによる「伝記」が残されている。(96)

この「伝記」は、ワニーのマリの名声を聞いた彼が、ブリュッセルの南約五十キロの寒村であったワニーに赴いて「敬虔な女性たち」を観察した記録でもある。彼はマリらベギンの霊的指導者かつ説教師となるが、接触を重ねるうちに彼のほうが大きな霊的感化を蒙ることになった。トゥールーズ司教フルクの要請を受けて彼がマリの伝記を書いたのは、彼女の死（一二一三年）後二年経ったときのことであった。

執筆の目的は、ベギンをうさんくさく見ているリエージュ司教区の聖職者らに対して彼女らを援護し、教皇によって認知してもらうことがひとつ、もうひとつの狙いは反カタリ派戦略であった。ときあたかもアルビジョワ十字軍の時代で、依頼者のフルクにとってはそのための勧説・兵士の募集が急務であったが、それと並んで彼の管轄区の南フランスの女性たちに——カタリ派（やワルド派）ではなく——正統の枠内での聖性の模範としてベギンの生活振りを示す、というプロパガンダの意味があった。(97) 実際「伝記」のはしばしに、反カタリ派的言説が埋め込まれている。

ワニーのマリは、ブラバントのニヴェル市（リエージュ司教区）の富裕な家、おそらくパトリチア家系に一一七七／七八年頃生まれた。高度の教育は受けなかったが、家には聖母マリアのための聖歌・祈禱集があり、また彼女は好んで詩篇を読んでいた。幼い頃から修道士の生活に感化され、世俗に止まりながら高い理想に向かっていった。十四歳で結婚したものの、夫を説き伏せて禁欲的な生活を送った。ともに神への愛に駆り立てられ、貞潔な天使のような「夫婦生活」を送る。財産をも貧者とともに分かちあった。夫婦二人で自己放棄をより進めるべく、ニヴェル近くのウィヤンブルーにあるライ病院で患者の世話をしながら完徳を目指した。数年後、ニヴェル南東部のワニーに行き、アウグスティノ会の司教座聖堂参事会のかたわらに小屋を建ててもらって、そこにいたベギンの仲間入りをした。亡くなったのは一二一三年である。以上が彼女の一生の概要である。

この伝記には、マリ以外のリエージュ司教区の敬虔なる女性たち（ベギン）の生活模様も描かれている。あらゆる階層の娘、寡婦、妻が、清貧・謙譲とキリストの模倣を志して家を捨て、手労働で生活の糧を得ながら断食と祈りに没頭していた。彼女らは父と夫の権力、そして兄弟の後見からも逃れて自活の道を探った。しかし既婚者ならあえて夫婦関係を断つ必要はなく、天を求めながら頻繁に教会の秘蹟を受けることで、宗教的渇仰を癒すことができた。

では、マリの宗教生活からはどんな〈霊性〉が窺えるだろうか。彼女は「閉ざされし庭」のようにキリストのみを受け容れ、キリストのみを見つめ、その受難について観想した。その結果、しばしばキリストの訪問を受け、もろもろの警告を授かった。そして悔い改めの情の昂ぶりから滂沱と涙を流し、エクスタシーに陥ることもあった。十字架を見たりキリストの受難について話をしたり聞いたりするとき、それだけで主とひとつになったかのように感じて脱魂状態に陥り恍惚となったのだ。[98]

このエクスタシーへの階梯を登る様をも「ワニーのマリ伝」はつぶさに描いている。[99] 神的な賜を得て、観想の力を蓄えながらマリは上昇していくが、恍惚状態に陥ると彼女の魂は長らく生死のあいだをさまようことになる。魂が中空にいるときは、一日中いや何日間も、正義の太陽の光を直視して身体の感覚のすべての湿気を浄化乾燥させ、身体的な表象やファンタジーのイメージは振り落とされた状態になる。こうして感覚世界に貼りついてくるすべてのものを滅却することが、神的ヴィジョンを得る条件である。そして太陽の光から、単純に、まるで純粋な鏡に映るかのように神の形態のみを受け取ることができるようになる。魂は内奥に深く潜って内省するが、神はまさにその魂の深みに映るのである。

この神観のヴィジョンを得る道程では、罪・悪徳・未完成、こうした身体的・感覚的な要素が彼女の魂を地面に引きずり下ろそうとする。しかし彼女はそれに反抗して天に昇ろうとたゆみない努力を重ねる。intelligentia（知解）から amor（愛）へ、visio（ヴィジョン）から unio（合一）へと、魂の上昇の過程は段階を追って進むのである。そしてキリストの人性を黙想したときに感じた苦悩からようやく免れ、心は神性へと高まってその「不受苦性」impassibilitas に慰めを見出す。

こうした魂の段階を追った上昇の神学は、すでに十二世紀の霊性の師父らが定式化しているものであるが、ワニーのマリはじめ、その後のベギンの生き様、また著作からはそれに関する鮮烈なメッセージが如実に伝わってくる。女性は男性以上にこの修行を経験することに大きな意味を見出したことが、そこから窺われる。

この女性的な〈霊性〉の傾きということともかかわるが、ワニーのマリの伝記中に窺われる霊性の要素で、もっとも際立っているのは「イエス」との新たな関係性である。これはなにもマリのみ、あるいはベギンのみに限定される霊性の特徴ではなく、おそらくシトー会の影響により、十二世紀末以降のネーデルラントやラインラントの魂の救いを真剣に求める女性たちの霊性に等しく具わるようになったものだろう。というのは、定められた回数以上に聖体拝領を受けたがり、イエス・キリスト自らが現れて聖体を口に入れてくれたり、毎日聖体拝領できるよう教皇の特権を得たりしたベギンや修道女は、各地に見出されたからだ。

ともあれ初期ベギンを代表するマリには、人間イエス、そしてその象徴というより小さな具現としての聖体への思いが、濃厚に具わっていたことを確認しておこう。彼女は聖体拝領を受けるごとにキリストへの憧れを強く感じて、魂が壮健になり、身体の障害が癒される思いであったという。[100] そしてそれをもって、彼女は知恵の流露とキリスト教的観想の完成への手段としたのである。

聖体に現前するキリストを見て、抱いて、一体化することが、彼女の神の幻視に対する渇望を癒し、魂と肉体の衰弱を回復させる唯一の手段であった。それはからだと魂にとっての貴重な「滋養」であったし、最終的に永遠の夫（キリスト）と合体するまでのよき慰め、抵当でもあった。彼女の霊的感覚は異常に研ぎ澄まされ、聖別したパンとそうでないものをすぐ見分けたという。司祭が聖別したホスチアを奉挙するとき、玉のように美しい子供がそこにいるのが彼女には見えた。

彼女にとっては、聖体とブドウ酒の摂取がキリストとの神秘的合体の予行演習となる。究極的には、彼女は花婿イエスと合体すべきなのだが、日々、その準備をしているのである。主がいかに優しく好もしく甘いかを、あらかじめ「予味」する。幻視によって、鏡に主の姿を見るように神を視るという関係のあり方は、主を「味わう」よりは遠い関係だ。霊的な味わいは他の感覚（視覚・触覚）による接近よりも優れている。視覚や触覚だけでなく、味覚によってもイエスを所有するのである。第七の聖霊の賜によって神（イエス）を見ることができるが、それをさらに完成させてはじめて gustus（味わい）が可能になる。神と人が互いに「食べ合う」ことこそ、彼女にとって神との合体の最高の表現だった。

聖体への思いにはキリストの受難への惻隠の情も混在する。そしてそれは、自身の罪深さの意識の深化とも結びついている。

ある日キリストが彼女のもとを訪れた。伝記の言葉を借りると、その後も長らく彼女は――「キリストの像を見たり、キリストの受難について語ったり、また他人がそれについて語るのを聞くたびに、心が痛んでエクスタシーに陥った。そこでときには苦しみを和らげ、河のように流れる涙を抑えようと、キリストの人性から注意をそらし、キリストの神性と偉大さの方に精神を向け、神が苦しみを感じないことに慰めを見出そうとした」(101)。そして普段、彼女は真っ黒な堅いパンを食べるのが習わしで、パンで口中が切れて血が出ると、彼女はキリストの脇腹と手足を思い出し、こころが和んだという(102)。

また聖体拝領した後は、身体的満足を軽蔑し、イエスの受難の傷を観想して強い衝撃に囚われた。それはキリストの傷の黙想とともにイエスに従うべく、ラディカルな贖罪業をしたくて、いてもたってもいられなくなったからであり、告解後は磔上のキリストに従うため謙譲の中で自己放棄し、厳しい苦行で肉体を苦しめようとした(103)。救いへの希求は贖罪の願望と裏表の関係にあり、彼女は些細なことでも罪の意識に囚われたのである(104)。

たとえばかつて病気がちだった頃、肉とワインを食したことを思い出しただけで、彼女は強い悔恨の念に囚われた。エクスタシーに沈んで聖体の甘美さに思いをはせると、いよいよ吐き気を催すほど自身の肉体に嫌悪感を感じた。そこでどうしても身体を痛めつけたくなって、エクスタシーの最中、己のからだから肉片を少し切り取った。かたわらにはセラフィム（熾天使）が佇み、彼女に向かって叫んでいた。キリストの傷への熱く燃える思いが、自身の傷にはほとんど無頓着にさせたのである(105)。彼女は切り取った肉片を人に見られるのが恥ずかしくて、土に埋めたという。

このいささか常軌を逸した過激な行動からは、聖体への憧憬によっていよいよ鋭敏に感じられるようになったキリストの人間としての苦しみ・痛みを、自分も受け取ろうとした様を見透かすことができる。だからマリは聖体拝領を反復する他は、厳しい苦行をして自らの肉体を苦悩のイエスの肉体と結びつけた。常時、厳しい断食・徹夜をし、あるいは聖母への崇敬から千百回の跪拝を四十日間もつづけることがあったという。

ようするにマリにとっては、教会の聖体の秘蹟が、キリストと地上で合致しその叡智を受け取る直接手段となっていた。マリの信心の中心は、聖体におけるキリストの現在であり、まさにその霊性は「秘蹟的霊性」とも称せよう。そこから派生してくる他の聖人・使徒・殉教者への崇敬や、あるいは他の秘蹟の拝受は、副次的なものにすぎない。

マリの秘蹟的霊性においては、こころとからだは二つの別の物ではなくて、両者が人間を作っている。神の善き被造物として、肉体も魂と同様に神との体験に参加するのである。だからこそ彼女は、視覚・触覚・味覚・嗅覚など、五官を駆使して聖体を享受するのであり、キリストと一体化するのは魂が脂と油で満たされるがごとき思いであったのである。神の現存が、その豊饒なる「痕」を流れ落ちる脂・油として彼女の肉体上に刻印した。また長時間祈りをやめられずに、酔ったように反復跪拝や鞭打ちを繰り返してエクスタシーに陥るのも、身体を操作することがベギンのマリにとって、いかに魂の救いに不可欠であったかを示している。[106]

この秘蹟的霊性は、キリスト受難への思い、そして自身の罪深さへの悔いと連携して彼女の贖罪の念を強化させ、激しい苦行に身を献げさせた。もうひとつ、彼女がキリストの〈清貧〉をいつも思い起こして、自分も清貧に徹しようとしたことも重要である。彼女はあまりに熱烈にその思いに囚われたので、施しものを入れる小袋と飲み物用の小さなグラスをもち、古い服をまとって仲間のもとから去ろうとしたが、仲間から行かぬよう懇願されたので思い止まったというエピソードがある。[107] いつも清貧を心掛けていたので、パンを置くナプキンを切ったり、リネン（シーツ、テーブルクロス）を切ったりして貧者に分け与えた。[108]

以上まとめてみれば、ワニーのマリの〈霊性〉からは、聖体=キリストへの帰依、キリスト受難の観想、贖罪、清貧といった要素が取り出せようが、それが「秘蹟的霊性」であったところに大きな特徴がある。ロマネスク期の民衆の霊性や、ゴシック期の異端者の霊性とは、だから似て非なるものだと考えられる。また同時に女性ならではの霊性、魂だけでなく身体をもって救いの階梯を上がろうとする「女性的霊性」が華々しく自己主張されていることも、見落としてはなるまい。

ナザレトのベアトレイス

ワニーのマリによってしかと踏みだされた女性独特の〈霊性〉は、その後、他のベギンをはじめとする魂の救いを求める多くの女性らによって共有され受け継がれていった。

十三世紀の特筆すべき神秘家ナザレトのベアトレイス（一二〇〇頃〜一二六八年）は、その代表的人物である。[109] 彼女は、南ネーデルラント（ブラバント）のティーネン（ティルルモン）のきわめて敬虔な家庭に生まれた。幼少時代、母が早く亡くなったためレオーのベギンの下に預けられて初等教育を受けた。その後、フロリヴァル修道院の献身者（oblate）となって七自由学芸を修得、一二一五年、十五歳で修練女となり、一二一六年には修道誓願をして正式の修道女となる。ベギンの下で体験した霊的な友愛に結ばれた仲間たちとの慈愛と禁欲の生活は、ベアトレイスが後にシトー会修道女、最後にはナザレトのリール Lier にある新たな女子修道院の院長になっても自ら実践していったものである。いやベギンはシトー会の指導下に霊的修行をしていたので、この地域のベギンとシトー会の女性たちは相互に影響し合っていたに違いない。

このベギン＝シトー会的な霊性の冒険をフランドル散文（ブラバント方言）で描いているのが、ベアトレイスの代表作『愛の七段階』Seven Manieren van Minne である。それは自身の一二二〇〜三五年のあいだの霊的体験を、晩年になって愛を中心に主題化した作品である。[110]

聖体を思ってエクスタシーに浸り、幻視を見、意志的な努力で愛の階梯を上って神との合一に向かっていくというプロセスは、ワニーのマリとよく似ている。しかし本書では、生涯にわたって三位一体の神の方へと段階的に上昇する生としてキリスト教信仰が捉えられ、（世界）創造、再生、三位一体についての神学的反省が含まれている。

同書によると、第一段階で神の似姿に創られた人間は、愛から生まれる憧れによってこの似姿を手放さないように努力するが、純粋さ、高貴さ、自由を再び見つけるための強力な誘因としての、神を愛し従おうという「願望」が登場する。現状と理想状態との厳しい緊張関係がある中で、この願望には一刻の猶予もない。苦しいが審判と処罰のかなたに願望の目途が据えられるために恐怖は一掃される。またこれは愛の目標、つまり神との合一、意識の自由、精神の浄化、知性の明澄性などを措定し、それを妨害するモノを除ける方途を示すということから、一種の見習い修行の段階として根本的な重要性を有している。その後、無償の愛、愛の苦しみ、愛の喜びと優しさ、愛の嵐の諸段階をへて、第六段階の魂の自由な解放へといたり、愛の幸せと永遠の生の始まりを知る。第七段階はいささか奇妙で、神の意志に完璧に適合し天使的生活に達した第六段階の上にある別の段階の記述ではなく、第一〜第六段階のレジュメのような塩梅で、類似を失ったことを嘆く魂に愛によってその類似が取り戻され、愛である神を享受して、最後に神と合一するのである。

ここにも女性独自の救いへの道、〈霊性〉の特徴が現れている。アウグスティヌス＝シトー会の伝統である「愛の神学」theologia caritatis に従いながら、魂が神の似姿に作られたことを強調することで、敬虔な魂は、女性であっても純潔・自由・高貴であり十分な資格で神との合一を願望できる、との考えは教会法の男性中心主義を脱している。ベアトレイスは、魂の完徳と神の知識に向かう願望は、神の純粋さと気高さへの愛に規定されるのであり、けっして永遠の刧罰や一時的苦悩のためではない、と力説している。魂は失意と悲嘆に暮れ、恐れ、思い焦がれながらも、神との深い親密さ、霊の光、気高い自由、感覚の純粋、永遠の生、意識の自由を得てゆき、溢れんばかりの歓喜と充足に浸ることが可能なのである。

魂は主の花嫁と看做され、またときに主への心地好い接近を体験するときには、家事をうまく切り盛りし、慎重に段取りをつけ、上手に工夫し、賢明に家族を守るなど分別のある働きをする「一家の主婦」に譬えられる（第六段階）[11]。これもきわめて女性的な比喩で面白い。

もうひとつ興味深いのは、魂がしきりに神の愛に引きつけられ神との合体を切望しながらも、愛の享受を拒まれてこころが焦慮に苦しみ、傷つき、耐え難くなるつらさを歌っている点である。それは血管が破れ、血が噴出し、髄が衰え、骨が弱り、胸が張り裂け、喉がからからになったように思われる、という身体に作用する苦しみである[112]。

ベアトレイスの霊性は、マリと同様、聖体への憧憬とイエスとの合体を求めての段階的上昇という特徴を具えているが、秘蹟的霊性としての特性は軟化しているように思われる。その代わり、神学的な反省に裏打ちされた議論が展開され、また他方では、愛を歌うトゥルバドゥールのような抒情性が染み出ている。

＊

上に見てきたマリやベアトレイスが実践した、魂の段階を追ったイエス＝神に向かっての上昇の運動を、魂の上昇行脚の美しい物語として潤沢に練り上げ、光を燦々と発する〈霊性〉の本流の位置に押し上げたのが、前二者とほぼ同時代のハデウェイヒ（十三世紀前半）とその少し後輩のマクデブルクのメヒティルト（一二〇七頃～一二八二年）の二人である。

ハデウェイヒ

十三世紀初頭生まれのハデウェイヒの閲歴は詳しく知られていないが、アントワープの上流階級の出身で、ブラバントのベギンの霊的な指導者となったことはたしかだと思われる。(113)『幻視』Visioenen のほか、書簡や詩集を数多く残している。ベギンのうちでは高度の神学や典礼の知識をもつエリートであった。

彼女の中心的な観点は、アウグスティヌスおよびサン＝ティエリのグィレルムスの影響を受けた愛の神秘主義であり、フラマン語（オランダ語）で、神との神秘的な合一、キリストの人性の追体験、ひいては三位一体の深奥の教義に到達しようとしている。フランスの吟遊詩人的な文学センスをもち、それを霊的に昇華する方法は、萌芽的にはナザレトのベアトレイスに見られるとはいえ、完成させたハデウェイヒの業績は偉大である。

もっとも重要な『幻視』は全一四編からなる。神から由来する体験を後輩のベギンの指導に役立つようにと、自分の幻視体験を思弁によって意識化し再構築している。手紙を介して連絡を取り合っていた弟子のベギンが読者として想定されていた。情熱が満ち溢れているがそれに流されることなく、自然や建造物の隠喩を多用して他人にも接近と模倣が可能な魅惑的なイメージに作り替えた。

「それは聖霊降臨祭から八日目の日曜日のことだった。聖体が密かに私のベッドに運ばれた。私は内的に霊に強く引き込まれるのを感じて、人前に出られるほど自分を抑えることができなかったからだ。私が内心切望したのは、神との合一の享受だった。しかしそのためには私は若すぎ、あまりにも未熟だった」（幻視一）という出だしで始まる本書は、その後、木々とその枝、根、花の隠喩からはじめ、山、王国、町、柱、円盤などさまざまな隠喩の意味を解き明かしながら、完全な愛の全道程をたどって明晰な洞察力で愛を飾る徳を見極め、主との合一の道を上っていく。彼女の霊性の発展・成熟を読者もとともに体験できるように工夫されている。三つの身心状態、すなわち1＝エクスタシー前の情緒の動転で感覚が内攻する状態、2＝ヴィジョンを得て、玉座に座り光り輝くキリストを前にして呪いと祝福の理由を悟った後、自分自身はもとより神について知見したすべて、あらゆる概念と知から遠く離されるが、キリストとの一体感を感ずる状態、3＝霊に呼び返され日常の理解力を取り戻す状態、これら三状態が描かれている

（幻視三、四、六）ことが、興味深い特徴である。

ハデウェイヒはその『手紙』（散文）でも、魂の神に向かっての上昇をやはり芸術的に語っているし、さらに『霊的抒情詩』（全四五編）は、神を憧れる切なる魂の思いを、トゥルバドゥールを思わせる抒情淋漓と滴る詩に載せて歌っている。そこでは、鋭敏にして繊細なる感覚により騎士が与える愛が霊的に改変されて、神（＝大文字の愛）に憧れる魂が遍歴し、苦難にもまれながらも目標に近づくという構図になっている。そこにはもちろんプロヴァンス流のトゥルバドゥールの影響があるだろう。男性ではなく、女性が騎士的な愛を歌っているところが面白い。

J・G・ミルハーヴェンがその著作で主張するように、彼女は終始一貫、唯一「愛」について書いていると看做すこともできる。[114] 神の本質は愛であり、父なる神の愛は人間には「外部への神の業」opera dei ad extra つまり子の受肉および霊の送付によって表される。「霊的抒情詩二九」の第五、八節では、「父は、原初より彼の息子すなわち愛をその懐に隠し持ち、それはマリアがわれわれに深い謙譲をもって、いや秘密に満ちて明かすまでそうだった。（……）「ダビデは、じつにかの偉大な業に最大の貢献をしたが、マリアには遅れをとった。彼女は神を、神として、人として、嬰児として、完全に受け取ったのであり、そこで人ははじめて愛の輝きに満ちた真の業を認識できる」。また彼女にとっては聖霊も愛、すなわち光に満ちて一回限りの歴史的な救済の行為から継続的な救済を確保するために働く愛である。「第二二の手紙」では「聖霊は、自身の霊の大いなる光と明かり、溢れる善意の偉大な充満、そして愛の享受ゆえの、至高の甘き惑溺の喜悦の中へと、その名を注いだ[115]」とある。

その愛はキリストの愛、神の愛とともに分かち合うべきもので、ゆえに人類への愛を含む。この世の生活においては愛とは犠牲であり、また受苦・奉仕であって、労苦と流浪の悲しみに耐えねばならないが、同時に魂においては甘美な自己放棄の中で永遠の神性とともに愛し、神に到達しそれを享受することが可能である。またこの愛は相互的な愛であり、神（キリスト）との相互の受容、ひいては相互の征服へと連なっている。神に対して意志的で情熱的な願望で働き掛け、愛の返答を得るのである。

しかしこうした神に向かっての上昇、人間と神との相互作用・相互征服にいたる道程で、彼女はけっして感情のみに流されることなく「理性」を重視している点が特異であろう。

たとえば、「第一三の手紙」では、「あらゆるものを自分に従わせたい者は、自分自身が、彼が望みまた他人が彼から望む何ものにもまして、自分の理性に従わねばなりません。というのも自分の理性に従わなければ、誰も愛において完全になることはできないからです」とあるし、「第二四の手紙」では、「理性にその時を与え、あなたがそれに払う注意が、過小なのか十分なのか個々のケースをつねに観察していなさい。あなたが、理性が敗者となるような快楽によって妨げられないようにしなさい。私が『あなたの理性』という言葉で意味しているのは、あなたが認識力の使用において、つねに油断なくその洞察を働かせているべきだということです」とある。[116]『霊的抒情詩』においても、理性が愛の激情を鎮撫して酔いを覚まさせ、新たになすべきことを命じるのだとしている。[117]

だがもちろん理性は万能ではない。それどころかそれが活躍できるのは途中の階梯のみで、最終的には消えていくべきもののようである。理性によって神を求めても理性には超えられない深淵があって、究竟、言葉や思考で神を捉えることはできない。超越神の体験は表象や知性の力のおよぶところではなく、その体験を契機に自己意識からも理性を用いた概念操作からも解き放たれていくからである。

「第九の手紙」では、神との合体＝愛によって、人間の思考では推し量れない神の認識を直接に得られることを告げ、それは言葉や理性・視覚によって知られうるいかなるものよりも明確な認識だという――「神の底知れぬ叡智において、彼は自分がどんな存在であるか、また愛される者の中にもう一人の愛される者が住むのがどれほど甘美であるか、そして二人は互いにすっかり入り込むので、いかにもはや区別がつかなくなるのかをあなたに教えてくれるでしょう。しかし唇と唇、こころとこころ、身体と身体、魂と魂がひとつになった愉楽に満ちて互いの中に住み、ひとつの心地よい神の本性が二人に流れ込み、二人は互いにひとつになります。しかも同時に別々の存在でもありつづけ、永遠にその状態にとどまるのです」[118]。

「幻視七」では、とうとう彼女はキリスト自らが聖体を与えてくれるまでに段階を登った――「その後彼自身が私の側に来て、腕の中に私をすっぽり抱き、自分に引き寄せた。私の心と人性が欲したように、私の体は隅々まで至福のうちに彼の体を感じ、私は外的に満たされて恍惚状態になった。私は少しのあいだそれに耐える力をもっていたが、すぐにその美しい男性の姿を見失った。そのとき彼は徐々に消え、完全に溶け去ったので、私はもはや彼を私の外に認めることも、内的に彼を識別することもできなかった。その瞬間、私たちは区別なく一体化していたようだ」[119]。

今引用した「第九の手紙」や「幻視七」、さらには「第二五の手紙」や「霊的抒情詩四」に明瞭なように、神を抱くというのはまさに身体的な経験であるのであり、男性の聖ベルナルドゥスの解説にあるような身体のない霊的体験、何かのメタファーであるのではない。この捉え方は他の女性神秘家とも共通している。官能的な表現により、美男子のキリストとの出逢いと合体を叙するのだが、これはベギンが魂だけでなく、女性としての身体をもってキリストを求めたことを物語っている。それはすでにワニーのマリの霊性に、如実に表れていた傾向でもあった。

もうひとつ、ハデウェイヒはベギンの指導者でもあったため、ベギンたちへの手紙でさまざまな助言をしている。たとえば「第二の手紙」では、ベギンがどのように他人に接するべきかを述べている。「だから注意を怠らず、あなたの平和を何ものにも乱されぬようになさい。あらゆる状況下で善行に励みなさい、ただし、利得、祝福、断罪、救い、殉教、こういったものには、些かも気遣ってはなりません。あなたがなし、あるいは避けるべきことは、すべて、『愛』の栄誉のためでなくてはならないのです。もしあなたがこのように振る舞えば、すぐに復活できるでしょう。そして人々が馬鹿にしても放っておきなさい。そこには多くの真実が含まれているのだから。あなたを必要としている者たちには従順にそして迅速に振る舞い、あなたが人品を落とさずにできることなら何でもして満足させてあげなさい。喜ぶ人とともに喜び、泣く人とともに泣きなさい（ローマの信徒への手紙第一二章一五節）。あなたを必要とする者たちに親切であり、病人には献身的に、貧者には気前よくありなさい。そしてすべての被造物を超えて、霊において観想しなさい[120]」。

この弟子のベギンへの助言は、最高の「愛」を目指して進む修行の途次では、〈慈愛〉の精神で病人・貧者・困窮者に接するべきだと諭していて、高度の霊性の追求が、日々の慈善の行いと無関係ではないことを示していると考えられよう。

ハデウェイヒは、ベギンの中ではとりわけ教養豊かで文学的才能にも抜きん出た存在だが、その作品から窺われる〈霊性〉は、ワニーのマリやその周辺で修行していたしがない女性たちの〈霊性〉と異なるものではなかったことが、以上の分析から了解できる。

マクデブルクのメヒティルト

つぎにマクデブルクのメヒティルト（一二〇七頃〜一二八二年）を取り上げよう。彼女はドイツのマクデブルク大司教区西ミッテルマルクの貴族家系に生まれ宮廷風の教育を受けたが、幼い頃より顕著な霊感質であり、しばしば幻視を体験した。十二歳で聖霊の訪いを受け、一二三〇年、神の呼び掛けに答えて両親の家を離れマクデブルクのベギン共同体で禁欲生活に入った。後に一二七〇年、シトー会のヘルフタ修道院の一員となって、亡くなるまで約十年間をここで過ごす。そして彼女が十二歳以来受けつづけた神秘的恩寵を低地ドイツ語で語ったのが、『神性の流れる光』Das fließend Licht der Gottheit である[121]。

長短取り混ぜた詩がリズムのある散文の短編と交替して現れるスタイルで自分の神秘体験を語り、また神と魂、Dame Ame（魂夫人）と Dame Amour（愛夫人）や他のアレゴリカルな形象が対話していく。ここでもハデウェイヒと同様、エクスタシーの中での神との合一とそのための努力が基本テーマになっているが、段階を追っての上昇過程とそこにおける試練が脊梁をなすのではない。各所においてキリストや三位一体や地獄などの教義を説き、聖務日課や聖体拝領の心得を書き入れ、あるいは聖職者批判やドミニコ会士への帰依心の表明を織り交ぜたりして、全体としては統一性のない雑駁な印象を受ける。それでも、そこにはつねに神の賜としての愛と神に恋い焦がれる魂の愛がある。その恋い焦がれる魂は、神との対話を飽くことなく重ねていく。

彼女以前にはなく、本書ではじめて登場する特徴は「流れる三位一体の泉を源とする天の大河より来たる神の真の挨拶」、すなわち神の恩寵・賜が分岐する水脈をなし、渇いた哀れな魂に神性として流れてくる、というヴィジョンである。

この神を求める魂と神との会話は、まさに鮮烈で抒情的である。たとえば――「お前は私のこよなく柔らかな枕、最愛の褥、最も密やかな安らぎ、たぐいなく深い希求、最高の栄誉。お前は私の神性の歓び、私の人性の渇望、私の熱に心地良きせせらぎ」(第一巻一九章)と神が魂を愛撫すれば、魂はつぎの章で「あなたは私の観想を映す鏡の山、私の眼の歓び、私自身の喪失、私の心の嵐、私の力の衰退と放棄、私の最高の安寧」と讃え返す。[122]

また二人はつぎのように接近し合う――「こうしてこよなく愛らしい娘は、こよなく麗しい方の許へ、人の眼には視えぬ神性の秘密の小部屋へと足を踏み入れる。そこに愛の褥と愛の閨とが、人の手ではなく神により整えられているのを彼女は見つける。するとわれらが主はこう言われる。『魂よ、止まりなさい』。『主よ、何を命じられますか』。『身にまとうものを脱ぎなさい』。『主よ、私をどうなさるおつもりです』。『魂よ、あなたは、私とあなたのあいだに何ものも介在しえぬほど、私のうちに本性として一体化されています。(中略)むしろあなたの内部に生まれながらにして備わっている徳のみを、永遠に育みなさい。それこそ、あなたの気高い希求、あなたの測り知れぬ欲望。私はそれらを限りない寛大な慈悲で永遠に満たしつづけましょう』。こうして二人の意志のままに、愛の至福の静寂が二人を包み込む。彼は己を彼女に与え、彼女は己を彼に与える。己が身に何が起こっているか、彼女は知っているし、そのことゆえに私は満ち足りた気持になる」。[123]

認識レベルが上昇して最高段階にいたると、身体は魂にその新たな意識を与え、新たな現存が現れる。gustus（味わうこと）の特別な資質は、無類の甘美さが善悪真偽を区別する基礎となる。[124]

メヒティルトはシトー会、サン・ヴィクトル会やドミニコ会の伝統から新プラトン主義やギリシャ教父の教えを学び取り、ビンゲンのヒルデガルトとも宇宙論的ヴィジョンの類似が指摘されている。しかし彼女の〈霊性〉は、これまで検討してきたワニーのマリやハデウェイヒと基本的に大差はなく、霊の段階的上昇を逐次叙しながら、無となって神の元に帰還しその始原の真の本質（自然）をとり戻そうとする切なる願望を、愛のアレゴリーで物語っている。主知主義的な解釈は想像力の羽ばたきと愛の体験で乗り越えられ、雅歌のイメージを取り上げれば、内面プロセスにより別の形態へと置き換えられる。しかしこの強烈な個人的体験は、焦慮に満ちた願望で被造物の空しさに絶望し、無、つまり被造物ならざるものを冀求するのである。[125]

メヒティルトは他のベギンより以上に「花嫁神秘主義」Brautmystik の伝統に、より強く依存している。愛の言語が一層拡張されて魂は成熟した花嫁になり、自分を裸にして神の両腕の中に飛び込んで抱擁を受け、裸同士互いの四肢に受け容れられるのだとしているからである。また彼女は神のことを枕や褥に喩えた。教会ヒエラルキーは、アレゴリーとはいえ、こうした過度にエロチックな言葉遣いに神経質になった。それでも彼女はまだ正統から逸脱することはなかった。

だが逸脱者が現れるのも時間の問題であった。

C　異端化するベギン

自由心霊派・フラティチェッリなどとおなじ穴の狢とされ、異端宣告を下されたのは、主にベガルドというベギンの男性版で放浪乞食をしながら危険な思想を撒き散らした者たちであったが、ベギンもその側杖を食うことがあった。本項Cでは、異端宣告されたエノー出身のベギンであるマルグリット・ポレート（一三一〇年死）に注目しよう。その思想が正統の轍をはみだしたとして糾弾され、フィリップ四世治下で異端審問に掛けられて有罪となり、パリで火刑台の煙りとなった彼女の〈霊性〉は、正統の枠内に収まっていたベギンとは本質的に異なるのであろうか、そうではないのだろうか。

彼女は、ベギンとしての生活で得た自身の体験を言葉につづった『消滅せし単純なる魂の鏡』をものした[126]。禁止されついで焚書にされた本書からは、魂の純粋なメロディーが響いており、深く内省しながら文字通り全身全霊で培った霊性が淋漓と零れ落ちている。体系的ではなく神学的な彫琢もない素朴な作品だが、そこには魂を撃つ力がある。ゆえにすぐさま匿名で各地の修道院に広まった。その後、フランス語オリジナルのほか、ラテン語（十四世紀中）と英語およびイタリア語（十四世紀末）の訳で多くの読者を獲得していった。

この書は個人的な神秘体験――神との合一の体験――を語っているが、擬人化された抽象概念、〈神〉〈魂〉〈愛〉〈理性〉らが対話していき、〈魂〉は七つの霊的な存在様態を経て、謙譲の谷から観想の山の頂上へと上っていく。〈愛〉と〈理性〉が霊性の階梯を昇る中で〈魂〉をめぐって争うが、マルグリットは〈愛〉に優位を認め肩入れしているようである。〈魂〉はその起源に帰りたがっていて、そのために〈魂〉は消滅しなくてはならない。〈愛〉に媒介された認識によって自分の無たることを認めたとき、〈魂〉は消滅した〈魂〉として完全な自由を得る。そのときにのみ〈神〉が「善」であることが明白になり、〈魂〉は〈神〉と一体化し、〈魂〉の創造以前に戻ることができる。

〈魂〉の中には自由意志はなく〈神〉＝〈愛〉のみがある。〈魂〉は意志をもたず、もし自ら意欲すれば〈愛〉から切り離されてしまう。無化された〈魂〉はまた解放された〈魂〉でもある。〈愛〉がもたらす解放である。

魂は謙譲の谷から観想の山へと七段階を経て昇るが、マルグリットには、第四段階まではあまり興味がないようだ[127]。それはまだ魂にとって大いなる隷属の状態だからであろう。第五・第六段階へと到達できるのは自由な魂だけで、第五八章で詳しく魂の状態が語られている[128]。魂は恋人（神）とともに第五段階にいて、不足するものは何もなく、その段階にいる途中、魂とその恋人とのあいだの愛のゲームのやり取り――〈遠近〉**Loin-près** と呼ばれる――がある。そのとき、稲妻のように須臾の間だけ第六段階が啓示されるのだという。その恍惚境は短いが、それを経験して第五段階に戻って落ち着くと、あらゆるモノから解放されて神の業の平和の中で自由かつ高貴になる。もう魂は第四段階――そこにはまだ意志があった――に戻ることはない。第五段階では魂は自分が罪深い低俗な存在、無に等しい存在であることを知って、自分の意志を神に委譲して神の意志と一体化するよう促される。それはあらゆるモノから解放される状態である。

つぎの段階、第六段階にいたると、魂は神に併呑されて帰無しあらゆるモノから自由になる。それは純粋で霊感を受けているが、まだ栄光化されてはいない（それは第七段階）。そしてそこに存在するのは、あらゆる存在がそこから由来する神御自身である。それをつうじて彼女は自分自身のみを見る。というのはそこにあるものを見る者は、神の威厳の名においてその魂自身の中に姿を見せる（見られる）神しか見ないからである。この段階にいたれば、魂はまったき平和と自由、無尽の神の栄光を手に入れられる。それゆえ美徳も祈りも教会の儀式も不要となる。第七段階は、愛が魂自身の中に、永遠の栄光においてそれをわれわれに授けるために保っておくもので、魂が肉体から離れるまで知ることができない。

彼女によれば、教会の法や善行は階梯の最初の何段階かにのみ必要であり、魂はそこからも解放され切り離されねばならない。解放された魂は、美徳に仕える代わりに逆に美徳に命じるようになる。もうそこには理性の活動の場はない。魂は、自分も、隣人も、神さえも気遣うことはない。名誉も不名誉も、天国も地獄も、神の慰めも賜も彼女の頭を悩ますことはない。彼女は無なのだから。この状態が「自由」なのである。

そして、魂は無であるゆえ、何も知らず欲しないという確信に陥った。私たちが語っている無は、それにすべてを与え、いかなる者もそれを他のやり方で所有することはできないのである（八一章）[129]

かくて自己中心的な意志は消滅し、神の意志に置き換えられて魂は本来の自由を獲得する。魂は消滅するが、それは神の中にその真実の存在、創られず分離しない状態の存在を取り戻し、神とともに神、神の中で神、帰する所神そのものになれる。〈美徳〉から〈愛〉へ〈愛〉から〈無〉へと進んで、この自由な解放を得た状態では、魂は意志と逆のことをしなくてはその霊は平和を保てない、という。[130]

自己固有存在を捨て去って神の存在へと変容すると、もう魂はもとの姿で見つけることはできず、海に流れ入った川のように、その名前も個別性も消え去ってしまう。この帰無（消滅）の条件が、意志ないし個人的願望の廃棄であり、神の意志を排他的に自分の意志とすることができるために、魂はもう何も望まなくなる。その状態を第五二章はつぎのように描く――

愛：（前略）彼女（魂）はとびきりの平和の装身具で飾られているが、そこに彼女は住み、持続し、存在し、またかつても将来も固有の存在なしにあろう。というのも鉄が火をまとって固有の外観を失う――なぜなら火はもっとも力が強く自分の内で鉄を変容させた――が、そのようにこの〈魂〉も、その「冠絶したもの」をまといその中で養われて変容し、この「冠絶したもの」への愛から自身に欠けているものを考慮することなく、そのまま超越的で永遠不動の平和に自ら変容し、もうそれを見つけることは出来ないのである」[131]

彼女は、救いは直接神によってもたらされるのだから秘蹟は無用であるとし、ついには地上の教会（普通の魂たちから成り、美徳と理性に従う）と霊的教会（無化した魂たちからなる）の二極化を示唆している。[132] 教会制度をなみする恐れのあるマルグリットの思想は、彼女が修道女でなかったという立場の弱さと相乗して、当局の激しい追及を惹起したのである。

フランスのトゥルバドゥールやトルヴェールの「精微の愛」fin'amor を霊感の源としている点はハデウェイヒとおなじだし、霊性の内実はメヒティルトやナザレトのベアトレイスに近いと思われる。しかしマルグリットほど赤裸々に、稚拙ともいえる己の言葉で神との体験を語った者はそれまでいなかった。ハデウェイヒやメヒティルトと違い、神学的な素養もなしに、一介の女性（ベギン）として救いを求めて神の幻視を受け、自己の魂の変容の物語を作り上げたのは、彼女が最初で最後であろう。

三　霊性の図像学

A　女性の霊性と図像

すでに前節で見てきたように、ベギン、なかでも神秘的なヴィジョンに恵まれたベギンは、しばしばイエスやマリアの幻視を見、それに感応して激しい肉体的反応を示した。教会制度・組織をショートカットした信心業とヴィジョンは、一歩間違えれば正統の轍を踏み外して、教会にとってきわめて危険なものとなりえた。そこに登場したのが、初期中世・盛期中世とは役割を一新した絵画であり彫像である。

後期中世には、ベギンホフや女子修道院においてイエスやマリアの図像が作られ、信心業に利用されるようになるが[133]、そこには二つの理由があっただろう。豊饒な幻視を見て段階を登りながら、愛の創造主＝正義の神のそのつど異なる美しい顔を見るという賜を、思いのままに手に入れることのできたハデウェイヒら霊性の達人と違って、普通の女性たちは、そのような賜を我が物にすることはとても叶わなかった。そこで彼女たちに図像を提供し、その助けを借りた想像力の展開を促せば、彼女たちにも同様な〈霊性〉に煌く信心業が可能になる、という理由がひとつある。イメージが彫像や絵画として定着されることは、それさえひとつ身近に据えておけば、そのモノとなったイメージが自動的に記憶を呼び覚まし、連想作用でイエスやマリアとのあるべき関係をたやすく喚発するよすがとなる。何度でも繰り返し見、いじることで、安心して夢想に耽られる日常的確証手段となるのである[134]。

もうひとつは、幻視が奔放になって異端化するのを防ぐために、具象的な「像」を与えておくことで――男性、教会当局が――女性の〈霊性〉の誘導と枠づけをしたい、という理由・動機である。男性／女性、魂／身体という、前者を上に据えた二項対立を揺るがす可能性のあるベギンの運動と霊性をしっかりと繋ぎ止め枠づける必要を、教会やベギンの世話をする托鉢修道士らは感じていたからである。またその図像をたえず引き合いに出すことで、指導者役の聴罪司祭や説教師が女性たちの信心を教育するという、司牧の手段にもなろう。

歴史を遡れば、ビザンツ世界とは異なり西方ラテン教会においては、図像はイコンではなく、大教皇グレゴリウス（在位五九〇～六〇四年）の定式化に従う教化手段と考えられてきた。あくまでも文字が読めない無教養の信徒たちのため、聖書の言葉の世界への接近を手助けする記憶補助の役割のみが与えられていた。しかし十三世紀前後の一連の社会的・文化的変革の結果、教会の祭儀に華美に飾り立てた聖遺物箱や聖体熟視の慣行が導入され、視線、見ることがそのまま救霊に資するとの所見が神学者たちのあいだでも市民権を得るようになると、美術はたんなる媒介物の地位を越え、神秘体験と直通するようになる。

もともと聖ベルナルドゥスをはじめとするキリスト教の霊性の達人にとっては、高度の神秘体験、超自然界への参入は、像のない信心業によるべきであり、像は障害物にほかならなかったが、後期中世には反対に、神秘体験へのパスポートとなった像が、個人的な信心を涵養するためにも導入されるにいたったのである。とりわけ女性神秘家にとっては、それは彼女の身体・感性を神への接近のスプリングボードにするための不可欠の媒体になったのである。

それは彼女らの著作に、文字世界への像の侵略といおうか、まさに霊的体験の「図解」と思われるような記述が多いこととも関係している。聖遺物箱やステンドグラス・壁画、聖母子像や嬰児イエス像、あるいは磔刑図といった彼女たちが身近に見ることのできた像を、そのまま文字に直して記述しているかのように、マリアやイエスの様を文章に叙述しているケースが多いのである。

芸術家たちは、絵画にせよ彫像にせよ、観者近くに置かれるこうした信心像によって、情動的な反応を引き起こそうとした。彼女らに、見せるだけでなくなにより触れることのできる救済の図像を作ったのはそのためである。奇蹟的なヴィジョンは、「授乳の聖母」Madonna lactansにせよ、血の滴る磔刑像にせよ、それにかかわる図像の前で見られるとなおさら深い経験になることを彼らは知っていたからだ。図像は、専門の画家・彫刻家が作るだけではない。じつはベギンや修道女自身がしばしば「作者」になったのである。とくにドイツでは、中世後期の修道院に、修道女自身が作った礼拝像がいくつも残っている。[135] それは、キリスト磔刑像、家としての心臓、聖人像、天使が礼拝する三位一体、Arbor virginis（処女の樹）、聖母子像、処女たちの聖別……といった像である。これらの彫像をまたリネンに写し取って織物の図柄にしたりもしている。

とりわけ十三世紀末〜十四世紀初頭のフランドル・ライン地方のベギンや修道女らに好まれた小型のAndachtsbild（礼拝像・信心像）は、なんとなく飾っておいて折に触れて見るというものではなく、手でいじくり触るためにあった。まさにイエスの身体（の代理）であった。彼女らは自分をマリアと同一視し、イエスの母としてあるいは妻として彼を愛撫するのである。美術作品というよりも祭具、いや聖なるマスコットであり、それは感情移入の激しい敬虔なる女性にとっては、身を捩らせるような魅力をもっていた。

ではベギンや修道女にとって、これらの図像はどんな意義を有していたのだろうか。彼女らの〈霊性〉におけるその役割とは、どんなところにあったのだろうか。

こうした礼拝像には、共通の儀礼に使われる集団的な次元と、個人的・内面的な次元とがあった。集団的な次元としては、それらの像が修道院で行われる儀礼を図解しているだけでなく、その深い意味を表しているという点に求められる。彼女たちが礼拝堂に集まって共同で行うミサや祈禱の際に、皆が注視するこれらの像が、彼女らの〈霊性〉をそれぞれの団体固有の方向へと導くのである。

一方、個人的な次元は、各人が自分の部屋に礼拝像をもって、自分だけの思いをそれらに注ぐことができたことから切り拓かれた。彼女らには、信心の模範としてイメージを使う慣習がすでに根づいており、その像の前で「受難」などの聖書のテーマについて観想しながら、幻視を見、幻聴を聞き、対話を交わす。感激が昂じて倒れ伏し泣き叫ぶこともある。じつに観者の情動的な反応を求めるような像である。両者のあいだの心的・物理的な距離がなくなり、主体と客体が合流する。これ以上の個人的な関係はあるまい。

ただし、しばしばエロチックな言語が使われるといっても、それを欲求不満のはけ口だというように捉えてはならない。男女の役割が逆転することがあるのは、それが地上の性関係とは異質の次元にあることを示唆していよう。一例を挙げれば、キリストの槍で刺されて傷口が開いた脇腹、そこに突き刺す視線の持ち主が「女性」なのであり、むしろからだを開き受動的に受苦しているのはイエスという「男」なのである。傷口は身体のフェティッシュないし客体化で、ベギンや修道女はそれを内省への誘いと受け取る。彼女らは傷を、彼の心臓＝子宮のごとき内部へと導く入り口になぞらえる。穴を開けられ開かれた空間は、いわば巣であり家であり子宮であって、その中に彼女の魂が避難所・保護者を探し求めるのである。女性の主体にとって、神は外部にではなく人間の内部にあるのである。

図像は他人を領有したいという衝動を仲介して、他人と分かちもつことができる。そしてベギンの館や一部の女子修道院においては、その衝動を神的な願望と愛に変容させるという、独特な役割をこれらの図像が果たした。ドグマ的権威を超えて彼女たちを教育し、慰撫し、励まし、連帯させる。そうした霊性教育の追求の道が、図像ならびに彼女らの身体操作によって可能になったのである。

B　聖母子・ピエタ・嬰児イエス

ベギンが大切に保有していた図像には、どのような種類のものがあったのか、それについてもう少し詳しく見ていきたい。

彼女たちの愛でるキリスト像は、ロマネスク期の畏怖を与える支配者としてのそれではなくて、十二世紀から本格化した人間としてのイエス、すなわち女性の愛の対象として一段とふさわしいマリアにあやされる子供のイエス、または鞭打たれ磔にされた苦悩の姿のキリストであった。彼女らは「母」としてイエスをあやし、世話をし、ベッドに寝かすかと思えば、十字架上で苦しむキリストに惻隠の情を注ぐ。そこに三種類の図像が導入された。[136]

①「聖母子像」、②「ピエタ像」、③「嬰児イエス像」の三つが、ベギンたちの日々接する図像となり、彼女らが母としてイエスのからだを保持するための直接的な、しかしルーティーン化した信心の対象となった。ベギンの〈霊性〉においては、この種のイメジャリーが核となって女性的な〈霊性〉を流露させるのを助けつつも、同時に一定の

枠内に固着させ塞きとめる役割をはたした。変幻自在な飛躍を許さず、ベギンのキリストへのかかわりを正常化し、予見・統制可能にする標準化作用をそれらの図像は有していたようだ。

J・E・ジーグラーの研究によると、第一のタイプの中でも立像の「聖母子像」は、それ自体奇蹟を起こすということで注目を集めていた。それは足萎えを治し、ライ病者の痛みを鎮め、死産児を生き返らせるのである。トンゲレ（いまのベルギーのリンブルク）のものは、奇蹟的に願いを聞き届けてくれると早くより評判が高かった。ブリュージュ、クルトレー、ディースト、アールスホトの各ベギンホフでは、それぞれこの種の聖母子像を秘蔵し、美しく飾り立てて尊崇していた。

院内のベギンらに対しては、毎日この像の前で天使祝詞を唱えることや、五つのマリアの祝祭の前夜（土曜）およびクリスマス・聖霊降臨祭・復活祭・万聖節の前夜に蠟燭を点すことなどが要求された。目の前に像があればそうした信心業をする支えになったし、またマリアのように貞潔で聖なる生活をすればキリストを愛撫する資格に一段と近づく、という励みを与えたであろう。ベギンにとっては、マリアはしかし神の母というより、普通の女性＝母であった。彼女らは修道女と異なり、とくに厳しい修行や禁欲をした訳ではない。結婚し夫婦の契りも交わせたのであり、そのような市井の女だからこそ、妻＝母であるマリアの貞潔や善良さは、ベギンの模範としてまさにぴったりだったのである。ベギンは自分に引きつけてマリア像を解釈し、俗人でありつつ聖なる人となったマリアと自己との同一性を確認できた。

もちろん聖母子像以外に、十字架前に聖ヨハネとともに立つ聖母や単独の聖母像も描かれ、飾られることがあった。十四世紀前半になると、十三世紀の聖女＝ベギンらに見られる恍惚の神秘主義から、より落ち着いた「母の霊性」へと女性の霊性の重心がシフトする傾向が見られるが、それと並行しまたその変化を助けるべく、図像を介して苦悩のイエスへの実際的な惻隠の情により焦点を合わせた霊的な体験が流行するのである。それが下に述べる第二のタイプの図像の嗜好を説明する。

第二のタイプ〈ピエタ像〉について。ベギンらはそれぞれの院・館にピエタ像もたくさん所蔵していた。こちらは丁度一三〇〇年前後に登場したという。もとは「聖母の悲嘆」Lamentatio の大きなシーンの一部であったものから、抜き取られて成立したのだろう。悲嘆に暮れるマリアが膝の上に死せるイエスの体を載せている図像である。

十四世紀に彫像として祭壇に飾られ、十五世紀からはフレスコ画や板絵としても多く描かれるようになったピエタ像は、激しく熱烈で広範な崇拝の対象となった。ベギンはその像を前にした祈りで、死せるキリストを十字架から降ろして膝の上に置きたいと願った。ベギン以外の女性もそうだが、とりわけて熱心に病人・瀕死人の世話に献身していたベギンは、苦しめる者たちの「母」のような存在であり、惻隠の情の涵養にいつも努めていた。だから死んだキリストを抱きかかえ、優しく見下ろすマリアのピエタ像にもすぐに敏感に反応したのであろう。しかも世俗身分でありながら聖なる貞潔な生活を選び、夫や子供をもたず（あるいは離別し）、場所によっては死体を守り、死者のために祈り、死体を墓地にエスコートしたベギンは、死んだイエスに寄り添うマリアに自分自身の姿を見たのに相違ない。

かようにこのマリア像もベギンらの模範となって、規定的な役割を果たしたのである。多くのピエタ像のマリアは、ベギンのような服装にヴェールまでまとわされていたという（ベギンとしてのマリア！）。惻隠の情を喚起するのにふさわしいこの像は、とくに教会の定める典礼暦や祭りに登場するという訳ではなく、いつでも個々人の動機に応じて祈願したり見詰めたりできるよう準備を整えていた。独立像なので持ち運ぶこともできて、まさに私的な儀礼の対象でありつつ同時に共有されてもいたのである。

また興味深いのは、スパルベークのエリーザベトのケースである[137]。この十三世紀のベギンは聖体への信心が昂じて、聖体拝領を受けるのと並んで、受難劇をいわばパントマイムで自ら演ずるにいたった。また身近な小道具として磔刑のイエスの描かれたパネルを使っていたという。それが十字架上のキリストの死への参与を可能にした。彼女の幻視も聖痕も、すべて受難のキリストへの敬虔心がもたらしたものであり、まさに男が書き、読み、説教するところを、女である彼女は見て、聞き、幻視し、身体で演ずるのであった。彼女の場合はピエタのマリアへの自己同化ではなく、まさに受難したキリストへの同化であった。

第三の〈嬰児イエス〉はどうだろうか。しばしば秣おけ（ベビーベッド）や揺りかごを伴った――マリア抜きの――「嬰児イエス像」は、十四世紀半ば以降大量に作られた。そして、とくに十五世紀にベギン、なかでもルーヴァンとメヘレンのベギンのあいだで人気を博し彼女らは熱心な収集者になったという。(138) ほんの三五センチほどの高さの木造の人形。裸体のことも多いが、ぐるぐる巻きの産着や豪華な衣装を着ている場合もあった。人形を手に入れた彼女らは、まさに個人的な関係を彼と結ぶことができるようになった。ベギンらのヴィジョンでは、人形に触れるやそれは生きた赤ちゃんになるといった様子である。ベギンらは「神とともに寝にゆく」のだとしてキリストとともに寝たという。揺りかごに入れるこのキリスト像のために、彼女らは衣服を作り、可愛い飾りを縫い、ベッドクロスをデザインした。そして祈る前に揺りかごを揺らすという念の入れようだった。

この「子供」を日常的に見て触れるベギンにとっては、裸の赤子が強力な身体的転移の対象として機能した。人形のようなイエスは、彼女らが「母」として触り抱きあやし揺する自分の「子供」になった。その子に衣を纏わせ、秣おけに入れ、豪華なブランケットでくるみ、手作りの精細な装飾で飾られた揺りかごに憩わせたのは、「母」としての当然の務めである。

この嬰児イエスへの信仰心はベギンにかぎらず、十三～十四世紀にはシトー会の女性、籠居修女、ドミニコ会の女性など、皆に共有されていた。それはこの時代、女性がより高い霊性を求めるときに必要不可欠な手掛かりであったようだ。人形で代理されるイエスによって、彼女たちは、かつてない「力」を手に入れた。この人形の現存が、聖職者の権威を迂回して、直接、人々の救いに関する質問に答えることを可能にしたからだ。

十二世紀から人間としてのイエス、すなわち悩み苦しみ弱さをもつが、かぎりなく優しいイエスへの信心が高まったのは、ヨーロッパでは全般的な事態であった。しかし嬰児イエスの人間性への強烈な思いは、女性特有であったといってよい。ベギンをはじめ女性の宗教者の多くは、十三世紀のあいだに清貧の中で、病者・困窮者に奉仕するのを己の本分と心得た。かといって、聖職ヒエラルキーは男性に壟断されているし、説教・司牧活動はもちろん男性の専権であった。そこで神への旅、神と俗人を仲介する力を弥増すためには、より強度の強い霊的体験をするしかない。そのための手段として、嬰児イエス像が重要な役割を果たしたのである。

互いに望み合う神と人間、それは平等の関係である。ベギンはヴィジョンの中で、イエスと愛撫し合い、乳を含ませ、睦言を言い交わし、遊び、あやし、いやその息子を妊娠することすらある（子供にして夫であるイエス）。そこには上下関係はなく、あるのは相互的従属関係であり、ヒエラルキーなしに直接神とかかわれる。そうすることで彼女たちは霊的体験をはてしなく深めていったのである。

C　図像と支配のイデオロギー

ベギンの信心業に不可欠のこうした図像は、しかしベギン自身が求めたというよりも、通常はベギンホフやベギン館で霊的教導者が奨めたものを、彼女らが受け容れたのであった。それは教会当局が、ベギンの過度のエクスタシーを防ぎ、聖職者や教会への脅威とならぬように導くべく、受け容れやすい霊的修行をさせ正統宗教の確定に資するようにしようとしたためだ、というのがジーグラーの説である[139]。

上に、図像には公的次元と私的次元があると述べたが、じつは極私的・個人的な関係に見える場所にさえ、しばしば公的な次元が入り込み、私的関係をチェックすることがある点を見逃してはなるまい。ベギン館や女子修道院に保有された図像は、個々の女性の「持ちもの」とはかぎらない。共同で崇め、見つめ、触れるという共有の図像もある。それは彼女らがミサをはじめとする共同の儀礼を行うときに皆の前に控え、それぞれのこころと結び合いながら、すべての女性たちのこころをも結びつける。しかもこの共同儀礼においては、司式する司祭・聖職者が考え抜かれたディスクール——たとえば雅歌の筋書きで——で女性たちの図像にまつわる信心を誘導することができた。

だとすれば、個々のベギンが自分だけの図像を所持し、それを前にして極私的な信心業を行ったとしても、それはしばしば公的な検閲を受けた信心業の、私的な場面での繰り返しとなり、逸脱しようとしても定期的に元の鞘に引き戻されることになった。B項で検討した三種の図像は、聖母やイエスと観者であり祈る人であるベギンとの身体的接触をも可能にする媒体であるが、かならずしも私的な信心業ではない、なぜなら同様な彫像は、教会の祭壇にも祀られているからだ、とするジーグラーの所説は正鵠を射ているように思われる。

幻視を惹起し、奇蹟を起こし、苦悩に沈む人を慰め、祈る人とともに涙する……。私的な回路に回収されそうでも、教会の仲介という点はつねに担保されているように見える。そしてベギンがその前で祈った嬰児イエスなどの姿は、すでに聖ベルナルドゥスや聖フランチェスコによって情動的なトーンを与えられ、信心の世界に出揃っていたものであり、だからその点でも、ベギンの信心には新奇な点はあまりないのだと言えるのかもしれない。

さらに、私的な信心をたえず公的な軌道に復帰させようとする教会当局の努力は、もうひとつの戦略の上に立っていた。それは、この図像利用を促すことによって女性の「自然」な傾向を誘導し、「母性」へと収斂させることで、内向する霊性を外在化する、という方向転換を狙った戦略である。十三世紀からすでに、俗人女性たちのあいだに広く普及していた些細な慣行(たとえばイタリアの貴族・市民家庭における女の子にとっての人形の役割)を、ベギンたちの修行と霊性の柱とすべく、管理監視する男性の聖職者はそうした関係を利用したのだ、ということかもしれない。いずれにせよ、この母性へのシフトによって、ベギンの霊性は特別の資質と条件にめぐまれた一握りの女性のものではなく、誰にでも接近可能となったし、それ以上に重要なのは、こうして人形・図像を利用することによって、逸脱し氾濫し暴発しがちなベギンの霊性を、教会当局にとって危険の少ないものへと変容できたということである。

しかし、はたして女性たちはそう易々と管理の手の内に収まるだろうか。やはり男性による信心業と女性のそれとの違いは考慮に入れねばならないだろう。ベギンらの周囲には、聖史の物語から祈りを刺激するシーンを抜き出して図像化したモノが溢れていた。嬰児イエスが台座に立っていたり、揺りかごに横たわったりしている脇で祈れば、ベギンは、神の地上への到来と彼女を隔てている時間と場所の懸隔を感じないですむ。歴史的なセッティングが消えるとともに、物理的距離も消えるという効用がそこにはあった。つまり公的な管理下においてさえ、まったく私的な関係をそこで結ぶことができるようになる。キリスト到来の歴史的な話の客観的構造よりも、救世主と彼女とのあいだの主観的関係のほうがベギンには大切なのである。

もちろん教会当局、ないし司牧の任を担った托鉢修道士らにとっては、それは男性中心的な支配のイデオロギーにベギンがうまうまと乗せられた、というように見えるかもしれない。しかしことはそれほどうまく捗ったのだろうか、「むすび」でもう一度考え直してみよう。

むすび

ベギンとその周辺の女性たちの〈霊性〉についてまとめてみよう。

十三〜十四世紀に輩出したベギンおよびそれと親近性のある「敬虔な女性たち」の生き様に目を注いでみると、彼女らの信心はキリストの人間性と受難に集中し、また清貧・貞潔と聖体への敬心の三者が結合していたことが容易に見てとれる。その霊性の頂点は、彼女らの魂と天の新郎たるキリストとの「神秘的結婚」である。伝記や著作を残したベギンたちにしばしば現れる、イエスとの「神秘的結婚」に今一度着目してみよう。

この観念自体はすでにユダヤ教にあるが、霊的愛の歌と読み替えられた雅歌の解釈において、キリスト教にも普及することとなった。それは、神とイスラエルとの愛、またはエルサレムの神殿の中で祭壇(生贄台)の設置のときに啓示された愛にとくに集中していた(140)。

また神と教会との結婚という考えも早くからあった。この霊的結婚=神秘的結婚の力こそ、人間の愛に特別の重要性を与えるのである。キリスト教におけるこの観念の発展に関しては、三世紀アレクサンドリアの教父であるオリゲネスの功績が大であった。彼はその雅歌注釈で、夫が神で妻は教会ないし魂を表すのだとし、その後、この伝統がしっかりと聖書釈義家の隠喩法の軌道上に乗ったのである。中世の雅歌注釈の大半は、カッシアヌスの寓意的解釈=教会論的な解釈に従っていたが、十二世紀には道徳的読解が盛んになって、妻として「魂」を措定するというオリゲネスのもうひとつの解釈が流行しだす。この点でもっとも寄与が大きかったのが聖ベルナルドゥスである。そしてとりわけ修道院で、こうした雅歌の読み方が流行した。

またベルナルドゥスと並ぶ十二世紀神秘主義の雄、サン=ティエリのグィレルムスは、愛の神秘主義を存在の形而上学と融合させて聖書の中に三位一体の関係への存在論的基礎を発見した。愛のみが神の知識に到達できるのであり、愛することは存在すること、神と結ばれた唯一の霊として存在することである……。この考え方は、ベギンらにも受け継がれていった。

ベアトレイスにせよハデウェイヒにせよ、あるいはメヒティルトやマルグリットにせよ、高等教育を受けたはずもないのに、じつにしっかりした神学的な基礎の上にその霊的著述をものしていることは、驚嘆に値する。トゥルバドゥールの抒情詩はもちろんのこと、寓意文学の要素を取り込み、また古代のレトリックを学んだかのような効果的な対話技法をも駆使している。こうした文学性の高い著作に、ベルナルドゥスやサン゠ティエリのグィレルムスの思想を受け継ぎつつそれを女性の立場から転生させた独自の神秘思想が綴られていることを、私たちはすでに観察してきた。その独自性はなにより、女性としての身体・感性と不可分の神との合体の道筋を描き出している点である。

彼女らは耳学問にもせよ、きわめて高度の神学的知識をもっていたが、しかしそれを自分の霊的体験と完全に統合させており、その点スコラ学者と対極にある。それは知的なレベルに閉じ込められた教義ではなく、実際に生きられた教義であり、それがより高い次元の知識に彼女らを連れてゆく。それこそ段階を追った上昇の意味でもある。思弁的でありつつ体験的というのがベギンの神秘主義の特徴であった。宮廷風恋愛のシンボリスムを神との合体の形而上的な表現と結びつけることで、彼女らは熱烈な体験を映し出す言葉を創造しようとした。上に述べたような、愛の神秘主義（Minnemystik）すなわちサン゠ティエリのグィレルムスのラインをたどりつつも、彼女らの霊の合体・統合が愛の意志にもとづくことが決定的に重要である。

またもうひとつの大きな特徴を挙げれば、ベギンにとっては魂が神であるところのものになるには、それが「無化」されねばならなかった。すなわち自己放棄の神秘主義であり、創られも分離されもしない（被造物でない）真実の存在を神の中で回復するため、自分の固有存在、創造され分離した存在を脱ぎ去らねばならないのであった。

彼女らベギンのエリートたちの思想・霊性は、より曖昧な形ではあれ一般のベギンにも共有されていた。それは、妻として、また母としてのマリアとの身体的自己同化を拠り所としていた。そこに、ベルナルドゥスら男性神学者の「神秘的結婚」概念が転換し、実体験へと結びつく機縁があった。それはどのようにしてだろうか。

修道士が自分の魂を「妻」と考えることがありうるとしても——実際あったが——、ベギンや修道女のような女性のほうがより自然にその考えに傾いた。いや自分が人間「キリスト」の妻と考えるのも、彼女らにとってはそこからほんの一歩の距離である。しかも彼女らはつねにモデルとしての聖母マリアを高く掲げて崇めていた。「神秘的結婚」において、神の妻であるマリアである。

修道女らは神の妻になるべく、その厳しい生活を耐えていった。それは十二世紀に男性の教導者から教えられた考え方であったが、十三世紀になるとまさに自分の考えとして咀嚼・理解し、己の言葉で「妻」としての境涯を表現するようになった。アッシジのクララ、ヘルフタのゲルトルートらの著作に明白に表れているこのイメージは後期中世の修道女の霊性の構成要素のひとつになった。連想が一際膨らむのは、ゴシック期よりもその後につづく「フランボワイアン期」である。

神の妻たることは、ベギンの段階を追った修行の目標でもあった。ベギンは長い伝統をもつ「神秘的結婚」の同時代の到達点を自ら引き受け、しかもそれを俗人としての自由さから、修道女にくらべてさえもいささか奔放に解釈したのではないだろうか。折から、ネーデルラントでもラインラントでも、シトー会、ドミニコ会の女性部門で、磔にされたキリストの人性への信仰心が燃え上がり、と同時に、聖体への賛歌が「神秘的結婚」を女性の肉体全体を使った直截的体験へと転換していった頃合いであった。聖体拝領を執拗に要求する彼女たちの態度の由縁は、合体が「神秘的結婚」の要諦となったからである。

ウィーンのベギン、アグネス・ブランベキン（一三一五年頃死）の伝記によると、彼女はより頻繁に聖体拝領を受けるためにベギンになったという[141]。またマクデブルクのメヒティルトは、「まったく馬鹿なベギンの修道女たちね。全能の裁き主が怖くないのかしら。主の聖体を無知な習慣からそんなにたびたび受けるなんて、思い上がりもいいところだわ。ああ、あなたたちの中で特に取るに足らないこの私でさえ、恥ずかしさに赤面し、体が震えてしまうと言うのに。聖体を受けようという大切な儀式になると、取り乱してしまうのは、主の御前では私の精一杯の敬虔でさえ、恥ずかしいほどだから」[142]（第三巻一五）と言っている。

イエスの「妻」たるだけではない。また同時にイエスの「母」たることを強く祈念するベギンもいたのであり、自分は母だと称したり、あるいは養母だと宣言する者が続出した。すでに見てきたように、ベギンは、毎日聖母の詩篇を読み、聖母関連のすべての祝日には特別に精進した。また聖母子・ピエタ像を熟視・観想の対象として崇め、自らをマリアと同化させた。ベギンのマリア崇拝は非常に篤かったが、その態度は、イエスの妻であるよりも母でありたいとの願望から由来したのだろう。[143]

もうひとつ、妻にせよ母にせよ、ベギンはイエスとの関係を、己の「身体」を霊性の核にして作り上げていったという大きな特徴がある。[144] 彼女らにとっては、キリストの人性・肉体への直接的働き掛けが修行の基礎となっていたが、それは自らの身体を意識的・無意識的に操作することと不可分であった。自らの身体を変容させ、興奮のあまりエクスタシーに陥ってのイエスとのかかわりであり、五官を駆使した情動的な交渉に他ならなかった。女性神秘家は、神を、感じ、嗅ぎ、見、味わう。これは合理的認識ではなく、強烈な個人的体験である。それは踵を接して発展した男性の神秘主義者の進む道——こちらは合理的であった——から、截然と分かれていた。彼女らの霊性には、官能的な性格が纏綿とまといついていた。ハデウェイヒ、メヒティルトをはじめ、ベギン著作家たちが騎士道・宮廷風恋愛のシンボリズムを自己流にアレンジして、神との合体というメタフィジカルな教義を私的体験にしたのはそのためである。特別なエリート・ベギンのみでなく、ごく一般のベギンも、強度は弱いにせよ同様な体験をもち、あるいはもちたいと望んでいたことだろう。ベギンホフでの日々の仕事と祈りにおいても、あるいは図像を前にした観想でも、「母」となり「妻」となって、他人とかかわり合いながら自らの救いを目指す心意が窺われる。

女性的な知覚形式や女性の「権威」がほとんど顧慮されなかった時代、公的世界への通路を断たれていた彼女らは、無意識的にかもしれないが、まさに「身体」を極限的に駆使し操作して、教会の課した制限を超出しようとした。彼女らの神秘体験ないし疑似神秘体験は、身体を舞台にドラマチックに展開する。彼女らは極端な断食をし、自分を鞭打って傷つけ、針の筵の上に血だるまになるまで身を転がし、恍惚境に陥って眼からも鼻からも滂々と血を流し、大河のような涙と諸種の体液を分泌し、気絶・身体硬直し、聖痕を受け、空中浮揚する。こうした身体操作により、神から直接的にインスピレーションを入手しようとした。イエスとの関係ではイエスを食べ、乳をやり、互いに愛し合い、結婚し、さらに死んだイエスを抱きしめるのであり、彼女らが神に近づくのは、魂においてだけでなく肉体的にも接近するのである。

本章の主題であるベギンについても、身体操作と変容の、いささかおどろおどろしい例はいくらでも挙げられる[145]。ワニーのマリはイエスを前に絶叫を繰り返したし、シーダムのリドウィナとヘルフタのゲルトルートは嬰児キリストに対する母性愛にひどく駆られて乳首からミルクが流れ出た。ナザレトのベアトレイスはあまりに強くキリストの中に喜びを感じたので、顔をしかめヒステリックに笑い転げた。ハデウェイヒはキリストが彼女を貫いて愛のエクスタシーに囚われ気を失ったという。スパルベークのエリーザベトは女性としてはじめて両手両足・脇腹に聖痕を受け、金曜にはそこから血が流れ出した。ルーヴァンのイダは聖体とともに嬰児イエスに信心を抱き、嬰児キリストに湯浴みさせ、ともに遊んだ……。

こうした身体変容の実例は、一二〇〇年以後、中世末にかけて夥しく見出されるが、それは男性に向かって女性の主体性を確立する「足場」としてかなり有効に作用した。それは一種の「肉体言語」であった。外から加える苦行でなく、内から想像を逞しくした揚げ句の身体変容という形式=肉体言語は女性の独壇場であり、男性が独占していた宗教世界にはからずも内から切り込んでゆく秘策になった。女性の身体異変に直面して畏怖を感じ為す術のない男性は、ただただ見守るしかなかっただろう。男性の「弱み」につけ込み、媒介装置としての教会制度・儀式をショートカットしてひそかに勝ち誇る女たち。これはベギンのみに見られる特徴ではなく、修道女にせよ俗人女性にせよ、伝統的な社会的・宗教的な体制下で抑圧され、真の欲求を発散できなかった北方ヨーロッパの敬虔な女性たちに共通する戦略をなしていた。

盛期・後期中世のような父権的な社会においては、出産を中心とする自然的機能が肉体に具わった女性はとりわけ「家」というコンテクストに束縛されて、子育てから老人介護まで家族の世話、また家事全般を、母としてあるいは妻としてこなした。しかし公的な面ではほとんど陰に潜み、低い地位しか与えられなかった。だがこうした女性を従属化させる根拠を逆手にとって、宗教的な場面でより上位の地点に立ちうることを、ベギンの信心業は示している。ベギンの霊性は、十三・十四世紀の敬虔な女性たちの体験と願望を結晶化させたその極北だと見ることも可能なのである。

伝統的なキリスト教神学では、あらゆる神の体験は非身体的であり、神秘家はイエスの甘美さを彼らの身体をつうじては味わえない、だからこころのより高い能力で、身体体験、感覚イメージ、身体的情熱を超えて神を体験すべきだと、教父時代からトマス・アクィナスまで、念仏のように唱えられてきた。だがそのまったく逆を地で行くのが、ベギンをはじめとするゴシック期の「敬虔な女性」の神秘体験が目指した地点であった。すなわち、己の身体におきた出来事にポジティブな意味を与えて、その身体体験を特権化して救いに繋げるのである。

多少単純化してみれば、男性の宗教体験は、語ろうとすれば客観的・理論的で非人格的になるが、女性の宗教体験は、まさに「私の体験」として、その文章にも直截性——神との直截の出会い——がつづられることになる。彼女らは、他者とかかわり、他者から刺激を受け、自分たちの中に情動と官能を呼び覚ます。男ならば他者の接近・侵入に直面し、不安に駆られて尻込みするところを、逆に積極的に他者とかかわることで己の救いをも目指すのが女性である。これが、彼女らがゴシック期以降、かつてなく〈慈愛〉に満ちて、貧者や弱者あるいは死者までもの世話をした理由であろうし、またイエスとも肉体的な全人格的交渉をもって、完徳の階梯を上っていった理由である。

彼女らにとっては、身体は魂の上昇にとっての妨げであるどころか、それを実現する機会であり道具となる。その体験に臨んでは、神から与えられたエクスタシーの中に妙なるメロディーが響き、天に向かって立ち上る柔和な香りが心地よく付き添う。古代からずっと、神学者・医学者らにより徹底的に貶められてきた女性の身体が、ここに百八十度転回して救いの特権的縁になるのである。これは、カタリ派やワルド派といった異端者たちもなしえなかった快挙であった。

マルグリット・ポレートのように、教会の秘蹟も階職制も否認するような異端的ベギンは別として、「秘蹟的霊性」を奉じて秘蹟——とくに聖体拝領——をこの上なく重視し、教会制度に完全に服していたベギンは、迫害するにはおよばないし、それを反異端=正統護持の拠点として、あるいは母なるものの包容力として、エクスタシーのなかの「預言」「お告げ」を男性の権力者が有り難く戴いて頼りにする場面もたしかにあった。しかしやはり、女性的〈霊性〉がキリスト教世界にあまりにも満ち溢れることに、男性は不安と危機感を隠せなかった。その不安感は、やがて女性の身体に悪魔が取り憑き、異変を起こさせ、それればかりか周囲にも害悪を及ぼすのだ、という魔女幻想へと膨らんでいくだろう。

＊

十三世紀における女性の宗教的覚醒には驚嘆すべきものがあった。それは、何百という女子修道院がとりわけシトー会と托鉢修道会の中にできたこと、またカタリ派やワルド派における女性の活躍などが物語っている事態だが、それ以上に、本章の主題であるベギンや「悔悛者（女）」penitente と称されるイタリアの俗人贖罪者など、俗人身分のまま福音書に従う敬虔な生活をしたいと望む女性が急増したことに、より瞭然と現れている。

彼女らは長いあいだ、処女・妻・純潔者といった性的な境位によってしか分類されず、男のような身分（三身分）は女性の分類基準ではなかった。彼女らは司祭になることはできず——古代教会の「女執事（女助祭）」は早期に廃止された——、また大学で教えることも、戦うことも、裁くこともできなかった。それだけではない。教会内での立場も「弱き性」として差別されていた。女性は、穢れて罪深く、イブでなければマグダラのマリア、つまり悔い改めた罪女として遇され、教会の中では沈黙すべき存在であった。この観念は、聖書とりわけパウロの手紙においてすでに明瞭に提起されていた。穢れているゆえ祭壇には近づけず、女子修道院長でさえ典礼を執行することは禁じられたのである。女性が高い霊性を求めるには、修道女となって禁域に閉じ込められ、男性のコントロール下に規律正しい禁欲生活をするしか、当初は取るべき道はなかったのである。[146]

教会内での女性の地位の低さは、グレゴリウス改革以降、聖俗間に牆壁を聳えさせ聖職者による媒介の必要性を強化すべく、一層強調された。十二世紀以来マリア崇拝が湧き起こりその奇蹟が期待されたとき、それは女性のイメージを高貴化したとしても、現実の女性には相変わらず近づきがたいモデルであった。さらに盛期中世以降、信心会などの俗人宗教団体が叢生しても、女性はその霊的指導者になることはできなかった。十三世紀の托鉢修道会も、女性には厳格な閉鎖域での観想生活を課したのであり、彼女らは男性のように市内に出て説教することは許されなかった。都市化が進展しても、女性は政治や法制度においては受動的存在に留まり、彼女らは市議会には加われず役人にもなれなかった。ギルド内での役割も、一部の都市をのぞけばせいぜい夫の代理にとどまった。

このような女性のおかれた位置を確認してみれば、C・W・バイナムの言うように、ベギンをはじめとする十三世紀以降の女性の神秘体験は、男性に握られた権力を女性が奪い返す試みだったのかもしれない。古代から後期中世まで神学者・科学者また民衆も、ずっと一貫して女性を身体・色欲・虚弱・不合理と結びつけ、反対に男性を精神・理性・力と連結してきた。女性はその身体の内部から悪しき力に侵されて罪を犯すのである。女性はその身体がもともと脆く汚れているのである。教会改革者や異端者たちが唱え、遵守した禁欲的二元論は、女性=身体／物質を滅却させることになり、あの世では平等だという慰めともならない慰めを眼前にちらつかせただけであった。かくて、改革の進展にもかかわらず、女性にとって女性のまま救われるという理想からは、大きく乖離していった。

だから女性のまま、いや女性だからこそ救いへの特権的手段がある、というベギンによる発見は、キリスト教におけるコペルニクス的転回であったかもしれない。といっても、U・ヴァインマンのようにラディカルなフェミニズムを社会史と結合させて、ベギンを家父長制的な女性の位置づけからの脱出、既存教会外での自立的生活様式の追求とまで主張するのは、言い過ぎだろう。(147)

だが、ここでより刮目して見たいのは、〈霊性〉の歴史における新局面の到来である。ベギンの霊性は、ヨーロッパの〈霊性〉の展開にどんな意味をもっていたのだろうか。「女性の霊性」に、前章で検討した「子供の霊性」を併せて、その意義を考えてみたい。

十三世紀以降、都市でも農村でも社会構成が大規模に変容した。それは一言でいって、団体の大増殖とその制度化である。すなわち都市共同体や農村共同体あるいは小教区組織のほか、ギルドとか信心会、大学とか諸修道院・聖堂参事会など、十二世紀後半から十三世紀にかけてこうした各種団体が増殖し蔓延して、団体意識が高揚していったのである。(148)それらはたんなる社交の集まりではなくて、上級権力者から「証書」を付与され、法的身分と財政基盤を得ながら広まっていった制度化した団体であり、また同一聖人への崇敬・加入儀礼・相互扶助活動・宴会・葬式などにより、たえず団体意識を強化し、成員相互の紐帯の確認が行われたのである。

団体が凝集性を強化させた過程は、必然的に曖昧な境位にある者を締め出し、排除する過程と不可分で表裏一体をなしていた。団体は統合性、一体性を守るために団体加入条件を満たさない未熟な者、不名誉な者、重荷となる者を排除し始め、外部との境界線をはっきりと引いた。かくていずれの団体にも組み込まれない者、あるいはどの団体にも自己のアイデンティティーの確証を見出し得ない者たちが、不可避的に生み出された。こうした動向は、貧者・下層民とともに、女性をも団体からはみ出させることになった。はみ出して困窮化すれば、諸団体からの〈慈善〉の対象として世話を受けることもあるが、社会の支配的価値観に背馳する行動——放浪乞食など——を取れば、厳しく制裁されたのである。

他方で盛期中世・後期中世の貴族・上層市民の家門は、中世前期の流動的でゆるやかな家族＝親族集団とは対照的に、きわめて堅固なまとまりを見せていた。それはいくつもの家族集団に加えて、一族郎党・被護民・職人・下僕・侍女などをも多数擁した擬制的な大血縁団体であった。彼らはおなじ血の絆と共通の著名な祖先の存在を信じ、さまざまな儀式・祭り・スポーツ・宴会を通じて連帯感情を強化し、家門の力を誇示した。十三世紀以降、とりわけ都市部では複数の街区を支配下に収める等、有力家門は政治的・軍事的影響力を強めていった。

農村においても、経済成長期には小領主や小土地所有の農民の家族形態は一旦核家族モデルに近づき、子沢山な家では子供が成人になると家を離れ、父は家産の一部を分けてやっていた。しかし十四世紀の経過とともに、疫病や経済危機により家族そのものが消滅の危機に瀕すると、家産の分散消失をふせぐため息子は結婚しても家を離れず、成人した兄弟やその家族が一つ屋根の下に暮らすという現象がおきる。

図式的に言えば、盛期中世の経済発展、職業の多様化と核家族への志向は、核家族世帯とともに独身者や寡婦らの単独世帯をも分出させた。「個人」として才能・資質を生かした仕事にありつける仕組が登場し、そこに、成年後の人生の自由選択可能性が女性にもある程度開かれることになった。むろん家父長権と父系家族の垂直的連なりが強調されたので、女性にとっては良いことばかりではなかったが。その後の時代は、長子を中心にできるだけ多くの兄弟や従兄弟、さらに庶子やまったく血縁のない擬制家族メンバーまで加わった効果的な水平の連帯性が、家族を守る防護壁として立ち現れた。それはまた街区支配の足掛かりともなる。しかし家父長権はいよいよ増強されたので、女性の自由は一層制限されることになった。

こうした変貌過中の家族における女性たちを、大きな社会構成の転換に際しての脱落者として数えることも可能かもしれない。公的な活動ができない女性にとっては家がもっとも身近な団体であるが、家政の管理権・動産の運用権は父親にあり、十三世紀以降の長子相続法拡大とともに、父=夫の権力の強大化、家政における妻の地位低下が生じ、妻子への束縛が厳重になっていった。そしてそこでは、父の家系の規範への妻子の服従が家族の統合に必須であった。そのような統合原理を有する十三世紀の家の連帯性強化が、夫婦間——そして親子間——の情緒的結合の犠牲の上に成り立ったことは想像に難くない。こうした状況の中において魂の救いを求める女性たち、彼女らの霊性には、かならずやこの状況の刻印、鬱屈の痕が押されているだろう。

十三世紀前半に登場したベギンをはじめとする女性宗教家は、過半が俗人であり、世紀後半には彼女らはキリストとの合体を目指して、以前の者にくらべて一際聖体拝領を熱烈に求めるようになり、己の身体をさまざまに操作して神の恩寵に与ろうとした。

ここに「女性的霊性」というものの存在を仮定してみたくなる。女性の神秘主義的霊性は、文化・イデオロギー的構築物=セットであり、正統の宗教制度と言語・素材を共有しつつそれを転覆させるという離れ業をやってのける。ベギンの代表者や女性神秘家の言説は、そのからだを規制するために考案されたディシプリンから——それを素材として——形成され、またこのディシプリンをつうじて、彼女はその力を鞏固にするのである。つまり、男性によって作り上げられた文化的な「女性身体」の表象と、その身体を抑圧し規律化させるテクノロジーを逆手に、、、とって、自身のからだをその低次元性から超越させようとした。その葛藤に満ちた試みが、女性特有の〈霊性〉を発揚させたのではないだろうか。教会人の目には女性は肉欲の渦巻く悪の精華であり、だから女性は閉じ込め、規制を課し、公的な場に立ち入らないようにすべきだ、という方策が一貫して採られた。しかしこの方策は中世の女性についての否定的な表象を養いつつも、女性たちが、理性ではなく身体と感性の坩堝の中で規制の檻を溶解する化合液を作ることを、むしろ助長してしまったのである。

ここで団体の大増殖とその制度化、家族構造の変容とそこにおける女性の立場という問題に戻れば、前章で考究した通り、子供の聖性発現においては「家」「家族」がポジティブにもネガティブにもスプリングボードとなっていたが、女性の場合にもそれらが大きく作用していたのではないか、ということである。家では、妻と母の境涯を厳格に制約する父と夫の権力が統べていた。ベギンや他の敬虔な女性が宗教生活に入るときには、家と家父長に反撥して、というケースがほとんど普遍的パターンになっている。

　彼女たちは、十三・十四歳で無理矢理見たこともない男と結婚させられ、つぎつぎ休む間もなく妊娠した。そこにはエロスのカケラもない。父への服従の後は、夫への服従が待っている。彼女たちが「自由」を模索するとすれば、そして高い宗教性を求めようとすれば、その「家」を否定することに帰着するのは、だから少しも不思議ではない。聖女伝では、後の聖女は子供心に結婚に反撥して性を嫌悪し、家父長による彼女の「家」のための利用に反抗する。娘を家に閉じこめ、刃物で脅すばかりか、逃げ出して修道院に避難した娘をとり戻そうと、家族・親族が修道院を「攻撃」するケースが聖女伝にしばしば登場するが、それは現実にもあったことだろう。

　彼女たちが神に近づけるのは、こうした「家」とその価値観に反抗し、そこでの境涯を逆転することによってだと感じたのは、ごく自然な成り行きだろう。女性の再生産機能を自ら否定し、その行為をつうじて疎外された自分の「身体」を領有しようと希求した。宗教世界に入った彼女らは、男性主導の家族の管理を否定して、処女を選び、言い換えれば性の自由選択を選び取るのだが、それは否定における選択であり、いや想像・妄想世界における選択であった。彼女たちの苦行は、いくら歪曲した形ではあれ、結婚生活で男性に服従して阻害された自らの身体を再領有化する試みであり、そこでは男たちの身体的・社会的欲望に屈することのない、身体の自己コントロールが目指された。イエス人形を可愛がり、衣服を着せてやり……といった行為、そしてイエスとの合体やマリアになり代わってのイエス受難への悲嘆の幻想は、まさに女性固有の資質を生かした試行であっただけではない。それは、世俗世界において否定した、自分の妻や母としての境涯を、霊的世界によって取り戻し、新たに理想的な家族を創り出す試み、しかも当時の支配的価値観においては黒々と塗り込められた、女性の身体をとことん操作しての試みであったのではあるまいか。

ベギンもそうだが、女性の信心は、こうしていつまでも「家庭」から離れられない。家にいて仕事をしながら高い宗教性を追求し、既婚女性でさえ、夫との生活を犠牲にして一人あるいは複数集まって福音に則った生活を目指すだろう。家庭生活と祈り、克己と他人への励まし、清貧の中の手労働……、人の世を捨てないまま霊性を涵養するには「家」を拠点にするしかなかったのである。たとえ否定すべき抑圧の体系となった家・家族でも、女性たちはそれを基点としてのみ、自分たち独自の「女性的霊性」を編み上げることができたのである。

だから現代人の目で眺めれば、破綻した家族・夫婦関係こそ、後期中世の女性の高い宗教性の条件であったことになる。しかしこの不幸な〈霊性〉は、〈慈愛〉の理念を見事に更新した。自己犠牲を厭わぬ彼女らは、病人の世話や死者の弔いを、その身体と触覚をもって引き受ける。観念的な〈慈愛〉ではなく、実践的な〈慈愛〉であり、それは到底男性にはなしえない、女性的霊性の高邁なる発露なのであった。

ベギンは現実の家族の代わりに霊的家族を選ぶことになったが、ほぼ同時期から、実際の家族自体が、信心業の苗床となってきたことを看過しないようにしよう。十三世紀から各家庭には、少なくとも聖母のイコン、祝福された枝、聖なる家具調度などが常備されるようになり、一四〇〇年になると十字架や祈禱台を備える家庭もふえていく。個人が、いや家族が家庭で信心業を行う慣行が広まった証拠だろう。この「家族の宗教」は「都市の宗教」と手を組み、さらに中世末には「王の宗教」とも結託しながら、近代にいたるまで隆昌するのである。

＊

では家の中で女性とともに疎外されていた子供についてはどうなのだろう。子供は、性的（かつ社会的）弱者たる女性とも、経済的（かつ社会的）弱者たる貧者とも異なる、世代的（かつ社会的）弱者であった。子供と聖性とのかかわりについては、前章第三節で検討しておいた。そこでも、そのネガティブな踏み台となったものこそ、独特な「家族」とその中における子供の境涯であり、その家族の変容が、社会全体の団体への凝集化という動向と並行するものであったことを上で指摘しておいた。

つまりつぎのように言えるだろう。ゴシック期には、男女というジェンダー間対立とともに、大人と子供という世代間対立が意識化され、それが〈霊性〉の導水路となったということである。そしてその導水路の入り口に「家」が立ちはだかっていたのである。

大人は皆、かつて子供であったはずなのに、すぐに子供の心理が分らなくなる。また男は皆、女性から生まれ、女性に自分の子供を産んでもらうのに、いつまでも女性が理解できないままである。世代間・両性間の無理解は、人類に普遍的なものかもしれないが、この無理解が、彼女らそして子供たちの宗教体験と霊性にいかに連関しているかというのは、歴史的な考察をつうじてしか分らない。一般化など不可能なのである。ヨーロッパ中世におけるその連関を明らかにするのが、本章および第3章の目標であった。

最後に注目しておきたいのは、こうしてゴシック期以降花開くことになった女性と子供の霊性と聖性に、どういう訳かその対立項であったはずの男性と大人が、いや「教会」と「社会」が頼り、依存するという仕組みが生まれたことである。それは、たとえば子供たちの霊性に縋りながら分断し破綻しかかったキリスト教世界を蘇らせるため、退化した理想の立て直しを模索するということであったり、あるいはまた、女性の聖性に反異端プロパガンダの礎を求め、聖女たちの言葉から未来を導く神のメッセージを読み取る、ということであったりするのである。この捻れた関係は、制度においても思想においても、堅固な組織化を実現したゴシック世界のヨーロッパのアキレス腱であり、それが、ゴシック世界を知らぬまに骨抜きにしていくだろう。

だが、ゴシック世界の崩壊は、直接的には女性や子供たちの仕業ではなかった。それは、一方で〈霊性〉の自ずからなる発展の結果、その発現に制度や組織の支えを必要としなくなったためであり、また他方では、正統教会の制度と教義における根幹・基盤をなしていたはずの教皇とその周辺、それから二大托鉢修道会（フランシスコ会とドミニコ会）のまさに内部から、反乱の火の手が上がったためである。その経緯をつづく二章で検討していこう。

第5章

鞭打ち苦行団

1310年のピエモンテの行列

はじめに――フランボワイアン期の宗教運動、俗人・信心会・説教

ゴシック期の宗教運動は正統教会の考え方としばしば対立する様相を呈することになったが、その背景には、キリスト教の教理が広範な社会層に浸透し、表層に止まらぬ内面的な信仰心が女性や子供たちにまで広まったという事情があったと、前章までの議論で私たちは説いてきた。正統と異端、中心と周縁が対峙と模倣を繰り返しながら、その時代の宗教運動は展開したのだと図式化できるだろう。

当時（ゴシック期）の宗教運動の組織形態のあり方としては、体制固めを図る正統に対峙して、異端セクトとして独立の組織を作るケースと、正統の枠内で、その周縁にやみがたい宗教的渇仰を癒してくれる生活形態を模索するケースとに分かれていた。前者は、自分たちこそ正しいキリスト教徒としての理想と生活の護持者だとの強烈な自覚から、独自の儀礼と教義まで編み出し、カトリック教会を鋭く批判する舌鋒を研ぎ澄ませた。後者は、正統の枠組みを守った上で、いや正統のエリート集団（聖堂参事会、托鉢修道会など）との親密な関係の下に、その周縁に位置して高い聖性を追求しようとした半聖半俗の者たちである（ベギン、フミリアーティ、悔悛者グループ）。が、それら二ケースは、いずれも福音主義と使徒的生活を奉ずるという点では同類であった。

すなわちこうした者たちにおいては、既存の教会と対立してもうひとつの教会を創るのであれ、あるいはその周縁に運動を展開するのであれ、自分たちは原始キリスト教会の使徒たちへと淵源すると自認あるいは憧憬し、ゆえにそ

の精神を体得してそこから途切れることのない清冽な生き方を生き直すことこそ、救いに直結する道だとの考えが浸透していた。イエス・キリストや使徒たちを模範として「福音主義」と「使徒的生活」を奉ずることは、また同時に、自らを罪人と位置づけることと不可分であった。

無論、「福音主義」と「使徒的生活」というおなじ錦の御旗を掲げても、ロマネスク期とゴシック期の差違は大きかった。ロマネスク期には、教義や組織形態を問題にしないまま、聖書的世界が時空を超えてヨーロッパ世界に現出する。それはヨーロッパ全域に被さった薄雲のように、「もうひとつの世界」として、普段の日常生活の裂け目から突然の回心を契機にフッと反転して入っていける世界であった。しかも、それは誰もが個人の問題を抱えて神に直面する、そして救拯のための罪の償いをする、そうした個人的救済の共通の受け皿を提供する世界であり、くわえてそこでは現世における身分・地位・社会関係はほとんど考慮されない、という特徴があった。

ところがゴシック期になると、いくら生活態度が大切だとしても、それを正当化する教義、およびそれが展開する組織を信心業の支持体としてかならず要求するようになる。もちろんそれは正統側の動きと連携しての動向だったし、また都市的な価値観が浸透し、社会的結合関係が聖性・信仰の構成に縫い込まれた結果でもある。身分もわきまえずにスコラ的な神学まで学んだり、聖書を翻訳してそれを持ち運んだり、あるいは「教会」の組織原理と瓜二つの体制を作ろうとさえする組織的な異端が生まれたこと、あるいは信心会をはじめとする団体が霊性の温床になるという事態はそこに由来しよう。地域に根ざす運動形態が模索され、それを指示する政治的な動きも活発になる。

こうしてゴシック期には、ロマネスク期とおなじく福音主義を追求しても、当然、その霊性の要素の力点の置き方や機能が変わってくる。「キリスト教世界」は、もはやヨーロッパ全域に聖なるヴェールとして覆い被さっているのではない。そのいやちこなる眩暈は消え、それぞれの地域・都市に割拠した団体が、てんでに身につけた意匠でキリスト教世界の一端を担うようになったのであり、そうした団体の上にピラミッド状に教会組織が立ち上がったり、あるいは都市の内部で、社会の細胞として諸団体が多面的な活動をするようになるのである。宗教的・霊的活動もその団体活動のひとつとして位置づけられる。

一二五〇年をすぎて十三世紀末から十四世紀なると、さらに事態は転換する。フランボワイアン期における、中世の最終段階の宗教運動の登場である。この時期の宗教界では、ゴシック期の特性を基本的にはそのまま引き継ぎながらも、徐々にそれをも変質・解体させていく動きが進行し、とりわけ教会（教皇権）は大きな試練を迎えた。いや教会のみか世俗世界も、それと連動するように従来の権威（皇帝権）を失墜させ、新たな権威が台頭してくる。一言でいえば、ヨーロッパ中世世界が音を立てて崩壊を始めるのである。(1)

その転機は一二五〇年～八〇年代にあった。一二五〇年、教皇と激しく争いながら、ドイツ・イタリア統一帝国を再興しようとしていたドイツ皇帝フリードリヒ二世が没し、神聖ローマ帝国は大空位時代（一二五六～七三年）を迎えた。勝利したはずの教皇は、いたずらに組織・機構を拡大させながら君主制的な支配への道を突き進むが、足下のローマ市は従順でなく、ロンバルディア諸都市も反抗するなど、すんなりシチリア王国を回収することができなかった。それればかりか、フリードリヒの後のコンラート、そしてフリードリヒの庶子のマンフレートとの妥協を迫られ、その権威は大いに傷ついた。イタリアばかりか教皇領さえ確保できない現状に、イングランド王ヘンリ三世、ついで仏王の弟シャルル・ダンジューという外国の王・君主に頼ることを余儀なくされ、イタリア半島とシチリアの政情はますます紛糾することになる。そしてフランスによる「イタリア政策」は、両国のみならず西欧中の国際問題の火種として、その後しばらくのあいだ各国を翻弄しつづけるだろう。

国内の不満の鬱積、貴族の反乱といった国内危機がヨーロッパ各国を苛み、また複雑に利害の絡み合うアラゴン、カスティリア、イングランド、フランスといった列強による合従連衡、虚々実々の駆け引きがなされるが、いずれにせよ、シチリアの晩禱（一二八二年）から、引きつづいて起きたアラゴン十字軍（一二八四～八五年）までの政治・外交過程で如実に示されるのは、それぞれの国の目標・政治行動を律する「国家理性」の登場ということだろう。たとえばアラゴンは、ビザンツと協約を結ぶだけにとどまらず、ペドロ三世死後はエジプトのスルタンとまで攻守同盟を結ぶ。この動天驚地の事態は、信仰を超えて国家理性が君主の行動を指揮するにいたったことを端的に示している。つまり十三世紀末には、西欧では本来の意味での国際政治が登場し、それが個々の国の国内政策をも左右するようになったのである。

ゴシック期までは、「封建制時代」という個人と個人の双務的な主従関係のピラミッド型の構築物が全西欧を覆い、それがある種の統合性を西欧にもたらしていた。家臣が本国のみでなく、外国の君主や諸侯からさえ封を受け取ることが可能であったことは、封建的無秩序という外観を呈しつつも、じつは一見アナーキーな表面の風波の下で平和と調停のための根回しと儀礼が念入りに執り行われ、決定的な対立・混乱は巧みに回避されていたのである。

それだからこそ、国境を超えた、いや国境のない「ヨーロッパ世界」という統合体が存続しえたのである。その統合を保障する精神的・象徴的な権威、かつまた実際にもそれなりの権力を備えていたのが教皇と皇帝であり、この両者が超越的ないし聖なる権威の効力を競い合うのみでなく、世俗的・政治的権力をもって争い合うという構図が、長らく存続していたのである。だが両権威・権力は、争い合いつつも互いを必要とし、楕円的世界の二つの焦点として数世紀にわたって力を保っていた。

この「ヨーロッパ世界」が宗教運動にも雛形を見出していたことは、興味深い事実である。ロマネスク期の宗教運動は、「ヨーロッパ世界」全体をその活動舞台として展開し、それは同時にきわめて高度な精神性を具備した「キリスト教世界」Christianitas でもあった。民衆的宗教運動の担い手だけでなく、教会当局も、改革の理想像を原始キリスト教の福音主義的世界から瑞々しい生気の流れ込むこの「世界」に、位置づけようとしていた。

つづくゴシック期には、ヨーロッパ世界を覆う「キリストの神秘的体軀」のアウラが消えていった反面、ヨーロッパ中の信徒ひとりひとりのこころの内部まで細密に管理する司祭権力の網の目が編まれ、それを底辺にしたピラミッド状の教会組織が出来上がっていった。いずれにせよロマネスク期とゴシック期には、国家や地域を超えた世界ないし組織が、人々の信仰のあり方をもっとも強く規定していた。

しかし「シチリアの晩禱」を契機に国際関係がはじめて登場し、それとともに国家が政治の主体としてヨーロッパの舞台に躍り出てきた。そして国家を単位とする政治行動が、人々の生活にとってもっとも強い影響力を揮うようになるのである。それまでは王や侯の華々しい政治行動——戦争にせよ十字軍にせよ——はたしかにあったのだが、彼らの支配領域は、たまたま将来「国家」と規定される領域にほぼ合致していたにすぎず、実際よく見てみると、こうした王侯の行動は「国家的」行動ではなく、いつも君臣関係の捻れや複雑性が、政治行動を複雑にしていたことが窺われる。ところが十三世紀末以降事態が一変し、君主が主役の座を降り、国家が主役になるのである。

これは、封建制の段階的成熟=消滅過程ともかかわってこよう。すなわちシチリアや十字軍国家を先駆とし、イングランド、フランスなど各国で「封建王政」が実現していき、その中での王権の強化と貴族層の衰弱およびブルジョワの台頭が、封建制そのものを崩していくのである。じつをいえば「封建」王政などという表現は、すでに不適切なのかもしれない。上述のように、ゴシック期の後半（フランボワイアン期）の十四世紀には、国家が、そして国家関係=国際関係が、大小の政治的舞台で決定的に重きをなし、そのため支配者たちは、国家の領域を確定し、権利の不明確な地帯を領有せんと争奪戦を繰り広げ、領域を拡大するという意欲に我知らず駆られていたからである。君主同士の封建的誠実関係は、もはや画餅となりつつあった。しかも国内の社会制度は「封建制」というよりも、アンシャン=レジーム期へと連なる団体・社団によって規定される制度がその基本となっていた。

こうした国家の台頭と封建制の衰滅の時代、つまり十四世紀から十五世紀半ばにかけて、皇帝と教皇はともに取り戻しようなく方向性を見失い、凋落していく。詳しくは述べないが、教皇と神聖ローマ皇帝との確執・対立がつづき、アナーニ事件（一三〇三年）、教皇庁のアヴィニョン虜囚（一三〇五（九）～七八年）、教会大分裂（一三七八～一四一七年）、ドイツでの皇帝権をめぐる王朝間の争い（十三世紀後半以降）、スイス原初三州同盟（一三一六年）、ハンザ同盟の本格的成立（一三五八年）、レンゼ選挙侯会議（一三三八年）と諸侯および自由都市の独立、カール四世（在位一三四七～一三七八年）によるイタリアの放棄、ゼンバッハの戦い（一三八六年）、ジギスムントの治世（一四一〇～三七年）とフス派・農民の蜂起、タンネンベルクの戦い（一四一〇年）、バーゼル公会議（一四三一～四九年）の失敗、シャルル七世のブールジュの詔勅を契機とするガリカニスム成立（一四三八年）……、と並べていけば、教皇・皇帝の落日の勢いは釣瓶落としの如し、ということになろう。

反対に、フランス王による支配の実効力の増強には目を瞠るものがあり、二つの普遍権力を侵犯しながら成長していった。フィリップ三世（在位一二七〇～一二八五年）などは、傲岸で押しの強いレジストに囲まれ、皇帝にも教皇にも手出しできない国家の至上性を学んだ。そして彼らレジストと力を合わせて、ローマ法を援用しつつ世俗の自律性を確立し、ひいては政治構造を世俗化していくのである。国王至上権、教皇への不服従、教会財産の世俗化、といったガリカニスムの主張が広まるのは理の当然であった。フランス国王による世界統治構想が練られ、ピエール・デュボワなどは「教皇国家」の弾圧まで主張した。

教皇サイドも手を拱いていた訳ではない。それどころか一二九四年登極したボニファチウス八世は、グレゴリウス七世、インノケンティウス三世をついで、法学者の徹底性でテオクラシーを追求し、一三〇二年には教勅 **Unam sanctam** を発し高らかに教皇至上権を宣揚した。また一三〇〇年の聖年には全贖宥の号令を発した。大挙してローマに巡礼に来た信徒らは教皇に忠誠を誓い、ボニファチウスは、束の間ではあったが、その権威を大いに高めた。

だが安心する間もなく起きた「アナーニ事件」で、ボニファチウスの正当性、品性などが問題にされ教皇権は失墜、教皇庁はフランスに移転した。アヴィニョン教皇は、一三一六年から一三七八年まで皆フランス人であり、仏王と友好関係を保ちながら行政・財政の効率的な集中化を行った。アヴィニョン教皇庁は集権化を見事に果たした反面、神の代理人としての信用を失っていく。そして民衆たちの信仰心・霊性に対しては、とりかえしのつかない悪影響をおよぼすのである。次章で詳述するような終末論的な思潮の広まりが、やがて教皇に呪詛の言葉を雨霰と浴びせることになる。

この教会権威の失墜は、いわゆる「世俗精神の誕生」という事態とも密接にかかわる政治状況であるだろう。(2) 必要な範囲で説明していこう。

聖俗は妥協の余地なく対立し、キリスト教は道徳と社会の両面で国家と対抗している……これが古代キリスト教の考え方であり、それは聖アウグスティヌスによってローマ=カトリック教会の根本的な観点に組み入れられた。しかし現実的には、早くも初期中世において、移動して来たゲルマン民族のあいだにキリスト教を広めるために、部族国家の首長が改宗して臣下に垂示するという形を取らざるをえなくなり、ここに「教会としての国家」が成立した。カール大帝のカロリング王国はその典型的な例である。しかしやがて教会が封建化し、私有教会の悪弊が目を覆うばかりになると、再び聖界と俗界を峻別し隔離しようという改革運動、すなわちまず修道院改革、ついで教会改革の狼煙が上げられる。その後テオクラシーを掲げる教皇の指揮下に、十三世紀までには皇帝・国王・諸侯からの教会の独立・自由がほぼ実現した。教皇は教会の中で最高の立法者となり、十三世紀末には教会の霊的権力は最高潮に達した。枢機卿会は刷新され、日々重要性を増してローマ大聖省へと格上げされる。十二世紀半ばから進んでいた教会法の体系化が十四世紀初頭に最終的に仕上がり、またアヴィニョン教皇が完成させた司法制度の下、教皇を最高判事とする「教皇上訴」が急増する。そして教皇庁はあらゆる重要な教会職任命権をもち、世俗の力を排除していった。

しかしその教会の世俗からの独立・自由は、政治的・経済的な力の蓄積を伴っていて、教会と修道院は、世俗の封建領主に従属しないだけで、自らが封建諸侯となる道は妨げられなかった。ずっと世俗社会から分離しようと勤しんできた教会ではあるが、教皇の権威・権力が弱体化すると、やがて奇妙にも、その分離過程で世俗社会が形成した新しい社会組織の中に教会諸組織が分割されて取り込まれることになった。というのも、国家形成の途次で、あらゆる団体が徐々に同一の法制度の方向に向かいつつも、中途で驚くべき乱立状態を現出し、そうした多数の集団のひとつとして、教会の各組織が位置づけられることとなるからである。国王は、都市、司教、修道院、騎士団、貴族、参事会、役人、ギルドなど、それぞれ名誉・特権・政治力をもつ者・団体に、徴税権や製粉所使用権、貨幣鋳造権など権利の一部を譲渡し、それを証書で認めた。多くの権利者が、至上権の諸特権の契約的分割を享受したのである。

かくて、十四世紀にはさまざまな政治・法的状況が生み出した諸集団と君主が、契約ないし条約を結ぶことになる。が、それは封建制のような一対一の関係ではなく、集団が君主と結ぶ契約であった。個人を超え子孫も巻き込み、有効期限は不定である。それらの集団は法的身分を得て、固有領域を抱えて弱小ながらも政治・行政・警察・徴税権をもつ。重要なのは、こうして十三世紀末に大きく開花していった諸身分・社団同士が、また相互に同盟・契約するということである。都市同盟、商人団体間の協約などがあちこちで結ばれ、今やもっぱら世俗的な原理のみで動いていく「世俗社会」がここに誕生したのである。封建制時代とはまったく異なる原理で社会が動いていく。多様にコンパートメント化した社会、その入れ子構造が、国家を作っている……。

やがて、各国の司教や聖職者は自分の特権（franchises）を守るべく、他の身分・団体と同レベルで自己を規定し、財産を侵害するバロンやインムニテートの敵たるコミューンに対抗して合同した。この行動も国単位で行われ、聖職者の行動原理自体がカトリック教会の普遍主義から離れていく、つまり世俗社会の構造の中に、次第に聖職者も組み入れられていくことになるのである。ロマネスク期からゴシック期にかけて聖俗が分離され、聖界は俗界の上に昇ったはずだが、教皇権の凋落とともに、気づいてみれば聖界の各細胞は世俗社会に包囲され、その団体のひとつに成り下がっていたのである。

すでに前章の「はじめに」で説いたように、ゴシック期以降は、都市が宗教運動、いや宗教生活の中心地として台頭してくるが、その大きな要因は、世俗社会の団体となった教会の諸組織とは、国家の中の団体である前にまず都市の中の団体であるからだ。

だが、「世俗精神の誕生」といい「俗人社会」の台頭といい、また「都市の宗教」「都市の教会」といっても、後期中世ないしフランボワイアン期の民衆の信仰心が、従前に比して弱まったわけでも、〈霊性〉が涸れ尽くした訳でもないことに注意しなくてはならない。いつも俗事に塗れている彼らは、俗事と並行しあるいは交替で、敬虔なる世界に浸ったのである。天使祝詞をはじめとする短い祈りを絶えず唱え、聖人に頻繁に祈りを捧げ、修道院や慈善施設に寄進をし、なんとか死後の救いを確保しようとする商人や職人は少なくなかった。ペスト・飢饉・戦争という三つの災厄が間断なく襲いかかってヨーロッパの人々を苦悩させ、死について沈思させたそのとき、いわばかってない「祈りの文化」が都市の俗人たちのあいだに誕生し、都市生活のルーティーンにしかるべく儀礼化されて位置づけられたのである。こうした民衆たちの信心業を、「都市の教会」となった教会・修道院の諸組織・人員が、濃やかな世話をして助けようとしたのである。うがった言い方をすれば、かつての修道院文化が、都市において「世俗精神の誕生」に適合し、ヨーロッパ世界を、とりわけ都市の街路や広場を、浸したのではあるまいか。

だが俗人たちは、もうこの時代には伝統的なエリートの霊性を手本とはしない。俗人たちは、聖職者や修道士らとは別のところで、つまり俗人たちのみで霊的な世界に入り、魂の救いを得ようとし始める。そこではヨーロッパ全域を覆う「キリスト教世界」は、もはやほとんど問題とされなくなる。十字軍はまったく流行遅れとなり、巡礼者にとってもエルサレムの魅惑はすっかり薄れてしまう。エルサレム、サンチャゴ、ローマの三大巡礼地をはじめとする遠方へと巡礼に行くのではなく――教皇が贖宥をちらつかせて誘致したローマ巡礼は多少別に考えるべきだろうが――、より近場の、地方的聖人のところに詣でることが流行する。カテドラルを再建するかわりに、ギルドや信心会、大学、宮廷などに、「礼拝堂」が無数に作られることだろう。

こうしてミクロの聖性拠点があちこちに割拠するようになる。それらをとりまとめるのは、せいぜい「都市」ということになろう。「国家」と「国家理性」は騎虎の勢いで伸長するが、国家が宗教の本来の枠組みになるのは、それがプロテスタントかカトリックかを選ぶ主体になるとき、すなわち十六世紀になってからであり、まだ当分先のことであろう。

＊

遡ってみれば、グレゴリウス改革とその周辺で大展開したキリスト教的生活の革新は、「俗人」たちの宗教的覚醒を誘った。それがロマネスク期の民衆的宗教運動の叢生に繋がったことは、すでに縷説したところである。しかしこのグレゴリウス改革を完成＝終熄させる制度的措置は、聖俗の峻別、別々の世界への閉じ込めを含んでいた。「グラティアヌス教令集」Decretum Gratiani に「duo sunt genera christianorum…（キリスト教徒の種類は二つある……）」とある通りだ。皮肉なことに、民衆たちは、かつてないほどの熱誠をもって信心行を志したのに、教会のほうがそれを実現する制度的門戸を閉ざしたまま開けようとしない、という状況が出来する。使徒的生活、福音的生活の理想（共同生活、清貧、巡歴説教、手労働）は広まったのに、それを実践する場がごくかぎられていたのである。たとえば、宗教的渇仰を癒す手段の一例としては、助修士（conversi）となって修道院・聖堂参事会・また慈善施設などで働くことが考えられる。しかし、それでは到底、彼らの熱意は満足させられない。他の選択肢は、異端的な説教師にくっついて歩くことであろう。

十三世紀になって、異端が簇生する事態を迎えると、正統の枠内での宗教者の「身分」が、俗人たちにも与えられるようになった。ベギン、フミリアーティ、悔悛者という生涯敬虔な生活を送ることを本分とする身分であったが、一般の俗人にとって、よりハードルが低く近づきやすかったのが、信心会であり、これも「世俗社会」への教会・聖界の団体の取り込み、とりわけ「都市社会」における取り込みのひとつの例であった。この信心会は、後期中世における宗教生活、霊性にとってのもっとも刮目すべき拠点となるのである。十三世紀から十五世紀にかけて着実に増加した信心会は、はじめは托鉢修道会（ドミニコ会、フランシスコ会、カルメル会、アウグスティノ会）との結びつきが強く、信心会の礼拝堂の過半が托鉢修道会に下属していた。信徒たちはひとりまたは複数の守護聖人の下に集められ、定期的に聖務日課をし、死者と生者のために集団的に祈ることを根幹に、さまざまな相互扶助・慈善活動に精励した。信心会は、身分・職業・年齢などに入会制限の条件があることもあったが、多くは地区と職業の枠を超えてメンバーがリクルートされ、霊的な共同体意識を育てられるところに大きな意義があった。

信心会はゴシック期に花開いたのだが、その重要性は、後期ゴシック、私たちの名づけるところのフランボワイアン期にもっとも大きくなる。フランボワイアン期は、ロマネスク期、ゴシック期と同様、俗人たちが上からのあてがいぶちではない独自な信心の形態を求め、それに応じた〈霊性〉を追求した時代でありつづけた。しかしその上に、彼らが自分たち俗人独自の組織を、聖職者や修道士から独立して追求することになったのが、この霊性の歴史における中世最後の時期の特徴なのである。修道院や聖堂参事会の戒律とはおよそ別種の規律を守り、贖罪・祈り・善行に励む俗人たちのサークルの拠点が信心会であり、人と人との関係があまりに緩やかな教会と、あまりに限定された家族の中間にあって、適度に密で自由な人間関係で相互扶助と共同の信心業を志したのである。(3)

信心会にはいくつかの種類がある。イタリアでは「ラウダ信心会」laudesi と「鞭打ち苦行信心会」flagellanti/battuti が二大種別だが、さらに慈善活動や私的礼拝に向かう諸タイプがあった。鞭打ち苦行信心会が会員を都市全域から集めたのに対し、ラウダ信心会は小教区を範囲とし、その街区の教会を集会場所としていた。したがって在俗聖職者の役割が大きく、また中間的職人層が中心メンバーになっているという特色もあった。信心会は都市にも農村にも存在したが、とりわけ都市では、十三世紀から十四世紀の半ばにかけて、さらに十五世紀半ばへと劇的にその数をふやしていった。たとえばフィレンツェでは、十三世紀半ばに六、十四世紀半ばに三三、十四世紀半ばには九六というように等比級数的に増加した。身分・年齢・職業の枠を超えた結合関係であったが、稀には、貴族限定や特定の職種に偏ったり若者主体のものもあった。大半は男性がリードしており女性は受け身だったが、例外的に女性のみの信心会もあった。

信心会の活動の中心は慈善活動であった。死刑囚を励まし、死者の埋葬に立ち会い、病院に勤めて病人の世話をし、貧者に施しをし、寡婦・孤児・捨て子を助け、低所得者の葬式を出し、貧窮少女に嫁資を与えるなどした。しかしこうした活動をメンバー内の相互援助に止め、外部にまでは向かわない信心会も多かった。

さて市民たちは、こうした団体を作りそこに加わることで、俗人であっても聖職者と肩を並べた信心業に与れることに気づいた。だから、当初設立にかかわってくれた托鉢修道会や他の修道院との絆を大切にしていても、やがてそこからの独立性を強めて、集会場所など独自に建設し、むしろ自らパトロンとして聖職者を雇ってミサや説教を頼むようになっていった。司教や教皇の認可をその信心業について得ようとしたのは、贖宥を獲得したり、自分たちの活動の霊的報酬を得るためであった。そして彼らだけで集まって、祈り歌い、ミサを受け説教を聞き、鞭打ちや行列などの信心業を励行した。十三世紀以降、宗教生活において俗人が聖職者から主導的役割の一部を奪うという現象が見られたが、信心会はその最大の現象であり、そこでは俗人性が聖性と手を結び、伝統的な聖職者の完徳の条件と俗人のそれにいたらない境涯の条件との恩徳の差をなくそうとした。

信心会はそれぞれラウダと呼ばれる抒情的宗教歌謡を歌うことが、その信心業の中心に位置することに着眼してみたい。俗人である会員は神学的な論議も説教も自らはしないが、自分たちの気持ちを代弁する歌を、俗語で定期的に歌うのであり、後にはそれを劇として上演もした。この俗語歌謡を信心業の中心に据えたことは、彼らが教会制度の周縁で、授かりものではない、自らが作者にして演技者である疑似典礼を手に入れたことを意味しよう。カタリ派やワルド派のような異端に陥らないで、救霊のための独自の儀礼に専念する道がここに開けたのである。

こうした信心業は隠れて行うこともあったが、多くは衆人環視の下、都市全体を舞台に定期的に行った。会員たちは決められたコースを練り歩き、特有の歌を歌いながら、あたかも演劇の役者のように身振り豊かに信心業を演じたのである。また、その儀礼にはシンボリズムがあり、教会や修道院、広場や四つ辻といった主要な点を縫い取るように行列し、その行列によって、都市の聖性の布置を賦活し、そこにおける彼ら信心会の位置、その霊性の特色を強調することになった。本章第二節で取り上げる儀礼好きの鞭打ち苦行信心会は、イタリアでもっともポピュラーな信心会タイプのひとつである。

上述のようにこれらの信心会を援助し指導する最大の協力者は、托鉢修道士であった。托鉢修道会は、第三会という修道会直属の戒律を遵守する俗人組織を設けたほかに、信心会を後援することで、より広い層の信徒に自分たちの理想を伝えていったのである。

その托鉢修道士らの活動の中でも、この後期中世においてもっとも影響力が強かったのが「説教」であろう(4)。当局――これは教会でもあり、また都市でもあるのだが――は、市民の信心が深まり、揚げ句に逸脱しないように、雄弁と聖性とセンスのよさで人気の高い説教師にしばしば依頼して、彼らを教導してもらった。

説教師らは、元来、修道院や大学での説教がそうであったような、聖書釈義や典礼に従属する修辞学的規則に則った形式を踏襲した説教をした。しかしこの時代の説教師の新機軸は、彼らの利用した説教範例集や「教訓逸話集」exemplaから窺われるように、典礼暦に沿いながらも聞き手の身分や状況に合わせた説教、つまり聖書解説にとどまらず、神学・道徳・政治のあらゆる分野にわたって、しばしば世俗的テーマを取り混ぜた説教を心掛けたことであった。逸話や日常生活とのアナロジーを説教師ごとの工夫で付け加え、さまざまな身分別に俗語を駆使して――もともとラテン語説教は、教皇庁、公会議、大学、聖堂参事会、修道院などでのみ行われた——しかも経済倫理にも目配りした新手の説教が十三・十四世紀に登場し、それが十五世紀前半には一層波及したのである。教会、広場、墓地、野原などでは、大群の居並ぶ中、日々、彼らの声が響き渡り、信徒たちに大きな影響を与えた。

日曜説教のほか、待降節や四旬節には毎日のように説教が行われ、別の機会を利用した説教も中世を下るにつれその数を一段とふやしていく。キリストの生涯とその教え、美徳と悪徳、善行、秘蹟、聖霊の賜、十戒、天国の悦びと地獄の恐怖などについて解説しながら、キリスト受難を強調し、聖人の偉業を称える説教が、かつてないほど効果的な霊性陶冶装置として現れてきたのである。これは、イタリアの都市にもっとも特徴的な装置であるが、その国に止まらなかったことは、フランス、ドイツ、スペインにおける弁舌爽やかな托鉢修道士の活躍振りから明らかである。民衆の霊性を制度が吸収し、変容させる言説装置が出来上がったことの意味は、ことのほか深刻である。そしてこの時代、説教師こそ、もっともポピュラーな聖人であったのは示唆に富む。

最初の偉大な説教師=聖人は、ほかならぬアッシジの聖フランチェスコであった。彼は回心して清貧の道を選んで後、アッシジからアレッツォ、ペルージャ、ボローニャへと渡り、広場やポデスタ宮前で説教をして、贖罪と回心を説き、争い合う家族を和解させた。この伝統は、十五世紀のイタリアで質量ともに極まり、ジョヴァンニ・ドミニチ、シエナのベルナルディーノ、ヴェルチェッリのマンフレーディ、レッチェのロベルト、フェルトレのベルナルディーノ、ジローラモ・サヴォナローラらが、たゆむことなく民衆たちの魂の要求を満たした。とりわけ四旬節の時季には人気説教師は各都市当局の取り合いになった。イタリアばかりではない。ドイツではカイザースベルクのベルトルト、フランスにおいてはヴァンサン・フェリエなど、各国に、遠距離を渡り歩き、その到来の噂で何千人の聴衆を蝟集させる凄腕の遍歴説教師が輩出したのである。

彼らの目途は、とりわけ「平和」と「和解」であり、また「正義」であった。それは、後期中世があらゆるレベルでの紛争と暴力の時代であり、また政治・外交のみならず、経済・財政活動からファッション・性行為にいたるまで、市民生活の局面ことごとくの具体的目標が「平和」になったからである。ゆえに、托鉢修道士らの大説教はしばしば敵同士の「和解」で締め括られる。こうした和解のための「平和説教」の集大成が、下に述べる民衆を大動員しての都市の平和運動である。

だが、説教するのは正統信仰を護持する托鉢修道士のみではない。異端的な教説を唱える者も、負けじと説教して歩いたことを忘れてはなるまい。異端的な説教師は、このフランボワイアンの時代に忍び寄ってきた不安の雰囲気をより敏感に感じ取った者たちであっただけに、時と場合によっては民衆の激しく熱烈な反応を呼び覚ました。彼らはしばしば中間の媒介施設（教会制度）をショートカットした神との関係を求め、神と合一し、神のような言葉を発する。すると彼らは、選ばれし預言者の相貌を呈するだろう。しかも「異端」「宗教運動」の担い手が、教会の制度が内破したかのように体制の内部から出てきて、憑かれたような言葉を撒き散らすのは、教会にとって前代未聞の深刻な事態であった。

ロマネスク期やゴシック期の異端的運動は、たとえば教会改革に刺激された俗人たちを主体とした民衆的宗教運動として始まり、それが教会当局に弾圧される……そういう推移を辿った。ところがフランボワイアン期には、反対に、狭い教会ないし修道院サークルの教義論争が、いつのまにか外の世界を巻き込み、政治的なイシューとなって外部に大きな影響を与える、という未曾有の事態がおきるのである。これはベクトル、方向性の逆転であり、教会ヒエラルキーの外部の俗人が始めるのではなくて、制度の「内破」が異端を作り出すのである。

この中世最後の時期の宗教運動を正当化するのは、もはや使徒伝承でも福音的生活でもない。信心会での説教や歌謡は、キリストやマリアを頻繁に引き合いに出すことはあっても、福音主義とはほど遠い世界を描き出している。神の慈悲に縋り、償罪の業を身に負って贖罪するのは、社会関係を修復し、平和と正義を実現するためであり、個人が個人として救霊を願ったゆえではない。

より過激な運動においては、神が直接、選んだエリートたちが主役であり、神の啓示が下されて彼らを導く。罪人であるにせよ、それは選ばれし罪人であり、あたかもイエス・キリストが「受難」することによって人類の罪を贖ったように、しがない俗人が世界に満ちる悪を祓い、神の怒りを逸らすのだ……そうした誇大妄想じみた運動が頻発する。キリストやマリアとの自己同一化は、遜った「キリストの模倣」というよりも自己聖化なのである。

またこの時期には、宗教運動とからんで、預言、しかも終末観・千年王国説の影響を受けた預言が盛んに飛び交うことになろう（第6章参照）。たんなる説教ではなく、預言の説教である。そしてそれらは、間もなく教皇、皇帝、国王をはじめとするキリスト教世界の立役者たちにまつわる政治的な預言へと、大きく色合いを変えていくのである。

このような宗教運動の性格は、原始キリスト教に舞い戻って回心し、自分の生活態度を福音の掟に叶うものにしよう、そして自己の魂の救いを目指そう、このように考えた個人主義的にして内向的な態度（ロマネスク期）からはすっかり離反してしまっている。フランボワイアン期の宗教運動に身を投じた者たちは、ゴシック期の特徴――教会組織・制度・教義を参照枠とし、また都市の団体・社交の人間関係を霊性を紡ぐ糸とする――を引きずりつつも、さらにそれらをも溶解してしまおうとする。そして堅固なしがらみから抜け出し飛翔して、はるか高みに登った空中の大天使よろしく、大上段から剣を振りかざし、キリスト教徒全体に審判を下すのである。自己の倫理的向上を内向的に求めるどころか、外の社会・世界を革命的に変革していこうとする外向的な態度が目立ってくる。雄弁な説教、そして預言が、神の啓示を受けた者の口から朗々と響き渡る。しかもそれらは派手なパフォーマンスとともになされ、まるでおどろおどろしい演劇を思わせる儀礼をしばしば伴うのである。

そのとき、使徒伝承も福音主義ももうどうでもよくなり、それが貫徹するべき普遍的な「教会」も、もはや問題ではなくなってしまう。だからこの時代の宗教運動は、瀆聖聖職者批判や清貧追求から始まったとしても、教会改革運動――それが掲げられることはあいかわらず頻繁だが――にはけっして繋がらず、一気に教会ヒエラルキー全体の廃棄へと飛び移るのであり、しばしば終末論的な色彩を帯びるのもそのためである。個人が普遍教会=ヨーロッパ世界=キリストの神秘的体軀の中で、聖性を求めておのおのが神に向かって禁欲行を励行する（ロマネスク期）のでもなければ、団体が組織化・ヒエラルキー化して、仲間関係を大切にしながら霊性を涵養していく（ゴシック期）のでもない。一部の選民が、大多数の罪人に宣告を下し、すべてが廃棄された後にユートピア的な世界がやってくる、と盲目的に信じたのである。

終末論的な異端や預言については、次章の中心テーマであるので、本章においては、信心会にかかわる一見奇矯な宗教運動、行列・儀礼を伴う運動について述べていこう。すなわちしばしばセンセーショナルに取り上げられる「鞭打ち苦行団」の真の姿を見つけるのが、本章の課題である(5)。

一　鞭打ち苦行の展開

A　前史

喚き声を張り上げながら、裸の上半身に、釘を仕込んだ鞭をピシッピシッと鋭く当てて、血の出るまで打ちやめない。一人や二人ではない。何十何百という者たちが、頭からすっぽりマントを被った異形の行列となって町を練り歩いてゆく……。現代人にとって、まさに異様な存在の鞭打ち苦行団は、ヨーロッパ中世社会を扇情的に色づけるのに格好の話題となってきた。中世の秋を赤く彩る、おどろおどろしい狂気の世界。まじめな研究対象となる以前に、中世の奇怪な側面の代表として鞭打ち苦行団が人口に膾炙しているのは、残念なことである。

事実、研究者のあいだでも、鞭打ち苦行団を狂気乱行の世界とする説や、動物的衝動を体中から発散させる野蛮人のようなディオニシウス的な運動と解く見解、さらに精神病理的現象だとする意見など、歴史学的にはとてもまともな解釈とは思えないような解釈が提示されたこともある。またそこに一種の社会的異議申し立てが見出されることもあり、その場合には、鞭打ち苦行団は神学的にも道徳的にも既存秩序を転覆する試みであり、千年王国説の影響を被った過激な終末論的運動だと評価されるのである。

しかしつぶさに検討してみると、キリスト教の信心業の歴史において、鞭打ち自体さほど奇異な現象でも異常な行為でもないし、鞭打ち苦行団の組織も、過激な秩序転覆運動というにはあまりに秩序立っていたのであり、〈霊性〉の要素としては、じつはごく伝統的なラインアップなのである。また鞭打ち苦行信心会においては、鞭打ちがそのレゾンデートルだが、外部の目にスキャンダラスに映らず、不健康な好奇の目に晒されないように細心の注意を怠らなかった。一九六〇年代以降、ようやく本格化した鞭打ち苦行団とその信心会の研究などの成果も採り入れて、もう一度、この運動の意味を考え直してみるべきだろう。それはあくまでもヨーロッパ中世世界の歴史的コンテクストで理解すべきである。そうすればけっして鬼面人を驚かす奇行ではないことが分るだろう。

そもそも鞭打ちは、中世固有のものではない(6)。たとえばエジプトでは、イシスの祭典のときに何千という男女が供犠の一環として犠牲が供されると互いに鞭打ったというし、ギリシャ世界でも鞭打ちは流行っていて、スパルタでは毎年、女神アルテミスの神殿の前で、名門の若者たちが一日中、公衆の前で嬉嬉として鞭打たれたと伝えられる。どれだけ鞭打ちに堪え忍べるか辛抱のしどころだが、一歩間違えば死ぬこともあったという。それは祝祭の一環であると同時に、また女祈禱師が祭壇で司式し、他の祈禱師たちが鞭や傷の様子を確かめて吉凶を占う、呪術行為でもあった。

ローマのルペルカリア祭では、裸になった男たちが皮の鞭をもって町中を走り、女性に出会うと鞭を振り下ろす慣行があった。これは、どこを打たれるかによって多産・安産・縁談の吉凶を占うという意味があり、あるいは打たれると不妊が治るのだともされた。またおなじくローマでは、刑罰としての鞭打ちが普通に行われていた。罪を犯して有罪判決を受けた奴隷が鞭打たれたが、キリストや聖パウロや他の多くの殉教者らへの鞭打ちもその仲間だろう。西ゴート族はじめゲルマン民族も、この法の下の規則化された鞭打ちを行った。

これがキリスト教化されれば、教会罰としての鞭打ちに変貌しよう。実際、公会議や贖罪規定書では鞭打ちすべき罪が定められている。断食や霊的裁定に代替させて鞭打ちで許してもらうという置き換えもおきたが、教会当局はこれに強く反撥し、九世紀以降、鞭打ちは衰退して、ほとんど修道院内にかぎられるようになる。(7)

修道院では、院長の命で、罪を犯した修道士（または修練士）に鞭打ちの罰を与えることが認められた。咎められても改めない再犯、三犯に厳しく鞭打ちが科されたほか、盗み、姦通、男色の罪が鞭打ちの対象であった。エジプトの古代修道院から聖ベネディクトゥス戒律、あるいはアイルランドのケルト系修道院まで共通してこの慣行を導入している。聖ベネディクトゥス戒律では、こうした罪を犯した修道士が悔い改めなかったり否認したりしたら、あるいは口頭で注意しても無駄なほど理解力に劣り、頑固で傲慢・不従順な者に対しては鞭打ちを行うよう、定めている。(8)たとえば二八章には、「どのような過失のためにしろ、修友が一度ならず叱責を受け、破門さえも受けながら改めなかったならば、さらに厳しい罰をその者に加えます。すなわち、鞭打ちの罰を科さなければなりません(9)」とある。

アイルランドの聖コルンバーヌスの戒律にも、普通の罪を犯した場合に鞭打ち六回、しかし「女と二人きりになり、親しく口をきいた者は二日間、パンと水のみ与え、二百の鞭打ちを受けるべし」と、相当厳しい鞭打ち刑が含まれている。クリュニーやシトーでも、おなじく罰として鞭打ちが行われていたことが知られている。

この罰としての鞭打ちは、やがて自発的な償いの業となった。個人的な苦行として自分に科すだけではない。他の人にふさわしい罰を自分で受け取る、あるいはすでに死んだ仲間の罪を減らして、煉獄でのその魂への責め苦を軽減するために鞭打ちで肩代わりするというように、修道院の修道士の連帯性、あの世とこの世の相互関係の、荒っぽい表現となることもあった。

こうした自発的鞭打ちの試みは、アイルランドには早期にあったが、大陸では十一世紀がこの自発的鞭打ちの最初の黄金時代であった。ウンブリア地方では、カマルドリ会において鞭打ちが修行メニューに組み込まれていた。またカルトジオ会の修道院慣習律にも、それは記載されている。

隠修士として出発し、フォンテ・アヴェッラーナ修道院を指揮したペトルス・ダミアニは、自発的鞭打ち修行の高らかな賞揚者であり、さまざまな根拠・モチーフを統合した理論を展開して、絶大なる影響を同時代および後世におよぼした。すでに第1章で検討した多くの隠修士たちも、厳しい修行の一環として鞭打ち苦行を取り入れていたことを思い起こそう。

ペトルス・ダミアニは、鞭打ちによってキリストの神秘に参入し、十字架を負い、キリストとともに死ぬのだという。[10] そして、パウロや多くの殉教者もそうしたのだから、われわれも聖書の権威が保証しているこの苦行をすべきだ、殉教するかどうかの決定は自分に属さないが、自分の魂の熱誠を――鞭打ち修行で――神に見せることはできる、と説いて人々に鞭打ちを奨励した。人はしばしば肉体において罪を犯すのだから、悪に靡きやすい肉体を矯め苦しめて、魂の聖性を回復するべきだ、というのが彼の考えであった。

見られるように、ペトルス・ダミアニにはキリストへの強烈な愛があり、キリストに合体したいと切に望んでいた。しかし鞭打ちの苦痛はキリストが受難のあいだに被った苦痛を思わせ、鞭打ちはいわば殉教の簡易版だと捉えたのは彼にかぎらず、多くの修行者がキリストを想い殉教に憧れ、多量の詩篇を朗唱しながら鞭打ったのである。

それでは、修道院――隠修士も含めて――の外部ではどうだろうか。ここでは長らく「罰」としての鞭打ちのみが見られた。教会は、初期中世から厳かな公開贖罪の一環として、父殺し、聖物毀損、聖職者への攻撃などの悪行を行った者に、鞭打ちを科した例がある。プリュムのレギノは、十世紀には鞭打ち苦行が俗人たちの罪の贖いにふさわしい懲罰になって来たと述べている。[11] そして十三世紀には、異端審問で一定の猶予期間に異端説を放棄した元異端への罰として鞭打ちが与えられるよう、タッラゴーナ（一二四二年）、ナルボンヌ（一二四四年）、ベジエ（一二四六年）の各公会議で規定されているし、十四世紀初頭のイタリアでも同様な手続きがなされている。[12]

こうして俗人にとっては、もっぱら犯罪に対する教会罰としてのみ鞭打ちが科されてきたのであり、修行としてのそれはなかった。しかしそこにもやがて、修道士や隠修士の自発的鞭打ち修行が伝播することになる。それは、十三世紀後半のイタリアにおいてのことであった。この国では十二世紀後半から、夥しい数の、さまざまな名前(penitenti, bizzochi, umiliati...)で呼ばれる贖罪者・悔悛者たちが、世俗に留まりつつも敬虔なる生活を送ろうとして活動を始めた。その償罪の業のひとつに自発的な鞭打ちが採り入れられたのである。当初、教会・修道院組織の縁辺に、衛星のように俗人の悔悛者たちが集まっていたが、彼らは自分たちの罪を贖うためばかりか、周囲の世界に下った神の怒りを逸らし、市内に平和と繁栄を取り戻すためにも、自らのからだを鞭打つようになる。

こうして、鞭打ち苦行団が誕生するのである。

B　一二六〇～六一年の事件

一二六〇年にまずイタリアで、ついでアルプスを越えてドイツ・ハンガリー・ポーランドにまで広まっていった鞭打ち苦行団の運動は、その規模からいっても、その結果として生み出された「制度」からいっても、十三世紀有数の重要な宗教運動である。[13] 一世紀後の北方世界を練り歩いた同種の運動とおなじく、多くの疫病と災厄の直後であったが、その「原因」については、もう少しよく考えてみなくてはならない。

イタリア半島での展開

当年春のペルージャでの発端は、小さなものであった。十四世紀前半に編纂された「伝説」によると、四旬節の終わりに、町の「悔悛者」frate della Penitenza であった隠者ラニエロ・ファザーニ――フランシスコ会の影響を受けていたという――が「天来書状」に記された神の啓示をマリアから受け取った[14]。それは、男色・高利貸し・異端・蓄妾といった人類の無数の罪ゆえに、神としては世界の破壊を望んでいる、とのメッセージだった。しかし聖母マリアは、もし人類が罪を悔い改めるなら、との条件で神に執り成してくれようとした。その条件をクリアーするため、ラニエロがもともと一人孤独に、自分の独房で行っていた私的な贖罪のための鞭打ち修行が、世界の浄化と贖罪のためには是非とも公的で集団的なものにならねばならなかったのである。そこでラニエロは司教の下に行って訴えた後、粗衣を着、ロープを巻き、手に鞭をもって、広場で説教を始めた。そして鞭打ちの見本を見せて聴衆のこころを動かした。かくて、市民たちを糾合した鞭打ち苦行の行列が始まったというのだ……。

実際、どれだけラニエロが鞭打ち苦行団の行列にイニシャチブを取ったのかは、残念ながら不明である。しかし、ペルージャとそのコンタードにおけるこの贖罪運動の火の元は、たしかにフランシスコ会士とドミニコ会士が、まず四旬節説教で民衆の敬虔心を掻き立てたところにあった。ラニエロも説教をしたのかどうかは未詳だが、司教はこの信心業を奨励し破門の脅しをもってこの平和を実現しようとした。またポデスタが平和のためにその権限を行使し、特別大評議会（Consiglio speciale e maggiore）も市民集会で決まった法令を四月六日に確認した。そこでは騎士階級とポーポロ間の不和を鎮め、コンソルテリーアやコントラーダの誓約（pacta）と臣従の宣誓をやめさせ、群衆の暴動・争いをなくさせることが目指された。四旬節のあいだ中いわば法令実施の準備に費やされたが、それは同時に贖罪のための鞭打ちの準備期間でもあった。鞭打ち行列は五月四日から始まったようだ。

コムーネ（代表するポデスタのゴルツァーノのトンマーゾ）は、平和回復と道徳性向上のため、五月四日と十九日の二度、それぞれ一五日と一二日にわたる祭日を定め、鞭打ち行列の展開を促進するために「全体的祈願」generalis devotio を組織する任をラニエロに課した。彼の指導の下、長々とした行列を作り、上半身裸になって鞭打ちながら、贖罪の印に悲しい連禱を歌い赦免と平和を冀うこの運動は、町中ばかりかコンタードにまで伝染し、また近隣都市の者たちをも引き寄せた。スポレートへの鞭打ち苦行団の行列もあったようだ。集団贖罪は二カ月ほどにおよび、荒々しい敬神の業により都市の平和が実現した。

皇帝権が事実上空無化していたこの時代には、他のイタリア都市もたいていそうであったが、ペルージャにおいても党派争い（ゲルフとギベリン）が市内を引き裂いていた。教皇とシュヴァーベン（シュタウファー）朝の皇帝の死闘が、都市同士を対立させるばかりか、都市内でも党争・内戦として反復し、さらに都市の壁の外に出て、外部のシンパと連携して波紋を広げていった。市民は皆疲弊し恐怖に戦いていた。だからまずなにより風土病的戦乱を終熄させるべく、「平和と慈悲！」pax et misericordia! を掛け声に、贖罪と宥和を唱道し、鞭打ちながら行列することに一も二もなく同意したのである。アレルヤ運動（一二三三年）においてヴィチェンツァのジョヴァンニの運動が喚起した理想が、ここに復活したのである。

このウンブリア地方から始まった運動は、たちまち猛烈な伝染病のようにイタリアのほとんど全土に伝播した。教皇派と皇帝派が争うイタリアで、彼ら鞭打ち苦行団主導の和平キャンペーンが繰り広げられたのである。ペルージャを離れると、指揮を執るのはもはやラニエロではなく、それぞれ無名の指揮者であった。たとえばロンバルディアに広まったときには、隠修士たちがその墓のような庵から出てきて町々に赴き、ニネベに遣わされた預言者ヨナのごとく福音を説教し、「悔い改めよ、天国は近いゆえ」と説いたという。すると、身分の高い者・低い者ともに群をなして町々・村々を行列し、その肩を血の出るまで鞭打った……と、アスティの年代記は記している[15]。ただし、秋にはラニエロ・ファザーニが鞭打ち苦行団を率いてエミリア地方にいたという説もある[16]。

ペルージャから南北に伝播した鞭打ち苦行の行列は、一二六〇年秋以降に展開した。だから初発の春の行列と、秋、十月の行列があったことになる。その後者の足跡を辿ってみよう。

九月下旬ないし十月初旬頃、ペルージャ市の使節がまずローマの教皇の下に行き、平和のための仲介を依頼する。そのときかたわらで鞭打ちの示威行動を繰り返した影響だろうか、この永遠の都にも鞭打ち苦行の模倣者が出現した。またほぼ時をおなじくして北方へも伝播した模様で、最初はロマーニャ地方に広まる[17]。すなわちまずイーモラ、ついで十月十日にはボローニャで市民全体の贖罪願望を掻き立てて一大展開し、つぎにモデナに十月十九日に伝わり、同様な志願者を多数引き込んだ。十一月に入るとモデナからレッジョ（十一月一日）とパルマ（十一月二日）、ピアチェンツァ、パヴィア、ヴェルチェッリ、アスティというように進出し、いたるところ市民や市当局から大歓迎された。一般に、はじめのうちは教会、聖職者にも歓迎され、それどころか聖職者が行列の先頭に立つこともあった。とくにパルマでは成果が大きく、市内の党争は止んで平和が訪れ、追放された者は贖罪をして赦され、不正利得は返却されたという。

ロマーニャ地方に広まった運動は、ヴェネト、ロンバルディアにも分岐して伝播、またやや遅れて十一月から十二月にかけてフリウリ、ピエモンテ、そしてトルトーナを経て北方イオニア海岸のジェノヴァへも迂回して広まる。さらに北イタリアのポー河平野にも伝播拡大する。かくて、運動は燎原の火のように中・北イタリア全体に伝わった。一二六〇年末から翌年はじめにかけては、ジェノヴァからプロヴァンス、北方フランスにまで到達し、他の方角では、マントヴァ、アクィレイア、チヴィダーレを通って——ポー河平野とアルプスを越えて——中部ヨーロッパ、ドイツへと広まっていったのである[18]。

それでは、この運動はどのような仕組みで伝播していったのだろうか。余所からやって来た鞭打ち苦行団を受け容れる町の人々は、その行状を目撃しいたく感銘して、今度は自らが鞭打ち苦行団に変身する。いわば雪だるま式に脹らんで、あるいはリレー式に進行して、つぎの町・村へと行進していったようである。それについて、たとえばピアチェンツァの年代記が一二六〇年の項に記している——「おなじ頃、ローマのほうから、平和を祈願し、マリアに呼び掛けながら自ら鞭打つ裸体の男たちがやって来始め、ボローニャまで到達した。ボローニャ人たちはそれを見ると、今度は自分たちが、騎士も歩兵も、またすべての群衆がおなじように鞭打ちし始め、かくてモデナまでやって来た。するとモデナ人たちもおなじく自分たちが鞭打ち苦行者になり、レッジョまでやって来た。するとレッジョ人らは自ら鞭打ちをしながらパルマへとやって来た……」[19]。

成果は大きかったようで、ウォラギネのヤコブスは、はじめ鞭打ち苦行者たちを狂人だと嘲笑っていた者たちも、神の意志により回心し、日夜、率先して鞭打って教会から教会へと行列して行くようになったと述べた後、「ジェノヴァ市内ばかりか、ほとんどイタリア中で新旧の確執・戦闘が止み、平和と和解がもたらされた」と記している[20]。

しかし、かならずしもイタリアのすべての都市・地域で歓迎された訳ではない。共和体制のところはコムーネ評議会とポデスタがおおむね歓迎したが、しかし世俗君主が専制的支配を敷いている都市や地域では、鞭打ち苦行団が混乱をもたらすとの政治的な理由から疎まれることがあった[21]。たとえばシチリアでは、フリードリヒ二世の息子マンフレートの敵意を受け、死刑の威脅をもって禁止されたし、同様にクレモナの辺境伯ウベルト・ペラヴィチーノは、マンフレートの友達だったこともあり、この運動には心底反対であった。実際、レッジョ、マントヴァ、ボローニャ、パルマの鞭打ち苦行団の群がクレモナにやって来たが、市内には入ることはできなかった。彼の支配下にあったミラノ、ブレッシャも同様である。さらにフェッラーラのオビッツォ・デステも鞭打ち苦行団に敵対的であった。自分の専制支配が妨害されると考えたのだろう。

一二六一年一月には、熱誠も静まりイタリアでの鞭打ち苦行団の巡歴は収束に向かう。これは冬の厳しい寒さが野外での活動にブレーキを掛けたという理由と、多くの市民やコンタード住民を巻き込んでの「平和と慈悲」の訴えによって、実際に戦乱・暴力の連鎖が沈静化する効果がもたらされたからである。興奮が収まった人々は、おのおの家に帰っていったが、その理念は各都市に遺産として残り、それを再利用しようという人々が集まって次節で述べる信心会が結実したのだと考えられる。

*

彼ら鞭打ち苦行団の参加者は、裸足にゆったりした胴衣を着て、目の部分に穴を空けた頭巾をすっぽり被り、天使のような歌声で聖母マリアや他の聖人に嘆願しつつ、露出した背中を血が出るまで鞭打った。キリストが十字架を背負ったまさにその場所、左肩の肩胛骨部分を、右手でもった鞭でビュンビュンと、自らまたは二人組になった相手を打つのである。その鞭はカバノキ（白樺）の柔軟な小枝の束、あるいはより一般的には堅い革ひもの束からなり、小骨・結び目・鉛・釘などが埋め込まれていた。

もう少し詳しく鞭打ち苦行団の行動を観察してみよう。たとえば、『パドヴァ年代記』Annales S. Justinae Patavini によると、ゲルフ寄りの都市ペルージャで、ある隠者（ラニエロか）の贖罪説教の後、突然のようにして鞭打ち行列が出現した――「キリストの恐怖はかくも大きかったので、貴族も民衆も、老いも若きも、五歳の子供まで羞恥心を捨て恥部以外は裸で参加し、都市の広場へと二人ずつ並んで行列した。各人手に鞭をもち救世主の受難を眼前にしているかのように嘆泣しながら血が出るまで肩を打って、神と聖母に罪の許しを懇願した。（中略）それは昼だけでなく夜も蠟燭を点けて行い、厳寒の冬の最中、蠟燭と旗をもった聖職者を先導させて百人、千人、いや一万人もが諸都市を回りながら教会から教会へとへめぐり、謙虚に祭壇に伏しまろんだ。（中略）あらゆる器楽と恋歌は消えて、どの町でも村でもただ罪を悔いる悲しみの歌だけが、石のこころにも触れ頑固な者の目も涙で溢れさせるように、聞こえた。女性も庶民の女ばかりか貴婦人や処女も自分の部屋の中でこの敬虔な修行を身に課した。ほとんどすべての敵対者が仲直りした。高利貸しと泥棒は不法に得たモノを急いで返還した。他の悪徳者も己の罪を告白し不実を正した。牢屋は開かれ罪人は解かれ、追放者は帰国を許された。男女とも多くの慈愛の業を行ったが、それは、神が天から炎を下し、地震その他で彼らの罪を罰して殲滅させると彼らが思っているかのようだった(22)」。

なお、女性は一般に鞭打ちの公開展示には参加せず行列にも加わらなかったことが、上記年代記から分る。彼女らは行列とは別に、家の中で密かに男性の鞭打ちに和したのである。またおなじ年代記は、突然の悔悛運動に、しがない者たちのみでなく賢者たちも熱誠に囚われて参加したこと、それが教会当局の勧めによるのでもまた言葉巧みな説教師に先導されたからでもなく、民衆のイニシャチブに発したこと、神への愛に心燃える聖霊に導かれたかのようなある男の例によって、他の人々が駆り立てられたことなどを記している(23)。

老若男女、身分の貴賤を問わずあらゆる者が競って鞭打ち苦行団に参加したことが、この『パドヴァ年代記』をはじめとして多くの年代記に記されているし、それらの年代記の記述からは、教会にも都市国家にも期待できない人々が、やむなく自罰行為で神の怒りを逸らし、平和をもたらそうと念じていた様が窺われる。しかも浄めるべき罪が、すでに自分だけの罪ではなく、人類全体の罪へと拡張されていることが注視に値する。

十三世紀前半まで、修道院で、あるいは贖罪者たちのあいだで、孤独な修行として行われていた鞭打ちは、こうして形態・方向性を一変させた。鞭打ち苦行は一般の俗人の修行となることによって、なお自己卑下・自罰・贖罪の禁欲行ではあるが、周囲の観衆の眼を意識した、展示性のある劇場的な行為になった。そして彼らは歌を歌いつつ血が出るまでピシッピシッと鞭打って肉体を痛めつけ、情欲を押え、自分ばかりか他人の悪行の罪ほろぼしをもしようとしたことが大きな特徴である。彼らはキリストを模倣し、その苦悩を分かちもつが、それを周囲の観衆たちにも分かち与える使命を感じていた。このようにしてはじめて神の怒りを逸らすことができると期待されたからである。

もともと鞭打ち苦行団への参加は自由であったが、贖罪の雰囲気が高揚すると、不参加は冒瀆行為だと看做され、なんらかの不慮の事故が罰としておきるだろう、と呪われることがあった。たとえばポー河地域では、「しかしもし誰か、鞭打ちをしない者がいれば、それは悪魔よりも悪辣だと評された。そして皆人が、彼を異常な悪魔的人間だと指弾した。しかしさらに高いつけを払うことがあった。しばらく後に、彼を不幸が襲い、死んでしまうか重病に陥ったのだった[24]」。

ポーポロによる制度改革

イタリアの鞭打ち苦行団の運動を、都市政治の制度的な枠の中ではじめて理解できることが、最近、幾人かの研究者によって強調されている。ペルージャでのこの運動の発生について触れたところで述べたように、鞭打ち苦行団運動開始の四月という時期は、ポーポロの法令（制度）改革が試みられ始めた時期であり、それはポデスタとカピターノがポーポロを圧迫する貴族たちの生活に掣肘を加えるべく、武器携帯に規制を設け、和解と平和のため解決法を模索していたときだったが[25]、まさにその改革の途中で鞭打ち苦行団の運動が誕生したのである。すなわち先述のようにポデスタが、市内の平和と道徳性向上のため、五月四日と十九日の二度、それぞれ一五日と一二日にわたる祭日の用立て許可を、鞭打ち行列の展開を促進するためにラニエロに与えたのであった。つまりこの運動ははじめから都市当局の旗振りの下に生まれ、ポーポロが追求する政治的平和の必要に、鞭打ち苦行団の運動が――意図的か否かは分からないが――呼応した、とも考えられるのである。

ポーポロが行う政治的操作の道具としての鞭打ち苦行団。それが首尾よく成果を収めるためには、一世代前の「アレルヤ運動」よりも、ずっとインパクトの強い運動にパワーアップしなくてはならなかった。そのアイディアがラニエロ・ファザーニから来たかどうかは定かではないが、いずれにせよ、鞭打ち苦行団は、つねにマニャーティ（豪族）に対するポーポロ、ギベリン党に対するゲルフ党寄りの運動であった。この政治的意味合いは、それが拡散して他都市に伝播していくときに、ギベリンの領主たちが障害として立ちはだかったことからも見て取れる。[26]

鞭打ち苦行団がペルージャから北イタリア諸都市へと伝播すると、それが贖罪的な意味を強めると同時に、都市当局の制度的枠づけが厳しくなってきたことを、M・ヴァッレラーニは指摘している。[27] たとえば行列がモデナからレッジョに移るときに、ポデスタ（および司教とすべての「信心会」societates の「旗手」gonfaloniere）に指揮されたし、レッジョ内でも同様な行列がポデスタ指揮の下になされた。パルマでも同様だった。ポデスタは自らも鞭打って悔悛の意を示しさえした。トルトーナからジェノヴァに向かった行列は、都市のポーポロ隊長に統率され、[28] またジェノヴァでは暫時の不信の念が解消した後、三日間の集団贖罪があり、それにポーポロ隊長とポデスタによって宣言された追放刑取り消しの処置がつづいた。

こうした都市当局者の積極的なかかわりの証言に照らせば、鞭打ち苦行団の行列には、たしかに政治的な意味があり、都市内の平和を実現するために当局が自らこの儀式を主催しようとしたことが窺われる。多くの町で、争い合う者たちが悔い改め、涙を流して和解し、平和が樹立されたとしても、それはかならずしも市民らの自発的行為の結果ではなく、もしかしたら裏で当局者や政治団体の代表者による入念な根回しと駆け引きがなされた上の、仕上げとしての町上げての派手な贖罪儀式であったのかもしれないのである。

つまり鞭打ち苦行団の運動には、托鉢修道士を動員した説教と同様のプロパガンダ的側面があったことになる。そこではほぼつねに、ポーポロがポデスタと協力して、「平和」を旗印に暴力的なマニャーティの軍事グループに対抗して、新たな統治体制のための制度諸構造を固めることが目指されていたからである。このことは、またまさにこの運動の推進センターであったボローニャや、マルケの東、ペラヴィチーノ家のシニョリーアに取り囲まれたポー河流域の諸都市――エッツェリアーノ家の支配から解放されたもののまだ「消毒」されていなかった――が、厳密無比な反ギベリン・異端の政治的戦略が練られていた場所だったこととも関係していよう。[29]

アルプス越え

イタリア半島を北上した鞭打ち苦行団は、間もなくアルプスを越えて北方世界に伝わっていった。これが、第二段階である。[30] 一二六一年にはトレヴィーゾ辺境領を襲い、そこから――あるいはすでに早く伝わっていたロンバルディアから――一二六一～六二年にアルプスを越えてオーストリア・ドイツ・フランスへと広がった。[31] なかんずく南東ドイツでの展開が際立ち、そこからはてはベーメンとポーランドまで進んだ。アルプス以北の鞭打ち苦行団についても、多くの年代記が刮目すべき出来事として記している。

アルプスより北の運動は、ゆるやかな組織をなして一定の秩序があった。シュタイアーマルクの年代記やアルタイヒのヘルマンの年代記をはじめとする史料によると、富者も貧者も、ミニステリアーレンや騎士や農民も、老いも若きも腰から上は裸で頭にリネンの布を被り、旗と火の点いた蠟燭と鞭をもっていた。そして血が出るまで鞭打ち、歌を歌いながら地方から地方、都市から都市、村から村、教会から教会へとめぐっていった。[32] 彼らは二人ずつ組になり行列する。観衆も突如悔悛に駆られて涙にくずおれ、地面、雪の中、糞便の中などどこにでも倒れ込んだ。贖罪行列は三三日（半）――キリストの生涯を思わせる――つづき、鞭打ちは一日二回、一定の儀礼のもとに行われた。鞭打ちは教会の周囲または教会を通っての行列と組み合わせて行われ、また衣服も決まっていた。

北方世界では、この運動はローマ教皇ないし教会当局の支持を得て始まった運動ではないとして、南ドイツの司教たちやバイエルン公に侮蔑され間もなく終熄する。しかしこれは起源をなすイタリアの鞭打ち苦行団を引き継いでいるのはもちろん、一世紀近く後に再燃する一三四九年の鞭打ち苦行団像とも類似が著しい。その間一世紀近くのあいだ、ほとんどめだった鞭打ち苦行団の動きは記録されていないのだが、ドイツでも鞭打ち苦行の伝統は、とぎれずに、どこかに密かに保存されていたのかもしれない。

では、ドイツではなぜ鞭打ち苦行団が広まったのだろうか。きっかけはイタリアのモデルだったとしても、このゲルマンの地においては、イタリアにおけるような都市当局者「主催」の運動ではなく、民衆の自発的運動という性格がより強かったようだ。当時ドイツでは、十年におよぶ恐ろしい「空位期間」Interregnum の真っ直中で、皇帝不在に人心は不安に苛まれていた。そこで同時代の悲惨な社会状況下で公的権力に縋れない人々が、直接自身の力で神の慈悲心を動かそうと、運動に身を投じたのだろう。

イタリアではこの運動は比較的平和裡に進行し、聖俗当局の支持があったが、ドイツでは反対に当局の非難を浴びた。というのも貧者が自己救済を求めた揚げ句、一部では互いに告解の秘蹟のようなことをし始め、相手を罪から赦し償罪したと主張したからである。けだし教会当局の憤激も当然であろう。もし鞭打ちで赦免されるのならば、教会ヒエラルキーと聖職者の存在が不要になってしまうからである。だから多くの年代記が、鞭打ち苦行団を異端の説教師の群れと呪っているのである。

しかし俗人たちのあいだでは、この鞭打ち苦行団は死者の魂にも自分の死後の魂にも役立つのではないか、という無体な希望も見え隠れするようになった。そして多くの貴族と市民がこうした誤った見解を奉じ、このセクトに参加して罪から浄められることを願ったのである。この教皇に許可を得ていない「セクト」は、当地の司教や公により軽蔑された。ナウムブルク司教ディートリヒ(在位一二四二～一二七二年)は、ザーレのセクトを炙り出し、大半を「火と剣」によって根絶した(33)。

この事例からも、ドイツでは、すでにこの時代の鞭打ち苦行団の運動から反ヒエラルキー的志向を具えており、それが十四世紀の半ばのペストを機に、いっそう過激になったのだと推測される。イタリアの体制親和的な運動とは、実際かなり様子が異なっていた。しかし十三世紀のあいだは、ドイツの鞭打ち苦行団の活動が暴発することはなく、一二六三年以降はたいした広まりもなく鎮火した。ただいくつかの散発的な行列が住民の耳目を欹たせただけである。そのうち大規模であったのは、一二九六年シュトラースブルクをはじめとするアルザス、そしてライン地方にやってきた鞭打ち苦行団である。(34) それは贖罪のための突然的な運動であった。シュトラースブルクでは、千二百人以上入ってきて、それに当市の市民が千五百人加わって出て行ったという。

ドイツでの第二の激発は、黒死病と呼ばれるペスト禍の直後であった。

C　一三四九〜五一年の事件

十四世紀半ばに大展開した鞭打ち苦行団は、ペスト禍の混乱と結びついている。(35) この度の発祥地は、イタリアではなくドイツであったようだ。(36) 正確な場所は不明だが、帝国南部から始まったようで、一三四八年にはシュタイアーマルク（九月二十九日の聖ミカエルの祝日の頃）、翌年はじめには、オーストリア中・東部に目撃証言があり、これらは十三世紀の鞭打ち苦行団の展開地とほぼ同一地域である。

ドイツ南部から始まった運動は、一三四九年には北西と西に進み、夏になると一段と広まって秋までにドイツ全体を席巻した。なかでもニーダーラインではきわめて賑やかに展開した。秋にはドイツを越えてフランドル・オランダ、そしてそこから隣接のフランスにまで侵入した。東方では、ハンガリー、ポーランド、ベーメンまで到達した。

鞭打ち苦行団の再発には、どんな社会的・政治的原因があったのだろうか。当時のドイツでは、ペスト以前に大変な政治的危機があり、それが民心を激しく動揺させていた。すなわち、選定侯および学者たちがドイツ皇帝として認めたバイエルンのルートヴィヒが、アヴィニョン教皇ヨハネス二十二世（在位一三一六〜一三三四年）に承認されず、別の皇帝を擁立されることになったのである。酷い確執が一三二三年から始まり、翌年にはルートヴィヒの破門と臣下の忠誠解除に打って出た教皇が攻勢をかける。しかしルートヴィヒはイタリア遠征を敢行、一三二八年ローマで皇帝に戴冠され、フランシスコ会修道士を教皇（ニコラス五世）として登極させる。それでも彼はイタリア半島に支配体制を樹立できずに蹉跌し、彼への追及の厳しさはヨハネス二十二世につづく教皇のベネディクトゥス十二世（在位一三三四～一三四二年）、クレメンス六世（在位一三四二～一三五二年）の代にも継続した。彼はバイエルン公の身分、ついで皇帝の身分を奪われ、その土地財産を敵に渡されるなどあらゆる辛酸を舐めたのである。

被害は皇帝ばかりでなく臣民にも降りかかった。とくに南ドイツでは聖務停止と破門が長引き、教会と聖職者を痛打した。しかし民衆は、教皇留保権によって高位聖職者の大半を任命し、自分の息のかかった司教を手足にして敵対する皇帝を失脚させようと必死になる「フランス王の代弁者」に堕した教皇の権威にかえって疑念を抱き、教会の規律、教皇の正義への信頼を大幅に失っていった。そこで必要な恩寵と贖罪の手段を奪われた彼らが、代替手段を求めたとしても不思議はない。

教皇の聖務停止と破門が解除されても、状況は改善するどころではなかった。というのも、教会側から途方もない「強請」が繰り返されたからである。俗人らは金の亡者と化した聖職者への憎しみを募らせた。堕落した聖職者のあいだではシモニア（聖職売買）とニコライスム（聖職者の結婚）が横行し、信徒を食い物にしていた。ペストの襲来した一三四八年には、教会は真に軽蔑すべきありさまになり果てていたのである。

一三四七年十月十一日にバイエルンのルートヴィヒが死ぬと、カール四世が皇帝の座に着く。じつは彼は、すでに一三四六年七月十一日に、短兵急な家領政策、教会法を無視した領土拡大をするルートヴィヒから離反した選挙諸侯と提携した教皇によって、その地位を承認されていた。しかし当初は教皇とうまくいっていた新皇帝もやがて衝突し、再発した争いは一三四九年までつづく。ペストがやって来たのは、このような世俗権益をめぐる争いに現を抜かす聖俗最高権力者が、ともに信頼を失い尽くしていたときであった。

古くからの信仰で、ペストのような業病は罪深い人間たちへの怒れる神の劫罰と考えられた。ペスト蔓延の背景には飢饉があった。十四世紀には、かなりの年月つづく不作の期間が、間歇的にヨーロッパを襲った。一三四〇～五〇年に襲いかかった飢饉は最大ではあるが、そのひとつにすぎない。飢饉で体力の弱った住民を餌食に猛烈な伝染力をもつペストは燎原の火のように蔓延していった。ペストは肺ペストと腺ペストの二タイプに分かれるが、後者が主流で、鼠蹊部にグリグリのできた患者は、たちまちのうちに黒々とした骸をさらして死んでいったのである。それは最大の流行が去った後も、世紀後半にかけて再来しつづける。そしてヨーロッパ中で蔓延し、人口の半分から三分の二を奪い去った(37)。

飢饉と黒死病のほかにも災厄の連鎖があった。戦争、兵士や盗賊団の狼藉、ひいては共同体の崩壊が出来したのである。しばしば都市機能が麻痺して無秩序と不安が広がった。責任転嫁のため、ユダヤ人へのポグロムがあちこちで火の手を上げた(38)。

大災厄の連鎖を神の劫罰と看做した鞭打ち苦行団のおどろおどろしい行列が展開するのは、こうした状況下においてであった。では、それはどのような姿を呈したのだろうか。この度は、どの年代記でも前世紀の鞭打ち苦行団以上に、人数の多さが強調されている。数百人とされていることが多いが、稀には数千人といった数も登場する。俗人主体の運動であることは相変わらずであるが、ネーデルラントでは、早期に托鉢修道士の管理下に入ったようである。

鞭打ちの方法

鞭打ち苦行団は、町から町へと移動しながらその派手な苦行を繰り返した。彼らは目標の都市に入城する前にその近郊でまず最初に鞭打つこともあったが、たいていは町や村に入ってから一連の儀式が始まった。しかし、当初からすべての目的地での「上演」許可を得ているわけでなく、通常、つぎの町の門前に近づくと、団長は使者を市議会（参事会）Rathe に送って、短期滞在と上演の許可を得る手筈であった。市参事会は審議するが、宗教的なことゆえ司教座聖堂参事会にも問い合わせる。両者の許可が得られると、ようやく彼ら鞭打ち苦行団は歌を歌いながら市内に入って来る仕儀となる。鐘が鳴りわたる中、二列の行列を作って、大衆の視線を浴びて進む。彼らは目を伏せ悲しげな様子をしていたという。右手には鞭をもち、先頭には高価な十字架を縫いつけ絵で飾られた六ないし八本の絹製の旗を掲げ、その脇には松明と蠟燭が点された。こうした様子で入城して来た。

好奇心や同情心、驚嘆の気持ちから市民たちも大挙集まった。鞭打ち苦行団は、宿泊や給養についても滞りなく手筈を整えねばならなかったので、観衆の同情を引くのはその意味でも大切であった。感激し涙を流しつつこの苦行を見ていた市民たちは、普通、喜んで彼らを家に招き入れ、一人のみならず十人、いや二十人も一家に招かれることがあった。ただし市民宅訪問は、団長の許可を得てはじめて承認される。誰も声を掛けてくれない者は、集会場所ないし道ばたにじっとしていなくてはならない。最後まで誰も声を掛けない不人気者は、野宿ということだろうか。市当局は、しばしば彼らをワイン、ビール、パンなどでもてなし、旗と蠟燭を贈ったりしたが、宿泊場所の世話について当局がどれほど努力したのか、詳細は不明である。

さて、鞭打ち苦行団の一日の信心業はどのようになされるのだろうか。

まずヴェストファーレンのドミニコ会士のヘルフォルトのハインリヒ――彼自身目撃者だが――の報告を聞いてみよう[39]。大要、つぎのような内容である――

そして、彼らは、教会の中に妙なる歌を歌いながら入って、その扉を閉めて着替える。そして襞の多いリネンの布でスカートのように下半身を巻きつけ、上半身は裸である。正午頃、鞭を手に教会の扉を開けて出てくる。

最初に出てくるのは最年長者である。そして教会前で地面に横たわる。順番に彼の左右に一人ずつ、苦行者がふえていくが、その寝方として、うつむき、仰向き、横向きなど、罪を犯した場所を示すように姿勢を取る。皆が横たわると、一人が起きあがり、隣の者を鞭打ちつつ「神がおまえのすべての罪をお許しになるように。立ち上がれ」という。すると、立ち上がった人が隣の人におなじことをして、すべて一巡する。全員が立ち上がると二人ずつ整列して行列する。そして二人の先唱者が妙なるメロディーの歌を歌い、各詩節を先唱者が歌い終わると、残りの者たちが後につづいて繰り返す。こうして歌の終わりまで進む。

しかししばしば、つぎのようなことも起こる。歌の途中でキリストの受難に触れられると、どこにいようと、土、糞便、茨、雑草、石、何の前であろうと、祈りながら両手を上げて十字架印を象り、何にも支えられずパタッと塊のように倒れる。膝も曲げずに倒れるのである。この行をたいてい三度、歌を歌い終わるまで行う。そして三度、「キリスト受難」の件に歌がやって来ると、パタッと倒れることになる。そのうつぶせの十字架型のまま祈る。一人が与える合図で起き上がり、また行進をつづけおなじことをする。そして教会に戻っていき、リネンの布を取り去り衣服を着る。外に出た彼らは、何もねだらず、食べ物も求めない。ただ自発的にくれるものだけをもらう。

クローゼナーの報告もほぼ同様だが、細部が違っている[40]——。

彼によると鞭打ち苦行をする者たちは、歌を歌い鐘を鳴らしながら野原に出掛けていく。あらかじめ決まった場所に着くと白衣を着て、それは腰から足までとどくようになっている。鞭打ちを始めるに際し大きく輪になるが、罪を犯したところを示すように寝る。もし偽証者なら横向きに寝て片手の三本指を頭の上に差し出す。姦通者は腹ばいだ——さらに、『リンブルク年代記』によると殺人者は仰向きに寝て、姦通者が横向きに寝るという[41]。このようにして、姿勢と身振りで自分が犯したさまざまな罪を示すのである。すると団長magisterは最初の兄弟のところにいって体を跨ぎ、鞭でそのからだに触れてつぎのように述べる――

清き責め苦の栄誉により立ち上がれ
そしてさらなる大罪を犯さぬよう気をつけよ

団長が越えていった者が今度は立ち上がって、隣の者の身体の上を越える。そして今度は、三番目の身体上を二人で越える、ついで四番目の者を三人で越える。すべて団長がやった仕草と言葉に倣って繰り返す。こうして最後の者までいったら立ち上がり輪になる。鞭打ち苦行団歌謡は、悔い改めない罪人を襲う地獄の恐怖と、恐ろしい最終審判にかかわるものだった。その間、彼らは二人ずつ並んで輪になって進み、自分を鞭打つ。これが本来の鞭打ち苦行である。

一日の鞭打ち苦行は三つ（三度）の行列としてなされ、各回、豊かな動作での祈願で締め括られる。彼らは途中、ある歌を合図に倒れ伏すように跪くや、十字架型になって地面に伏し、ついでまた膝で起きあがるが、両手を上に上げて、大疫病を逸らし贖罪者を突然死から守ってくれるように祈り、すすり泣く（これを三回繰り返す）。以上がクローゼナーの観察による鞭打ち苦行団の一日の儀式である。

シュパイアーの鞭打ち苦行団についてのノイエンブルクのマティアスの報告からは、他の細部が知られる。すなわち、各鞭打ち苦行団は三人のマギステル（団長と二人の副団長）に率いられていて、まず大きく輪になってその中で衣服を着替え靴を脱ぐこと、ついで円形に回りつつ、一人また一人と順に腕を十字に広げて地面に倒れていくこと、その後、神に祈願する歌謡を歌いながら輪になって回り鞭打ちをすることなどである。興味深いのは、鞭打ち行の途中、跪いて十字架型に地面にうつぶせに倒れ伏した団員たちの脇を団長たちが通って、忠告を与えることである。彼は民、すべての善人悪人、すべての罪人、すべての煉獄で苦しむ者、その他多くの者への慈悲を願って主に懇願するよう忠告するのである。ひととおり鞭打ちをした団員たちは、衣服の見張りをしていた者たちと交替する。[42]

終わりにはどんな儀式があるのだろうか。最後には兄弟（団員）たちは今一度輪になって衣服を脱ぎ着するが、そのあいだ実直そうな男たちが、周りにいる観衆のもとに行ってお金を集める（旗や蠟燭代として）。そして、俗人の中で読み書きできる者の一人によって、説教の抜粋が朗読される。その朗読の最初には、いわゆる「天来書状」が読み上げられたという。[43]

後段の「天来書状と自己聖化」の項でやや詳しく述べるが、「天来書状」は古い伝統をもつ「偽文書」であり、教会ヒエラルキーを迂回して、神のメッセージを民に届ける手段であった。天来書状によって鞭打ち苦行団に示されたのは、世界の罪深さと、日曜の神聖の無視・金曜の断食の違反・高利貸し・名誉侵害などを糾弾する神のメッセージである。守らない者には神罰が下ると脅迫されたが、聖母と天使による神の慈悲を願う執り成しで人類は破滅を免れ、三四日間家を離れて鞭打ちをすれば神の慈悲が得られる、との希望を与えられた。一三四九年には黒死病が神罰だと受け取られることが多く、そうした雰囲気の中で、「天来書状」のインパクトは倍加しただろう。

この儀式が終わると、兄弟らは再び旗を掲げ蠟燭を点し、最初の歌の一節（Nu ist die bettevart so her）を歌いながら、鐘の音とともに町に戻り、司教座聖堂の中に入る。そこで十字架型に三度倒れて、その後、宿などに帰っていく。かくて儀式は完了することになる。[44]

クローゼナーやヘルフォルトのハインリヒの年代記その他を総覧してみると、つぎのような出で立ち・振る舞いが分ってくる。すなわちまず服装であるが、白い下着の上に短い袖無しコート（collobia）、通常黒のもの（赤っぽいものや青っぽいものもあった）を羽織った。鞭打ちのときは上半身をはだけ、へそから足までスカートのような布で包み、腰あたりをベルトで留める。上にフェルト帽の付いた頭巾を被る。マントと頭巾には、前後にキリストの受難のシンボルたる赤い十字架が縫いつけられる。足は裸足であった。

鞭打ちの際の鞭は、棒のようなものに三本の（革）紐がついていて、それぞれの先端は大きな結び目になっている。そこに麦の穂くらい飛び出ている鋭利な鉄の釘を二本十字架型に挟み込み、ぴしぴしと背中に打ちつけるのである。鞭打ち苦行をしている近くの教会の壁に、血飛沫が飛び散ったり、あまりに深く肉に食い込んで、なかなか取れない場合もあったという。

＊

苦行者たちは鞭打ち苦行が終わっても、リラックスして休むことはできなかった。宿泊予定の宿・家の前に来ると、そこでも跪拝し祈りをした。食事、就寝時をはじめ、その宿・家での振る舞いも儀礼化していた。また「兄弟ら」——つまり団員たち——はけっして女性と話をしてはならず、それは宿でも食卓でも厳禁だった。もし違反があれば団長はその兄弟に告白させ、償罪の業を課し、背中を鞭打った。また一人での行動は禁じられ、さらに誰であれ買い物をしたり、入浴したり、頭を洗ったり、髭を剃ったりしてはならず、どうしても必要なときは団長の承認が入用であった。ベッドで寝ることは御法度、誰からも贈り物や施与を受けてはならなかった。

また、彼らはいかなる小教区でも一日一夜以上滞在してはならず、その規定には日曜のみ例外がありえた。そして一度の「鞭打ち行旅行」は、キリストが三三年半生きたと言うことで、それを三三日半（三四日）に読み替えた（この計算法はすでに一二六〇年にもあった）。神の慈悲を得るためには是が非ともこれを完遂しなければならなかった。しかし、同一人が再びおなじ「行」を企てることは可能だったし、実際、多くの者は三三日半の行を繰り返した。夜一回（は個人的に密かに帽子を被って）、昼二回（は共同で公衆を前にした広場で）鞭打ち行をする。金曜は皆で三回である。その際、九回倒れ伏す。そして毎日移動し落ち着きなく動き回ることも、贖罪の一環であった。よそ者がよその土地で鞭打つ、これが彼らの修行の特徴であった。一日の修行が終わり町から出ると、野原や畑を十字架を先頭にばらばらと秩序なく歩くが、つぎの町近くになると整然と隊伍を組む姿が目撃された。歩くときは巡礼杖を携え、町近くになるとそれを鞭に替えるのである。[45]

かなりの人数の鞭打ち苦行団が、あちこち渡り歩いたようである。何千人という数字もしばしば登場する。ジル・リ・ミュイジは、正確な数字をそれぞれの町や村に関して出しており、全体として五十～四百五十人の集団だとしている。[46] この数は他の史料ともほぼ一致している。ヴァランシエンヌでは、八十ないし三百人からなる五グループ、シュトラースブルクでは二百人――しかし、ノイエンブルクのマティアスは、一三四九年六月半ばにシュヴァーベン地方からシュトラースブルクに七百人の部隊がやってきた、と言う[47]――、マクデブルクでは、六百人が八班に分かれていた、という具合である。

『リンブルク年代記』は、百人、二百人、三百人、あるいは大群というように各グループについて述べ[48]、ディーセンホーフェンのハインリヒは、コンスタンツの鞭打ち苦行者の数を約四十人余りと算定している。[49] バウデロー修道院には半年以内に二千五百人の鞭打ち苦行者が集まって宿泊した。いずれにせよ、かなりの数の編成の鞭打ち苦行団が、休みなく動き回り、独特の派手な儀礼をしていたことはたしかである。

一二六〇年のイタリアでそうであったように、十四世紀のドイツでも、鞭打ち苦行団はかならずしもどこでも歓迎されたわけではない。諸侯、貴族、大都市などは秩序を乱すとして受け容れないこともあった。オスナブリュックはその一例である。女性たちがじりじりしながら待ち望んでいたので、かえって許可しなかったのである。[50] もちろん教皇クレメンス六世の断罪の教勅（一三四九年十月二十日）が、ドイツ、ポーランド、スウェーデン、イングランド、フランスそれぞれの大司教ついで司教に周知され、鞭打ち苦行団が破門で脅されたことなども受け容れ拒否の態度と関係していよう。そして一三四九年の年末から翌年にかけて、とうとう聖俗当局の弾圧が始まった。

身分・男女

ドイツの鞭打ち苦行団は、社会の底辺で喘ぐ下層民の反抗運動だとされることもあったが、それは大きな間違いである。なぜなら貴族も庶民も、貧者も富者もともに参加したからである。ロイトリンゲンのフーゴーは、あらゆる身分・職業のものが参加したことを語っている——

先の尖った鉄二本が、結び目に斜めに刺さり
四つの棘となって背中を傷つける
司祭と伯、騎士、兵士が、これらの行に参加する
またこれらには、さまざまな学校の先生
さらには修道士、市民、農民、学生が加わる[51]

またヘルフォルトのハインリヒは、「通常は土地の庶民（農民）やごろつきからリクルートされたが、彼らのあいだには、さらにある立派な人物や有徳で真面目な人物、たとえばフランクフルト司教その他もいた」と述べている[52]。ようするに上は伯や騎士から、下はならず者・浮浪者まで、鞭打ち苦行団に加わらなかった身分の者はいなかった。しかし性差ははっきりしていた。当初はもっぱら男性の運動で、女性は原則として公開儀礼からは排除されており、彼女らは上半身も衣服をまとったまま、人目を避けて鞭打ったのである。また鞭打ち苦行の最中に、たまたま女性がその輪の中に入り込むようなことがあると鞭打ちの功徳は無に帰すから、再び最初から始めねばならない、と信じられていた[53]。

ただしいくつかの史料は、女性の参加を記録している。たとえば一三四九年末にはアラマンニ（Alamannien）すなわちシュヴァーベンでキリスト昇天祭頃発生した鞭打ち苦行団が過熱した揚げ句、女たちが大挙して胸まではだけて

鞭打つのが見られたというし、またクローゼナーは、鞭打ちのため、女たちが邦（Land）の外にまで出かけていったという。[54] ロイトリンゲンのフーゴーは、鞭打ち苦行をする多くの女性の存在について語っている。女たちは最初は閉ざされた壁の中で鞭打ちをしていたが、やがて群れをなして男性とともに巡歴して大混乱になった。[55] さらに『ミュンヒヴィッツ年代記』も、女性が鞭打ちに参加していたことを記している。[56]

女だけではない。さらに子供まで加わったことは、クローゼナーが子供たちもこの全般的酩酊の運動に入ったと報告し、[57] また、シュパイエルでは大人たちに倣った二百人の十二歳の子供たちが、誓いをし結団して鞭打ったという。[58] 一二六〇～六一年のイタリアでも子供たちの参加が見られたことは上述の通りである。

天来書状と自己聖化

では、このペスト直後に発生した鞭打ち苦行団をどのように意味づけたらよいだろうか。十字架への愛着や鞭打ちが示しているように、この修行をするのは、受難したキリストをわれとわが身体で模倣することにより、神の怒りを逸らし、自分の罪、ひいては世界の罪を贖うというイデーであることは、一二六〇年の場合とおなじである。

しかしペストの来襲直後で、あちこちに死体が転がり腐臭を放つ中、政情不安もあって有効な対策は立てられず、人々は不安に怯えきっていた。こうした状況下で、世界に満ちる罪を彼ら自らの鞭打ちにより祓い清め、神の慈悲を誘いたい、この願望が一層拡大・強化されたのではないだろうか。自分たちは啓示を受け、キリストに命じられた使命に従っているのだ、という思いが散見されるようになるのはそのためである。

鞭打ち苦行団の行列は神が直接定めた制度であり神の霊によって導かれている、との信念は、教会当局にとっては驚愕すべき、許しがたい考え方であった。しかし教会が与えてくれない、直接的で迅速な救済をもたらしてくれるのではないかと、民衆がその運動に熱い期待を寄せたとしても、いささかも不思議ではない。

ミンデンのドミニコ会士、ヘルフォルトのハインリヒの『年代記』には興味深い件がある。[59] すなわち、鞭打ち苦行団のメンバーと托鉢修道士との論争があり、どうして教会から任されていないのに説教をし、また書物が読めず学んでもいないのにしゃべるのか、と修道士に問われた鞭打ち苦行者は、逆に使徒伝承や神の霊に導かれた過つことのない教会、それに委ねられた托鉢修道士の聖別する力、説教権などを否認して、むしろ自分たちこそ神に派遣されたのだ、とイザヤ書第四八章一六節（今、主である神はわたしを遣わしその霊を与えてくださった）を引用しつつ主張したという。

この十四世紀の鞭打ち苦行団には、受難のイエスを模倣するという思いは強烈なのに、使徒伝承や福音主義はもはやほとんど問題にならず、まるで神の啓示が特定の人物に下り、一気に罪を廃棄するのを期待しているかのような振る舞いである。贖罪の鞭打ちをすれば聖化され、説教の権威は自然と宿る。ならば秘蹟も、聖職者や修道士も、彼らの教えも無視し、司教による破門や教皇の裁定も軽蔑してかまわないのではないか。こうした考えの正当化には上述の「天来書状」がかかわっている。

「天来書状」は、キリスト御自身（あるいは神）が書いたと信じられた手紙であり、天使によってエルサレムの聖ペテロ神殿にもって来られたという。エルサレム以外にベツレヘムさらにはローマのペテロの墓など、場合に応じて場所が選ばれた。それは大理石の板に書き記された。内容は、キリスト教徒の悪習、つまり彼らが金曜と日曜を神聖な日として順守せず、罪を悔い改めず、悪行をなしているがゆえに、神は飢饉・疫病や天変地異をもたらし、サラセン人を侵入させ、害虫害獣を解き放ったのであり、それは神の怒りが爆発している証拠である。だから神の言葉に耳傾けよ！……といったものである。[60] もし警告を信じて履行しないと罰が下り、反対にこころから信じて周囲の者へと教えを広めていけば幸いがやって来るとされた。六世紀末カルタゴ司教の書簡に最初の言及があり、十字軍を契機に西欧で大流行する。口づてに伝わり、書き写され、民衆たちのあいだで神のメッセージだと信じられていった。

さて、クローゼナーは鞭打ち苦行者に周知された「天来書状」とその内容について、詳しく記している。(61) その記載内容で重要なのは、罪深い人類のまったき破滅がキリストにより決定されるのは、第七の月の第十日、つまり聖母マリアの誕生日の次の日曜だと指定されていること、マリアとケルビムとセラフィムのたゆみない執り成しで、それまでは回心のための猶予期間とされたこと、「天来書状」がシチリア王のところにもたらされ、彼が鞭打ち苦行巡礼を助言したということ、そして中部ヨーロッパの大半、アルザスまで及んだペストの災害に触れていることである。

「天来書状」はカリスマ的指導者やグループが受け取る資格をもっていた。十字軍——少年十字軍も——では天から降って大きな役割を果たした。「神の平和・休戦」や一二五一年の「羊飼いの十字軍」でも同様である。聖職者や教会当局に対して、しがない羊飼いや職人・農民であっても、キリストから直接啓示を受けてその指令を実践すれば、世界に平和を確立したり、キリストの墓を解放したりできるのであり、「天来書状」は、そのための超自然的な権威を、いわば教会を通さずに手に入れさせてくれるのである。

この「天来書状」により、鞭打ち苦行団は神が制定したものだという正当化が可能になった。それに加わる者は、選ばれた者たちであり、世界を刷新し、人類に救いをもたらすことができるのである。かようにこの書状にはメシアニズム的な趣がある。ドイツの鞭打ち苦行団ばかりか、その延長に展開したフランドル（ネーデルラント）の鞭打ち苦行団にも、「天来書状」は無縁ではなかった。すなわちマリーヌの鞭打ち苦行団に神から一天使を介して「石の板」**tabula lapidea** に書かれた「天来書状」が送られた。そこでも常套的内容つまり金曜の断食や安息日としての日曜を遵守すべきであり、それを守らないゆえにサラセン人の攻撃などの災厄がキリスト教徒に降り掛かったこと、怒れる神が世界を破壊しないよう罪を悔い改めるべきことが説かれている。その手紙はカンブレー司教に手渡された。(62)

ところで、キリスト教徒皆のこころがキリスト受難 Passio Christi に向いていた後期中世に出来した鞭打ち苦行団の鞭打ちが、キリストの模倣でもあったことは言うまでもない。しかし鞭打ち苦行団において特徴的なのは、聖職者でなく俗人の団長が儀式を司り、全体の上演の劇的効果を上げようと工夫し（とりわけ犯した罪のジェスチャー表現）、まさに血だるまの鞭打ち行で観衆を唖然とさせたことである。効果覿面、その場でやにわに惻隠の情にかられて、俄作りの参加者がふえていったことだろう。

鞭打ち苦行団は俗人の運動であり、神学などにはまったく疎い者たちの運動であったから、元来、反教会のプロパガンダを推し進めようとしていたわけではない。それどころか、彼らが受け取り説教の途中で披露された「天来書状」には、金曜・日曜の掟の遵守のほか十分の一税の支払いを奨励する件もあるくらいである。[63] 誰も表立っては教会批判をしていないし、聖職者を非難することもなかったのである。しかし聖職者が率いた運動ではないことも事実である。聖職者自身が多くの場所で鞭打ち苦行団に加わった証拠はあるが、彼らは運動の中で決定的な役割をいささかも果たしていない。けっして指導者でなく、たんなる参加者なのである。元司祭や元修道士が異端の指導者になったような、ロマネスク期の異端運動とは性格がまったく異なっていた。

このように、明示的には反教会・反聖職者を謳っていない鞭打ち苦行団の運動であったが、その運動は、教会にとってかなりの痛手となった。というのは、宗教運動が俗人の指導者によって指揮され、彼が償いの業を課し、償罪を認め、儀礼的鞭打ちの会合・催しを司式することは、聖職者の職務の掠取にほかならなかったからである。さらに、この鞭打ちはときに集合的エクスタシーにまで達し、全キリスト教共同体の命運がこの霊妙なる贖いの業に掛かっていると考えられた。俗人が聖職者なしで互いに罪を許し合い、聖書外典を説教し、いきおい聖職者を敵視することもなかったとは言えまい。

この運動に民衆を動かす魅力があり、教会にとっては恐怖であったのは、それが典礼的な形態の儀礼として秘蹟的な効果があったからである。このペストに怯える一三四九年の鞭打ち苦行団たちの運動は、本来エクスタシーに駆られた無軌道な行動ではなく、形式重視の宗教儀礼であり、さらに言うなら、観客の反応をも計算に入れた典礼スペクタクルなのであった。それでも、参加者の熱誠の激しさ・真剣さは疑いようもなく、本当の血が流れ、ゆえに観衆に大きな衝撃を与えたのである。それが俗人たち主体で執り行われることで、聖職者が通常の秘蹟、お勤めをスムーズに果たせなくなることを危惧した教会当局が、非難の声を上げるようになったのである。(64)

非難の中心には「悔悛の秘蹟」との競合があった。三三日（半）の贖罪の業のみですべての罪が贖われる、鞭打ちが新たな洗礼となって他のすべての「悔悛の秘蹟」は省ける、という者まで登場しては、たしかに教会の権限は侵害されかねなかった。(65) 一四一七年、ヴァンサン・フェリエにつき従う鞭打ち苦行者たちにジャン・ジェルソンが感じた危惧も、彼らが告解と悔悛の秘蹟をなみして、殉教者に匹敵する鞭打ちのほうが価値があると主張し、聖なる地をその血で穢すことだった。(66) さらに進んで鞭打ちで流す血はキリストの血そのものだ、と言い張る者までいた。(67) こうして鞭打ち苦行団が一種のセクト、異端と看做されることになる。彼らはしばしばベガルド派と同一視された。

パリ大学の教師フェイのヨハネスは教皇クレメンス六世に調査を依頼された。その結果を報告する教皇の前での説教で、この新たなセクトの罪状を述べ立ててそれらをサタンの画策だとしている。(68) そして持続的な脅威の存在を指摘している。おそらく彼は、当時の聖職者たちの不安に怯える声を代弁していたのだろう。ほかにも多くの聖職者が、鞭打ち苦行団を異端と同一化して非難の声を上げげた。秩序紊乱を恐れた教皇は、一三四九年十月二十日 **Inter sollicitudines** の教勅を発した。(69) そこでは直接彼らを異端と断じている訳ではないが、彼らの罪・過ちをリストアップしている。偽の天来書状、思い上がり、教会の軽視、認可なしの画一的な黒服に十字の徴、ユダヤ人殺害への参加……と罪状は並ぶ。そして司教らに対し、聖俗の司法でこれら悪事をなす者を掣肘すべきことを命じた。アヴィニョン教皇として、フランス王国に波及するのを恐れたという理由もあるかもしれない。

公序良俗を乱しかねないことを心配して教勅を発したクレメンス六世にひきつづき、仏王シャルル四世とフィリップ六世、さらには諸都市が一致して鞭打ち苦行団を禁止した。しかし直接の制圧は（大）司教たちが行い、彼らは世俗権力の助けを借りて鞭打ち苦行団を厳しく弾圧した。はじめこの運動に魅力を感じた貴族たちは、こうした教会の厳しい追及の結果、次第にそこから距離を取るようになった。ところが反対に、貧しい職人・農民グループの参加が増加し、彼らのあいだに広まったメシアニズムは、革命的願望と混同していった。次第に運動は過激化し、それは参加者が社会の下層民主体になる過程と並行していた。下層民の胸中に募ってきた反聖職者主義がいよいよ頻繁に反ユダヤ主義と混淆する。一三四九年には、鞭打ち苦行団はフランクフルト・マインツ・ケルン・ブリュッセルなどのユダヤ人共同体の虐殺を率先して行った。(70)

いずれにせよ、聖俗当局による抑圧の結果、彼らは半年ほどで泡のように消えてしまった。しかし完全にいなくなったわけではない。チューリンゲン地方でしばし生き延びていた鞭打ち苦行団は、異端とされて異端審問によって糾弾・抹殺された。一三六〇年頃再び現れ、弾圧・迫害されつつも、十五世紀末まで地下に潜って活動をつづけ、間歇的に地上に現れた。(71)

＊

一三四九年八月半ばから翌年にかけて、ドイツから伝わりフランドル、ブラバント、エノーへと動いていった鞭打ち苦行団の行状は、基本的にドイツのものと変わらないし、教会当局もそのように一絡げにして対応したようである。(72)しかし、組織という点ではいささか異なっているように思われる。ドイツの鞭打ち苦行団が、俗人たちの自由奔放な運動として当初教会当局の管理を逃れていたのにくらべ、ネーデルラントにおいては、はじめから教会の組織としてしっかりまとまっていた。ジル・リ・ミュイジは、トゥールネでの信心会（団体）societates について語り、小教区ごとにリクルートされ堅固で伝統的な枠組みに嵌め込まれた鞭打ち苦行団があったことを示唆している。またブリュージュの鞭打ち苦行団は、トゥールネでのいつもの修行への承認を得るために、この町の司教座聖堂参事会に規約を送付している。[73] だからこの地の鞭打ち苦行団には自制が利いて、過激にならないような社会的・心理的箍が嵌められていた。彼らは謹みのなさを嫌い、また惑乱分子が外から入り込むのを防ぐため、特別な黒っぽい寛衣（cloche と呼ばれた）を正規の贖罪服とし、それに赤い十字架を付け、頭巾を被った。[74] そして大半のグループが司祭の前でしっかりと告白し、その手から秘蹟を受け取ったのである。リクルートの条件は厳しく、また課される義務は尊重されねばならなかった。聖俗当局は彼らに異端を見ることはなく、民衆の霊性の敬虔なる発露と看做して好意的であった。しかしもちろんこの地においても、行き過ぎた説教や過激な修行で秘蹟の価値を貶め、勝手なコースの行列で地方教会の権威への服従から脱し、聖職者を批判して教会と対立するケースもあり、高位聖職者の非難を浴びることを完全には避けられなかった。[75]

ネーデルラントの鞭打ち苦行団はドイツと違って、むしろイタリア的な特性があったのではないだろうか。それはつまり聖俗の当局、個々の教会が監視・指導しようとしたからである。ブリュージュとトゥールネの鞭打ち苦行団には「規約」もあって、イタリアの信心会を思わせる。いずれもその地方・都市の教会（制度）と結びついた鞭打ち行であり、だからこそこの地では、イタリアのようにある程度、集団として定着する鞭打ち苦行団が存続しえたのである。また彼らは自分たちの贖罪の業の見本によって党派争いに耽る人々を窘め、その乱行をやめさせ、またこれまでの罪を赦したのであった。

最後に、フランスにも、鞭打ち苦行団がフランドル、ブラバント、エノーなど隣接地域から南下してきたが、トロワやランス近辺にまでたどり着いただけですぐ消息を絶ち、消滅してそれ以上南進することはなかった。これは、フィリップ六世（在位一三二八〜一三五〇年）が鞭打ち苦行者になることは犯罪だとして禁止し、王国から追い出す方策を採ったからである。[76]

二　鞭打ち苦行信心会

一二六〇年の鞭打ち苦行団の運動と相前後して、イタリアには鞭打ち苦行信心会が叢生する。両者の先後関係に関しては議論がある。既述のように、鞭打ち行為そのものは初期中世より修道院や隠者の庵で行われていたが、「俗人」が贖罪の行為として、「集団的」に鞭打ち苦行するために組織を作るというのは、この時代のイタリアにおきた新事態である。俗人の集団的贖罪行為という点でとりわけ注視に値するのは、penitenti（悔悛者、贖罪者）という身分の者たちであろう。

「悔悛者」とは、古代末期、初期中世から教会の中の「身分」として存在した、自発的ないし強制的な禁欲者であった。幼時より両親によって神に捧げられて、大人になってその誓願を受け容れたり、あるいは成人してから、いや老齢になってからその身分に入ったりと、その年齢はさまざまであった。また修行の場も、自宅にそのまま、いて敬虔なる生活をする者がいるかと思えば、修道院に託される者もいたが、司教座聖堂・参事会教会、あるいは修道院教会に付属した住居で、神への愛に駆られて聖職者・修道士らに奉仕することを選んだ者は、独身・服従・厳格な共住を誓った。そうでない者にも、世俗的享楽に繋がるような見せ物や宴会参加の禁止、いくつかの公職への就職の禁止、商売や武器携行の禁止等の規定があった。こうして十一世紀には、男女別々ないし両方を含む、回心した敬虔なる俗人の共同生活が各地で行われるようになっていた。

おなじ頃より、農村でも司祭の指導下に一種の寄宿舎に住んで共住する悔悛者——農村共同体悔悛者（Penitenti rurali comunitari）の会（結社）——が、数は多くはないが成立した。それはまずドイツに広まり、十二世紀後半には北イタリアにもその存在の証拠が認められる。[77] これは農村のある地区の全住民が贖罪に身を献げ、修道院や参事会教会に頼って保護・指導してもらうという形の運動であった。いくつもの農民家族から成るこれらのグループでは、私有財産を放棄して共同体に捧げ、共同の労働も皆の福利を目指していた。信心業としては、聖務日課の他さまざまな祈禱をした。

農村共同体悔悛者の会は、宗教運動として大きなうねりとなることはなかったし、まだ信心会という形態も取らなかった。ところが十三世紀に入ると事態は一変する。一二一五年頃、イタリアの都市部で突然のように悔悛者の数がふえ、結婚した者もそこに身を投じて大規模なの贖罪=悔悛運動がスタートしたからである[78]。俗人たちがその世俗の身分を変えぬまま、自発的に悔悛者の身分を身に負い、何世紀も前から教会が定めた法や慣習を守ってそれが含むすべての条件を履行する。都市部を中心に激増したそうした者たちの集まりが、やがて地域的な信心会を構成するようになるのである。

どうして急に都市部において悔悛者がふえたのだろうか。ひとつには、悔悛者を自認した聖フランチェスコのモデルの吸引力であろう。「諸身分」ordines の図式も、聖職者 vs 俗人の図式も乗り越えた、「兄弟性」fraternitas を追究した彼の説教の原初のテーマは、まさに贖罪と悔悛、そして回心にほかならなかった。彼の初期の弟子たちも悔悛者として生活した。だから、アッシジ、ペルージャを中心とするウンブリア地方をはじめ、フランシスコ会の影響下に、トスカーナ、マルケ、ロンバルディア各地方の都市へと贖罪の運動が広まったのだろう。

一二二一年に悔悛者会（Ordo paenitentiae）の、いわゆる規約（Memoriale proposti）がロマーニャ地方でまず採用され、それがその後、他地域にも周知されていった[79]。このようにして、いわば全国共通の規則をもち、教会法的な身分を定められてその特権・免除をもつ団体（信心会）ないし個人が誕生する。ただし、Ordo と呼ばれても、これは修道会のような教会法上の正式の Ordo ではけっしてなく、地域ごとに連合する傾向はあっても、その本質は信心会連合——それに加えて信心会に属さず私的に自分の家で敬虔な贖罪生活をする者たちの集合——で、あくまでも司教に従属していた（修道会ならば、司教に下属せず教皇庁に直属した）。だが、間もなく托鉢修道会に法的に従属し霊的に縁つづきになる。すなわち第三会の成立である。

悔悛者たちは、無着色の質素な服を着て貞潔を守り、週何日かの断食と禁欲、毎日のミサ参加ないしそれに代わる一定数の主禱文と天使祝詞の時課ごとの朗誦、聖務日課の遵守、一年に二ないし三回の告解と聖体拝領、世俗的祭りや遊びの自粛、行政・管理職務の不行使、武器不携帯などの規定を遵守した。鞭打ちも苦行のひとつとしてまったくなかった訳ではないが、例外的だったろう。

十三世紀中、そして十四世紀初頭にかけて、とりわけ中・北イタリアの都市部にこの悔悛者の運動は広まっていく。そしてアルプスを越え、ドイツ、フランス、スペインへと急速に波及する。もちろん形態はさまざまで、組織（孤立しているか連帯しているか）、身分（献身者か自由人か）、居所（隠遁所、共同住宅、寄宿舎、修道院のいずれか）、指導者（フランシスコ会かドミニコ会かシトー会か）、誓願（貞潔を誓ったか、誓わずに結婚しているか）、まさに千差万別であった。それでも性別、身分の上下、聖俗の別なく受け容れられるという画期的な制度であった。

また彼らは、俗人としての生活を捨てきってしまうのではなく、家族・仕事・財産を、身分とともに保持しつづけることもでき、経済発展著しい都市社会に適った宗教生活の形態であった。施療院を管理したり、そこで働いたり、貧者のための基金を管理したりする「慈善事業」が、彼らの主な対社会的な仕事＝善行であった。

A　イタリアの信心会

鞭打ち苦行信心会も、こうしたイタリアにおける「悔悛者」の集団化の流れに棹さしていることは、容易に推測できる。[80] しかし、法的にはあくまでも別の種別に属した。というのも鞭打ち苦行信心会は、悔悛会＝第三会と異なり、万国共通の規則をもたず、地方ごと、信心会ごとの規則に従っていたし、また托鉢修道会と密接なかかわりをもってその協力を求めたといっても、それに法的に従属することはなかった。すなわち、悔悛者団=第三会が、ドラスチックに労働・家族・財産を放棄しないまま、教会の中で世俗から半ば離れた特別な「身分」を与えられたのに対し、鞭打ち苦行信心会の会員は、あくまでも完全に俗人のままであった。

しかも唯一の苦行として鞭打ちを華々しく行ったのであれば、一二六〇年に始まった鞭打ち苦行団の運動との連関も蓋然性が高い。ペルージャの信心会の存在についての確実な証拠は十四世紀初頭になってしか現れないが、一二六〇年の運動との系譜は間違いないようだ。[81] 問題は、どちらが先かということだろう。

ペルージャには、一二六〇年の運動の前にラニエロ・ファザーニによって信心会組織が作られており、この信心会が鞭打ち苦行団運動の母体だったという説もあるが、確証はない。反対に、鞭打ちの大巡歴からもどったラニエロは、おそらく俗人の信者たちを集めて祈禱所 oratorio を作り、今度は密かに壁の中で鞭打ち苦行をする団体を構成したのだろうとも想像できる。そのうえ鞭打ち苦行団の運動の結果、鞭打ち苦行信心会が生まれたことを明瞭に示す史料が、他都市にはある。

たとえばボローニャでは、鞭打ち苦行団の通過の後、一二六一年二月十五日、教皇アレクサンデル四世から、ボローニャ市壁のすぐ外にあるサヴェナの聖ジャコモ修道院（アウグスティノ会所属）の中の教会に定期的にお勤めのため集まる鞭打ち苦行者への贖宥を認めた小勅書が出された。翌年には、集会場所、定期的な集会、アウグスティノ会の霊的財産への参加の証拠がそれぞれある。一二七〇年には施療院を運営し始め、その後司教から建物建設や経営を支援する認可をいくつか受け、それとともに規約が作成され順次補塡された。司教によって承認されたのは一二八六年であった。つまり①鞭打ち苦行団の影響を受けた者たちが三々五々集ってお勤めをするようになり、②それが托鉢修道会などの支援もあって明瞭な輪郭をもつ組織=事実上の信心会となり、③徐々に信仰形態・物質的基盤・管理運営などの規則を合わせた規約が出来、④それが司教に裁可され集会のための本部をもつ自律的信心会として確立する、との順番が確認されるのである。[82] しかも、地域・都市によっては、運動発生よりずっと後にはじめて信心会が作られるケースも多いから、ペルージャも含めて、信心会後発説に有利かもしれない。

さて、一二六〇～六一年にせよ一三四九～五一年にせよ、鞭打ち苦行団の「運動」は華々しくても、短くて終わったが、信心会は同様な霊的啓示を受けつつ恒常的な生活様式としての性格を有した。こちらは特定の規律に従いながらの鞭打ちの実践であり、かぎられた人数の俗人の信心業であった。とくに一四一七年以降、イタリアではもはや鞭打ち苦行団の贖罪運動はまったく見られなくなったのに、鞭打ち苦行信心会は開花しつづけたので、両者の分離はいよいよ決定的になった。

またドイツでは、鞭打ち苦行団は異端化して弾圧され、ほとんど信心会組織は発達しなかったので、この俗人組織(鞭打ち苦行信心会)はイタリア固有だといってかまわないであろう。その理由はどこにあるのだろうか。イタリアでは王国や諸侯領といった上級権力がほとんど不在ながら、あらゆる主権をもつ都市国家が分立し、そこでは政権は不安定で党派争いが絶え間なく繰り返されたものの、逆に地区、街区の細胞となる組織は安定していた。だからそれらを横断して成立した、別の社会的結合関係や宗教・社会・文化の目標に仕える組織(信心会)が、地区・街区を都市全体と繋ぐ連結装置としてうまく機能しえたのだろう。会員は信心会入会後も、自分の生活基盤のある街区に片足を突っ込んでいればよかったのである。イタリアには、夥しく林立する信心会の一種として、穏和化した鞭打ち苦行信心会ができる素地が他のどの国よりも肥沃に広がっていた。

ともあれ、最初の鞭打ち苦行信心会はウンブリア地方のペルージャに生まれたようである。[83] 十四世紀初頭には、同市に三つの鞭打ち苦行信心会があった。ついでその世紀の経過のうちにさらに三つ出来た。この団体は、他の都市にもたちまち飛び火して広まった。隣接するアッシジでは、一三一六年が初出、十五世紀末には十ほどの鞭打ち苦行信心会があった。[84] またボローニャも早く――上述のように一二六一年――出来、周辺の諸都市の信心会のモデルになった。北イタリアのヴィチェンツァに出来たのは一二六三年、[85] パドヴァには一二六三年には存在しており、パルマにも一二六五年以前に出来たという。[86] ベルガモは一三三六年が最初である。[87] M・パーピによると、フィレンツェではやや遅れて一二六八年が初出である。[88] チヴィダーレ（フリウリ地方）は一二九〇年以前、[89] マチェラータ（マルケ地方）では黒死病をきっかけに十四世紀後半以降、都市当局の後援で作られた。[90]

かように鞭打ち苦行信心会は、ピエモンテ、ロンバルディア、ヴェネト、エミリア、トスカーナ、ウンブリアなどを中心に、イタリア半島の北から南まで、いやシチリアにも出来ていった。十三世紀に始まり、十四世紀前半（一三二〇年代〜）に急増、十五世紀にかけて夥しく設立され、ピークは十六・十七世紀で、一部では十九世紀までつづく。こうしたクロノロジーの特徴から――つまり十三世紀とくに一二六一〜七〇年は数個しかできていないため――鞭打ち苦行団の「運動」との直接的関連を疑問視する向きさえある。

またこれらの信心会は、すくなくとも初期には托鉢修道会がしっかり根づいたところで成立し、トスカーナやヴェネトでは――托鉢修道会の指導下に――改革もなされた。多くの場所では、信心会員たちは、ドミニコ会ないしフランシスコ会やアウグスティノ会の修道院を間借りし、そのホールに集合して鞭打ち修行をした。しかしなるたけ独立を保ちたいと、資金を集めて別の家を購入してそこに祈禱所 oratorio を作る信心会のある都市もあった。いずれにせよ信心会の拠点は、托鉢修道会の修道院の近くに出来、両者はつねに密接に連携していたことが特徴である（この点、まるで北方におけるベギン会に相応する組織が、イタリアでは鞭打ち苦行信心会をはじめとする信心会であったかのようだ）。

托鉢修道士たちの役割は、規約作り、修道院教会におけるミサ執行のための礼拝堂付司祭の手配などであった。やがて托鉢修道士は、信心会内の常任聴罪司祭の役割も担うようになった。そこでしばしば両者のあいだに兄弟愛の絆が生まれ、そのおかげで信心会は托鉢修道会の霊的特権に与れることにもなった。このときより司教は沈黙のうちに教会の中での信心会の意義を認め、遂には贖宥さえ与えるようになった。さらに、この托鉢修道会の修道院教会の守護聖人ないしそこで特別に崇められている聖人が、そのまま信心会の守護聖人となることが多かった。

メンバーは市内でも経済活動が活発な社会層である商人・職人・公証人らが中心であった。しかし貴族もいたし、反対に農民や労働者もいた。新しい「兄弟」として受け容れられるためには、まず会長（rettore）と評議会に届いた人物照会の審査に合格しなくてはならなかった。入会者は高利貸しでなく、愛人を囲っておらず、居酒屋や他の汚く下品な場所にいかない、などが必要条件であった。年齢は、ボローニャでは十八歳以上ないし二十歳以上で、修練期間が二ないし六カ月であった。修練期間中に残る悪習を根絶して、美徳の流儀・慣習を植え込む。いよいよ入会となれば、しかるべき入会儀礼を執り行った。

鞭打ち苦行信心会は、他の信心会同様、男性中心の組織であったが、女性がまったく排除されていた訳ではない。しかし彼女たちが担うのはマージナルな従属的役割に止まった。彼女らは役職に就かず、役職者の選出や規約作成には参加できなかったし、集会にも出席しなかった。彼女らの信心業の機会もかぎられていて、町中の街路や祈禱所での集団的信心業（鞭打ち）——とくに公開のもの——には参加できなかった。しかし祈りや代禱にはときに加わることができた。

いずれにせよ、組織としての最大の特徴は——托鉢修道会との親密な関係はあっても——聖職者がほとんど目ぼしい位置を占めない「俗人」たちのみの団体であり、教会の他の制度から独立した悔悛者=贖罪者として、独自の生活をしたことである。組織はしっかりとピラミッド状に構成され、いくつかの役職があったが、consiglio（評議員の出席する評議会）と総会がしばしば開かれて、役職者に掣肘を加えたし、役職任期も三カ月から長くて一年であった。また教会個人に権力が集中しないように、また長く役職に就くことで腐敗・慢心しないよう工夫が凝らされていた。また教会の中での俗人団体としての自覚の下に組織化されたので、多くの規約が聖職者の加入を抑制していた。こうした特色を眺めると、一二六〇〜六一年に燃え上がった俗人運動としての鞭打ち苦行団の熱誠を、イタリアという都市社会において安全な導水路に導いたのがこの信心会であったと考えられよう。

それでは役職にはどんなものがあったのだろうか。評議会の頂点には会長（rettore または priore）がいた。彼は会の霊的な長であり、会員は皆、彼に服しなくてはならなかった。会長は大いなる気遣いで会を平和・和合・愛・慈しみの中に保ち、聖性と誠実の美徳を増進させ、誠実で謙虚な者をふやして神の恩寵が下るようにする。彼は聴罪司祭に補佐され、慈愛の精神で秘密裏に仲間の過ちを聞き届け、忠告・矯正・処罰を加え、必要があれば追放する。彼はまた会員たちに規約の遵守に尽力させ、あらゆる集会を司式し、鞭打ちや行列の規律化を図る。そのかたわらには、ときに副会長（soppriore または vicario）がいて彼を助け、真にやむをえない場合には彼に取って代わる。他に、事務職として、財務管理人、聖俗の監査役、書記、公証人、使節などがいた。

鞭打ち苦行信心会には、統一的で中心的な推進センターがあったわけではない。これは、修道会などと大いに異なる点であり、むしろベギン会と共通する特徴である。鞭打ち苦行信心会は、罪を贖って救われたい、慈愛の念を行動に移したい、と願う俗人たちの自発的な動きから緒に就き、周囲の状況に適応しながら成長していったのである。

鞭打ち苦行信心会は十四世紀、とりわけ十五世紀になると、組織的な面でも大きく変化した。つぎつぎに規約が作成・改訂され、都市ないし司教区内の信心会の組織網が完成していったのである。最初は穏やかで自由裁量の利くまとまりだったが、後期中世の状況の変化につれて凝固化して本来の司教区内組織となり、それと同時に、司教が明確な管理形態を確立するようになった。規則を認可するのは司教であり、こうして司教は規約の統一を図りながら自分の監督権を増強させていった。この組織的集中化が〈霊性〉に及ぼした変化については、**C**項で考えよう。

B　ドイツ・ネーデルラントの信心会

ではドイツとネーデルラントにも、イタリア同様な鞭打ち苦行団の信心会ないし兄弟団は存在したのだろうか。(91)

まず確認しておきたいのは、十四世紀半ばにドイツとネーデルラントを中心に行列を繰り広げた鞭打ち苦行者たちは、自然に集まったアモルフな集団ではけっしてなかったということである。いや、すでに上にも紹介したように、彼らはじつに厳密なプログラムに従った行列と鞭打ちの儀礼を行い、しかも上長に従う秩序立った団体であったことが、多くの史料から窺われる。実際、彼らはなんらかの「組織」をなしていたのであり、それは彼らが fraternitas と呼ばれていることからも推測できる。

しかし、イタリアに鞭打ち苦行信心会が出来た一二六一年ないしその直後の段階で、北方にも信心会的組織とその規約があったという証拠はない。おそらく最初の鞭打ち苦行団の運動の後、かなり時間をかけて、この苦行を日常的な贖罪と救霊の手段として集おうという人々が徐々にふえていったのであろう。それが、やがて信心会組織――というより正しくは信心会的組織――になっていったのではないだろうか。あるいはイタリアの信心会から感化を受け、なんらかの系譜を引いているということも考えられる。

イタリアとドイツ・ネーデルラントでは、都市における「信心会」の性格、制度的位置づけ、教会当局とのかかわり自体が、かなり異質であることは事実である。(92)それでも鞭打ち苦行団について、一三四九年の時点ですでに組織がしっかりと固まっており規約も存在している、ということは、それよりかなり以前に、信心会的組織が出来上がっていたと考えた方が自然である。ならば百年近くも地下に潜っていたのか、それとも地上で公然と活動していたにもかかわらず地味で小規模であったために、史料に現れないということか。不思議といえば不思議である。

シュトラースブルクの信心会について、クローゼナーは若干の手工業職人が作ったのだと言っている。そして彼らは鞭打ち苦行団のように三三日半行列しながら鞭打つという信心業を実践する訳ではなかった。一三四九年に出来た信心会のいくつかでは、会員は市外に出ずに、市内の、ミュルンハイムのエーベルリン殿の庭園でのみ鞭打ちをしたのだという。また誰か仲間が死ぬと、犠牲として鞭打ち行列をしたが、ふだん鞭打ちしたい者は、家の中ですべきだとされた。(93)

クローゼナーなどによると鞭打ち苦行信心会は、俗人の団長（会長）を戴いていた。その数は信心会の大きさで違ってくるが、通常一〜二人でノイエンブルクのマティアスも一人の会長と二人の副会長がいるとしている。(94)会長は、多くの管理・規律の権限をもつ。メンバーには、鞭打ち行の三三日半が終了するまでは服従を誓わせ、また進行中、逸脱者が出ないよう監督し、宿泊や食事、町への出入りなどの手筈を整える。さらには喧嘩を仲裁し、規約を破った罪深い兄弟を罰したり免罪したりする説教をするのも彼の任務である。

ドイツの鞭打ち苦行団の「規約」は残っていないが、ネーデルラントの鞭打ち苦行団の「規約」は、私たちのところにまで届いている。この地においては、しっかりした常設団体が出来、運営上、その規約が必要となったのだろう。残念ながら残存規約は僅かであるが、ブリュージュおよびトゥールネの規約が公刊されている。その規約は――抜粋が世俗語からラテン語に訳されているのだろう――、イタリアのものとくらべて簡単なものだが、それでもつぎのような事実が判明する。(95)

ブリュージュの規約では、負債を払い不当に得たものを返すべきこと、夫は妻、そして教区の主任司祭に痛悔をもって告解し、許しを得て入会すべきこと、後者からは十字架を受け取ることなどがまず最初に記されている。ついて鞭打ち苦行団は四人の会長ないしマギステル（rectores seu magistros）を戴き、行列の進行は、二人ないし二組のペアーでのみ行われるべきことが書かれている。その他、喜捨の受け取りや宿泊の歓待についての規定、女性との会話やものの受け取りの規制、とくに食事時の作法・祈り・安楽を排した寝所などについて、鞭打ちの仕方などとともにに定められている。

この町の鞭打ち苦行信心会には互選で選ばれるマギステル（会長）が、規模に応じてそれぞれ一～数人、通例は二人いる。一般の会員は、それこそ貴族からしがない職人まで諸身分の男女が含まれるが、いずれもこの上長に絶対服従を義務づけられ、従わなければ罰則を科せられた。会長は、行進の出発・停止、鞭打ち、歌謡、帰還といった指示を出す。またこの会長は、つねに「俗人」であることを条件としていた。他に、規約第一六条によると、seniores「長老」が数名おり、彼らは会長に次ぐ地位にあり、受け容れ主の家での食事のときに兄弟たちを監督し話をしたようである。

トゥールネの規約については、ジル・リ・ミュイジが報告しているが、こちらは一層教会当局、とくに托鉢修道会の影響を受けた条項が多く含まれている。会員の喧嘩や規約違反のとき、聴罪司祭を勤める托鉢修道士が懲罰を宣告する、というように聴罪司祭への服従で混乱要因を減らそうとしているのが特徴である。

こうして北方の信心会の規約を調べてみると、組織面では、イタリアですでに一世紀近くの歴史をもっていた鞭打ち苦行信心会との類似が際立っているようだ。イタリアで古くから作られてきた規約が、南から北への人間・文物・情報の移動により、北方世界の鞭打ち苦行団にも採用されるようになったと推測されるが、確証はない。

ところが大きな差異が、南方と北方のあいだには横たわっている。それはつぎのような差異である。

イタリアの鞭打ち苦行信心会は、鞭打ち苦行の運動の激発の後、すぐさま他の信心会同様な組織へと改組されて、都市の中の安定した集団になり、多くの市民たちがかかわりをもつ社会的結合関係の結節点になっていった。そして修道会ないし施療院などの上部組織に下属することになった。それに引きくらべてドイツ・ネーデルラントでは、都市内のある互助組織、いわんや教会の下部組織という性格は薄く、もっぱら――屋外を行列をして練り歩きながらの――鞭打ち苦行をするための専門組織であった。

それではこうした「信心会」への入会は、イタリアにおけるとおなじように永続的なもので、ドイツ・ネーデルラントでも日常的な行動がすべて信心会の規約によって縛られていたのだろうか。それとも北方世界においては、あたかも一時的なツアーに参加するようなもので、三三日半の鞭打ち苦行の行列が継続するあいだだけ存続する須臾にして消えゆく運命の集団の約束事にすぎなかったのだろうか。

教皇クレメンス六世は、ドイツの鞭打ち苦行団の広がりに危機を感じ一三四九年十月二十日に教勅を発してドイツ、ポーランド、スウェーデン、イングランドのすべての大司教と司教に対応を促した。[96] 彼らを偽りと迷信に満ちた宗教だと断罪し、地上の絆を解かないまま団体 societates をなし、秘密の集会 conventicula をしていると呪う。外観上、修道院のような結社を成して独断的な規約をもっているが、こうしたことは許されないと非難している。

このクレメンスの教勅から一種の修道会組織を想像し、北方世界の鞭打ち苦行団には各都市を超えた確乎とした全体組織と高次の管轄部があると考え、そこからあちこちに密使が派遣されてその任務に当たったとする研究者、あるいはあらゆる北方の鞭打ち苦行信心会の規約の源泉となった「原規約」があるとする研究者がいる。しかしそうした捉え方は、史料的にも、実際の歴史状況を考えても無理があろう。[97]

ドイツ、ネーデルラントに運動としての鞭打ち苦行から脱皮した、都市内に定着した信心会としての鞭打ち苦行信心会が存在したとは、新たな証拠でも発見されないかぎり言えないようだ。むしろそれは、一回かぎりではないにせよ、鞭打ち苦行の行列に参加するための限定的目標を掲げた信心会であったのだろう。

C　規約に表れた霊性の変化

ここで、鞭打ち苦行信心会の「規約」に注目し、時代による〈霊性〉の変化、とりわけ十四・十五世紀の変容について考えてみよう。ドイツ・ネーデルラントの鞭打ち苦行団の規約はほとんど伝えられていないし、霊性の変化を読み取れるほど時系列上に並んでいる訳でもないので、ここではイタリア諸都市の規約を検討してみたい。(98)

鞭打ち苦行信心会は修道会のようなオルドーではなく、ひとつひとつが独立した施設であったため、それぞれ図式的でも画一的でもない規約が作られた。運動をもりたてる指導者は、先行する他都市の信心会の規約からいくつかのモチーフをある程度採用しながらも、その地域固有の伝統的モチーフを受け継いでいったし、他に古い公開贖罪（悔悛）の規律の要素、托鉢修道会の戒律、とくに重視する特徴的信心業や目指すべき対外活動などをも視野に入れて、規約を定めたのである。

規約には組織や入会条件のほか、定期的ないし特別な祝祭などにメンバーが行うべき信心業が記されている。秘蹟、とりわけ聖体の秘蹟とその頻度や、朝夕また食事の前後に唱えるべき祈りについての規定、病気・貧窮や死に見舞われた仲間に対する勤め、さらには対社会的な慈善行為などは、信心会一般の規定と大同小異だといえるだろう。(99)

アッシジの場合

アッシジのサント・ステファノ信心会は、アッシジ最古の鞭打ち苦行信心会のひとつであり、代表的な規約（一三二七年）をもっている。(100)そこからはどんな〈霊性〉が窺われるだろうか、吟味してみよう。

鞭打ち苦行信心会の会員になる、ということは、世俗を捨てたり修道会に入ったりせずに、「十字架に掛けられたわれらが主イエス・キリストの鞭打ち苦行者」disciplinati Domini nostri Iesu Christi crucifixi になることであり、これこそがまさに世俗の只中の俗人身分にとどまりながら、贖罪者＝悔悛者になる彼らの強みである。こう信じる規約作成者は、テモテへの手紙二のいくつかの章句を冒頭で引用した後、それを解説しながら、神と教会の掟に従い、不敬と世俗の欲望を捨てて謙抑に暮らし、悪から離れて正義の道を取り、あらゆる人に慈愛を示し、祝福された希望と偉大なる神の栄光の到来を待ち望み、贖罪をして他人をもそこに導くようにと、その心構えをこの規約の序文でつぎのように述べている――

いとも親愛なる兄弟たちよ、これがわれらが主、磔にされたイエス・キリストの鞭打ち苦行者たちの生き方でありその形である――それらの掟の中に生き、それらを黙想し、それらを熱望し、それらを管理し、不正から身を離し、家を差配し、罪を打ち捨て、過去の過ちの贖罪をなし、犯した罪に泣き、もうそれ以上泣くような過ちは犯さないことだ。もしも人間の弱さからそこに陥ってしまうときは、難破の後の唯一の板切れである贖罪へと一刻も早く縋り、われわれおよび他の人々のあいだで平和を愛し、都市の平和な状態を飾って、その平和な状態のために神に祈願することだ。毎日、われわれおよび他の人々のあいだの諍いを終熄させ、できるかぎり悪と危険に対抗すること。もしもそれができないときには、すくなくとも悲嘆をもって神に近づき、謙虚な祈りで祈願することだ。人々を霊的な善、ことに都市の共通善に導くこと。有害なものを阻止し、もし可能ならばわれわれの習俗を矯めてくれる人たちに露わに示し、生活を改善し、善き模範で善に駆り立て、罪の矯正と罰を謙虚に喜んですべて受け容れることだ。(101)

その後につづく章で、生活上の規則が具体的に示されるが、鞭打ちの苦行をしてキリストに近づくこと、聖務日課の遵守、各日課で唱えるべき主禱文と天使祝詞の回数、また各食事の前後の祈りやさまざまな種類のミサ、四旬節をはじめとする決められた時期における断食、聖体拝領と告解などについて規定している。また道徳的な生活態度が慫慂され、賭け事や居酒屋通いを禁じ、聖物の名での誓約や冒瀆の言辞も禁止されている。また姦通、男色、高利貸しなどの悪徳を排し、生死いずれでも仲間を助けることが奨められる。平和の確立を強調し、ラウダの上演にも言及している。さらに、信心会のモノの持ち出し、外出などについての規定、巡察官――聴罪司祭(フランシスコ会士)

――による査閲と、罪や違反に応じた罰則が列挙されている。

以上が本規約のおよその内容であるが、とくに告解と聖体に力点が置かれているのが特徴である。聖体は、少なくともクリスマスと復活祭の祝祭には受けるべきこと、望むらくは日曜や祝日のみでなく週日もミサに出席することが期待されている。しかしそれにもまして告解の秘蹟の頻度が高くて、毎月するようにと定められているのである（これらは、第二章と第三章に定められている）。これはとりわけフランシスコ会の影響だろう。[102]他に、毎月の告解と償罪の業のための集会、三カ月ごとの巡察官列席の下での特別の告解について、第六章で定められている。

第四章では、鞭打ちをする祈禱所に入ったときの儀礼的所作が規定されている。鞭打ち自体は、所定の服をまとい、会長の指導下に彼が振る鈴（小鐘）の音でリズムづけられて進行する。[103]

さらに第八章には、聖金曜日の典礼・贖罪の業についての規定があるが、この長い一日は、前日の夜から始まる。その夜、皆で祈禱所に集まってキリストに倣った洗足の儀礼を繰り返し行う。翌朝の朝課での集会では、「キリストの受難と悲しみの嘆き」passionis Christi et doloris suspiria を聞く。また涙を流しながらラウダを歌い、仲間の葬式のときと同様な行列をする。集団での鞭打ちは、キリストへの信心の発露、苦しめるキリストの模倣である。それはキリストの受難のラウダを歌いながらの鞭打ち行であり、参加者のあいだに、感動と悲嘆の情を掻き立てる。[104]

この規約からは、苦悩のキリスト、十字架のキリストへの信心が強烈に流露している。しかしそれはひとりで深化させる性格のものではなく、おなじ信仰の中に共に生きる仲間たち、死者をも含めた兄弟同士の連帯の中での崇拝であり、信心であった。一人神と向き合って合体する、というような神秘主義的傾向はどこにもなかった。それは女性の宗教運動であったベギン会の運動と大きく相違する点である。

鞭打ちによる贖罪

その他の規約をも総合してみると、イタリアの鞭打ち苦行信心会の会員が日々行っていた信心業の公約数が導出できるが、そこからはいかなる〈霊性〉が窺われるのだろうか。[105]

すべての鞭打ち苦行信心会の信心業の中核には、当然「鞭打ち」があった。彼らは、いわば計画的で組織的な鞭打ちを、一方で壁の中で隠れて、他方では機会を捉えて皆に見えるところで、公然と行ったのである。鞭打ちは、最大週二回（金曜夕方と日曜朝）行われ、ほかに聖母・使徒・他の聖人の主要な祭日、あるいは葬儀、新人の受け容れなどの特別な機会に行われた。しかし最小だと一年にほんの数回というケースもある。鞭打ち苦行団のようなあまりに甚だしい劇的な鞭打ちは控えて、彼らだけで密かにチャペルに集まり、規律ある苦行をすることが目指されていた。鞭打ちのための集会場所・時間は、規約で詳細に決まっていた。これは会長の指揮下で厳密な規則に則り、ごくかぎられた時間（詩篇か雅歌をひとつ唱える時間のみ）だけであり、私的な鞭打ちが過激になって、弊害をもたらさないように注意怠りなかった。

それでは公開の行列・鞭打ちは、いつ行われたのだろうか。たとえば日曜やマリア・使徒らの祝日その他の機会には、定期的な行列をする最中に鞭打ちを行うことがあり、それは当然公開であった。鞭打ちの行列は旗手に先導され、平和と慈悲を希う歌を歌いつつ進むか、あるいは加わっている司祭が唱える「聖人の連禱」（Kyrie Eleison, Miserere nobis, Te rogamus audi nos）に応唱した。聖週間は特別で、より大規模な鞭打ちが行われた。公開か私的かは信心会の会長が決めるとされている信心会もあった。

チヴィダーレ市の鞭打ち苦行信心会の条項は、登録していない者にまで鞭打ちへの参加を認めている――「誰であれ、至高のいと甘き贖い主への愛から自ら鞭打ち、自分の肉と身体を軽蔑し、鞭打ちを望む者は、兄弟たちと一緒に、帳簿や巻物に登録されていなくても、われらが行列に来られるようにと定めました」[106]――こうなると運動としての鞭打ち苦行団に近くなってくる。

鞭打ちは自己目的ではなく、なによりも個人的な回心が目指されており、したがって鞭打ちの他にも信心・道徳・慈善上のいくつもの義務が課された。日曜には信心会の祈禱所でミサが聞かれ、共同の祈りが唱えられ、聖木曜にはしばしば会長が兄弟たちの足洗いをした。

さらに多くの規約には、できるだけ毎日ミサに出席する義務が謳われ、また一年に二〜四回、聖体の秘蹟を受けることなどの決まりがあった。求められる告解の回数は、年四回、二回、一回とさまざまだが、毎月を定めている前述のサント・ステファノ信心会や、チッタ・ディ・カステッロのサンタ・カテリーナ信心会もあった。信心会として兄弟・姉妹たちの死後にまでつづく連帯感を強化するために、死者記念帳に登録された仲間の死者の命日に死者ミサを行い、主禱文と天使祝詞を唱え、行列するときにその仲間のことを思い出すことが求められた。

こうして、十四世紀以前の鞭打ち苦行団信心会の規約を検討してみると、当初は贖罪運動の産物としての性格が非常に濃厚であったことが分る。信心会はこの贖罪精神を安定的にし、とりたてて激情的ではないにせよ、集団でより大きな悔悛の情を示して鞭打ち他の修行を行ったのである。病気や困窮のときの相互扶助や代禱も無視できないが、やはり中心は鞭打ちによる贖罪であった。さらに「俗人性」が強調されていることも重要である。運動としての鞭打ち苦行団もそうであったが、この信心会も伝統的なキリスト教の修行形態の周縁にあり、聖職者の指揮からは免れていた。

もうひとつの特徴は、規約の規定の中に「都市平和」のための祈りがあり、「平和」が重要な目標であったことで、これはイタリアの鞭打ち苦行団の運動から連続した、いわば終始一貫した特徴であった。ドイツではあまり認められない特徴であることも、今一度想起しておこう。多くの信心会の規約に平和確保の規定が含まれており、信心会内の平和、都市の平和、公国での平和と、漸次より大きな平和に向かっていった(107)。会員はいかなるセクト・党派にも所属せず、武器を持たず、襲撃・略奪行に参加してはならないのはもちろん、身をもって社会内の平安のために尽くすべきであった。

十三世紀後半に成立した鞭打ち苦行信心会とラウダ信心会は、鞭打ちの運動から発した新しい現象形態であり、それは民衆の宗教心における新たな局面を映し出すものでもあろう。それ以前の多くの信心会が、しばしば聖俗入り交じっていたのに対し、これらはもっぱら俗人の運動であり、管理、道徳的責任、処罰権などはすべて俗人の会長が握り、しかも彼は全登録者から民主的に選ばれた。聖務を執行してくれる司祭は、補助的な役割しかもたなかったのである。

いずれにせよ、荘厳で勝ち誇った教会の周縁で展開した鞭打ち苦行信心会の会員は、家庭と仕事を捨て教会の組織に取り込まれるよりも、世俗内での禁欲=道徳的な生活に止まるほうを選んだ。それればかりか彼ら高い理想を抱く俗人にとっては、十四・十五世紀の教会はあまりにも世俗にまみれているように見えた。強大なヒエラルキー組織を作り、財を蓄積し、法を整備して管理を効率的にすることが、信徒たちにとっての本当の救いに繋がるのか、教会の現状は深刻な不信を招いていた。ならば、俗人だけで信心業をしたほうがましではないか……。

また彼らのあいだでは、いつも行列という集団的儀礼と、——個人ではなく——共同体の贖罪へのこだわりが支配的であることも確認しておきたい。さらにこの信心会の会員は、キリストの人格への崇拝と彼の受難へのこころ揺さぶられる追憶を共有し、それが皆のこころを繋いでいた。友愛で強固に結ばれた兄弟たちが、互いに理解して相互の弱さを認識し合い、己の罪を告白し合い、謙譲と痛悔の気持ちで償罪の業を受け取るのである。

十五世紀の転換

十五世紀のイタリアでは、鞭打ち苦行信心会にまた新たな方向性が見えてきた。(108)その点に簡単に触れておこう。

鞭打ち苦行信心会の規約は、もともとかなり短く単純で事務的であったが、十五世紀半ばを過ぎると次第に複雑化し、個別事項の解説や典礼定式・誓約の書式なども途中に挟み込まれるようになる。そしてそれは十六世紀にかけて、たんなる規約の域を超えて、霊的生活の論考・カテキスム・修辞を駆使した熱き勧告になっていく。当時のイタリア社会においては風紀改革があらゆるレベルで急務であり、托鉢修道会はその霊性を、信心会をつうじてより広い民衆層へと伝えようとした。それが様変わりした規約に表れているのである。しかしその動きは霊性を典礼の枠に閉じ込め、元来の性格を変質させることにも繋がっていった。

中世末になって鞭打ち苦行信心会は、元来の俗人性や贖罪精神を失うことはなかったが、信心業を教会の典礼と同調させるよう誘導する信心書が用いられるようになったり、小教区のミサに通う義務を負わされたりしたのは無視しえない変化である。そして、信心会自体が司教の裁治権の下に入り、司教は検査官を派遣して管理体制を整えた。さらに司教は、規約を審査して不適切なものがあれば訂正させ、礼拝堂付司祭を手配してミサを上げさせ、また贖宥を譲与することもあった。かくして托鉢修道会に代わって司教が管理・世話の主体になるにつれ、信心会における俗人のイニシャチブは消えていった。そしてほとんど他の宗教者団体と大差なくなり、あらゆる場合に厳格に管区司教に服することになる。

俗人の主体性の弱体化と教会ヒエラルキーへの従属は、彼らの〈霊性〉の根幹を揺るがす制度的変化であったが、十五世紀におけるもうひとつの変化は、霊性の要素として〈慈愛〉が中心になり、〈贖罪〉・〈悔悛〉の鞭打ちは二次的で形式的なものになってしまうことである。規約でも、鞭打ち苦行のための集会の記載は減るかまったく消え去る。その代わり規約の中では高い熱誠と〈慈愛〉の中で修行するための霊的モチーフが示され、神の気高く崇高な愛が鼓吹され、困苦している隣人を助け励ます愛の実践が謳われている。この〈慈愛〉への感嘆すべき督励が、たとえば一五六三年のカヴァッツリアの規約には美しく表現されている。(109)

たしかに十五〜十六世紀には、鞭打ち苦行団において苦悩のキリスト、仲介者マリアへの崇敬が高まるが、それは市民社会に生活する一人のキリスト教徒として、社会に貢献するという社会人としての意識化を伴っていた。彼らは社会的義務として、施療院・孤児院で、貧者や病者や捨て子などの世話をし、娼婦の更正に努め、死刑囚の手助けをし、放置された遺体の埋葬なども引き受けた(110)。彼らの責任で運営される施療院のある都市は、ボローニャ、シエナ、ベルガモ、トレヴィーゾなど数知れない。ますます慈善団体としての性格を強めたのである。

こうした性格の変化は、霊性にも微妙な影響を及ぼすことになる。初期の鞭打ち苦行信心会は、もちろん福音的清貧の中に生きて、あらゆる逸楽・安楽を排した。動産も不動産も信心会の本部以外はもたないようにした。寄進された不動産さえすぐに売られて、あがりは貧者に分け与えられたものである。兄弟姉妹はわずかの会費(たとえば二ナリウス)を、一年の決められた日に、収入役に持参して会の運営費とする。あまりに貧しい者はそれも免除された。

ところが中世末以降、施療院を運営したり他の慈善事業をする機会がふえると、必要な役人も増加し、業務は細分化する。当然、会費や喜捨・罰金からの収入だけではやっていけず、寄進を受け付けるようになり、最後には会員に遺贈するよう、規約で規定するにいたる。こうして徐々にだが、信心会としてかなりの資産を所有するようになる。当然、清貧理想は見失われていこう。それでも信心会では、後述のフランシスコ会のようには清貧論争に巻き込まれず、社会的変化に適応して近代まで衰えることなく存続するのである。

三　鞭打ち苦行団の霊性

A　鞭打ち苦行団歌謡

〈霊性〉の歴史から見れば、鞭打苦行団の登場にはどのような意味があったのだろうか。これまで検討してきた「運動」としての鞭打ち苦行団の儀礼、および鞭打ち苦行信心会の規約からは、つぎのような〈霊性〉の要素とその変化が窺われた。すなわち苦行団の華々しい鞭打ちは、彼らがなにより鋭い罪の意識を誇示したいと思っていたこと、しかもそれが自己一人だけでなく自分たち苦行団、そして全キリスト教信徒の罪でもあることを白日の下に晒そうとしていたことが見て取れた。派手なパフォーマンスによって、観衆にも悔悛の業によって罪を贖わねばならない、と痛切に感じさせたのである。こうして教会の制度の外において、俗人=罪人である信徒たちが連帯する可能性をも示した、という意味で彼らの運動は画期的である。儀礼の結合力・関係形成力とでも言おうか。そして彼らの最終目標は、それぞれの都市に、いやキリスト教世界全体に〈平和〉を実現することに置かれていた。

鞭打ち苦行信心会の鞭打ちは、たいてい公衆の眼から隠れたところで行われ、鞭打ち苦行団ほどの「展示性」はなかった。だがその意図するところはほぼ同一であり、自分たちだけの〈贖罪〉を超えて都市の〈平和〉を実現するという公的な性格はやはり保持していただろう。

もうひとつキリストの〈受難〉への愛も、つねに彼らの〈霊性〉の中心にあった。後期中世、フランボワイアン期には、この要素は、いよいよ霊性の中での地位を高め、「キリストの模倣」imitatio Christi が合い言葉として頻繁に揚言されることになる。鞭打ち苦行団と鞭打ち苦行信心会の参加者は、いつも眼を十字架に向けて聖なる謙譲の中における統一と和合を志すべきであり、また磔刑のキリストを思い起こし〈受難〉を観想して生きるべきだ、との責務を感じていた。パドヴァの年代記には、そもそも運動のはじめからして、集団的な贖罪の鞭打ちでは「あたかも肉体の眼で救世主の受難を認めるかのように、滂沱と涙を流して」と、参加者たちのキリストの受難への感情移入が激しく、やがて告解の秘蹟へと頼って回心の結末にいたったことが報告されている。(111)

そして、苦悩に苛まれ血まみれになったキリストと同一化することで、彼らは自分たちも、たとえ教会の委任がなくとも「人類の贖罪」のミッションを背負っている、と感じるようになったとしても不思議はない。その使命感が昂じると、教会制度・ヒエラルキーを無意味とする異端的教説、自由心霊派などの思想へと偏向することもあっただろう。これがドイツの鞭打ち苦行団の展開の途中でおきた事態であった。

しかもこの運動は、教皇をはじめとする高位聖職者や説教師ではなく、貧しく単純な者たちによって始められた奇蹟的な聖なる運動であり、初期の段階から、人間の言葉では説明できない聖霊が介入していると、教会人らによっても捉えられていた。突然、愛の炎が皆を摑み、一人の人のように揃って行動しだした、というのである。(112)

鞭打ち苦行信心会の規約内容の変化を追ってみると、中世末以降には〈慈愛〉が〈贖罪〉を押さえて、霊性の中心に位置づけられ、会員は施療院での奉仕などに精励したことは上に述べた通りである。

＊

本節では、鞭打ち苦行団が行列の途次で、また鞭打ち修行をしながら歌った「歌謡」を検討して、彼らの〈霊性〉をよりつぶさに探ってみよう。

イタリアの歌謡

イタリアでは、多くの鞭打ち苦行信心会の規約に、共同で行う祈りについての記載がある。それはなによりキリストと聖母の賛歌と祝福（laudare et benedicere Cristo e la Vergine）である。すなわち自分たち鞭打ち苦行者の信心にふさわしい形に作り変えたラウダ（俗語の賛歌）である。それはたんなる歌謡でなく、対話形式で、信徒の心を揺さぶるドラマチックな内容が歌い交わされる。この「歌」を観察するのが、彼らが抱懐した〈霊性〉を深く知るためには最適だろう。

「ラウダ」は、感動的な宗教詩ではあるが、こうした詩作品が生まれ書き留められたからといって、ただちに俗人がそれを擬似典礼儀式において歌うようになるわけではない。

思うに鞭打ち苦行などの行列（あるいは第3章のテーマであった少年十字軍でも）で歌われたのは、より単純な神やマリアへの祈願であろう。一二六〇年に歌われた歌、神とマリアへの祈願については、いくつかの年代記が採録している。まだ鞭打ち苦行団歌謡と称することはできず、短い呼び掛け、おそらく連禱形式のそれである。

それは鞭打ち苦行団のうちの二、三人が先唱者となって行列の途中で、そして行列の前後には教会の前ないし中に集合して歌ったものであり、あるいは第一時と第九時というように決まった時間に歌うこともあった。テーマはキリストの苦悩と死、神の賞賛などであった。

『ジェノヴァ年代記』では、「というのはペルージャ市で町を裸で鞭打ちながらつぎのように叫びながら老人から子供まで人々は進み始めた。すなわち聖母マリア様、われら罪人たちを受け容れ、イエス・キリスト様にわれらを寛恕してくれるようお願いしてください、と」とあり[113]、つづけて「そしてフランシスコ会の修道院教会に衣服を置いて自ら鞭打ちながら、また上述のように高い声で聖母マリア様と叫び裸で自ら鞭打ちながら、彼らはジェノヴァ市に向かって行き始めた。そして地面にひれ伏し、声を合わせて慈悲を、慈悲を、と叫び、つづいて平和を！平和を！と叫んでいた」[114]。

『ピアチェンツァ年代記』も、おなじ年「裸の男たちは、平和と聖母マリアを祈願しながら、鞭で自分を鞭打っていた」[115]という。初期の祈願の歌が「慈悲を！」「平和を！」と叫びつつ、マリアに縋って罪の赦しの執り成しをしてもらうという内容であったことが窺われる。一三三五年にドミニコ会士ベルガモのヴェントゥリーノによってローマに率いられた鞭打ち苦行団は、「慈悲、平和、悔悛」を間断なく叫んでいたという。

さらにパドヴァの逸名氏は、その年代記で鞭打ち苦行団の巡歴を語りつつ、彼らの陰陰滅滅たる歌についても記している――「彼らは村でも町でも同様に行ったが、神への祈願の声によって、野原も山も反響するように思われた。そのときには、あらゆる楽器も恋愛歌謡も沈黙した。ただ贖罪者たちの悲嘆の歌のみがいたるところで聞こえ（中略）、その悲しいメロディーには、石のこころも動かされ、頑固な者たちの眼も涙を抑えることができなかった」[116]。

これらの史料に現れる clamare という言葉は何を意味するのだろうか。それは聖職者によって組織された「準典礼」の行列に民衆が積極的に参加したとき、彼らがやすみなく神の慈悲を懇願して繰り返す「悔い改めの叫び」のことであった。たとえば Kyrie eleison とか Miserere nobis とかであり、あるいは聖人らの連禱に応唱する Ora pro nobis, libera nos Domine, te rogamus audi nos などの祈願もその言葉で表された。

いずれにせよ、単調で連禱のように反復する陰鬱な調子の歌だったのだろう。これは正式のラウダとは違うが、「世俗語」で歌われたのであり、民衆のこころの直截的表現には相違ない。これが後の「ラウダ（複数形＝ラウデ）」へと繫がっていく。

さて、ラウダとはもともと十二世紀初頭より存在したラテン語の準典礼的聖歌を意味していた。その中では聖母マリアの歴史的行為や死後の行為を歌いながら、繰り返し彼女を称え挨拶した。一一八三年にフィレンツェで創設された信心会は、聖母マリアのラウデージ（ラウダ信心会）との名をもっていた。十三世紀初頭ボローニャにも同様な信心会が出来た。これらの信心会では、歌に信心上の重要性を付与し、集会や公的な勤行においてマリアを称える歌を歌った。

しかし十三世紀初頭からは、俗語の宗教抒情詩——リフレーンのある宗教的バラード——は何でもラウダと呼ばれるようになった。そしてそれを専門に歌う信心会が創られたのである。これが本来の意味での「ラウダ信心会」laudesi, fraternitas laudum である。一二六七年にドミニコ会士アンブロージョ・サンセードニによって最初のラウダ信心会がシエナに創られた（聖母マリア信心会 Santa Maria delle laude in San Dominico in Camporegio）のを皮切りに、フィレンツェ、ルッカ、ピサ、コルトナなどのマリア信心会が模倣して広まっていったのだろう。これらの信心会を総称してラウダ信心会の名が付与された。(117) 各信心会はおのおの laudario というラウダ集を所有し、それを歌うために男女の会員が、毎日夕刻そして祝祭日には朝から、決まった教会に集まっていった。基本テーマは、「楽園の貴婦人」マリアの慫慂、彼女の悦びと苦悩の祝賀、守護聖人の追悼祈念、またとりわけキリスト受難の記念であった。

ラウダ集においては、受難や贖罪のみがテーマとなる訳ではなく、それはごく一部を占めるにすぎないので、鞭打ち苦行団がラウダ信心会の起源となっている、との説は退けられよう。だが、当初そうであったようにマリアを称えるためだけでなく、キリストや他の聖人の賞賛にもラウダは歌われるようになり、別の信心会、たとえば鞭打ち苦行信心会でもラウダが採用されたし、鞭打ち苦行信心会会員が同時にラウダ信心会会員となっている、というケースもある（シエナ、ペルージャ、ピサ、プラート、ポメランチェなど）。こうなってくると、「ラウダ信心会」S. Maria delle Laude と「鞭打ち苦行信心会」disciplinati は区別できなくなってくる。

元来、laudesi と、disciplinari/battuti の信心会は別のものであり、前者はマリアや聖人を称える俗語の聖歌を歌うのを第一目標に集まったが、後者は神を称えるのみでなく謙譲の贖罪的な意義を強調した。そしてキリストの謙譲と苦悩を真似た個人的回心と贖罪を強調する鞭打ち苦行が彼らの信心業の核であり、その苦行とともに信心歌が歌われ、聖書読誦がなされるのであった。しかし両者は徐々に区別が難しくなる。

鞭打ち苦行団はラウダ――と総称されるようになった世俗宗教歌謡――を集会のはじめ、市内の行列の間など鞭打ちながら歌い、さらに教会に入るときも同様にした。祈禱所 oratorio が出来てからは、通常、金曜夕と日曜朝、および他の祭日の朝に行われる鞭打ち行のとき、また亡くなった兄弟たちを埋葬に運んでゆくときに、謙譲の気持ちを込めて歌った。聖金曜日には、会長が祈禱所に集まった彼らの足を洗ってくれ、その後夜を徹して、敬虔なラウダを歌うことになっていたという。他の修道士や信心会のラウダが聖母・イエス・聖人への祈願と讃美であったのに対し、彼らのラウダはイエスの受難と、彼および聖母の悲嘆の詳細な描写の歌なのであり、それによって人類の罪の贖いの神秘を呼び起こすのだ。――神に祈りなさい。悔い改め贖罪し、隣人を赦して愛し、自らは卑下し謙りなさい。いつ来るかも知れぬ死をつねに思い、悪魔や肉の誘惑を避け、聖書の言うような正しい生活をしなさい。そうすれば天使と聖人たちの甘美な歌を聴きに天上に上れるだろう……といった教えが、しばしば対話調で交互に歌われる。半ば叙事的で半ば演劇的な性格がある。鞭打ち苦行信心会はさまざまなラウダを歌うようになったとはいえ、金曜の集会では受難のラウダのみで、日曜・祝日には、それぞれ祝祭に応じたラウダが歌われた(118)。

自分たちだけの集会では皆が一斉に歌うが、公衆の前で歌う場合には全員が唱和するのではなく、管理者と会長あるいは特別に選ばれた美声の歌自慢の者のみが歌うケースもあった。サリンベネは彼らの歌に感動して、「彼らは神と聖母マリアを称えてラウダを作り、それらを自ら鞭打って進みながら歌っていた(119)」と言っている。

現在、ピサ、ペルージャ、オルヴィエート、シエナ、コルトナ、アッシジ、グッビオなどの鞭打ち苦行団歌謡が残っている(120)。キリストと鞭打ちの罪人が歌い交わし、あるいはマリアや使徒、マグダラのマリア、ユダヤ人とピラトゥスなども参加して、多彩なパフォーマンスと歌で見物人を感動させる演劇的構成が工夫されていった。

アッシジの「フロンディーニ・ラウダ集」は、十四世紀に作られたウンブリア地方を代表するラウダ集のひとつであるが、その過半がキリストの受難に直接間接にかかわる聖週間の抒情＝物語のラウダであり、「処女マリアの嘆き」Lamentatio Marie Virginis、「審判のラウダ」Lauda iuditij などが載っている。引用してみると――

6　マリアの嘆き

いざ、マリアとともに、来たれ
鞭打たれし、汝らが息子たちを嘆き悲しむため
彼女こそ、いまだかつてありし
苦悩の女の最たるもの！
私は、やもめぐらしに至った、
かの天使はつぎのように挨拶したものだ！

「ごきげんよう、慰め満てる
ご婦人よ！（とガブリエルは言った）
我は神に代わって語るが、
その神はあなたのもとに宿り給うた。」
それから天使は私（マリア）に言った「祝福されし女、
世界は汝から大いなる果実を期待する。」
嗚呼、なんとひどく
私への誓約が破られたことか！

私は死にいたるほど傷つき、
ユダヤ人は皆、私を呪う。
天使は、私は恩寵に満てると言った。
見てください、どんなにわが苦悩が大きいか！

私にはふさわしくないほど、
神は優しく約束なさった、
そして私から彼は受肉し生まれた
彼の慈悲深い愛ゆえに。
嗚呼、胸張り裂ける
貴方が私なしで死ぬなどとは。

あの日、私は大いに満足だった
私が貴方の受胎を告知されたゆえ！
だがいまや悦びは反転し
かくも法外な苦悩へと変わってしまったようだ。
息子よ、貴方が死んでしまうのを見て
貴方を助けることもできないなんて！

息子よ、せめて今、私に話しておくれ、

私がかくも悲嘆に暮れているのがお分りでしょうから。
この寡婦を見ておくれ、
貴方に近づくことが叶わぬのだから！
あるいは恩寵に縋り求めたい、
貴方亡き後、私がこの世に残らぬようにと！(121)

(以下略)

7　聖金曜日のラウダ

目を上げて見てみなさい
今日キリストがわれらのために死にました！
手脚を磔にされ、
脇腹を切り開かれて。おお、悲しき苦悩！
泣き、嘆きましょう！
そして彼の苦悩を歌いましょう。

マリアから姉妹たちへ：
「おお、暗き姉妹たちよ、
今、私に黒いマントをください
もう良きマントも美しいヴェールにも

関心のないこの女に！
というのも私はかくも打ち捨てられ
息子に先立たれたのだから」。

姉妹たちからマリアへ：

「聞いてください、やもめの孤独が、
苦痛が、苦悩が一杯な御方よ！
われらが希望、キリスト、
われらが救世主が亡くなりました。
皆人、新たに嘆き悲しみ
そしてマリアにこのマントを差し上げて下さい[122]」。

（以下略）

これらのアッシジのラウダあるいは他都市の類似のラウダは、イタリア各都市において鞭打ち苦行団が信心会として公認され、規約も作られて安定した宗教生活の細胞となった段階でのものである。そして十四世紀には祝祭の日などに、受難や他の聖史のエピソードが最初は教会の中、ついで広場で舞台上演されるようになるが、それはラウダの延長線上にある。ウンブリア、なかでも鞭打ち苦行団の故地ペルージャが、もっとも多く重要作品が作られた町であった。

これらのラウダは、年代記などに記載された鞭打ち苦行団の歌っていた祈願の歌にくらべれば、洗練され複雑化している。言語や形式にもエリートの手が入っている。それは苦行団の世話をする托鉢修道会の霊性と、俗人のあいだで口承で伝えられ育まれていった伝説的な要素とが、綯い交ぜられたところに生まれた疑似典礼的な抒情詩・演劇だと評したらよいだろうか。

中心には、なおキリストの〈受難〉への強烈な思いがある。その点、鞭打ち苦行団の歌とおなじであるが、ラウダではすべてマリアの視点からの歌として、〈受難〉にいたるイエスを思う彼女への感情移入を促すような構成になっている点が際立っている。神＝イエス・キリストの怒りから罪深い人類を守ってもらうためのマリアへの祈念と感謝、そのための贖罪の業、それらを急き立てるための毒々しいイエスの身体描写は、そこから消え失せている。

ドイツの歌謡

ドイツについて知られているラウダ（歌謡）も、自己の罪深さを深刻に悔い改めつつ歌われるキリストの受難についての歌と、「天の女王」マリアの慈悲に縋る歌の二種類である。イタリアに比べ贖罪の念が強烈なのは、まだ信心会として定着することなく、発生当初の、あちこちさまよい歩く鞭打ち苦行団たちの歌だからであろうか。この歌を、彼らは鞭打ちの場への入場の行列で、教会前で輪になって行われる鞭打ちの途中で、さらには退場時に歌った。跪き、起き上がり、両腕を十字架型に広げて立ち、パタンと倒れるといった動作を繰り返しながら、リズムに合わせて歌うのであった。二人の先唱者が半分歌った後、皆が唱和し、また跪拝するごとに歌った。

この「鞭打ち苦行団歌謡」を検討すれば、彼らドイツの鞭打ち苦行団の霊性が窺い知られるだろう。『一三四九年までのロイトリンゲンの司祭フーゴーの六脚韻年代記』が、個人的な知見に拠っていて、原型を伝えるよい史料である。[123] また、もともと核はおなじ歌らしいのだが、それぞれの地域において諸ヴァージョンへと変化し枝分かれしたものが、フリッチェ・クローゼナーの『シュトラースブルク年代記』はじめ、いくつかの都市の年代記にも載っている。クローゼナーの年代記は一三六二年の出来事まで記載していて、鞭打ち苦行団の事件の十年以上後に書かれたのだが、執筆に際し彼は「鞭打ち苦行団説教」を利用し、それに加えて歌謡も彼の机の上ないし耳元にたえずあったのだろう。(124)

鞭打ちの儀式の進行段階ごとに違う歌を歌うが、最初に歌われる歌をクローゼナーから引いてみよう(125)——

(1)

さあ贖罪の業をしたい者たちは来たれかし！
われらは熱き地獄を逃れよう！
ルシファーは悪しき輩。
やつはわれらを破滅させようとの魂胆だ。
そうすれば地獄の業火でやつは報いられるから。
それゆえわれらは罪から離れねばならない。

(2)

われらが贖罪の業にいそしみたい者は
告白し返済すべきだ。
正しく告白すれば、罪は遠くにいく、
そして神も慈悲を掛けてくださろう。
正しく告白すれば罪の火焔は鎮まり、
神ご自身彼を再生させてくれよう。

（3）
イエス・キリストは逮捕され、
十字架に磔にされた。
その十字架は血で赤く染まった。
われらは神の受難とその死を嘆き悲しむ。
神のためにわれらはわれらの血を流す、
それがわれらの罪に贖いとなるように。
愛しき神よ、お助けください、
それを貴方の死のためわれらは祈願いたします。

（4）
罪人よ、汝は何を私に報いようというのか？
三本の釘とひとつの荊冠、
十字架の苦役に槍の一突き
罪人よ、これらすべてを汝のため私は負ったのだ。
さて、私のため汝はどんな苦悩を担うというのか？

（5）
ゆえにわれらは高唱して呼び掛ける……
「われらの大切なものをあなたに報いとして差し上げます。

あなたのためわれらはわれらの血を流します。
親愛なる神様、お助けください！
それをあなたの死に掛けて、祈願いたします。」

（6）
汝ら虚言者、汝ら偽誓者、
汝らはいつも親愛なる神に背く。
汝らはその罪をまったく告白しようとしない、
だから汝らは地獄に真っ逆さま
そこで永遠に破滅するのであり、
神の怒りがそれを招来するのだ。
だから主たる神よ、それからわれらを守り給え！
それをわれらは貴方の死に掛けて祈願する。

（以下略）

クローゼナーが収集した歌謡には、以下のような要素が含まれている——この世では、悪の力の跳梁跋扈がますます酷くなってきているが、それは人間たちの罪深い行いを神が罰せられているからである。それを避けるには、十字架に付けられ、四肢を釘で止められ、脇腹に槍を刺されて血だらけになったイエス・キリストを模倣した苦行、すなわち鞭打ちをしなくてはならない。イエスの受難、十字架上の苦しみが、世界の救済の源泉になるからである。それにより、偽証も高利貸しも、殺人も追い剝ぎも、金・日曜の神聖冒瀆も姦通も、色欲も傲慢も、怠惰も大食も、怒りも貪欲も、ありとあらゆる罪が消える。真の悔悛と贖罪なしには神の怒りを受けるだろう。贖罪を遂行し願いを神へと伝えてもらうため、神の母である聖母マリアに縋るのがよい。イエスの死を母としてこの上なく深く嘆き悲しんだ彼女は、また慈愛に満ちて執り成しをしてくれるはずだから……。

これらの歌謡は、古い教会の聖歌、セクエンツィア、アンティフォナなどの系譜を引いていることもありうるが、その本質的部分は、一般民衆、しかも下層の者たちから発したのであって、徐々に市民・聖職者・貴族らにも伝わっていったのだと考えられている。それは、鞭打ち苦行団の運動自体が「奇蹟的に発生した」と言われるように、民衆起源であったことと軌を一にしている。

＊

鞭打ち苦行団の〈霊性〉を探るのに、鞭打ち苦行団の儀礼的振る舞い、鞭打ち苦行信心会の規約、さらには鞭打ち苦行団歌謡というように、順に検討してきた。それら全体からどんな〈霊性〉の姿が浮かび上がってくるだろうか。イタリアとドイツでは相違があるのだろうか。

時期的な問題や運動の展開過程を眺めれば、イタリアがドイツに「影響」を与えたのではないかと想定されるが、どの部分がそうなのかについては、なかなか判断が難しい。が、ともかく典礼の要素として、ドイツのものはイタリアのものをかなり受け継いでいるだろう。

イタリアの鞭打ち苦行団・信心会は、西欧精神史ないし霊性史上、フランシスコ会の霊性を発展させ、新たな悔悛とパトスとキリスト中心主義を醸成するという、否定しようのない足跡を残した。霊性の中心に、〈キリスト受難〉への信仰を置いたのである。キリストは、柱に縛られ、鞭打たれ、侮辱され、苦しめられ、磔にされる。この哀れにも虐げられたそのキリストを模倣するべく、ロマネスク期に高揚し聖フランチェスコが完成させたキリスト中心主義を一際ドラマチックに再現したのであった。これは彼らの行いからも窺われるし、ここで検討した歌謡、さらには上に見たいくつかの規約や年代記の記述からも察知できる。たとえ聖痕を受けたフランチェスコのようにはなれなくても、鞭打ちによって、普通の俗人であってもキリストを模倣できるようになったのである。

悲愴な〈キリスト受難〉への信仰は、時代が下るにつれてイタリアでは徐々に緩んでくるが、反対に、もうひとつの柱であった、マリアの慈愛を源泉とする〈慈愛〉はずっと残り、いやその版図を広げていく。マリアの慈悲がより強調されるにいたるのは、信心会となった鞭打ち苦行者たち自身の慈善事業への熱意を反映しているのだろう。こちらは、都市で複雑な人間関係に巻き込まれて仕事をし、生活をしている俗人の福音主義にはとくにふさわしく、マリアの〈慈愛〉は、信心会のメンバー自身の〈慈愛〉となって、弱き者たちへと流れていくであろう。

こうして、鞭打ち苦行団・信心会が広めていった〈霊性〉が、イタリアの都市民の共有財産として相続されるようになっていったのであり、トーディのヤコポーネの作品をはじめ、ウンブリアの賛歌（一三二〇～三〇年頃）には鞭打ち苦行団の〈霊性〉が色濃く反映している。またマリアへの思いは、多様な現れをもつマリア崇拝の盛行となってイタリア都市・農村に定着した。たとえばトスカーナ地方の、フィレンツェなりシエナなりの都市の街路沿い、広場周りの建物の壁には、いたるところ「タベルナーコロ（壁龕）」が飾られ、圧倒的な数の聖母や聖母子が祀られている。

これに対してドイツにおいては、もちろん怒れるキリストへの執り成しを聖母に頼む、というモチーフがなくなることはないが、それでも遅れてきた鞭打ち苦行団の霊性は、〈キリスト受難〉により集中し、それは折からの、北方世界で顕著な陰鬱で凄惨な死や悪魔のイメージの流布、「苦難のキリスト」Schmerzensmann、あるいはキリストの心臓・磔道具・十字架などへの崇拝といった、中世の秋を彩るおどろおどろしい雰囲気とも合致して、人々の内面に浸透したことだろう。クローゼナーらの伝える説教・歌謡にも明白だが、怒れる全能のキリストは、罪深い人類に、地震・飢饉・野獣・ばった・鳥・鼠・悪天候・嵐・雷・異教徒との争い、といった災厄をつぎつぎと投げつける。だからその慈悲に縋り、神＝キリストに怒りを和らげてもらうべく、鞭打ちで悔悛・贖罪の念を、天が下おおっぴらに示さねばならないのである。それにより十字架上でイエスが流した血が高く贖った罪、これを彼らも贖いながらイエスの受難の縮図を展示するのだ。イエスの怒りを不幸なキリスト教徒から逸らすための三三日半（ないし三四日）の鞭打ち行は、人類の贖い主の受難のせめてもの再現であったと推測できる。

〈キリスト受難〉への思いが過剰になると、教会と衝突する懼れがあった。フランドルの鞭打ち苦行団に関するいくつかの史料にも言及されているように、彼らは自分たち milites rubicundi（赤い戦士）の流す血が、キリストの血の再現であり、それは主が流して以来流された、歴史上もっとも貴い血だ考えていた節がある。そこではキリストの鞭打ちを再生産しながらキリストの血と犠牲にオマージュを捧げているのであり、その血こそキリストと彼らを特権的な絆で結んで、鞭打ち苦行団を価値あらしめている。キリストの血が天国にあるなら彼らの血もまたそうなのだ。(126)

このような自己血の神聖視にまでいたったとき、周囲の者もその考えに染まり、彼らの血を一種の聖遺物として亜麻布に湿して患部を拭く者も現れたという。ジル・リ・ミュジは、さまざまな奇蹟が彼らによって起こされ、病人、ライ病者、肢体麻痺者、盲人が、鞭打ち行の後、彼らのところに治癒への期待を込めて連れられて来たというし、クローゼナーは、鞭打ち広場に死んだ子供を運んで、彼らを甦らせることが期待されたという。(127)こうした自己血の神聖視や鞭打ち苦行者の奇蹟力への期待は、返す刀で「キリスト受難」さらには「聖体の秘蹟」の効果を縮減することになる。実際、彼らは「最後の晩餐」ではなく、「十字架」に固着している。こうした自分たち自身、あるいは自分たちの血の「聖化」によって、秘蹟も聖職者も無用となるゆえ、それは教会当局に彼らを異端として呪わせるに足る罪状だった。(128)ただし、こうした自分たちの血が聖性への捷径だという考えは、彼らの発言というよりも、彼らを断罪したい当局者が捏造した罪状だとも看做しうる。

ドイツの過激化した鞭打ち苦行団においては、堕落した教会の教えや制度に縋るよりも、自分らの贖罪の業によって世界は救われるとの考えが強くなったことは確実であろう。それは俗人が教会という施設の力を借りずに救いにいたることができる、との考えと表裏一体であり、俗人の〈霊性〉が、聖職者の〈霊性〉を圧倒するほどのエネルギーで迸ったのだと言い直すこともできる。彼らの儀礼においては、そこに含まれる罪の告白（告解）、贖罪（悔悛）、赦免といった一連の儀式が、またそれに伴う言葉と歌謡が世俗語でなされたのであり、さらにそれが会長という俗人によって司られた。信心会においても、おなじく俗人がイニシャチブを発揮して、教会から独立した信心会において〈贖罪〉と〈慈愛〉の儀礼が行われたのである。

鞭打ち苦行団においては、神＝人間＝磔刑がキリスト中心主義のなかで輝きながら、キリストの人性が強調される。紛争が相次ぎ、疫病が蔓延し、教会が権威を失った時代において、なお神性に人々が近づきうる方途を彼らは編み出した。そして彼らには、その方途を外部にも伝達したいとの思いがずっとあったのだろう。行列もそうだが、ラウダや聖史劇、これらに救いのメッセージを込め、神の神秘を周囲の人々に伝達しようとしたのはその思いを裏書きする。そしてそれを伝達された民衆も、受け身一方ではなく、しばしば積極的かつ情動的に反応し、それが現実の都市政治を動かすこともあったのである。

B　十字軍の精神と終末観

教皇庁によるドイツの鞭打ち苦行団断罪を真に受けて、それが過激で呪わしい教説をもつグループと捉えられることがある。実際、鞭打ち苦行団には終末論の影響が色濃いとする研究者も現れた。『千年王国の追求』の一章に彼らの運動を書き加え、メシア主義的大衆運動への変貌を見届けたN・コーンがその代表である。[129] 一二六〇年というヨアキムにとっての運命的な年に勃発したことも、第一期の鞭打ち苦行団もヨアキミズムの影響だという見解——これもコーンの説くところである——を生み出した。

この説の妥当性については後段で考えてみることにして、最近、一二六〇〜六一年の鞭打ち苦行団の運動には明確に十字軍的コンテクストがあると主張したのが、G・ディックソンである。[130] 彼によると、そこには四つの契機があるという。①反マンフレート十字軍、②平和運動=反異端十字軍、③反モンゴル十字軍、④預言的潮流の影響である。

まず①の、教皇が進めるシュタウフェン家のマンフレートへの対抗策=十字軍の一環としての位置づけについてであるが、教皇領の要衝たるペルージャは、アンコナ辺境領における反マンフレート運動の尖兵として教皇から熱い期待を寄せられていた。ペルージャはしばしば教皇の意に反して自らの都市の利害を教皇への忠誠に優先させたが、それでも両者のあいだには伝統的に深い結びつきがあった。当市にはテンプル騎士で教皇アレクサンデル四世の使節であったフラ・ボンヴィチーノがやって来て、聖ベヴィニャーテ崇敬を促進させるなど鞭打ち苦行団をイデオロギー的に奨励したし、運動の展開途中で、苦行団はマンフレートに対抗するゲルフ党の利害を支持するような働きをしたことをディックソンは指摘する。一二五五年に最初に当地で反マンフレート十字軍が説教され、しばらく中座して、鞭打ち苦行団エピソードを挟んで一二六四年七月に再び、教皇ウルバヌス四世は枢機卿=助祭のサン・アドリアーノのオットボーノに、ペルージャに行って反マンフレート十字軍の説教をするように説き、ペルージャ司教も同様な依頼を受けたのである。

だからペルージャの鞭打苦行団は、ある意味でこの教皇の反マンフレート十字軍政策を先取りしていた。彼らのもたらしたペルージャの「平和」は、ギベリン勢力の攻勢で酷い惨敗を被り罪の意識に責め苛まれながらしばし休息と立て直しの期間を欲していたゲルフたちに、そのための期間をもたらした。このことは、マンフレートが、鞭打ち苦行団が彼の広大な領地およびその同盟者の領地に入ることを、死の脅しをもって禁じたことからも裏づけられる。マンフレートには、教会に服して正統教義を護持し、平和と政治的和解を称揚する鞭打ち苦行団は、ギベリンの党派心を殺ぐ招かれざる客だと思われたからである。

②の、平和運動=反異端十字軍としての側面についてだが、ここにはイタリア諸都市内のポーポロとマニャーティの争いおよび異端の跋扈による、不安な政情を安定させようという意図があるとディックソンは言っている。贖罪のための鞭打ちは、ペルージャでは当初より、ポーポロとマニャーティの争い、前者の平和と利益誘導の努力に結びついていた。つまり都市の公的秩序と平和をもたらすという目標があった。ペルージャでの最初の贖罪的敬虔運動——鞭打ち苦行団の運動——は、ポーポロの一二六〇年四月五日から六日の「平和令」Ordinamenta populi 発布と一致していたのであり、ポーポロの立法キャンペーンと共振しながら進んでいった。そして他の諸都市もこのポーポロ=イデオロギーに共鳴して、鞭打ち苦行団を「平和の使者」として歓迎したのである。

③の反モンゴル十字軍という論点はどうだろうか。一二六〇年、教皇アレクサンデル四世は、モンゴルが聖地と東欧(ハンガリー・ポーランド)を脅かしていると痛感した。不安はいやが上にも掻きたてられ、教皇は、口を酸っぱくしてキリスト教徒の虐殺・隷属を防ごうとして、矢継ぎ早の教勅でモンゴル人への対抗を訴えた。東欧また北欧の年代記家は、記述の中で鞭打ち苦行団を対モンゴル戦争の再発と結びつけ、一二六〇・六一年の反モンゴル十字軍の招集をそのすぐ後に喚起する。ということは、少なくとも彼らの心の中では、両者は不可分に結びついていたのである。しかもペルージャは教皇庁とかかわりが深くキリスト教世界のあらゆる情報が集まったし、とくに托鉢修道士が東欧の都市の司教になったり使節としてモンゴル人に派遣されており、彼らがニュースをもたらした。くわえて聖地のテンプル騎士団の団長のアピールも届いていたから、ペルージャで敏感な反応(鞭打ち苦行団の運動)が起きたことも説明がつく。教皇の呼び掛けに応えて、一二六一年には反モンゴルの公会議がヨーロッパ中で開催されるが、そのときハンガリーとポーランドに鞭打ち苦行団が到着する、というタイミングのよさである。

最後の論点④としてディックソンは、一二六〇年の鞭打ち苦行の運動には預言の雰囲気も関係しているのではないか、と述べている。一二五五～六三年には、アナーニの教皇特使がボルゴ・サン・ドンニーノのジェラルドの『「永遠の福音書」への序論』を断罪し、またフランシスコ会総長を務めたヨアキム主義者パルマのジョヴァンニに対する裁判が起こされた。そしてフィオーレのヨアキムの預言的教説がアルルの大司教管区会議で断罪された。とりわけ多くの研究者は、ヨアキムの一二六〇年についての思弁的観念や、彼の影響を受けた終末論と鞭打ち苦行団とのかかわりについて考えあぐねている。たとえばR・マンセッリは年代記の記述を検証しながら、ヨアキムの「第三の世」への待望が鞭打ち苦行団の呼び水となった証拠はないと、その関係を否定する。(131)

しかしながら、ヨアキム自身は「第三の世」が具体的にいつ何年にやってくるかについては公言を控えていたにしても、弟子のヨアキム主義者は態度を硬化させて、一二六〇年に大いなる事件・戦争、教会内の迫害、反キリスト・偽預言者の誕生がある、とまで主張し、その終末の雰囲気の影響下にペルージャでも新たな贖罪の運動が広まった可能性がある、とディックソンは主張する。ヨアキムの本来の千年王国説のもつ長期的なオプティミズムの中に短期的なペシミズムが楔を入れる。それが奏効したときの突発的反応の激しさは目を瞠るばかりだし、鞭打ち苦行団もヨアキム主義を受け容れることでいくつかの危機を合理化し内面化することが可能になった。終末論的預言により罪の意識を感じた彼らは、一貫して「第二の世＝子の時代」のキリスト中心主義に従い、自分たちが、子の世の最終段階にいると感じていたのである。

このように結論づけるディックソンの説の当否を、どのように考えるべきだろうか。

①の論点は、十分傾聴に値しよう。なぜ一二六〇年か、という多くの研究者をこれまで悩ませてきた問題に、一定の説得力ある回答を与えているからである。たしかに、ギベリンの土地から彼らが追い出されたことは、彼ら自身の意図はどうあれ彼らが教皇寄りだという外観を与え、ひいては鞭打ち苦行団の「贖罪」と「平和」の呼び掛けが、じ

つはゲルフ党の反ギベリン戦略に巧みに取り込まれていたことを窺わせる。

すでにR・モルゲンが一九六二年のペルージャでの研究集会の報告で、鞭打ち苦行団の運動が、はっきりとアンコナ辺境伯領と南イタリア（それらの地域では、マンフレート勢力が実効支配していた）で妨げられ抑圧されたこと、また北イタリアの諸地域（そこではウベルト・ペラヴィチーノという男が支配していて、ある年代記作者によって「悪の手先」minister iniquitatis として、マンフレートと同類視されていた）でもそうだったことを挙げ、モンタペルティの戦いとマンフレートとギベリンの反乱が、一二六〇年の大信心業の契機だとの考えを募らせる、と言っている。(132) ゲルフ党にとって衝激的敗戦となったモンタペルティの戦いは一二六〇年九月四日のことであり、鞭打ち苦行団の運動は、十月に勃発したから、恐ろしい殺戮のニュースが広まって、危機意識と平和願望を煽りたてた一カ月だったのだろう。

このゲルフ党の尖兵としての鞭打ち苦行団という観点は、間違ってはいないだろう。

では、②の論点はどうだろう。私たちは、まさにアレルヤ運動の指導的説教師を迎え入れた諸都市、また後にビアンキを歓迎した諸都市とおなじ態度を鞭打ち苦行団を受け容れた諸都市に見出す。マニャーティとポーポロが対立し戦乱・暴力の絶えない都市を訪れて、「平和」をもたらそうとした鞭打ち苦行者たち。ポーポロ寄りのイデオロギーに染まって歓迎された彼らは、あたかも、コムーネの法を蔑視し血讐に現を抜かす貴族らを掣肘する平和誓約軍のようにして、中北イタリアをアグレッシブに行軍したのだと評することが可能である。

しかし、反異端のキャンペーンと言うには、鞭打ち苦行団には、具体的、積極的な異端反駁の言葉も行動もない。いくら中・北イタリアに、カタリ派をはじめとするセクトが根強く残っていたとはいっても、鞭打ち苦行団は異端討伐部隊ではなかった。あくまで教会当局やゲルフ寄り都市当局の思惑として、「異端を守る」ギベリンの支配者を窮地に立たせたいという意図の存在を推測できるだろう。むしろポーポロの台頭がその都市制度の刷新の徹底のために、平和運動としての鞭打ち苦行団を後援したという、第一節B項で述べておいた点が重要であろう。

ディックソンの③の論点も、そのまま首肯する訳にはいかない。北欧・東欧の年代記作者の叙述には、反モンゴル十字軍と鞭打ち苦行団との連合がいとも自然に現れたとしても、それは鞭打ち苦行団に参加した者たちの大半にとってはまったく与り知らないことだったし、それがイタリア半島における運動の契機・刺激になったこともないだろう。イタリアの年代記作者たちが、鞭打ち苦行団の運動を語る中で十字軍についてまったく触れないのは、両者の関連があまり意識されていなかった証拠だろう。

④の終末の雰囲気、ヨアキミズムの影響については、もう少し慎重に考えてみなくてはなるまい。十三世紀後半のイタリア人たちの意識には、こうしたヨアキムの考えに淵源する終末論的イデーが生き生きと働いていたということは、あるかもしれない。しかしそれが、鞭打ち苦行団の運動に雰囲気や世論づくりだけでなく、実効的な作用をおよぼしたといえるのだろうか。どの年代記もこの二つを結びつけて語っているものはないし、サリンベネでさえ、たんに一二六〇年という年に二つを並べているだけで、内的・因果的結びつきについての言明はむしろ避けている。[133]

私は、この点については、ディックソンより前述のマンセッリの考え方に倣いたい。[134] つまり、ヨアキム自身は一二六〇年という年を聖霊の世が始まる年だと指定することは慎重に避けてきたし、また彼にとっての第三の時代とは、悦びに満ちた詩篇の歌の響く修道院的生活であり、そこで鞭打ち苦行団のような陰鬱な儀礼に耽ることは夢想だにしていなかった。直接的結びつきの証拠が皆無なのだから、一二六〇〜六一年の鞭打ち苦行団の運動に、終末論やヨアキム説が影響したと考える必要はまったくない。ウンブリア地方で生まれ育った聖フランチェスコが濃やかな刻印を残していた「キリストの模倣」の体験、とりわけキリストの受難における苦しみの追体験を、鞭打ち苦行者たちが多少とも荒々しいやり方であれ反復し、人類の罪の贖いの行為の真価を感じとって恐ろしい神の怒りを鎮めようとした……ということである。しかしながら十三世紀の鞭打ち苦行団が終末論の影響を被っていなかったとしても、それで十四世紀の鞭打ち苦行団と終末論が無関係だということにはなるまい。

*

コーンの説は、鞭打ち苦行団の最終局面が、異端的性格を際立たせたことを強調し、そこから遡って全体を規定し直しているようだが、もともとイタリアではこれは「正統」な運動であった。異端として呪われるのは後期の鞭打ち苦行団であり、しかも北方においてである。運動が、バイエルン、オーストリアを越えて、ボヘミア、チューリンゲン、ハンガリー、ポーランドと進んで、セクト的性格をいよいよ濃くしていった。マイセン、ナウムブルク、グニエズノなどの司教は、彼らを異端宣告の脅しで威嚇した。

では、この一部異端化した十四世紀の鞭打ち苦行団には、やはり濃厚に終末論の影響があるとすべきか。ここのところを一考してみよう。

一三四八〜五一年のペストを代表とするさまざまな災厄が、この時期にヨーロッパを襲った。そして、神の懲罰（ペスト）を免れるために、悔い改めが説き勧められ、そのひとつとして「鞭打ち苦行団」が再来した、と言われることが多い。ペストの蔓延・大量死をきっかけにペシミズムと終末論が昂進し、その結果として、二つの畏怖すべき運動、すなわち鞭打ち苦行団とユダヤ人迫害が荒れ狂ったというのである。

一三四八年はじめのケルンテンでの地震をはじめとして、多くの自然災害が世界終末の前兆とされた。さらに危機感を促したのが、エルサレムの祭壇に置かれていた「天来書状」である。罪人への厳しい糾弾の言葉、間もなくこの世を殲滅しようという怒れるキリストの決意、こうした内容をもつ天来書状の存在は、終末論との関係を疑わせる。

ペストを筆頭とする疫病流行時に、他者（キリスト教徒にとってのユダヤ人やイスラーム教徒）、他の身分・階級の者たち（貴族や中流以上の市民にとっての下層民）に責任を転嫁し、憎悪する傾向が中世ではしばしば見られたが、キリスト教世界全体の敵であるユダヤ人がつねにまず第一の犠牲に祭り上げられた。彼らこそ、井戸や泉に毒物を混入して病気を蔓延させた張本人だというのである。たとえばカタロニア各地では、一三四八年のペストの散布者と看做されたユダヤ人が民衆に虐殺されたし、フランスでは一三四九年二月、二千人のユダヤ人がシュトラースブルク（ストラスブール）で虐殺され、全アルザスで同様な惨状が現出した。ドイツでも各地でユダヤ人の虐殺が行われた。たしかに当時の人々はユダヤ人もペストで斃れるのを実際目撃したであろうが、理不尽を自ら糊塗して、事実より妄想を信じ、ユダヤ人はペストでは死なないとの考えが常識化してしまったのである。

このような状況下で、ユダヤ人を殲滅させるのが、世界終末を間近に控えて神より選ばれた選民たる自分たちの責務だ、と妄想する者たちが現れたとしても不思議はない。だが、鞭打ち苦行団自身がユダヤ人迫害を行ったという証拠はほとんどないから、時期的な一致のみを根拠に、鞭打ち苦行団の終末論を云々することはできない。

具体的に鞭打ち苦行団が、終末論に結びつけられた記述もある。幾人かの年代記作者は、鞭打ち苦行団と「反キリストの先駆者」precursores Antichristi との結びつきを肌で感じていたようだ。『エルフルト年代記』には、一一三七年の項目の後、一三四九年のユダヤ人虐殺と鞭打ち苦行団の大発生についての補筆があり、「反キリストの民よ、なぜキリストの十字架で印づけられているのか？　汝は頭なしのセクトであった。離教者であった、そして思うに異端であった。汝は聖職者を軽蔑し、迫害しようとした。聖なるものを破壊した。われは汝が悲しき破滅に呪われることを望む。汝らが誘惑した者らは、汝とともに破滅せよ。この悲しみの征服者、あの鞭打ち苦行団は、彼らを薙ぎ倒し、神は彼らを、そして聖ヨハネと主の母マリアを、自らに結びつけた」(135)との詩句が付されている。

またもうひとつの史料、「ブレスラウ写本の Quaestio」にも、Dicta eorum（彼らの陳述）として彼らは世界終末を感じていた、という記述がある(136)——「同様に、彼らのある歌謡によると、現在つまり主の一三四九年から一七年後に修道士とくに托鉢修道士らが、幾多の混乱の後衰退し、新たな修道会によって取って代わられ、その後、かつての修道会も復活するだろう。そして世界はたしかに終わるであろう。また、軽薄にして白痴の動物たちも、言葉をしゃべるようになるだろう、それらの動物たちを列挙するのは長すぎる」と述べている。

しかし一三四八～五一年、ペストが襲い、人々が絶望に駆られてこの世の終わりを思ったということと、鞭打ち苦行団が固有の終末観をもっていたこととは別問題である。このブレスラウ写本以外には、明確な結びつきの証言は見られないのである。

それどころか、十三世紀末の神秘的雰囲気と終末待望は、十四・十五世紀には次第に緩んできた、との説もある。もちろん次章で詳しく考察するように、神秘的雰囲気と終末待望は十四世紀にもさまざまなセクトを虜にし、激しい宗教運動を起こさせたのは事実であるが、その雰囲気・イデーが民衆たちに広く瀰漫していた——ロマネスク期のように——とは考えにくい。「死を思え」との呼び声は、個々人の死を問題にしているのであって、世界終末とは次元が違うのである。

それは、イタリアにおいて鞭打ち信心会での信心業の中心が、鞭打ちから慈善の業に取って代わられるようになる傾向と一致している。そのとき鞭打ちはシンボリックなものとして残るにすぎなくなる、初期の性格を失っていった鞭打ち苦行信心会は、ますます貴族層に広範に信奉者を見出すようになり、鞭打ちを行い慈善に献身する者たちは敬意をもって厚遇されるようになった。しかしその一方で、信心会の本部は一段と豪華に飾られ、行列は派手な芝居のようになり、演劇は著名な作者・音楽家の協力でその芸術的価値を高めていくだろう。

E・ドラリュエルも、十四世紀の鞭打ち苦行団にはほとんど世界終末の観念の影響はないとする。[137] たとえこの災厄のつづく時代において、贖罪の業によって厄払いをして、自ら懲罰を下しながら直接救済を準備するように見えるとしても、それでも違うのだと主張している。おそらくヨアキム的な千年王国思想は、鞭打ち苦行団には無関係であったとすべきだろう。しかし、堕落した世界が殲滅させられてしまうかもしれないという危機感は、十四世紀ドイツの鞭打ち苦行団に見られたゆえ、それを終末意識と呼べば呼べるだろう。

すでに第一節C項で言及したように、クローゼナーは天来書状を紹介する中で、彼らに長らく待ち望まれていた新時代が到来して人類の救済がなされること、天上から新たな法がもたらされること、などを付記している。堕落した人類、キリストの命に耳傾けようとしない者たちのためにペスト=神の劫罰が必要だ。こうした新たな啓示を鞭打ち苦行団は信じていた。遠い未来を見透す（ヨアキムのような）千年王国説ではなく、悔い改めずに死ぬと地獄が待っているという、直近の危機意識であった。教義的にはまったく正統を困らすものではない。神やキリスト、三位一体、悪魔、天使などについて異説を述べるものでもない。が、それでも彼らは自分らの人類救済のためのミッションを信じていた。

天来書状に記された使命については、ドイツばかりかフランドルの鞭打ち苦行団も信じていた。選民意識と新世界到来への期待を有する一部の鞭打ち苦行団が、終末意識を隠しもっていたとしても不思議はない。だがこの終末観は、民衆たちに広く共有されたわけではなく、狭いサークル内でのみ広まったのだろう。

C　ビアンキ運動

鞭打ち苦行団と〈霊性〉の一部を共有し、また、その儀礼的な行列の展開において鞭打ちが主要な構成要素のひとつとなっている後発の運動に、「ビアンキ」（白装束団）と呼ばれる運動がある。[138] これは、十四世紀も最末期、一三九九年にイタリアで発生した。彼らも白衣の悔悛グループで、聖俗男女を集めて聖歌や賛歌を歌い、「慈悲を misericordia」と叫びつつ行列したのである。出発前に罪を告白し、聖体拝領を受けるが、鞭打ち苦行信心会のような規律ある集団ではなかったし、構成もフォーマルではなかった。白装束の上に赤い十字をつけ、また、著名な説教師によって統括されていた。なかでもヴェルチェッリのマンフレーディとジョヴァンニ・ドミニチという二人のドミニコ会士が重要であった。

起源の場所は、リグリア海岸の山がちの後背地だった。一三九九年七月はじめ、リグリアの小さな町からジェノヴァに飛び火して多くの市民を悔悛に導き、敵と和解させ、白装束を纏って行列させたのが発端である。先頭は聖職者たちで、大司教が先導し、夥しい市民を巻き込んだ。大きな流れとしては、ジェノヴァからアペニン山脈を越え、ポー河の流域を通って東進し、ピアチェンツァ、そこから北へはミラノ、コモ、ベルガモ、東へはパルマ、モデナ、ボローニャ、フェッラーラ、パドヴァ、トレヴィーゾ、そしてヴェネトのラグーンまで達した。もうひとつの流れは南下してトスカーナ（ルッカ、ピサ、フィレンツェ、アレッツォ、シエナなど）へと向かい、さらにウンブリア（ペルージャ、オルヴィエート）、ラツィオをへて、ローマへ辿り着いた。途中大都市の行列の縁辺で、個人的、副次的な信心の渦が小さな町村を巻き込んで、いくつも転がり回る。農民もしばしば引き込まれて集団は何千人にも膨れあがることがあったようだ。

ビアンキは高い理想をもっていた。一三四九年の鞭打ち苦行団の黒服に対して、ビアンキはその名の通り白服を制服とした。基本の規定は「九日間の業」であり、九日を単位として九日ずつ行列するが、その各々に三つずつの教会を訪れ、そのひとつではミサに列席して説教を聞くというパターンであった（鞭打ち苦行団の行列の三三日半に比して、かなり簡略版になったと言えよう）。この信心業の大きな長所は、自分の居住する町村を離れずに参加できる点であった。というのも、その主な展開は、近隣都市の巡回だが、市壁内のみの行列や市のすぐ周辺だけの行列で済んでしまうこともしばしばであったから。また、町の周縁にしばらく留まりながらすぐに中心にいたることも特徴だ。行列をしながら裸足で諸教会を訪れ、ミサを聞き、説教に耳を傾け、祈りを唱え、聖歌を歌い、食事制限をし、とりわけ「平和と慈悲」を祈願した。

彼らが訪れた土地では、住民は例に倣うよう強く奨められ、運動の地域的拡大が図られた。しかし指導者にせよ参加者にせよ、「引き継ぎ」というような連続性はそこにはなく、隣接地域の住民が、自発的に後につづくのである。ルーズな信心の枠組みの中で転調しながら展開し、したがってその姿は、宗教的慣習や諸制度、政治・経済構造など、局地的な条件や関心でクルクル変わっていった。司祭も貴族や指導的市民も、一般市民とおなじように日常の業務をやめて、九日間、特別のお勤めをする。説教師による宣伝効果もあって多くの都市で公認され、司教のイニシャチブのもと整然とお勤めが行われた。「アレルヤ運動」や「鞭打ち苦行団」以上に、政治的ないし制度的な様相を濃くして、都市上層部に食い入ったのである。この運動に反発的であったヴェネツィアでも、ヴェネツィア当局（十人委員会）内部に支持者を見出した。

ビアンキの本質は「平和運動」であった。イタリアの風土病ともいえる党派争いを静めるべく「平和と慈悲を！」という叫び声が上がったのは、これが十三世紀の鞭打ち苦行団と同種の運動であったことを窺わせる。しかし贖罪の苦行はごく緩和されていた。ヴィチェンツァのジョヴァンニのアレルヤ運動にも似ているが、ビアンキの場合は、そのメンバーがあらかじめ定められ、アレルヤ運動のようにその場その場で雪だるま式に膨れあがることはなかったという違いがある。

感動的な和解のシーンが、多くの年代記に記録されている。彼らは通った町で、党派争いをしている家族を説得して〈平和〉をもたらし、亡命者の帰還を迫り、囚人を解放させた。また可能なかぎり市民を武装解除すべく、剣・ナイフ・ヘルメットなどの武器を集めた。誠意と活力でいっぱいの集団から発散される人間的熱誠に影響を受けた見物人たちは、当初は懐疑的、あるいは無関心であったが、やがてビアンキの歌う歌、祈り、説教によってこころが軟化し、自ら〈平和〉を願うようになるのである。それゆえ彼らは、こうした敵意の対立が渦巻いている暴力的で野蛮な町（ピストイア、ジェノヴァ）で、もっとも熱狂的に受け容れられた。彼らに倣って閥族争いを収めようと、町の人も自ら白装束でこの「行」を始めたのである。

ビアンキの歌も主に世俗歌謡（ラウダ）であった。内容は鞭打ち苦行団の歌と大差なく、人間の罪とその悲惨、キリストの受難、マリアの霊的現存――彼女は受難においてイエスの苦悩に結びつくか、あるいは地上におけるのとは違った姿で現れるか――などへの拘泥が特徴であった。

もう少し詳しく彼らの信心業と理想を考察してみよう。

彼らは白装束を纏い、赤い十字のマークをそれに付ける。そして先頭に十字架を立て、自ら鞭打ちながら「慈悲、慈悲、慈悲、平和、平和」と叫びつつ進むべきであった。四旬節用の食事の遵守、つまり肉は食べず、最初の日曜にはパンと水のみで我慢した。そして裸足で大声で、“Stabat mater dolorosa, iuxta crucem lacrimosa, dum pendebat filius”という聖歌ないしセクエンツィアを歌い、あるいは他の聖歌や祈りを捧げながら行列した。義務としては、一日三つの教会を訪れてミサを聞くこと。これを九日間続ける。白装束を脱いではならず、ベッドの上に寝てもいけないし、市壁の中に寝るのも禁止である。すべての人類がこれをするよう、彼らは運動を広めるべきであった。

以上のようなことを、ビアンキの由来譚たる伝説は語っている。その伝説は、人類の罪に怒って世界を破壊しようとするイエスに執り成しをしてくれるマリアが、さる農民にその悲惨な結末を避けるためにすべきことを町から町、村から村へと行って説き、キリスト教世界全体が、身分も男女も問わず皆でそれらを行うようにしなさいと、啓示で命令したという。それは人口に膾炙している由来譚である。

この由来譚では、たしかに鞭打ちが命じられているが、都市年代記や日記などを調べてみても、「鞭打ち」の証拠はほとんど出てこない。たとえば、由来譚ともどもビアンキの行動を詳しく述べているジョヴァンニ・セルカンビは、ルッカのビアンキの目撃者であり、発生してからルッカに到達し、そこからさらに広まる様を、数々の奇蹟やラウダとともに詳細に記述しているが、そこには鞭打ちの記載は一切ない。[139] また本年代記を飾る数多い「挿絵」の一葉のみに、鞭を携えたビアンキが描かれているだけで、他の挿絵のビアンキは鞭を持っていないのである。

ただし、たとえばジェノヴァでは、市内にある一七の鞭打ち苦行信心会が、そのビアンキ到来の機会に、特別に公的な行列で鞭打ちを行った——参加者は男のみ千四百人余りで、各信心会グループは磔刑像と二本の蠟燭に先導されたという(140)——ので、ビアンキと鞭打ちとは、けっして無関係ではなかろう。いずれにせよビアンキにおいては、贖罪・苦行よりも、平和が主要テーマになる。断食さえかなり緩和されている。個人としてあの世にいけるかどうかよりも、社会的な改善運動という面がより強くなる。ビアンキは個人や社会の贖罪よりも、人々に隣人をどう扱うべきかを反省させ、すぐ怒りに燃えたり、しつこい憎しみを蓄積する傾向を矯正させた。そして憎悪と暴力は放棄できること、この日常的な争いは、儀礼的な均衡によって昇華されることを言葉と行為で示し、真似ることを求めた。

かようにビアンキにおいては、社会改革のための運動という側面が大きい。このことは、鞭打ち苦行団とは異なって、この運動には聖職者が多く参加し、司教が先頭に立っていた事実や、都市当局のより積極的な介入などの事実と繋がっていよう。ビアンキ集団はまるでパレードする在俗教会のごとく、小教区ごとに行列が組織され、各小教区の先頭にその旗が掲げられ、全体の先頭には司教がいたのである。信仰は正統で、信心業も伝統的、行動も秩序立っているビアンキは、教会当局には既存の社会秩序・宗教秩序への挑戦でも脅威でもなく、自分たちの社会改良プログラムの宣伝部隊として格好の運動であった。だから（大）司教自ら先頭に立ったのである。ジェノヴァ大司教のヤコポ・フィネスキ（Jacopo Fineschi）はじめボローニャ、フェッラーラ、フィエーゾレ、フィレンツェ、モデナ、パドヴァ、ピストイアでも、行列を率いたのはその地の司教であったのである。

結局のところ、鞭打ち苦行団やその信心会が「俗人」主導の運動であったのに対し、こちらにははっきりと、「教会」による指導があった。またこの運動は、エリートの宗教と民衆のそれ、あるいは聖職者や托鉢修道士と俗人の信心が、対立することなく共存・宥和しているまことに稀有な例でもあった。しかもそれが、伝統的な組織・制度と背馳しないように行われたのである。

＊

A・フルゴーニは、主にフランチェスコ・ディ・マルコ・ダティーニの日記に拠りながら、ビアンキの行列は一種の巨大な「祭日の遠足」だったとまで言っている。[141]旗・歌・説教が日常のルーティーンを破ってピクニック気分を盛り上げ、一日の終わりには、主催者から食事を供されるのだから、と。

しかし、彼らが歌った単純で具象的なラウダが、つぎのような内容をもっていることを見落としてはなるまい――怒れる神としてのイエスが罪深い世界を破壊しようとしている。というのも人類はイエスの受難で救われた恩義を知らずに罪を重ね、他人には慈悲を与えない欺瞞に満ちた行状が、イエスの怒りを引き起こすから。唯一の頼みはマリアの執り成しで、彼らは必死に彼女の情けに縋る。彼女は神の母たるのみでなく、人間の悩みを理解して共感してくれるから……。

その歌からはビアンキの信心の基調線として、神の慈悲と平和が人間の和合と結びついていることが窺われる。「慈悲、平和」が繰り返し叫ばれ、唱えられる。そしてキリストの受難＝贖罪における、悔悛の必要性、虐げられた貧者たちへの援助の必要性なども恒常的に現れる。しかしこれはとくに目新しい要素ではなくて、後期中世の霊性に通有である。それでもれっきとした信心業であったことはたしかだ、と、D・E・ボーンスタインは論じている。[142]

一種の「ピクニック」なのか真正の「信心業」なのか、一義的には決められまい。それは、あれほど敬虔なロマネスク期の民衆たちによる巡礼にさえ、物見遊山の要素がなかったわけではないのと同様である。ただ、フランボワイアン期のビアンキ運動は、この時代特有の儀礼性が強く、これが当局による管理を容易にする反面、信心の形骸化をもたらし、参加者個々人の高い霊性を保つ緊張を弛緩させたこともたしかだろう。鞭打ち苦行団の運動と形態も霊性も類似しているにもかかわらず、ビアンキが以後の宗教運動や信心業に大きな影響をおよぼすことがなかったのも頷ける。なぜ一三九九年という十四世紀最末期に発生したのかという理由は、一四〇〇年の「聖年」に大いなる赦免が与えられるとの希望の雰囲気があったからに違いない。

むすび

鞭打ち苦行団の運動は、フランボワイアン期の俗人による宗教運動のもっとも華々しい表われだと考えられる。鞭打たれるキリストとその受難が聖なるモデルとなってきたこの時期に、それはふさわしい運動でもあった。神の怒りとその結果である大災厄を、まさにキリストの受難を模倣した鞭打ちで自らの罪を贖うことによって終熄させることが目指されたのである。

しかし目指されていたのは、個人的な贖罪と救済だけではない。彼ら――とくに十四世紀ドイツの鞭打ち苦行団――は、自分たちを選ばれた民として、人類の罪を代表して償うのだとの意識を抱いていた。ということは、この鞭打ち苦行団が、長い伝統をもつキリスト教的な悔悛運動、そして十二世紀後半からの悔悛者の教会内の「身分」化の流れに潤されていることは疑えないとしても、そうした流れの一エピソードとのみ見てはならないことになる。もともと個人的な修行であったものが、集団的な規模と次元を獲得して、あらたな意味を生み出したのである。そこにはしばしば終末待望の観念が忍び込むことがあった。

鞭打ち苦行団は、罪の赦免とともに、〈平和〉を高らかに説いた「平和運動」でもあった。また先行するアレルヤ運動も、後続するビアンキ運動もその通りであった。マニャーティとポーポロ、閥族同士、あるいは支配層と下層民のあいだ、というように紛争の止む暇のないイタリア都市では、〈平和〉が宗教運動の主要目標でありつづけた。鞭打ち苦行団の運動は、その劇的な様相を呈する信心業の展開で、束の間、ショックを受けた目撃者たちのあいだにリミナルな状況を創り出し、その束の間の時間を、和解の時にした。しかしそれは、じつは自然にもたらされた訳ではなく、各都市のポデスタが、ポーポロ中心の政治体制を安定させるべく制度改革をするのと合わせて、鞭打ち苦行団を利用した結果である。

十一世紀末以来の教皇と皇帝の争いはいよいよ激しさを増し、とりわけ十三世紀に入って神聖ローマ帝国の栄光を再興しようとホーエンシュタウフェン朝の皇帝がイタリア政策に熱を入れるや、教皇との対峙は決定的になった。そして教皇は皇帝の権力を弱体化させるため、シチリア王国と帝国を分離しようと必死に画策した。中・北イタリアの各都市で皇帝・教皇双方を支持する党派（ギベリンとゲルフ）が創り出されるのはこのような状況下においてであった。しかしまもなく「ゲルフ」「ギベリン」の概念は拡大・神話化し、胡散臭いほど俗臭芬々たる政治の道具に堕していく。フリードリヒ二世の死（一二五〇年）によりイタリアから皇帝がいなくなり、その後一二六六年にフリードリヒの庶子マンフレート王が一時的に実効支配を樹立するが、やがて教皇が頼みとするアンジュー家が勝利を収める。しかし一二八二年の「シチリアの晩禱」事件で教皇の勢威は取り返しようもなく失墜してしまうことになろう。

この時代は、またイタリア各地の都市でポーポロ体制がポデスタと張り合い、ないしそれに取って代わって登場した時代でもある。ポーポロ（平民）と名づけられても、そこからは階級の意味が失われ、複雑な利害と駆け引きの団体に近くなる。新興階級がポーポロに結集してマニャーティ（旧来の豪族）と対峙するが、新興階級も貴族的な閥族組織を模倣し、土地財産の増加、武装庇護民の増員を狙って活動した。十三世紀後半は、反マニャーティ立法が各都市で制定されたが、ポーポロ、マニャーティ両概念が揺れ動き、親族、友人、近隣、商売関係での密接な繋がりが家族を結びつけている中、フィクションとしての立法の感が否めなかった。市内にはコムーネ、ゲルフ党、ギベリン党、ポーポロがあっていずれも行政官、評議会、兵士をもっている、というはなはだしい制度的重層・併在の現実があった。しかもそれぞれの団体が、自都市のコンタードの諸勢力ばかりか、他都市のやはり複雑な政治組織とも合従連衡しながら活動する訳で、平和への道ははてしなく遠かった。

このようなときに、鞭打ち苦行団が「平和」と「慈悲」を叫び、「贖罪」を訴えてイタリア中を経巡ったのである。それは、もともとポーポロの意に沿う運動だったとしても、それに参加し、あるいはそれを間近で目撃した人々の胸に、姑息な政治的メッセージを超えた永遠に連なる宗教的メッセージを届けることになったのではないだろうか。それがイタリアでは信心会として、家族・親族、隣組、職業団体といった世俗の絆を超えた活動をする団体へとその運動が結晶した理由ではなかろうか。十三世紀後半の鞭打ち苦行団の意義は、このように捉えられるだろう。

フランボワイアン期の宗教運動としての性格を、もっとも鮮烈に打ち出しているのは、十四世紀の黒死病直後のドイツ・ネーデルラントで大展開した鞭打ち苦行団である。そこではキリスト受難の雛形ともいうべき信心業が、衆人環視の下で華々しく繰り広げられる。自分の犯した罪だけでなく、世界を危殆に瀕させている人類の罪を、彼ら選ばれた罪人が自らの肉体に鞭を揮うことで贖おうという、未曾有の運動であった。悲愴な情念、悔悛の情、そしてときに忍び寄る終末観。彼らの派手なパフォーマンスは観衆をもしばしば回心させて、運動の和を広げていった。

彼らの自己聖化、教会外での秘蹟に類した儀礼の執行は、教会の目には大いなる挑戦と映ったが、もともと体制批判をしようという意図は彼らにはなかった。結果として体制を困惑・憤激させたまでである。カタリ派などのゴシック期の異端者との大きな違いがそこにある。民衆たちが中世末の混乱した政治・社会情勢の中で真剣な救いを考えたとき、教会は対決すべき相手ではもはやなく、文化的・社会的に異質の目標を抱く他人であった。

だが、鞭打ち苦行団には、運動としての側面のほかスタティックな団体としての側面があった。十四世紀のドイツ・オランダの鞭打ち苦行団の運動が、秩序転覆の危機を感じ取った当局によって弾圧されたのに対し、イタリアのそれは信心会へと姿を変じ、中世末、いや近代まで生き延びた。そこでは激しい鞭打ちは姿を消し、鞭打ちを中心にしつつも規律正しい信心業が、都市民としての美徳を身につけた者たちによって実践された。それは、俗人中心の組織であり、教会の縁辺で展開したが、托鉢修道士による理念的指導もあって、教会にとっては望ましい組織ではあれ、けっして弾圧の対象とはならなかった。

やがて十五世紀になると、これらの信心会は都市の団体である以上に、司教区の団体として教会ヒエラルキーによって接収され、司教の管理対象となっていこう。それと並行するようにして、かつて霊性の中心にあった〈贖罪〉や〈キリストの模倣〉よりも、〈慈愛〉が主要要素となって、多くの慈善事業へと結実した。これは近代的な社会事業へと脱皮するには好都合であったが、中世の霊性史における創造的役割は、鞭打ち苦行信心会からは失われていくだろう。

第6章 千年王国運動

ヨアキムによる三位一体の象徴図

はじめに——終末論・神秘主義と政治

私たちは、第1章の「はじめに」でロマネスク期の宗教運動とそれを生み出した状況を概観し、第4章の冒頭では、ゴシック期の宗教世界について検討した。また前章では、末期ゴシック期ないしフランボワイアン期の宗教運動とその背景に目を向け、俗人たちの〈霊性〉の発露の苗床ともいえる信心会、そして彼らをなんとか正統の轍から逸脱させずに、しかも都市の市民生活にふさわしい倫理を教え込もうと奔走した托鉢修道士らの説教活動などを中心に、俗人の信仰生活をめぐる状況を簡単に眺めておいた。

だが、俗人たちがあてがいぶちではない信心形態を追求したというのは、たしかに後期中世の特質をなす傾向ではあるが、それとは別方向の、しかしいずれ融合する動きが教会の中核部分から蠢きだしたのも、おなじ時代のことであった。それがフランシスコ会を舞台とする「清貧論争」であり、また聖俗の支配者たちが盛んに応酬し合うことになる、政治性を帯びた終末の預言である。

〈清貧〉の追求というのは、キリストの教えを真摯に守ろうとする者たちにとっては、なにも珍しいことではあるまい。修道士たちは、終始一貫して貞潔・服従とともに〈清貧〉を誓ってきたのだし、私たちは、それがロマネスク期から、民衆たちの宗教運動を駆動させる〈霊性〉の構成要素のひとつになってきたことを見てきた。だが今度は、福音主義に憧れる俗人や民衆がイニシャチブを取るのではなくて、まさに教会制度の中枢を担う托鉢修道会の雄のひとつ、フランシスコ会の「内部」から〈清貧〉を賭け金とする異議申し立てがなされたのである。そしてその主張への拘泥が、教会権威への服従と規律の遵守への疑心となって顕在化したことが大問題であった。そのうえ分裂した一派は一段と主張をラディカルにして、民衆を巻き込んで激しい制度批判を繰り広げるにいたったのである。

ラディカルになったのは、ひとえにそれが終末論、メシアニズムと結びついたからである。教会制度にかかわるエリート層の知的なセクショナリズムの論争が、メシアニズムを抱え込むことで、その制度的・知的構造を溶解しながら外部にまで漏れ出し、はからずも民衆たちに大きな衝撃を与えるようになった。これこそ中世最後の時期（フランボワイアン期）の宗教運動の大きな特質であり、そこにおけるキーパーソンが、フィオーレのヨアキムであった。彼の思想の影響を受けて、中世末に諸種の千年王国運動がヨーロッパ各国で展開し、その反響は近代にまでおよんでいるのである。

千年王国説と終末論

まずここで、「千年王国説」について、手短かに振り返ってみよう(1)。

「最後の時」については、すでに旧約聖書の預言者たちが述べている。イザヤ書（第二四〜二五章）やダニエル書においては、秘義的なシンボルや数字を読み解ける者たちによってメシア待望の終末論的ヴィジョンが呈示された。しかし、キリスト教におけるすべての「千年王国説」の源泉は、新約聖書の最終巻たる黙示録（とくに第二〇章三節）である。そこでは二段階にわたる「終わり」について語られている。そしてそれが、神の手の内の書物の七つの封印が解かれていく宇宙的ドラマとして物語られている。天使のラッパを合図に封印が開かれるごとに、大災厄が発生して壮大な宇宙的戦いがおこるのである。

第一の「終わり」では、第七の封印が開けられて大争乱が出来した後、聖人・義人が復活、子羊＝キリストが獣＝サタンに勝利して、その獣は生きたまま深淵に投げ捨てられ鎖に千年間繋がれる。そのとき不正堕落の徒が粛正され、選民のみが復活する。そしてキリストが再臨して千年間メシアの王国がつづくのだとされる。

千年の至福の時代が過ぎ去るや、政治・社会情勢は再び混乱の極み、腐敗の淵に落ち込み、ありとあらゆるおぞましい不幸が跳梁跋扈する。奇怪な怪物・人物が群がり、火や血の雨が降り、天の明かりの三分の一が光を失う。そこに第二の「終わり」がやって来る。サタン（反キリスト）が解き放たれ、世界の四隅から走狗となるべき民族を糾合する。それがゴグとマゴグで、一味は選民の町の攻城を試みるが、しかし大天使軍によって最終的には折伏され、硫黄と火の池の中に永遠に墜とされる。そこで第二の復活、すなわちあらゆる生者と死者の復活があり、最終審判が下される。世界は決定的に終末を迎え、その後新たなエルサレムが天から地上に降りてきて永世が始まるのである。

多くの著作家がこの黙示録の記述をさまざまに解釈して、現実をその黙示によって意味づけ、また未来を予測した。だがローマで公認された後、布教を繰り返し、組織を拡大・充実させ、自らの王国を固めようとする制度としての教会、ゆえに現世をぎりぎりまで保守しようとする教会にとっては、この終末論は二重の意味で困った考え方であった。

まず、黙示録が予感する間もない終末への待望・危機感は、せっかく安定した体制を築き、その中でできるだけ多くの信徒たちを教導して救済しようと努めているローマ＝カトリック教会にとっては、かえって自分の存在意義を否定されるのではないかと危惧された。だから、この世は明日にでも一新されるのでなく、ある不確定の遠い日に永遠の幸福が訪れるのだ、という考えを押し広めようとしたのである。実際、中世も半ばにいたり、人々の経済状況が向上し生活が安定すると、終末の恐怖感は宗教的熱誠が突如湧出する時期を別にすれば薄れていくだろう。

もうひとつの困惑は、二つの「終末」がある、という点である。最初の終末がまもなく到来して、地上の天国が実現するのは善いことに思えるが、それは言葉を換えれば、それまでの制度・体制が廃棄され、一新することにほかなるまい。とりもなおさず、腐敗堕落した悪の手下と呪われるのが、ローマ＝カトリック教会とその聖職者たちだ、という理屈になってしまう。それは彼らにとっては到底、容認できない点である。だから、終末がいつとは定めがたい遠い未来に想定されるだけでなく、第一の終末の後にくる「千年王国」というのは、じつは霊的アレゴリーなのであり、既存のカトリック教会の中にすでに実現している、とローマ教会の博士たちは強弁することになった。教会の懐こそ千年王国の至福の舞台なのであり、信徒たちは教会の教えに従い、定められた儀式をこなしながら罪を贖い、善行をし、徳を積めば、死後、煉獄であまり苦しむこともなく、またいつの日かやってくる最終審判でも天国への切符を手に入れられると、盛んに喧伝されたのである。

こうした解釈法については、早くも三世紀に、オリゲネスが地上の社会を個人の魂に移し替えることで試みていたが、五世紀初頭には、聖アウグスティヌスも『神の国』(二〇—七)において首尾一貫した理路の下に唱え、それが非常な権威となった。彼にとっては「千年」は実際の千年ではなく、完全な数、時の充溢を意味していた。神の国が説き始められたときから、すでにそれは始まっている。ということは、ローマ=カトリック教会のこの時代こそ、第七の千年紀であり、すでに第一の復活がおきている、つまりキリストに従う者の魂が霊的に復活しているのである。だから、キリストの千年王国というのは、キリストを戴いた現今の教会の統治にほかならないことになる。かような理論的後押しを得た教会は、その後、キリストの再臨、最終審判、第二の千年紀などに関心を集中させていった。

しかし終末に関する正統教義が確立した後も、異端説だと呪われ、教会に忌避されるのもかまわず、間もない至福千年の到来を希求する熱誠をもつ者は後を絶たなかった。千年王国説が花盛りになったのは、まず二〜五世紀であり、異端ばかりか正統の神学者や殉教者までがそれに共鳴することになった。一五〇年頃の聖ユスティノス、二世紀末リヨンの司教で『異端駁論』全五巻を執筆したイレネウスや三世紀初頭ローマのヒッポリトゥスのような正統の神学者においても、あるいはモンタニストやある種のグノーシス派においてもそうであった。三世紀初頭には、それはアフリカのテルトリアヌスにも影響を与え、四世紀初頭になると、ラクタンチウスが、この説はキリスト教の魅惑のひとつだと言っている。

その後、フランク王国の後ろ盾を得てキリスト教会がその権威と権力を増強すると、このような千年王国説は廃れ、アウグスティヌス説が主流となる。しかしそれでも、反ローマ的立場に立つ者たちが間歇的に現れて、千年王国の「正統」なる解釈に異議を差し挟むだろう。「千年」を文字通りに取るかどうか、また二つの「終末」があるかどうか、そうしたことを明確にしないまま切迫した終末意識をもち、神から使命を与えられた選民としての自覚を抱いて、既存秩序を呪い転覆しようとする者たちが続出するだろう。

その既存秩序への異議申し立て人たちの支えとなった影響力甚大な預言書がある。偽メトディオスの「最後の時の記述」と「ティブルティナのシビュラ神託」がその代表で、ともに影響力がはなはだ大きかった。[2] メトディオスの書物は、七世紀末にシリアで逸名氏により書かれた。より重要なシビュラの神託は、四世紀末のシリア語のオリジナルから十一世紀にラテン語に移された。そこでは、最後の時を準備するためつぎつぎ現れる王たちや、戦争、反キリストの到来などについて預言されている。

さらに終末論的な波紋が広がるのは、「紀元千年」が近づいたときであった。[3] 反キリストが千年の終わりにやって来て、直後にあまねく審判が下るという噂が各地で広まったこともあったし、また終末と反キリストについて真剣に反省する神学者も登場した（たとえば『反キリストの誕生とその時代』という本を書いた、モンティエ＝アン＝デールの修道院長アドソ）。さらに十一世紀末に十字軍の壮図が西欧中を熱狂させるとともに、最後の時への思いが一気に高まる。異教徒の蛮行で汚された、キリストによる人類の罪の贖いの都市であるエルサレムを十字軍兵士が浄化し、諸民族を集めて信仰に復帰させることが、反キリスト到来の下準備となると考えられたのである。

十二世紀の異端運動においても、地上の至福の世界が既存秩序を廃棄したところに実現するという考えが呈示されることがあった。[4] ユトレヒト司教区（アントワープ近く）で一一一〇年頃、元修道士タンケルムが、封建的な悪習に染まる聖職者、妻帯聖職者やシモニア聖職者を攻撃する。さらに彼は聖職者の権能を認めず、十分の一税、秘蹟――なかでも聖体――をはじめとする諸儀礼、聖堂の存在意義を否定した。そして自分こそ神に遣わされた使徒だと宣言した。弟子のマナッセスは一二人の男性（使徒）と一女性（マリア）で構成される組合を作った。一党は熱狂した群衆を従えて既存教会・聖職者を打倒すべく実力行使にでた。

また十二世紀半ばに西フランス（ブルターニュやガスコーニュ）で策動したエトワールのエオンもおなじく自分を神の息子で世界の審判者だと信じてメシアと称し、弟子たちを天のヒエラルキーおよび使徒として分類して正統教会に対抗した。さらに財産共有を説いて教会と修道院に火を放って略奪し、血なまぐさい暴力行為におよんだ。

悲愴感と神秘主義

グレゴリウス改革が終熄して教会が安定期に入ると、千年王国運動は一旦影を潜めるが、十三世紀初頭からはフィオーレのヨアキムの著作（と偽文書）の普及によって、千年王国運動が以前に倍して勢いを得た。詳しくは後述するが、とりわけフランシスコ会聖霊派という過激グループにより、十四世紀末にかけて独特の終末論的運動が展開された。フランボワイアン期にヨアキムの千年王国説の流れを汲む運動が大いなる反響を見出した原因のひとつは、政治・社会状況が未曾有の危機的様相を呈していたからだろう。

とりわけ一三〇〇年から十五世紀半ばまでの時期には、ヨーロッパの宗教界は救いようもなく不安定で悲劇的な様相をみせた。ベネディクトゥス十一世の死（一三〇四年）後、教皇はローマにおらず、一三七七年にアヴィニョンからグレゴリウス十一世がローマに帰還するものの、枢機卿会は相次いで新教皇二人を選出し、一四一七年まで、二人、ある時期には三人の教皇を戴く異常事態となった（教会大分裂）。さらにこの間、テンプル騎士団の裁判（一三〇七～一四年）、百年戦争（一三三九～一四五三年）、黒死病の大流行（一三四六～五〇年）、ジャックリーの乱（一三五八年）、最後の十字軍の失敗（一三九六年）と、災厄は後から後から追い打ちを掛けた。

教会が分裂し、教皇がフランスに行ってしまう。これは、都市国家が分立しながらも、教皇を中央に抱えていることで政治的・社会的な安定への手掛かりを得ていたイタリアを宗教的にも周縁化させ、そのため半島の政治状況は以前にましてアナーキー状態を呈した。当然、ヨーロッパ中のキリスト教徒も深甚なるショックを感じたことだろう。「世俗化」が進行しつつあったといっても、その世俗は、聖なる権威なしにはまだやっていけない状態であった。そこで、この異常事態を説明し、未来への展望を拓く夥しい論考・パンフレットが書かれ、それらの中では、教皇や皇帝についての預言が、しばしば終末論的な色彩を帯びながら発せられたのである。

分裂したキリスト教徒は、真の教皇を求め統一を願った。分裂騒ぎの中で教皇庁は弱体化し、かつてない重要な役割を担わされることになる公会議が相次いで開催される。まず一四一四年のコンスタンツ公会議である。シスマというキリスト教世界の存立を危うくする異常事態の中で、公会議が最高の決定機関・統治組織として台頭してきたのである。しかし教皇の抵抗もあり、対立は先鋭化し、そう簡単には公会議主義は広まらなかった。その後、パヴィア（一四二三年）、バーゼル（一四三一年）、フェッラーラ＝フィレンツェ（一四三八〜四五年）と公会議は矢継ぎ早に開催され、フス派の撲滅、キリスト者間の平和確立、教会改革、教皇の聖職禄取得納金他への権利の廃止などが論じられた。一四三九年には、エウゲニウス四世が廃され、フェリックス五世が選出される。ギリシャ教会との教義上の論戦も、公会議でなされた。

しかしじつは教皇ばかりでなく、公会議も不毛な対立で弱体化してしまったのである。その裏で大きく伸長したのは、俗人精神を育てていった国民国家であった。こうして国家的なまとまりが強化され王権が伸長してくると、教皇を頂点に戴く中世的な「キリスト教世界」は弱体化、いや消滅の危機に瀕することになる。各国教会は国家に従属していこう（ガリカニスム）。

思い返せば、ロマネスク期からゴシック期にかけては、教皇を頭にヨーロッパ全域を版図とする統一的な「キリスト教世界」があった。それを支える諸制度、たとえば教区組織やさらに後の時代には大学や托鉢修道会が、体系的な法や神学とともに発展していった。またこの時代には、儀礼もキリスト教世界を参照枠として展開していた。つまり巡礼や十字軍、あるいはキリストの戦士としての騎士たちの活動にまつわる儀礼である。これらの儀礼には「国境」は無関係であり、信心が高揚すればするほど、国境も地域の境界も越えて、キリスト教徒としての連帯感が強まり、皆で一体となって魂の救いと世界の救済を追求したのであった。

ところがゴシック期からフランボワイアン期へと時代が推移すると、こうした大きく強固な参照枠は弱体化・細分化し、あるいは溶解する傾向にあった。だがそれでも十四世紀まではなんとか持ちこたえていたように見える。ところが十五世紀になると、教会は国家の陰に隠れて、いやその一部となって、精神を骨抜きにされてしまうのである。国家意識の高揚の中で採られた諸措置、すなわち、王・君主による課税や聖職禄任命、司教・修道院長選出、教皇服従の無化、裁判権における聖職者・修道院支配、大学の国家化（ナショナリズム）などの施策は、教会の国家への従属を決定的にしたのである。

キリスト教世界全体の危機が露わになった十四世紀から十五世紀にかけて、ヨアキムの千年王国説のインパクトはいよいよ激甚になり、教会ばかりか世俗当局もそれを利用したプロパガンダを繰り返し、のるかそるかの難局を切り抜けようとした。こうした条件の下、千年王国説に導かれた宗教運動は、否応なくあからさまに政治性を帯びるだろう。

だが政治に疎く、権力闘争などには無縁の者らでさえ、社会的な危機、経済的な危機には敏感に感応せざるを得なかった。飢饉・戦争・疫病はいつ襲来するか分らない。今日元気でも、明日には骸となって道端に横たわっているかもしれない。罪を悔い改めて償罪の業を行わなければ、あの世でも劫罰が待っている……。「中世の秋」に、華やかな宮廷文化の爛熟の陰で悲愴感溢れ苦悩に満ちた信心が広まったのは、こうした日常的な危機に誰もが陥っていた時代を思えば、当然のことであった。(5)

政治にコミットして社会の革命的変革のために戦おう、というような行動に移れない者、そうした行動に希望を抱けない者は、一人部屋に籠もり、内面深く沈潜して神との会話をボソボソと交わすしかなかったであろう。とりわけ十四世紀後半はヨーロッパ全域が経済不況に陥り、荒れ狂う疫病や戦乱のために古い社会形態が閉塞し、その挙げ句に崩壊して、新しい社会に場所を譲る屈曲点を迎えていた。多くの者は、無力感を感ずるだけの現実に直面する代わりに、内面の世界に浸って、ただ一人神との対話・交流をするか、おなじことの裏返しとしてこのうえなく形骸化した算術的信心形態——つまり、決まり文句を一定回数唱えたり、おなじ所作を幾度となく繰り返したり——と神経症的に戯れていた。不安定な心は極度に感じやすく、涙腺が関を切ったかと思えば一瞬後には大声で笑い転げたりする。

神秘主義者、とりわけ女性の聖人の神秘体験が重きをなすのが十四世紀の、とくにイタリアの都市においてである。十五世紀には、ジャンヌ・ダルクを偉大な例外として、再び男性の神秘主義者優位の時代となろう。十四世紀半ば以降ライン地方および低地地方においてエリートに広まった「新しい信心」でも、内面が重視されている。創設者ルースブルークの「つねにキリストの教えを持ち運び、その受難、死を記憶し、われらの心中に彼の愛を抱いていよう……」との言葉が、本質的な神秘の追求を物語っている。そのルースブルークを引き継いだのがフローテであり、さらに彼らの遺産を「共同生活兄弟団」が受け継いだ。いずれにせよ、外界から撤退して内面の魂の動きをつうじて神に到達し、言葉で言い表せない神の現存の体験を受け取ろうとするのは、教会の権威への重大なる挑戦であり、ひいては異端的立場へと繋がっていこう。

十四世紀初頭エックハルトから始まったドイツ神秘主義の伝統は、モノの世界から自己を乖離させ、あらゆる作られたイメージから魂を自由にし、魂内部への神の言葉の誕生に期待する。ヒエラルキーを等閑視する代わりに個人の魂に神が接近する方法を探求するが、それはたんに形而上的であるのみならず、知性的でもあった。しかし、十四・十五世紀には、いよいよ主観的・情動的な形態が幅を利かすようになる。キリストの生涯では、復活の栄光よりも受難の苦しみのほうが人々の信心を引き寄せた。文学や造形芸術においてはそのパテティックな表現——キリストの被った苦痛、破れた傷、血の滴りの明細書、ピエタ、怒りの日、十字架の道行きの留——が溢れ、聖人や神秘家らの伝記には、キリストの受難に対する絶えざる同情、キリストとの同化の努力、故なき悔悛の情、エクスタシーなど、神と彼らを隔てる深淵を前にしての落ち着きのない魂の諸相が、どぎつく過剰なまでに描き出された。

エリートたちのような神秘主義思想を深めることのない民衆にも、「死」への偏執狂的な関心があった。その関心は、「死の舞踏」のフレスコ画や「メメント・モリ」の手引書をブームに乗せることになるだろう。かつては観念的であった死の姿が、いまや病的にして異常な、しかし現実味のある生々しい肉体破壊を思い出させる姿へと変じたのである。ヨーロッパ中を駆けずり回る説教師(ヴァンサン・フェリエ、聖ベルナルディーノ)らは、キリスト教徒が「善く死ぬ」ために教えを説くが、その際、しばしば骸骨や遺体の毒々しい姿を聴衆に直視させながら、その教えの効果を高めようとしたのである。

終末論と千年王国説、神秘主義、死に取り憑かれた不安な心性、これらはもともとは別々の起源を有していたとしても、中世末には互いに作用し合い、無力な人々を牽引車のように強引に引きずり動かしていく。現世への希望を捨て、善く死ぬことのみを心掛けながら来世に憧れる人々、外界から撤退して内面に沈潜し、魂と神との合体を願う人々、こうした中世末の多くの信心深い人々は、政治にも社会改革にも関心がなかったかもしれない。しかしそこに終末論、とりわけ千年王国説がブレンドされることによって、意識するにせよしないにせよ、彼らの言行も政治化してしまうのである。

政治と社会のあるべき姿についてのヴィジョンを、歴史の独自な解釈とともに打ち出し、十三世紀以後、ヨーロッパ世界でもっとも影響力の甚大な千年王国説を唱えたのが、本章の第一の主人公であるフィオーレのヨアキムである。以下、フランボワイアン期の宗教世界の演出者とも称しうる彼の生涯を簡単に眺めた後、その思想について詳しく検討していこう。

ヨアキムの生涯

まず、フィオーレのヨアキムとはいかなる人物で、どんな生涯を送ったのか、二種の「伝記」や信頼のおける研究を参照して、分っている範囲で記していこう。(6)

ヨアキムは、一一三五年頃に、カラブリアのチェーリコという町に生まれ、一二〇二年三月に亡くなった。長靴の形のイタリア半島の爪先の部分、カラブリア地方の真ん中あたりにある町である。ヨアキムはここに公証人の息子(また他の説によれば、農民の息子)として生を受けたという。

中世の聖人の伝記にはありがちなパターンだが、若い頃はきわめて世俗的で享楽的な生活を送っていたという。まずコゼンツァ、ついでカラブリアの大法官の宮廷で教育を受け、パレルモの国王書記局への就職を目指した。実際、パレルモで働き始めたようで、国王書記(公証人)とともに各地を旅する日々がつづいた。しかし、一一六七年頃にエルサレムに巡礼に行き、それが転機となって彼の人生は百八十度変わる。元々はこのエルサレム巡礼も、物見遊山的な性格が強くて、仲間を引き連れてコンスタンチノープルをはじめとするまだ見たことのない異国の風俗を見物して楽しんでこよう、という心づもりだったろう。しかしエルサレムに行き、タボル山上で幻を見てそこで回心し、彼の人生経路は一変してしまうことになる。キリストの生活と復活の現場を訪れたという体験は、終生、彼の人生に重くのしかかるだろう。

帰還してカラブリアに戻った彼は、隠者の生活を志し、家族から離れて修行を始める。が、とうとう父親に発見され手厳しい叱責を受ける。父親が言ったといわれる言葉は、「これが私たちがお前から期待していたことか。教育を受けさせ、苦労して宮廷に奉職させたのに。お前の親戚も私も、皆お前のお陰で裕福になり栄誉を得ると思っていたのに、浮浪者になって、私たちの希望を台無しにしてしまうなんて」。この難詰に対して、ヨアキムは「私は天にしろしめす王にお仕えしているのですから、あなたもお喜びになるはずです」と答えて、父親の言うことには耳を貸さなかったという。

その後、説教活動を始めたヨアキムは、近くのコラッツォというところの修道院の修道士の言葉に影響を受けて、自分も修道士になる決意をする。まずシトー会のサンブチーナの修道院で悔悛者として過ごした後、すぐにコゼンツァ近くのレンデ地区に移り巡歴説教師となる。後、助祭に任ぜられ、さらにコラッツォでの修練期間を経て、やっと修道士となることができた。

やがて一一七七年には、コゼンツァ大司教やサンブチーナ修道院長らの強い要請により、コラッツォの修道院長に就任する。教皇アレクサンデル三世は、シトー会の慣習律を使うことを特権状で認めてはいた。ヨアキムは、パレルモのグッリエルモ二世の宮廷で王と交渉して修道院の財産を防衛した後、当時有力な修道会であったシトー会の傘下にこのコラッツォ修道院を組み入れてもらおうと、シトー会修道院（カサマーリ）に行って尽力した。

結局、傘下参入は叶わなかったが、カサマーリには客人として、二人の配下の修道士とともに一年半ばかり滞在することになった。そこで教皇ルキウス三世から聖書注解を執筆する許可を得て、一一八二年秋から一一八三年春頃、当修道院で、彼の三部作のうちまず『新訳聖書と旧約聖書の照応の書』Liber de Concordia Noui ac Veteris Testamenti（以下『照応の書』と略）、ついで『黙示録注解』Expositio in Apocalypsim を書き始めた。また三位一体の本質についての疑惑に囚われて不安になり、一一八四年、聖霊降臨の大祝日（白衣の主日）に、聖霊を称える詩篇を歌いながら、聖霊に真実の理念を授けてくれるよう祈念すると「十弦琴」のイメージが心に浮かんだという。この神秘の啓示のあった後、彼はすぐ『十弦琴』Psalterium decem chordarumを書き始める。他の二著、とくに『黙示録注解』についても、このときの照明により明確な理路を得た。『十弦琴』は、カサマーリでは——一一八四年末以降——第一巻のみ完成した（第二巻は一一八六～八七年、最終版は一一九〇年代末完成）。複数の主著の執筆をほぼ同時進行させ、互いに関連させながら反省の発展と変更を登記する開かれた思考、著述法がヨアキムの特徴である。『照応の書』は九十年代前半完成したが、最大の大著というべき『黙示録注解』は死の直前まで書き継がれた。

カサマーリからカラブリアに戻ったヨアキムだったが、修道院での行政的業務と、自分が追求しようとする禁欲的観想生活の矛盾に苦しんで霊的危機に陥り、ことに一一八六～八七年頃になると、コラッツォの修道院長の職を擲って聖書の理解に専念したい、観想生活に耽りたいとの思いが募ってきた。そして修道院から無断で逃げ出してしまい、残された修道士たちの不満が爆発した。しかし結局、八八年初頭にローマに出掛けていき教皇から修道院長辞任の許可を得て、以後著作の執筆に専念することになった。

彼は、遅くとも一一八八年春には最終的にコラッツォを去った。そして弟子のラニエロおよび二人の補助者とともに、最初、コゼンツァ側のプレ＝シーラ山地の中腹にあるペトララータ、ついでより高山に囲まれた所（フィオーレ）に庵と祈禱所を作ってそこに籠もった。やがて彼を慕って合流した修道士とともに、シーラ山地の高所に新しい修道院を作ろうと思い立つ（一一八九年頃）。一一九六年八月二十五日のケレスティヌス三世の教勅で、修道会として正式に認可されたこの修道院こそ、フィオーレのサン・ジョヴァンニ修道院である。

この奥地に引っ込んでも、ヨアキムの聖人としての、あるいは預言者としての噂がヨーロッパ中を駆け巡ることを妨げることはできなかった。その証拠に、一一九〇～九一年の冬、ヨアキムは第三回十字軍に出掛けようとしてシチリアまでやって来たイングランドのリチャード一世（獅子心王）とメッシーナで会見して、王の運命に関して熱心に預言している。さらに、おなじく助言を求めるフランス王やドイツ皇帝とも会見した。したがって、このように山奥に籠もって聖書を思念し、終末の時の考察に没頭しながらも、彼の名声はとどろき渡っていたと考えらる。彼は観想生活に専念する純粋な修道士であったが、その時代の情況に通じ、悪の跋扈に強い危機感を抱くアクチュアルな思想家でもあった。だからこの十二世紀末の危うい時代、サラディンによる聖地征服と第三回十字軍の失敗、教皇と皇帝の厳しい対峙、また皇帝とイタリアの諸コムーネとの衝突や異端の跋扈、武力的な十字軍の行き詰まり……と、いくつもの裂け目に傷ついていた「キリスト教世界」を救おうと、山奥に籠もった彼は、ただ自分の思考のみで難局に立ち向かわんとしたのであった。晩年はたえざる祈りと勉学の毎日で、多くの書物を書き、幾度も手を入れ、書き直しつづけた。一二〇二年三月三十日に死んだが、その名声と思想の影響力は、死後、ますます大きくなっていったのである。

〈霊性〉という、私たちの本書の主眼から言えば、ヨアキムにはシトー派的な霊性を探り当てることができる。彼は、在俗聖職者を律修聖職者・修道士よりもレベルが低いと評価し、その退廃ぶり、シモニアなどの悪習を嘆いている。そして、全世界が「修道院」になればよいと念じていた。こうした世俗厭離や、彼の言行に色濃く跡を留める〈清貧〉の追求は、とくに目新しものではない。しかし彼が黙示録をはじめとする聖書の諸巻を熟読し、黙想して、深い象徴的理解を得たこと、その途次で「聖霊」の力に目覚め、それをもって教会再生を図ろうとしたこと、いや、それにもまして、独自の歴史理解を打ち出して、千年王国説に新たな一ページを開いたこと、これらは、その後の霊性史において、計り知れない影響力をもったのである。

一　フィオーレのヨアキムの思想の骨子

A　千年王国説と発展的歴史観

フィオーレのヨアキムの「千年王国説」は、キリスト教世界にはびこる悪徳、教会中枢にまで巣喰う悪の力に危機感を抱いていた彼のアクチュアルな現状認識をしっかりと基礎にもって作られていった。[7] 彼は、自身の時代がすでに千年王国のとば口に立っていると観じ、まもなくゴグとマゴグ、そして反キリスト自身がやって来るが、その悪の力に対抗する選ばれた神の戦士として、彼と彼周辺の修道士たちが働く、という期待を持していたようである。その後、「千年王国」という至福の時代がやって来て、しかる後に漸くキリストが復活・再臨して、最後の審判、世界終末という順に進む道筋が想定されている。それだけならありふれた思想だろうが、彼はそのユニークな象徴思考を駆使して、黙示録を中心に新・旧両聖書を緻密にまた深く読み解いて解釈し、この「千年王国」にいたる複線的かつ螺線状の道のりを描き出したところが重要である。また彼は、「千年王国」が世俗的な快楽享受の時代だという考えを否定している。世界終末まで「千年」というが、「千」は完全性の象徴としての数であり、その安息日には、聖霊の賜の充溢とともにキリストのメッセージが十全に実現するのである。それは、復活したキリストが聖人らとともに支配する聖なる時代にほかならない。[8]

もうひとつの特徴である「発展的な歴史観」とは何かといえば、それはこの千年王国説とも密接に関係するが、歴史がどのように始まりそして終わるのか、あるいは展開してゆくのかについての、当時としてはきわめて斬新な考え方である。図式的な言い方をしてみると、一般にヨーロッパにおいて、古典古代に主流だったと考えられているのは円環的な歴史観である。ある時代が始まり、栄え、衰退して、そしてまたつぎの、同様な帰趨を辿る時代が始まるということで、これはこの世の出来事の流れが一直線にどんどん進んでいくのではなく、おなじ所をぐるぐる回っているのだという歴史観である。それに対して、キリスト教的な歴史観というのは、世界創造から世界終末にかけて、後戻りのできない一直線の時の進行を時間についての考えの基本としているのであり、円環的な歴史観に対して、直線的な歴史観と命名できよう。

アウグスティヌスの歴史観

このキリスト教的な直線的歴史観の唱導者のうちでも、後世にもっとも大きな影響力を揮ったのは、教父の聖アウグスティヌスであった。アウグスティヌスは、各方面で中世のキリスト教の教義の基礎を築いた重要な人物であるが、歴史の展開についての考え方においても、キリスト教的な歴史観を定礎したと評してよい。この世とあの世の関係について、アウグスティヌスはつぎのように考えた(9)。すなわち、この世（世俗世界）というのは、理想とすべき「神の国」に対比されるべき悪のはびこっている世界である。この世に天から降り立った救済機関である教会の中においてのみ、悪の世界から免れた世界が実現している。だからキリスト教徒は、教会の導きの下、その信仰を深め、地上の快楽を軽蔑して、あの世で神を享受することのみを目指して生きるべきだ……。

しかも彼は、聖書の黙示録——ヨアキムにとってもっとも重要な聖書の書物だが——に描かれた千年王国の到来は、じつはいつ何時やってくるか分らないというような切迫したものではなくて、すでにキリスト教発生とともに始まり、地上の教会の中に完全に実現していると想定した。そしてこの世に生きるキリスト教徒にとっては、今後何年経ったら千年王国が終わり、キリストが再臨して世界の終末が来るのかということはけっして知ることができずに、またそれを知る必要もない。黙示録の「千年」とは比喩なのであり、それはアレゴリーとして世界史の最後の局面を指示し、その一部に教会史が帰属しているのである。いずれにせよ世界終末はそんなに切迫しているわけではなくて、比較的遠くに位置づけられている。

しかし、それならば教会の外部の世俗の世界、異教の世界の歴史はどう意味づけられるのだろうか。ほとんど否定的な意味づけしかなされなかった、というのが実情である。教会を支え教会に協力する、こういう人や出来事は評価されるが、その妨げとなるような行いをしたり、あるいは無関係な人や出来事、これらは無視されるか否定的に査定されざるをえなかった。そこで、アウグスティヌスの歴史観にもとづくと、聖史に対してこの世の世俗の時間の展開=歴史は、あまり意味のあるものではなかった。ただ、やがてやって来るべきこの世の終末に備えて、教会という組織に属しその中で信心深い生活をするということのみが、重要であった。

彼は、以後中世末までずっと受け継がれることになる時代区分法を考案したことでも特筆に値する。すなわち世界の歴史を「七時代」に分けてそれが創造の一週間によって象徴されるとしたこと、またもうひとつは「律法前、律法下、恩寵下」ante legem, sub lege, sub gratia の三時代区分法である。たしかに「進歩」が両方の時代区分中に内在してはいる。ところがアウグスティヌスにとっては、時間プロセスはすでにその頂点まで達しており、第七時代（安息の時代）とは第六時代につづく時間ステージのことではなく、時間を超えた永遠の休息であった。(10) すでに進歩の果てまで来たこの世には、もはや進歩の可能性は残っておらず、まさに「この世は老いている」のであった。

彼にとっては、人間は歴史の中では完成しないのであり、この世も終始不完全な状態に留まる。第一のキリスト到来と第二のキリスト到来のあいだには、意味深いことは何ひとつ起こらず、ただ無意味に待つしかないのである。そしてこのアウグスティヌスの歴史観は、十二世紀まではほとんど異議を申し立てられることもなく、神学者たちに受け継がれたのである。

ヨアキムの歴史観

かような説に対して、フィオーレのヨアキムはまったく新しい歴史の見方を呈示した。[11] 歴史は直線的に進み、また千年王国とは、教会が地上全体を支配することだという点では、彼はアウグスティヌスと見解をおなじくするものの、その教会とは、現今の教会とは徹頭徹尾別種の教会で、しかも千年王国は、これから間もなく驚天動地の激動の末に実現するのだと考えたのである。そこには物的享楽ではなく霊的悦楽がある。黙示録の物語る千年王国が、キリストの復活とともにすでに萌していて教会史の全体にわたって逐次進行するのだとしても、それが十全に実現するのは、大いなる獣と偽預言者の打倒された後、つまり教会の第七の時期なのである。

この時期の意味を明らかにし、それがいついかにして到来するのかを聖書解釈に照らして綿密に計算するのが、彼の最終的目標であった。興味深いことに、彼は「千年」を文字通りには取らず、キリストの言葉から、きわめて短い継続期間を想定している（マタイによる福音書第二四章二二節、マルコによる福音書第一三章二〇節参照）。教会の三つの時代（tempora）、恩寵の三つの世（status）の、それぞれの時代・世の内部では、後のほうになるにつれて世代、王国の継続期間が凝縮されて短くなるという「加速の法則」を、彼は信じていたからである。[12] 第一の世の「世代」は不均等な長さだが、かなり長いと考えられていた。イエス・キリストから始まる第二の世の「世代」は、各三十年であった。ところが第三時代は、何年、あるいは何カ月、いや何日かしかつづかないかもしれないのである。[13] 間もなく（子の世の）第六期、つまりエリヤが先駆となって聖霊が炎で照らし、聖ベネディクトゥス以来密かに進行していた修道士の本来の時代が始まると想定されていたが、その継続期間が短いのには訳がある。すなわち主は第六期に、それ以前の五つの時代を合わせたよりも多くの事業をなし、だから至福年には彼の業はより圧縮されて実現する、極端に言えば飛んですぎる、半年あるかないかというほど瞬時にすぎてしまうかもしれない、と考えられたからである。

「千年王国」の意味づけが独自なだけではない。彼は、世界創造から終末にいたるまでの、聖界・俗界両者の歴史を含めた全歴史、その総合的な理解を示した点が画期的なのである。しかもその場合、アウグスティヌスのようにこの世の歴史が否定的に解釈されるのではなくて、より善いレベル、高い霊性レベルへと段階的に上がっていく、いわば発展的な歴史の展開を、はじめて本格的に打ち出したのである。もちろん彼が構想したのは、人間社会が一段と霊的になり、いわば巨大な修道院のようになっていき、それが世界中に拡延するというプランであり、それはとりもなおさず人間界の出来事の経過において、漸進的に神の表出・顕示が見られるということでもあった。神は超越存在でありつつ、その三位一体構造によりこの世の出来事に内在するのである。その人間の歴史の隠された運命を予測する鍵を開けるには「霊的知解」spiritualis intellectus にもとづく聖書理解が不可欠であるが、「千年王国」が到来して実現する「聖霊の世」には万人に与えられるべきこの天の賜が、まず、南イタリアの孤独な山上で観想しつづけた彼に、一一九五年、降り掛かったのである。

ヨアキムによって、終末に対する苦悩は乗り越えられた。いやアウグスティヌス以来ずっと支配的だった「老いた世界」senescens saeculum の抑圧的で暗い支配は振り払われ、「新たな世」への希望と待望が、転生、変革の幻惑とともにもたらされた。世界は間もなく腐敗の極に達し、嵐のように押し迫る災厄に苦しめられるが、その後ただちに「世界終末」がやってくるのではなく、世界は聖霊の働きによって再び若返り、高い霊性と道徳的完成の時代がこの世の歴史の最後に到来するのである。だから彼にとっては第七の時代は、アウグスティヌスの考えのように現世から切り離された永遠の安息ではなく、現世の一部、その到達点なのである。

ともあれヨアキムは、聖アウグスティヌスとは相容れない歴史の見方と意味を考え出した。最終的なゴールが歴史を超えた永遠であることはおなじだとしても、歴史を、浄化作用のあるカタストロフを通ってひとつの段階からより善い段階へと進んでゆく段階状の展開を辿ると捉えている点が、まったく独自である。地上の出来事をも肯定的に捉え、信仰がより善い境地に漸進的に昇っていく、という発展的な歴史観の先駆者にはハーフェルベルクのアンセルムスがいた[14]。彼は、当時の他の神学者らが宗教において変動・変化・多様な出現を軽蔑すべきものとしたのに対して、神の教会においては、本質はひとつでもその現象様態は当初より多様・多形態であり（アベルから最新の選民まで）、それらを聖霊が賦活しているのだと考えた。だがこのヨアキムの先駆者は、まだ「未来」にまで漸進的歴史観を伸ばすことはしなかった。

また「三位一体とその働き」De Trinitate et operibus eius を書いた十二世紀ドイツ神秘主義の神学者、ドイツ（Deutz）のルペルトゥスの神秘主義的歴史解釈も、歴史の三時代区分、そこにおけるキリストや三位一体あるいは聖霊の働きの捉え方でヨアキムに影響を与えたが、彼はコンスタンティヌス以後、自分の時代までに関しては、歴史の黙示録的解釈を抽象的な言辞で曖昧に述べるだけで判断を避けている。しかも彼にとってもアウグスティヌス同様、すでに歴史は「頂上」に達していて、そのため「この世」におけるさらなる善き時代の到来を認めなかった。当然、ヨアキムの千年王国説と結びついた壮大なヴィジョンは、ルペルトゥスにはまだない[15]。

ヨアキムによれば、各時代はつぎの時代の基礎となり、内部に後続の時代の構成要素を含みもっている。第一時代に始められた救済計画は、第二時代に実現のプロセスを歩み進め、第三時代に完成する。しかもおのおのの時代の内部は、微細に分節化されている。各時代の中に混乱や堕落はあるが、それはつぎの時代にはより高次のレベルで克服される。霊性の水準の漸進的向上が、歴史の進展と重なり合っている。善が悪に勝利する。それを繰り返して各時期はつぎの時期に、そして各世はつぎの世へと進歩していくが、それぞれの時期には、つねに十分な戦闘力を有してそれを実現する選民がいるのである。

しかし善悪の対決といっても、善と悪は単純に分かれているのではなく、複雑な布置で絡み合っている。それが、選民の身分・職務が変遷していく理由でもある。悪自体、形而上学的原理の悪ではなく、神の歴史推進力に抵抗する悪徳の権化としての悪であった。またヨアキムの場合、完成されるべき者がすでに完成した姿で歴史の舞台に登場することはなく、あくまでも歴史の中で完成（完徳）するのであり、以前の状態（たとえば聖職者にとっての妻帯者、修道士にとっての聖職者）への揺り戻し、低落を排除しないのである。

このような考えの下に、ヨアキムは、歴史をときに父子の二重性から、ときに父子と聖霊の三重性から理解し、まさに緻密で繊細・深遠な象徴体系によって意味づけられた巨大な体系的歴史論・終末論を創造したのである。

ヨアキムは、これから到来する「第三の世」のみでなく歴史全体に関心を抱き、三位一体すべての位格が、歴史の最初から終わりまで終始働いていると考えていた。むしろ三位格の相互関係が歴史の作用に反映している、との理解である。もっとも興味深いのは、父と子の両者からの聖霊の発出があるとされていることであり、パラレルな二つの聖霊の歴史が存在することになる。ひとつは「第一の世」のエリヤとエリシャから始まる歴史であり、もうひとつは聖ベネディクトゥスを始点とする歴史である。こうしてヨアキムにとっては、聖霊の歴史をつうじて一貫して複雑に絡み合いつつ働く三位一体が神秘の社会を作っているのであり、その結果、単純な段階説でなく、複線的かつ多層的で、多次元の歴史像が提起されることになる。

ヨアキムは、聖書を三位一体、とくに聖霊の光で読み解こうとする。聖書とは歴史における神の行為の物語にほかならないから、彼にとっては聖書解釈は救済史の解釈と一致するのであり、その作業を『照応の書』の中でももっとも長大な第五巻において、「創世記」から始めて順次遂行している。いわば聖霊から授かった透視力で旧約聖書に語られた歴史を読み、またそれを三位一体の神秘の投影として、教会史の最終的展開の予兆として読み取るのである。まさに壮大無比な歴史の展望である。

たとえば、第一日目の解釈はつぎのようだ――「最初に」In principio とは、この典型的知性（知解）の第三の種類の原理 principium である聖霊を意味し、まさにこの時代から始まる。「土」とはまだ世俗のモノに向いている教会を意味する。そして「天」とは、天のモノを目指す教会を意味する。使徒たちが第三の世の開始のすぐ後の光であったように、第三の世の光は、ユダヤ人たちがそのおかげでまさに光を得ようとしているそれらの説教師たちを意味する……。[16]

時代を撃つヨアキム思想

以上概略を眺めてきた新しい千年王国説と発展的な歴史観、この二つがヨアキムのもっとも重要な貢献であった。彼による未来の出来事の予見は、当てずっぽうの妄言ではなく、聖書を照応や独特の解釈学によって「解釈」しての結果である。聖書にはたとえ比喩としてであれ、世界の歴史の過去から未来の預言にまで対応できる、すべての真理が含まれていると彼は確信していた。聖書解釈の鍵を与えられた彼により、世界の歴史は、神の顕現ないし神=三位一体の永遠の神秘の時間的な顕現として、漸進的に生成するものと理解された。

かような余人には到底真似できない解釈が可能になったのは、そこに密かに記載された神的プランを読み取る恩寵を、ヨアキムが神から与えられていたからである。かくて彼は、自分のものとなった聖書解釈の叡知の光を黙示録に当てて、それに歴史的次元を認め、そこからキリストの最後のメッセージ、過去および来るべき新時代、すなわち霊の勝利に向かう道筋を見通したのである。[17]

しかし彼は思弁に満足することはない。聖書の内密な意味を自家薬籠中のものにした彼は、暴き出したメッセージを周囲の者たちに伝え、選ばれた魂たちを糾合した十字軍を呼び掛けた。そして腐敗堕落し、聖俗とも不和にドロドロに汚れた世を全身全霊を傾けて浄化し、霊的な理想を再確認しようとした。その思想は、だから思弁的にしてかつ実践的でもあったのだ。彼は教皇とはおおむね良好な関係を保ち、アレクサンデル三世（在位一一八五〜一一八七年）からケレスティヌス三世（在位一一九一〜一一九八年）まで五代の教皇と交流した。ケレスティヌスは一一九六年にフィオーレ修道院の戒律を認可した。しかし教皇庁はその現在のままの姿で継続されるとヨアキムが考えていた訳ではない。千年王国における教皇は、どこか別の場所から来る力により賦活され制度として継続するが、その新たな教皇は悪の力との凄惨な闘争を経てはじめて登場するのであり、ローマ教皇をはじめとする高位聖職者はすべて第三の世の選民のように清貧にして貞潔な聖徒となるのである。

　だから、考えようによっては、ヨアキムの思想は教皇庁にとっても危険な思想になりえた。ヨアキムの予想する未来の教皇には権力志向はまったくなく、当然、現実の教会を支えているような、巨大なヒエラルキー組織もそこからは消え失せている。まさに世俗＝政治的な利害との絆を解いた純粋な教会とその指導者としての教皇であった。しかもその教会における秘蹟は、――ヨアキムは具体的にはほとんど語っていないが――これまでの客観的制度の中で聖職者が執り行っていた秘蹟ではなく、そこにはもっぱら霊的な意味が含意されているようだ。このような純粋無垢な教会が世界全体へと拡張するというのであり、つまり世俗的原理の入り込む余地はどこにもなくなるのである。彼の思想に、現存の教皇庁や教会制度への深刻な批判が込められていたことが理解される。

　もうひとつ、彼は黙示録を読み解くことで、間もなくやってくるだろう出来事を予見できるとも考えており、そこにも同時代への提言がある。ヨアキムはヨハネの黙示録がその神秘とイメージの外貌の下に、教会の歴史の流れをすべて含むと考えていた。悪の力とのドラマチックな戦いから最終的な神の勝利と平和の時代の到来まで、黙示録の記述には教会史の七つの時期が対応し、各時期の開始は封印の開封に照応する。封印はすでに五つ開かれ、残るは二つである。彼の考えでは、今まさに第六の封印が開かれようとしており、教会と帝国の争いが鋭さを増して血なまぐさい迫害がおきている。現在は最悪の時期で、誰も真実を求めようとせず、あらゆる信仰の火は消え、争いと不和ばかり……[18]。さらに彼はより具体的な人物をも想定している。すなわち教会と帝国の争いの中で「新たなバビロン」nova Babylon＝大迫害者となるのは、シュヴァーベン家のハインリヒ六世である。

　そして黙示録の獣の第七の頭（第一七章七節）はトルコ人たちを表し、殺されたと思った獣が蘇るようにトルコ人も蘇るだろう。また第七の王はまだ到来しないけれども、到来したならばわずかの期間しか止まらないだろう（第一七章一〇節）という件から、キリスト教徒によってエルサレムが回復されたときに終焉を迎えたと思ったトルコ人がまた蘇る、そして神が赦したことを存分になすだろう、との解釈を彼は唱える。

彼が言うトルコ人はサラディンを指し——一一八七年のエルサレム陥落は決定的だった——、帝国と教会両方への攻撃となる、と感じていたし、バビロニアやエルサレムは象徴的な存在であると同時に現実の東方の都市でもあった。おまけに反キリストは遠い先に遠いところにやって来るのでなく、間もなく、近いところで活動すると彼は信じており、また第七、第八の災いは西欧で発生し、ローマ教会を直撃するだろうと預言した。かようにヨアキムにとっての黙示録（聖書）解釈とは、十字軍や異端、教皇庁と教会、帝国政治など、現実の世界と切り結ぶきわめてアクチュアルな思考の道具であったことが特徴的である。

ヨアキムは生前、黙示録を悲観的に解釈して苦悩に満ちた終末論を唱える者たちを偽物だと幾度も攻撃し、世界の若返りと霊化を遂げさせようという希望に満ちた千年王国説を唱えた。もちろん彼を手放しの楽観主義者とは看做せまい。それどころか、現状を憂うことにかけては、彼は誰にも遅れをとらなかった。ヨアキムはいつも自分が第三の世の直前ないし入り口にいると感じていた。あるいは教会史の区分では第五期だが、間もなく到来するはずの第六期を予感していた。それは「大いなる地震」が来るという黙示録の記述のようにドラマチックな転変で、聖職者は堕落し尽くし、淫らな肉欲、嫉妬、争いが教会の中にも渦巻き、もはや民衆に模範を示すどころではない。皆が心の悪辣さによって行動する最悪の状態だと考えていた。[19]

しかし、その後やって来る第七期には、暗闇から光明へと変じ、それまで被さっていた暗い神秘のヴェールが取られて「霊的知解」spiritualis intellectus によってあらゆる真実が明るみに出されるのである。[20] それは第三時代＝聖霊の時代であり、そのときキリストの夢が実現してキリスト教社会が浄化される。具体的にはギリシャ人がカトリックに帰伏し、ユダヤ人、異教徒はじめあらゆる民族が改宗するのである。

「それゆえに、シオンの山で神々の中の神であるお方に見える前に、自然法からモーセの法へ、モーセの法から福音書へ、キリストの福音書から霊的知解へ、霊的知解から真の永遠の神の観想へと通過しつつ、神の選民は美徳から美徳へと進歩し、照明から照明へと前進するのである[21]」。

彼の思想・預言が同時代および後世の人々に熱狂をもって迎えられたのは、その玄奥なる聖書釈義の妙よりも、現代そして未来をたえず見据えながら、霊の諸価値の旗印の下に、人類の共通の家を建てたいという勇猛な魂の生々脈動する緊張が、その言動のはしばしから感じられるからだろう。それは、間もない到来を預言された「千年王国」の明るい大団円への期待とともに、現状に不満な多くの者たちの魂を揺さぶり、第二節以下で詳述する千年王国運動へと結実するのである。

B　聖三位一体的歴史構造

それでは、こうして形成された彼の思想の中核を成す要素は何だろうか。それは四つにまとめられるだろう。

(1)は「旧約聖書と新約聖書の照応」ということである。後で具体例を挙げるが、旧約聖書の中の人物や出来事がそれぞれ対応物を新約聖書の中にもっているという見方である。

(2)は「聖三位一体的な歴史構造」とでも言い表せる考え方である。すなわち聖三位一体がキリスト教世界の歴史の構造の中に内在して、その力によって歴史が展開していくといううきわめて独創的な考え方である。

(3)が「数の象徴作用」である。1とか2とか3とか、こういった基本的な数とその数同士の関係に、ヨアキムは非常に興味を覚えて、それぞれの数が象徴するものを明らかにし、数同士の関係によって歴史の展開、それから千年王国の到来を考えていこうとした。

(4)が「形象による解釈と理解」である。ヨアキムは重要な著作を何冊も書いているが、それらの著作に付属する形で、さまざまな幾何学的な図が残存写本には描き込まれている。彼の『十弦琴』は、徹底的な形象の注解である。また、とくに重要な『形象の書』Liber Figurarum は、もっぱら形象・図表でヨアキムの思想を注解している。おそらく弟子たちが、師の思想のエッセンスを形象化したのだろう。ヨアキムの教義を図像によって見事に解説・要約していて、美術的にも神学的にも歴史的にも私たちの興奮を誘う面白さをもつ書物である。[22]

以上の四つが、彼の思想の基本的な点であると思う。

それではつぎに、ここに四点挙げたヨアキムの終末論思想の基本的な骨組みについて、もう少し詳しく検討していきたい。『形象の書』と『十弦琴』の他、『黙示録注解』、『照応の書』、『四福音書論考』Tractatus super IV Evangelia (Concordia Evangeliorum) などの主著からその思想を読み解くことが可能である。[23] これらの主著のうち、『照応の書』と『四福音書論考』が歴史的、『黙示録注解』が釈義的、『十弦琴』が神学的な扱いである。

(1)「旧約聖書と新約聖書の照応（予型論）」に関しては、後で「数」について述べるところで併せて論じるとして、ここでは、(2)「聖三位一体的な歴史構造」から始めよう。

三位一体論、これは神学者たちが古代から中世にかけて盛んに議論した問題であるが、一般の三位一体論というのは、神性の内部で父と子と聖霊の三つのペルソナ——日本語で位格——の関係を論じたり、父から子が永遠に発出する、あるいは父と子から永遠に愛の行為として聖霊が発出する、といった「発出」の関係を論じるのが通例のやり方である。

だがヨアキムの思想において独特であったのは、この三位一体説を世界史との関係で論じたことである。すなわち彼は、とくに『十弦琴』の第一巻で三位一体を論じているのだが、そこで、人類の歴史の中には三位一体の神秘が浸透していると考えたのである。彼以前の神学者・スコラ学者が、地上の出来事に三位一体の神のたんなる現存を見て、形而上的特徴の固定した圏域の中に黙想すべき抽象的概念を見出し、そして天の真実への愛から出発したのに対し、ヨアキムは、生きた超越神がその三位一体構造のまま、創造した世界の現実およびその歴史的展開のダイナミズムに参画していると考えたのである。

漸進する時間の中で、歴史的展開において三位一体が発現する。三位一体は彼にとって人類史の超越的原型、その焦点であった。その意味を捉えて知解できるようにするために、彼は世界の歴史を三つの時代（世）に分け、それぞれに父・子・聖霊を帰属させ、また各時代の内的な照応を闡明しようと志したのである[24]。彼にとっては、三つの世とは抽象的概念ではなく、それぞれの代表人物たちによって満たされ賦活された生きた現実であった。

三時代と三身分

もともとヨアキムが採用していたのは、歴史の二分割モデルであった。『古代聖人の系譜』Genealogia（一一七六年、以下『系譜』と略）、『神の予知と選民の予定についての対話』Dialogi de prescientia Dei et predestinatione electorum（以下『対話』と略）、『未知の預言』De porophetia ignota（一一八四年）や『十弦琴』第一巻がその例であり、そこには、歴史の三分割はまだ登場しない[25]。しかし、三位一体の純粋・絶対的な考察から一気に射程を広げ、救拯史における社会と歴史の理解の構造化原理としてそれを持ち出し考察している『十弦琴』第二巻において、はじめて三分割の歴史モデルが定式化されることになる。そして救拯史の三時代（tempora）――後に「世」status と呼び変えられる――、すなわち父、子、聖霊の時代がそこで最初に見出された。一一八五～八六年のことである。

以後しばらく、彼は数の象徴的意味を解読しつつ、二分法的観念を三分法に組み替える作業を行うことになる（ただし、後述のように二分法は最後まで放棄されることはない）。彼以前の神学者においては、パウロやアウグスティヌスに倣って、モーセの法と福音の恩寵の継起という二分法が救拯史の基本線であったので、ヨアキムの理解は革新的であった。また、『系譜』では歴史は直線的に登っていくように受け取られるが、『対話』では螺旋進行のヴィジョンであり、三分法においてはそちらの螺旋的進行を受け継いでいる。彼のもっとも重要な三分割論は、『黙示録注解』に見出される。また『照応の書』では『系譜』をある点で引き継ぎつつ再考し、二分法の覆いに包まれた三分割シェーマを構想している。

この二つの主著に拠りつつ、ヨアキムの三位一体的歴史構造についてもう少し詳しく考えてみよう。

そもそもヨアキムは、三位一体に三人格グループ（身分）を見たのだが、それは、人間社会をキリストの神秘的体軀に漸進的に同化させてゆく、という革新的な射程を具えていた。図I（五二〇頁参照）で示されているように、人類の歴史はまず三位一体の各位格に対応する三つの大きな時代に区別できる。そしてこの三つの時代は、それぞれ前の時代を足場にして、その基礎の上に前代の発展として出来上がっていると考えている。これが「子の世」「父の世」「聖霊の世」で、それぞれいろいろな特色、固有の特徴を持っている(26)。

たとえば、アダムとともに始まる「父の世」は、旧約聖書の言葉が当てはまる立法の時代で、恐怖・罰・災いと隷属の支配する時代であり、知識が統べている。星の光に照らされた夜、季節としては冬、キリスト教暦としては七旬節に対応するとされる。種子の皮、植物はイラクサ、四大は土がそのシンボルとなる。

つづく「子の世」は、新約聖書の言葉が当てはまる恩寵と福音の時代、子としての隷従と信仰と行動の重んぜられる時代であり、知恵が支配する。オーロラに照らされる灰色の夜明け、季節としては春のはじめ、キリスト教暦の四旬節に対応する。先立つ世にくらべれば自由だが、後続の世に比してはそうではない。植物の穂、石、バラ、四大は水がシンボルである。ウジヤから始まり、ヨアキム自身の時代までつづいている。

それから三番目の「聖霊の世」、霊的叡智の言葉が当てはまる愛と自由の時代であり、完全なる恩寵と歓喜と観想が行き渡る。それは聖ベネディクトゥスとともに萌え始めた時代で、そのまばゆい栄光は最後の時にのみ観想できるが、そのときエリヤが姿を現し、ユダヤ人が改宗して聖霊が支配するようになる。季節としては夏、キリスト教暦としては復活祭に対応する。穀粒（仁）、ユリ、四大は火がシンボルである。

そして第一時代は、ユダヤ人に父のみが開示されるが、第二時代はキリスト教徒が子を知り、したがって前代と併せて子と父を知ることになる。第三時代になると、選ばれたキリスト教徒によって、聖霊が父・子とともに十全に知られる。最初の時代は、第二の時代のシンボルであり、第一時代と第二時代は、双方第三時代を予兆している。つまり三者は截然と区分されているのではなく、あくまでも漸進的に展開するように関連しているのであり、その関連の様子が、ヨアキムによって――抽象的にのみ論ずるのでなく――聖史そして世俗の歴史を当てはめながら、考察されていくのである。

もうひとつ重要なのは、それぞれの時代に中心的担い手がいることである。第一の時代は族長のように俗人の既婚者（奴隷、老人）の、第二は使徒の生活スタイルを模倣しようとする聖職者ないし説教師（息子、若者）の、第三がエリヤ、エリシャ、洗礼者ヨハネ、パウロ、アントニウス、ベネディクトゥスらの孤独な完徳生活を真似ようとする修道士（友人、子供）の時代なのである。もっとも注視すべき第三時代の担い手たる修道士は、霊的な知解を与えられて、聖霊に導かれながら異教徒を改宗させ、分裂しているギリシャ教会をラテン教会に統合し、ついにはユダヤの救いをもたらすのだ、と期待された[27]。

『黙示録注解』の序論第五巻においては、世界の三つの世（status）、オルドー（ordo）と三位一体の関係が明らかにされている[28]。

三分シェーマによるとオルドーの境界は、時代（tempora）／世（status）のそれと一致しないように見えるが、むしろ三位一体のダイナミックな展開は、オルドーのダイナミックな展開と直接関係していると考えるべきである[29]。「世」

statusは、ただ三分割された舞台を表しているだけであり、その上にオルドーの活動と相互関係が展開するのである。statusは歴史の中に始めと終わりがあり、それぞれが何世代かの塊である。ところがオルドーは歴史的に登場してからは、じつは世界の終わりまで消えることがない。それは父と子が、聖霊の世になっても働きつづけ存在をやめないのとおなじである。

歴史における三つのオルドーの効果、およびその中でのそれらの現存の仕方は、正確に三位一体の効果を反映している。それらはいわば、地上における三位一体の似姿なのである。歴史に三位一体が啓示され、「時代の充溢」という概念で終わる。救済の歴史の道筋をなす出来事は、神の理性の生きた秩序の中に登記されており、時期の区別ともろもろの韻律の中で人間の意志と運命が配備されるのである(30)。

だが「三位一体」の概念からも予想されるように、三つの世statusは、ある意味ではひとつなのである。そのことを彼は『黙示録注解』序論第五巻で、神秘の定義の三つの仕方としてつぎのように述べている――「第一の神秘の定義に従えば、福音の時代は聖霊に一致させられる。第二の定義に従えばそれは霊的知解の時代である。そして第三の定義に従えば、未来の時代の生活である。この最後の世においては人びとはめとることも嫁ぐこともなく、天において神の天使のように席を占めるだろう(マタイによる福音書第二二章三〇節)。このすべては理由がないと考えるべきか。絶対違う。これら三つの定義ゆえに、聖霊は三つのタイプの人間に三つのやり方で送られ、ないし与えられるという結果になる。まず鳩の姿で、第二に吹き入れにより、第三は火によって。第一のやり方は、それが父から発出することを、第二は、子から発出することを、第三は、聖霊自体が、固有の権威をもって個々の者に好きなように己を配分することを示している(31)」。

それでは、もう少し詳細に、各時代の分割を観察してみよう。

ヨアキムは、アブラハム以降の歴史を二つの「時代」temporaに分けた。最初がアブラハムからキリストの受肉までである（あるいは族長ヤコブから洗礼者ヨハネの父ザカリアまで）。もうひとつがキリストから終末までである。この二つの時代の最初の時代をさらに七つの「時期」aetas に分けている。第二の時代も同様に七つの「時期」に分けられる。

第一の時代の時期の区分について見ると、ヤコブからモーセとヨシュアまでが第一期、第二がそこからサミュエルとダビデまで、第三がそこからエリヤとエリシャまで、第四がそこからイザヤとエゼキエルまで、第五がそこからバビロン捕囚まで、第六がそこからエステルの死ないし預言者マラキまで、第七がザカリアまでである。ついで新約の時代（第二時代）については、第一期はキリスト（またはザカリア）から始まり聖ヨハネの死まで、第二はコンスタンティヌス大帝まで、第三はユスティニアヌスの統治開始まで、第四はカール大帝まで、第五はカール大帝からヨアキム自身の時代まで、そしてまもなく第六の時期が始まるが、それはすぐ終わって第七の安息の時期にいたるだろう、と予想している。これらの時代は多くの「迫害」によって攪乱されている。その迫害の最終の首魁が、ゴグ・マゴグそしてとりわけ反キリストであり、彼らは第二時代の第七期の始まりに来る。また第四から第六期までは、サラセン人による迫害が偽予言者のそれとともにつづく。当初十字軍の有効性を信じていたヨアキムは、やがてそれに懐疑的になり、むしろ固い信仰と神の意志の理解こそがキリスト教の勝利に役立つと考えるようになった。もちろんこれらの七時期は、黙示録の七つの封印に対応する。

このように歴史の区分が整然となされているように見えるが、しかし図Ⅰからも窺われるように、それぞれの時代は一部重なっているのであり、それが三時代の有機的成長を表現している。すなわち、第二時代はすでに第一時代のエリヤによって萌しており、それが完全な姿を現すのがキリストとともにであった。おなじように、第三時代も聖ベネディクトゥスとともに萌していて、まもなく「誰か」によって本格始動すると予想されているのである。

ヨアキムの歴史の捉え方において、じつはもうひとつ出てくる時代区分がある。それは世界史の七「時代」aetas

であり、アウグスティヌスに倣っている。アウグスティヌスは、創世記の一週間を世界史の七時代を象徴するものだとして、七日目をこの世から超越した永遠の安息に対応させた。しかしヨアキムは、アウグスティヌスの時代区分を引き継ぎつつも、この世で「第七日」を待望するという転換をもたらしたことは、すでに述べたとおりである。

そこで「第三の世 status」＝「聖霊の世」というのは、七時代 aetas からなる世界史の第七時代に対応し、また封印の開閉に対応する（キリスト）教会史の七つの時期 tempus の中では、第六／第七の時期に対応することになる。

いずれにせよ、聖三位一体が歴史形成過程に浸透し、三段階をなして進んでいくとの考えがヨアキムの基本姿勢であるし、千年王国説を核に発展的歴史観を樹立できたのは、二分割モデル――キリストの前・後、旧約と新約、古いエルサレム（ユダヤ）と新たなエルサレム（異教徒・ローマ帝国）――から三分法に鞍替えしたおかげである。二分法では、どうしても、善と悪、あれかこれか、という二者択一の静態的な捉え方になってしまうからである。しかしヨアキムは二分法を放棄したのではなかった。

M・リーヴズ、B・ヒルシュ＝ライヒによると、彼にとっては二分法は真正の歴史的時間のシェーマであり、三分法がその神秘的モデルだということである。[32] 旧約聖書と新約聖書、古いエルサレムと新しいエルサレム、ユダヤ民族とローマ教会、といった二分法はずっと堅持されている。だから第三の「世」status は先行する二つから独立し区別されるのではなく、継続の中での激動と捉えられるべきだ、と彼女らは考えている。

しかしG・L・ポテスタの見解は彼女らの意見とは異なり、二分と三分、神秘と歴史（救拯史）をさほど明確には区別できないのではないかと言う。[33] ヨアキムにとって三分モデルはけっして神秘的ではなく、むしろ神の救済計画＝経済を解読する効果的で誂え向きなモデルであった。それはむしろ二分モデルの自立した補完役で、長きにわたる神学的反省から、それは由来したのだと彼は考えている。

上に言及したように、『十弦琴』第一巻ではまだ二分モデルに忠実で、ヨアキムは父を他の二位格から区別する諸要素を強調し、反対に子と聖霊の共通性を重視して、旧約は父に、新約は子と聖霊に固有に属するとしている。[34] そこにはたしかに三分モデルを窺わせる記述も出てきているが、まだ本来のモデルとして構造化されてはいない。

ついで『十弦琴』第二巻で、ヨアキムは三位一体の神秘の考察に戻り、黙示録の中で全能の神が「私はアルファであり、オメガである」と言っているゆえ、大文字のアルファ（A）を三位一体の象徴と捉え、その形態は位格が三つあり、ことに聖霊が中心におかれた父から発することを示していると考えた。同様にオメガの小文字（ω）も三位格を表し、真ん中の聖霊が他の二つの両脇から出ていることを示すとした。また大文字のオメガ（Ω）は円くて、神の統一性を示すとされた。[35]

『十弦琴』のテーマ群のいくつかを取り上げて発展させた『照応の書』では、前著よりずっと詳しく歴史的展開のダイナミズムを探求しているのだが、そこからも二分法モデルと三分法モデルの補完関係が見てとれる。[36] アルファとオメガの解釈は『十弦琴』と似ているのだが、小さなオメガ（ω）が新たな二分シェーマを表す。これは修道士のオルドーが二重の起源をもつ、つまり forma（形・外観）としてはベネディクトゥスという起源、significatio（意味）としてはエリシャという起源、という二重性の仕組みを明らかにする中で持ち出されている。

聖霊が父と子から発出するように、修道士のオルドーも父の民と子の民から出てくる。ここでは同一の神学的神秘の別々の発出が問題になっているのだから、両モデルは両立するとヨアキムは考えていた。また、新たな二分シェーマの発展により、世代計算と照応概念の再考が必要になった。その証明は『照応の書』の第二～四巻でなされている。『系譜』の単純な二分から、いまや『照応の書』ではより複雑な二分・三分の絡み合いでの発展が考えられるようになった。旧約時代に十世代を付加するという奇手を採用し、単純な系図をオメガモデルに衣替えして、旧約にも聖霊の刻印が見出せるようになったのである。[37]

二分割と三分割だけではない、さらに別のモデルもある。たとえば『黙示録注解』では五つの時代があるとされる。[38]

つまり、モーセの律法以前が第一、律法下が第二、福音書の下が第三、霊的知解の下が第四、そして神と直面したヴィジョン（神観）が第五である。だが、第一と第五については省略されることが多い。それは「人間」以前、そして以後だから、ということだろうか。またキリスト教時代にも五つの時期がある。というのは、信仰の敵と時代ごとに刃を交える五重の戦いを支える「キリストの戦士」がいるからであり、この五つの闘争の時期は、ダニエル書第七章三～七節の四匹の獣と、ヨハネの黙示録第一三章二節のライオン、熊、ヒョウの混合獣、そして同第四章七節のライオン、子牛、人、鷲のような四匹の生き物によって代表される。第一期には、使徒たちのオルドーがライオンで表され、ユダヤのシナゴーグ（雌ライオンで表される）と闘争する。第二期には、殉教者のオルドーが子牛で表され、熊で象徴される偶像崇拝と争う。第三期は人で象徴される博士らのオルドーで、ヒョウで表されるアーリア人と争う。第四期は処女のオルドーで鷲で表され、恐ろしい獣で象徴されるサラセン人と闘争する。第五期はローマ教会のオルドーで、それは霊的エルサレムとして新たなバビロンと争う。

結局、ヨアキムは二分モデルと三分モデルを双方とも手放すことなく、補完させながら歴史を構想していったのであり、ときにはほかの分割の仕方（五分モデル）なども顔を出すことがあった、ということになろう。

聖霊の世と倫理性

ではつぎに、三つの世（status）のうち、もっとも大切な聖霊の世について、もう少し掘り下げて考えてみよう。[39]

ヨアキムによれば、「聖霊の世」は六世紀の聖ベネディクトゥスの時代にすでに始まっていると考えられた。しかしそれが本格的に開花するのは「子の世」が終わったときである。それがすなわち「千年王国」の始まりと一致する訳だが、それをもたらすのが誰かというのは、じつは不明である。アダム、アブラハム、ウジヤ、キリスト、聖ベネディクトゥスというように、それぞれの時代の始め、あるいは転換を画す重要人物がかならず現れるとヨアキムは考えるので、一二〇〇年頃、聖霊の世を本格的な軌道に乗せる誰かが現れないといけない道理だが、それがどの人物かというのは分らない（後世の人は、聖フランチェスコの名を挙げるだろう）。さらにいつ千年王国が本格的に始まるのかということについても、ヨアキムは間もなくやって来るというふうに感じていたようだが、それが正確には何年かということを明言してはいない。

未来の年代が「決定」できないのは、彼の考えでは、各「世」status――それぞれ五十世代からなる――の始まりと終わりの三世代は、柔軟に捉えねばならないからである。というのも聖書においては、終末（終わり）には広い意味と狭い意味があり、どちらを採るかで三世代は幅があるからである。たとえばザカリア、洗礼者ヨハネ、キリストの三者は、三位一体の関係にもあり、――またアブラハム、イサク、ヤコブも同様――そのいずれを始まりの起点とし、終わりの終点としてもよいと考えられたのである[40]。

この聖霊の世が本格的に始まるのはいつか、明確にされてはいないが、本格的に始まればまさに真昼の太陽の光のような明るい時代がやって来る。そのときに神の知識がはじめてあらゆる人のこころに直接提示されて、全世界が一大修道院となる。そして上述のように、彼は修道士と修道院こそ「聖霊の世」、つまり千年王国のもっとも中心となるべき神の使者であると捉えていた。というのも、一般の聖職者は教会の中にいても堕落していたし、支配と隷従の関係で結ばれた世俗の人間など論外で、それゆえ「聖霊の世」の中心になるのは修道士しかいないのである。

ここで大切なことは、彼が「最後の時」に関して、内在的にして超越的な性格の解釈をしようとしたことであり、それにより、世界終末はある「ひとつの世界」（そして教会）の終末のことであり、「もうひとつの世界」（そして教会）への待望を含むことになったのである。より具体的には、彼が教会において否定したのは、十二・十三世紀に発展した教会の法律万能主義であり、その制度化であり、硬化したスコラ学であった。そのため、教会が自らを聖霊の命を受けて開くことを要求したのである。また「聖霊の世」には、軍事的な十字軍は問題にならず、イスラームに対しては対話と平和な説教で説得すべきだった。

こうしたヨアキムの思想からは、ただちに既存秩序の廃棄を求めるラディカリズムは出てくるまい。それは、彼の弟子たちが、千年王国の到来の「年」や「担い手」を具体化して指定しようと試みているのとは、対照的である。ヨアキムにとっては、千年王国は信徒たちの「心の中」にやってくるのであり、信徒皆が、修道士のように完徳に達したとき、それは実現すると言えるのではないだろうか。すなわち彼は、ローマ＝カトリック教会の堕落を嘆いてはいたが、教会組織を破壊しようなどとの思いは皆目なかった。それは彼の死後、弟子たちが彼の与り知らぬところで広めた思想にすぎなかった。

このことは、千年王国（聖霊の世）が、父の世や子の世のように始まりと終わりの画された「時代」ではなかったこととも関係している。そもそもヨアキムは、旧約聖書と新約聖書を父と子に割り振り、聖霊には両者の霊的受胎を割り当てている。ただし新約においては聖霊の効力が旧約に比してより恒常的で桁外れに大きく働いていることに注意しなくてはならない。聖霊はまず旧約の結末と新約のきざはしに、ヨルダン川で洗礼を受けたキリストの上の鳩として現れ、ついで復活の時期にキリストが使徒らにかける息の一吹き（insufflatio）として現れ、第三には、聖霊降臨において火の舌として登場する。聖霊降臨は使徒たちの集団における教会の称揚だが、それはまさに聖霊が歴史中に特別に現存することの称揚でもある（ヨハネによる福音書第一四章一七、二六節、第一六章一三節）。

ヨアキムによると、こうして現れる三つの聖霊の働きによって聖霊の賜の普遍的流出がおき、イエスの荘厳な約束が十全に実現するのである(41)。ようするに聖霊は徹頭徹尾三位一体の本質的統合を示すものとして現存しながら、生気を与え神聖化する霊の特性を発揮する。つまり永遠の漸進的な聖霊降臨の概念がここにはある(42)。

もう一点注意すべきは、ヨアキムの黙示録主義におけるスピリチュアリズムは、聖霊によって与えられる新たなる自由に支えられており、それは本来のメシアニズムではない。ということである。というのも、彼はメシアの到来でなく、聖霊を待ち望んでいるのだから。聖霊が世界を変容させ、新たな世のあらゆる待望の原理となる。聖霊の世への待望のために張り詰めた空気の中で、ヨアキムは歴史の三位一体的な構造の解明に心血を注いだのである。聖霊が世界を変容させ、新たな世のあらゆる待望の原理となる。ウジヤが第二のアダムとしてこっぴどく神に罰せられているのに、第三時代（聖霊の世）の先蹤者としての聖ベネディクトゥスは、まったく違った徳性を湛えている。ウジヤの貶価は、ヨアキムが自身の時代を悪く考えていたことの現れではないだろうか。教会を否定せずその理想的な役割を期待しながらも、同時代のローマには反キリストがいる、と彼がメタフォリカルに語ったのはそのために違いない。

「第三の世」においては、人間は物的、肉的なものからどんどん離れて罪と過ちから免れ、いよいよ霊的になっていく。[43] そうしたヴィジョンをもつヨアキムのスピリチュアリズムが、高い倫理性に支えられていたことは、贅言するまでもあるまい。そして彼は、歴史全体を、いわば「謙譲=傲慢」のダイナミズムに規制されたプロセスとして捉えていた。外部からの災厄によるのみではなく、謙譲=傲慢のダイナミズムでも歴史は動くと考えたのである。ある民族がその地位を上昇させるとしても、間もなく傲慢に膨らむや神の法を軽蔑しだし、その思い上がりをやめさせるため、神は恩寵を奪ってしまう。頑固さの中に老いて凝り固まると神に見捨てられて、つぎの民族に舞台を譲らねばならないのである。一方、他の民族は、己の罪が神によって処罰されているのだと理解できるように、あらゆる種類の苦境に陥れられるが、もしも屈辱を受け謙虚に贖罪し始めれば、自身の慈悲をありがたく記憶している方（神）の恩寵を新たに受けるだろう。[44] こうして二人の個人、二つの民族の浮沈のダイナミズムは、この謙譲=傲慢の交替で動くのだと考えられている。

C　数と形象のアレゴリー

数の象徴作用

次は(3)「数の象徴作用」である。ヨアキムは、さまざまな寓意や象徴を用いて、聖書、なかんずく黙示録を解釈し、それを歴史に適応してゆくが[45]、象徴の中でも際立って登場機会が多いのが「数」である。

数字は、アウグスティヌスにおいても重要で神秘的な役割を果たした。しかしヨアキムの聖書解釈学でははるかに根本的な意義を獲得した。彼にとってはあらゆる数が神秘の啓示に充塡されていた。2は聖霊を発出する父と子、また父から出てくる子と聖霊であり、3はもっとも神聖な三位一体、5は五官そしてペテロの五つの教会である。7は七つの美徳ないし聖霊の賜であるとともに、ヨハネの七つの教会でもある。12は5と7の合計であるが、また族長や使徒の数でもある。150は詩篇の数……といった具合である。

そもそもなぜ、数にそれほど枢要な役割を与えるのか。それは、彼の歴史観の基本的な把握法の中にあった旧約聖書と新約聖書の照応、あるいは三つの世（status）の中の人物や出来事の照応が、恣意的な錯乱したものではけっしてなく、神意により巧みに構築された照応であり、全体として驚くべき内的調和があることをその数の一致が保証してくれるからである。それにより、歴史という縦に進行する運動が水平方向の線の束によって縫い取られて、両者の合力によって歴史は螺旋状に展開することになるのである。

彼がとくに重視するのは、3と7である。

3の中でもっとも基本的なのが、先程言及した「三つの世」である。父の世、子の世、聖霊の世、この3が、三位一体の3と一緒だというのだ。三身分（俗人・聖職者・修道士）が、三つの世を代表する。もちろん身分はヒエラルキーをなしていて、それを明示するためヨアキムは丁寧に数を割り当てる。俗人には10、聖職者には20、修道士には

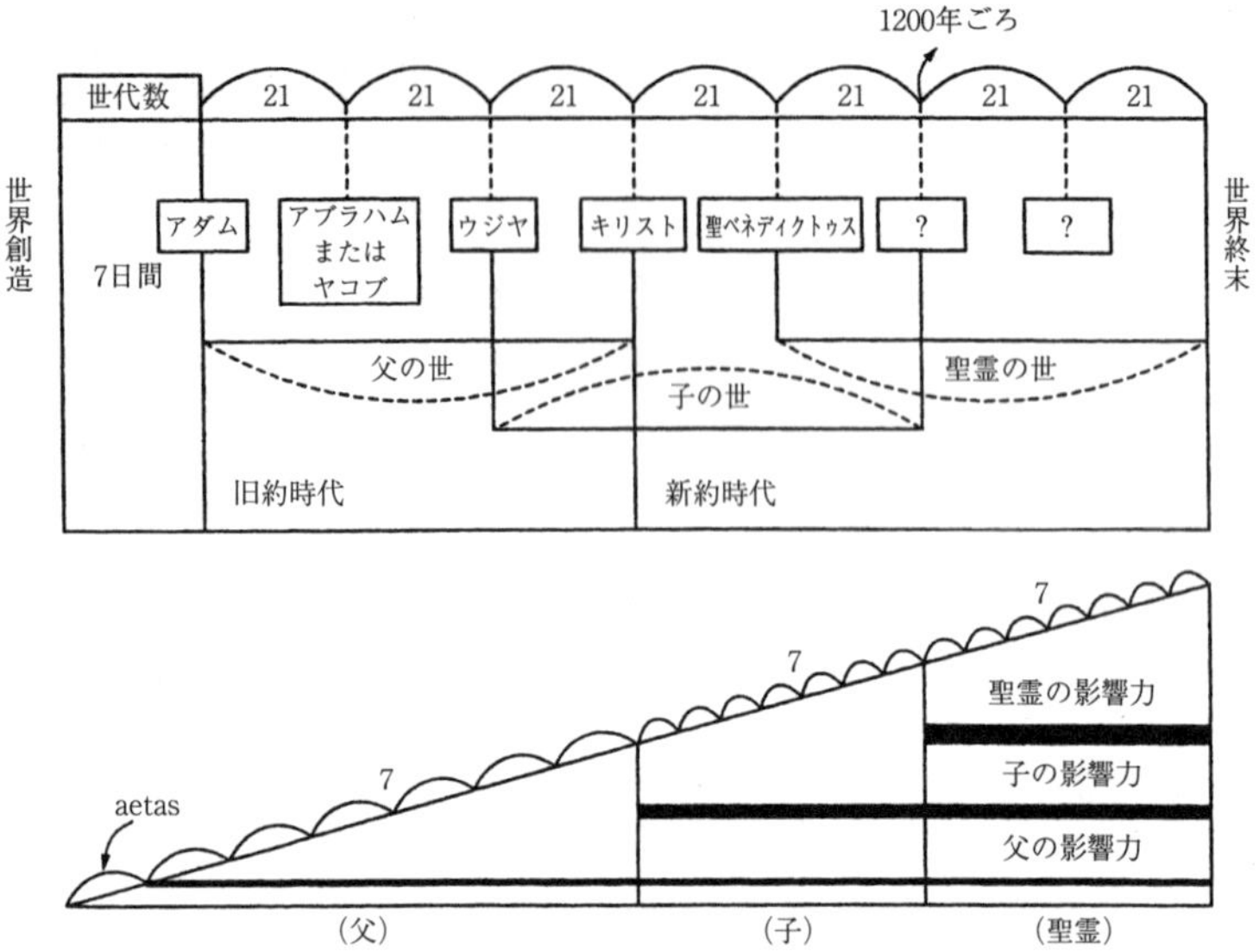

図1　七つの時期

30である。[46] ちなみに上の身分は下の身分の職分をすでに習得・確保していることに注意しよう。たとえば修道士は働き生産すれば10をもち、説教して教えれば20、詩篇を唱えれば30をもらう。[47]

これら三身分によって代表される「三つの世」各々が、七つずつの「時期」に区分される。

七つの時期とは、世界創造の七日に照応しているのはもちろんであるが（図I参照）、父の世と子の世に含まれる「時期」の対応について具体的に見てみよう――

まずアブラハムからヨシュアの時期が、ザカリア（洗礼者ヨハネの父）から使徒ヨハネの死までに対応、第二にヨシュアからダビデが使徒ヨハネからコンスタンティヌスに対応、第三にダビデからエリヤがコンスタンティヌスからユスティニアヌスに対応、第四にエリヤからエゼキエルがユスティニアヌスからカール大帝に対応、第五にエゼキエルからバビロン捕囚がカール大帝からヨアキム自身の時代に対応、第六にバビロン捕囚からマラキの死までがヨアキムの時代から世界終末に対応、そして第七にマラキからザカリアの時期が、聖霊の時代、最後の安息に対応するのである。[48]

これらの時期を六つの闘争期とその後の平和の時期と特徴づけ、旧約（父）・新約（子）時代を対応させることもできるという。[49] つまり、イスラエルとエジプトの闘争が原始キリスト教と不信仰のユダヤ人の闘争に対応する最初の闘争期から、第四のイスラエルとアッシリアの戦いが教会とサラセン人の戦いに対応する時期を経て、第六のユディト記とエステル記に語られた二重の迫害が、ヨアキムの時代の間近に控える教会と異教の国王・偽預言者の戦いに対応する最後の闘争期（その後は聖霊の時代で至福が来る）までである。

そして黙示録の「閉められた封印」（旧約の時代、イスラエルの民が蒙る）と「開けられた封印」（新約の時代、教会が蒙る）に七つずつの災いが対応させられている。ところが第六の開封の作用・行為により、第一の民と第二の民の完全な対応は中断する。というのは、第六の封印がメディア人によるバビロニアおよび他のイスラエルの後裔への攻撃であった（そして第七の封印がギリシャ人、アンティオキア人たちによるエルサレム攻撃を表す）のに対し、開封のほうでは、第六の開封により教会は二重の災厄を一気に蒙る、言い換えれば第六の開封がもたらす新たなバビロニアの敗北と、雪崩を打つようにつづく第七の災厄、つまり反キリストによる迫害が一緒に襲い掛かるからである。第七の開封は第六のもののおまけとして、ごく短期しか継続しないのである。[50]

世界史の七時代（aetas）は七つの身分が代表する。[51] 旧約の時代には既婚者と独身者の二つ、新約では使徒、殉教者、教会博士の三つ、聖霊の時代には処女と修道士の二つである。さらにこれらは創造の七日、七惑星、七教会、七本の蠟燭、七つの封印、七人の天使、黙示録の子羊の七つの目と角などでも象徴されている。

この三つの世と七つの時期や時代の関係を明らかにするときに、ヨアキムは他の4とか5とか7、あるいは12などの数字を動員して、両者の関係を設定している。ここでいろいろな数字を持ち出すその数字の根拠は、ヨアキムによると、新約聖書と旧約聖書の記述内容そのものの中にある。

3と7との関係以上に、5と7の関係がヨアキムにおいては枢要である。(52) 5と7が組になって出てくるときは、5（五つの部族、ペテロの五つの教会、五官）が第一と第二の世における未完の相続・継承物を表現するが、7（七つの部族、ヨハネの七つの教会、七つの霊的賜）は、第三の世にはじめて明かされる、第一・第二の世では隠されていた第三の世の最終的遺産を意味することになる。つまりこの5と7への分割は、彼の思想の中ではいつも後者の7の中に含まれる第三の世の約束を含意していることになる。5と7は、12の不等な二分割で肉体と魂をも表している。この組み合わせは、初期の『聖ベネディクトゥスの生涯』Tractatus de vita Sancti Benedicti にすでに現れ、『照応の書』で敷衍され『黙示録注解』巻頭の「序論」Liber Introductorius でもっとも十全に展開されている。(53)

そして旧約聖書と新約聖書の中のあらゆる人物や出来事や物・場所・期間・動物・印・オルドー・戦争、これらが相互に照応し、対応し、よって数的にも等しくシンメトリカルに並べることが可能だという。照応・類似は、「価値」dignitas の同等ではなくて、「数量」numerus の同等である。(54)

もう少し追究してみよう。ヨアキムの定義によると「照応」とは、新約と旧約とのあいだの同等の比率の類似性である。それは、アダムからイエスの一代前までの旧約の歴史と、ユダの王ウジヤから栄光のキリスト到来までの新約の歴史のハーモニーないしパラレリズムである。同等な数の担い手同士が「照応」関係にあるというのは、それぞれの tempora（時代）ないし status（世）において、等しい世代的位置を占めているということにほかならない。またいくつもの違いを抱えつつも、立場や行為において類似性があるということでもある。ヤコブは第一の世において、第二の世の人間イエスとおなじ世代に属すし、また創始者として行為における類似性も具えている。性格や威厳・価値が等しいわけではなく、あくまでも数的同等性が基本である。

彼にとって照応とは、たんにアレゴリーとしての解釈手続きではなく、思索のはてにやっと発見された、神によって定立された歴史のリズムの規則なのであり、やはり歴史のダイナミックな展開と関係している。救拯史の諸相と変遷のあいだの、一致（適合）と相関関係の調整原理でもある。

たとえば、旧約聖書の四つの「歴史」――ヨブ記、エステル記、トビト書、ユディト記――に四福音書が、重なる同心円のようにして照応し、アダムからエズラまでの普遍史（世界史）には黙示録が照応する。またたとえば旧約聖書に出てくる一二人の族長がいる。これは新約聖書の十二使徒に対応し、さらにこれから本格的に始まる聖霊の世になると、その世を導く一二人の修道士の選民 viri spirituales に対応するはずである。また旧約聖書のカレブ、ヨシュア、モーセという三人のイスラエル人の指導者、彼らは新約聖書のペテロ、ヨハネ、パウロの三人に照応する。それからユダヤで起こった七つの戦争が、キリスト教会の起こした七つの戦争に対応する。このような対応関係を見つけ出している。

さらに5という数字をどう解釈するかというと、5というのは新約聖書と旧約聖書、これは新と旧二つで2であるが、この2と三位一体の3と合わせると5になる。これは当たり前だが、5は人間とその運命にかかわるゆえにきわめて重要なのである。すなわち人間は頭と両手両足を合わせると五つの先端部をもっており、さらに五官を備えている。したがって5というのは約束の数であり、それに行動力・完成力を表す7を足した12が、預言の完成を意味する。たとえばイスラエルの一二部族の遺産がまず五部族、次いで七部族に受け取られたし、また人間に備わる五官に聖霊からの七つの賜が加わると、キリスト教的な完成あるいは完徳にいたるというのである。現代人の目から見ればこじつけのようにしか思えないが、こういった数の関係で聖書を解釈し、さらに人間の運命を予告するという手法をヨアキムは駆使したのである。(55)

この数的対応と関連して、ヨアキムは、エゼキエル書第一章の車輪のヴィジョンを黙示録と聖書の他の諸巻との関係を理解する組織化原理として活用していることに注目しよう。(56) concordia（照応・調和）の概念は、ヨアキムが一般的な歴史の諸事件を黙示録と相関させることを可能にし、ゆえに黙示録のシンボルや幻視の数々を、一般史を点綴する一連の人や出来事と並行した人や出来事を預言する、と解釈することもできるようになった。一般史は外輪であり、黙示録は内輪だというわけだ。一般史は創世記からエズラ記までの旧約聖書の歴史の諸巻によって構成され、とりわけアブラハムからバビロン捕囚帰還までのイスラエルの歴史からなる。内輪は外輪に対応し、concordia は二つの輪を繋ぐゆえに、歴史の全体の展開が黙示録に含まれているのである。

形象による解釈

最後の四つ目の特徴として挙げた(4)「形象による解釈」に移ろう。ヨアキムは、予型論とともにアレゴリーを駆使すれば、継起する出来事や徴の謎めいた意味が開示されると考えていた。それにより聖書の表面の凝結した字面を打ち割って内奥に秘められた神秘的意味を浮かび上がらせることが可能で、さらに始原から当代にいたるまでの聖俗の歴史をも、聖書の神秘的意味の象徴的な外衣と捉えうるのだという。かくて人類の歴史は過去のみでなく、未来・終末にいたるまで一貫した解釈が可能になる。

そして、ヨアキムは自分の神学・歴史・聖書釈義的観念を明らかにするため多くの図表・イメージ＝figurae を作品中に挿入した。聖書は彼にとり、汲み尽くせないシンボルと数的概念の宝庫であり、複雑な思考を新たに展開するための刺激、思考の綻びを繕うための助けになった。だから彼は、おなじ問題を何度も趣向を少し変えた図表＝イメージで表しつづけた。一一八〇年代には彼はすでにそのやり方に習熟していたようであり、文字で記された理念と図像は密接に絡み合っている。しかし figurae はかならずしも文字の後づけの図示ではなく、図が文字に先駆け、思考を急がせることもある。もちろん読者に一目で分りやすく、得られた結果や今後の課題などを明示するという用途もあった。

これら諸著においてテクストの相当箇所の図解であった形象を集成し、全テクストに関係するものとして完成度を高め全体を整理し直したのが『形象の書』である。『形象の書』は、二十世紀半ばからL・トンデッリ、M・リーヴズ、B・ヒルシュ=ライヒらの研究でよく知られるようになった。その図表・イメージには、キャプションないし短い説明が具えられて、ヨアキム固有の概念、考え方が説明されている。[57] 彼自身が独立の著作として執筆したのか、あるいは彼のそれまでの思考を弟子たちが順次まとめていったのかは不明だが、彼の思考法がそのまま反映していることは確実な貴重な史料である。

彼がもっともよく用いる形象=イメージは、花の咲いた樹木のイメージである。樹木が成長していくように、人類の歴史も成長していくということを、そのイメージで表している（図II参照）。三本の樹があって、第一の樹はアダムに根をもち、枝葉を付けず二一世代伸びるが、ヤコブの一二人の息子のところで枝を付ける。それは二一世代にわたって繁茂する。しかしウジヤから先は二本の枝をのぞいて再び頂頭まで裸の幹が二一世代にわたって伸びる。第二の樹は第一の樹から生え出ている。それはウジヤから発し、真っ直ぐキリスト到来まで二一世代伸び、そこで使徒たちの中に枝葉を伸ばし始め

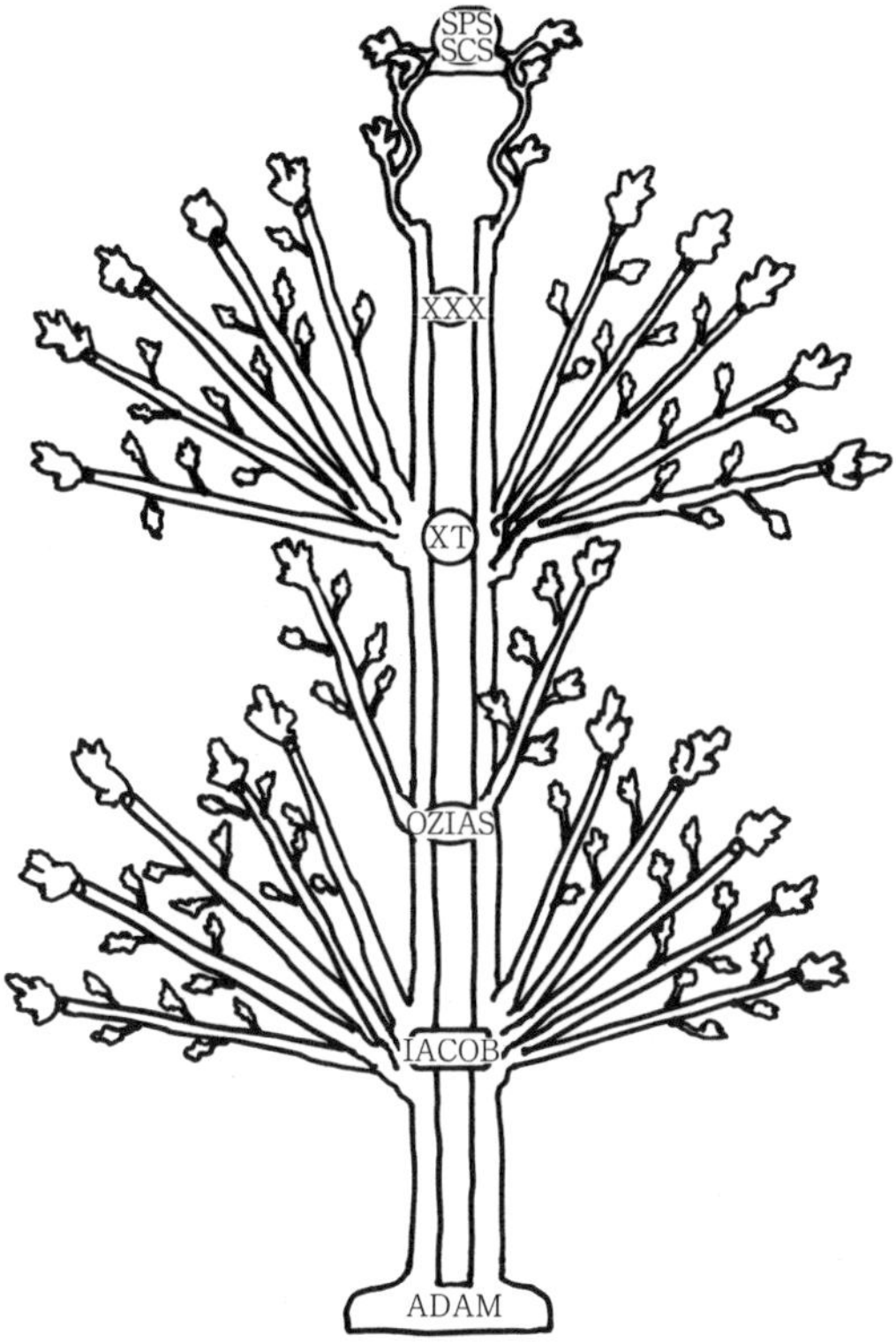

図II　樹木のイメージ

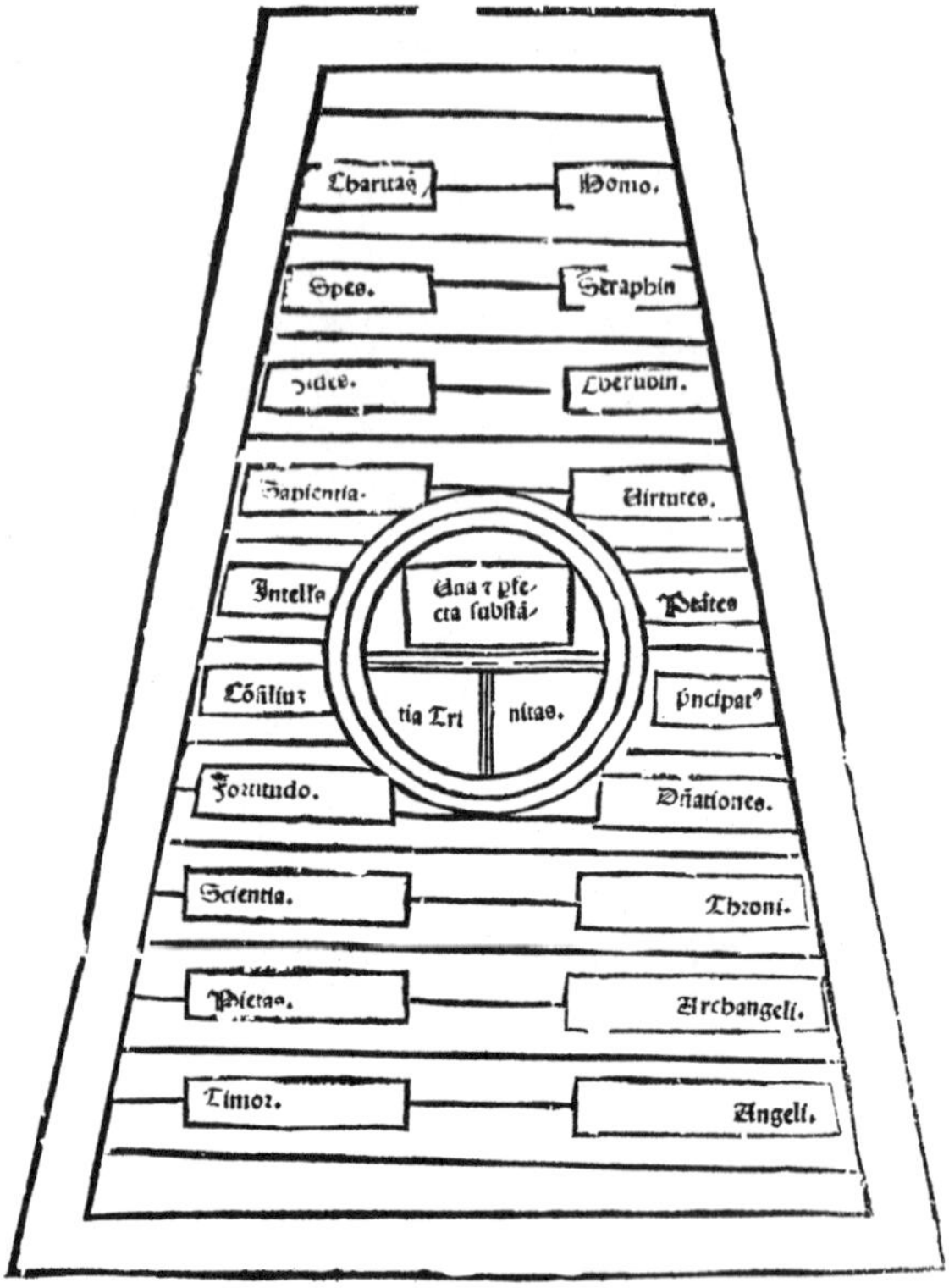

図III　十弦の琴

るが、サラセン人の台頭とともに二一世代後に枝がなくなり始める。さらに二一世代後の六三世代で頂上に達する。一際高いのが第三の聖霊の樹であるが、それは二重の役割をもつ。ひとつは第三時代（第三の世）の樹として聖ベネディクトゥスから始まり、当代に孤独に聳えることが示されている。それは同時に、修道士のオルドーをも表象し、そのときは、エリヤとエリシャによって始められ、聖ベネディクトゥスの四二世代前に遡る。

それから、彼の主著のひとつ『十弦琴』は、十本の弦のある琴のメタファー（図III参照）で聖三位一体を解釈した著作であるが、このメタファーはたんに神秘の三位一体の適切なイメージであるのみならず、天使的世界と人間の魂の神に向かっての神秘的道程の総合となっている。[58] 琴を三角形と見たときの三つの角は三位格であり、十弦からは三位一体に向かって賛美のための永遠の「三聖頌」（聖父、聖子、聖霊）——これらは琴の三つの角に記されている——が昇り立つ。それだけでなく、十弦は右側には上昇順で、天使の九の聖歌隊（天使、大天使、力天使、能天使、権天使、主天使、座天使、ケルビム、セラフィム）を象徴し、それらに十番目

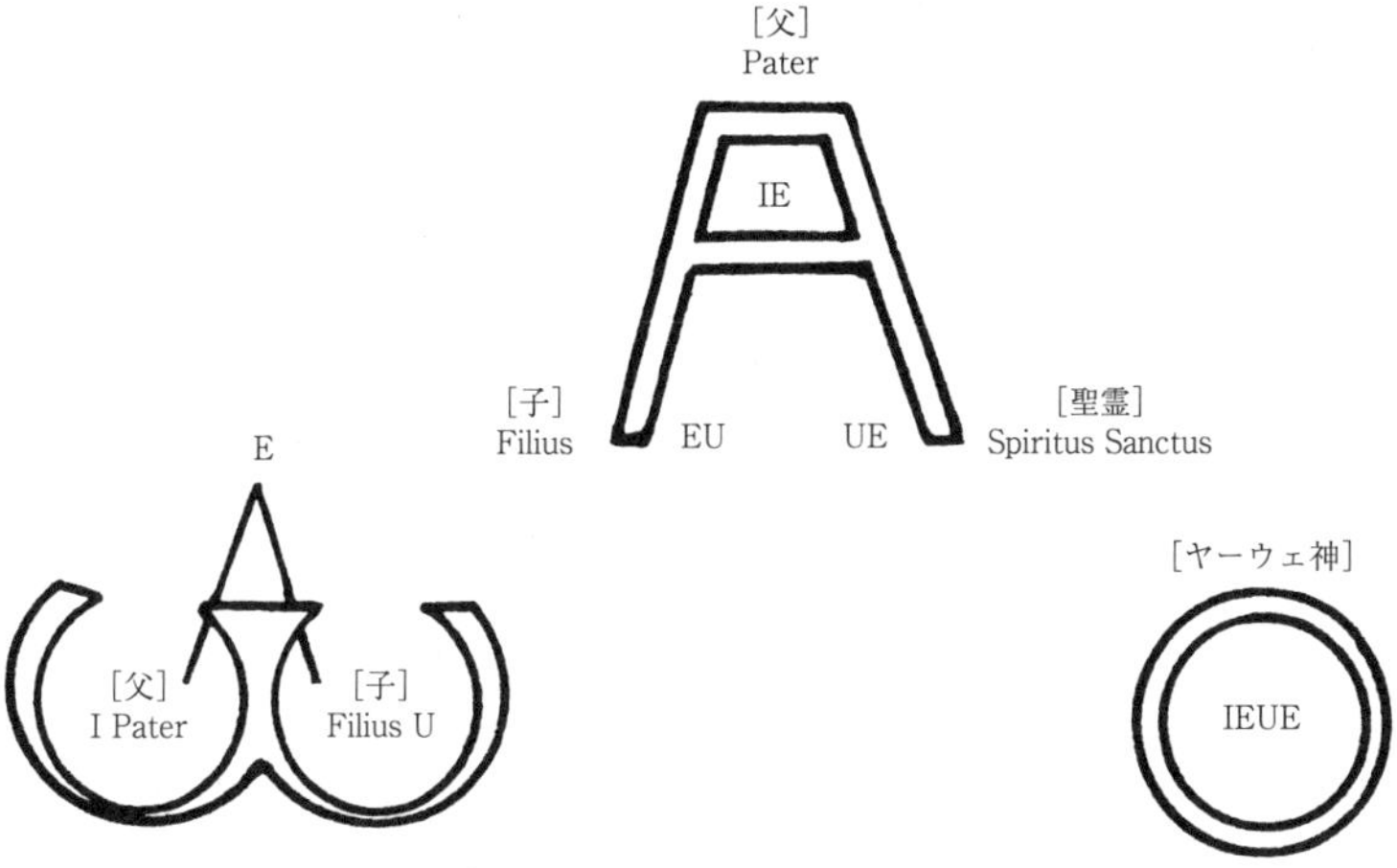

図IV　アルファとオメガの形象

として人間が加わって、弦を動かすのである。その人間は「言葉」により天国に昇った人類を表すために天のヒエラルキーの頂点に位置づけられるのである。神の聖なる国（都市）を称えそれを光明で満たすために、これらの弦が鳴って観想の喜びの歌、詩篇の歌が歌われ、永遠の幸せの前味として味わわれるのである。(59)

　そして、形象の左側に記入された、対応する霊的階梯――聖霊の七つの賜および三つの「神学徳」――に従って、クレッシェンドで登る十の音程によるかのように聖歌が声高く歌われ、それは聖なる教会によって長く反響させられる。その教会は、琴の共鳴箱の円い開口部の中に描かれ、そこには、真ん中に神聖なる「神名四文字」**Tetragramma** の象徴的印をもつ大きな「薔薇」の形の花のイメージが描かれている。周囲の長さは、百五十、百、五十という割合になっているという。その形と割合で三位一体を表しているのである。

　楽器としてはラッパ（トランペット）も登場する。それは新旧両聖書の照応の図の真ん中において、両者から発せられる「霊的知解」**spiritualis intellectus** が両者を結びつけていること、三位一体の三位格が歴史のデザインの中で結び合わされていることを表している。このラッパは黙示録第一章一〇節の「ある主の日のこと、わ

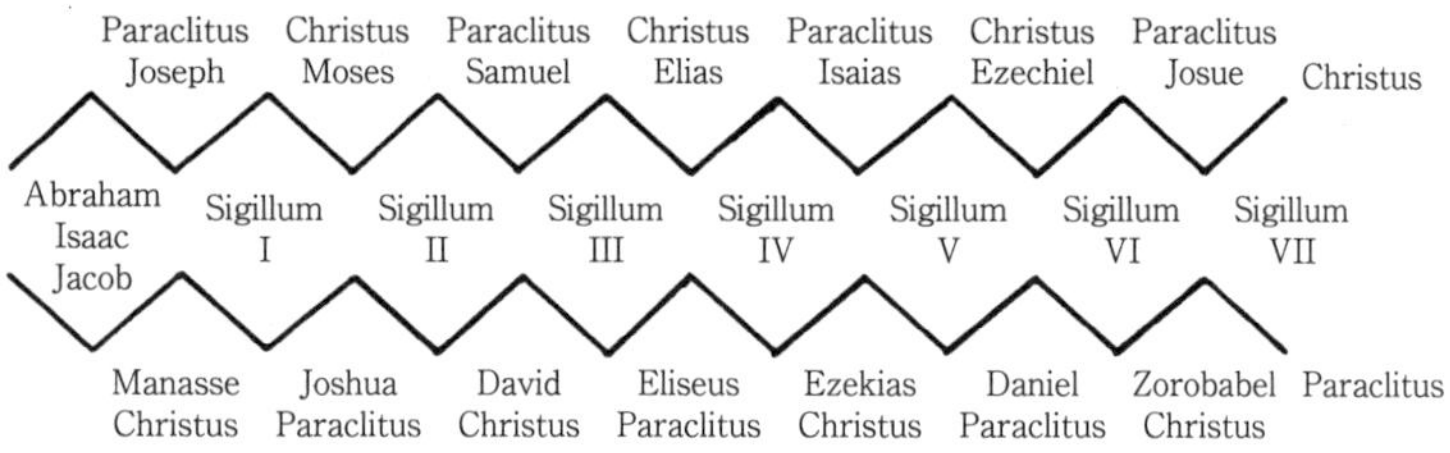

図Ⅴ　床石のイメージ

たしは〝霊〟に満たされていたが、後ろの方でラッパのように響く大声を聞いた」から着想され、だからそれは預言者と福音書記者という説教師の声を表現しつつ、普遍教会の神秘を象徴している。

それ以外には、アルファベットや幾何学的な模様がより重要であると思われる。たとえば図Ⅳの真ん中にあるのがギリシャ文字のアルファの大文字で、左側にあるのがオメガの小文字、右側がやはりオメガの大文字である。こういったアルファ、オメガの形象の意味するところは何だろうか。

ここにあるIE、EU、UE、(IEUE)というアルファベット(Tetragramma)、これは、もともとヘブライ語の神のIEVE(Jod, He, Vav, He)からきた名前だという。アラゴン宮廷のユダヤ人の医者ピエトロ・アルフォンシからヨアキムが採用した、神の四文字名である。それぞれ隣接する文字を合わせてIE, EV, VEとなり、それぞれが三位一体の位格を表すという。アルファの形象は、父のIEからいかにして子のEUと聖霊のUEが発出するかということを表している。それから左側のオメガの小文字は、中央上のEというのがこの場合聖霊を表しているわけだが、このEである聖霊が、いかにして父Iと子のUから遣わされたかということが、まさに図示されている訳である。最後の二重円(オメガの大文字)の中にIEUEがあるというのは、父なる神=三位一体は、服従するすべての被造物に遣わされた七つの霊に関係をもっていることを表している。

ヨアキムにおいては、数と同時に、数を中に含んだ形態(面・角・円)も、神秘の次元、神秘の関係として重きをなした。これらを組み合わせた形態を、彼は自らの教えを

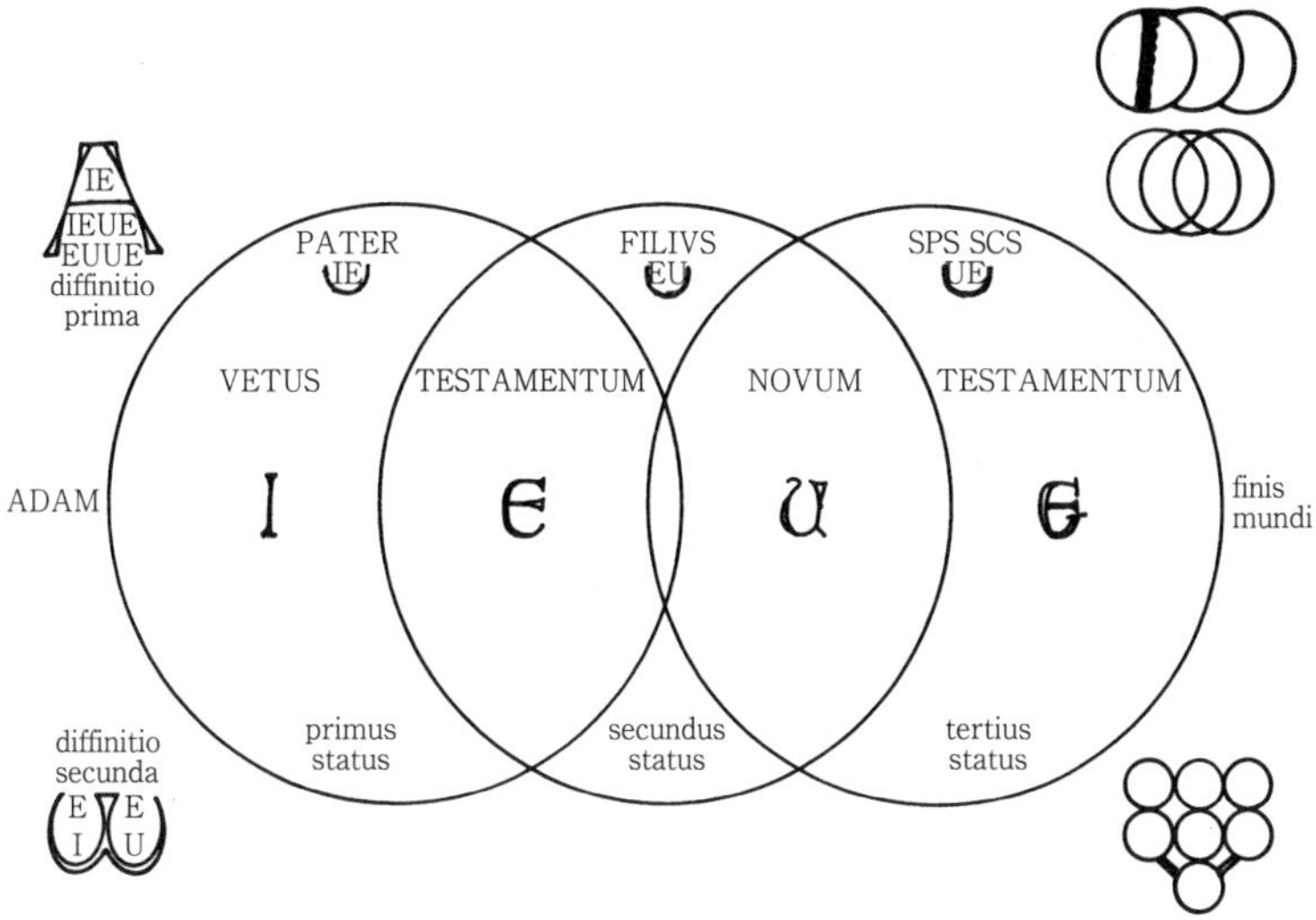

図VI　三位一体の円

直感的に伝えるのに活用した。

図Vは、床に貼られた石の床石というか、その形を象ったイメージである。第一の封印から第七の封印——黙示録に出てくるもの——までであって、その七つの封印を先導するのが、左端に記入されたアブラハムとイサクとヤコブである。そして以下右方に七組、上に二つ下に二つというふうに人名が組み合わさっているが、これはやはり先ほどの「旧約聖書と新約聖書の照応」とも絡んでいる。たとえば二番目を見ると、第二の封印の時代に、新約聖書ではキリストに相当するモーセが、聖霊としてのヨシュアの上に手を置くということを表しているようで、これは復活したキリストがペンテコステに聖霊を遣わすことを意味している。

図VIの三つの円については、左から父、子、聖霊を表す円で、それぞれが重なり合っている。しかもこれは元々は色が付いていたようで、父が緑、子が青、聖霊が赤である。この三つの円が重なっているのは、三つの時代が相互に重なり合い、相互貫入していることを表している。しかしそれぞれは併在し、独立して三つの世を表してもおり、まさに三位一体が歴史に参画していることを示している。

それからこの絵の四隅には小さな図形がある。左上は前述のアルファの大文字で左下がオメガの小文字である。右のほうの三つの図、複数の円で作られた図があるが、これは四つの時代のパターンを通して霊的知解が次第に進んでいくことを表す三つの円と、五つの「関係」および七つの「様態」を示す円の組み合わせだということである。

こうしたシンボルや図解方法は、分りやすさのための説明装置というだけではない。まさにヨアキムの思考の真髄に触れていると考えるべきだろう。言葉のどよめきから事物の精髄に、事物の知識から叡智へと、形態を通じて、しかしそれを超えて観想し意味を探るという能動的想像の道具である。それは「心眼」oculi mentis で見た像であり、神の啓示がそこには結晶している。[60] しばしば彼には、言葉にするよりもイメージで表現したほうがうまく伝えられると感じられることがあった——「言葉で叙述されるより、形象で示されうる quod potius figuris ostendi quam lingua exprimi potest」[61] ——ようで、実際、冗長に反復し、込み入って論理的・体系的に構築されることのない彼の文章にくらべて、彼の使うイメージは一目瞭然、きわめて分りやすい。

彼にとっては、それらの形象から人類の霊的冒険の決定的な時が透けて見えたのである。そして彼が捻出した夥しいシンボルは、その深層で聖三位一体のような神秘的直感のイマーゴ、出来事全般のパラダイム、あらゆる形態の根によって繋がれている。これらの形象は、認知的緊張がその上に収斂し形をなすところの力動的シェーマで、認識はその周囲に組織され、深められ、構造化し、形態の編み目に沿って相互参照の複雑な多様性の中に拡張するのである。

形象がヨアキム思想の根幹にあるのは事実であるが、しかし彼は象徴主義をもっぱらとするのではなく、上述のようにつねにアクチュアルな関心がその背後にあったこと、そして、最終的には、象徴は除去されると考えていたことに注意しなくてはならない。象徴が消え去るのは、歴史の最終段階において、聖霊がすべての真実を教えるときであり、過ぎ越しの祭の子羊の犠牲がキリストの犠牲に取って代わられるように、聖霊の光の下では、形象の役割は終焉する。だが象徴が取り去られても、それが意味していたものは永遠に持続する。かつての状態、今ある状態ではなく、将来そうなる状態で永遠に停止し、そのとき聖霊の光を受けた者たちには、あらゆる神秘が白日の下に晒され、彼らはその意味を完璧に知解できるのである。(62)

二　過激な宗教運動への影響

ヨアキムは、長年にわたる聖書研究と天啓を得た独創的な聖書解釈により、二つの先行する思潮を総合することができた。二つの思潮とは、この世に平和を実現することなどできないと諦め、最後の審判が教会を金甌無欠の天の社会に変えてくれることのみ希求する厭世的で修道院的な思潮と、もうひとつはこの世にあらゆる欲望が満足させられる楽園をもたらしたいという、民衆的な千年王国説の地下流である。彼の千年王国説は、この世の命運、改良可能性に関してけっしてペシミスティックではなく、明るい展望を含むのだが、彼の思い描く「至福」は身体や感覚の快楽とは無縁であった。こうした捉え方は、「第三の世」の独特の解釈にもっともよく現れている。

その独創的な三位一体論と歴史観は、近代にいたるまで深甚なる思想的影響をおよぼした。しかし彼の死後すぐさまインパクトを与えたのは、彼の思想全体というよりも、彼に仮託された「預言」であり、そこでヨアキムの千年王国説はいささか歪曲されて、既存秩序・権力の打倒を願う人々のこころを捉えたのである。

たしかにヨアキムは、独自の黙示録注解と聖書の新旧照応の霊的解釈にもとづいて、過去から同時代を経て将来の歴史にいたるまでを読み解いたが、打倒されるべき権力者、第三の世をもたらす選民、これらの人物名を具体的に挙げることはなかったし、聖霊の世の到来の日時も厳密に指示することはなく暗示に止めた。すべてを具体化して激しい運動に結びつけたのは、彼の弟子や彼に私淑する者たちであった。すでに指摘したように、ヨアキムは生涯、「正統」の枠内に止まり、教皇や教会制度を覆滅させるようなメッセージを発したことは一度もなかった。その預言は外的な制度の転覆よりも、内面の霊的再生を照射していたからである。

とは言っても、彼の発言に、後継者たちが曲解し彼の名を騙った幾多の偽文書が登場する素地、その芽が存在したことも、またたしかである。

たとえば有名な「天使教皇」についての預言がその代表である。(63) これは、争い合う教皇や各国君主たちにとっても無視できない由々しい政治的な意味を持つ預言であった。彼の言葉を引用すれば——

バビロニアの新たな指揮官のように、新たなエルサレムすなわち聖なる母教会の普遍的教皇が登位するだろう。その人物像については黙示録でつぎのように語られている——「わたしはまた、もう一人の天使が生ける神の刻印を持って、太陽の出る方角から上って来るのを見た」。彼とともに篩に掛けられ撰ばれた者たちもやって来よう。だがしかし彼は、やがて軍の指揮官が全地上を支配し始め、歩んだ場所を変えたりすることではなく、キリスト教を刷新し神の言葉を説く十全なる自由が与えられている、という意味で登場するだろう。その時、イエス・キリストの忠実無比なる代理人になるだろうペテロの後継者が、最上の高みに登るだろう。というのはイザヤの預言が成就するためである——終わりの日に主の神殿の山は、山々の頭として堅く立ちどの峰よりも高くそびえる。国々はこぞって大河のようにそこに向かい多くの民が来て言う。「主の山に登り、ヤコブの神の家に行こう。主はわたしたちに道を示される。わたしたちはその道を歩もう」と。

もちろん「天使教皇」だけではない。彼は、第三時代の到来前後にかかわるさまざまな徴、教会に対して持ち上がる恐るべき前兆、善人への試練、悪人への罰となる大変動、そして反キリスト、ゴグとマゴグ、それら悪の力の地上の手下、悪に立ち向かう神に選抜された聖徒たち、その代表者たる「最後の皇帝」などの到来を預言し、それらを現実の人間たちに割り振ろうとして、明言はしないまでも思わせぶりな解釈をしているのである。その死後、弟子や影響を受けた者たちが、それを誰それに当てはめたくなるのは自然の成り行きではあろう。

A　フランシスコ会聖霊派とフラティチェッリ

それでは、ヨアキムの思想が彼の死後どのような反響をおよぼしたか、本節ではいくつかのグループに分けて考えていこう。

間もなく聖霊の世が本格的に始まり千年王国が到来するためには、誰かがその推進者として働かなくてはならない理屈であり、肉の教会や悪の力を打倒する者たちの登場が必須となる。ヨアキムの死後、われこそはその神より選ばれた聖霊の世の指導的なグループであると唱える者たちが、幾人も現れた。

とりわけヨアキムの終末論の影響を受けたのは、「フランシスコ会急進派」と、「使徒兄弟団」である。前者は聖霊派とフラティチェッリ（小さき兄弟団）という名と結びつき、発展した都市の経済・社会生活と不可分の運動であった。また後者は北イタリア各地で過激な民衆暴動にまで発展したメシアニズム的異端運動である。もうひとつ「自由心霊派」も一部で千年王国とかかわり、折からの神秘主義の昂進に助けられながら、下層民中心に勢力を拡大していった。(64)

フランシスコ会では、体制派と急進派の争いが長い間つづいたが、その中で、後者の主張を正当化するためにヨアキムの思想・預言が利用され、さらにはヨアキムの名を使った新たな預言が広められることになったのである。(65)

聖霊派と清貧論争

きっかけは「清貧論争」であった[66]。

〈清貧〉についての考え方をめぐっては、聖フランチェスコの生前から対立があった。とくにフランシスコ会の「会則」をまとめる際に、どのような清貧規定を盛り込むかが大問題となったのである。もともとフランチェスコは絶対的清貧を追求し、福音的生活とその説教を自らの本分と考えていた。キリストを真似て、無一物で禁欲的生活を送ること、これを自分にも弟子たちにも要請した。しかし弟子の数がふえ、教皇により修道会として公認され、組織が拡大していったときに、このようなフランチェスコの考えのみをもとに規則をまとめるのは、現実問題として非常に困難であった。そこで現実的な富・財産への対応を可能にする規則の文言を含めようという者たちが、現れたのである。

ここにフランチェスコの理想、それが反映したフランチェスコの戒律と遺言をそのまま受け継いだ急進派――これが聖霊派となる――と、会としての富の蓄積を認める体制派が対立することになる。内部対立は、創立者の死後ますます激化していった。修道会の人員がふえ、建物や祭具、記録などが必要になると、小人数で遍歴していたときのようには清貧を徹底させることは難しくなる。とりわけ一二二一年から二七年まで総長を務め、三二年に再選され、一二三九年まで実権を握っていたコルトナのエリアが、見掛けの荘重さへの道を選んだ――アッシジに建てられたサン・フランチェスコ聖堂がその象徴――ため、「貧しき使用権」usus pauper（生活と仕事に必要不可欠なものを節制して使うことのみ許される）、特権の拒否、手労働、学問への不信を掲げる反対者を刺激し、両者の溝が深まった。

しかし規則をめぐる論争の過程で双方ともフランチェスコの精神から離れていくのは、皮肉である。回避的な形式主義を奉じ、土地所有や地代収入・寄進を容認し、ミサや赦免の値段をつり上げ、会としての富の蓄積を認める体制派はもとより、内面に沈潜し、ヨアキムの影響下に黙示信仰を強める少数派（聖霊派）も、フランチェスコの霊性とは大きく乖離していく。もちろん、清貧についての態度だけをとれば、聖霊派のほうがフランチェスコの理想を受け継いでいたが、そこにヨアキム思想が我流に取り込まれるとき、福音主義からは遠ざかってしまうのである。

さて、一二四〇年代には両派の勢力は拮抗し、和解の動きも見られたが、十三世紀の後半には教皇の仲介にもかかわらず、内部対立が激化し、体制派（コンヴェントゥアーリ派）が、教勅で解釈し直され補足された会則、つまり清貧の実践を緩和したヴァージョンを受け容れたのに対し、聖霊派は――途中一二五四年にはボルゴ・サン・ドンニーノのジェラルドの筆になる『「永遠の福音書」への序論』がパリで登場する――ヨアキムの千年王国思想への傾倒を強めながら、過激な見解を採用してローマに敵対し、自分たちこそ「聖霊の世」の準備を任された聖徒だと主張して異端に近づいていったのである。両派の綻びを修復しようと努めた有能なボナヴェントゥーラ総長が一二七四年に亡くなると、対立は決定的になった。

そうした中アンコナ辺境領（Marca）の聖霊派の一派が台頭、体制派と鋭く対峙し、教会・修道院建設、寄進・喜捨の受け容れ、食料調達など共同生活の日々の行為がことごとく論争の的になった。教皇ニコラウス三世による調停案も提出されたが、はかばかしい効果をもたらさず、あまりに厳格な清貧を掲げる者たちが異端として逮捕投獄され、一部は外国に逃れた。

アルメニアに逃れていたマチェラータのピエトロ（後リベラートと名乗る）とフォッソンブローネのピエトロ（アンジェロ・クラレーノと改名、一二五五頃～一三三七年）が帰国したものの、マルケのフランシスコ会修道院からは冷遇された。そこで「天使教皇」ケレスティヌス五世の保護を受け、仲間とともに「教皇ケレスティヌスの貧しき隠修士」の修道会を作ってフランシスコ会から分離した。しかしケレスティヌス五世がすぐに教皇座を降りるや新教皇ボニファチウス八世（在位一二九四～一三〇三年）がふたたび聖霊派の弾圧に走る。リベラートとアンジェロらの「貧しき隠修士」**pauperes eremite** はギリシャに逃れたが、厳しく糾弾され迫害された聖霊派もいた。

追いつめられた彼らは黙示録的ヴィジョンを脹らませ、ボニファチウスを反キリストの先駆者ないし反キリストそのものだと呪うこととなる。しかし結局、体制派により弾圧され、ナポリ王シャルル二世からも迫害されて、徐々に歴史の表舞台から消えていくだろう。

しかしイタリアから聖霊派が消えたわけではなく、しばらくすると他の場所からみるみる広がっていた。後述のカザーレのウベルティーノとともに、ギリシャから帰国したアンジェロ・クラレーノがそのスポークスマンの役目を果たした。(67) 彼は一三〇七年のリベラートの死後、聖霊派の指揮者となる。アヴィニョンでは庇護者の枢機卿ジャコモ・コロンナの下に長らく滞在することになった。しかしその間にも、プロヴァンス・ラングドックにおいても、あるいはトスカーナにおいても、聖霊派をめぐる情況は悪化の一途をたどった。

一三一三年には教皇クレメンス五世が教勅 **Ad nostri apostolatus** を発し、反乱者らはシチリアに逃げた。一三二五年には異端審問官の追及から逃れるためとうとうそこからも逃げ出してカラブリアに移住し、「フラティチェッリ」として知られるようになる。南フランスの聖霊派もヨハネス二十二世の下での異端審問で有罪とされ、四人がマルセーユで火刑に処された。

アンジェロ・クラレーノは一三一七年、教皇ヨハネス二十二世に破門され、アヴィニョンで捕縛される。教皇に無実を確信させて解放されるや、矢のようにイタリアに向かい分派を再興しようとした。マルケのほか、トスカーナ地方のフィレンツェ、アレッツォ、ルッカ、シエナや、北方のジェノヴァ、ボローニャにも仲間をふやしていった。

ちなみに、次項で取り上げるピエール・オリヴを師と仰いだアンジェロ・クラレーノは、偽ヨアキム預言書に拠って、現在がヨアキムの言う第六時代だと信じていた。彼は『フランシスコ会の七つの苦難の歴史』Historia septem tribulationum Ordinis Minorum を書いた。(68) そこにはヨアキム的な図式が明瞭に表れており、三時代七時期説が採用されている。フランチェスコ生前の第一の苦難、第三代総長エリアの下での第二の苦難というように、以下フランチェスコの教えを忠実に守ろうとする者たち、ヨアキム思想を護持する者たちへの迫害が順次語られ、第五の苦難では自分自身の蒙った迫害にも言及している。だが第七の苦難はキリストの勝利と永遠の安息へと繋がっているのである。

その後の聖霊派の主要活動地は、南フランスに移る。良識があり中庸を心得た総長（アレクサンドリアのアレクサンデル）の下、一時的な和解の徴候があったが、彼が亡くなるとふたたび体制派による聖霊派の迫害が再開された。

フランシスコ会では、一三二〇年までは清貧を守るかどうかという理想論が懸案となっていた。十三世紀後半から漸次、終末論・千年王国説の影響を受けた聖霊派は、世俗のあらゆる権利・裁治権を放棄し、しかも法的に定式化された形式的なものではない、内的な要請として、つねに福音の理想に向かう生活様式と罪の贖いのための清貧を、断固主張した。都市社会で大量の富が蓄積され活発に流通するという情況の中、聖霊派の奉ずる清貧はたんに金銭やモノから離れるという禁欲の手段や完徳の条件ではなく、随一の美徳、いや完徳そのものに祭り上げられたのである。しかし彼らにおいてはキリストへの信心・崇拝があくまで強く、清貧追求に際しては、裸のキリストを裸で模倣すること、またそれを実践したフランチェスコ（＝第二のキリスト）を模倣することが第一の懸案だったといえるだろう。(69)

しかし、一三二一年になると理想論は「清貧論争」という教義論争に一転する。そしてキリストと使徒は個人でも共同でもなんら所有物をもたなかったのか、そうではないのかが、喧喧諤諤、議論されることになる。結局、激しい論争の末、ヴィエンヌ公会議の決議があり、最終的に教皇ヨハネス二十二世とチェゼナのミカエルの下で聖霊派が断罪された。キリストと使徒が完全な所有物としていくつかのモノをもっていたことを否認する者は異端とされ、またフランシスコ会修道院が直接、自分たちの財産の所有者になることも教皇に許可された。かくてフランシスコ会内の聖霊派の歴史は幕を下ろす。

しかし、聖霊派の運動がそれで潰えたわけではない。第二幕がフランシスコ会の外で演じられたのである。そればかりかそれは、第一期の聖霊派指導者たちの殉教の記憶をかかえて一層熱く燃え上がった。彼らフランシスコ会聖霊派の後継者として、後述のプロヴァンスの聖霊派とその俗人のシンパたるベガン派や、中・南イタリアおよびシチリアのフラティチェッリの諸派が現れた。清貧論争のもともとの代表者が姿を消しても、その反響は異端者らのあいだに曖昧な形ながらも残った。そして〈清貧〉以上に終末意識に囚われ、ヨアキム思想に傾倒し、教皇庁への服従を拒み、この世の教会の聖なる性格を否定し、自分たちが第三時代を担う選民として、福音的使命を帯びていると主張するようになる。

ピエール・オリウ

第一幕の代表的論客で、第二幕への橋渡しをした人物が、プロヴァンスの托鉢修道士ピエール・オリウであった(70)。彼は一二四八年にラングドックのセリニャンに生まれ、十二歳でフランシスコ会に入った。一二六七〜七二年にはパリで学業を積み、ラングドック地方にもどってレクトル（lector）なっていくつものフランシスコ会修道院の学院で教えた。しかし彼の著作が不快感を与えるとして審査に付された結果、二十ほどの命題が断罪され、フランシスコ会総長とプロヴァンス管区長から数々のいやがらせを受けた。

清貧論争への参加ということでは、彼は一二七〇年代末に、フランシスコ会の清貧について健筆を揮い、清貧を「世俗のモノを扱う正しいやり方」と定義してフランシスコ会の仲間たちに清貧に生きることの利点を述べた。その提言の中でオリウは〈清貧〉を〈慈愛〉に直接結びつけた。そしてtemporalia（世俗財産）を軽蔑するほど、そこから由来する慈愛は大きいとした。〈清貧〉はこの世から撤退する人間の手段であり、モノへの愛を消し、それについての好奇心も拭い去ってくれる。現世のものへの愛があるかぎり本来の〈慈愛〉はなく、〈清貧〉は完徳のための不可欠の前提条件だとしたのである。また手労働すべきか乞食をすべきかを論じて、オリウはフランシスコ会の托鉢（乞食）経済を擁護している。たしかに乞食行為は、人を不正、おべっか、偽善、怠惰に陥れる恐れを孕んでいるものの、喜捨の受け手であるフランシスコ会士自身も、さらなる同情心・哀れみの情を抱くようになり、うまくすればその心に謙譲と服従の意識が育つからである。さらに、乞食をすれば、手仕事をするときより勉強と祈りの時間が確保できるし、喜捨を与える者はそれを助けることで功徳を得る。かくしてこの清貧の恩恵は、会の外にまで広がるのだ。

ゆえに彼は、清貧論争にからんでフランシスコ会内の弛緩した清貧に猛烈に反発した。そして教皇からの特権付与、金銭追求、住宅の交換、所有欲、洗練された建物、衣服や本の贅沢などを大いに非難した。このリゴリズムは体制派から彼を引き離し、後に聖霊派に崇敬される要因になる。

南フランスの聖霊派の指導者と目されているオリウだが、しかしオリウは聖霊派を批判してもいることを見逃してはなるまい。一二九五年、イタリアの聖霊派のリーダーであるオッフィダのコッラードへの書簡で、ボニファチウスへの中傷、会則の教皇による解釈の否定、会からの分離の試みなどを非難しているのがその証拠である。オリウにとっては、清貧の誓いと服従の誓いは一体であった。だが、清貧の追求はそれだけでは済まなかった。フランシスコ会士は、聖フランチェスコが実現しようとした世界の福音化を、世界終末までに完遂しなくてはならないと感じていたがゆえに、終末論的なトーンが清貧にも流れ込み、それが聖霊派たちを色濃く染めるのである。

オリウの聖霊派へのもっとも大きな影響は、その千年王国説からやってきた。『黙示録注解』Lectura super Apocalipsim（一二九七年頃）や『黙示録傍注』Postilla in Apocalypsimでは、彼はヨアキムに倣って聖書釈義と歴史の神学を対応させようとした。[71] ヨアキムの著作とその考えが、オリウによってフランシスコ会急進派サークルの黙示文学のひとつとなり、最後の時を待つ気分が彼らのあいだに瀰漫していったのである。かくしてオリウにより、十四世紀初頭にはじめて「民衆的」な千年王国運動の強力な種が蒔かれたと言えるのではないだろうか。オリウのヨアキム主義は、その生前ではなく死後に絶大なる影響を与え、聖霊派は、彼をヨアキムと聖フランチェスコの後継者と看倣したのである。

聖霊派は、オリウをいわば霊的教会の告知者として持ち上げ、オリウの弟子である自分たちは清貧と聖フランチェスコの教えとに忠実であるがゆえに、同時代の歴史のヴィジョンの照明を受け取り、自分たちが晒されている迫害および希望の道を説明できると考えたのである。彼らはそこで、ローマ教会を肉の教会に、教皇ヨハネス二十二世を神秘的反キリストに見立てることになるのである。

主著（『黙示録注解』『黙示録傍注』など）を読むと、オリウは基本的にヨアキム説に則っていることが見てとれる。やはり教会の歴史には七つの時代（時期）があると考えている。そして自分たちはすでに第六期のとば口に立っているとし、やがて反キリストの敗北と第五期に昂進した肉の教会の破壊、そしてユダヤ人と異教徒の改宗、福音教会の刷新がもたらされ、第七の最後の時代（聖霊の世）は平和と悦びの安息の時代となり、新たなエルサレムが地上に降り来る、などと予想している。第六時代の偉大な先蹤者がもちろん聖フランチェスコで、彼は第六時代の封印を開ける天使あるいは再来のキリストだとされた。

オリウは、ヨアキムよりずっと「キリスト中心主義」を堅持していることにも目を留めておこう。彼の考えでは、ユダヤ人らはキリストに改宗するのであり、彼らはキリストの教会、キリストの肉に導かれて、真のキリスト崇拝に戻り、キリストの中に入るであろうと預言する。

もう一点、オリウの歴史の捉え方の特徴として、人類の歴史には「発端」inchoationesが多様にあるが、それは「競合」concurrentiaの原理として働くとの考えがある。これにより静態的であったヨアキムの照応のパターンがダイナミックな発展のパターンへと変貌する。オリウには「神の業の劇場」としての歴史への鋭い感性があるのである。(72)

ところで彼は、やはり自分の時代に間もなく反キリストがやって来て、千年王国が始まるだろうという切迫した千年王国待望を抱いていたが、その持続期間に関しては、ヨアキムのようなごく短い期間しかつづかないとは考えず、もう少し長期間、たとえば百年くらいつづくと言ってみたり、あるいは七百年ぐらいの持続を予想したりしている。オリウは文字通りの千年王国説への道を一歩進め、ヨアキムのキリスト中心主義の欠如を訂正して、「キリストの三度の到来」説を主張し、キリストは「まず最初人類の贖いのためにやって来て、ついで世界改革のために聖霊として到来し、最後に選民を栄光化するために審判に来る」とした。(73)

この観点にもとづけば、メシア時代は、聖霊においてキリストが二度目に地上に来るときに始まることになる。しかも先述のようにオリウはヨアキムの考えとは異なって、最後の時は、短いのではなく長いと考えていた。これは、彼がまさにフランシスコ会の危機的な状況に直面して生きており、反キリストがもう扉のところまでやって来て、その手先とごくわずかな真実の徒との死闘が始まっているという認識があったからだし、また世界全体の回心のためにはかなりの時間が必要で「朝、昼、夕、夜」の展開が立証されねばならないと信じていたからだろう。

ラングドックのフランシスコ会のだらしなさに、完全な清貧と福音主義を対置させた聖霊派は、オリウの千年王国説に惹かれていった。彼らは自分たちを、教会史における革新的修道会であり、聖霊の世と第六時代の予告者だとした。そればかりではない。オリウに倣って、フランチェスコ自身が、彼らにとっては徐々に第六の封印の天使に、いや聖痕でその繋がりを示したキリスト自身になぞらえられるようになるのである。

教皇庁のあるアヴィニョンで、聖霊派の擁護者――カザーレのウベルティーノを代表とする――が一三一二年、追及され、ついで聖霊派自身が異端審問に召喚された。その二五人のうち、四人は火炙りに処せられた(一三一六年)。一三一八年にもマルセーユで四人が火刑に処された。つきつめた福音主義と清貧、これこそ聖フランシスコ会の目標であったはずなのに、それを遵守する聖霊派は、ローマ教会の目には無秩序を撒き散らしているように思われたのである。オリウの『黙示録注解』は、一三一七年に裁判に掛けられて断罪され、一三一九年のフランシスコ会の総会も、本書を所有したり本書に言及したりする者を破門で脅した。一三一八～二八年には、南フランスで異端審問的キャンペーンがオリウ一派を撲滅しようと繰り広げられ、追従者の多くが死刑になった。このあいだに、オリウの著作の所持・利用が再び禁止され、ついには禁書とされるにいたる。

ベガン派

聖霊派の俗人部門ともいうべきベガン派は、プロヴァンス、ラングドック、そしてかつてのベジエ=カルカッソンヌのトランカヴェル副伯領の最東部に広まった。ナルボンヌとベジエがその活動の中心であり、他にロデーヴ、カルカッソンヌ、アグドなどで職人や中小商人が仲間に加わった。彼ら聖霊派シンパにおいて、〈清貧〉と〈黙示信仰〉は十全に結びついた(74)。彼らは聖霊派の修道士らの周りに集まり、第三会に属する者もいたが、それは必要条件ではなかった。いずれにせよ清貧・貞潔などの誓約はせず、独自の信心業を行った。ミサを聞き、霊的著作（とくにオリウ）の朗誦に耳傾け、険しく厳格な宗教生活の実践に邁進しながら将来の黙示録的未来に期待を寄せたのである。

まるで聖霊によって書かれたかのようにオリウの黙示録論を崇拝するベガン派は、とりわけヴィエンヌ公会議以後、オリウを神格化するようになり、黙示録に登場する「天使」がオリウだと信じた。オリウの千年王国説は、ベガン派には世俗語への翻訳および公開の朗読を通して広まっていった。そして彼らには間もなく、自分たちが「殉教者」になるという意識も芽生えてきた。

迫害の迫り来る中、ベガン派は聖霊派とともに、ローマ教会を肉の教会、バビロンと同一視し、教皇を神秘的反キリストと看做した。さらに一三二四年以降、フランシスコ会の厳格な清貧を壊した廉で、教皇をいよいよ激しく呪うことになるだろう。オリウがヨハネス二十二世を肉の教皇であり神秘的な反キリストだと同定した訳ではないが、聖霊派が自分たちを新時代の旗手として自任すると、彼らを迫害する教皇は自動的にその悪辣な存在と同一視されるにいたったのである。ベガン派もそれに倣った。彼らは聖霊派とおなじく、キリストも使徒も、個人としても団体としても無一物だったと主張し、自ら完全な福音的清貧を追求し、肉の教会たるローマ教会に反発した。そして悪しき教会とその聖職者に対抗しキリストの教えと生に従う霊的・福音的な人間たち（聖霊派とベガン派）が、霊的教会を創るのだと説いた。[75] 肉の教会はこの第六時代の末においてキリストの生と聖霊派を苦しめている、しかし生き残るのはこの迫害されている少数者なのだ。

「Miles armatus（武装騎士）」という、武装した騎士とキリスト教徒のアナロジーを用い、鎧や兜、楯や脚絆の特徴を美徳や教理の要諦に対応させて解説している書物が、ベガン派たちのあいだで読まれたようだ。最後の時に当たって警戒怠りなく、敵を迎え撃つべきことを述べているこの小冊子は、教養のないしがない信徒にも理解できた。[76]

ベガン派には、カタリ派にはない神秘主義の色合いと、情動的なトーンがある。彼らは師と仰ぐオリウから引き出した聖霊派の新たな感性、キリストの人間的にして殉教した身体、そして神聖で変容した身体への鋭い感受性をもっていた。北方の同名の集団とは違い、南のベガン派は悲惨な結末を迎える。付言すればここでも女性たちが熱烈なメンバーであり、女性的宗教心・敬虔の発露が見られた。

迫害は厳しく、一三一九年十月には、ナルボンヌ大司教とカルカッソンヌの異端審問官により、三人のベガン派が世俗の手に渡され、一人は火炙り、他の二人は獄死した。そのすぐ後、ヨハネス二十二世が命じた弾圧は一層厳しかった。一三二一年と二二年、ナルボンヌ、ベジエでベガン派が焼かれ、その後も、ロデーヴ、リュネル、カペスタン、アグドなどで焚殺がつづいた。一三三四年末でベガン派は消滅したようだ。

カザーレのウベルティーノ

もう一人、オリウのイタリアの弟子である、カザーレのウベルティーノにも言及しておこう。[77] 彼は、一二五九年、北イタリアのヴェルチェッリ近くのカザーレに生まれ、十四歳でフランシスコ会に入る。パリで学んだ後イタリアに戻り、各地を遍歴後、フィレンツェのサンタ・クローチェ教会の読師となり、またオリウの弟子にして友人となる。すでにローマでヨアキム主義者のパルマのジョヴァンニに黙示録的思弁の手ほどきをしてもらっていたウベルティーノは、オリウの下でヨアキム説をより深く学んだ。オリウがプロヴァンスに行くと、ウベルティーノがトスカーナ（とウンブリア）の聖霊派の指導者となり、上述のアンジェロ・クラレーノとともにイタリアの聖霊派を率いることになるが、彼は次第に反教皇の立場を鮮明にしていく。

反体制的立場を咎められた彼は、一三〇四年に上長により説教を禁じられて追放される。山中のラ・ヴェルナ修道院で知力と創造的エネルギーを振り絞って書いたその著『イエス・キリスト磔刑の生命の樹』Arbor vitae crucifixae Iesu（一三〇五年）では、イエスとマリアへの信心を謳うとともに、当代の高位聖職者らの世俗性・贅沢・怠惰を痛烈に批判した[78]。そして第五巻で終末論を扱っている。三時代（世）、七時期説はヨアキムから受け継いだが、師以上にキリストへの帰依心が濃厚に著作に浸透し、また三つの世すべてに聖霊の七つの賜が授けられ、各世のあいだの concurrentia（並走）と connexio（連結）が強調されているのが特徴である。七つの時期の中で第六期の先触れとなったのが新たなエノクとエリヤたる聖ドメニコと聖フランチェスコであり、後者の弟子たちが厳しい迫害に苦しみながらも、最後には正義と平和の新時代に平安を見出すのだと主張した。また自分の時代の教会政治の立役者たちに、黙示録の劇の登場人物をあえて割り振った。そこで神秘的反キリストたるにとどまらず、はっきりボニファチウス八世とベネディクトゥス十一世に同定したのである。ボニファチウスはたんに神秘的反キリストを、海から昇る獣であり、その七つの頭は七大罪を、十の角はその十戒の侵害を表していた[79]。彼を取り囲む貪欲な聖職者はイナゴにほかならない。また聖性と学知を気取った偽善者ベネディクトゥス十一世は、真の枢機卿でなく偽りの枢機卿によって選ばれたがゆえに不法であり[80]、「獣」の黙示録的な数つまり六六六の判読——ギリシャ語への書き換え——が、結果として Benedictos になると解されて彼と同一視された。

ウベルティーノはオリウ同様、肉の教会を厳しく批判し、反キリストによる迫害の終演後、キリストの法と福音的生活の刷新がやって来るのだとした。そして、神はこの世の教会の最高度の完成を反キリストの死後に望まれたが、その至福期間がユダヤ人そして世界中が改宗した後四五日ないし四五月のみ継続するなどという説は、言語道断だと力強く異を唱えた。(81)

一三一七年、ラングドックという教皇庁にごく近い場所での、ウベルティーノの過激な発言による緊張の高まりに対し、フランシスコ会首脳部の同意の下、教皇ヨハネス二十二世は強硬策でこの預言者を抑圧する。ウベルティーノはアヴィニヨンに召喚され、フランシスコ会からの強制退会を迫られた揚げ句、ベルギーのジャンブルーのベネディクト会修道院に入った。一三二五年異端として破門され、所属修道会の総長にも逮捕請求が出されたウベルティーノはドイツに逃れ、バイエルン公のルートヴィヒの下に保護された。

フラティチェッリ

「フラティチェッリ」＝小さき兄弟たちというグループがある。(82) フラティチェッリというのは、もともと、フランシスコ会で体制派＝コンヴァントゥアーリ派と対抗する聖霊派のうちもっともラディカルな一派のことであり、やはり聖フランチェスコに倣って、厳格に清貧を実行しようとした。だが、呼称には混乱もある。というのは、異端追及の教勅を発したヨハネス二十二世がその名（フラティチェッリ）を聖霊派全体に当てはめ、さらにそこには自由心霊派やそれに近い教えを奉ずる者たちも一絡げにされていたからである。また「教皇ケレスティヌスの貧しき隠修士」という、フランシスコ会から分離したグループもフラティチェッリの名で呼ばれることがある。しかし聖霊派は、じつは多くのフラティチェッリを誘惑し活発に引きつけた自由心霊派のイデーを厳しく攻撃することをやめなかったのであり、その点、攻撃されるフラティチェッリは、むしろベガルド派や使徒兄弟団（アポストリ派）に近いのである。

だから、ここでは狭い意味でのフラティチェッリという概念を用いよう。すなわち逃亡した聖霊派の残党の総称である。それはチェーヴァのエンリコ配下のアンコナとトスカーナの聖霊派の者たち（シチリアに逃れた後、追い出されて南イタリアとロマーニャ地方に落ち着く）およびチェゼナのミカエルの追従者たちなどからなる。アンジェロ・クラレーノは晩年、ローマ、アンコナ辺境領（マルケ）、ナポリ王国の聖霊派の指導者であったが、その死後は弟子たちの統制が乱れ教会との対立が厳しくなる。そして彼らもフラティチェッリの仲間入りをする。ナポリがこれらすべての「フラティチェッリ」＝迫害される不満分子ら、さらにはプロヴァンスの聖霊派の残党をも糾合する避難所となった。聖霊派が戒律への忠誠と真摯な敬神で知られるのに対し、こちらはしばしばトラブルと反抗で有名になった。

フラティチェッリは一般の聖霊派にくらべて、清貧の原初的な理想に固執し、聖フランチェスコをキリストのレベルに持ち上げて熱狂的にそのミッションを褒め称え、教会の富と腐敗を弾劾し、ヨアキム的な黙示信仰に染まるという諸点を目印に見分けられる。彼らが敵と戦う中で支えとした歴史神学の書は、フランスのオリウ、イタリアのクラレーノとウベルティーノら理論家の書物か、またはすでにあった諸種の預言書でヨアキムの名の下に流通していたものなどであった。

一三三〇～四〇年代、フラティチェッリは厳しい追及を受けながらも、ナポリ、シチリア、アブルッツォ、ウンブリア、トスカーナ、マルケ、ドゥラッツォ近郊などで活発に活動する。指導者を戴くこのグループはシンパの貴族に保護された。十四世紀のあいだ中、彼らはウンブリアでは教会からかなり寛容に遇されて各地で隠修士的な生活をしていた。トスカーナ地方では十五世紀末まで下層民のあいだに存続し、世俗化したローマ＝カトリック教会を激しく攻撃した。当時教皇と対立していたフィレンツェでは、彼らの主張が魅力あるものと映り、十四世紀後半には一時都市当局の支持を得た。一三七五～八〇年には、「八聖人戦争」や「チョンピの乱」において一定の影響力をもったであろう。だがその後、市当局は彼らの追放を決定する。そしてフラティチェッリは、迫害が厳しくなるにつれ自由心霊派的な思想にも染まるようになる。

彼らにとっては教皇ヨハネス二十二世とその後継者や枢機卿たちこそ異端者であり、その司牧は無効であった。逆に彼らフラティチェッリのみがミサを司式し、秘蹟を執行することができ、さらに教皇を選出して教会を改革できるのだ、との主張まで登場した。

ではフラティチェッリらのヨアキム主義は、いかなるものだったのだろうか。この過激派は、一段と切迫した勢いで、黙示録の人物の同定とともに、未来の出来事の正確な計算に邁進した。ベルナール・ギーの一三二四年のマニュアルでは、彼が審問したフラティチェッリは、反キリストの到来をまず一三二五年、つぎに一三三〇年、最後に一三五〇年に待望していると告白した。彼らにとっての反キリストは二重化していて、一人は霊的ないし神秘的反キリスト、もう一人が現実の大=反キリストであった。前者は後者を準備する役回りをもつが、それはまさに彼らを迫害した教皇に具現していた[83]。フラティチェッリの運動は、イタリアでは十五世紀後半までくすぶりつづけるだろう。

B　使徒兄弟団

セガレッリ

ヨアキム説の影響を受けた千年王国運動の特異な例に「使徒兄弟団」がある。「使徒兄弟団」(アポストリ異端)とは、十三世紀から十四世紀にかけて、北イタリアで激しい民衆暴動にまで発展した宗教運動を起こした一派の名である[84]。当該グループは、パルマの俗人、ゲラルド・セガレッリの周囲に形成された。一二六〇年のことである。彼はワルド派の始祖ピエール・ヴァルデスに倣って財産を売り払い、代金を貧者に分かち与えて、自らをキリストと同一視した。そして原始教会に帰ろうと望んで、自分の周囲の「使徒たち」とともに、説教と乞食の放浪生活を始めた。

フランシスコ会の年代記作者で、無知な豚飼い・牛飼いが当局の許可なく起こした愚かで淫らな運動と見下しているサリンベネの報告、および異端審問官ベルナール・ギーの十年以上経てまとめ直した記述によると、セガレッリはフランシスコ会の教会の使徒を描いた絵に感化されて、イエスの教えに従うことを決意した。そしてパルマ市内を喜捨を求めて歩きながら徐々に仲間をふやしていった。そして間もなく「父よ、父よ、父よ」と幾度も呼び掛けて彼を崇める弟子たちに囲まれるようになったという。

使徒を気取る彼らは、「悔い改めよ、天の国は近づいた」と言って悔悛を説き、新たな生活を民衆に教えた。外観もキリストと使徒を真似、白いマント、白いトゥニカをまとい、長髪を靡かせるという身だしなみであった。ある者はサンダルを履き、他の者は裸足であった(85)。

セガレッリの追随者は、パルマ市民にとどまらなかった。ラヴェンナとフェッラーラでは、説教の成功で彼の周りに讃仰者が群がって托鉢修道士たちを慌てさせ、弟子はやがて三百人を数えるにいたった。それに女子部が加わり、ヨーロッパ中にその異端の種をまいた。それが成功したのは、フランシスコ会内部の分裂により、その一部のメンバーの参加があったからである。上述の聖霊派グループの一部である。自発的清貧、禁欲といった福音主義的な主張に加えて、ここでもヨアキム的な千年王国待望の要素が大きな吸引力となっていた。

ヨアキムが「聖徒の時代」の開始と位置づけていた(と多くの者に信じられていた)一二六〇年に、「使徒兄弟団」は、自分たちこそ真の托鉢修道僧であり、第三時代の門を開く使命を帯びていると、確信して姿を現したのである。そこに聖霊派の一部も参加し、教皇は皆を十把一絡げにして「フラティチェッリ」の名で断罪したのは、上述の通りである。

当時イタリア諸都市を引き裂いていたゲルフとギベリンの争い・飢饉・ペストなどは、人心を容易に黙示録的イデーに吸い寄せ、世界終末をどう生き延び、いかに至福の時をすごせるか思い巡らさせた。ちょうどおなじ頃、前章で検討した鞭打ち苦行団がペルージャから行列を始めたのだが、それとは異なる形の宗教運動を「使徒兄弟団」は行ったのである。彼らは、〈清貧〉を美徳として振りかざしながら、富者を脅し攻撃した。〈清貧〉にせよ、〈終末観〉にせよ、ロマネスク期におけるように、自己の救霊の願いから多くの信徒たちのこころに宿って禁欲を促すことはなくなった。むしろそれらが、既存秩序を――場合によっては暴力に訴えてでも――覆そうという対外的行動の幟となったのが、この時期の特色であろう。

セガレッリ一派は、その生活ぶりから托鉢修道会と競合したが、パルマ司教の保護を受け、既存権力を侵害する自分たちの主張をいささかも緩和しなかった。しかし、一二八六年には教皇ホノリウス四世が教勅 **Olim felicis recordationis** を発し、解散を命じられ厳しく追及された。翌年のヴュルツブルク公会議では、彼らはベガルドともども断罪された。そして一二九〇年にはニコラウス四世が迫害の手をさらに強め、かのパルマ司教もついに折れて彼らは投獄された。一三〇〇年七月十八日、セガレッリらは火刑台の露と消えるだろう。

ドルチーノ

ところが「使徒兄弟団」の活動はこれで終わりではなかった。一二九〇年頃から一派に加わっていたノヴァーラのドルチーノ（一三〇七年死）がセガレッリを引き継いで指導者となり、さらに運動を過激化したのである。彼は「贖罪をせよ！ 贖罪をせよ！ Penitenciam agite! penitenciam agite!」と呼び掛けながら熱狂的な預言をし、何千人もの男女の支持者を集めた。とくにトスカーナとロンバルディアの大衆が動かされた。パートナーにはマルガリータとロンギヌスがいた。

迫害を避けながらボローニャ、ガルダ湖付近、ロンバルディアの山地、トレンティーノ、ピエモンテと逃げ進んだドルチーノは、何通かの書簡をキリスト教徒、とくに自分の弟子たちに書き送っている。一三〇〇年の八月の第一書簡では、大要、つぎのように語られている[86]——
自分たちのセクトは、聖霊派を糾合して使徒的生活を送っている。自分（ドルチーノ）は神から特別な任務を承けて、現在・未来を啓示する。この最後の時にあたって、これらの預言と新旧聖書の「意味」を人々に開示しなくてはならない。在俗聖職者らは敵であり、悪魔の手下だ。また同様に多くの権力者、修道士、とりわけ托鉢修道士や彼らセクトを迫害する者たちも悪の手下だ。だから密かに隠れていて、最後の時に敵たちが殲滅された暁に、皆の前に公然と踏み出ていくのだ。彼らの迫害者すべてと教会の高位聖職者は間もなく殺され燃やされてしまい、残りの者は皆、彼のセクトに慴伏しよう……。

さらにその書簡において、ドルチーノはヨアキムの三時代説をアダプトした戦闘的ヨアキム主義の種を蒔いた。彼はヨアキム預言を採用しつつ、ヨアキムの三つの世（時代）に、四つ目を加えるという変更を加えたのである。過去は三時代に分かれる。第一は旧約の時代で、父たち、つまり族長・預言者他の義人の時代である。そしてその時代には、結婚が人類繁栄のために善いことだ考えられる。第二はキリストから教皇シルウェステルとコンスタンティヌスまでの時代（四世紀）で「悔悛」で特徴づけられる。キリストが使徒やその弟子らとともに第一時代の最後に溜まってきた病弊を癒し、奇蹟・謙譲・忍耐・清貧・慈愛などで前時代の民が陥った悪を浄化する。この時代には結婚よりも処女性、貞潔が善いとされ、また清貧が富裕よりも好まれる。第三が、シルウェステルから使徒兄弟団最初の指導者セガレッリまでである。それは異教徒らがキリスト教に改宗する時代だが、人々は富を蓄積して使徒的清貧を忘れ神への愛を冷却させてしまう、という教会の堕落の時期である。この堕落からの回復・再建には誰も成功せず、聖ベネディクトゥスも、聖堂参事会員も、ドメニコとフランチェスコの改革も、一時的に事態を立て直し、神と隣人への愛を今一度燃え上がらせはするが、それは長続きしなかった。聖職者も修道士も愛を冷却させていたため、改革があまり奏功しなかったのである。

しかしセガレッリが使徒的生活を始め、ドルチーノ自身が指導する第四時代には、堕落した教会は失墜し、聖職者・修道士が押し潰される。一方善き貧しき教会は迫害に耐え、使徒的生活により改革され、その中心メンバーである聖霊を宿した者たち（使徒兄弟団と聖霊派）が、完全なる清貧理想を高らかに掲げ勝利する、というのである。ようするにドルチーノの教説では、ヨアキムの三時代が四時代になり、その第四時代に現実の大変革が自らのグループにより実現されるとしているのである。他に注意すべきは、こうした大きな時代の下位区分——ヨアキムは、ひとつの時代（世）を七つの時期に区分していた——は、彼にはあまり興味がなかったらしいことである。

ドルチーノはこの預言に従って、壮大な計画実施の日付を決めた。神の正義の計画実現を、彼は教皇の仇敵、シチリアのフリードリヒ二世に委ねることにした。フリードリヒが、使徒兄弟団および聖職者のうちの真に生き残るに値する者たちの助けを得て、新たな王たちとともに聖霊に充たされて反キリストの時代まで統治するだろう、と彼は熱い期待を寄せた。

そしてドルチーノは、今後三年のうち（一三〇〇～〇三年のあいだ）に、悪しき教皇ボニファチウス八世の殺害とローマを頂点とするありとあらゆる教会ヒエラルキー、枢機卿、全レベルの聖職者、修道士、修道女、托鉢修道士の破壊・殲滅が、蘇りの皇帝と彼が任命する多くの王たちによってなされるだろうと預言した。第三のフリードリヒつまりアラゴンのフェデリコ——彼は皇帝に昇進し、反キリストが来るまで治めるだろう——が、その蘇りの皇帝に擬された。そのときすべてのキリスト教徒は善人となって平和裡に暮らし、神に選ばれ奇蹟的に送られた聖なる教皇 **papa angelicus**（天使教皇）が支配するだろう、そして生き延びた聖職者と修道士は、聖霊の恩寵を得て善良になろう、こうした見通しを、ドルチーノは、黙示録に出てくる七人の天使と七教会を歴史的人物らに比定しつつ述べている。

その他、教会は祈りの場所としては豚小屋や馬小屋に劣るとか、完徳の域に達した聖職者以外には十分の一税を支払う義務はないとかの主張、そして自由な性交渉の容認などが彼の教説として伝えられている。

つづいて、一三〇三年ボニファチウス八世が亡くなってから書いたドルチーノの第二書簡では、四人の教皇が相次いで登位し、聖なる教皇ケレスティヌスと悪辣なボニファチウスの後、一三〇四年にはエゼキエル書第七章で預言されているように第三の教皇と枢機卿が殲滅され、ローマ教皇庁の悪事が終わるだろうと述べる。そして翌一三〇五年にはあらゆる聖職者と修道士が殲滅され、一三〇六年にはドルチーノ一派が解放され霊的な物事に身を捧げたすべての他の修道会に属する者も糾合して、一大使徒修道会となろう。彼らが聖霊の恩寵を受けて教会を刷新し、新時代が開始されるはずだった。また一三〇四〜〇五年の大業は、アラゴン王の息子、シチリアのフェデリコが皇帝になってなされるだろうとも預言した。(87) 実際、預言が的中したかのように、ベネディクトゥス十一世は登極後一年しないうちに亡くなった。

やがてドルチーノはパートナーのトレントのマルガリータとともに、自らその預言を実現させるため、四千人もの仲間を動員して、ノヴァラ、ヴェルチェッリ地域でゲリラ戦をしかけた。運動はフランスの農民反乱ジャックリーのごとき様相を見せ、一三〇三〜〇七年には、教皇クレメンス五世が遣わした、十字軍に擬せられた軍事遠征やヴェルチェッリ司教とヴェルチェッリ市の市民軍の攻撃を数回にわたりもちこたえた。だが、ノヴァッラの山（トリヴェーロ山）に引き籠もった彼らは、飢饉に襲われ、一三〇七年三月二十三日、ほぼ四十人の弟子とともに捕らえられ、セクトは壊滅した。砦は火を付けられて破壊され、夥しい者が焼死するか剣で殺された。ドルチーノとマルガリータと腹心ロンギヌスは、灼熱させたやっとこで肉を切り取られて市中を引き回され、筆舌に尽くしがたい残虐な拷問を受けて殺された。(88)

指導者がいなくなった「使徒兄弟団」は逃亡し、各地に分散した。異端審問官ベルナール・ギーは情熱を傾けて彼らをスペインまで追跡して捕縛した。イタリアの他に、ドイツ・イングランド・フランス各地およびプラハに残党がいた。イタリアでは十四世紀末まで、ドイツでは十五世紀初頭まで、残党の炙り出しと処刑がつづいた。

使徒兄弟団、とりわけドルチーノ派は、その教説・霊性に独創的なものがあるわけではないが、教会ヒエラルキーを貪欲と色欲で死に絶えつつあると呪って全面否定する彼らは、フランシスコ会の外で生まれた、〈清貧〉と〈黙示信仰〉の預言を結びつけた、もっとも過激な宗教運動だったと評価できよう。

C　自由心霊派

「自由心霊派」は、アモルフで輪郭が定まらない異端として、カタリ派などにくらべ研究も大幅な遅れを見せていた。当初プロテスタントの歴史家によって、ローマ＝カトリックに対抗する宗教改革の先駆者として研究対象にされたが、内容はあまり精密には知られず、「民衆的汎神論」というように大ざっぱに括られていた。肉体の直接的な生命に重要性を付与し、そこから切り離されている思想を軽蔑する、という考えは、なかなか理解し難かったのだろう。研究が進み、その独特な性格が露わにされるのは、N・コーンが、『千年王国の追求』の中で、革命的な終末論・神秘主義との関連で紹介し、また旧東独のM・エルプシュテッサーとE・ヴェルナーがマルクス主義史学の立場から着目して、大衆が従来の封建的生活条件から自由になったものの新たな生産関係に入ることのまだなかった過渡期の宗教現象と特徴づけ、さらにR・グァルニエーリが、関連史料を博捜して一書に収めた書物を編纂してからのことである。[89] その後、R・E・ラーナーがこの異端に取り組んで、ベギン・ベガルドとの関係に焦点を当て、R・ヴァネイゲムは代表者とその弟子らの教説をクロノロジカルに紹介し、要点を整理しなおした研究を発表している。[90]

しかしこのように研究が進捗しても、もともと明確な統一的組織をもたず、自ら教義をまとめたこともない異端は、当局側の異端審問などの史料による指弾をつうじてのみ知られるのであり、なかなか正確な姿が摑めないのも事実である。

「自由心霊派」とは、十三世紀後半より十五世紀前半を中心にドイツを主要舞台として活動したある傾向の異端者の総称であった。ある傾向とは、新プラトン主義にもとづくドイツ神秘主義と反教会的教説および道徳的放縦、というのが一般的理解であろう。しかし、この反教会やとくに反道徳的傾向にしても、異端を攻撃する正統サイドの言葉であるゆえに、鵜呑みにする訳にはいかない。

一二〇七年に死んだアモリー・ド・ベーヌの弟子と推定される者たちに対して、十三世紀初頭に異端審問がなされた。それが自由心霊派が史料に現れる最初である。アモリー派ないしアマルリクス派と呼ばれている。一二〇九年にはパリで、二年後にはアミアンで裁きが行われた。アモリーは、パリで教鞭を執った教師で、各人はキリストの体軀の一部で、キリストとともに十字架に掛けられた、との主張で教皇の譴責を買った。だが棄教宣誓ひとつでこのときは片づき、異端説は大学の世界を超えることはなかった。

その後彼の影響下にパリ近郊の村々の司祭たちが信じた教説はより素朴であった。すなわち、この地上以外に地獄はない、教会の秘蹟や命令に邪魔されることなく、己の欲望を追求するのが望ましい、そして慈愛とは恋愛の仕草への性向にほかならない……といった考えである。同様な考え方がシュトラースブルグ（一二一五年）、チューリンゲン（一二一六年）、トロワ近辺（一二二〇年）でも確認されている。

フランス・ドイツばかりではない。イタリアにも自由心霊派が台頭した。ウンブリア地方のスポレートでは、フランシスコ会の異端者グッビオのベンティヴェンガが、自由心霊派の教説を流布させた。彼は、一三〇七年に捕縛されたが、彼の告白が教皇庁周辺を驚愕させたのは、ウンブリアにかなりの数の自由心霊派がいて、それがベガルドたちのあいだで広まっていることが分ったからである。

その後も、十四世紀のあいだ中、ヨーロッパ各地でつぎつぎと自由心霊派の火の手が上がった。十五世紀にも信奉者がまだかなりおり、一部は十六世紀まで残った。

では、彼らはどんな「思想」「教義」を有していたのだろうか。この運動は、社会に閉塞感と危機感が蔓延していた中世末に、都市ブルジョワが個人主義の意識を発展させたところで生じた。しかし他の異端と異なって、社会や宗教の同時代の動向に反応して、直接生まれてきたようには見えない。いわば、自分たちの世界に籠もったオタクの宗教、大人への通過儀礼を拒否した子供の思考のようでもあり、その閾の手前での自己肥大、快楽原則の追求である。私たちのこれまで検討してきた宗教運動との関連で捉えてみれば、十三世紀の福音主義的な子供の〈霊性〉、少年十字軍に表れた子供時代と無垢の思想と、価値観が正反対になっているように思われる。なぜならゴシック期の子供の〈霊性〉は、清貧・謙譲・贖罪・キリストへの帰依といった禁欲主義的理念を構成要素としていたからである。

さまざまに散らばった史料を総合してみると、ある程度一貫した教義が見えてくる。――自由心霊派の者たちはほぼ共通して、各人が、個人として神と同一化する完徳に達しうると考える。しかしその同一化の本質および達成手段については二つの傾向がある。ひとつは、神とは「対立物の一致」coincidentia oppositorumであるゆえ、神との同一化とは、その力を接収しその掟を弱者に強制することで達成されるとする。ここから、神の権化を自認する信徒たちの、恥も外聞もない弱者からの搾取、欲望の押しつけが由来する。

もう一方の傾向は、生命の永遠の原則を前提とする。その徴候は「愛」と呼ばれる牽引力である。神は、肉と霊、地上と天上の区別が廃棄される普遍的なエロスの中で自己実現する。したがって、魂は神を観想し享受することを目指して上昇するために神的照明を必要とせず、その自然本性のおかげのみで人は完全な幸せにたどり着く。最高段階の完徳に到達すると祈りも断食も不要となる。美徳を実践するなどは不完全な男の証拠であり、いかなる暴飲暴食、性的放縦も、自然の衝動の下に行われれば罪にならないのである。

これは、十三世紀に神学の大問題であった「自然」と「恩寵」との関係、という問題にも繋がってくる。自由心霊派においては、自然（ナトゥーラ）と恩寵（グラティア）が、正統教義におけるように恩寵が自然を完成するという関係ではなく、「自由心霊の人間は自然により神であり、無限と永遠をもつ神の完全さを有し、もはや神を必要とせず、彼らの行うすべてに罪はない」のである。

こうした考えをもっているからといって、彼らがつねに「不道徳」な行いに耽っていたと考える理由はない。ときに全裸集会、男女の乱交、近親相姦、聖母マリアとの姦淫、男色、嬰児殺し、殺人・窃盗の肯定など、倒錯を極めた乱行が、彼らの罪状に数え上げられるが、それらをそのまま事実と取るのは危険であろう。ラーナーら最近の多くの研究者は、自由心霊派の極度の頽廃・紊乱は、異端審問官がその異端的性格を強調すべく意図的にでっちあげたものだと考えている。

自由心霊派グループは、全体としてはむしろ禁欲的で、神との合一に達する以前の段階では〈清貧〉を重んじて修行を積んだようである。完徳の追求過程では、身体的・霊的克己は神の化身となるための不可欠の条件であったから。しかし前段階（修行）で滅却されねばならなかった自然（外的自然・本性）は、神との合一で復活し、絶対の自由をもって蘇る。神と合一したら、その合一した者の自然のみ絶対的な意義を帯びて肯定され、もはや恩寵は無用となる、というよりむしろ、彼の自然が恩寵と重なるのである。

＊

では、自由心霊派の〈霊性〉をあげつらうことは可能なのだろうか。中世全体を見渡しても比類なく特異な異端である自由心霊派は、部分的にしか〈清貧〉を重んじておらず、福音主義もまったく見られない。個人の救いおよび愛に、博大なる重要性を付与する意志はあるのだが、集団の結束やそこでの儀礼への信頼はほとんど消え失せているし、制度化のベクトルもまったくない。既存制度の中のどこにも、救いへの足がかりは見出せないが、かといって別の組織を作る気もないように見受けられる。いや、〈生命〉の中核が危機にさらされているという認識から、彼らは神から人間への支配権を奪い取り、人間に自分自身を変容させて天国に飛翔する力をもたせようとする。キリストの受難も聖体も馬鹿げたことだと軽蔑する彼らは、進んで秘蹟の仲介を否定する。自分たちと神との直接的な合一を主張して、聖職者を無用とする彼らに制度化の要はない。

だとすれば、彼らはロマネスク期からゴシック期にかけてヨーロッパ各地で展開した宗教運動とは、まったく異質の運動である、と看做さざるをえない。ではどんな社会的背景がこの運動の背後にはあったのだろうか。経済的に発達した都市部がその中心舞台であり、参加したのは市民が大半で、貴族も含まれ、また下層民にも広まっていった。十四世紀が活動の最盛期であったとすれば、自然災害に加えて、税金高騰、金塊の不足、交易の縮小など、経済危機が人々の生活を直撃したこととも、彼らの出現は関係しているのかもしれない。社会が経済的原理で動いていることに強く反発し、その原理に換えるに人間の本能・衝動つまり〈生命〉の力をもってしたのではないだろうか。

では、彼ら自由心霊派と「千年王国説」とは、どこか結びつく点があるのだろうか。自由心霊派が、皆、千年王国説を信じていた訳ではない。信じていたのはごく一部の者にすぎなかった。それどころか、彼らは「三段階説」のような歴史理論にはまったく興味を示さない。だから彼らの運動を千年王国運動と捉えるのは、ラーナーも言うように誤りだろう[91]。

しかし、だから無関係だと断言はできないのではないだろうか。この世で今直ちに聖化され、あらゆる規範から免れて、自然のままに自由に振る舞ってなおかつ罪を犯さないというのは、すでに天上の楽園が彼らの周囲に実現している、ということにほかならない。ヨアキムは spiritus sanctus exhibet libertatem, que amor est.（聖霊は、愛であるところの自由を示す）と言い、第三時代を聖霊の時代と名づけ、完全に自由で霊的な宗教（まさに自由心霊！）が行き渡ると考え弟子たちもそれを受け継いでいたことが思い返される。H・グルントマンは、フランシスコ会聖霊派よりも自由心霊派がヨアキムの真正なる遺族だとしたが[92]、それもあながち間違いではないだろう。

コントロールできない神秘主義が自由心霊派となって現れたと考えるG・レフは、エックハルトの教説との類似性を主張する。(93) 両説はともに中心に神との合体をもつが、エックハルトにとっては艱難辛苦の旅の果てに世俗を放棄するという目的地に着いて、はじめてその合体は達せられるのに、自由心霊派は、それが世界に参与する出発点になっている。またエックハルトの神秘主義では感覚からの魂の超出が神とのコンタクトをもたらすのに、自由心霊派においては、それが感覚への耽溺の言い訳となる。さらに前者で魂の中に「子」が誕生すれば養子縁組の恩寵をつうじて魂が神に帰還し終えた印なのに、後者には、それが「子」や教会への崇敬からの免除の口実となる。このように差異を多く抱えつつも、起源は両者ともに神と人との関係の直接性を強調するところにあることはたしかである。

＊

これまで論じてきた後期中世の異端運動は、エリートたちのサークルから発したものであれ、あるいは下層民に広まったものであれ、清貧、黙示信仰、神の神秘的探求、真の使徒的生活の追求、といった共通項があるが、いずれも同時代の知的世界で論議の的になった教義上のテーマと絡んでいた。それらは一部で根強い支持を得たものの、真に広い民衆的宗教運動にはなりえなかったことも、共通した特徴と言えるだろう。ロマネスク、ゴシック、フランボワイアンと、刻一刻、ヨーロッパ世界を潤す敬虔な民衆の信仰心の泉は涸れていったのである。

フランボワイアン期にも、あらゆる神の言葉の貯蔵所が聖書にあるということはなお認められていたのだが、福音書の精神に則って自らを貧者・罪人と観ずるのではなく、黙示録に魅惑されて、自分たちこそ神から選ばれた選民であると自認することが稀ではなかった。キリストの掟は我が手にあり、とするセクトたちは個人の判断と経験をすべてに先んじさせ、教会権威とその担い手、教令や教会会議決議、いや使徒以降の教父の教えや神学の重みをも否定した。秘蹟も教会ヒエラルキーも、大半の祭り・聖人崇敬・図像・聖務日課なども、彼らにとってはほとんど意味を持たなかったのである。これは、ロマネスク期の民衆的宗教運動はもちろん、ゴシック期の正統・異端双方の宗教運動も含めて、いずれもきわめて禁欲的で「民主的」な平等性をその糾合の原理としており、また――ゴシック期には――儀礼に高い価値をおいていたのと対照的である。

G・レフは、後期中世の宗教運動の全般的特徴として、たとえ自由心霊派のように魂を神と同一視しないまでも、大半の運動は魂の中に神を探求し、内的経験への強調が秘蹟や聖職者の仲介を軽視させたとしている。ベギンもそうだが他の規則外の集団でも内的撤退と一種の静寂主義が運動の衝迫となっていたとする。

たしかに私たちが検討してきたところからも明らかなように、千年王国説を奉ずる者たちにとっては、既存の教会を廃棄しないではキリストへの回帰はなく、既存の秩序が廃棄されたところに、はじめて新時代が到来するのであるから、秘蹟や聖職者の仲介の軽視はまことに当然なことであった。かたや自由心霊派の神秘主義では、千年王国説とは違い、魂の中に神を発見することが個人をあらゆる地上の規範から自由にしたのであり、ここではこの世の教会制度は無意味であり、いや、もしかしたらあの世さえもどうでもよかったのかもしれないのである。

レフも言うように、これはしかし「異端」だけの問題ではない。正統の範囲内でも、とりわけ十四世紀後半からは神秘主義は漸次主観的になり、ときに異常な妄想を逞しくする者も現れた。たとえば、ラインラントのドイツ神秘主義がエックハルトを中心に高揚し、それをタウラーとゾイゼが継承して「神の友」という厳粛で超然とした態度を貫くグループが形成された。彼らは新プラトン主義を変形させ、強度の思弁的傾向を具えていた。ドイツだけではない。十四・十五世紀には神秘主義がヨーロッパ全域の霊的世界を覆っていた。ドミニコ会もフランシスコ会も、共同生活兄弟団も自由心霊派も、またフラティチェッリもその思潮に染まった。こうした神秘主義の風潮の中、フランシスコ会内の清貧論争にヨアキム預言がアマルガムしたものが一部の者たちの心を掴み、彼らが過激化して異端となっていった……このような枠組みをレフは考えている。

私たちがロマネスク期からずっとたどってきた民衆的〈霊性〉の歴史の見地からすると、神秘主義のあらゆる宗教運動への浸透は、〈霊性〉の自由な展開を阻み、やがては中世的な〈霊性〉を窒息させてしまうように思われる。いわば、福音主義的な世界からの養分を吸い取る力を萎えさせてしまう作用を、それが果たすからである。一部のエリートの霊性の達人が、芳醇な香りの神秘主義をその後も生みだしつづけることはたしかであろう。しかし、それは民衆たちにとっては近づきがたい、どこかよそよそしい世界である。彼らの〈霊性〉が生きるには、身体を糧にし、聖書的世界からの連続性を時間的にか空間的にか確保することが不可欠だったのではないだろうか。神秘主義が民衆的な霊性に資したのは、まさに身体を賭した、女性神秘主義においてだけだった。

三　預言と政治

前節で検討したように、後期中世における宗教運動の多くがヨアキム主義の影響を蒙っていた。千年王国の間もない到来を恐れ期待しながら、彼らは宗教運動に身を投じたのである。その際、ヨアキムがまったく語らなかった、あるいは暗示するに留めた未来の事象を、確言する預言が大きな影響力をもった。聖霊派やベガン派の直接の指導的立場にあった思想家のヨアキム主義と預言については、前節で説明しておいたが、後期中世には他にも数多くの終末待望・英雄待望の預言が飛び交い、宗教と政治を動かしたのである。

もともと預言は、聖職者のみが行使すべきものであったが、十二世紀前半、ドイツの女性神秘家ビンゲンのヒルデガルトが、教会外の聖職身分をもたない者の発する預言の潮流を最初に作った。十二世紀末のヨアキムの千年王国説はその集大成でもあり、単に未来を予測するのではなく、啓示の中に隠れた神秘を解明すること、神の言葉に照らして「時代の徴」を解釈することが、はじめて本格的になされたのである。

だがA・ヴォシェが言うように、十三世紀の過程で、こうした預言は周縁化する。[94]というのも当時台頭してきた大学、とりわけパリ大学神学部の博士らが、インノケンティウス三世やグレゴリウス九世ら教皇の強い支持も得て、キリスト教の聖典の解釈を独占することになったからである。こうした教会当局と大学双方から権威を得た解釈・預言の判定者に対して、権威のない者たちの預言は、神話化した名前（ヨアキムやメルラン）を借りて、非公式に広まるしかなかった。教会当局・神学者らは、ますます蔓延する私的な啓示に警戒心を露わにし、また預言一般にも注意を怠らなかった。

十四世紀初頭にはその統制は強化されて、それが列聖手続きにも影響した。だが大学の神学者たちの懸念がとりわけ募ったのは、教会大分裂に際してであった。なぜなら争い合う各派閥が、自陣を支持し相手方を脅す身元不明の終末論的な預言に頼ったからである。偽預言者、騙りの聖人についての論議もいよいよ喧しくなった。

ことはもはや異端や民衆的宗教運動だけの問題ではない。教皇も皇帝も、あるいは懐胎しつつある国民国家も、激しく政治的に対立する中で、皆、非公式なはずの預言の助けを借りた。それは、この時代には、なお宗教と政治が渾然と混じり合っていた、いや分離しようとして未だしえないまま干渉し合っていたからだ。[95]

こうした潮流に乗って、十三世紀から十五世紀にかけて、預言文学とでもいうべきジャンルが、やはりヨアキム主義の思想圏の中でつぎつぎと生まれた。ラテン語・イタリア語、散文・韻文と形式はさまざまだが、いずれも黙示録的雰囲気を醸し出しながら、皇帝あるいは教皇を呪い、メシアを待望する。イタリアでは十四・十五世紀の社会の危機を説明し解決の道を指し示すさまざまな「預言集」がまとめられ、政治的パンフレットとして流通した。とりわけ十五世紀末以降は、それらは印刷され、一気に広まった。ドイツでは「最後の皇帝」を待望する預言が大きなインパクトをおよぼした。[96]しかしヨアキム主義との関係でより重要なのは、教皇を主役にした預言集である。

A　偽ヨアキム文書と「永遠の福音書」

ヨアキムの教えが宗教運動を介して激しい政治・社会改革の動きと結びつくには、幾多の「偽文書」の存在があった。それらは、同時代の政治状況から第三時代の到来を預言するというスタイルの文書で、とくにフランシスコ会の聖霊派にインパクトを与えた。

「エレミア書注解」Expositio in Hieremiam と「イザヤ書注解」Expositio in Isaiam は、おそらく一二四〇年と一二六六年のあいだに、南イタリアのヨアキムの弟子たちによって書かれたメシア待望の書物である[97]。両注解では、ノアによって方舟（真の教会）から解き放たれた烏と鳩が象徴しているのは、ドミニコ会とフランシスコ会だと解釈され、またヨアキムがかつてした以上に激しく公然と教会の悪が責め立てられている。これらの偽注解書は、ヨアキムの真作と信じられて広く流通し、またゴグとマゴグ、最後の皇帝、天使教皇などの終末論伝説の要素を民衆的な世界からも拾い上げていった。

両書のうちでも反響のより大きかった「エレミア書注解」に着目してみよう。これはヨアキムの教説のエッセンスを含んでいるが、議論はより単純化・大衆化されている。論点はとりわけ彼の「三つの世」の説に集中し、またヨアキム以上に「年代確定」が厳密で一二六〇年を第二の世の終わりの年、霊的な移行の危機の時だと断じている。迫害が「霊的人間」viri spirituales を生み、非キリスト教徒の黙示録的改宗をもたらすという。教会はいまや腐った「バビロンの淫婦」で、最後の時の浄化を期待している。やがて聖職者は厳格な掟に従って生活し、教会が世俗の諸権力から解放されるだろう。またこの預言書はポレミカルな調子で、脅迫するように預言しているのが特徴的である。攻撃されているのは、教会の高位聖職者、教皇、そしてとくに皇帝フリードリヒ二世である。ここでも第三の世は恐るべき迫害に先立たれるとし、その迫害者としてはイスラーム教徒、偽預言者、皇帝、反キリストなどが挙げられている。とくに皇帝とドイツ人を標的に絞っているのが新しい。

もうひとつ、ヨアキムの弟子たちを夢中にした書物に「永遠の福音書」がある。第一時代の聖書が旧約聖書、第二時代のそれが新約聖書であるように、第三時代には「永遠の福音書」が聖書になる、というのはヨアキムの考えである。彼は、黙示録第一四章六節を注釈する中で、この書物に触れている。

この「永遠の福音書」は、巨大なセンセーションを惹き起こした。[98] ではそれはどんな書物なのだろうか。かつてヨアキムが「永遠の福音書」を書いたがそれが失われてしまったと信じられたこともある。しかしヨアキム自身は、その意味は聖書の霊的知解を獲得することだとして、第三の聖書があるとか、やがてそれが書かれる、と言っていたわけではない。旧約聖書も新約聖書も「文字」であり、それが第三時代には「霊的知解」によって理解される、というのが彼の考えだった。[99] キリストの福音書はそれ自体救拯を目指して完全であるが、その漸進的な発展ラインに沿って霊的知解のレベルまで到達し、すべての人々によって完全に受け容れられるべきなのだという。旧約が字義的な法、新約が霊的な法とするならば、第三のものは預言者エレミアが語った心の中に書かれた法である。

一二五四年に若きフランシスコ会士のボルゴ・サン・ドンニーノのジェラルドがパリで『「永遠の福音書」への序論』**Liber introductorius in Evangelium aeternum** を出版した。今は失われたこの書物で、彼は第二時代の新約聖書は、第三時代にはヨアキムの主要三部作、『照応の書』『黙示録注解』『十弦琴』によって取って代わられ、その三著こそ、聖霊による第三時代の聖書である、つまり「永遠の福音書」とはヨアキムの三主要書のことだ、との考えをはじめて打ち出した。

そして、すでに一二〇〇年という年に生命の霊が両聖書から離れて、永遠の福音書（ヨアキムの作品）に宿ったのだという。それらの著者つまりヨアキムは、黙示録の天使になる。それは、第六のラッパの音の後に、雲をまとって天から現れ、その頭上には虹が懸かり、顔は太陽のように輝き、手には小さな本を開いてもっている。彼が語ると七つの雷が声を発するが、それが七つの封印の神秘である。

さらに進んでジェラルドは、第三時代の担い手たる新たな霊的修道士こそ、自分の修道会たるフランシスコ会だとした。聖フランチェスコは、第六の封印の天使である。また一二六〇年を反キリストの来る年であり、聖霊の時代が始まる年と見立てたのは、「エレミア書注解」と同様である。そして彼のヴィジョンでは、教会は改革の対象ではなく、打倒されるべき相手であった。

パリ大学の博士らが、ジェラルドの三十一箇条の提題を攻撃したのは、その過激な内容から考えれば当然だろう。一二五五年十月、教皇アレクサンデル四世によってアナーニで開催された教皇の委員会で、本書は撤回不能の断罪を受け、教皇はこれを禁書にするようパリ司教に命じた。

フランシスコ会内部で十三世紀半ばに作られたと思しき、偽注解書やジェラルドの『「永遠の福音書」への序論』は、フランシスコ会の神学者あるいはヨアキム信奉者による、ヨアキム思想の偏った領有の試みでもあった。そこでは、ヨアキムが象徴的に捉えていた事象・年代を具体的に示すばかりか、自分たちの会（フランシスコ会）が、選ばれてヨアキムの預言を実現するのだ、という気運を醸成する意図が隠されていたからである。

B　アルナルドとルペスキッサ

フランシスコ会聖霊派とは一線を画するが、その流れを汲んでヨアキムの千年王国説を発展させた二人の傑物がいる。ひとりは、ヴィッラノーヴァのアルナルド（一二三八／四〇頃～一三一一年）であり、もう一人が、ルペスキッサのヨハネス（一三一〇頃～一三六六年頃）である。

アルナルド

ヴィッラノーヴァのアルナルドは、カタロニア出身の医者であった。若き日、モンプリエで医学を学び、またさるドミニコ会士からヘブライ語とアラビア語の手ほどきを受けて、錬金術とカバラにも通暁するようになった。ついでアラゴン王室おかかえ医師として保護され、その後教皇庁、さらにはシチリアとナポリの宮廷などにも仕えた。ラテン語とカタロニア語で多くの著作をものしている。[100]

何度か異端の嫌疑を掛けられ投獄されたこともあったが、パトロンである君主らの保護のおかげで生涯異端審問には掛けられずにすんだ。

彼は、教養豊かではあったが、身分としては俗人であり聖職者や修道士ではなかった。それでも堕落した聖職者が壟断する危機に瀕する教会の様子を憂い、強いシンパシーを感じて密接な関係をもった聖霊派とおなじく、熱烈に教会の革新を望んでいた。黙示録的な預言に並々ならぬ興味を抱き、自らも、反キリストの到来に関する著作をものした。彼は、反キリストの間もない到来に人々の注意を引きつけ、エゴイズムと高慢に駆られて分裂割拠した組織・権力が並び立つまさに「反キリストの時代」tempus antichristi に警鐘を鳴らそうとしたのである。しかし神学的な懸案に見解を述べる資格のなかった彼は、一三〇〇年にいたるまでその「計算」を公表するのを控えていた。しかし同年十月になって、パリ大学の神学部に論考「反キリスト到来の時について(Tractatus) de tempore adventus Antichristi」を提出する機会を得た。[101]

アルナルドの「計算」によると、今後二百年以内に世界は終末を迎え、反キリストは一三七八年頃、聖地にやって来るはずであった。別の「計算」では、千年王国は一三六五年頃に始まり、それは四五年間つづく予定であった。オリウやウベルティーノと比しても随分短くなったことになる。その予想は、ダニエル書（第一二章七節）の意味をあれこれ考えた結果である。神学者らは一様にそれを断罪したが、なぜか教皇ボニファチウス八世は、一三〇一年、その「発見」を公布する許可を与えた。ボニファチウスやクレメンス五世（在位一三〇五〜一三一四年）は、外科医としてのアルナルドを高く買っていたのだろう。この教皇の寛容策に、保守派のアウグスティヌス・トリウンフスらは脅威を感じ、一三一一年、教皇をたしなめる書簡を認めた。同年、ヴィエンヌ公会議は、クレメンス五世をして、教会についてのファナティックな預言をする偽預言者に対抗する行動を起こさせようとしたが、はかばかしくはゆかなかった。

　そしてアルナルドは、間もなく到来するであろう千年王国に先立つ悪の力との戦いを予想して、悪しき司祭らが地均しして呼び寄せた黙示録の「獣」から身を振りほどくには、キリストとその弟子たちの行いに従う絶対的清貧が必要である、と説いた。そして当時アラゴンとシチリアを治めていたバルセロナの家系に、異教徒改宗の使命を期待した。具体的にはハイメとフェデリコの兄弟であり、シチリアの（アラゴン家の）フェデリコこそ、天使教皇と協力して悪の力を一掃する使命にふさわしいと感じていた。逆にホーエンシュタウフェン家のフリードリヒ二世に対しては、その反教皇・反聖霊派的態度を非難した。

　彼は晩年、一三〇二年から一三一一年の死まで、南フランスの聖霊派との関係を深め、オリウやナルボンヌのベガン派を崇拝し支援するとともに、ヨアキムの平和主義を離れて次第に戦闘的になっていった。

　以上のように、アルナルドの思想は、ヨアキムの千年王国説との関連を推測させるに十分ではあるが、しかし他のフランシスコ会の聖霊派指導者（やヨアキム）とは違い、彼は大半の思弁を聖書の預言書とりわけダニエル書をもとに紡いでいった。ヨアキムやオリウからの影響がないとは言えないが、とりわけヨアキム的であるとか、オリウを真似ているということはない。ヨアキム以外に、ティブルティナのシビュラ、キュリロスの信仰告白、ヒルデガルトの作品などを咀嚼して身につけ、また占星術などの知識も用立てたことだろう。

教皇預言

ローマ教皇についての預言がヨアキム主義と結合して、政治的なメッセージを発するようになるのが十三世紀末のことである。イスラームの新たな脅威、シチリアの晩禱（一二八二年）後の地中海全域にわたるアラゴンとアンジュー家（フランス）の反目、シュタウファー朝と教皇との熾烈な争いなど、預言・神託文学を養う懸案は目白押しであった。一連の教皇をめぐる預言の集成に注目してみよう。

一二九四年のケレスティヌス五世の短い治世とその後のボニファチウス八世の統治、さらにそれにつづいた一三〇四〜〇五年の空位、とりわけペルージャでのコンクラーヴェの最中に、後継教皇選びに結びついた黙示＝預言が異様なほど横行した。とくに、「フロレの書」Liber de Flore と、「ホロスコープの書」Liber Horoscopus という怪しげな預言が注目される。[102]

「フロレの書」と、「ホロスコープの書」は双方とも教皇の未来を告げており、「教皇預言」の仲間である。[103] 前者は、これまでの預言集の例を踏襲し、とりわけ動物象徴を利用しているが、後者は天体の象徴も使っているところが新機軸である。

「フロレの書」は前半で、十三世紀の教皇の運命をトレースしており、また大半の教会人の致富や規律弛緩、世俗性の膨脹の趨勢の中で、聖霊派のみが完全な謙譲・従順・清貧を守っていると訴えている。おそらくケレスティヌス五世とボニファチウス八世の対立に感化されて、十四世紀初頭に聖霊派サークル内で作られ流通したものと考えられる。本預言の主要テーマは教会の改革者たる完璧な教皇の待望であり、「天使教皇」**pastor angelicus** の概念が出てくる。四人の天使教皇が登位し、その後、反キリストが世界終末に先駆けてやって来ると預言されている。

一方「ホロスコープの書」は、ダンダルスという謎めいた著者に帰されているが、一三〇四年にフランシスコ会聖霊派によって書かれたようだ。本書の「注釈部分」では、一二七七年に選ばれた教皇ニコラウス三世から一三〇八年に想定された世界終末時の天使教皇までを注解している。著者は、特定時の星座を読み取るのではなく、長期にわたる星座の変遷から複雑な出来事の連なりを解釈できる漸進的天宮図（十二宮図）を利用する。たとえば、悪しき土星と火星が一緒になり、善行の太陽および木星と戦う。だがこの三一年の対峙の最後の段階で土星は太陽のすぐ近くに寄り、その光線で燃やされ、土星の影響は潰える。この黄道十二宮の土星の動きは、預言に一種のプロセスを導入し、また諸種の占星術的詳細に内的一貫性を与える。たとえば土星は、ここでは集合的な反キリストになる。そして反キリストを体現した悪しき教皇たちが「土星の子供たち」Saturniniで、その中にボニファチウス八世がいる。一連の悪しき教皇の系列（ニコラウス三世、マルティヌス四世、ホノリウス四世、ニコラウス四世など）がひとつずつ悪徳をもっていたとすれば、すべてを総合した悪の親玉＝最大の反キリストがボニファチウス八世だとされた。彼が選ばれたもっとも大きな理由が、聖霊派の後援者だったケレスティヌス五世への冷酷な仕打ちだった。それに対して太陽はキリスト・天使教皇であり、ケレスティヌス五世（天使教皇）に先立つ幾人かのポジティブな教皇は、木星の下に暗喩されている。

占星術的シーンは一方で惑星の昇り降り、その相、そしてさまざまな出来事を記述し、他方では、その舞台は惑星の擬人化と神秘的な指標の塡め込み、さらに惑星や星座に配属された動植物・金属・職業部門などによって生気を与えられた。この期間の教皇たちの評価とさまざまな出来事が、こうしたアレゴリーによって示される。

多くの者が、この「ホロスコープの書」を、他のヨアキム文書とならんで神により霊感を受けた書物だと高く評価していた。「フロレの書」も「ホロスコープの書」も、ヴィッラノーヴァのアルナルドか、その著作に通じていたものが書いた可能性が大きい。

アルナルドの死後、十四世紀前半は、きわめて活発な教皇・皇帝関連の預言がなされた時期であった。(104) とくに興味深く、持続性があったプロパガンダ作品は、「教皇預言」Vaticinia de summis pontificibusである。これはビザンツの皇帝預言Oracula Leonis（九世紀末ないし十世紀初頭）に想を得た一連の一五の挿絵入り預言であり、一二八〇年代にローマでの枢機卿間の党派争い——オルシーニ家に敵対するゲルフ党のアンジュー支持派グループ——の最中にまずまとめられたが、十四世紀の初頭には、おそらくナポリ宮廷周辺において、聖なる教皇ケレスティヌス五世と、彼を廃位させフラ・リベラート率いるフラティチェッリを迫害して憎まれたボニファチウス八世の対立を軸に、改革教皇選出に有利になるマニフェストの尺度で再定式化された。そこでは、将来「天使教皇」が登極するだろうという趣旨のかなり曖昧な預言がなされた。

この最初の「教皇預言」をモデルとして、南フランスの聖霊派に好意的なサークルにおいて、おそらく一三二八年五月と一三三〇年五月のあいだに、第二連の同数の預言——つまり計三十になる——が作られた。それは「はげ頭、上って行け」Ascende Calve（列王記下第二章二三節）の預言で始まり、その終結部は、今度は反キリストのイメージと結びつく。図像では、多くの悪徳教皇が蛇・熊・狐とともに描かれたり、自ら怪物として表象されている。

これらのシリーズはフランシスコ会のラディカリズムと結びつき、彼らのあいだでは、現行の教皇（ヨハネス二十二世）が反キリストと看做され、怪物＝龍として描き出された。その暴力的支配とともに教会史が終わるというのである。[105] 十五世紀初頭には、こうした同一視の通用力は弱まり、つづく三十の「教皇預言」のシリーズ編纂では、順序の逆転により大いなる龍がシリーズの中央にやって来て、それは明確にウルバヌス六世と同一視されるだろう。

「教皇預言」は、アヴィニョン教皇とつづく教会大分裂の時代を中心に、聖霊派やフラティチェッリらの説教活動によっても流布し、さらに長きにわたって教皇やその周辺の高位聖職者、イタリアの君主たち、ドイツ皇帝たちの関心を惹いたため、時代の教会政治のあり方に適応して、結構は同一でも人物をすげ替えながら、預言的プロパガンダとして幾度もヴァージョンが作り直された。たとえばコンスタンツ公会議（一四一四～一八年）では、ケレスティヌス五世の顰みに倣うようにと、教皇ヨハネス二十三世に勇退を奨める預言が現れたのである。

ルペスキッサのヨハネス

ヨアキムの千年王国説に心底取り憑かれ、革新的な考えをもって恐ろしい預言をしつづけたのは、フランシスコ会士ルペスキッサのヨハネス（一三一〇頃～一三六六年頃）であった[106]。

ルペスキッサのヨハネスは、一三二八年からトゥールーズ大学で哲学を学び、一三三二年にフランシスコ会に入会する。その後も数年哲学を学びつづけるが、空虚な論争ばかりで、何も得るところがなかったと言う。トゥールーズではベガン派の指導者オリウの説を知ったことだろう。が、霊感を得て激しく反抗的な預言を繰り返して上長らを悩ませ、その揚げ句、逮捕され、アキテーヌ地方のフランシスコ会の牢獄、後にアヴィニョン教皇庁の牢獄に入れられた（一三四四～六五年）。あちこち転々とした獄中では、足を骨折し、不潔な敷藁に寝させられ、糞尿にまみれ、傷口からは蛆が湧き、犬のような非人間的な扱いをされ、鉄の鎖を付けられ、ごろつきや狂人と一緒にされ、幾度も死の危機に際会したがなんとか生き延び、しかも牢獄の中でも自分の主張を変えずに説きつづけた。

オリウやアルナルド、また他の多くの預言書から霊感を得て書かれた夥しい作品があるが、残念ながら多くは失われてしまった。残存している作品のうちもっとも早期に書かれたのが、『福者キュリロスの神託注釈』（一三四五～四九年のあいだ）である。彼は、この神託がヨアキム自身によって書かれたと信じていた。そしてその神託に出てくる天体、象徴動物、植物の成長や色などで同時代の人物を特徴づけながら、フランスを中心とした国際政治史の過去と同時代の現状を解説し、未来を預言している。

一三四九年にはアヴィニョンの教皇庁の裁判に掛けられる。『秘密の出来事の書』Liber secretorum eventuum（一三四九年十一月十一日に完成）が、この裁判のために彼が改めて書き下ろした体系的な論考である。これについてはやや詳しく考察してみよう[107]。

本書からは、ルペスキッサが自説を独自の黙示録の読みにオリウとアルナルドの見解を加えて作り上げていったことが明瞭に分るが、内容的には、前著『福者キュリロスの神託注釈』とさほど変わらない。ただしより明快に整理され、全体として三十の啓示（過去と未来にかかわる）に区分されている。

やはり本書でも、フリードリヒ二世およびアラゴン王ペドロの呪われた一統から生まれる反キリストの周りをめぐって思索と預言が繰り返されている。しかしルペスキッサは、新たにマタイによる福音書第二四章二四節のキリストの言葉から、幾人もの反キリストがいるという考えに傾き、それらを教皇・仏王を攻撃する現実の各国君主たちに割り当てていく。結局は反キリストの死とキリストおよび至聖なる教会の勝利で終わると考える彼は、一三七〇年の反キリストの死から一四一五年までは激烈な戦争が四五年つづいた後、至福千年が始まるとしたのである。

そして、至福千年における教皇、公会議、ローマ、フランシスコ会などの動向が示され、さらに千年後の世界終末時の異端の跋扈、エルサレムの苦悩などが描き出される。

すなわち、霊的教会と肉的教会の闘争が、反キリストの統治とすぐ後につづく安息期間に雪崩込む、という点でルペスキッサはオリウのシナリオを受け継いでおり、それにアルナルドの「計算」のひとつ――一三〇一年に書かれた「教会の鐘について」De cymbalis ecclesiae――にもとづいて、まず東の反キリストが一三六五年にやって来るのだと想定した。反キリストの弟子たちを多数輩出して、エルサレム近辺で偽りの説教をし、まやかしの前兆や徴で誘惑する。東の反キリストは、背後に西の反キリストを従えて、教会を迫害すべく異端的で悪辣な皇帝の姿を借りて登場する。その反キリストも、一三六九年末には打倒されるとするが、安息の継続については、独自に、黙示録に拠りつつ「千年」つづくとした(108)。一三四五年のフィジャックで、マリアの祝日に、内陣において朝の聖務日課で「テ・デウム・ラウダムス」を歌っているあいだ、奇蹟的恍惚境に陥り反キリストの公然たる勝利についての啓示を得て、千年の継続を確信したのだという。

このように、文字通りの千年王国を認めているのがルペスキッサのオリジナルで、まさに字義通りの黙示録の読み方・年代解釈であり、当然のことながらアウグスティヌスの比喩的読み方とは鋭く対立する。彼はアルナルドの四五年説とオリウのおよそ七百年説をも引き受けて、それらは千年の下位期間として包含されるということで、矛盾を解決しようとした。

このルペスキッサのヨハネス流の文字通りの解釈が、彼以後いかに急速に広まり大きな影響を与えたかは、まだ研究の途上にある。したがって、フィオーレのヨアキムの千年王国説というのは、ヨアキムの思想そのものが広まったというよりも、その弟子たちによる新たな解釈が、いや、ことにルペスキッサの解釈が底知れぬ影響力を揮ったところに生まれた教説だったのではないだろうか。

このルペスキッサの計算から以後、十六世紀初頭にいたるまで、大シスマ以来の教会史の複雑な時代区分が、黙示録=終末論を鍵として案出され、多くの論者によって提示されることになるだろう。

そしてルペスキッサは、一三五六年には『開示の書』Liber ostensor という豊かな広がりと参照データの多さで印象的な書物をものした(109)。あいかわらずアヴィニョンの獄中での書であり、一二部に分かれている。獄中で啓示によってもたらされた神託をひとつずつ提示し、それを一語一語注釈するが、その際あらゆる連想に身を任せ、横道に逸れていく。同時に他の人のなした預言を引用しながらの作業である上に、占星術にもとづく預言も数多く加えており、また同時代史にも繰り返し触れている。ダニエル書、マタイによる福音書、エゼキエル書などに拠ってアヴィニョンの枢機卿の逃亡や二人の反キリストの登場について告知したり、一三六〇〜六五年に起きるだろうさまざまな事件、つまり東方の反キリストと西方の反キリストの登場、キリスト教会の苦難、サラセン人の破壊、ユダヤ人の改宗、それにつづく「貧しき秩序再建者」の到来などについて預言しており、さらにそこには、シチリア、ナポリ、カタロニア、アラゴン、フランスの同時代の出来事が見出せるのである。

『開示の書』や『危地必携』Vademecum in tribulatione に含まれたカタストロフの預言自体は、中世末の預言の大きな流れの中に位置づけられるが、ルペスキッサはその厳密な年代学で、まさに「シスマ」という現実の出来事に、世界終末と千年王国の物語の不可欠の構成要素としての役割を与えてしまった、と評すことができるだろう。

シスマ（教会大分裂）は、一三七八年、二人の教皇擁立によって始まった。それはルペスキッサの預言をはじめ、中世末の終末=黙示預言のひとつの「実現」と捉えられた。半世紀以上に間延びした教会制度の危機（シスマ）につづいて、さらに公会議主義の危機があり、一四四〇年には反教皇フェリックス五世が擁立されてクライマックスを迎える。こうした中世教会制度の未曾有の危機、結局はそれを崩壊させることになる危機は、ルペスキッサの終末論的預言が人々に訴えかける格好の土壌となった。状況が状況だったゆえに、それは格段に大きな意味をもち、また普及が加速した。それは、どの党派に属する者たちからも、歴史の展開の解釈、世俗権力と教会の闘争の解釈に使われえたのである。

C　女性預言者の力

これまで述べてきたような千年王国にまつわる預言は、著作として信奉者のあいだで読まれたり、あるいは口づてに広まって、少しずつしかし着実に多くの者の心を捉えていった。とくに聖俗の権力者たちがプロパガンダとして、あらゆるメディアを駆使して触れ込めば、一気に広まることもあっただろう。

だが、民衆のこころにより直接的に響いたのは、ヨアキム流の複雑な千年王国説というよりも、各地を巡歴しながら世界終末を説く説教師の言葉であった。フランボワイアン期、とりわけその末期の十四世紀末から十五世紀にかけては、数多くの弁舌爽やかな説教師が活躍した。(110) たとえば、アラゴンのドミニコ会の説教師ヴァンサン・フェリエ（一四一九年死）は、シスマの時期の代表的教会人にして神学者で、アヴィニョン教皇のために力を尽くしていたが、十四世紀末に重い病から癒え、幻視を見てキリストおよび聖フランチェスコと聖ドメニコから世界に福音を説教することを命じられた。中部・西ヨーロッパ中を巡って大衆に世界終末の近さを説き、罪人の迅速な悔悛が必要なことを教えた。彼の後にはしばしば鞭打ち苦行団が付き従って悔悛の情を誇示した。またワルド派に伝道して教会の一体性を説き、スペインではモール人とユダヤ人にも布教して多くを改宗させ、この活動を死ぬまでつづけた。

ブルターニュ出身のカルメル会士トマ・コルネットは、一四二九年ピカルディー、フランドルおよびその周辺を説教して回った。教会と都市当局者の支持を得て使徒のように歓迎され、墓地などに群衆を集めて烈火のごとき説教をした。そこで悪徳・罪を断罪、とくに妻帯している聖職者を非難し、また高貴な女性のエナンなどの優雅な衣装・装身具を呪った。違反の衣服・物品を子供の親衛隊を使って探し出し、遊具とともに虚栄の焼却の儀式で灰にした。

また、ヴェルチェッリのマンフレーディというドミニコ会の説教師も苛烈な説教師であり、黙示録的な説教の中で来たるべき反キリストについて語った。いや、反キリストはもう生まれてしまったかもしれないと宣告し、終末は近いのだからすべての結婚の絆は解消され、それゆえ妻たちは夫から離れて自分に従って永続的な悔悛の業をしたらよいと奨めた。彼はピエモンテとリグリアで一四一七ないし一八年に説教を始め、ロンバルディアに移って男女の大群を引きつけた。徐々に南下してフィレンツェには五年滞在したが、教皇、フィレンツェ司教、ドミニコ会総長などから批判を浴びた。

教会の危機がつづき、私闘が荒れ狂い、享楽に溺れる人が続出する中、他にも有名無名の多くの説教師が、終末の恐怖を語りながら人々に悔悛を促した。

巫女の群

だが興味深いのは、十四世紀の半ばになって、男性の神学者による千年王国説や、男性の説教師による終末の恐怖の撒き散らしのかたわらで、女性たちが声を上げ始めることである。以後、ほぼ一世紀にわたって、女性の預言・幻視家がつぎつぎに現れ、ひとつの細いが凛凛しい潮流をなす。[111] 注目すべきは、男性の預言や説教が、しばしば特定の王（朝）を支持ないし攻撃し、あるいは教皇を悪と糾弾して民心を撹乱して、教会の分裂をむしろ促進する悪しき結果をもたらしたのに対し、女性の預言は、失われたあるいは失われつつある、教皇を頂点とする教会ヒエラルキーないし「キリスト教世界」を、再びヨーロッパ世界に取り戻そうという目標を掲げていたという点である。

一連の女性幻視＝預言者の創始者と目されるのは、スウェーデンのビルイッタ（一三〇三～一三七三年）である。[112] 彼女はもともと貴族家系の出で、ストックホルムの宮廷付きの侍女であったが、後に、アルヴェストラ女子修道院の修道女となる。一三四三年からローマへの教皇帰還の緊急性や教会をそのヒエラルキー・修道会ともども改革する必要、また罪に沈んだ信徒らの回心などについての幻視を授かり、周囲に警告を与え始めた。一三四九年には、キリストが彼女に使命を広げてローマに赴くよう命じた。著作としては、『啓示』**Revelaciones** と、『天の啓示』**Revelationes Extravagantes** がある。彼女の後一連の女性たちが、十五世紀半ばまで、つぎからつぎへと神の名において語り、権威ある言葉を告知するようになるが、ビルイッタはその草分けとして重要である。

もう一人、非常に有名な女性幻視者に同時代のシエナの聖女カテリーナ（一三四七～一三八〇年）がいる。[113] 染め物師の子沢山の娘（二四番目）として生まれた彼女は、ドミニコ会の第三会に加わり、多くの幻視体験をした。書簡（三八二通残存）を教皇、世俗君主、都市支配者などに送り、また教義書としては『神の摂理についての対話』を口述筆記した。彼女が預言者として霊的権威をもって公的に政治にかかわり始めたのは、一三七〇年代であり、[114] 一三七四年にはビルイッタの後を受けて教皇付の啓示者を任ぜられた。「八聖人戦争」で活躍したほか、キリスト教世界に平和を再興し、異教徒を改宗させて版図を拡大する十字軍の実現のために、ナポリ王妃をはじめとする聖俗要人へ矢のような書簡を届けた。それ以上に有名な企図は、アヴィニョンにいる教皇をローマへと帰還させようとグレゴリウス十一世に働きかけ、実現させたことである。ただし直後に、教会大分裂（一三七八〜一四一七年）が起きるが。

フランスにおける最初の女性預言者は、アルビジョワ地方ラバスタンスの寡婦のコンスタンスであった。[115] 彼女は一三八四年、幻視を見て預言者の召命を感じた。キリストの妻を自任する彼女に対してキリストが現れ、「枢機卿らは私を二度磔にした。彼らはポントゥス・ピラトより酷いことをした。私は一人の教皇を創ったが、彼らはもう一人別人を制定してしまった」と述べたという。彼女はアヴィニョン教皇のクレメンス七世に敵対し、ローマのウルバヌス六世を正統としてフランスが彼の側につくよう願った。時あたかも百年戦争真っ直中で、南西フランスも災禍をまぬがれなかった。愛国者のコンスタンスは、アルマニャック派のジャン二世に反発（彼はアルビジョワでイングランド人を贔屓していた）して、フォワ伯のガストン・フェビュ——シャルル六世の支援者——に助力を呼び掛けた。そして深淵に沈んでいるフランスを救い正統な教皇（ローマの）を唯一の使徒座に戻し、シャルル六世に聖地征服に出発してほしいと念願していた。しかしこの炎のような呼び掛けはほとんど反響を得ず、彼女はやがてトゥールーズの異端審問官といざこざをおこし、投獄されてしまった。

数年後おなじくフランスにおいて、マイエのジャンヌ＝マリー（一三三一〜一四一四年）が登場した。[116] 彼女は、ロワール地方の大貴族の夫人であった。籠居修女としてコルドリエ会の下に生活した後、大分裂に悲痛な思いを抱いていた彼女は、一三九六年、あるフランシスコ会の教皇の選抜を預言して、彼が分裂に終止符を打つだろうと期待を寄せた。一四〇九年には、ピサ公会議でアレクサンデル五世がフランシスコ会士から教皇に選ばれたが、そのときその預言が援用・報告されたのである。また彼女は、自国の惨状をも嘆いた。一三九五年より彼女は、周囲にフランス王国に到来するだろう多くのこと——たとえばシャルル六世のトゥール訪問——を預言して的中した。王の訪問時には甥のアンジューのルイ二世から王に紹介され、秘密裡に長時間会談した。一三九八年には、今度は彼女がパリに行き、再びシャルルと会見した。さらにイザボー・ド・バヴィエール Isabeau de Bavière と一週間ともにすごした際には、王妃と廷臣らの贅沢を難じ、なかでも当時フランス宮廷ではやっていた爪先が尖って反った靴「プレーヌ」poulaines を目の敵にした。また宮廷人の不行跡を非難し、重税のため貧窮にあえぐ庶民の苦しみを示した。しかし王妃らから満足のゆく反応を得られず、ジャンヌ＝マリーはトゥールに戻って祈りと悔悛の生活を送った。

フランスの預言聖女の三番目は、しがない農民でマリ・ロビーヌという名であった（一三九九年死）。彼女はオッシュ司教区の小村エシャック（現在のオット＝ピレネー県）で生まれた[117]。不治の病にかかったがアヴィニョンの若き枢機卿リュクサンブールのピエールの墓に詣でて奇蹟的に快癒した。そのままこの町に住んで籠居修女として暮らし始め、数カ月後、幻視を見るようになった。彼女が周囲に語った預言は、やはり大分裂の解決と、そのために仏王の取るべき態度にかかわるものであった。それに加え各司教区に三つずつコレージュを作るというような組織改革をも提案した。彼女はシャルル六世にも手紙を書いたが不調に終わり、その後見た幻視は、怒りのキリストが地上に向かって放った天から回転しながら降りてくる車輪、夥しい剣と矢がついたその燃える車輪が、悔い改めぬ信徒たちに襲いかかるという黙示録的なものであった。

その後、彼女は再び行動を起こす。一三九八年、自らパリに出掛けて、フランスの高位聖職者らが一国公会議のため集まって、アヴィニョン教皇への服従免除を図っているところに行ったのである。しかし、結局王に会うことはできなかった。

ところが王妃のイザボー・ド・バヴィエールには会えたという。イザボーは、彼女に教皇ベネディクトゥス十三世に向けたメッセージを渡し、聖職者と神学者を伴って教皇の下に行かせ、引退を促すという——ベネディクトゥス支持派のマリの願いとは——逆の使命を与えた、と伝えられる。

落胆してアヴィニョンに戻った彼女は、一三九九年、新たな幻視を見る。それはペシミスティックな性格を一段と強め、反キリストに荒らされるフランス、という黙示録的なヴィジョンになる。神の言うことを聞かず戦う教会を建て直すことをしない仏王を臣民が反乱して玉座から降ろしてしまう、という内容の幻視である。彼女の啓示は『啓示の書』Livre des Révélations としてまとめられている。

＊

スウェーデンのビルイッタ、シエナのカテリーナ、あるいはフランスのしがない身分の女預言者たち、彼女らには、その行動に共通のパターンがある。

彼女らは、多少とも厳しい禁欲（過激な断食など）をし、その果てに幻視を見て神から啓示を受け取る。彼女らは、こぞって神により選ばれた選民としての使命を確信していた。身分が低く罪深い女であり、無教養で聖書についてもわずかの知識しかなくても、神が直接彼女らに語り掛け、それを人々に広めるように命じたのだと信じていた。くじけそうで弱気になる彼女らを神は幾度も励ましてくれた……つまりここでは、啓示・幻視により、キリストの力あるいは聖霊の力が女性に委譲されているのである。

またしばしば彼女らはキリストの花嫁、あるいはキリストの母になる。そのキリストとの結合関係のおかげで、教義に通じていなくとも、どんな神学者・博士の学識よりも大切な真の叡智を神から約束・保証されたのである。もちろん彼女らは、カトリックの正統教義に忠実であり、異端を敵視し、異教徒を打倒したいと思っていた。幻視を見たときには、霊的指導者の司祭や托鉢修道士らに相談し、信じてよいものかどうか判断してもらった。彼女らは基本的に、男性の司祭・聖職者の管理下に置かれていて、それが、彼女らの教会全体にかかわる預言が異端化するのをきわどく防いでいたのだとも言えよう。

彼女たちは、教会の福利とキリスト教徒の救いに責任を感じていたが、その実現のために説教師となって預言を広布することはなかった。民衆に直接語り掛けて彼らを動かすというよりも、自ら、教皇や君主といった政治の最高権力者に手紙を書き、いや彼らのところまで出掛けていって、自分たちの使命の正当性を説き、神の言葉を伝え、叱責・勧告し、ヒエラルキー改革を促す、という挙に出たのであり、これはほとんどパターン化している。

彼女らは、ローマ教皇を熱烈に支持し、彼を地上における真のキリストの代理とする。その上で、福音の最後の拠り所である「頭」が改革されれば、「四肢（聖職者ら）」も浄化されるだろうと、来るべき教皇についての幻視を語るのである。彼女たちは、現状を憂いつつも既存秩序擁護派であり、頂点を改革することで、教会ヒエラルキーを福音化するという夢を述べたのである。だから教皇はローマに帰るべきであり、ヨーロッパの主要な君主たちは和解して、再生した教皇の下でこぞって「大遠征」に行かねばならない、と信じていたのだろう。

しかし、彼女らの中でも第二世代の一三八五～一四〇〇年の預言者、つまりコンスタンスやマリ・ロビーヌになると、先行者ほど体制護持の態度は徹底せず、むしろ、教会・聖職者が彼女らの命令・支持に従わないと酷いことになるぞ、とそのトーンは黙示録的な脅迫めいたものになっていく。シスマが長引くと女性たちの啓示・幻視はいよいよメシアニズム的性格を帯びるのだと言い換えてもいいだろう。

もちろん、なんらの「資格」もない彼女らの言葉も行動も、たいていの場合陰に止まり、光輝の届く範囲は限られていた。一部の取り巻きには権威をもったものの、政治的現実につうじていない彼女らの、正義と理性の言葉を猜疑の目で見る男たちも多かった。とくに托鉢修道会の修道士・聖職者・神学者・大学人らが反発し、ときには彼女らを異端、狂人扱いすることもあった。

だが興味深いのは、最高権力者は、彼女たちの言行を公認はしないまま、それに耳傾けることがあったという事実である。周りは部下ばかりで誰にも頼ることの出来ない孤独な権力者が、なんらの資格もない女性の言葉を、神の言葉として信じる場面が、たしかにあったのである。それはまた、一般民衆にも大きなインパクトをもった。一三七八～一四三〇年の教会制度の全般的危機と人心の惑乱が、女性たちの言葉を単純な俗人の胸に切実に受け取らせたのであり、とくに彼女たちの周囲に集った者たちは、時代の不幸に深く胸を痛め、彼女らの啓示を神の言葉と信じたのである。そこから預言の波紋が人知れず広がろう。

彼女らの登場は、もちろん、当時、教会ヒエラルキーの行政的・政治的性格が加速したこととも関係している。これは、国民国家的な王国を作りつつある国王たちに対峙すべく、アヴィニョン教皇庁がなりふり構わず教会の中央集権化を進め、国家的タイプの諸組織・構造を、とりわけ財務領域で発展させたところに明瞭に表れている。有能な官吏たちに効率的な仕事をさせ、司教からはその特権と威信の過半を奪い取った。神学者ではなく法律家たちが権柄づくに支配し、彼らに服従しない者たちは徹底的に弾圧された。フランシスコ会聖霊派やベガン派がその良い例である。

だが、堅固な制度を誇ったとて、所詮、ローマを離れた教皇庁は正常とはいえず、大分裂でさらに制度的危機が広がって弱体化し、そこにつけこんで原始的預言が花開いたのである。さらには何十年にもわたる教皇と公会議（コンスタンツ、とりわけバーゼル）との確執が混迷と困惑の雰囲気をもたらし、敬虔な者たちの心を痛めたという事情もある。そのとき、これまで発言機会のなかった女性が、息を吹き返したかのように発言し始めるのが目を奪う。各国の教会がその君主たちへの政治的依存度を高めていったとき、依存すべき君主をもたない教皇庁は、神秘家・預言者に頼って自分たちの信用を強化してもらえればと願ったのだろう。その最後の砦が女性預言者なのであった。

ベネディクトゥス十三世はマリ・ロビーヌが、ウルバヌス六世はシエナのカテリーナ（および、トゥールーズ地方においては、ラバスタンスのコンスタンス）が支持を表明している。少し後のピサ公会議のときには、マイエのジャンヌ＝マリーがアレクサンデル五世側について、有利な預言をした。こうした聖女たちの支持表明は、結局のところ、事態を大きく改善するにはいたらないのだが、それでも男性原理と女性原理の政治領域における対峙と補完の興味津々たる姿を見せつけ、彼女らの天啓を受けた言葉が政治の中枢に小さからぬ影響を与えるという、フランボワイアン期の〈霊性〉についての意味深い特徴を露わにするのである。

ジャンヌ・ダルク

政治力学の梃子・駒として我知らず奮闘することになったかような女性預言者の掉尾を飾るのが、ジャンヌ・ダルク（一四一二?〜一四三一年）である。[118]

十五世紀に入り、分裂した教会を傍目に国家が強大な政治勢力としてのし上がってくる。そしてドイツ皇帝もそうだがとりわけフランス国王が聖なる人物として、教会を保護し、臣下たちの救いを確保する拠り所として期待を集めるようになる。ビルイッタやカテリーナも世俗君主の力に期待するところがあり、彼女らが教皇以外に、国王に語り掛けたのはそのためである。しかし、騎虎の勢いで成長してきたフランス王国もじつは戦乱と分裂の危機に瀕していた。

そのフランス王国の救いのため立ち上がるように促す聖女マルグリットと聖カトリーヌ、そして聖ミカエルの声を聞き、教会ではなくまさに王国に奉仕する預言をしたのがジャンヌ・ダルクであった。彼女は同時代人にはなによりも女預言者だと捉えられていたのであり、それは『パリ一市民の日記』が、一四二九年のオルレアンの出来事について語った件——彼女は自分を預言者だとした、という——に明らかである。[119]

幼い頃、彼女は、故郷のドンレミ村の牧場で家畜の面倒をみながら過ごしていた。村の近くには巨木とそのかたわらに泉があり、巨木は妖精が出現するので「妖精の樹」と呼ばれ、また泉から水を汲んで飲むと病気が治ると信じられていた。ジャンヌは他の娘たちとこの樹のところに遊びに行き、聖母マリアの像に捧げるためこの樹から枝葉を切って葉飾りを作ったりした。泉のほとりでは、聖女たちからよく話しかけられたという。家では母からごく初歩の宗教教理を教えられて、主禱文、天使祝詞、使徒信経を唱えている……こんな日々を送っていた田舎娘は、素朴だが純な霊性を身につけていたのだろう。ところが霊性が政治、いや軍事とさえも綯い交ぜられていくこの中世末期には、しがない農民の娘に、運命の悪戯でとてつもない任務が課されることになった。彼女はしばしば「声」を聞いたが、やがてそれが神と聖母マリアと全聖人たちから遣わされた啓示だと自覚する。『裁判記録』を繙いてみよう——

さらに同女は、森の中にいるときもこの〈声〉が自分に語りかけるのがよく聞こえた、と述べた。かつ同女にはこの声は威厳を帯びたものに思えたので、神から自分に送られてくるものだと信ずるようになり、三回にわたってこの声を聴くにおよんで、同女はこれが天使の声だと解るようになった。同女はまた、この声は常に自分を守ってくれたので、自分もこの声の告げることがよく解るようになった、と述べた。

この声は同女の魂の救いのためにどんな教えを告げたのかと問うと、声は行いを正して教会に通えと教えてくれ、またお前はフランスに行かねばならないと告げた、と答えた。被告ジャンヌはボーペール師に向って、どんな形をとって声が自分を訪れたか、今は話すことはできないと付け加えた。さらに同女は、この声は自分に対して週に二、三度ずつ、フランスに向って出発しなければならないと告げたこと、および、同女の父はこの出発について何も知っていなかったことを明らかにした。また同女は、声がフランスに行くことを命じたために我慢しきれなくなったこと、および、お前はオルレアンの包囲を解除するだろうと告げてくれたと述べた。(……)[120]

その後はよく知られているように、ジャンヌはこの声の教えに従って国王を戴冠させ、軍隊を率い、フランスを救うのである。英国軍に捕えられ、裁判に掛けられて魔女として処刑されたが、一九二〇年には聖処女として列聖されるだろう。

ジャンヌの裁判記録には、彼女を魔女に仕立て上げようと罠をはり、巧みに誘導尋問する教会の知識人、その公的な権威と権力を帯びた高い身分の男性に、神からの直接の啓示を唯一の支えに対峙しているしがない娘の、感動的な姿がある。それは民衆的〈霊性〉の、中世最後の輝きでもあった。

直接的な神のメッセージを、しばしばしがない身分の俗人女性が周囲に語り掛ける。こうした「語る女性」は、宗教的・社会的にどのような意味をもったのだろうか。彼女らの言葉は、古代に遡り中世にもずっと隠然たる力を誇った『シビュラの託宣』を思わせる。[121] シビュラとは、人類の通っていくだろう道筋を告知し、皇帝を助ける神託を拝受した巫女であり、ヘブライのシビュラ、ついでティブルティナのシビュラが他を圧し、文学者と芸術家、いや神学者さえをも虜にした。この異教の女預言者たちがキリスト教化したのが、十二世紀（ビンゲンのヒルデガルト）以降、とりわけ十四世紀以降輩出した女性預言者たちではなかったのだろうか。

ユダヤ・キリスト教的伝統では、女性はまったく受け身であり発言権はなかった。聖書の記述にもそのことが表れている。「聖なる者たちのすべての教会でそうであるように、婦人たちは、教会では黙っていなさい。婦人たちには語ることが許されていません。律法も言っているように、婦人たちは従う者でありなさい。何か知りたいことがあったら、家で自分の夫に聞きなさい。婦人にとって教会の中で発言するのは、恥ずべきことです」（コリントの信徒への手紙一、第一四章三三〜三五節）。

女性は聖職者になれないし、教会にはヴェールをつけて入るべきであり、また男性が優れた右側、女性は劣った左側に座るべきであった。

ロマネスク期からゴシック期にかけて、女性も宗教的に覚醒し、彼女らにふさわしい信心形態を追求していったが、まだ自分の「言葉」を周囲に語ることはほとんどなかった。カタリ派の完徳女は例外的存在である。しかし、中世の宗教運動の歴史の最末期になって、ついに彼女たちは大いに語り出すのである。しかも比類ない権威・カリスマを、神から直接与えられて話すのだ。教会の体制内にすべての聖性が取り込まれて、キリスト教徒救済のための客観的制度が万全の体制になったはずなのに、それがかえって世俗諸権力との対立をのっぴきならないものにし、硬化した内部からひび割れが起きて体制が動揺したとき、外部の、しかももっとも抑圧されていた民衆の女性が、男性の思弁的・解釈学的な預言とはおよそかけ離れた、神の怒りに軸足をおいた道徳化する預言で、その体制を救おうとする……そういう大方の教会人の予想を超えた構図が、出現したのである。

むすび

フランボワイアン期の民衆的宗教運動とその〈霊性〉について、本章が明らかにしてきた特徴をまとめてみよう。十四世紀以降、俗人の世界は一枚岩とは捉えられなくなる。たしかに純粋に霊的な概念で宗教生活を神秘的に捉えて、神との内密の関係を軸に修業する者が俗人の一部に現れるが、多くの者はより実利的で、収穫の繁栄や自然災害などからの防護について日々心配し、それを宗教にすがって確保しようとした。迷信や魔術に沈淪していたとは言わないまでも、宗教生活は、世俗の生活の中に紛れ込み、その一画を占めるだけとなる。世界を覆う聖なるアウラは、雲散霧消していったのである。

この動向は、最終的には宗教改革へと連なっていこう。そして神を超越の中に再興すると同時に、宗教的なるモノから社会の刻印を解き放ち、また反対に市民社会を聖職者の干渉から解放する、という世俗性が優位を保つ「近代」へとヨーロッパ世界を突入させることになるだろう。

たしかにロマネスク期以降、宗教生活の舞台において、俗人の否定できない昇進が見られた。一般信徒が世俗にありながら宗教生活に接近するための障害が、徐々に取り払われていった。戦争が聖化され、肉体労働の禁欲価値、とくに社会的有用性が聖職者によっても高く評価され、農民、職人、商人らにとっても、そのままの境涯において救われる道が敷かれていった。俗人が聖人になることは稀でなくなり、俗人はその職業の行使の中で聖化されうると、ためらわずに説く神学者が十四世紀には現れた。

善行すなわち〈慈愛〉の行為が、すべての男女にとって救いへの捷径となり、悔悛的な霊性の広まりが、謙譲・禁欲・清貧への希求を高めていく。そして十四世紀初頭には、俗人として家族をもち職業に就きながら、しかも「敬虔」であるキリスト教徒が公認され、それが福音的生活として認められるにいたるのである。ところが十四世紀前半にはどんでん返しが待っていた。

ロマネスク期からゴシック期にかけて姿は変われど順調に俗人たちに受け容れられ広まっていった福音主義は、聖フランチェスコの死後しばらくすると、フランシスコ会内の論争の揚げ句、終末の問題に支配されて変質し、苦悩主義的な傾向が強まる。このなかで〈清貧〉という価値も霊的な漂流を始める。すなわちそれ以後、強調点は、魂の消滅とあらゆる意志の放棄におかれ、隣人との出会い（慈愛）ではなくなる。実際の清貧や禁欲行も、以前の時代とくらべて、口先はともあれあまり励行されなくなる。

また実際の貧者が猜疑の目で見られ、怠惰な者、ペテン師とおなじ穴の狢とされるのも同一の文脈に属している。働けるのに働かない、こうした者らへの慈善はむしろ危険だとされた。こうして十四世紀にはあらゆる領域で、俗人に独自の霊性を認めるという試みが後退していった。民衆的〈霊性〉の歴史を追っていくと、十四世紀前半で閉塞状況に陥ることが見てとれるのである。

十三世紀には結婚の秘蹟による聖性と、夫婦の交わりの聖性、その夫婦内での禁欲による聖化、といったことが説かれていたが、やがてオリウらをはじめとしてそれを疑う神学者がでてきた。また、十字軍を正当化した「キリストの戦士」たる騎士も影が薄れ、軍事的な役割に聖性を授ける聖戦イデオロギーを疑問視する声が高まってきた。かたや王権はいよいよ世俗化して、聖王ルイ九世以来、善き統治とキリスト教的完徳との総合は、もはや不可能になったかのようである。

こうした中、教会ヒエラルキーは、とくにヴィエンヌ公会議の決議やヨハネス二十二世の教勅を推進の主要手段として、世俗にいながら強度の宗教生活をする試みを抑圧しようとする。一三一六年と一三二三年にベギンらが断罪されたのは象徴的である。聖職者は司牧と神学的知識を独占し、聖書の俗語への翻訳にも反対することになる。まさに、ロマネスク期以前への逆行だとも言えよう。俗人には、低俗な教訓や、具体的生活条件にまったく不適合な霊的生活のプログラムが手渡され、聖職者に対し従順な羊のごとく振る舞うことが求められたのである。そうでなければ、都市内団体のひとつとしての信心会に身を寄せて、聖職者を排除した俗人独自の信心行を儀礼的に行うという選択肢しか残されていなかった。

しかしフランボワイアン期は、こうした新たな聖俗分離が有効に機能するには、まだあまりにも聖なる世界でありすぎた。いや、俗なる世界が独立し離陸するのに、聖なる世界の構造を利用し、価値観を反転させて踏み台にする必要がなおあった、と言い換えるべきだろうか。世俗化しつくした世俗君主が、キリスト教会の救い主として名乗りを上げるのはその証拠である。そこに政治・社会のあらゆるレベルで、さまざまな不調、緊張が現れる理由もある。国際政治の面では、教会分裂や地中海世界制覇をめぐって、大半の聖俗君主たちがたえまない対立抗争と論争に明け暮れることになるし、霊的な世話に関しておいてきぼりを喰った俗人たちは、祭儀の元締めがどこにおり、聖性・魂の救いの道筋が見ようとしてもどこにも見られない事態に、不安を隠せなかった。さらにロマネスク期には手を取り合っていたエリート文化と民衆文化の対立が深刻化し、世界は「再魔術化」して多くの者が再び魔術的・迷信的世界に浸っていったのである。

しかしそのとき、一部の民衆は、教会内から外部に染み出てきた終末論、千年王国説に強く惹かれていく。ヨアキム、より正しくは偽ヨアキムの思想が預言や伝説となって広まり、死の世界に取り憑かれた人々に、燦然と輝く地上の幸福とその直前の驚天動地のドラマを強烈に待望させることになったのは、こうした事情からである。私たちは、十三世紀から十五世紀にかけての、彼の影響を受けたさまざまな形の宗教運動と政治的メッセージを帯びた預言を見てきたが、それらはヨアキム思想の偉大な力を思い知らせるのに十分な規模と内実を備えていると同時に、思想の誤用の恐ろしさをも垣間見せてくれた。

もともとヨアキムは、教会改革の浄化のプロセスを独自の方法で最後まで持ってこようとしただけであった。権力者による暴力や恣意的な支配を逃れて、天使的な友愛世界を実現したい。こうしたクリュニーにもすでに見られ修道院内部で実現していた禁欲的な理想郷を、全世界に拡張するというのが彼の「千年王国」の意味だったろう。その意味でヨアキムの観念は、グレゴリウス改革の到達点であり、最終闘争で決定的に浄化された教会とは、霊的教会にほかならないのである。この最終段階は、しかし、聖アウグスティヌスが想定したように、永遠の世界で実現するのではなく、「歴史」の世界で、その生成発展の到達点において実現するのだと考えられた。この独創的なユートピア思想から流れ出たヨアキムの（偽）預言は、俗人が独自の〈霊性〉を涵養し、救いの道を突進するための原拠として、世俗化したヨーロッパ世界の民衆の心を捉えたのである。

終章　民衆的宗教運動と霊性の展開

以上、ほぼ十世紀末から十四世紀末の四世紀間にヨーロッパで発生した民衆的宗教運動とそこに発露した〈霊性〉を、各時代を彩る代表的宗教運動について詳しく論述しながら六章にわたって検討してきた。そこで最後に、この四世紀間にヨーロッパの〈霊性〉がどのようにダイナミックに変わっていったのか、それが「ヨーロッパ」の本質といかに連関しあっているのかをまとめて展望してみよう。

本書でロマネスク、ゴシック、フランボワイアンという時代区分をしたのは、私の前著『ロマネスク世界論』からの発想を継続しているからである。むろん三つの時期に画然と分かたれるほど、異質なものへと中世キリスト教世界で展開した宗教運動が変容していくはずはない、とも考えられるし、事実、時代が移りすぎても、公然とあるいは密かに前代の特質が一部で継続することも、けっして稀ではなかった。

しかし、ロマネスク、ゴシック、フランボワイアンという建築様式ないし美術様式の名前を付したのは、たんなる時代的合致による思いつきではない。中世においてはキリスト教が人々のあらゆる生活に浸透していたが、宗教（霊性）はあくまでも心的世界の一局面にすぎなかった。だからそれは、心的世界の別の局面である芸術的認識と並行して進んでいった。そして後者がもたらした建築や美術には、他の心的世界の局面をも象徴するような明瞭な特徴が見られる。近代が兆す十五世紀になると、もはやそうした象徴性を建築や美術に探り当てることは不可能になるだろうが、中世世界が崩壊する時期まではこうした密接で内的な関係が継続していた。そのように考えられるからである。

⑴ロマネスク期

初期中世には、聖人崇敬、天使崇敬といった神と人を媒介する存在への信心が、異教的な自然物崇拝に接ぎ木されて広まっていた。一般信徒たちの霊性レベルはまだ低く、司祭が読んで聞かせる贖罪規定書によって罪の重さを思い知らせても、それが内面化されて霊的な飛躍に結びつくことはほとんどなかった。

そうした中、突如、民衆たちが宗教的覚醒を起こしたのは、紀元千年前後のことであった。シャンパーニュの農民、オルレアンの聖堂参事会員、アラスの文盲の俗人など、各地で宗教生活の世俗化・物質化に反発、また秘蹟的魔術を否認して、十字架から聖体パンまで、カトリック教会における霊的なものの物質=モノによる代替に異を唱える者が現れた。こうして「異端」になった者はごく少数であったが、より広い範囲の民衆が、同様な衝動を感じて多様な宗教運動に身を投じた。すなわち巡礼運動、神の平和運動、十字軍などがこうして起きたのであり、十二世紀に入るとグレゴリウス改革の影響もあり、より大規模な異端運動が発生した。私たちは、〈霊性〉という観点からこれらロマネスク期の宗教運動を集約する人物群を「隠修士」に見出し、その〈霊性〉の構成要素を詳しく検討した。

これらすべての民衆的宗教運動の〈霊性〉には、共通する特質があった。〈清貧〉〈贖罪〉〈禁欲主義〉〈キリストへの帰依〉〈終末観〉といった要素がそれである。もうひとつ、それらの要素が登場し広まったことは、魂の救いを希求する信徒らのこころとこころを結ぶ網の目が創り出す「キリスト教世界」という参照枠がこのロマネスク期に出来上がったという事実と不可分であった。地理的概念ではなく、いまだ脆弱で頼りない教会制度を指すのでもない、心的世界としての「キリスト教世界」である。それは原始キリスト教の世界に直通し、その使徒的生活・福音主義から養分と霊感を得て成長していった「キリストの神秘的体軀」でもある。その外部には、たとえばイスラーム世界が対峙し、内部には、まだ根絶・教化すべき異教的（ゲルマン、ケルト）習俗が残留していたが、徐々に福音を手本とする生活の方向が定まった。

キリスト教徒たる者、日常生活においては、その身分・職業に応じて、キリスト教と教会のために職責をはたすべきだとされたし、実際にも、騎士は戦うことで、農民は耕すことで、職人はモノを作ることで、キリスト教社会の発展に貢献することができた。しかし、一旦日常世界のスイッチが非日常へと切り替わって、「キリスト教世界」が降臨したときには、もはや身分も貧富も無関係に――むしろ貧者や下賤の者ほど高い位置で活躍できる――神に向かって皆人憑かれたように歩んでいくことになる。

まさにどんどん歩むのであり、当時、大半は自分の村から出たこともなく、一生を終えていた農民たちでも、画面が切り替われば、たちまち「キリスト教世界」全体をわが縄張りとでもいうように活発に動き回るのである。こうした〈霊性〉の仕組みが出来ていたのでなければ、どうして命の危険を冒してまで、エルサレムに巡礼に行くだろうか。そしてこの非日常世界において人々が結びつくのは、縦に垂直に権勢を揮う支配・被支配の関係に組み込まれるからでも、村や都市の制度的細胞となっていた団体の社会的関係を編み上げるからでもなくて、おなじキリスト教徒としての資格のみで誰とでも結びつく横の繋がりが第一義であった。〈霊性〉のタクトを振れば空間の切れ目からトリップしていける聖書的世界が、いつでも現前して世俗的了簡を挫くことができる、そんな時代がロマネスク期であった。封建的無秩序に随伴するフェーデの連鎖に終止符を打ちたいと、アキテーヌとラングドックの農民と都市民が、司教や修道院長と組んで起こした九八七～一〇五〇年頃の「神の平和」運動が、略奪行に耽る貴族たちを地獄堕ちの罰で脅して、悪行をやめることを聖遺物と福音書にかけて誓わせたのは、そのよい例である。

ロマネスク期には、小教区教会がヨーロッパ中に建てられて、教区民は日曜ごとのミサに出席することを義務づけられたし、司祭による教導も徐々に進んだ。また修道士たちは、宗教界のエリートとして、厳しい修行と、典礼の盛儀を行って未だ異教に染まった粗野な信徒たちに範を垂れた。しかし民衆たちがその〈霊性〉を発現させるのは、教区教会においてではないし、また修道士を真似してのことでもなかった。彼らは教会の制度やヒエラルキー、その盛儀、典礼を出し抜いたところで、霊性を成長させていったのである。そして、彼らを引き寄せる聖性の拠点は、森とそこに生活する聖なる人物（隠修士）、あるいは辺鄙な農村近くに建つ聖堂とそこに保存された聖遺物であった。

神の前に平等なロマネスク期のキリスト教徒たちは、しばしば集団行動（たとえば集団巡礼や十字軍、あるいは教会建設）をした。だが、そのときでも個人が個人として神と向き合うことが大切で、それぞれ天を仰いで救霊を目指す諸個人が、無数に横並びに並び、いや平面的に拡延して「キリスト教世界」を存続させていったのである。

ロマネスク期の宗教運動や霊性には、女性もかかわることができたが、それを主導することはけっしてなかった。むしろ女性が禁欲の障害と位置づけられる否定的セメントがまだ主流であったのであり、隠修士らの女性救済の試みとは、罪深き女性（マグダラのマリアが象徴する）の悔悛と教戒であった。女性が自ら救いを求め、独自の運動主体として立ち現れるのは、ようやくつぎのゴシック期においてであった。

「ロマネスク期」の宗教運動・霊性は、もちろん同時代の建築・美術様式と無関係ではない。前著『ロマネスク世界論』ですでに明らかにしたことだが、ロマネスク建築は、不揃いの石の塊が全体として動かし難く結びつき、分解不可能な有機体＝統合的世界をなしている。どの石も前後左右の石によってのみ意義がある、ということは、すべての石が相互連関していることにほかならない。ヨーロッパ各地の大地にどっしりと建つこの様式の教会は、表面や外観がそれぞれいかに千差万別で、ときに恣意的に見えようと、構造と骨格は厳密な規則に従い、さらに圧力と抗力の緩やかかつ漸進的集中が、空間の各結節部でおきている。また固い殻で身をよろい、外界から閉じ籠ったロマネスクの教会堂はこのうえなく内攻的に見えるが、厳密に比率が計算され配置された建物の要素からは抒情的韻律が鳴り響き、それが堂内に踏み入る信徒たちの身体にも共鳴するゆえに、この建物には、そこからだけ行ける天の奥義へと、神秘の通路が穿たれているのである。

このようなロマネスク建築の特徴は、普遍的・統一的な「キリスト教世界」を舞台に花開いた同時代の霊性と照り合っている。

⑵ゴシック期

十二世紀前半から十三世紀半ばのゴシック期には、一方で、ロマネスク期にはなかった組織形成と教義（規範としての文字・書物）依存が、宗教運動の展開に不可欠になった。それと関連して、綿密な儀礼、そして運動の足場としての集団形成も重要になる。また他方では、都市的な社会的結合関係が、ポジティブにもネガティブにも、宗教運動の形態と霊性の性格の決定要因になってくる。

だからこそ、グレゴリウス改革の高揚した雰囲気から現実路線に転換し、体制固めを始めた教会ヒエラルキーに対抗して、もうひとつの別の教会組織を、役職・教義・儀礼とともに作り上げていく異端者グループが台頭したのである。それは当然のことながら、ある地域に根ざし、そこに生活する住民の階級ごとの社会的条件やそこから由来する要望に適合しながら組織を維持していくという、新たな宗教運動の存在形態の登場を伴っている。

第2章において詳しく述べたカタリ派はその代表であり、またカタリ派とおなじく十二世紀後半から十三世紀にかけて南フランスで栄えたワルド派も、かなりの組織化を遂げたことや、聖書の俗語訳を作ろうと試みた点は、ゴシック期の異端の性格を表している。これは後期ゴシック（フランボワイアン）期の異端グループ——使徒兄弟団、ベガン派など——にいたっても手放されない組織原理である。

教会側から見れば、史上はじめてこの十二世紀末に、異端の組織的脅威に直面したことになる。だから教会当局は、異端者たちを世俗の官憲の力も借りて、永遠に牢屋に入れるか火刑に処した。より効果的だったのは、異端審問で仲間同士告発させ、組織を内部から瓦解させる方策であった。だが弾圧のみでなく、予防的に大衆の敬虔心をも満足させるべく、托鉢修道士を手足として使って、告解と説教で悔悛・贖罪・美徳の実践・キリストやマリアへの信心などを教え込んだことにも注目しなくてはならない。

托鉢修道士が活躍したのは経済発展著しい都市においてであった。そこでは、世俗的生活を放棄しないまま救いを求めた商人や職人たちが、相集って共同の信心業と死者への祈禱を行う信心会が多数設立され、また女性たちのあいだにはベギンのような独自の信心団体が出来た。ここに俗人が俗人のまま、正統の枠内で高度の宗教生活を送ることが可能になる。だが俗人がそうした敬虔な生活を送るのは、あくまで托鉢修道士らの指導下に、教会制度の縁辺においてであったことが重要であろう。ベギンの他、悔悛者団、第三会、フミリアーティなどは、きわめて敬虔な修道士・修道女のような生活を、世俗身分のまま送った。

こうして異端にならないでも、ロマネスク期にくらべてはるかに恒常的な、高度の宗教生活を送る道が俗人たちにも開かれた。そして「キリスト教世界」は、清らしい純白のヴェールのように横並びの信徒たちの上に被い懸かる神秘的な「もうひとつの世界」ではなくなり、ローマ=カトリック教会の制度の内に実体化する。その内部で、公認された教義を奉じ、厳密に所作の決まった儀礼を繰り返すことではじめて救いに近づけた。聖性の拠点は、ヨーロッパ全土に分散している聖遺物にあるのではもはやなく、ましてや森に籠もって修行する隠修士のような個人が、カリスマをもって救いの手立てを調えるのでもない。ヨーロッパ中に編み目を広げた客観的な救済施設としての教会とそこで施される秘蹟が唯一の救いの手段なのであり、信徒たちの魂の救済の権限は、教会ヒエラルキーが占有することになったのである。

このような状況下では、正統に止まるにせよ、異端に落ちるにせよ、その〈霊性〉が変質を余儀なくされることは明らかであろう。〈清貧〉〈禁欲主義〉〈キリストへの帰依〉などの要素はそのままでも、個々人が神と直面しながら敬虔な信心業を行うのではなく、異端にせよ正統にせよ、ある集団・団体の定める規律に服し、その組織が担保した救霊への道を進むのである。こうした団体化、社会的結合関係の重要性は、〈孤独〉の追求と相容れないのはもちろんのこと、個人の罪を個人の禁欲行で贖うという〈贖罪〉の理念をも弱めて、隣人愛＝〈慈愛〉という要素を特権化することになろう。信心会やベギンにおける〈慈愛〉の具現たるさまざまな慈善行為は、こうして開花したのだし、異端グループにおいて成員間の付き合いがことのほか重視されたのもそのためである。また〈終末観〉についてもこの時期になると広範な通用力を失っていこう。

ところで私たちは、ゴシック期には、ロマネスク期とはうって変わって女性が我劣らじと宗教運動に身を投じ始める姿を見てきた。カタリ派においては、完徳者にせよ帰依者にせよ、ほぼ男性と同数の女性成員がおり、さらに女性の完徳者（完徳女）は、理論的には完徳士とおなじく説教や司牧をすることも可能であった。ベギンという女性たちだけが集って独特の居住空間（ベギン館・ベギンホフ）で暮らすようになったのもこのゴシック期である。彼女らは、織物・繊維関係の仕事をはじめとする手仕事に精を出しながら祈りと慈善活動に身を捧げたが、一部には、高度の霊性を磨き、独自の神秘思想を練り上げたベギンがいた。そこからは、男性に貶められてきた身体を操作して救いにいたろうという鮮麗な「女性的霊性」が流れ出た。

ゴシック期において、ロマネスク期のような宗教運動を起こし、熱き霊性を発現させたのは、女性たちばかりではない。彼女らと同様、変貌する社会の皺寄せを受けながら宗教に目覚めた子供たちもそうであった。その束の間燃えて消えた運動「少年十字軍」について、私たちは、第3章で検討した。そこには、あたかもゴシック期において凋落してしまったロマネスク的なる「福音主義」を再興することによって、イスラーム教徒に蹂躙され危急存亡の秋にある「キリスト教世界」を救いたいという大望があった。このように教会当局の指導下に制度化し、組織化した信心業に追いやられていったロマネスク期のキリスト教徒たちの霊性の要素が、いわば社会的な弱者によってゴシック期にも束の間蘇ったのは、興味深い事実である。

さて十二世紀半ばにイル＝ド＝フランス地方に最初のゴシック建築が作られる。それは技法的・構造的にロマネスクの技法・構造の追求の延長線上にあったはずだが、オジーヴが、分節を装飾するたんなる美的機能を超えて、構造上の意味をもってくると、全体の質が大きく転換する。ゴシック建築ではリブ・ヴォールトを建築全体にわたって体系的に利用しており、またオジーヴによって横圧力の分散、ヴォールト天井の分割、個々の構造部分の独立が達成される。そしていくつかの作用力の結合を保障しているのが各部分の相互作用、すなわち機能の定理であり、ここに同一単位の機械的組み合わせから構築された機能的なゴシック建築が、要素が不可分に結びついた有機的なロマネスク建築から離陸していくのである。するとロマネスク建築にあった神秘性や精神的な統一感は失われ、独立した構造部分が協力し合いながら建物全体の空間を広げ、窓を拡大し、高さをどんどん高くしていく衝動に身を任せるのである。

これは、あたかもゴシック期の宗教運動が組織として各地に割拠しながら展開し、その〈霊性〉にも世俗的な社会関係の特質が反映して、神秘的なる「キリスト教世界」の規範力が弱まっていくことと軌を一にした動向であった。

⑶フランボワイアン期

ゴシック建築の十三世紀後半以降の展開様式をレイヨナン（放射状）様式と呼び、また十四世紀後半から十五世紀末にはそれがフランボワイアン様式へと転生する。レイヨナン様式では窓枠飾りのデザインが次第に複雑化し、さらにフランボワイアン様式においては曲線、反曲線が対立し合う火焰状の窓枠飾りが特徴となる。窓枠ばかりでなくファサードをはじめとする壁面の各階をとりまくギャラリーや欄干の装飾がいよいよ複雑化し変形していく。外面においては、小型の飛び梁、補足的な小尖塔、諸部分を連結するアーチの列、壁面の盲アーチなどの数が異常に増殖し、連続・反復して建物全体を覆いつくすかのような印象を与える。これは、ゴシック建築としての構造自体はなんら変化していないのに、装飾的な分割が偏執的になされることで、まさに構造が溶解していくような印象を与える。

〈霊性〉にも同様な傾向が見られる。公私ともにあらゆる種類の儀式が増加し、瘤の上にさらに瘤ができるように過剰に増殖していくからである。

大分裂と公会議主義の混乱で教会が危機に陥り、ペストが猛烈な伝染力と殺傷力で人々のあいだに無力感を蔓延させ、都市でも農村でも戦争・暴動が荒れ狂った中世末には、人々はいよいよ死に取り憑かれ、Memento mori（死を想え）が合い言葉となり、artes moriendi（死の手引き）が流行する。死の舞踏・死の勝利やトランジの他、キリストの受難が身近なテーマとして信徒たちの胸に迫ってきた。美術の領域では、苦悩の人、十字架降下、墓入り、ピエタなどが流行する。こうした雰囲気の中、受難者イエスとの一体化による、神の怒りの逸らしへの願いが、一二六〇～六一年と一三四八～四九年を二つの激発期とする鞭打ち苦行団を生み出した。フランボワイアン期には改革どころか転げ落ちるように世俗権力と馴れ合っていった教会制度に見切りをつけて、聖書や信心書を読み黙想することで内面生活を深めようとした神秘主義者が輩出したが、内面への沈潜の代わりに痛めつけられた身体を展示し、演劇的なパフォーマンスで悪の力を祓おうとしたのが、鞭打ち苦行団なのであった。

ロマネスク期とゴシック期には生きていた、かつての単一のキリスト教世界は小さなグループに分裂し、ヨーロッパ全域に降臨している統一的な「キリストの神秘的体軀」＝「キリスト教世界」のイデーは一層弱まった。もうキリスト教世界全体の壮図たる十字軍も、各司教区において全信徒を収容できるような巨大な神の家＝カテドラル建設も問題にならず、近場の巡礼・行列で満足し、大聖堂の代わりには、礼拝堂を団体ごとに建て、それを豪華に飾るのが、せいぜいだった。司教座教会内部にも礼拝堂が乱立し、小教区教会でも年回供養が頻繁になってその基金が設定された。

フランボワイアン期の敬虔心は一見、熱烈なようにも見えるが、大袈裟なだけで〈霊性〉としてはあまり高度ではないのかもしれない。神の探求が、儀礼の重視とともに、来世の「簿記」comptabilité へと堕していく。数だけふえていくミサの執行、善行により獲得した贖宥の日数とロザリオの玉の数え上げ。フランボワイアン期には、頻繁な告解や聖体が、ベギンたちだけでなく敬虔なる信徒たちのあいだで広くブームになる。

またこの時期には、終末論が大きな影響をもった。とくにフィオーレのヨアキムの千年王国説は、その周りに幾多の預言・伝説を糾合させて、しばしば過激な宗教運動の原動力となった。これは、一種の歴史意識が宗教運動の背景になったということであり、フランシスコ会の聖霊派、ベガン派、フラティチェッリ、使徒兄弟団などがそうした歴史=ユートピア思想を運動の糧にした。しかしこれらの運動の多くは、民衆のイニシャチブで、彼らのやむにやまれぬ信心の高揚によって始まったのではなく、修道会内部の教義論争の加熱が、外部にも飛び火していったところに生まれた。ゆえにいつも権力闘争の影を引き摺っていて、預言・伝説を都合の良いように解釈しながら、敵方を悪魔の手下として呪い、自分たちを神から千年王国を準備するよう使命を授けられた選民と自任するのである。

ヨアキム自身は、隠修士としての生活経験もあり、福音の精神にもとづき世界全体を「修道院化」してしまおうという希望を抱いていたが、彼の死後、ヨアキム主義の宗教運動は、福音主義からは遠く離れ、〈清貧〉〈禁欲主義〉〈贖罪〉といった要素はほとんど忘れられてしまう。〈キリストへの帰依〉は、禁欲の一環としてのキリストの模倣から、自らをキリストに見立てた栄光化へと移行し、〈終末観〉は政治に汚染され、暴力的な秩序転覆を狙うようになる。〈慈愛〉さえ、たいして重きをなさなくなった。福音的世界があるとして、それは、ロマネスク期のようにキリスト教世界全体に浸透している訳ではなく、ゴシック期のように、教会なり、異端なりの「組織体」が引き受けている訳でもない。フランボワイアン期における福音主義は、既存の組織から分離するために、個人ないし少数者が唱えるキャッチフレーズではあっても、この世において信徒たちに広めるべき生活理想にはならなかったのである。

ロマネスク期の〈霊性〉からはずいぶん遠く離れてしまったものだが、十四世紀末にはまた新たな宗教的パースペクティブ、近代の扉を押し開くような宗教運動が生まれよう。イングランドのウィクリフとボヘミアのフスが、教会のラディカルな改革を唱えるとともに、社会的性格（あまり黙示録的神秘主義の影響はない）の福音理想を広めたのである。

十四世紀後半オクスフォード大学の神学者ウィクリフは、聖書に見出せない教会の決定・伝承を認めず、聖画像や巡礼、死者への贖宥の交付、瀆聖聖職者による秘蹟執行などを否定し、聖体についてもラディカルな意見をもっていた。ウィクリフの死後ロラード派によってその運動は引き継がれたが、厳しく弾圧されることになった。一方、ヤン・フスは実念論を唱え、また教会の道徳改革と神の言葉への厳密な服従を説いた。破門された後、一四一四年のコンスタンツ公会議で罪状否認をしたが認められず、火刑に処された。その弟子や継承者らは、多少ともラディカルないくつかのグループに分かれていった。またフス派においては信仰表明とチェコ民族問題が結びついて、ときに当局と激しく衝突した。

こうして「民族主義」と同伴し、ローマ＝カトリックの独占的支配にノンを突きつけたこれらの宗教運動は、ただちに宗教改革にバトンタッチされて、やがて各地の領邦や帝国都市では福音主義の宣教が行われて領域教会主義が確立されよう。聖職者の身分的特権が否認され、俗権の宗教的任務が強調されるが、おなじ「福音主義」を標榜しても、もはや中世のように、世俗厭離の思想はそこには含まれない。それどころか国家と結託し、また職業労働への召命が説かれることになる。近代の宗教運動とその〈霊性〉については、中世とは別の視角からアプローチしなくてはならないだろう。

あとがき

本書は、一九九九年におなじ名古屋大学出版会から出版した『ロマネスク世界論』の続編に当たる。「続編」というのは、心的世界を〈思考〉〈感覚〉〈感情〉〈霊性〉〈想像〉という五つの局面に腑分けして論じた前著の〈霊性〉部分を、本書では扱う時代を中世全体に伸ばして展開してみたからであり、また中世世界の発展を、ロマネスク期、ゴシック期、フランボワイアン期というように建築・美術様式の時期区分に対応させて考えてみる視点も、前著から引き継いでいるからである。

ただし『ロマネスク世界論』が、十世紀末から十二世紀前葉という時代の心的世界の「構造」を明らかにすることを目標に掲げていたのに対し、本書では、ヨーロッパ中世世界の誕生から崩壊間際までの宗教運動の形態とそこに表れた〈霊性〉の「変化」を探る、というようにアプローチは大きく異なっている。

汗牛充棟もままならぬ厖大な研究書・論文に目を通しただけでなく、かなり大量の史料を呻吟しながら読み込んで考えてみた成果をまとめたつもりだが、ただいま流行中の史料論や手堅い実証的研究とは方向性が異なる研究であることはたしかである。しかし本書はたんなる概説書とはまったく別の次元に位置している。ヨーロッパ中世世界のはじめから終わりまで、発生しては消えあるいは変容していく、それはそれで珍しく興味を惹くだろうさまざまな宗教運動の姿を、パノラマのようにスクリーン上に映して見せることに本書の意図があったのではない。そうではなく、それらの運動が時代の変遷とともに、内的な論理と外的な条件のギリギリとした鬩ぎ合いの中でいかに転身していくのかを見届け、また転身を繰り返しながらも一本の太い霊性の水脈で繋がっていることを究明しようと奮励努力したつもりである。その上で、それらがヨーロッパの歴史の根本に結びつき、深く意味づけていることを説得的に論述すること、私の狙いはそこにあった。

このような作業はけっして簡単にできるものではない。日本の西洋中世史研究者でかようなパースペクティブをもち、粘り強い思考力と卓抜な構想力で中世世界の説得的なヴィジョンを呈示しえたのは、私の知るかぎり、これまで堀米庸三氏ただ一人である。欧米を見渡しても、十指に余ることはないだろう。『ロマネスク世界論』で樺山紘一先生の、本書で堀米先生の学統を引き継ぎたいと僭越にも念じながら執筆を進めてきた。うまくできたかどうかはまったく心許ないのだが、ただその思いのみはここに記しておきたい。

本書のうち第1～3章は、以下の既発表論文を大幅に加筆修正して再録した。

「隠修士の精神」『史學雜誌』第九一編第一一号（一九八二年十一月）所収

「ラングドックのカタリ派」『史學雜誌』第九四編第二号（一九八五年二月）所収

「少年十字軍について」『西洋史研究』新輯第一四号（一九八五年）所収

第4～6章については、エッセイ、短文、講演などで関連するテーマを扱ったことはあるが、事実上、書き下ろしである。

それにしても、上記三論文発表から、なんと長い年月が経ってしまったことだろう！　自分でも信じられないくらいである。「ヨーロッパ中世の宗教運動」は、私が二十代の前半から半ばにかけて集中的に取り組んだテーマである。今風に言えば、私たち教員が早く書くよう大学院生に口うるさく奨めている「課程博士」のための博士論文にすべきテーマだった。それが、まとめるのに二十数年も経ってしまった、ということでは学生たちに合わせる顔がない。

私には、他のどの時代・地域にもこんなに興味深い現象は存在しないのではないかと、心底魅惑的に感じられる西洋中世世界の領域が二つある。ひとつは本書で扱った宗教運動と霊性であり、神に向かってひたむきに歩んでいくキリスト教徒たちの姿は、エリートであれ民衆であれ、価値判断は抜きにしても、とても感動的である。もうひとつは、奇妙で不可思議な、しかし人々を実際に駆り立てていったイマジネールの豊饒な世界である。そこには異教とキリスト教、学知と民俗の拮抗と混淆がある点でも重要である。これら両分野には、歴史学の対象として関心を引かれるのはもちろんだが、それ以上に、なにか人間の可能性の途轍もない広がりを教示してくれるように思う。一九八六年秋から二年間フランスに留学して、当地でも盛んであった後者の研究に引き込まれ、前者の研究がおろそかになってしまったようだが、本書の刊行で漸く遅れを取り戻した気がしてホッとしている。

先行き不透明など詰まり感の漂う現代日本は、新しい「宗教の時代」を迎えているのではないだろうか。「癒し」に人々の関心が集まり、「スピリチュアル・カウンセラー」なるものがもてはやされるのはその証拠だと思われる。それに刺激されたから、という訳でもないのだが、数年前から再び宗教運動のことが気になって、文献を調べ直してみたのが本書執筆のきっかけである。そしてこのテーマの面白さを再認識することができた。またこの間の研究の進展、新史料の公刊、テーマの拡大、方法の刷新には目を瞠るものがあった。新しい文献にはできるだけ目を通そうと努めたが、おのずから限度があったことは言うまでもない。

本書は、上智大学中世思想研究所の蔵書がなければとても完成しなかっただろう。昨年の春からは一時期、毎週のように顔を出し、研究所に入り浸っていたこともあるので、事務の方は呆れたに違いない。本当に助かりました。また原稿のとりまとめについては、前著とおなじく名古屋大学出版会編集部の橘宗吾氏のお世話になり、適切なコメントで本書を完成に導いてくれた。それから校正など細々した作業は、同編集部の安田有希さんに手伝って頂き、索引作成は、日本大学非常勤講師の青山由美子さんの手を煩わせた。御三人にもこころから感謝します。

橘さんには、先に出すと約束していたイタリア中世都市をめぐる「堅実な実証研究」がなかなか出来なくて、本当に申し訳なく思っている。最近はあらゆる仕事が遅れがちで、自分で課したノルマの半分も進まないという体力・気力の減衰にはわれながら呆れてしまう。しかし功成り名を遂げてふんぞり返ることだけはしたくない、いつまでも地を這う虫のように地道にコツコツ勉強したい、と考えているので、もう少しお待ち頂きたい。

ともあれ本書が一人でも多くの読者を得て、ヨーロッパ中世の魅力と重要性を伝えることができればと衷心より願っている。

なお本書の出版に際しては、独立行政法人日本学術振興会平成十八年度科学研究費補助金（研究成果公開促進費）の交付を受けた。

池上俊一

二〇〇七年一月

《著者紹介》

池上俊一《いけがみしゅんいち》

1956年　愛知県豊橋市に生まれる
1983年　東京大学大学院人文科学研究科（西洋史学専攻）博士課程中退
現　在　東京大学大学院総合文化研究科教授
著訳書　『ロマネスク世界論』（名古屋大学出版会，1999年）
『シエナ』（中公新書，2001年）
『賭博・暴力・社交』（講談社，1994年）
『狼男伝説』（朝日新聞社，1992年）
『歴史としての身体』（柏書房，1992年）
『魔女と聖女』（講談社現代新書，1992年）
『動物裁判』（講談社現代新書，1990年）
ジャック・ルゴフ『中世の夢』（名古屋大学出版会，1992年）ほか

ヨーロッパ中世の宗教運動

2007年2月28日　初版第1刷発行

定価はカバーに
表示しています

著　者　池　上　俊　一

発行者　金　井　雄　一

発行所　財団法人　名古屋大学出版会
〒464-0814　名古屋市千種区不老町1名古屋大学構内
電話(052)781-5027/FAX(052)781-0697

印刷／製本 ㈱太洋社　ISBN978-4-8158-0554-8
乱丁・落丁はお取替えいたします。

人名索引

ア 行

アーベルス，R.（Abels, R.） 193, 195
アウグスティヌス［聖］（S. Augustinus） 226, 337, 339, 382, 485, 486, 497, 498, 499, 500, 501, 513, 519, 572, 587
アウグスティヌス・トリウンフス（Augustinus Triumphus） 566
アエルレドゥス，リーヴォーの（Aelred de Rievaulx） 71
アグネス・ブランベキン（Agnes Blannbekin） 362
アジュトゥール，ティロンの（Adjuteur de Tiron） 53
アタナシウス，アレクサンドリアの（Athanasius de Alexandria） 21
アダム（Adam） 147, 256, 509, 515, 518, 522, 523, 525
アデラ，モンモランシーの（Adela de Montmorency） 38
アデライド，リヨンの（Adelaide de Lyon） 53
アドソ（Adso Dervensis） 486
アナスタージョ（Anastasio） 30, 67
アブラハム（Abraham） 39, 145, 511, 515, 516, 520, 524, 529
アブラハム・アブラフィア（Abraham Abulafia） 175
アベラルドゥス（Abaelardus） 256
アベル（Abel） 501
アモリー・ド・ベーヌ（Amaury de Baine） 554
アリアルド（Arialdo） 12
アリエス，Ph.（Ariès, Ph.） 236
アリオスト（Ariosto） 78
アリストテレス（Aristoteles） 143
アルドブランディーノ，シエナの（Aldobrandino da Siena） 237
アルナルド，ヴィッラノーヴァの（Arnaldo da Villanova） 564-570, 572
アルノ・シクル（Arnaud Sicre） 159
アルノルト，ビュルクレンの（Arnold von Bürglen） 221
アルファンデリー，P.（Alphandéry, P.） 224, 230
アルベリクス（Albericus） 217
アルベルトゥス・マグヌス（Albertus Magnus） 277
アレクサンデル，アレクサンドリアの（Alexander de Alexandria） 537
アレクサンデル3世［教皇］（Alexander III） 111, 494, 503
アレクサンデル4世［教皇］（Alexander IV） 427, 462, 463, 564
アレクサンデル5世［教皇］（Alexander V） 576, 580
アンク，G.（Hancke, G.） 198, 200
アンジェロ・クラレーノ（Angelo Clareno） 535, 536, 544, 546
アンセルムス（Anselmus） 256
アンセルムス，ハーフェルベルクの（Anselmus de Havelberg） 500
アントニウス（Antonius） 21, 32, 510
アントニオ・マンゾーニ，パドヴァの（Antonio Manzoni da Padova） 251
アンドレア［聖］（S. Andrea） 259
アンブロージョ・サンセードニ（Ambrogio Sansedoni） 448
アンリ，ローザンヌの（Henri de Lausanne） 37-38, 40, 42-43, 60, 64-65, 68, 89, 93
アンリ1世［ブラバント公］（Henri I） 301
アンリ3世［ブラバント公］（Henri III） 301
イヴォ［シャルトル司教］（Ivo Carnotensis episcopus） 63-64, 68
イサク（Isaac） 145, 516, 529
イザボー・ド・バヴィエール（Isabeau de Bavière） 576, 577
イザヤ（Isaias） 72, 512, 532
イシドルス，セビーリャの（Isidorus Hispalensis episcopus） 215
イダ，ニヴェルの（Ida de Nivelles） 290
イダ，ルーヴァンの（Ida de Louvain） 290, 364

イブ（Eva）　367
イレネウス，リヨンの（Irenaeus）　485
インノケンティウス3世［教皇］（Innocentius III）　109, 112, 120, 227, 232, 297, 381, 561
インノケンティウス4世［教皇］（Innocentius IV）　109, 278, 288, 310
ヴァインマン，U.（Weinmann, U.）　368
ヴァッレラーニ，M.（Vallerani, M.）　404
ヴァネイゲム，R.（Vaneigem, R.）　553
ヴァルテル，Ph.（Walter, Ph.）　82
ヴァンサン・フェリエ（Vincent Ferrier）　389, 421, 491, 573
ウィクリフ（Wyclif, John）　598, 599
ヴィタル，サヴィニーの（Vital de Savigny）　25, 35, 37-38, 40-41
ウィルツ，A.（Wilts, A.）　297
ヴィレイ，M.（Villey, M.）　226
ウィンケンティウス，ボーヴェーの（Vincentius Bellovacensis）　237
ウーゴ・スペローニ（Ugo Speroni）　111
ヴェルナー，E.（Werner, E.）　553
ヴェントゥリーノ，ベルガモの（Venturino da Bergamo）　447
ヴォシェ，A.（Vauchez, A.）　561
ヴォルフラム・フォン・エッシェンバハ（Wolfram von Eschenbach）　91
ウゴリーノ［枢機卿］（Ugorino）　278
ウジヤ（Ozias）　515, 518, 522, 525
ウベルティーノ，カザーレの（Ubertino da Casale）　536, 541, 543-546, 565
ウベルト・ペラヴィチーノ（Uberto Peravicino）　400, 465
ウルバヌス2世［教皇］（Urbanus II）　40, 42, 223
ウルバヌス4世［教皇］（Urbanus IV）　310, 462
ウルバヌス6世［教皇］（Urbanus VI）　569, 576, 580
エウェルウィヌス［参事会長］（Everwinus）　118
エウェルウィヌス，シュタインフェルトの（Evervinus Steinfeldensis）　137, 139
エウゲニウス3世［教皇］（Eugenius III）　227
エウゲニウス4世［教皇］（Eugenius IV）　488
エウトュミオス，アクモニアの（Euthymios）　118
エオン，エトワールの（Eon de l'Etoile）　487
エクベルトュス，シェーナウの（Eckbertus Schonaugiensis）　118, 139
エスクラルモンド［フォワ伯夫人］（Esclarmonde de Foix）　186, 199
エステル（Esther）　512
エズラ（Esdra）　523
エゼキエル（Ezechiel）　512, 520
エックハルト（Eckhart, Meister）　113, 490, 558, 559
エティエンヌ（Étienne）　230
エティエンヌ，オバジンの（Étienne d' Obazine）　26, 51, 54
エティエンヌ，ミュレの（Étienne de Muret）　25, 39, 51, 54, 67-68, 74-75
エティエンヌ・ド・ブルボン（Étienne de Bourbon）　260
エノク（Henok）　544
エベール，クレスパンの（Aibert de Crespin）　66
エリア，コルトナの［フランシスコ会総長］（Elias）　534, 536
エリーザベト，スパルベークの（Elisabeth van Spalbeek）　355, 364
エリザベート［聖］（S. Elisabeth）　324
エリシャ（Eliseus）　502, 512, 514, 526
エリス（Elis）　200
エリヤ（Elias）　499, 510, 512, 520, 526, 544
エルトマン，C.（Erdmann, C.）　224
エルプシュテッサー，M.（Erbstösser, M.）　553
エルベール，ロルデュクの（Ailbert de Rolduc）　88
エルマンガルド［ブルターニュ伯夫人］（Ermengarde, comtesse de Bretagne）　57
エルルアン，ベックの（Herluin）　57
エレミア（Jeremia）　563
エンリコ，チェーヴァの（Enrico da Ceva）　546
オットー1世・2世（Otto I・II）　28
オットボーノ，サン・アドリアーノの（Ottobono da San Adriano）　462
オッペルマン，O.（Oppermann, O.）　221
オディロー（Odilo）　11
オドー（Odo）　10

オビッツォ・デステ（Obizzo d'Este）　400
オリヴァー，J. H.（Oliver, J. H.）　283
オリゲネス［教父］（Origenes）　147, 360, 485
オルデリクス・ウィターリス（Ordericus Vitalis）　65, 88

カ 行

カール大帝（Karl der Grosse）　8, 382, 512, 520
カール4世［皇帝］（Karl IV）　315, 408
カール・ビュヒャー（Bücher, K.）　285
カイヨワ，R.（Caillois, R.）　233
カエサリウス，ハイステルバハの（Caesarius von Heisterbach）　311
ガストン・フェビュ［フォワ伯］（Gaston Fébus）　576
カッシアヌス（Cassianus）　24–25, 360
カテリーナ，シエナの［聖女］（Santa Caterina da Siena）　575, 578, 580
カトリーヌ［聖］（S. Catherine）　581
樺山紘一　113, 602
カレブ（Caleb）　523
ギィ（Gui）　40
キケロ（Cicero）　41
偽メトディオス（Pseudo-Methodios）　486
キュリアコス［聖］（S. Cyuriacus）　257
キュリロス（Kyrillos）　566
ギョーム［アキテーヌ公］（Guillaume d' Aquitaine）　10
ギョーム・ガルサン（Guillaume Garsin）　158
ギョーム・フィルマ（Guillaume Firmat）　37, 46
ギョーム・ベリバリスト（Guillaume Bélibaste）　152, 154, 155–156
ギルベルトゥス（Gilbertus）　71
ギレム・フィゲイラ（Guilhem Figueira）　176
グァルニエーリ，R.（Guarnieri, R.）　553
グァルベルト，ジョヴァンニ（Giovanni Gualberto）　25, 67, 73
グィド，アンデルラクの（Guido Anderlaci）　89
グィレルムス，ヴォルピアーノの（Guillelmus da Volpianus）　12
グィレルムス，サン=タムールの（Guillelmus de St.-Amour）　316, 317
グィレルムス，サン=ティエリの（Guillelmus de Saint-Thierry）　274, 330, 339, 360, 361
グィレルムス，トゥールネの（Guillelmus de Tournai）　248
グィレルムス・ドゥランドゥス，マンドの（Guillelmus Durandus）　249
グッリエルモ，ヴェルチェッリの（Guglielmo da Vercelli）　46
グッリエルモ2世（Guglielmo II）　493
グラチアヌス（Gratianus）　110
クララ，アッシジの［聖女］（S. Clara）　252, 278, 362
クルト，G.（Kurth, G.）　283
グルントマン，H.（Grundmann, H.）　110, 162, 194, 286, 557
グレーフェン，J.（Greven, J.）　283, 284, 286
グレゴリウス［大教皇］（Gregorius I）　350
グレゴリウス7世［教皇］（Gregorius VII）　15–16, 44, 381
グレゴリウス9世［教皇］（Gregorius IX）　109, 112, 299, 310, 561
グレゴリウス10世［教皇］（Gregorius X）　313
グレゴリウス11世［教皇］（Gregorius XI）　487, 575
グレゴワール，R.（Grégoire, R.）　79
クレチャン・ド・トロワ（Chrêtien de Troyes）　85, 92, 94, 97, 99
クレメンス4世［教皇］（Clemens IV）　303, 310
クレメンス5世［教皇］（Clemens V）　313, 315, 536, 552, 566
クレメンス6世［教皇］（Clemens VI）　408, 415, 421, 435
クレメンス7世［教皇］（Clemens VII）　576
クローゼナー（Closener）　411, 413, 417, 432, 454, 457, 459, 460, 470
グンター（Gunther）　54
ケーラー，E.（Köhler, E.）　173
ゲラシウス2世［教皇］（Gelasius II）　42
ゲラルド・セガレッリ（Gherardo Segarelli）　550, 551, 547, 548, 549
ゲルトルート，ヘルフタの（Gertrud von Helfta）　362, 364
ケレスティヌス3世［教皇］（Coelestinus III）

494, 503
ケレスティヌス5世［教皇］(Coelestinus V) 535, 552, 567, 568, 569
國府田武 330
ゴーシェ，オレイユの (Gaucher d'Aureil) 38, 42
ゴーティエ・ド・コワンシ (Gauthier de Coincy) 316
コーン，N. (Cohn, N.) 461, 553
コスマ (Cosma) 117
ゴッフリドゥス (Goffridus) 63
コッホ，G. (Koch, G.) 193-195
コッラード，オッフィダの (Corrado d' Offida) 539
ゴドリック，フィンカルの (Godric of Finchale) 26, 35, 53, 56, 89
コンスタンス (Constance) 576, 579, 580
コンスタンティヌス (Constantinus) 501, 512, 520, 550
コンラート (Konrad) 378

サ 行

ザカリア (Zacharias) 512, 516, 520
ザックール，E. (Sackur, E.) 13
サミュエル (Samuel) 512
サムソン (Samson) 43
サラディン (Saladin) 495, 505
サリンベネ，アダムの (Salimbene de Adam) 249, 449, 466, 548
サン・マルタン，トゥールの (Saint Martin de Tours) 250
ジアー，R. H. (Gere, R. H.) 176
ジーグラー，J. E. (Ziegler, J. E.) 354, 357
ジェラルド，ボルゴ・サン・ドンニーノの (Gerardo da Bolgo San Donnino) 464, 535, 563, 564
ジェルベール・ド・モントルイユ (Gerbert de Montreuil) 92
ジェルラック（ヘルラッハ）(Gerlach) 55, 66
ジェロ，サルの (Géraud de Sales) 25, 37, 40, 53, 75
ジェロ・ド・ブロマック (Géraud de Blomac) 154
ジギスムント (Sigismund) 381
シビュラ，ティブルティナの (Sibylla) 566, 583
シビュラ，ヘブライの (Sibylla) 583
シメオン (Simeon) 21
シモンズ，W. (Simons, W.) 292
ジャコモ・コロンナ［枢機卿］(Giacomo Colonna) 536
ジャック・オーティエ (Jacques Authier) 139, 155-157
ジャック・フルニエ (Jacques Fournier) 154, 156-159
シャハール，S. (Shahar, S.) 175
シャルル2世［ナポリ王］(Charles II) 536
シャルル4世［フランス王］(Charles IV) 421
シャルル6世［フランス王］(Charles VI) 576, 577
シャルル・ダンジュー (Charles d'Anjou) 378
ジャン2世 (Jean II) 576
ジャン・ジェルソン (Jean Gerson) 421
ジャン・デュ・フォグー (Jean du Faugoux) 154
ジャン・ド・サン=ピエール (Jean de Saint-Pierre) 193
ジャン・ド・マン (Jean de Meung) 317
ジャン・ド・モリー (Jean de Maury) 155
ジャン・ルナール (Jean Renart) 238
ジャンヌ［フランドル女伯］(Jeanne) 301, 323
ジャンヌ・ダルク (Jeanne d'Arc) 490, 581
ジャンヌ=マリー，マイエの (Jeanne = Marie de Maillé) 576, 580
シュミット，Ch. (Schmidt, Ch.) 115, 143
ジョヴァンニ，ヴィチェンツァの (Giovanni da Vicenza) 266, 398, 472
ジョヴァンニ，パルマの (Giovanni da Parma) 464, 544
ジョバンニ，マテーラの (Giovanni da Matera) 46, 66
ジョバンニ，ルジオの (Giovanni da Lugio) 117, 144, 208
ジョヴァンニ・ドミニチ (Giovanni Dominici) 389, 471
ジョフレ・リュデル (Joffré Rudel) 170
ジョフロワ，シャラールの (Geoffroy du Chalard) 66
ジョフロワ・ダブリ (Geoffroy d'Ablis) 154-156, 158, 160, 203
ジル・リ・ミュイジ (Gilles Li Muisis) 415, 422, 434

シルウェステル（Silvester） 550
シルヴェストル，ラ・ゲルシュの（Silvester de La Guerche） 49
ジローラモ・サヴォナローラ（Girolamo Savonarola） 389
スタイン，F. M.（Stein, F. M.） 291
ゼーグル，P.（Segl, P.） 195
ゼーデルベルク（Söderberg, H.） 115
ゾイゼ（Seuse, H.） 559

タ 行

ダビデ（David） 340, 512, 520
タンケルム（Tanchelm） 486
ダンダルス（Dandarus） 567
ディートリヒ［司教］（Dietrich） 406
ディックソン，G.（Dickson, G.） 462, 463, 464, 466
デナンス，A.（D'Haenens, A.） 292
デバックス，H.（Dêbax, H.） 181
デュヴェルノワ，J.（Duvernoy, J.） 116, 118
テルトリアヌス（Tertullianus） 485
テレンバハ，G.（Tellenbach, G.） 14
トゥーゼリエ，Ch.（Thouzellier, Ch.） 115-116
トゥーベール，P.（Toubert, P.） 215
ドゥランドゥス，ウェスカの（Durandus de Huesca） 112, 143-144
トマ・コルネット（Thomas Cornette） 574
トマス（Thomas） 47
トマス，カンタンプレの（Thomas de Cantimpré） 283, 284
トマス・アクィナス［聖］（S. Thomas Aquinas） 113, 277, 365
ドミニコ，ソーラの（Dominico da Sora） 39-40
ドメニコ［聖］（S. Domenico） 107, 277, 544, 550, 574
ドメニコ・ロリカーティ（Domenico Loricati） 46-47
ドラリュエル，E.（Delaruelle, E.） 469
ドルチーノ，ノヴァーラの（Dolcino da Novara） 549-552
ドンデーヌ，A.（Dondaine, A.） 115-116
トンデッリ，L.（Tondelli, L.） 525
トンマーゾ，ゴルツァーノの（Tommaso da Gorzano） 398

ナ 行

ニケタース（Nicetas） 117, 119, 143
ニコラウス（Nicolaus） 218, 219, 230, 260
ニコラウス，ビブラの（Nicolaus da Bibra） 317
ニコラウス［聖］（S. Nicolaus） 211, 230, 259, 260, 261
ニコラウス3世［教皇］（Nicolaus III） 535, 567, 568
ニコラウス4世［教皇］（Nicolaus IV） 279, 549, 568
ニコラウス5世［教皇］（Nicolaus V） 408
ニコラオス，ミラの（Nicolaus de Myra） 250
ニチュケ，A.（Nitschke, A.） 14
ネリ（Nelli, R.） 178
ノア（Noah） 58, 562
ノイマン，E. G.（Neumann, E. G.） 305
ノルベルト，クサンテンの［聖］（St. Norbert von Xanten） 26, 38, 40, 42-43, 53, 59, 74, 88

ハ 行

バーソロミュー，ファーンの（Bartholomew of Farn） 47
バーバー，M. C.（Barber, M. C.） 194
バイナム，C. W.（Bynum, C. W.） 367
ハイムラート（Heimerad） 60, 66
ハインリヒ，ディーセンホーフェンの（Heinrich von Diessenhofen） 415
ハインリヒ，ヘルフォルトの（Heinrich von Hervold） 410, 413, 416, 418
ハインリヒ6世［皇帝］（Heinrich VI） 109, 504
パウリナ（Paulina） 53
パウルス［聖］（S. Paulus） 21
パウロ（Paulus） 90, 117, 159, 510, 523
パコミウス（Pachomius） 21
パスカリス2世（Paschalis II） 42
ハデウェイヒ（Hadewijch） 330, 338-343, 345, 349, 350, 360, 363, 364
ハリソン，E.（Harrison, E.） 193, 195
バルトロマエウス・アングリクス（Barthlomaeus Anglicus） 237
バルバナ，レッジョの［フランシスコ会士］（Barnaba da Reggio） 249
ピエール，隠者の（Pierre l'Ermite）

37-38, 59, 62, 90
ピエール，リュクサンブールの［枢機卿］(Pierre de Luxemburg) 577
ピエール・ヴァルデス (Pierre Valdès) 111, 547
ピエール・オーティエ (Pierre Authier) 121, 139, 154-155
ピエール・オリウ (Pierre Olieu) 536, 538-546, 565, 566, 570, 572, 585
ピエール・サンス (Pierre Sens) 155
ピエール・セラン (Pierre Cellan) 135
ピエール・デュボワ (Pierre Dubois) 381
ピエール・ド・ガイヤック (Pierre de Gaillac) 158
ピエール・モリー (Pierre Maury) 157, 159
ピエトロ，フォッソンブローネの (Pietro da Fossombrone) 535
ピエトロ，マチェラータの (Pietro da Macerata) 535
ピエトロ・アルフォンシ (Pietro Alfonsi) 528
ヒエロニムス (Hieronymus) 256
ビジェ，J. L. (Biget, J. L.) 181, 191
ピショ，D. (Pichot, D.) 27
ヒッポリトゥス，ローマの (Hippolytus da Roma) 485
ピラトゥス，ポントゥス・ピラト (Pilatus) 449, 576
ビルイッタ，スウェーデンの (Birgitta) 575, 578
ヒルシュ=ライヒ，B. (Hirsch-Reich, B.) 513, 525
ヒルデガルト，ビンゲンの (Hildegard von Bingen) 256, 560, 566, 583
ヒルデベルトゥス［ルマン司教］(Hildebertus) 42, 63-65, 68-69
ファン・モーレンブルーク，J. (Van Moolenbroek, J.) 38
フィリップ，アレラクの (Philippe d'Alayrac) 157
フィリップ3世［フランス王］(Philippe III) 381
フィリップ4世［フランス王］(Philippe IV) 346
フィリップ5世［フランス王］(Philippe V) 267
フィリップ6世［フランス王］(Philippe VI) 421, 423
フィリッペン，L. J. M. (Philippen, L. J. M.) 298, 300, 309
フィリッポ，ノヴァラの (Filippo da Novara) 237
フーゴー，ロイトリンゲンの (Hugo von Reutlingen) 416, 417
フェデリコ，シチリアの (Federico II di Sicilia) 552, 566
フェリエ［異端審問官］(Ferrier) 200
フェリックス5世［教皇］(Felix V) 488, 573
フス，ヤン (Hus, Jan) 598, 599
フラ・ボンヴィチーノ (Fra Bonvicino) 462
フランチェスコ［聖］(S. Francesco) 106, 225, 252, 274, 276, 358, 378, 389, 425, 459, 516, 534-585
フランチェスコ・ディ・マルコ・ダティーニ (Francesco di Marco Datini) 475
ブランデッジ，A. (Brundage, A.) 226
フリートリヒ，ザンクト・トーマスの (Friedrich von Sankt Thomas) 221
フリードリヒ1世 (Friedrich I) 109
フリードリヒ2世 (Friedrich II) 109, 477, 551, 562, 566, 571
ブルーノ，シャルトルーズの［聖］(S. Bruno Ordinis Cartusiensis) 26, 58, 73
フルク［トゥールーズ司教］(Foulques de Toulouse) 330, 331
フルゴーニ，A. (Frugoni, A.) 475
ブルノン，A. (Brenon, A.) 116, 118, 176, 178, 198
フローテ (Geert de Groote) 490
フンベルトゥス，シルウァ・カンディダの (Humbertus de Silva-Candida) 16
フンベルトゥス，ロマンの (Humbertus de Romans) 311, 317
ベアトレイス，ナザレトの (Beatrijs van Nazareth) 290, 336-338, 339, 349, 360, 364
ペイアン・ボロタン (Payen Bolotin) 66, 83
ベヴィニャーテ［聖］(S. Bevignate) 462
ベーダ (Beda) 26
ペール・カルドナル (Peire Cardenal) 176
ペテロ (Petrus) 15, 58, 519, 523, 532
ペトルス・ウェネラビリス (Petrus Venerabilis) 71-72

ペトルス・カントール（Petrus Cantor）
256
ペトルス・ダミアニ（Petrus Damiani）
24-25, 39, 46, 59-60, 68, 73, 395
ペドロ［アラゴン王］(Pedro) 379, 571
ペトロニッラ，シュミーユの（Petronilla de Chemille） 38
ベナート，M.（Benad, M.） 197
ベネディクトゥス［聖］(S. Benedictus)
11, 44, 62, 68, 257, 499, 502, 510, 512, 514, 515, 518, 526, 550
ベネディクトゥス 11 世［教皇］(Benedictus XI) 487, 544, 552
ベネディクトゥス 12 世［教皇］(Benedictus XII) 408
ベネディクトゥス 13 世［教皇］(Benedictus XIII) 577, 580
ベルール（Béroul） 94, 101
ベルトルト，カイザースベルクの（Berthold von Kaisersberg） 389
ベルトルト，レーゲンスブルクの（Berthold von Regensburg） 242
ベルナール，ティロンの（Bernard de Tiron）
25, 33, 38, 40, 42-43, 50, 51, 66-67, 74, 89-91
ベルナール・ギー（Bernard Gui） 144, 154-155, 160, 547, 548, 552
ベルナール・ド・ヴァンタドゥール（Bernard de Ventadour） 170
ベルナール・ド・コー（Bernard de Caux）
193
ベルナルディーノ，フェルトレの（Bernardino da Feltre） 389
ベルナルディーノ，シエナの［聖］(S. Bernardino da Siena) 389, 491
ベルナルドゥス［聖］(S. Bernardus) 42, 59, 63, 65, 118, 227, 258, 274, 342, 351, 358, 360, 361
ベルンハルト，チューリンゲンの（Bernhard von Thüringen） 57
ヘロデ，アスカロニテの（Herodes） 229, 258
ベンティヴァンガ，グッビオの（Bentivenga da Gubbio） 554
ヘンリ 3 世［イングランド王］(Henry III)
378
ホスティエンシス（Hostiensis） 226
ポテスタ，G. L.（Potestà, G. L.） 513
ボナヴェントゥーラ（Bonaventura） 113, 275, 535
ボニファチウス 8 世（Bonifatius VIII）
381, 535, 536, 539, 544, 551-552, 565-569
ホノリウス 3 世（Honorius III） 309
ホノリウス 4 世（Honorius IV） 275, 549, 568
堀米庸三 602
ボルスト，A.（Borst, A） 115, 163
ポンス，レラスの（Ponce de Léras） 57

マ 行

マイモニデス（Maimonides） 175
マクドネル，E. W.（McDonnell, E. W.）
287
マクラーフリン，E.（McLaughlin, E.） 195
マシュー・パリス（Matthew Paris） 319
マティアス，ノイエンブルクの（Mathias de Nuwenburg） 412, 415, 433
マナッセス（Manasses） 487
マラキ（Maleachi） 512, 520
マリ，ワニーの（Marie d'Oignies） 269, 290, 309, 325, 330-338, 342, 345, 364
マリア，マグダラの（Maria Maddalena）
52-54, 311, 367, 449, 592
マリー・ロビーヌ（Marie Robine） 577, 579, 580
マルガリータ，トレントの（Margarita da Trento） 549, 552
マルグリット［フランドル女伯］(Marguerite)
301, 323
マルグリット［聖女］(S. Marguerite) 581
マルグリット・ポレート（Marguerite Porete）
346-349, 360
マルセル・シュウォップ（Marcel Schwob）
214
マルタ，ベタニアの（Martha） 54, 302, 317, 326
マルティヌス，トゥールの［聖］(S. Martinus de Tours) 21
マルティヌス 4 世［教皇］(Martinus IV)
568
マルティヌス 5 世［教皇］(Martinus V)
315
マルボドゥス［司教］(Marbodus) 63-64, 67
マンセッリ，R.（Manselli, R.） 115, 163, 464, 466
マンディー，J. H.（Mundy, J. H.） 179

マンフレーディ，ヴェルチェッリの (Manfredi da Vercelli) 389, 471, 574
マンフレート (Manfred) 378, 400, 462, 465, 477
ミカエル，チェゼナの (Michael da Cesena) 537, 546
ミカエル［聖］(S. Michael) 267, 581
ミュシャンブレ，R. (Muchembled, R.) 263
ミュラー，D. (Müller, D.) 198
ミルハーヴェン，J. G. (Milhaven, J. G.) 340
メヒティルト，マクデブルクの (Mechthild von Magdeburg) 338, 343-345, 349, 360, 362, 363
メルラン (Merlin) 561
メンス，A. (Mens, A.) 286
モーセ (Mose) 145, 506, 512, 523, 529
モーリス・デ・レオン (Maurice de Leôn) 167
モルゲン，R. (Morghen, R.) 14, 465

ヤ 行

ヤコブ，使徒 (Jacobus) 88
ヤコブ，族長 (Jacobus) 145, 512, 516, 522, 525, 529, 532
ヤコブス，ヴィトリの (Jacques de Vitry) 50, 284, 291, 309, 310, 330
ヤコブス，ウォラギネの (Jacobus a Voragine) 257, 258
ヤコポーネ，トーディの (Jacopone da Todi) 459
ユード・リゴー (Eudes Rigaud) 281
ユスティニアヌス (Justinianus) 512, 520
ユスティノス［聖］(S. Justinus) 485
ヨアキム，フィオーレの (Gioacchino da Fiore) 30, 208, 461, 464, 466, 469, 470, 481-587, 598
ヨシュア (Josua) 512, 520, 523, 529
ヨセフ (Josephus) 152
ヨハネ，洗礼者 (Joannes) 52-54, 91, 145, 468, 510, 512, 516, 519, 520, 523, 540
ヨハネ［聖］(S. Joannes) 123, 139, 152, 354
ヨハネス，ヴェルチェッリの (Johannes da Vercelli) 303
ヨハネス，オスナブリュックの (Johannes von Osnabrück) 310
ヨハネス，ソールズベリの (Joannes Saresberiensis) 257
ヨハネス，フェイの (Johannes de Fayt) 421
ヨハネス，ルペスキッサの (Johannes de Rupescissa) 564, 570-573
ヨハネス22世［教皇］(Johannes XXII) 315, 316, 407, 408, 536, 537, 542, 543, 545, 547, 586
ヨハネス23世［教皇］(Johannes XXIII) 569

ラ・ワ行

ラーナー，R. E. (Lerner, R. E.) 553, 556, 557
ラールホーヴェン (Laarhoven, J. van) 14
ライツェンシュタイン (Reitzenstein) 115
ライヒシュタイン，F.-M. (Reichstein, F.-M.) 303
ライモンド・パルマリオ［福者］(Raimondo Palmario) 253, 254
ライレイ=スミス，J. (Riley-Smith, J.) 226
ラウール，ラ・フュティの (Raoul de La Fustaie) 40
ラエツ，P. (Raedts, P.) 215
ラクタンチウス (Lactantius) 485
ラケル (Rachel) 229
ラッセル，F. H. (Russell, F. H.) 215, 226
ラニエロ・ファザーニ (Raniero Fasani) 397, 398, 399, 401, 403, 427, 494
ランシマン，S. (Runciman, S.) 115
ランドルフ・コッタ (Landolfo Cotta) 12
ランプレヒト，レーゲンスブルクの (Lamprecht von Regensburg) 311
ランベール・ル・ベーグ (Lambert le Bègue) 283, 284
リーヴズ，M. (Reeves, M.) 513, 525
リウドルフ，ニーダーラインの (Riudolf von Niederrhein) 66
リチャード1世 (獅子心王) (Richard I) 494
リドウィナ，シーダムの (Lidwina van Schiedam) 364
リベラート (Liberato) 535, 569
リュトブフ (Rutebeuf) 316, 317
ル・ロワ・ラデュリ，E. (Le Roy Ladurie, E.) 197
ルイ2世［アンジュー伯］(Louis II) 576

ルイ 8 世［フランス王］(Louis VIII)　120
ルイ 9 世，聖王［フランス王］(Louis IX)　224, 266, 586
ルースブルーク，ヤン・ヴァン (Jan van Ruusbroec)　330, 490
ルーセ，P. (Rousset, P.)　224
ルートヴィヒ，バイエルンの (Ludwig von Bayern)　407, 408, 545
ルキウス 3 世［教皇］(Lucius III)　494
ルジオ，クレモナの (Lugio da Cremona)　143, 161
ルッフィーノ (Ruffino)　253
ルペルトゥス，ドイツの (Rupertus von Deutz)　501
レオ［大司教］(Leo)　65
レギノ，プリュムの (Regino Prumiensis)　396
レノ (Rainaud)　64, 68
レフ，G. (Leff, G.)　558, 559
ロジェ・トランカヴェルとその妻アザライス (Roger et Azalais Trencavel)　186
ロバート・グロステスト［リンカン司教］(Robert Grosseteste)　310
ロビンソン (Robinson, I. S.)　14
ロベール，アルブリッセルの (Robert d' Abrissel)　25, 32, 35, 37-38, 40, 42, 48-49, 53, 57, 62-64, 66, 68, 74, 89, 94, 196, 287
ロベール，ソルボンの (Robert de Sorbon)　310
ロベルト，レッチェの (Robert da Lecce)　389
ロムアルド (Romualdo)　24-25, 30, 49, 54, 57, 60, 67-68, 73, 94
ロンギヌス (Longinus)　549
渡邊昌美　122, 163

事項・作品名索引

ア 行

カ　行

サ 行

タ　行

ナ　行

ハ　行

マ　行

ヤ　行

ラ・ワ行

欧　語

図版出典一覧

章　扉

第 1 章　*Ermites de France et d'Italie* (*XIe–XVe siècle*), sous la direction d'André Vauchez, École française de Rome, 2003.

第 2 章　Anne Brenon, *Les Cathares : pauvres du Christ ou apôtres de Satan* ?, Gallimard, 1997.

第 3 章　Pierre Riché & Danièle Alexandre-Bidon, *L'enfance au Moyen Age*, Seuil, 1994.

第 4 章　Suzanne van Aerschot & Michiel Heirman, *Les béguinages de Flandre : un patrimoine mondial*, Racine, 2001.

第 5 章　Alessandro Barbero, Chiara Frugoni, Riccardo Luisi, Alessandro Savorelli, Giuseppa Z. Zanichelli, *Il Villani illustrato : Firenze e l'Italia medievale nelle 253 immagini del ms. Chigiano L VIII 296 della Biblioteca vaticana*, Le Lettere, 2005.

第 6 章　*Die Bildwelt der Diagramme Joachims von Fiore : Zur Medialität religiös-politischer Programme im Mittelalter*, herausgegeben von Alexander Patschovsky, Jan Thorbecke Verlag, 2003.

第 6 章

図 I　筆者作成

図 II・IV・V・VI　Bernard McGinn, *The Calabrian Abbot : Joachim of Fiore in the History of Western Thought*, Macmillan Publishing Company, 1985.

図 III　Joachim von Fiore, *Psalterium decem chordarum*, Venezia, 1527 (repr. Minerva Verlag, 1965).

参考文献

史料の文献の順序ではIとJは区別していない。また聖人伝（伝記類）については，書名の順ではなく——Vitaのほか Libellus, De, Life など冒頭はさまざまだが——人名順に史料の最後にまとめた。

以下の略号を用いる——

雑誌・叢書・史料集

AASS : *Acta Sanctorum quotquot toto orbe coluntur*, ed. J. Bollandus & al.
AASS OSB : *Acta Sanctorum ordinis Sancti Benedicti*, ed. J. Mabillon, 9 vols., Paris, 1668-1701
AB : *Analecta Bollandiana*
AFH : *Archivum Franciscanum Historicum*
AFP : *Archivum Fratrum Praedicatorum*
AHDLMA : *Archives d'Histoire doctrinale et littéraire du Moyen-Âge*
AHR : *American Historical Review*
AKG : *Archiv für Kulturgeschichte*
AM : *Annales du Midi*
Annales ESC : *Annales, Économies, Sociétés, Civilisations*
AP : *Analecta Praemonstratensia*
ASI : *Archivio Storico Italiano*
BARB : *Bulletin de l'Académie royale de Belgique*
BEC : *Bibliothèque de l'École des chartes*
BEFAR : *Bibliothèque des Ecoles françaises d'Athènes et de Rome*
BIHBR : *Bulletin de l'Institut Historique Belge de Rome*
BISIAM : *Bullettino dell'Istituto storico italiano per il Medio Evo e Archivio Muratoriano*
CC : *Corpus Christianorum*
——*CM* : *Continuatio Mediaevalis*
CCM : *Cahiers de civilisation médiévale*
CCSSM : *Convegni del Centro di studi sulla spiritualità medievale*
CEC : *Cahiers d'études cathares*
CEFR : *Collection de l'Ecole française de Rome*
CEM : *Collection d'études médiévales de Nice*
CF : *Cahiers de Fanjeaux*
CFMA : *Classiques français du Moyen Âge*
CFS : *Cistercian Fathers Series*
CHFMA : *Classiques de l'Histoire de France au Moyen Age*
Chroniken : *Die Chroniken der deutschen Städte von 14. bis ins 16. Jahrhundert*
CISG : *Congresso internazionale di studi gioachimiti*
CS : *Cistercian Studies Series*

DA : *Deutsches Archiv für Erforschung des Mittelalters*
DHGE : *Dictionnaire d'histoire et de géographie ecclésiastique*
DIP : *Dizionario degli Istituti di Perfezione*
DS : *Dictionnaire de Spiritualité*
Fredericq : *Corpus documentorum inquisitionis haereticae pravitas neerlandicae*, ed. P. Fredericq
FRG : *Fontes rerum Germanicarum*, ed. Boehmer
FSI : *Fonti per la storia d'Italia*
HJ : *Historisches Jahrbuch*
HL : *Histoire général de Languedoc*, ed. C. Devic & J. Vaissete, 16 vols., Toulouse, 1872–1904
HZ : *Historische Zeitschrift*
JEH : *Journal of Ecclesiastical History*
JMH : *Journal of Medieval History*
JMRS : *The Journal of medieval and Renaissance studies*
LMA : *Lexikon des Mittelalters*
MA : *Le Moyen Age*
Mansi : *Sacrorum conciliorum nova et amplissima collectio*, ed. J. D. Mansi, 31 vols., Lyon-Paris, 1899–1927
MAS : *The Middle Ages Series*
MCSM : *Miscellanea del Centro di Studi Medievali* (Mendola)
MEFRM : *Mélanges de l'Ecole française de Rome : Moyen-Age—Temps modernes*
MGH : *Monumenta Germaniae Historica*
——*SS* : *Scriptores*
——*SSNS* : *Scriptores rerum Germanicarum. Nova series*
——*SSRG* : *Scriptores rerum Germanicarum in usum scholarum separatim editi*
MH : *Medievalia et Humanistica*
MIÖG : *Mitteilungen des Instituts für Österreichische Geschichtsforschung*
MM : *Miscellanea Mediaevalia*
MMS : *Münstersche Mittelalter-Schriften*
MRS : *Mediaeval and Renaissance Studies*
MS : *Medieval Studies*
NA : *Neue Archiv der Gesellschaft für ältere deutsche Geschichtskunde*
NSS : *Nuovi studi storici* (Istituto storico italiano per il Medio Evo)
OGE : *Ons Geestelijk Erf*
OGFTS : *Opere di Gioacchino da Fiore : testi e strumenti*
OMT : *Oxford Medieval Texts*
PL : *Patrologiae cursus completus, Series latina*, ed. J.-P. Migne, Paris, 1844–64
QCDMD : *Quaderni del Centro di Documentazione sul Movimento dei Disciplinati*
RAM : *Revue d'ascétique et de mystique*
RB : *Revue bénédictine*
RBPH : *Revue belge de philologie et d'histoire*
RH : *Revue historique*
RHE : *Revue d'histoire ecclésiastique*

RHEF : *Revue d'histoire de l'Église de France*
RHGF : *Recueil des historiens des Gaules et de la France*, ed. M. Bouquet
RHR : *Revue de l'histoire des religions*
RHS : *Revue d'histoire de la spiritualité*
RIS (*1*) : *Rerum italicarum scriptores*, ed. L. A. Muratori (Milano)
RIS (*2*) : *Rerum italicarum scriptores*, ed. L. A. Muratori, 2nd ed. (Città di Castello)
RM : *Revue Mabillon*
RN : *Revue du Nord*
RS : *Rolls Series*——*Rerum Britannicarum medii aevi scriptores*
RSCI : *Rivista di storia della Chiesa in Italia*
RSJB : *Recueils de la Société Jean Bodin*
RTAM : *Recherches de théologie ancienne et médiévale*
SA : *Studia Anselmiana*
SATF : *Société des anciens textes français*
SC : *Sources chrétiennes*
SCH : *Studies in Church History*
SG : *Studi Gregoriani*
SHF : *Société de l'Histoire de France*
SHM : *Sources d'Histoire Médiévale*
SISF : *Società internazionale di studi francescani*
SM : *Studi medievali*
SMRH : *Studies in Medieval and Renaissance History*
SS : *Studi storici* (Istituto storico italiano per il Medio Evo)
ST : *Studies and Texts*
TLF : *Textes littéraires français*
TSMAO : *Typologie des sources du Moyen Age occidental*
VF : *Vorträge und Forschungen*
VR : *Variorum Reprint*
ZKG : *Zeitschrift für Kirchengeschichte*
ZSKG : *Zeitshrift für schweizerische Kirchengeschichte*

聖人伝

VAna : De S. Anastasio
VAnt : Vita S. Antonii
VAr : De S. Arnulfo
VAy : De S. Ayberto
VBa : Vita Bartholomaei Farnensis
VBeN : Vita Beatricis (The Life of Beatrice of Nazareth)
VBeT : Vita B. Bernardi Tironiensis
VBr : Vita antiquior S. Brunonis Carthusianorum institutoris
VCa : De S. Caradoco
VChA : La Vie de Christian de l'Aumône
VChM : The Life of Christina of Markyate

VDoE : Vita S. Dominici abbatis Exiliensis
VDoL : Vita venerabilis viri Dominici Loricati
VDoS : Vie et miracles de saint Dominique de Sora
VEt : Vie de saint Étienne d'Obazine
VGal : De S. Galterio
VGauc : La Vie de saint Gaucher
VGauf : Vita B. Gaufredi
VGeA : Vita S. Geraldi abbatis
VGer : De S. Gerlaco
VGez : De S. Gezzelino
VGiM : De S. Girardo monacho
VGiS : Vita B. Giraldi de Salis
VGo : Libellus de vita et miraculis S. Godrici
VGoE : Vita Godehardi episcopi posterior
VGuA : De S. Guilielmo abbate
VGuF : De S. Guilielmo Firmato
VGuid : Vita S. Guidonis
VGuidA : De S. Guidone confessore Anderlaci
VGuM : De S. Guilielmo Magno
VGun : Vita Guntheri
VGuV : Legenda s. Guilielmi (Guglielmo da Vercelli)
VHa : Vita S. Haimeradi
VHe : De S. Henrico
VHi : De Ven. Hildeburge
VHu : Vita B. Hugonis de Lacerta
VIdL : Vita Idae Lovaniensis
VIdN : The Life of Ida of Nivelles
VJoF : Vita b. Joachimi abbatis (Florensis)
VJoG : Vita S. Joannis Gualberti
VJoL : De S. Joanne Laudensi
VJoM : De S. Joanne Matherensi
VMaO : De B. Maria Oigniacensi
VMaY : Vita Margaret de Ypris
VMe : Vita Meinwerci
VNo (1) : Vita Norberti A
VNo (2) : Vita S. Norberti B
VPat : Vitae Patrum
VPau : Vita Paulinae
VPe : Vita B. Petri Damiani
VPr : Vita S. Procopii
VQu : Vita quinque fratrum
VRa : Vita Raynerii
VRaP : De S. Raymundo Palmario

VRoA (1) : Vita B. Roberti de Arbrissello auctore Baldrico
VRoA (2) : Vita altera B. Roberti de Arbrissello auctore Andrea
VRoC : Vita S. Roberti conditoris et primi abbatis Casae-Dei
VRom : Vita S. Romualdi
VRoM : De S. Roberto, primo abbate Molismensi
VSi : Vita S. Simonis
VSt : Vita venerabilis viri Stephani Muretensis
VSy : Vita S. Symeonis
VTh : Vita S. Theobaldi
VVi : Vita B. Vitalis
VWu : John, Abbot of Ford, Wulfric of Haselbury

I 史 料

Adso Dervensis, *De ortu et tempore Antichristi necnon et Tractatus qui ab eo dependunt* [CCCM 45], ed. D. Verhelst, Turnhout, 1976.

Aerled de Rievaulx, *La vie de recluse* [SC 76], ed. Ch. Dumont, Paris, 1961.

Aiol [SATF], ed. J. Normand & G. Raynaud, Paris, 1877.

Alanus ab Insulis, De fide catholica contra haereticos sui temporis, praesertim albigenses libri quator, *PL* 210, col. 305-430.

Alberigo, J. (ed.), *Conciliorum oecumenicorum decreta*, 3 ed., Bologna, 1973.

Alberti Milioli notarii Regini Cronica imperatorum, *MGH SS* 31, pp. 657.

Albrici monachi Triumfontium Chronicon, *MGH SS* 23, pp. 631-950.

Analecta Norbertina, *PL* 170, col. 1343-1358.

Angelo Clareno, *Expositio Regulae Fratrum Minorum*, ed. L. Oliger, Quaracchi, 1912.

———, *Historia septem tribulationum Ordinis Minorum*, ed. F. Ehrle, in *Archiv für Literatur- und Kirchengeschichte des Mittelalters* 2 (1886), pp. 106-164, 249-336.

———, *Liber Chronicarum sive Tribulationum Ordinis Minorum* [Pubblicazioni della Biblioteca Francescana, Chiesa Nuova—Assisi 8], ed. P. G. Boccali, Santa Maria degli Angeli (Pg), 1998.

Annales Altahenses maiores [MGH SSRG].

Annales Erphesfurdenses, *MGH SS* 6, pp. 536-541.

Annales Foroiulienses a. 1252-1331, *MGH SS*, 19, pp. 194-222.

Annales Grissowiensis, *MGH SS* 19, pp. 541-542.

Annales Ianuenses, *MGH SS* 18, pp. 226-248.

Annales Marbacenses [MGH SSRG 9].

Annales Mechovienses, *MGH SS* 19, pp. 666-677.

Annales Parmenses, *MGH SS* 18, 664-790.

Annales Placentini Gibellini, *MGHSS* 18, 457-581.

Annales S. Benigni..., *MGH SS* 5, pp. 37-50.

Annales Scheftlarienses maiores, *MGH SS* 17, pp. 335-343.

Annales S. Iustinae Patavini, *MGH SS* 19, pp. 148-193.

Annales S. Medardi Suessionensibus, *MGH SS* 26, pp. 518-522.
Annales Spirenses, *MGH SS* 17, pp. 80-85.
Annales Stadenses, *MGH SS* 16, pp. 271-379.
Annali genovesi di Caffaro e de'suoi continuatori dal MCCLI al MCCLXXXIX [FSI 11-14bis], ed. C. Imperiale di Sant'Angelo, 5 vols., Roma, 1890-1929.
Anonymi continuatio appendicis Roberti de Monte ad Sigebertum, *RHGF* 18, pp. 333-345.
Anonymi Leobiensis chronicon, ed. J. von Zahn, Graz, 1865.
Anselmus d'Alexandrie, Tractatus de hereticis, ed. A. Dondaine, in La hiérarchie cathare en Italie, II, *AFP* 20 (1950), pp. 308-324.
Le antiche regole de li disciplinati di Madonna S. Maria de la morte e di S. Giovanne Baptista, ed. E. Cattaneo, *Ambrosius* 36 (1960), pp. 22-46.
Ariosto, Ludovico, *Orlando furioso* [邦訳，アリオスト（脇功訳）『狂えるオルランド』(全2巻)，名古屋大学出版会，2001年].
Arnaldo da Villanova (Arnau de Vilanova), De adventu Antichristi, ed. parziale in Finke, *Aus den Tagen*, pp. cxxix-clx.
———, De mysterio cymbalorum ecclesiae, ed. in Perarnau i Espelt J., *El text primitiu*, pp. 53-133.
———, (Tractatus) De tempore adventus Antichristi, ed. in Perarnau i Espelt J., *El text primitiu*, pp. 134-169.
———, *Expositio super Apocalypsim*, ed. J. Carreras i Artau & al., Barcelona, 1971.
S. Augustinus, *De Civitate Dei Libri XXII*, ed. B. Dombart & A. Kalb, 2 vols., Leipzig, 1928-29 [邦訳，アウグスティヌス（服部英次郎・藤本雄三訳）『神の国』(全5巻)，岩波文庫，1982-91年].
Beatrijs van Nazareth (Betatrice of Nazareth), *Seven manieren van minne*, ed. L. Reypens & J. Van Mierlo, Leuven, 1926 [邦訳，ナザレトのベアトレイス（國府田武訳）「愛の七段階」，『中世思想原典集成　15――女性の神秘家』，平凡社，2002年，pp. 411-428].
———, *Seven manieren van minne : Middelnederlandse tekst met een inleiding en hertaling*, ed. R. Faesen, Kapellen, 1999.
——— (Beatrice de Nazareth), *Sept degrés d'Amour*, trad. J.-B. Porion, in Hadewijch, *Lettres spirituelles. Béatrice de Nazareth, Sept degrés d'amour*, Genève, 1972.
Bec, P. (ed.), *Chants d'amour des femmes-troubadours*, Paris, 1995.
Becquet, Dom J., La Règle de Grandmont, in *Bulletin de la société archéologique et historique du Limousin*, 113e année, t. 87 (1958), pp. 9-36.
Berlière, U., Trois traités inédits sur les flagellants de 1349, in *RB* 25 (1908), pp. 334-357.
S. Bernardus abbas Claraevallensis, Epistolae, *PL* 182, col. 67-662.
———, Sermones de tempore, *PL* 183, col. 35-360.
———, Sermones in Cantica Canticorum, *PL* 183, col. 785-1198.
Bernard Gui, *Manuel de l'Inquisiteur* [CHFMA 8-9], ed. G. Mollat, 2 vols., Paris, 1926-27.
Béroul, *Le roman de Tristan* [CFMA 12], ed. E. Muret, 4th ed., Tristan et Iseut [邦訳，ベルール（新倉俊一訳）「トリスタン物語」，『フランス中世文学集　1――信仰と愛と』，白水社，1990年], pp. 149-167.
Bonacursus, Manifestatio haeresis Catharorum, *PL* 204, col. 775-777.
Bozóky, E. (ed.), *Le livre secret des Cathares : Interrogatio Iohannis, apocryphe d'origine*

bogomile, Paris, 1980.
Bruno, Relatio de statu ecclesiae in regno Alemanniae *MGH Leges* IV-3, pp. 589-594.
Das Buch Bahir : Ein Schriftdenkmal aus der Frühzeit der Kabbala auf Grund der kritischen Neuausgabe von Gerhard Scholem, Leipzig, 1923.
Burchardus abbas Bellevallis, Apologia de barbis, in *Apologiae duae* [CCCM 62], ed. R. B. C. Huygens, Turnhout, 1985, pp. 151-224.
Cafari et continuatorum Annales Ianuae, *MGH SS* 18, p. 1-356.
Capitoli della Confraternita dei Disciplinati di S. Croce, ed. E. Ardu, in *Bollettino della Deputazione di Storia Patria per l'Umbria* 60 (1963), pp. 347-370.
Capitoli della prima Compagnia di disciplina di S. Niccolò in Palermo del sec. XIV in volgare siciliano, ed. G. De Gregorio, Palermo, 1891.
I Capitoli di una compagnia di Disciplina compilati nell'anno MCCCXIX, [Miscellanea pratese di cose inedite o rare, antiche o moderne, fasc. 10], ed. C. Guasti, Prato, 1864.
Cartae ad Coenobium Lanthoniense spectantes, Num. I, in W. Dugdale (ed.), *Monasticon Anglicanum*, Vol. VI-1, London, 1846, pp. 128-140.
Cartulaire du béguinage de Sainte-Élisabeth à Gand, ed. J. Béthune, Bruges, 1883.
Cassianus, Collationes Patrum, *PL* 49, col. 477-1352.
Cawley, M. (ed.), *Lives of Ida of Nivelles, Lutgard and Alice the Leper*, Lafayette Oregon, 1987.
La cena segreta : Trattati e rituali catari, ed. F. Zambon, 1997.
Cenci, C. (ed.), *Documentazione di vita assisiana, 1300-1530* [Spicilegium Bonaventurianum X-XII], 3vols., Grottaferrata, 1974-76.
La Chanson des Quatre fils Aymon, ed. F. Castets, Montpellier, 1909.
Le Chevalier au barisel [CFMA 82], ed. F. Lecoy, Paris, 1955 [邦訳，新倉俊一訳「小樽の騎士」，『フランス中世文学集　4——奇蹟と愛と』，白水社，1996 年，pp. 377-406].
Chrétien de Troyes, *Le Chevalier au Lion* (*Yvain*) [CFMA 89], ed. M. Roques, Paris, 1960 [邦訳，クレティアン・ド・トロワ（菊池淑子訳）『獅子の騎士』，平凡社，1994 年].
———, *Le chevalier de la charrette* [CFMA 86], ed. M. Roques, Paris, 1975.
———, *Le roman de Perceval ou Le Conte du Graal* [CFMA 100], ed. F. Lecoy, 2 vols., Paris, 1975 [邦訳，クレチアン・ド・トロワ（天沢退二郎訳）「ペルスヴァルまたは聖杯の物語」，『フランス中世文学集　2——愛と剣と』，白水社，1991 年], pp. 141-323.
Chronica FF Pipini, *RIS* (1), 9, pp. 587-752.
Chronica Mathiae de Nuwenburg (*Die Chronik des Mathias von Neuenburg*) [MGH SSNS 4].
Chronica monasterii Sancti Bertini, *MGH SS* 25, pp. 736-866.
Chronica regia Coloniensis continuatio II, *MGH SSRG* 18, pp. 170-196.
Chronica regia Coloniensis continuatio III, *MGH SSRG* 18, pp. 197-250.
Chronicon Affligemense, *MGH SS* 9, pp. 404-417.
Chronicon Ebersheimense, *MGH SS* 23, pp. 427-453.
Chronicon Elwacense, *MGHSS* 10, pp. 34-51.
Chronicon Marchiae Tarvisinae et Lombardiae, *RIS* (2) 8, pt. III, p. 45.
Chronicon rhythmicum Austricum, *MGH SS* 25, pp. 439-468.
『中世思想原典集成　15——女性の神秘家』，平凡社，2002 年.

Clemens VI, Inter sollicitudines, in *Mansi* 25, col. 1153–1155.
Closener, Fritsche, Chronik, in *Chroniken* 8, pp. 1–151.
Continuatio Admutensis, *MGH SS* IX, pp. 579–593.
Continuatio Praemonstratensis, *MGH SS* 6, pp. 447–456.
The Continuations of the Old French «Perceval» of Chretien de Troyes, ed. W. Roach, 6 vols., Philadelphia (PA), 1949–83.
Corpus Chronicorum Bononiensium, *RIS* (2) 18–1, pp. 3–614.
Corpus juris canonici, ed. E. Friedberg, t. II, Leipzig, 1881.
Coville, A. (ed.), Documents sur les Flagellants, in *Histoire littéraire de la France*, t. 37, Paris, 1938, pp. 390–411.
Davis, G. W. (ed.), *The Inquisition at Albi, 1299–1300 : Text of Register and Analysis*, New York, 1948.
Des Vaux-de-Cernay, Pierre, *Hystoria Albigensis*, ed. Guébin & Lyon, 3 vols., Paris, 1926–39.
Diversorum donationes piae abbatiae Fontis Ebraldi sub regimine B. Roberti de Arbrissello Factae, *PL* 162, col. 1095–1118.
Documents relatifs aux Flagellants (1349), in Jean Froissart, *Œuvres*, t. 18, pp. 305–317.
Dondaine, A. (ed.), "Les actes du concile albigeois de Saint-Félix de Caraman," in *Miscellanea Giovanni Mercati V, Studi e Testi*, CXXV, Città del Vaticano, 1946, pp. 324–355.
——(ed.), "Le Manuel de l'Inquisiteur (1230–1330)," *AFP* 17 (1947), pp. 85–194 (repr. in Dondaine [1990]).
——(ed.), *Un Traité néo-manichéen du XIII*ᵉ *siècle : le Liber de duobus principiis, suivi d' un fragment de rituel cathare*, Rome, 1939.
Doon de Maience [Les anciens poètes de la France 2], ed. A. Pey, Paris, 1859.
Douais, C. (ed.), *Documents pour servir à l'histoire de l'inquisition dans le Languedoc*, 2 vols, Paris, 1900.
Durandus de Huesca, Liber Antiheresis, in K.-V. Selge [1967], t. II, pp. 6–257.
[———], *Une Somme anti-cathare, le «Liber contra Manicheos» de Durand de Huesca* [Spicilegium sacrum lovaniense, Etudes et Documents], ed. Ch. Thouzellier, Louvain, 1964.
Eckbertus Schonaugiensis, Sermones contra Catharos, *PL* 195, col. 11–98.
Ermengaudus, Tractatus contra haereticos, *PL* 204, col. 1235–1272.
L'Estoire del saint Graal [CFMA 120–121], ed. J. -P. Ponceau, 2 vols., Paris, 1997.
Evervinus Steinfeldensis, Epistola ad S. Bernardum, *PL* 182, col. 676–680.
Ex Annalium Rotomagensium continuationibus, *MGH SS* 26, pp. 501–506.
Ex Annalium S. Medardi Suessionensibus, *MGH SS* 26, pp. 518–522.
Ex chronico anonymi Laudunensis canonici, *RHGF* 18, pp. 702–720.
Ex chronico coenobii Mortui-Maris, *RHGF* 18 pp. 354–357.
Ex chronico Savigniacensis monasterii, *RHGF* 18, pp. 350–352.
Ex gestis pontificum Cenomannensium, *RHGF* 12, pp. 539–557.
Ex Reineri ad S. Jacobum monachi chronico Leodiensi, *RHGF* 18, pp. 610–638.
Fontes rerum Germanicarum——Geschichtsquellen Deutschlands, ed. J. F. Boehmer, t. I, Stuttgart, 1868.
Fragmenta ex Herberti libris de miraculis Cisteciensium monachorum, *PL* 185, col. 453–466.

Fredericq, P., *Corpus documentorum Inquisitionis haereticae pravitatis Neerlandicae*, Gent-'s Gravenhage, 5 vols., 1889–1906.
———, Deux sermons inédits de Jean de Fayt sur les Flagellants (5 octobre 1349) et sur le Grand Schisme d'Occident, 1378, in *Bulletin de l'Académie royale de Belgique, Classe des lettre*, 9–10 (1903), pp. 688–718.
Froissart, Jean, *Œuvres*, ed. K. de Lettenhove, 26 vols., Bruxelles, 1867–77.
Fundatio monasterii Arrosiensis, *MGH SS* 15-2, pp. 1117–1125.
Fundatio monasterii Gratiae Dei, *MGH SS* 20, pp. 683–691.
Gerbert de Montreuil, *La Continuation de Perceval* [CFMA 28, 50 et 101], ed. M. Williams & M. Oswald, 3 vols., Paris, 1975.
Gerson, Jean, Contra sectam Flagellantium, in Idem, *Œuvres complètes*, t. X, ed. P. Glorieux, Paris, pp. 45–51.
Gesta archiepiscoporum Magdeburgensium. Continuatio prima, *MGH SS* 14, pp. 374–484.
Gestorum treverorum continuatio IV, *MGH SS* 24, pp. 390–404.
Gioacchino da Fiore, *Adversus Judeos* [FSI 95], ed. A. Frugoni, Roma, 1957.
———, *Commento a una profezia ignota* [OGFTS 10], ed. M. Kaup, Roma, 1999.
———, *De articulis fidei* [FSI 78], ed. E. Buonaiuti, Roma, 1936.
———, De prophetia ignota, in M. Kaup (ed.), *Eine frühe Schrift Joachims von Fiore*, Hannover, 1998, pp. 239–247.
———, *Dialoghi sulla prescienza divina e la predestinazione degli eletti* [OGFTS 1], ed. G. L. Potestà, Roma, 2001.
———(Ioachim abbas Florensis), *Dialogi de prescientia Dei et predestinatione electorum* [Fonti per la storia dell'Italia medievale. Antiquitates 4], ed. G. L. Potestà, Roma, 1995.
———, *Enchiridion super Apocalypsim* [ST 78], ed. E. K. Burger, Toronto, 1986.
———, *Expositio in Apocalypsym*, Venezia, 1527 (repr. Frankfurt am Main, 1964).
———, Genealogia sanctorum antiquorum patrum, in G. L. Potestà, Die Genealogia, pp. 91–101.
———, *Introduzione all'Apocalisse* [OGFTS 6], ed. K.-V. Selge, Roma, 1995.
———, *Liber Concordie Novi ac Veteris Testamenti*, Venezia, 1519 (repr. Frankfurt am Main, 1983).
———(Abbot Joachim of Fiore), *Liber de Concordia Noui ac Veteris Testamenti* [Transactions of the American Philosophical Society 73/8], ed. E. R. Daniel, Philadelfia (PA), 1983.
———, *Liber figurarum*, ed. L. Tondelli, M. Reeves & B. Hirsch-Reich, *Il Libro delle Figure dell'abate Gioacchino da Fiore*, Vol. II, 2nd ed., Torino, 1953.
———, Prefatio, in K.-V. Selge, Eine Einführung Joachims von Fiore in die Johannesapokalypse, *DA* 46 (1990), pp. 102–131.
———, *Psalterium decem chordarum*, Venezia, 1527 (repr. Frankfurt am Main, 1965).
———, Tractatus de Vita Sancti Benedicti, ed. C. Baraut, in *Analecta Sacra Tarraconensia*, 24 (1951), pp. 42–118.
———, *Tractatus super quatuor Evangelia* [FSI 67], ed. E. Buonaiuti, Roma, 1930.
———(Ioachim abbas Florensis), *Tractatus super quatuor Evangelia*, ed. F. Santi, Roma, 2002.

———, *Trattati sui quattro Vangeli* [OGFTS 11], trad. L. Pellegrini, Roma, 1999.
Giorgio Stella, Annales Genuenses, *RIS* (2) 17-II, pp. 1-384.
Giraldus Cambrensis, Itinerarium Kambriae, i, 3, in *Giraldi Cambrensis opera* [RS], ed. J. S. Brewer & J. F. Dimock, Vol. VI, pp. 3-152.
Une Glose sur le Pater, ed. Th. Venckeleer, in *RBPH* 39 (1961), pp. 759-792.
Goffridus abbas Vindocinensis, Epistolae, *PL* 157, col. 33-212.
Grimlaicus presbyter, Regula solitariorum, *PL* 103, col. 573-664.
V. Guibertus abbas S. Mariae de Novigento (Guibert de Nogent), De vita sua libri tres, *PL* 156, col. 837-962.
———, Gesta Dei per Francos, *PL* 156, col. 683-838.
Guigo Carthusiae, Consuetudines, *PL* 153, col. 631-757.
Guillaume de Berneville, *La Vie de saint Gilles*, ed. F. Laurent [Champion Classiques, Série «Moyen Age» 6], Paris, 2003.
Guillaume Pelhisson, *Chronique* (*1229-1244*) [SHM], ed. J. Duvernoy, Paris, 1994.
Guillaume de Tudèle & l'anonyme, *La Chanson de la Croisade Albigeoise*, ed. H. Gougaud, Paris, 1984.
Guillelmus de Podio Laurentii (Guillaume de Puylaurens), *Chronique 1203-1275* [SHM 7], ed. J. Duvernoy, Paris, 1976.
[Guillelmus Tornacensis], *The De instructione puerorum of William of Tournai O. P.*, ed. James A. Corbett, Notre Dame (IN), 1955.
Hadewijch (Hadewych), *Brieven*, ed. J. Van Mierlo, Antwerp, 1947.
———, *The Complete Works*, trans. by Mother Columba Hart, O. S. B., Mahwah (NJ), 1980.
———, *De Visioenen*, ed. J. Van Mierlo, Louvain, 1924 [邦訳，ハデウェイヒ（鳥井裕美子訳）「幻視」，『中世思想原典集成　15――女性の神秘家』，平凡社，2002 年，pp. 357-409].
———, Lettres spirituelles, trad. J. B. Porion, in *Hadewijch, Lettres spirituelles. Béatrice de Nazareth, Sept degrés d'amour, Genève*, 1972.
———, *Mengeldichten*, ed. J. Van Mierlo, Antwerpen, 1952.
——— (Hadewijch d'Anvers), *Poèmes des Béguines traduits du moyen-néerlandais*, trad. J. B. Porion, Paris, 1954.
———, *Strophische Gedichten*, ed. J. Van Mierlo, Antwerpen, 1942.
Hartzheim, J. (ed.), *Concilia Germaiae quae celsissimi principis Joannis Mauritii Archiepiscopi Pragensis scripsis*, Köln, 1759-60, t. III.
Hefele, C. J. & Leclercq, H. (eds.), *Histoire des Conciles d'après les documents originaux*, 8 vols., Paris, 1907-21.
Heinrich von Diessenhofen, Liber XXV in *FRG* 4, pp. 16-126.
Heinrich von Herford (Heinricus de Hervordia), *Liber de rebus memorabilioribus sive chronicon*, ed. A. Potthast, Göttingen, 1859.
Heinricus Rebdorfensis, Annales imperatorum et paparum, *FRG* 4, pp. 507-568.
Herimannus monachus, De miraculis S. Mariae Laudunensis, *MGH SS* 12, pp. 653-660.
Hermanni Altahensis Annales, *MGH SS* 17, pp. 381-407.
Hieronymus (Saint Jérôme), *Lettres*, ed., J. Labourt, 8 vols., Paris, 1949-63.
V. Hildebertus Cenomanensis episcopus, Epistolae, *PL* 171, col. 135-312.

Hildegardis Bingensis, *Liber divinorum operum* [CCCM 92], ed. A. Derolez & P. Dronke, Turnhout, 1996.
Historia fratris Dulcini Heresiarche, *RIS* (2) 9-V, pp. 15-36.
Historia monasterii Viconiensis, *MGH SS* 24, pp. 291-313.
Hoornaert, R. (ed.), La plus ancienne règle de Béguinage de Bruges, *Annales de la Société d'Emulation de Bruges* 72 (1929), pp. 17-79.
Horstman, C. (ed.), *Nova Legenda Anglie*, 2 vols., Oxford, 1901.
S. Iacobus de Marchia, *Dialogus contra fraticellos addita versione itala saec. xv*, rec. D. Lasič, Frankfurt am Main, 1975.
Jacobus de Voragine, *Chronica civitatis Ianuensis* (*Iacopo da Varagine e la sua cronaca di Genova*) [FSI 85], ed. G. Monleone, t. II, 1941.
——— (Jacobus a Voragine), *Legenda aurea*, ed. Th. Graesse, Dresden, 1890 [邦訳, ヤコブス・デ・ウォラギネ（前田敬作他訳）『黄金伝説』（全4巻）人文書院, 1979-87年].
Jacopone da Todi, *Laude* [Scrittori d'Italia 257], ed. F. Mancini, Bari, 1974.
Ida of Louvain : Medieval Cistercian Nun, trans. F. M. Cawley, Lafayette (Ore.), 1990.
L'inquisiteur Geoffroy d'Ablis et les cathares du comté de Foix (1308-1309), ed. A. Palès-Gobilliard, Paris, 1984.
L'Inquisition en Quercy : Le registre des pénitences de Pierre Cellan 1241-1242, ed. J. Duvernoy, Castelnaud la Chapelle, 2001.
[Jacques de Vitry], *The Historia Occidentalis of Jacques de Vitry* [Spicilegium Friburgense 17], ed. J. F. Hinnebusch, Fribourg, 1972.
[———], *Lettres de Jacques de Vitry*, ed. R. C. B. Huygens, Leiden, 1960.
———, Secundus sermo ad Virgines, ed. J. Greven, *HJ* 35 (1914), pp. 43-47.
Jean Gobi, *Scala coeli* (La *Scala Coeli* de Jean Gobi) [SHM], ed. M.-A. Polo de Beaulieu, Paris, 1991.
Jean Renart, *L'Escoufle : Roman d'aventure* [TLF 211], ed. F. Sweetser, Paris-Genève, 1974.
Jehan de Brie, *Le bon berger : le grand classique de la Bergerie (XIVème siècle)*, Étrépilly, 1986.
Joannes Cassianus, Collationes, *PL* 49, col. 477-1328.
Joannes Saresberiensis (John of Salisbury), *Policraticus*, ed. C. C. I. Webb, 2 vols., Oxford, 1909.
Johannes Beleth, *Summa de ecclesiasticis officiis* [CCCM 41 A], ed. H. Douteil, Turnhout, 1976.
Johannes de Rupescissa (Jean de Roquetaillade), *Liber ostensor quod adesse festinant tempora* [Sources et documents d'histoire du Moyen Âge 8], ed. C. Th. Modestin & Ch. Morerod-Fattebert, Roma, 2005.
———, *Liber Secretorum Eventuum*. Edition critique, traduction et introduction historique [Spicilegium Friburgense 36], ed. R. E. Lerner & Ch. Morerod-Fattebert, Fribourg (Suisse), 1994.
Iohannis Codagnelli Annales Placentini [MGH SSRG 23].
Joufroi de Poitiers : roman d'aventures du XIIIe siècle [TLF 183], ed. P. B. Fay & J. L. Grigsby, Paris-Genève, 1972.
Journal d'un bourgeois de Paris de 1405 à 1449 [Lettres gothiques], ed. C. Beaune, Paris,

1990.
S. Isidorus Hispalensis episcopus, De ecclesiasticis officiis, *PL* 83, col. 737-826.
Juliani Canonici Civitatensis chronica (1252-1364), *RIS* (2) 24-XIV, pp. 3-52.
D. Ivo Carnotensis episcopus, Epistolae, *PL* 162, col. 11-288.
La Chanson de la croisade albigeoise, ed. Eugène Martin-Chabot, 3 vols., Paris, 1973.
Lancelot en prose [TLF 247, 249, 262, 278, 283, 286, 288, 307, 315], ed. A. Micha, 9 vols., Paris-Genève, 1978-83.
Il laudario «Frondini» dei disciplinati di Assisi (sec. XIV), ed. F. Mancini, Firenze, 1990.
Laude cortonesi dal secolo XIII al XV [Biblioteca della Rivista di storia e letteratura religiosa, Studi e testi 5], ed. G. Varanini & al., 3 vols., Firenze, 1981-85.
Laudi dei Disciplinati di Gubbio, in *Il Propugnatore*, ed. Carducci, Neue Reihe II, I, 1889, pp. 145-196.
Laudi inedite dei Disciplinati umbri, ed. G. Galli, Bergamo, 1910.
Leben und Offenbarungen der Wiener Begine Agnes Blannbekin († 1315), ed. P. Dinzelbacher & R. Vogeler, Göppingen, 1994.
Une lettre inédite de Robert d'Arbrissel à la comtesse Ermengarde de Bretagne, ed. J. de Pétigny, in *BEC* 3rd series 5, 1854, pp. 209-235.
Lettres des premiers chartreux [SC 88], ed. un chartreux, Paris, 1962.
Lezenda de fra Rainero Faxano, ed. G. Mazzatinti, in *Bolletino della Società Umbra di Storia Patria* 2 (1896), pp. 561-563.
Libellus de diversis ordinibus et professionibus qui sunt in aecclesia [OMT 25], ed. G. Constable & B. Smith, Oxford, 1972.
Liber Antiheresis, in C. Thouzellier [1960], Appendix, pp. 206-227.
Liber de doctrina, in J. Becquet (ed.), *Scriptores Ordinis Grandimontensis* [CCCM 8], pp. 1-62.
Libro dei battuti di S. Defendente di Lodi, ed. G. Agnelli, in *Archivio storico lodigiano* 21 (1902), pp. 1-108.
Die Limburger Chronik des Tilemann Elhen von Wolfhagen, *MGH Deutsche Chroniken* 4/1.
Livre des deux principes, ed. Christine Thouzellier, Paris, 1973.
Le Livre des sentences de l'inquisiteur Bernard Gui 1308-1323 [SHM 30], ed. A. Palès-Gobilliard, 2 vols., Paris, 2002.
Luca di Cosenza, Memorie, in Grundmann [1960], pp. 539-544.
Magdeburger Schöppenchronik [Chroniken 7].
Manifestatio Haeresis, in Cazenave [1977], appendice II, pp. 384-387.
Marbodus Redonensis episcopus, Epistolae, *PL* 171, col. 1465-1492.
———, Liber decem capitulorum, *ibid.*, col. 1693-1716.
Margareta von Magdeburg, Eine gelähmte Mystikerin des 13. Jahrhunderts, ed. B. Weiß, Paderborn, 1995.
Marguerite Porete, Le «Miroir des simples âmes», in Guarnieri (ed.) [1965], pp. 363-708 [邦訳（抄訳），マルグリット・ポレート（中原暁彦訳）「単純な魂の鏡」，『中世思想原典集成 15――女性の神秘家』，平凡社，2002 年，pp. 671-700].
———, *Le Miroir des âmes simples et anéanties*, Introduction, traduction et notes par M.

Huot de Longchamp, Paris, 1984.
——— (Margareta Porete), *Speculum simplicium animarum* [CCCM 69], ed. P. Verdeyen, Turnhout, 1986.
Matthaeus Parisiensis (Matthew Paris), *Chronica majora*, ed. H. R. Luard, 7 vols. [RS], London, 1872-84.
———, *Historia Anglorum and abbreviatio chronicorum*, ed. F. Madden, 3 vols. [RS], London, 1866-69.
Matthei Palmieri, Liber de Temporibus, *RIS* (2), 26-1 (1906), 7-194.
Mechtild von Magdeburg, *Das fließend Licht der Gottheit*, ed. H. Neumann, 2 vols., München, 1990-93 [邦訳，マクデブルクのメヒティルト（香田芳樹訳）『神性の流れる光』[ドイツ神秘主義叢書 1]，創文社，1999 年および『キリスト教神秘主義著作家集 4-I——中世の女性神秘家 1』，教文館，1996 年に全訳，また『中世思想原典集成 15——女性の神秘家』，平凡社，2002 年，pp. 429-466 に抄訳（小竹澄栄訳）がある].
Meersseman, G. G. (ed.), *Dossier de l'Ordre de la Pénitence au XIIIe siècle* [Spicilegium Friburgense 7], Fribourg, 1961.
Memoriale fratris Walteri de Coventria [RS 58], t. II, London, 1873.
Memoriale Guilielmi Venturae civis Astensis de gestis civium Astensium et plurium illorum, *RIS* (1) 11, col. 153-268.
Moneta Cremonensis, *Adversus Catharos et Valdenses libri quinque*, ed. Th. Ricchini, Roma, 1743.
Le Moniage Guillaume [CFMA 145], ed. N. Andrieux-Reix, Paris, 2003.
La Mort le Roi Artu [TLF 58], ed. J. Frappier, Genève, 3rd ed., 1964.
Nelli, R. & Brenon, A. (eds.), *Écritures cathares*, Le Rocher, 1995.
Le Nouveau Testament traduit au XIIIe siècle en langue provençale, suivi d'un rituel cathare, ed. L. Clédat, Paris, 1887.
Ordericus Vitalis, *Historia ecclesiastica*, ed. M. Chibnall, 6 vols., Oxford, 1969-80.
Otto von Freising, *Chronica sive historia de duobus civitatibus* [MGH SSRG 45], Hannover, 1912.
Perlesvaus : le Haut Livre du Graal, traduit et présenté par Ch. Marchello-Nizia, in *La légende arthurienne : le Graal et la Table Ronde* [Bouquins], Paris, 1989, pp. 117-309.
[S. Petrus Damianus, Epistolae], *Die Briefe des Petrus Damiani* [MGH Die Briefe der deutschen Kaiserzeit 4], 4 vols., ed. K. Reindel, München, 1983-93.
S. Petrus Damianus, Opuscula varia, *PL* 145, col. 19-858.
———, Sermones, *PL* 144, col. 505-924.
Petrus Ioannes Olivi (Pietro di Giovanni Olivi), *Scritti scelti* [Fonti cristiane per il terzo millennio 3], ed. P. Vian, Roma, 1989.
Petrus Pictaviensis episcopus, Privilegia pro ordine et congregatione Fontis Ebraldi, *PL* 162, col. 1089-1094.
Petrus Vallium Sarnarii Monachi (Pierre des Vaux-de-Cernay), *Historia Albigensis*, ed. P. Guébin & H. Lyon, 3 vols., Paris, 1926-39.
Petrus Venerabilis (Pierre le Vénérable), Lettre à Gislebert, introduction et traduction par J. Couturier, in *Connaissance des Pères de l'Eglise*, 19-20 (1985), pp. 22-34.
Procès de condamnation et de réhabilitation de Jeanne d'Arc dite la Pucelle, 5 vols., Paris,

1841-49, t. 1 : procès de condamnation [邦訳，高山一彦編訳『ジャンヌ・ダルク処刑裁判（新装版）』，白水社，2002 年].
La Queste del Saint Graal [CFMA 33], ed. A. Pauphilet, Paris 1972 [邦訳，天沢退二郎訳『聖杯の探索』，人文書院，1994 年].
Raynerius Sacconi, Summa de Catharis et Pauperibus de Lugduno, ed. A. Dondaine, in Idem (ed.), Un Traité néo-manichéen…, pp. 64-78.
Un Recueil cathare : le manuscrit A 6. 10. de la collection vaudoise de Dublin I : Une Apologie, ed. Th. Venckeleer, *RBPH* 38 (1960), pp. 815-834.
Un Recueil cathare : le manuscrit A 6. 10. de la collection vaudoise de Dublin II : Une glose sur le Pater, ed. Th. Venckeleer, *RBPH* 39 (1961), pp. 759-793.
Regino Prumiensis, De ecclesiasticis disciplinis et religione christiana, *PL* 132, col. 185-400.
Le registre d'Inquisition de Jacques Fournier, évêque de Pamiers (1318-1325), ed. J. Duvernoy, texte latin, 3 vols., Toulouse, 1965.
Le registre d'Inquisition de Jacques Fournier traduit et annoté (1318-1325), ed. J. Duvernoy, 3 vols., Paris-La Haye, 1977-78.
La Règle de saint Benoît [SC 181-186], ed. A. de Vogüé, 7 vols., 1971-77 [邦訳，古田暁訳『聖ベネディクトの戒律』，すえもりブックス，2000 年].
La Règle du Maître [SC 105-107], ed. A. de Vogüé, 3 vols., Paris, 1964-65.
Regolamento della Arciconfraternita dei SS. Francesco e Bernardino in Cavaglià, 20 maggio 1563, in Ardu [1967], pp. 50-79.
Regula e ammestramento…del 1443 (Bologna), in Meersseman, Études sur les anciennes Confréries dominicaines. I. Les Confréries des Saint-Dominique," *AFP* 20 (1950), pp. 88-105.
Regula venerabilis viri Stephani Muretensis, ed. J. Becquet, *Scriptores Ordinis Grandimontensis* [CCCM 8], pp. 65-99.
Richerus, Gesta Senoniensis ecclesiae, *MGH SS* 25, pp. 249-345.
Rituel cathare [SC 236], ed. Ch. Thouzellier, Paris, 1977.
Roi Flore et la belle Jeanne [邦訳，神沢栄三訳「フロール王と美女ジャンヌ」，『フランス中世文学集　4――奇蹟と愛と』，白水社，1996 年，pp. 267-302].
Le roman de Tristan en prose, ed. R.-L. Curtis, 3 vols., München-Leiden-Cambridge, 1963-85.
Rouleaux des morts du IXe au XVe siècle [SHF : Publications 135], ed. R. Delisle, Paris, 1866.
Rufinus, Historia monachorum in Aegypto, *PL* 21, col. 387-462.
Rutebeuf, *Œuvres complètes* [Classiques Garnier], ed. M. Zink, 2 vols., Paris, 1989-90.
Salimbene de Adam, *Cronica*, ed. G. Scalia, 2 vols., Bari, 1966.
Scriptores Ordinis Grandimontensis [CCCM 8], ed. J. Becquet, Turnhout, 1968.
Seherus, Primordia Calmosiacensia, *MGH SS* 12, pp. 324-347.
[Sercambi, Giovanni], *Le Cronache di Giovanni Sercambi Lucchese* [FSI 19-21], ed. S. Bongi, 3 vols., Roma, 1892.
Sicardi episcopi Cremonensis Cronica, *MGH SS* 31, pp. 22-181.
Gli Statuti della Confraternita della B. Vergine di Arzignano (Vicenza 1366), ed. G. Mantese, *RSCI* 14 (1960), pp. 443-449.

Statuti della Confraternita del Santissimo Corpo di Cristo di Valdagno (Vicenza), ed. G. Mantese, *RSCI* 15 (1961), pp. 109-122.
Statuti della Fraglia dei Battuti di Borgo Porta Nova e l'Ospedale dei SS. Ambrogio e Bellino in Vicenza, ed. G. Mantese, *QCDMD* 15, pp. 3-16.
Gli Statuti in volgare trecentesco della Confraternita dei Disciplinati di S. Lorenzo in Assisi, ed. F. Santucci, *QCDMD* 14, pp. 5-47.
Statuti piacentini-parmensi dei disciplinati, ed. C. Mesini, in *Archivio storico per le province parmensi* 12 (1960), pp. 43-70.
Statuto dei Battuti bolognesi, in A. Gaudenzi (ed.), *Statuti delle società del popolo di Bologna*, II : *Società delle Arti*, Roma, 1896, pp. 421-436.
Statuto della Compagnia stretta «De Madona sancta Maria de la vita» di Bologna——1459, in *Il Movimento...* [1962], pp. 217-238.
Statuto della fraternità dei disciplinati di S. Rufino, ed. U. Nicolini, in Nicolini & al. (eds.) [1989], pp. 305-329.
Statuto della fraternità dei disciplinati di S. Stefano, ed. E. Menestò, in Nicolini & al. (eds.) [1989], pp. 233-270.
Stephanus Tornacensis, Epistolae, *PL* 211, col. 309-562.
Tarrant, J. (ed.), "The Clementine Decrees on the Beguines : Conciliar and Papal Versions," *Archivum Historiae Pontificiae* 12 (1974), pp. 300-308.
Le témoignage de Geoffroy d'Auxerre sur la vie cistercienne, in J. Leclercq, *Analecta monastica*, 2e série, [SA 31], Roma, 1953, pp. 174-201.
Tertullianus, Adversus Judaeos, *CC* 2, pp. 1337-1396.
——, Adversus Marcionem, *CC* 1, pp. 437-726.
Testi trecenteschi di Città di Castello e del contado, ed. F. Agostini, Firenze, 1978.
The 1364 Statutes of the Confraternity of Santa Croce, in Banker [1988], pp. 210-234.
Thomas de Eccleston, Libro de Adventu Fratrum Minorum in Angliam, *MGH SS* 28, pp. 561-569.
Tondelli, L., Reeves, M. & Hirsch-Reich, B., *Il libro delle figure dell'abate Gioacchino da Fiore*, 2 vols., 1953.
Un traité cathare inédit du début du XIIIe siècle d'après le «Liber contra Manicheos» de Durand de Huesca, ed. Ch. Thouzellier, Louvain, 1961.
Ubertino da Casale (Ubertinus de Casali), *Arbor vitae crucifixae Iesu*, Venezia, 1485 (repr. Torino, 1961).
Wattenbach, W. (ed.), "Mitteilungen aus Handschriften," *NA* 8 (1882), pp. 191-193.
Willelmi chronica Andrensis, *MGH SS* 24, pp. 684-773.
Willelmus Malmesburiensis (William of Malmesbury), *De gestis regum Anglorum* [RS], 2 vols., ed. W.Stubbs.
Wolfram von Eschenbach, Parzival in *Wolfram von Eschenbach*, t. I *: Lieder, Parzival und Titurel*, ed. K. Lachmann, 7th ed., Berlin, 1952 [邦訳，ヴォルフラム・フォン・エッシェンバハ（加倉井粛之他訳）『パルチヴァール』，郁文堂，1974 年].

聖人伝，伝記類（人名順）

De S. **Aderaldo**, *AASS* Oct. VIII, pp. 980-995.

De S. **Anastasio**, *AASS* Oct. VII, pp. 1125-1140.

Vita S. **Antonii** (Vie d'Antoine) [SC 400], ed. G. J. M. Bartelink, Paris, 1994.

Vita S. **Arnulfi**, *AASS OSB* VI-2, pp. 502-557.

De S. **Ayberto**, *AASS* Apr. I, pp. 669-679.

Vita **Bartholomaei Farnensis**, in Symeon monachus, *Historia ecclesiae Dunhelmensis* [RS], ed. Th. Arnold, t. I, Appendix II, pp. 295-325.

Vita **Beatricis**. *De Autobiografie van de Z. Beatrijs van Tienen O. Cist., 1200-1268* [Studiën en Tekst uitgegeven van OGE 15], ed. L. Reypens, Antwerpen, 1964.

(*The Life of* ***Beatrice of Nazareth*** 1200-1268 [Cistercian Fathers Series 50], trans. by R. De Ganck, Kalamazoo (MI), 1991.)

De B. **Bernardo poenitente**, *AASS* Apr. II, pp. 674-697.

Vita B. **Bernardi Tironiensis**, *PL* 172, col. 1363-1446.

De S. **Bona**, *AASS* May VII, pp. 141-161.

Vita antiquior S. **Brunonis Carthusianorum** institutoris, *PL* 152, col. 481-492.

Vita **Brunonis** archiepiscopi **Coloniensis** [MGH SSRG 52].

De S. **Caradoco**, in *Nova Legenda Anglie*, ed. C. Horstman, t. I, Oxford, 1901, pp. 174-179.

La Vie de **Christian de l'Aumône**, ed. M. Coens, *AB* 3 (1934), pp. 5-20.

The Life of ***Christina of Markyate*** : *A Twelfth Century Recluse*, ed. C. H. Talbot, Oxford, 1959.

Vita S. **Dominici** abbatis **Exiliensis**, *AASS OSB* VI-2, pp. 299-320.

Vita **Dominici Loricati** [= S. Petrus Damiani, Ep. CIX], K. Reindel (ed.), *Die Briefe des Petrus Damiani*, t. III, p. 207-223.

Vie et miracles de saint **Dominique de Sora**, in Dolbeau [1990], pp. 34-78.

*Vie et miracles d'****Étienne d'Obazine***, ed. M. Aubrun [Publications de l'Institut d'études du Massif central 6], Clermont-Ferrand, 1970.

De S. **Galterio**, *AASS* Apr. I, pp. 749-764.

"La vie de saint **Gaucher**, fondateur des chanoines réguliers **d'Aureil** en Limousin," ed. J. Becquet, *RM* 54 (1964), pp. 43-55.

De S. **Gauderico**, *AASS* Oct. VII, pp. 1106-1120.

Vita B. **Gaufredi**, ed. A.Bosvieux, *Mémoire de la Société des sciences naturelles et archéologiques de la Creuse* 3, pp. 75-160.

Vie de **Geoffroy de Savigny**, ed. E. P. Sauvage, *AB* 1, 1882, pp. 390-409.

Vita S. **Geraldi abbatis**, *PL* 147, col. 1003-1046.

De S. **Gerlaco**, *AASS* Jan. I, pp. 304-321.

De B. **Gezzelino**, *AASS* Aug. II, pp. 172-173.

De S. **Girardo monacho**, *AASS* Nov. II, pp. 491-509.

Vita B. **Giraldi de Salis**, in E. Martène & U. Durand (eds.), *Veterum scriptorum et monumentorum amplissima collectio*, t. VI, Paris, 1729, col. 989-1014.

De S. **Godefrido**, *AASS* Nov. III, pp. 889-944.

Vita **Godehardi**, episcopi posterior *MGH SS* 11, pp. 196-218.

Libellus de vita et miraculis S. ***Godrici, heremitae de Finchale*** by Reginald of Durham [Surtees Society XX], ed. J. Stevenson, London, 1847.

Vita S. **Guidonis**, *AASS OSB* VI-1, pp. 508-515.

De S. **Guidone confessore Anderlaci**, *AASS* 12 Sep. IV, pp. 36–48.
De S. **Guilielmo abbate**, *AASS* Jun. V, pp. 97–121.
*Legenda S. **Guilielmi***, ed. G. Mongelli, Montevergine, 1962.
Vita S. **Guilielmo Firmato**, *AASS* 24 Apr. III, pp. 334–342.
De S. **Guilielmo Magno**, *AASS* Feb. II, pp. 433–472.
Vita **Guntheri**, *MGH SS* 11, pp. 276–279.
Vita S. **Haimeradi**, *MGH SS* 10, pp. 595–607.
De. Ven. **Hildeburge**, *AASS* Jun. I, pp. 361–364.
Vita B. **Hugonis de Lacerta**, *PL* 204, col. 1181–1222.
Vita **Idae Lovaniensis**, *AASS* Apr. II, pp. 156–189.
The Life of **Ida of Nivelles**, trans. by M. Cawley, in *Send Me God*, Turnhout, 2003, pp. 27–120.
Vita b. **Joachimi abbatis** (**Florensis**), in Grundmann [1960], pp. 528–539.
Vita S. **Joannis Gualberti**, *PL* 146, col. 667–706.
De S. **Joanne Laudensi**, *AASS* Sep. III, pp. 146–175.
De S. **Joanne Matherensi** (Vita S. Johannis abbatis Pulsanensis), *AASS* Jun. IV, pp. 41–58.
*The Life of **Juliana of Mont-Cornillon*** [Peregrina Translations Series 13], trans. B. Newman, Toronto, s. d..
Vita **Margaret de Ypris**, ed. G. G. Meersseman, in Meersseman [1948], pp. 106–130.
De B. **Maria Oigniacensensi**, *AASS* Jun. V (1867), pp. 542–588.
(Jacques de Vitry, *The Life of Mary of Oignies*, trans. M. H. King, Saskatchewan, 1986.)
Vita **Meinwerci** [MGH SSRG 59].
Vita S. **Norberti** (A), *MGH SS* 12, pp. 670–703.
Vita S. **Norberti** (B), *PL* 170, col. 1253–1344.
Vitae **Patrum**, *PL* 73–74.
Vita **Paulinae**, *MGHSS* 30–2, pp. 909–938.
Vita B. **Petri Damiani**, *PL* 144, col. 113–146.
Vita S. **Procopii**, *AASS OSB* VI–2, pp. 41–48.
Vita **quinque fratrum**, *MGH SS* 15–2, pp. 709–738.
De S. **Raymundo Palmario**, *AASS* Jul. VI, pp. 638–663.
De S. **Raynerio**, *AASS* Jun. III, pp. 421–469.
Vita B. **Roberti de Arbrissello** auctore Baldrico (Vita prima), *PL* 162, col. 1043–1058.
Vita altera B. **Roberti de Arbrissello** auctore Andrea, *ibid.*, col. 1057–1078.
Vita **Roberti conditoris** et primi abbatis Casae-Dei, *AASS OSB* VI–2, pp. 189–231.
De S. **Roberto**, primo abbate **Molismensi**, *AASS* Apr. III, pp. 670–685.
Vie de **Rodolphe de Gubbio**, K. Reindel (ed.), *Die Briefe des Petrus Damiani*, Vol. III, pp. 202–207.
Vita S. **Romualdi**, *PL* 144, col. 953–1008.
Vita S. **Simonis**, *AASS OSB* VI–2, pp. 374–387.
Vita venerabilis viri **Stephani Muretensis**, ed. J. Becquet, in *Scriptores ordinis Grandimontensis* [CCCM 8], Turnhout, 1968, pp. 101–137.
Vita S. **Symeonis**, *AASS OSB* VI–2, pp. 325–337.
Vita S. **Theobaldi**, *AASS OSB* VI–2, pp. 156–168.

Vita B. **Vitalis de Savigny**, ed. Sauvage, in *AB* 1 (1882), pp. 355-390.
Wulfric of Haselbury *by John, Abbot of Ford* [Sinerset Recird Society 47], ed. M. Bell, Taunton, 1933.

II 研究文献

Abels, R. & Harrison, E., 1979, "The Participation of Women in Languedocian Catharism," *MS* 41, pp. 215-251.
Adams, T., 2005, "Medieval Mothers and Their Children : The Case of Isabeau of Bavaria," in Classen (ed.) [2005], pp. 265-289.
Aertsen J. & Pikavē, M. (eds.), 2002, *Ende und Vollendung : Eschatologische Perspektiven im Mittelalter* [MM 29], Berlin.
"Agostiniani," in *DIP* I, Roma, 1974, col. 278-381.
Aigrain, R., 1953, *L'hagiographie : ses sources, ses mēthodes, son histoire*, Paris.
Albe, E., 1910, "L'Hērēsie albigeoise et l'inquisition en Quercy," *DIP* 1, pp. 271-293, 412-428, 260-272.
Alberigo, G., 1962, "Contributi alla storia delle confraternite dei Disciplinati e della spiritualitā laicale nei secc. XV e XVI," in *Movimento dei Disciplinati...* [1962], pp. 156-252.
Alberzoni, M. P. & al. (eds.), 1997, *Sulle tracce degli Umiliati*, Milano.
Alexander, D., 2003, "Hermits and Hairshirts : The Social Meanings of Saintly Clothing in the *Vitae* of Godric of Finchale and Wulfric of Haselbury," *JMH* 28, pp. 205-226.
Alexandre-Bidon, D., 1991, "Grandeur et renaissance du sentiment de l'enfance au Moyen Âge," in J. Verger (ed.), *Ēducations mēdiēvales : l'enfance, l'ēcole, l'Eglise en Occident* (*VI*e*-XV*e *siècles*) [Numéro spécial de la revue *Histoire de l'Ēducation*], Paris, pp. 39-63.
———& Closson, M., 1985, *L'Enfant ā l'ombre des cathēdrales*, Lyon.
———& Lett, D., 1997, *Les Enfants au Moyen Age : V*e*-XV*e *siècles*, Paris.
Alphandēry, P., 1916, "Les croisades d'enfants," *RHR* 73, pp. 259-282.
———& Dupront, A., 1954-59, *La chrētientē et l'idēe de croisade* [L'Ēvolution de l'Humanitē], 2 vols., Paris.
Anagnine, E., 1964, *Dolcino e il movimento ereticale all'inizio del Trecento*, Firenze.
Ancelet-Hustache, J., 1926, *Mechtilde de Magdebourg* (*1207-1282*) *: ētude de psychologie religieuse*, Paris.
Andenmatten, B., 1986, "Les bēguines ā Lausanne au XIVe siècle," *ZSKG* 80, pp. 3-29.
Andreoli, B. & Montanari, M. (eds.), 1988, *Il bosco nel Medioevo*, Bologna.
Andreozzi, G., 1993, *Il Terzo Ordine regolare di san Francesco nella sua storia e nelle sue leggi*, Roma.
Andrews, F., 1999, *The Early Humiliati*, Cambridge.
Angelov, D., 1969, [邦訳，D・アンゲロフ（寺島憲治訳）『異端の宗派ボゴミール』，恒文社，1989 年].
Angelozzi, G., 1978, *Le confraternite laicali : Un'esperienza cristiana tra medioevo e etā moderna*, Brescia.

Angenendt, A., 1997, *Geschichte der Religiosität im Mittelalter*, Darmstadt.
Ardu, E., 1962, "Frater Raynerius Faxanus de Perusio," in *Il movimento dei Disciplinati...* [1962], pp. 84-98.
———, 1967, "Lo statuto cinquecentesco dell'Arciconfraternita dei disciplinati di S. Francesco e di S. Bernardino in Cavaglià," *QCDMD* 5, pp. 37-79.
Arduini, M. L., 1987, *Rupert von Deutz (1070-1129) und der «Status Christianitatis» seiner Zeit : Symbolisch-prophetische Deutung der Geschichte*, Köln.
Ariès, Ph., 1960, *L'Enfant et la vie familiale sous l'Ancien Régime*, Paris [邦訳, Ph・アリエス（杉山光信・杉山恵美子訳）『〈子供〉の誕生』, みすず書房, 1980年].
Armengaud A. & Lafont R. (eds.), 1979, *Histoire d'Occitanie*, Paris.
Arnold, K., 1980, *Kind und Gesellschaft in Mittelalter und Renaissance*, Paderborn.
Arnoux, M., 1995, "Un Vénitien au Mont-Saint-Michel : Anastase, moine, ermite et confesseur († vers 1085)," in *Le choix de la solitude* [1995], pp. 55-78.
Arquillière, H.-X., 1934, *Saint Grégoire VII : essai sur sa conception du pouvoir pontifical*, Paris.
Asen, J., 1927, "Die Klausen in Köln," *Annalen des historischen Vereins für den Niederrhein* 110, pp. 180-201.
———, 1927-29, "Die Beginen in Köln," *Annalen des historischen Vereins für den Niederrhein insbesondere die alte Erzdiözese Köln* 111, pp. 81-180 ; 112, pp. 71-148 ; 113, pp. 13-96.
Assistance et charité [CF 13], Toulouse, 1978.
Astell, A. W. &Wheeler, B. (eds.), 2003, *Joan of Arc and Spirituality*, Basingstoke.
Atkinson, C. W., 1991, *The Oldest Vocation : Christian Motherhood in the Middle Ages*, Ithaca.
L'attesa della fine. Crisi della società, profezia ed Apocalisse in Italia al tempo del grande scisma d'Occidente (1378-1417) [SS 115-118], Roma, 1979.
L'attesa dell'età nuova nella spiritualità della fine del medioevo [CCSSM 3], Todi, 1962.
Audisio, G., 1998, *Les vaudois : histoire d'une dissidence (XIIe-XVIe siècle)*, Paris.
Auffarth, Ch., 2001, *Mittelalterliche Eschatologie : Religionsgeschichtliche Untersuchungen*, Göttingen.
———, 2005, *Die Ketzer : Katharer, Waldenser und andere religiöse Bewegungen*, München.
Aurell, M. (ed.), 2005, *Les cathares devant l'Histoire : Mélanges offerts à Jean Duvernoy*, Cahors.
Aurell I Cardona, M., 1985, "La détérioration du statut de la femme aristocratique en Provence (Xe-XIIIe siècles)", *MA* 91, pp. 5-32.
Autissier, A., 1994, "Le sang des flagellants," *Médiévales* 27, automne, pp. 51-58.
Auw, L. von, 1979, *Angelo Clareno et les spirituels italiens*, Roma.
L'Aveu : Antiquité et Moyen Age [CEFR 88], Rome, 1986.
Axters, S., 1948, *La spiritualité des Pays-Bas*, Louvain-Paris.
——, 1950, *Geschiedenis van de vroomheid in de Nederlanden*, t. 1, Antwerpen.
Baldelli, I., 1962, "La lauda e i disciplinati," in *Il movimento...* [1962], pp. 338-367.
Banker, J. R., 1988, *Death in the Community : Memorialization & Confraternities in an Italian Commune in the Late Middle Ages*, Athens-London.

Barber, M., 1977, "Women and Catharism," *Reading Medieval Studies* 3, pp. 45–62.
———, 2000, *The Cathars : Dualist Heretics in Languedoc in the High Middle Ages*, Harlow.
Barbero, A., 1991, *Un santo in famiglia : Vocazione religiosa e resistenze sociali nell'agiografia latina medievale*, Torino.
Barthelémy, D., 1999, *L'an mil et la paix de Dieu : La France chrétienne et féodale 980–1060*, Paris.
Bascher, J., 1979–80, "La *Vita* de saint Bernard d'Abbeville, abbé de Saint-Cyprien de Poitiers et de Tiron," *RM* 59, pp. 411–450.
Bataillon, L. J., 1993, *La prédication au XIIIe siècle en France et Italie : études et documents* [VR, CS 402], London.
Batany, J., 1973, "Regards sur l'enfance dans la littérature moralisante," *Annales de Démographie Historique*, pp. 123–132.
Battle, C., 1971, *Die «Adhortationes sanctorum» («Verba Seniorum») im lateinischen Mittelalter : Überlieferung, Fortleben und Wirkung*, Münster.
Bautier, R.-H., 1975, "L'hérésie d'Orléans et le mouvement intellectuel au début du XIe siècle, documents et hypothèses," in *95e Congrès des Sociétés Savantes, Reims*, 1974, ed. Section Philologie et Histoire, Paris, pp. 63–88.
Beaune, C., 1999, *Education et cultures du début du XIIe au milieu du XVe siècle*, Paris.
Bec, P., 1979, "Trobairitz et chansons de femme : contribution à la connaissance du lyrisme féminin au Moyen Age," *CCM* 22, pp. 235–262.
Beck, B., 1998, *Saint Bernard de Tiron, l'ermite, le moine et le monde*, Cormelles-le-Royal.
Becquet, J., 1963, "Robert, ermite ou pèlerin flamand en Limousin à la fin du XIe siècle," *Bulletin trimestriel de la Société académique des antiquaires de la Morinie* 20, pp. 46–48.
———, 1964, "La vie de saint Gaucher, fondateur des chanoines réguliers d'Aureil en Limousin," *RM* 54, pp. 25–55 (repr. in Becquet [1985]).
———, 1968, "Erémitisme et hérésie au Moyen Age," in Le Goff (ed.) [1968], pp. 139–145.
———, 1971, "Les chanoines réguliers du Chalard," *Bulletin de la Société archéologique et historique du Limousin* 98, pp. 154–172.
———, 1985, *Vie canoniale en France aux XIe–XIIe siècles* [VR], London.
———, 1986, *Les chanoines réguliers au Moyen-Âge* [VR], London.
———, 1998, *Études grandmontaines* [Mémoires et documents sur le Bas-Limousin 22], Ussel-Paris.
Die Beginen und Begarden in der Schweiz [Helvetia Sacra IX/2], Basel, 1995.
Bejick, U., 1993, *Die Katharerinnen. Häresieverdächtige Frauen im mittelalterlichen Süd-Frankreich*, Freiburg.
Bell, R. M., 1985, *Holy Anorexia*, Chicago-London.
Benad, M., 1990, *Domus und Religion in Montaillou : Katholische Kirche und Katharismus im Überlebenskampf der Familie des Pfarrers Petrus Clerici am Anfang des 14. Jahrhunderts* [Spätmittelalter und Reformation, Neue Reihe 1], Tübingen.
Bennewitz, I., 1997, *Weibliche Lebensformen im Mittelalter : Beginen und Seelfrauen in der Reichsstadt Nürnberg*, Nürnberg.
Benvenuti, A., 2003, "Eremitismo urbano e reclusione in ambito cittadino : esempi italiani,"

in Vauchez (ed.) [2003], pp. 241-253.

Benvenuti Papi, A., 1983, "Frati mendicanti e pinzochere, Dalla marginalità a modello di santità," in *Temi e problemi della mistica femminile trecentesca* [Atti del XX convegno del CCSSM], Todi, pp. 109-135.

———, 1990, *«In castro poenitentiae» : Santità e società femminile nell'Italia medievale* [Italia sacra 45], Roma.

———& Giannarelli, E. (eds.), 1991, *Bambini santi : Rappresentazioni dell'infanzia e modelli agiografici*, Torino.

Benz, E., 1932, "Joachim-Studie II : Die Exzertsätze der Pariser Professoren aus dem Evangelium aeternum," *ZKG* 51, pp. 415-455.

———, 1934, *Ecclesia spiritualis : Kirchenidee und Geschichtstheologie der franziskanischen Reformation*, Stuttgart.

Bergdolt, K., 1994, *Der Schwarze Tod in Europa : Die Große Pest und das Ende des Mittelalters*, 3rd ed., München.

Berges (W.), 1956, "Anselm von Havelberg in der Geistesgeschichte des 12. Jahrhunderts," *Jahrbuch für die Geschichte Mittel- und Ostdeutschlands* 5, pp. 39-57.

Bériou, N., 1978, "La prédication au béguinage de Paris pendant l'année liturgique 1272-3," *Recherches Augustiniennes* 13, pp. 105-229.

———& al. (eds.), 1991, *Prier au Moyen-Âge : Pratiques et expériences* (*V*^{e}-*XV*^{e} *s.*), Turnhout.

Berkvam, D. D., 1981, *Enfance et maternité dans la littérature française des XII*^{e} *et XIII*^{e} *siècles*, Paris.

Berlière, U., 1923, *Les monastères doubles aux XII*^{e} *et XIII*^{e} *siècles* [Académie royale de Belgique, Classe des Lettres et des Sciences morales et politiques, Mémoires 18, fasc. 3], Bruxelles.

———, 1927, *L'ascèse bénédictine*, Paris-Maredsous.

Berman, C. H., 2000, *The Cistercian Evolution : The Invention of a Religious Order in Twelfth-Century Europe* [MAS], Philadelphia (PA).

Bernards, M., 1982, *Speculum Virginum : Geistigkeit und Seelenleben der Frau im Hochmittelalter* [Beihefte zum Archiv für Kulturgeschichte 16], Köln-Wien.

Bett, H., 1931, *Joachim of Flora*, London.

Beyer, R., 1989, *Die andere Offenbarung : Mystikerinnen des Mittelalters*, Bergisch Gladbach.

Bienvenu, J.-M., 1975, "Aux origines d'un ordre religieux : Robert d'Arbrissel et la fondation de Fontevraud (1101)," *Cahiers d'histoire* 20, pp. 227-251.

———, 1980, *Les premiers temps de Fontevraud 1101-1189 : naissance et évolution d'un ordre religieux*, (Diss., Paris-Sorbonne).

———, 1981, *L'étonnant fondateur de Fontevraud, Robert d'Arbrissel*, Paris.

Biget, J.-L., 1988, "Notes sur le système féodal en Languedoc et son ouverture à l'hérésie," *Heresis* 11, pp. 7-16.

Bignami-Odier, J., 1952, *Études sur Jean de Roquetaillade* (*Johannes de Rupescissa*), Paris.

———, 1981, "Jean de Roquetaillade (de Rupescissa)," *Histoire littéraire de la France* 41, pp. 75-240.

Biller, P. & Hudson, A., 1994, *Heresy and Literacy, 1000-1530*, Cambridge.

Biraben, J.-N., 1975, *Les hommes et la peste en France*, 2 vols., Paris-La Haye.

Black, Ch. F., 1989, *Italian Confraternities in the Sixteenth Century*, Cambridge.

Blake, E. O. & Morris, C., 1985, "A Hermit goes to War : Peter and the Origins of the First Crusade," in W. J. Sheils (ed.), *Monks Hermits and the Ascetic Tradition* [SCH 22], Oxford, pp. 79-107.

Blamires, A., 1995, "Women and Preaching in Medieval Orthodoxy, Heresy, and Saints' Lives," *Viator* 26, pp. 135-152.

Blasucci, A. & al., 1988, *La spiritualitã del medioevo* [Storia della spiritualitã 4], Roma.

Bless-Grabher, M., 2002, "Die Beginen in Zürich," in Helbling, B. & al. (eds.) [2002], pp. 251-263.

Bligny, B., 1960, *L'Église et les ordres religieux dans le royaume de Bourgogne aux XIe et XIIe siècles*, Paris.

Bloch, H., 1913, "Über die sogenannten 'Marbacher' Annalen," *NA* 38, pp. 297-306.

Bloomfield, M., 1957, "Joachim of Flora," *Traditio* 13, pp. 249-311.

———& Reeves, M., 1954, "The Penetration of Joachism into Northern Europe," *Speculum* 29, pp. 772-793.

Blumenfeld-Kosinski, R., 2006, *Poets, Saints and Visionaries of the Great Schism, 1378-1417*, University Park (PA).

Börner, E., 1988, *Dritter Orden und Bruderschaften der Franziskaner in Kurbayern* [Franziskanische Forschungen 33], Werl.

Boesch, H., 1900, *Kinderleben in der deutschen Vergangenheit*, Leipzig.

Boesch Gajano, S., 1964, "Storia e tradizione vallombrosane," *BISIAM* 76, pp. 99-215.

———& Scaraffia, L. (eds.), 1990, *Luoghi sacri e spazi della santitã* [Sacro/santo 1], Torino.

Boese, M. & Tiemann, K., 1996, "Der Beginenkonvent im spatmittelalterlichen Hamburg," *Zeitschrift des Vereins für hamburgische Geschichte* 82, pp. 1-28.

Bogin, M., 1987, *Les femmes troubadours*, Paris.

Boileau, Abbé, 1986, *Histoire des Flagellants : le bon et le mauvais usage des flagellations parmi les chrêtiens (1701)*, ed. C. Louis-Combet, Montbonnot-St Martin.

Bois, G., 2000, *La grande dépression médiévale XIVe et XVe siècle*, Paris.

Bolton, B. M., 1972, "Tradition and Temerity : Papal Attitudes to Deviants, 1159-1216," *SCH* 9, pp. 79-91.

———, 1973, "Mulieres sanctae," in D. Brown (ed.), *Sanctity and Secularity : The Church and the World* [SCH 10], pp. 77-99.

———, 1978, "Vitae Matrum : A Further Aspect of the *Frauenfrage*," in D. Baker (ed.), *Medieval Women. Dedicated and Presented to Professor Rosalind M. T. Hill on the Occasion of Her Seventieth Birthday*, Oxford.

———, 1981, "Some Thirteenth-Century Women in the Low Countries : A Special Case?," *Nederlands Archief voor Kerkgeschiedenis* 61, pp. 7-29.

Bonenfant, P., 1952, "Une fondation patricienne pour béguines à Bruxelles au 13e siècle," *Mélanges Georges Smets*, Bruxelles, pp. 91-104.

Bonnassie, P., 1975, *La Catalogne du milieu du Xe à la fin du XIe siècle : croissance et mutations d'une société*, Toulouse.

———& Landes, R., 1992, "Une nouvelle hérésie est née dans le monde," in *Les Sociétés méridionales autour de l'An Mil, répertoire des sources et documents commentés*, Paris, pp. 435-459.
Bonney, F., 1980, "Enfance divine et enfance humaine," in *L'enfant au Moyen-Age...* [1980], pp. 7-24.
Bordes, R. (ed.), 2004, *Troubadours et cathares en Occitanie médiévale* [Actes du colloque organisé par Novelum section périgorde de l'Institut d'Estudis Occitans Chancelade 24 et 25 août 2002], Cahors.
———, 2005, *Cathares et vaudois en Périgord, Quercy et Agenais*, Cahors.
Bornstein, D., 1993a, *The Bianchi of 1399 : Popular Devotion in Late Medieval Italy*, Ithaca-London.
———, 1993b, "Giovanni Dominici, the Bianchi, and Venice : Symbolic Action and Interpretive Grids," *JMRS* 23, pp. 143-171.
———& Rusconi, R. (ed.), 1992, *Mistiche e devote nell'Italia tardomedievale*, Napoli.
Borst, A., 1953, Die Katharer [Schriften der MGH 12], Stuttgart [邦訳，A・ボルスト（藤代幸一訳）『中世の異端カタリ派』，新泉社，1975 年].
Boswell, J., 1988, *The Kindness of Strangers : The Abandonment of Children in Western Europe from Late Antiquity to the Renaissance*, New York.
Boureau, A. & Piron, S. (eds.), 1999, *Pierre de Jean Olivi (1248-1298) : pensée scolastique, dissidence spirituelle et société*, Paris.
Bourin-Derruau, M., 1987, *Villages médiévaux en Bas-Languedoc : genèse d'une sociabilité (X^e-XIVe siècle)*, 2 vols., Paris.
Bouyer, L., 1955, *La spiritualité de Cîteaux*, Paris.
Bowie, F. (ed.), 1989, *Beguine Spirituality : An Anthology*, London.
Brackmann, 1955, *Zur politischen Bedeutung der kluniazensischen Bewegung*, Darmstadt.
Braekman, M., 1981, "La dansomanie de 1374 : hérésie ou maladie?," *RN* 63, pp. 339-355.
Braudel, F. (ed.), 1985-86, *La Méditerranée I : L'espace et l'histoire ; II : Les hommes et l'héritage*, Paris [邦訳，F・ブローデル編（神沢栄三訳）『地中海世界』，みすず書房，2000 年].
Bredero, A. H., 1983, "Henri de Lausanne : un réformateur devenu hérétique," in *Pascua Mediaevalia* [Mediaevalia Lovaniensia series I, studia X], R. Lievens, E. Van Mingroot & W. Verbeke (eds.), Louvain, pp. 108-123.
———, 1987, "Delftse begijn Geertrui van Oosten," in *De Nederlanden in de Late Middeleeuwen*, ed. D. E. H. de Boern en J. W. Marsilije, Utrecht, pp. 83-97.
Brenon, A., 1988, "Le catharisme des montagnes : à la recherche d'un catharisme populaire," *Heresis* 11, pp. 53-74.
———, 1990, *Le vrai visage du catharisme*, nouvelle éd., Portet-sur-Garonne.
———, 1992, *Les femmes cathares*, Paris.
———, 1995, "Les hérésies de l'An Mil : nouvelles perspectives sur les origines du catharisme," *Heresis* 24, pp. 21-36.
———, 1996, *Les cathares : Vie et mort d'une Église chrétienne*, Paris.
———, 1997, *Les cathares : Pauvres du Christ ou apôtres de Satan?*, Paris.
———, 2000, *Les Archipels cathares : Dissidence chrétienne dans l'Europe médiévale*,

Cahors.
———, 2004, "Hérésie, courtoisie et poésie : à la recherche de traces de catharisme dans la littérature occitane du Moyen Âge," in Bordes (ed.) [2004], pp. 61-79.
Bretel, P., 1995, *Les ermites et les moines dans la littérature française du Moyen Age (1150-1250)*, Paris.
———, 1998, "Perfection et sainteté : le 'saint hermite' dans la littérature des XIIe et XIIIe siècles," *Revue des sciences humaines* 251, pp. 169-186.
Brissaud, Y. B., 1972, "L'infanticide à la fin du Moyen Age, ses motivations psychologiques et sa répression," *Revue historique de droit français et étranger* 50, pp. 229-256.
Broeckx, E., 1916, *Le catharisme : Étude sur les doctrines, la vie religieuse et morale, l'activité littéraire et les vicissitudes de la secte cathare avant la Croisade*, Hoogstraten.
Brolis, M. T., 1991, *Gli Umiliati a Bergamo nei secoli XIII e XIV*, Milano.
Brown, D. A., 1988, "The Alleluia : A Thirteenth Century Peace Movement," *AFH* 81, pp. 3-16.
Bru, Ch. P., 1953, "Eléments pour une interprétation sociologique du catharisme occitan," in Nelli (ed.) [1953], pp. 23-59.
Brufani, S., "La fraternita dei disciplinati di S. Stefano," in Nicolini & al. (eds.) [1989], pp. 45-86.
Brundage, J. A., 1969, *Medieval Canon Law and the Crusader*, Madison.
Brunel-Lobrichon, G. & Duhamel-Amado, C., 1997, *Au temps des troubadours : XIIe-XIIIe siècle*, Paris.
Bryant, G., 1984, "The French Heretic Beguine : Marguerite Porete," in K. M. Wilson (ed.), *Medieval Women Writers*, Manchester, pp. 204-226.
Bücher, K., 1910, *Die Frauenfrage im Mittelalter*, 2nd ed., Tübingen.
Buhot, J., 1936, "L'abbaye normande de Savigny : chef d'Ordre et fille de Cîteaux," *MA* 46, pp. 1-19, 104-121, 178-190, 249-272.
Bull, M., 1993, *Knightly Piety and the Lay Response to the First Crusade : The Limousin and Gascony c. 970-c. 1130*, Oxford.
Bultot, R., 1963, *La doctrine du mépris du monde*, IV : *Le XIe siècle*, 2 vols., Paris.
Il buon fedele : Le confraternite tra medioevo e prima età moderna [Quaderni di storia religiosa 5], Caselle di Sommacampagna (VR), 1998.
Buonaiuti, E., 1931, *Gioacchino da Fiore : I tempi, la vita, il messaggio*, Roma.
Burr, D., 1976, *The Persecution of Peter Olivi*, Philadelphia (PA).
———, 1981, "Olivi's Apocalyptic Timetable," *JMRS* 11, pp. 237-260.
———, 1983, "Bonaventure, Olivi and Franciscan Eschatology," *Collectanea Franciscana* 53, pp. 23-40.
———, 1989, *Olivi and Franciscan Poverty : The Origins of the Usus Pauper Controversy*, Philadelphia (PA).
———, 1993, *Olivi's Peaceable Kingdom : A Reading of the Apocalypse Commentary*, Philadelphia (PA).
———, 2001, *Spiritual Franciscans : From Protest to Persecution in the Century after Saint Francis*, Philadelphia (PA).
Buschinger, D., 1978, "Le rôle de l'ermite chez Béroul, Eilhart et les dérivés du Tristan," in

Exclus et systèmes d'exclusion dans la littérature et la civilisation médiévales, 2e colloque du C. U. E. R. M. A., Aix-en-Provence, Sénéfiance, no. 5, pp. 269-280.
Buttner, B., 1980, "The Good Friday Scene in Chrêtien de Troyes' Perceval," *Traditio* 36, pp. 415-428.
Bynum, C.W., 1979, *«Docere verbo and exemplo» : An Aspect of Twelfth Century Spirituality* [Harvard Theological Studies 31], Missoula.
———, 1982, *Jesus as Mother : Studies in the Spirituality of the High Middle Ages*, Berkeley-Los Angeles-London.
———, 1984, "Women Mystics and Eucharistic Devotion in the Thirteenth Century," *Women's Studies* 11, pp. 179-214.
———, 1985, "Fast, Feast, and Flesh : The Religious Significance of Food to Medieval Women," *Representations* 11, pp. 1-25.
———, 1987, *Holy Feast and Holy Fast : The Religious Significance of Food to Medieval Women*, Berkeley-Los Angeles-London.
———, 1992, *Fragmentation and Redemption : Essays on Gender and the Human Body in Medieval Religion*, New York.
———, 1994, "Corpo femminile e pratica religiosa nel tardo Medioevo," in Scaraffia & Zarri (eds.) [1994], pp. 115-156.
Caby, C., 1999, *De l'erémitisme rural au monachisme urbain : les Camaldules en Italie à la fin du Moyen Age* [BEFAR 305], Rome.
———, 2004, "Ermites d'Italie et de la France de l'Ouest (Xe-XIIe siècle)," in Dalarun (ed.) [2004], pp. 11-24.
Caillois, R., 1958, *Les jeux et les hommes* [邦訳，R・カイヨワ（多田道太郎・塚崎幹夫訳）『遊びと人間』講談社，1971 年].
Callaey, F., 1911, *L'Idéalisme franciscain spirituel au XIVe siècle : Étude sur Ubertin de Casale*, Louvain.
———, F., 1927, "Lambert li Beges et les béguines," *RHE* 23, pp. 254-259.
Calzá, M. G., 2000, *Dem Weiblichen ist das Verstehen des Göttlichen "auf dem Leib" geschrieben : Die Begine Maria von Oignies (1213) in der hagiographischen Darstellung Jakobs von Vitry* [Bibliotheca Academica 3], Würzburg.
Campenhausen, H. von, 1930, *Die asketische Heimatlosigkeit im altkirchlichen und frühmittelalterlichen Mönchtum*, Tübingen.
Cantarella, G. M., 1993, *I monaci di Cluny*, Torino.
———, 2005, *Il sole e la luna : La rivoluzione di Gregorio VII papa 1073-1085*, Roma-Bari.
Capitani, O. (ed.), 1971, *L'eresia medievale*, Bologna.
——— (ed.), 1977, *Medioevo ereticale*, Bologna.
——— (ed.), 1979, *La concezione della povertà nel Medioevo*, Bologna.
———, 1990, *Tradizione ed interpretazione : Dialettiche ecclesiologiche del sec. XI*, Roma.
——— & Miethke, J. (eds.), 1990, *L'attesa della fine dei tempi nel Medioevo*, Bologna.
Cardini, F., 1982, "L'idea di Crociata in Santa Caterina da Siena," in Maffei & Nardi (eds.) [1982], pp. 57-87.
———, 1994, "Boschi sacri e monti sacri fra tardoantico e altomedioevo," in *Monteluco...* [1994], pp. 1-23.

———& Del Nero, D., 1999, *La crociata dei fanciulli*, Firenze.

Caron, P. G., 1986, "La condanna dell'investitura laica nel pensiero e nell'azione dei pontefici precursori della riforma gregoriana," in *La preparazione della riforma gregoriana e del pontificato di Gregorio VII* [Atti del IX Convegno del Centro di studi avellaniti, Fonte Avellana 22-24 agosto 1985], Urbino, pp. 5-23.

Carozzi, C., 1999, *Apocalypse et salut dans le Christianisme ancien et médiéval*, Paris.

———& Taviani-Carozzi, H., 1982, *La fin des temps : terreurs et prophéties au Moyen Age*, Paris.

Carpinello, M., 2002, *Il monachesimo femminile*, Milano.

Casagrande, C. & Vecchio, S., 1987, *I peccati della lingua : Disciplina ed etica della parola nella cultura medievale*, Roma.

Casagrande, G., 1977, "Penitenti e disciplinati a Perugia : Loro rapporti con gli Ordini mendicanti," *MEFRM* 89, n. 2, pp. 711-726.

——— (ed.), 1978, *Precdiche alle donne del secolo XIII*, Milano, 1978.

———, 1995, *Religiosità penitenziale e città al tempo dei comuni*, Roma.

Castaing-Sicard, M., 1959, *Les contrats dans le très ancien droit toulousain, Xe-XIIIe siècle*, Toulouse.

Cathares en Languedoc [CF 3], Toulouse, 1968,

Cazenave, A., 1969, "Les Cathares en Catalogne et Sabarthès d'après les registres d'Inquisition : hiérarchie cathare en Sabarthès après Montségur," *Bulletin philologique et historique* 1969, pp. 387-436.

———, 1977, "Bien et mal dans un mythe cathare languedocien," in *Die Mächte des Guten und Bösen* [MM 11], Berlin-New York, pp. 344-387.

Cecchini, G., 1975, "Raniero Fasani et les flagellants," *MEFRM* 87, pp. 339-352.

Chambers, E. K., 1903, *The Medieval Stage*, 2 vols., Oxford.

Châtillon, J., 1992, *Le mouvement canonial au Moyen Age : réforme de l'église, spiritualité et culture*, Turnhout.

Chélini, J., 1991, *L'histoire religieuse de l'Occident médiéval*, Paris.

———, 1997, *L'aube du Moyen Age : naissance de la chrétienté occidentale : la vie religieuse des laïcs dans l'Europe carolingienne (750-900)*, 2nd ed., Paris.

Chenu, M. D., 1954, "Moines, clercs, laïcs. Au carrefour de la vie évangélique (XIIe siècle)", *RHE* 51, pp. 59-89.

Chi erano gli Spirituali? [Atti del III Convegno internazionale della SISF], Assisi, 1976.

Le choix de la solitude [Médiévales : langue, textes, histoire 28], 1995.

Choux, J., 1960, "Décadence et réforme monastique dans la province de Trèves, 855-959," *RB* 70, pp. 204-223.

Clare, E. G., 1985, *St. Nicholas : His Legendes and Iconography*, Firenze.

Classen, A. (ed.), 2005, *Childhood in the Middle Ages and the Renaissance : The Results of a Paradigm Shift in the History of Mentality*, Berlin-New York.

Clay, R. M., 1914, *The Hermits and Anchorites of England*, London.

Cochelin, I., 1989, "Saintеté laïque : l'exemple de Juette de Huy (1158-1228)," *MA* 95, pp. 397-418.

Cohn, N., 1957, *The Pursuit of the Millennium : Revolutionary Messianism in Medieval and*

Reformation Europe and Its Bearing on Modern Totalitarianism, New York [邦訳, N・コーン（江河徹訳）『千年王国の追求』, 紀伊國屋書店, 1978 年].
Cole, P. J., 1991, *Preaching of the Crusades*, Cambridge.
Coleman, E. R., 1974, "L'infanticide dans le Haut Moyen Âge," *Annales ESC* 29, pp. 315-335.
Coletti, V., 1983, *Parole dal pulpito : Chiesa e movimenti religiosi tra latino e volgare* [Collana di saggistica 6], Casale Monferrato.
Colliot, R., 1978, "Aspects de l'ermite dans la littérature épico-romanesque des XIIe et XIIIe siècles," in *Mélanges de langue et littêtature françaises du Moyen-Age offerts à Pierre Jonin* [Sénéfiance 7], Marseille, pp. 161-180.
Comba, E., 1930, *Valdo e valdesi avanti la riforma*, Torre Pellice.
Compain, L., 1891, *Étude sur Geoffroi de Vendôme*, Paris.
Constable, G., 1980, "Eremitical Forms of Monastic Life," in *Istituzioni Monastiche...* [1980], pp. 239-264.
———, 1982, *Attitudes toward Self-Inflicting Suffering in the Middle Ages*, Brookline, (Mass.).
———, 1985, "Introduction to Apologia de barbis,"in *Apologiae duae* [CCCM 62], ed. R. B. C. Huygens, Turnhout, 1985, pp. 47-150.
———, 1994, "The Language of Preaching in the Twelfth Century," *Viator* 25, pp. 131-152.
———, 1995, *Three Studies in Medieval Religious and Social Thought*, Cambridge.
———, 1996, *The Reformation of the Twelfth Century*, Cambridge.
La conversione alla povertà nell'Italia dei secoli XII-XIV [CCSSM 27], Spoleto, 1991.
Cooper, W. H., 2002, *A History of the Rod : Flagellation and the Flagellants in All Countries, from the Earliest Period to the Present Time*, London.
Cottiaux, J., 1991, *Sainte Julienne de Cornillon, promotrice de la Fête-Dieu*, Liège.
Couturier, J., 1985, "Pierre le Vénérable. Lettre à Gislebert," *Connaissance des Pères de l'Eglise* 19-20, pp. 22-34.
Cowdrey, H. E. J., 1970, *The Cluniacs and the Gregorian Reform*, Oxford.
———, 1984, *Popes, Monks and Crusaders*, London.
———, 1998, *Pope Gregory VII 1073-1085*, Oxford.
———, 2000, *Popes and Church Reform in the 11th Century* [VR 674], Aldershot.
Crocco, A., 1976, *Gioacchino da Fiore e il Gioachimismo*, 2nd ed., Napoli.
———, 1986, "Il superamento del dualismo agostiniano nella concezione della storia di Gioacchino da Fiore," in *L'età dello Spirito...* [1986], pp. 141-164.
Cursente, B., 1988, "Le *castrum* dans les pays d'oc aux XIIe et XIIIe siècles," *Heresis* 11, pp. 19-25.
Cushing, K. G., 2005, *Reform and the Papacy in the Eleventh Century : Spirituality and Social Change*, Manchester-New York.
Dalarun, J., 1984, "Robert d'Arbrissel et les femmes," *Annales ESC* 6, pp. 1140-1160.
———, 1985a, *L'impossible sainteté : la vie retrouvée de Robert d'Arbrissel (v. 1045-1116), fondateur de Fontevraud*, Paris.
———, 1985b, "Ève, Marie ou Madeleine? La dignité du corps féminin dans l'hagiographie médiévale (VIe-XIIe siècles)," *Médiévales* 8, pp. 18-32.

———, 1986, *Robert d'Arbrissel fondateur de Fontevraud*, Paris.
———, 1992, "La Madeleine dans l'Ouest de la France au tournant des XIe-XIIe siècles," in *La Madeleine* [1992], pp. 71-119.
——— (ed.), 2004, *Robert d'Arbrissel et la vie religieuse dans l'Ouest de la France* [Actes du colloque de Fontevraud, 13-16 décembre 2001], Turnhout.
D'Alatri, M. (ed.), 1977, *I frati penitenti di San Francesco nella società del Due e Trecento*, Roma.
——— (ed.), 1980, *Il movimento francescano della Penitenza nella società medioevale*, Roma.
———, 1993, *Aetas poenitentialis : L'antico Ordine francescano della penitenza*, Roma.
Dalena, P., 1997, *Istituzioni religiose e quadri ambientali nel Mezzogiorno medievale*, Cosenza.
———, 2000, *Ambiti territoriali, sistemi viari, strutture del potere nel Mezzogiorno medievale*, Bari.
Dal Pino, F. A., 1973, *Rinnovamento monastico-clericale e movimenti religiosi evangelici nei secoli X-XIII*, Roma.
Damen, C., 1956-57, "Studie over Sint Gerlach van Houthem," *Publications de la Société historique et archéologique dans le Limbourg* 92-93, pp. 49-113.
Damiata, M., 1988, *Pietà e storia nell'Arbor vitae di Ubertino da Casale*, Firenze.
Daniel, E. R., 1968, "A Re-Examination of the Origins of Franciscan Joachitism," *Speculum* 8, pp. 671-676.
———, 1980, "The Double Procession of the Holy Spirit in Joachim of Fiore's Understanding of History," *Speculum* 55, pp. 469-483.
Darricau, R. & Peyrous, B., 1990, *La spiritualité* [Coll. Que sais-je? 2416], Paris.
Darwin, F. D. S., 1944, *The English Mediaeval Recluse*, London.
Dauphin, H., 1965, "L'érémitisme en Angleterre aux XIe et XIIe siècles," in *L'eremitismo in Occidente...* [1965], pp. 271-310.
Dauzet, D.-M., 1995, *Petite vie de saint Norbert (1080-1134)*, Paris.
"Débat autour du catharisme et de l'amour courtois," in *Entretiens sur la Renaissance du 12e siècle*, ed. M. de Gandillac & E. Jeauneau, Paris-La Haye, 1968, pp. 437-448.
Débax, H., 2003, *La féodalité languedocienne XIe-XIIe siècles : serments, hommages et fiefs dans le Languedoc des Trencavel*, Toulouse.
DeGanck, R., 1991, *Beatrice of Nazareth in Her Context* [CS 121-122], 2 vols., Kalamazoo (MI).
Degler, B., 1969, "Drei Fassungen der Terziarenregel der Oberdeutschen Franziskanerprovinz," *AFH* 62, pp. 503-517.
Degler-Spengler, B., 1969-70, "Die Beginen in Basel," *Basler Zeitschrift für Geschichte und Altertumskurde* 69, pp. 5-83 ; 70, pp. 29-118.
———, 1982, "Zisterzienserorden und Frauenklöster," in *Die Zisterzienser : Ordensleben zwischen Ideal und Wirklichkait*, ed. K. Elm & P. Joerissen, Aachen, 1980, Ergänzungsband, Köln, 1982.
———, 1995, "Die Basler religiösen Frauen im Mittelalter," in H.Wunder (ed.), *Eine Stadt der Frauen : Studien und Quellen zur Geschichte der Baslerinnen im späten Mittelalter und zu Beginn der Neuzeit (13.-17. Jahrhundert)*, Basel-Frankfurt am Main, pp. 28-48.
Degl'Innocenti, A., 1984, "Le vite antiche di Giovanni Gualberto : cronologia e modelli

agiografici," *SM* 3rd series 25, pp. 31–91.
De Keyzer, W., 1986, "Aspects de la vie béguinale à Mons," in *Autour de la ville en Hainaut. Mélanges d'archéologie et d'histoire urbaines offerts à J. Dugnoille et à Sansen* [Études et documents du Centre royale d'histoire et archéologie d'Ath et de la région et musées athois 7], Ath, pp. 205–226.
Delalande, J., 1962, *Les extraordinaires croisades d'enfants et de pastoureaux au Moyen Age*, Paris.
Delaruelle, E., 1962, "Les grandes processions de pénitents de 1349 et 1399," in *Il Movimento...* [1962], pp. 109–145 (repr. in Delaruelle [1975]).
———, 1964, "La spiritualité de Jeanne d'Arc," *Bulletin de Littérature Ecclésiastique* 65, pp. 17–33, 81–98 (repr. in Delaruelle [1975]).
———, 1965, "Les ermites et la spiritualité populaire," in *L'eremitismo in Occidente...*, pp. 231–238 (repr. in Delaruelle [1975]).
———, 1972, "Pourquoi n'y eut-il pas de flagellants en France en 1349?," in *Risultati...* [1972], pp. 292–305 (repr. in Delaruelle [1975]).
———, 1975, *La piété populaire au Moyen Age*, Torino.
———& al., 1964, *L'Eglise au temps du Grand Schisme et de la crise conciliaire (1378–1449)* [Histoire de l'Église 14], Tournai.
Delcorno, C., 1974, *La predicazione nell'età comunale*, Firenze.
———, 2000, *La tradizione delle «Vite dei Santi Padri»* [Memorie, Classe di scienze morali, lettere ed arti 92], Venezia.
Delehaye, 1966, "Note sur la légende de la lettre du Christ tombée du ciel," in Idem, *Mélanges d'hagiographie grecque et latine* [Subsidia hagiographica 42], Bruxelles, pp. 150–178.
D'Elia, F., 1991, *Gioacchino da Fiore : Un maestro della civiltà europea*, Soveria Mannelli (CZ).
Delmaire, B., 1985, "Les béguines dans le Nord de la France au premier siècle de leur histoire (vers 1230–vers 1350)," in M. Parisse (ed.), *Les religieuses en France au XIIIe siècle*, Nancy, 1985, pp. 121–162.
De Luca, 1962, *Introduzione alla storia della pietà*, Roma.
Delumeau, J., 1983, *Le péché et la peur : la culpabilité en Occident, XIIIe–XVIIIe siècle*, Paris [邦訳，J・ドリュモー（佐野泰雄他訳）『罪と恐れ――西欧における罪責意識の歴史：十三世紀から十八世紀』，新評論，2004 年].
Demaitre, L., 1976–77, "The Idea of Childhood and Child Care in Medical Writings of the Middle Ages," *The Journal of Psychohistory* 4, pp. 461–490.
Denifle, H., 1885, "Das Evangelium aeternum und die Commission zu Anagni," *Archiv für Litteratur- und Kirchengeschichte des Mittelalters* 1, pp. 49–142.
Denomy, A. J., 1945, "Fin'Amors : The Pure Love of the Troubadours, Its Amorality, and Possible Source," *MS* 7, pp. 139–207.
De Paepe, N., 1967, *Hadewijch. Strofische Gedichten. Een studie van de minne in het kader der 12e en 13e eeuwse mystiek en profane minnelyriek*, Gent.
Deregrancourt, J.-P., 2000, "Les béguine de l'hôpital des Wetz de Douai de 1300–1372," *Revue du Nord-Histoire* 82, pp. 35–52.
Dereine, Ch., 1946, "Vie commune, Règle de saint Augustin et chanoines réguliers au XIIe

siècle," *RHE* 41, pp. 365-405.

———, 1947, "Les origines de Prémontré," *RHE* 42, pp. 352-378.

———, 1948, "Odon de Tournai et la crise du cénobitisme au XIe siècle," *Revue du Moyen Age latin* 4, pp. 137-154.

———, 1950, *Les Chanoines réguliers au diocèse de Liège avant Saint Norbert*, Gembloux.

———, 1953, "Pierre l'Ermite, le saint fondateur du Neufmoustier, à Huy," *La nouvelle Clio* 5, pp. 427-446.

———, 1959, "La spiritualité «apostolique» des premiers fondateurs d'Affligem (1083-1100)," *RHE* 54, pp. 41-65.

———, 1983, "Les prédicateurs «apostoliques» dans les diocèses de Thérouanne, Tournai et Cambrai-Arras durant les années 1075-1125," *AP* 59, pp. 171-189.

———, 1987, "Ermites, reclus et recluses dans l'ancien diocèse de Cambrai entre Scarpe et Haine (1075-1125)," *RB* 97, pp. 289-313.

———, 1988, "La critique de la Vita de saint Aybert, reclus en Hainaut (1144)," *AB* 106, pp. 121-142.

De Rosa, G. (ed.), 1980, *Le confraternite in Italia tra Medioevo e Rinascimento* [Atti della tavola rotonda (Vicenza, 3-4 novembre 1979) = Ricerche di storia sociale e religiosa, n. s., 17-18], Roma.

De Rosa, G., Gregory, T. & Vauchez, A. (eds.), 1993, *Storia dell'Italia religiosa*, I : *L'Antichità e il Medioevo*, Roma-Bari.

De Sandre Gasparini, G., 1974, *Statuti di confraternite religiose di Padova nel Medio Evo*, Padova.

———, 1985, "Movimento dei disciplinati, confraternite e ordini mendicanti," in *I frati minori e terzo ordine...* [1985], pp. 77-114.

Deschaux, R., 1984, "Le personnage de l'ermite dans *La Queste del Saint Graal* et dans *Le Haut Livre du Graal : Perlesvaus*," *Congrès international arthurien* 14, Rennes, pp. 172-207.

Desclais-Berkvam, D., 1981, *Enfance et maternité dans la littérature française des XIIe et XIIIe siècles*, Paris.

Dessì, R. M. (ed.), 2005, *Prêcher la paix et discipliner la société : Italie, France, Angleterre (XIIIe-XVe siècles)* [CEM 5], Turnhout.

———& Lauwers, M. (eds.), 1997, *La parole du prédicatreur : V[e]-XVe siècle* [CEM 1], Nice.

De Stefano, A., 1990, *Riformatori ed eretici del Medio Evo*, Palermo.

Devic, Cl. & Vaissete, J., 1872-85, *Histoire générale de Languedoc*, 10 vols., Toulouse.

Devlin, D., 1984, "Feminine Lay-Piety in the High Middle Ages : The Beguines," in J. A. Nichols & L. T. Shank (eds.), *Distant Echoes : Medieval Religious Women* [CS 71], Kalamazoo (MI), pp. 185-196.

D'Haenens, A., 1979, *Begijnhoven van België*, Brussels.

———, 1981, "Femmes excédentaires et vocation religieuse dans l'ancien diocèse de Liège lors de l'essor urbain (fin du XIIe-début du XIIIe siècle) : le cas d'Ide de Nivelles (1200-1231)," in *Hommages à la Wallonie. Mélanges d'histoire et de philologie wallonnes offerts à M.-A. Arnould et P. Ruelle*, ed. H. Hasquin, Bruxelles, pp. 217-235.

Dickson, G., 1988, "The Advent of the Pastors," *RBPH* 66, pp. 249-267 (repr. in Dickson [2000]).
———, 1989, "The Flagellants of 1260 and the Crusades," *JMH* 15, pp. 227-267 (repr. in Dickson [2000]).
———, 1992, "Stephen of Cloyes, Philip Augustus, and the Children's Crusade of 1212," in B. N. Sargent-Baur (ed.), *Journeys Toward God : Pilgrimage and Crusade*, Kalamazoo (MI), pp. 88-105.
———, 1995, "La genèse de la croisade des enfants (1212)," *BEC* 153, pp. 53-102.
———, 2000, *Religious Enthusiasm in the Medieval West : Revivals, Crusades, Saints*, Aldershot.
Dierkens, A. & Sansterre, J.-M. (eds.), 2000, *Voyages et voyageurs à Byzance et en Occident du VIe au XIe siècle*, Liège-Genève.
Dinzelbacher, P., 1980, "Hadewijchs mystische Erfahrungen in neuer Interpretation," *OGE* 54, pp. 267-279.
———, 1981, *Visionen und Visionsliteratur im Mittelalter*, Stuttgart.
———& Bauer, D. (eds.), 1985, *Frauenmystik im Mittelalter*, Ostfildern.
———(eds.), 1988, *Religiöse Frauenbewegung und mystische Frömmigkeit im Mittelalter* [Beihefte zum Archiv für Kulturgeschichte 28], Köln-Wien.
Di Re, P., 1974, *Giovanni Gualberto nelle fonti dei secoli 11-12 : Studio critico-storico-agiografico*, Roma.
Disciplina, in *DS* III, c. 1291-1311.
Döllinger, I. von, 1871, "Der Weissagungsglaube und das Prophetentum in der christlichen Zeit," *Historisches Taschenbuch* 5th ser. 1, pp. 257-370.
———, 1890, *Beiträge zur Sektengeschichte des Mittelalters*, 2 vols., München.
Doerr, O., 1934, *Das Institut der Inclusen in Süddeutschland*, Münster in Westf.
Dognon, 1895, *Les Institutions politiques et administratives du pays de Languedoc du XIIIe siècle aux Guerres de Religion*, Toulouse.
Dolbeau, F., 1990, "Le dossier de saint Dominique de Sora, d'Albéric du Mont-Cassin à Jacques de Voragine," *MEFRM* 102, pp. 7-78.
Donckel, E., 1933, "Studien über die Prophezeiung des Fr. Telesforus von Cosenza, O. F. M. (1365-1386)," *AFH* 26, pp. 29-104, 282-314.
Dondaine, A., 1949-50, "La hiérarchie cathare en Italie, I e II," *AFP* 19, pp. 280-312 ; 20, pp. 234-324 (repr. in Dondaine [1990]).
———, 1959, "Durand de Huesca et la polémique anti-cathare," *AFP* 29, pp. 228-276 (repr. in Dondaine [1990]).
———, 1990, *Les hérésies et l'Inquisition, XIIe-XIIIe siècles* [VR], London.
Dor, J. & al. (eds.), 1999, *New Trends in Feminine Spirituality : The Holy Women of Liège and Their Impact* [Medieval Women : Texte & Contexts 2], Turnhout.
Dossat, Y., 1944, "Le clergé méridional à la veille de la Croisade Albigeoise," *Revue historique et littéraire du Languedoc* 1, pp. 263-278 (repr. in Dossat [1982]).
———, 1959, *Les crises de l'Inquisition toulousaine au XIIIe siècle (1233-1273)*, Bordeaux.
———, 1968, "A propos du concile cathare de Saint-Félix : les Milingues," in *Cathares en Languedoc* [1968], pp. 201-214.

———, 1982, *Eglise et hérésie en France au XIIIe siècle* [VR], London.
Douie, D. L., 1932, *The Nature and the Effect of the Heresy of the Fraticelli*, Manchester.
Dressler, F., 1954, *Petrus Damiani, Leben und Werke* [SA 34], Roma.
Dronke, P., 1995, "Medieval Sibyls : Their Character and Their «Auctoritas»," *SM* 3rd series 36, pp. 581–615.
Dubois, J., 1968a, "Les ordres religieux au XIIe siècle selon la Curie romaine," *RB* 78, pp. 283–309.
———, 1968b, "L'institution des convers au XIIe siècle," in *I laici...* [1968], pp. 183–261.
Duby, G., 1964, "Au XIIe siècle : les «Jeunes» dans la société aristocratique," *Annales ESC* 19, pp. 835–846.
———, 1966, "Les pauvres des campagnes dans l'Occident médiéval jusqu'au XIIIe siècle," *RHEF* 52, pp. 25–32.
———, 1967, *L'an mil*, Paris [邦訳, G・デュビィ（若杉康子訳）『紀元千年』, 公論社, 1975年].
Duhamel-Amado, C., 1992, "Femmes entre elles. Filles et épouses languedociennes (XIe–XIIe siècles)," in *Femmes. Mariages-Lignages. XIIe–XIVe siècles, Mélanges offerts à Georges Duby*, Bruxelles, 1992, pp. 125–155.
Duperray, E. (ed.), 1989, *Marie Madeleine dans la mystique, les arts et les lettres*, Paris.
Duprè Theseider, E., 1958, "Fra Dolcino : Storia e mito," *Bollettino della Società di Studi Valdesi* 77, pp. 5–25 (repr. in Duprè Theseider [1978]).
———, 1962, "L'attesa escatologica durante il periodo avignonese," in *L'attesa dell'età nuova...* [1962], pp. 65–126 (repr. in Duprè Theseider [1978]).
———, 1970, "Sul «Dialogo contro i fraticelli» di S. Giacomo della Marca," in *Miscellanea Gilles Gérard Meersseman* [Italia sacra 16], t. II, Padova, pp. 577–611 (repr. in Duprè Theseider [1978]).
———, 1978, *Mondo cittadino e movimenti ereticali nel Medio Evo (Saggi)*, Bologna.
Dupront, A., 1997, *Le mythe de croisade*, 4 vols., Paris.
Durand, S.-M., 1966, *Etienne d'Obazine*, Lyons.
Duvernoy, J., 1962–63, "Les Albigeois dans la vie sociale et économique de leurs temps," *Annales de l'Institut d'études occitanes*, pp. 64–72.
———, 1968, "Les «Actes de Saint-Félix» sont-ils faux?," *CEC* 40, pp. 16–20.
———, 1969, "La Noblesse du comté de Foix," in *Pays de l'Ariège*, Paris, 1969, pp. 123–140.
———, 1970, "Pierre Autier," *CEC* 47, pp. 9–49.
———, 1976–79, *Le catharisme*, t. 1 : *La religion des cathares*, Toulouse ; t. 2 : *L'histoire des cathares*, Toulouse.
———, 1984, "La noblesse cathare en Languedoc," *Bulletin de l'Association d'entraide de la noblesse française* 181, pp. 20–43.
———, 1985, "Le Catharisme en Languedoc au début du XIVe siècle," in *Effacement du catharisme...* [1985], pp. 27–56.
———, 1994, *Cathares, Vaudois et Béguins : dissidents du Pays d'oc*, Toulouse.
Ebner, R., 1978, *Das Bruderschaftswesen im alten Bistum Würzburg,* Würzburg.
Effacement du Catharisme? (XIIIe–XIVe s.) [CF 20], Toulouse, 1985.
Ehrle, F., 1884, "Die Spiritualen, ihr Verhältniss zum Franciscanerorden und zu den Fraticel-

len," *Archiv für Literatur- und Kirchengeschichte des Mittelalters* 1, pp. 509-569.
Elm, K., 1962, "Neue Beiträge zur Geschichte des Augustiner-Eremitenordens in 13. und 14. Jahrhundert. Ein Forschungsbericht," *AKG* 44, pp. 130-134.
———, 1965, "Italienische Eremitengemeinschaften des 12. und 13. Jahrhunderts," in *L'eremitismo in Occidente...* [1965], pp. 491-559.
———, 1971, "Gli eremiti neri nel Dugento: Ein neuer Beitrag zur Vorgeschichte des Augustiner-Eremitenordens," *Quellen und Forschungen aus italienischen Archiven und Bibliotheken* 50, pp. 58-79.
———, 1981, "Die Stellung der Frau in Ordenswesen: Semireligiösentum und Häresie zur Zeit der heiligen Elisabeth," in *Sankt Elisabeth. Fürstin-Dienerin-Heilige*, Sigmaringen, pp. 7-28.
——— (ed.), 1984, *Norbert von Xanten: Adliger, Ordenstifter, Kirchenfürst: Festschrift zum Gedächtnis seines Todes vor 850 Jahren*, Köln.
———, 1998, "*Vita regularis sine regula:* Bedeutung, Rechtsstellung und Selbstverständnis des mittelalterlichen und frühneuzeitlichen Semireligiosentums," in Šmahel [1998], pp. 239-273.
——— & Joerissen, P. (eds.), 1982, *Die Zisterzienser: Ordensleben zwischen Ideal und Wirklichkeit*, ed. Aachen, 1980, Ergänzungsband, Köln.
——— & Parisse, M. (eds.), 1993, *Doppelklöster und andere Formen der Symbiose männlicher und weiblicher Religiosen im Mittelalter* [Berliner historische Studien 18], Berlin.
Emery, R. W., 1941, *Heresy and Inquisition in Narbonne*, New York.
———, 1959, *The Jews of Perpignan in the Thirteenth Century*, New York.
Emmerson, R. K., 1981, *Antichrist in the Middle Ages: A Study of Medieval Apocalypticism, Art and Literature*, Manchester.
——— & McGinn, B. (eds.), 1992, *The Apocalypse in the Middle Ages*, Ithaca-London.
"Enfance de Jésus," in *DS*.
Enfance et société [Annales de Démographie Historique], Paris, 1973.
"Enfance spirituelle," in *DS*.
L'Enfant, 2me partie [RSJB 36], Bruxelles, 1976.
L'Enfant au Moyen-Age (Littérature et Civilisation) [Sénéfiance 9], Aix-en-Provence, 1980.
Ennen, E., 1984, *Frauen im Mittelalter*, München [邦訳, E・エンネン（阿部謹也・泉眞樹子訳）『西洋中世の女たち』, 人文書院, 1992 年].
Épiney-Burgard, G., 1996, "Les Béguines et l'ordre cistercien aux Pays-Bas du Sud (XIIIe siècle)," *Les Mouvances laïques des ordres religieux: Actes du troisième colloque international du CERCOR, Tournus, 17-20 juin 1992*, Saint-Etienne, pp. 261-277.
——— & Zum Brunn, E., 1988, *Femmes troubadours de Dieu*, Turnhout.
Erbstößer, M., 1970, *Sozialreligiöse Strömungen im späten Mittelalter: Geißler, Freigeister und Waldenser im 14. Jahrhundert* [Forschungen zur mittelalterlichen Geschichte 16], Berlin.
———, 1984, *Ketzer im Mittelalter*, Leipzig-Stuttgart.
——— & Werner, E., 1960, *Ideologische Probleme des mittelalterlichen Plebejertums: Die freigeistige Häresie und ihre sozialen Wurzeln*, Berlin.
Erdmann, C., 1956, *Die Entstehung des Kreuzzugsgedankens*, Stuttgart.

L'eremitismo in Occidente nei secoli XI e XII [MCSM 4], Milano, 1965.
Eremitismo nel francescanesimo medievale [Atti del XVII Convegno internazionale della SISF], Perugia, 1991.
Erens, A., 1929, "Les soeurs dans l'ordre de Prémontré," *AP* 5, pp. 5-29.
Erkens, F.-R., 1999, "Busse in Zeiten des Schwarzen Todes : Die Züge der Geissler," *Zeitschrift für historische Forschung* 26, pp. 483-513.
Ernault, L., 1889, *Marbode, évêque de Rennes, sa vie et ses œuvres (1035-1123)*, Rennes.
Esmeijer, A. C., 1978, *Divina Quaternitas : A Preliminary Study in the Method and Application of Visual Exegesis*, Assen-Amsterdam.
L'età dello Spirito e la fine dei tempi in Gioacchino da Fiore e nel gioachimismo medievale [Atti del II CISG], ed. A. Crocco, San Giovanni in Fiore, 1986.
"Évangélisme et hérésie," in *Évangile et évangélisme (XIIe-XIIIe siècle)* [CF 34], Toulouse, 1999.
Famille et parenté dans l'Occident médiéval, ed. J. Le Goff & G. Duby [Actes du colloque de Paris, juin 1974], Rome, 1977.
Fanti, M., 1969, "Gli inizi del Movimento dei Disciplinati a Bologna e la Confraternita di Santa Maria della Vita," *QCDMD* 8 (1969), pp. 3-54.
Fearns, J., 1966, "Peter von Bruis und die religiöse Bewegung des 12. Jahrhunderts," *AKG* 48, pp. 311-335.
Fechter, J., 1966, *Cluny, Adel und Volk : Studien über das Verhältnis des Klosters zu Ständen (910- 1150)*, Stuttgart.
Fehr, H., 1912, *Rechtsstellung der Frau und der Kinder in den Weistümern*, Jena.
La femme dans la vie religieuse du Languedoc (XIIIe-XIVe s.) [CF 23], Privat, 1988.
Fina, K., 1956-58, "Anselm von Havelberg : Untersuchungen zur Kirchen- und Geistesgeschichte des 12. Jahrhunderts," *AP* 32, pp. 69-101, 193-227 ; 33, pp. 5-39, 268-301 ; 34, pp. 13-41.
Fin du monde et signes des temps : visionnaires et prophètes en France méridionale (fin XIIIe-début XVe siècle) [CF 27], Toulouse, 1992.
Finke, H., 1902, *Aus den Tagen Bonifaz VIII*, Münster.
Finoli, A. M., 1965, "La figura dell'eremita nella letteratura antico francese," in *L'eremitismo in Occidente...* [1965], pp. 581-591.
Finucane, R. C., 1997, *The Rescue of the Innocents : Endangered Children in Medieval Miracles*, New York.
Fiorani, L. (ed.), 1984, Le confraternite romane : Esperienza religiosa, società, committenza artistica [Ricerche di storia religiosa di Roma 5], Roma.
"Flagellanti," in *DIP* IV, c. 60-72.
"Flagellants," in *DHGE* 17, 327-336.
"Flagellants," in *DS* 5, col. 392-408.
Fleming, M. H., 1999, *The Late Medieval Pope Prophecies : The «Genus nequam» Group* [Medieval and Renaissance Texts and Studies 204], Tempe (Ariz.).
Fliche, A., 1924-37, *La Réforme Grégorienne*, 3 vols., Louvain-Paris.
———, 1946, La Réforme Grégorienne et la reconquête chrétienne, in A. Fliche & V. Martin (eds.), *Histoire de l'Église*, t. VI, Paris [邦訳, A・フリシュ（野口洋二訳）『叙任権闘

争』，創文社，1972 年].
———, 1957, "L'état toulousain," in F. Lot & R. Fawtier (eds.), *Histoire des Institutions françaises au Moyen Age*, t. I : *Institutions seigneuriales*, Paris, pp. 71–99.
Flori, J., 1990, "Le pape, l'ermite et le chevalier," *Romania* 111, pp. 37–56.
———, 2001, *La guerre sainte : la formation de l'idée de croisade dans l'Occident chrétien*, Paris.
Fluck, R., 1953, "Guillaume de Tournai et son traité De modo docendi," *RSR* 27, pp. 333–356.
Focillon, H., 1952, *L'an mil*, Paris [邦訳，H・フォシヨン（神沢栄三訳）『至福千年』，みすず書房，1971 年].
Förstemann, E. G., 1828, *Die christlichen Geißlergesellschaften*, Halle.
Fößel, A. & Hettinger, A., 2000, *Klosterfrauen, Beginen, Ketzerinnen : Religiöse Lebensformen von Frauen im Mittelalter* [Historisches Seminar, Neue Folge 12], Idstein.
Les fonctions des saints dans le monde occidental [Actes du colloque de Rome, 1988 = CEFR 149], Roma, 1991.
Fonseca, C. D., 2001, "Gioacchino da Fiore tra riforma del monachesimo e attesa della fine," in *Gioacchino da Fiore tra Bernardo...* [2001], pp. 13–26.
Fonte Avellana nella società dei secoli XI e XII [Atti del II convegno del Centro di studi avellaniti], Urbino, 1979.
Fornasari, G., 1996, *Medioevo riformato del secolo XI : Pier Damiani e Gregorio VII* [Nuovo Medioevo 42], Napoli.
Foulon, J.-H., 2003a, "Les ermites dans l'Ouest de la France : les sources, bilan et perspectives," in Vauchez (ed.) [2003], pp. 81–113.
———, 2003b, " Solitude et pauvreté volontaire chez les ermites du Val de Loire," in *Liber largitorius : Études d'histoire médiévale offertes à Pierre Toubert par ses élèves*, ed. D. Barthélemy & J.-M. Martin, Genève.
Fouquet, J. & Etienne, P., 1985, *Histoire de l'ordre de Grandmont*, Chambray.
Fournier, P., 1909, *Études sur Joachim de Flore et ses doctrines*, Paris.
Francescanesimo e vita religiosa dei laici nel '200 [Atti dell'VIII Congresso internazionale della SISF], Assisi, 1981.
Franciscains d'Oc : les Spirituels (ca. 1280–1325) [CF 10], Toulouse, 1975.
Frank, Th., 2002, *Bruderschaften im spätmittelalterlichen Kirchenstaat : Viterbo, Orvieto, Assisi*, Tübingen.
Franke, W., 1913, *Romuald von Camaldoli und seine Reformtätigkeit zur Zeit Ottos III* [Historische Studien 107], Berlin.
Franklin, C. V., 1993, "The Restored Life and Miracles of Dominic of Sora by Alberic of Monte Cassino," *MS* 55, pp. 285–345.
Franklin, J. C., 1978, *Mystical Transformations : The Imagery of Liquids in the Work of Mechthild of Magdeburg*, Madison (NY)-London.
Frappier, J., 1954, "Le Graal et la chevalerie," *Romania* 75, pp. 165–210.
———, 1959, "Vues sur les conceptions courtoises dans les littératures d'oc et d'oïl au XIIe siècle," *CCM* 2, pp. 135–156.
Fraser, A., 1966, *A History of Toys*, London [邦訳，A・フレイザー（和久洋三監訳）『おも

ちゃの文化史』，玉川大学出版部，1980 年].

Frassetto, M. (ed.), 2002, *The Year 1000 : Religious and Social Response to the Turning of the First Millennium*, New York-Basingstoke.

Le fraternite medievali di Assisi : linee storiche e testi statutari, Perugia-Assisi, 1989.

I frati Minori e il Terzo Ordine : Problemi e discussioni storiografiche [CCSSM 23], Todi, 1985.

Fredericq, P., 1896, *De secten der geeselaars en der dansers in de Nederlanden tijdens de 14ᵈᵉ eeuw* [Mémoires de l'Académie royale in 4°, 53, 1896].

Freed, J. B., 1972, "Urban Development and the *cura monialium* in Thirteenth-Century Germany," *Viator* 3, pp. 311-327.

———, 1977, *The Friars and German Society in the Thirteenth Century*, Cambridge.

Frugoni, A, 1954, *Arnaldo da Brescia nelle fonti del secolo XII* [SS 8-9], Roma.

———, 1961, "Momenti del problema dell'«ordo laicorum» nei secoli XI-XII," *Nova Historia* 13 (1961), pp. 3-22.

———, 1962, "La devozione dei Bianchi del 1399," in *L'attesa dell'età nuova* ... [1962], pp. 232-248.

———, 1963, "Sui flagellanti del 1260," *BISIAM* 75, pp. 211-237.

Fumagalli, V., 1965, "Note sulle *vitae* di Norberto di Xanten," *Aevum* 39, pp. 348-356.

———, 1968, "In margine all'«Alleluia del 1233»," *BISIAM* 80, pp. 257-272.

Funk, Ph., 1909, *Jacob von Vitry : Leben und Werk*, Leipzig.

Gäbler, U., 1969, "Die Kinderwallfahrten aus Deutschland und der Schweiz zum Mont-Saint-Michel 1456-1459," *ZSKG* 63, pp. 221-331.

———,1978, "Der «Kinderkreuzzug» vom Jahre 1212," *Schweizerische Zeitschrift für Geschichte* 38, pp. 1-14.

Galli, G., 1906, I disciplinati dell'Umbria del 1260 e le loro laudi [Supplementi al *Giornale storico della letteratura italiana* IX], Torino.

Galloway, P., 1997, "‹Discreet and Devout Maidens›: Women's Involvement in Beguine Communities in Northern France, 1200-1500," in *Medieval Women in Their Communities*, ed. D. Watt, Toronto, pp. 92-115.

———, 2000, "Life, Learning and Wisdom : The Forms and Functions of Beguine Education," in *Medieval Monastic Education*, ed. G. Ferzoco & C. Muessig, London, pp. 153-167.

Gardel, M.-É., 2004, *Vie et mort d'un castrum : Cabaret, archéologie d'un village médiéval en Languedoc (XIᵉ-XIIIᵉ siècles)*, Cahors.

Génicot, L., 1965, "L'érémitisme du XIᵉ siècle dans son contexte économique et social," in *L'eremitismo in Occidente*... [1965] pp. 45-69.

Gérard de Brogne et son œuvre réformatrice : études publiées à l'occasion du millénaire de sa mort (959-1959), Maredsous, 1960.

Gere, R. H., 1955, *The Troubadours, Heresy, and the Albigensian Crusade*, (Diss. Columbia).

Gerwing, M., 1996, *Vom Ende der Zeit. Der Traktat des Arnald von Villanova über die Ankunft des Antichrist in der akademischen Auseinandersetzung zu Beginn des 14. Jahrhunderts* [Beiträge zur Geschichte der Philosophie und Theologie des Mittelalters.

Texte und Untersuchungen N. F. 45], Münster.
Geybels, H., 2004, *Vulgariter Beghinae : Eight Centuries of Beguine History in the Low Countries*, Turnhout.
Geyer, I., 1992, *Maria von Oignies : Eine hochmittelalterliche Mystikerin zwischen Ketzerei und Rechtgläubigkeit*, Frankfurt am Main-Bern-New York-Paris.
Ghignoli, A., 2003, "Gli archivi degli eremiti di Siena," in Vauchez (ed.) [2003], pp. 255–276.
Giallongo, A., *Il bambino medievale : Educazione ed infanzia nel Medioevo*, Bari, 1990.
Giannarelli, E., 1989, "Sogni e visioni dell'infanzia nelle biografie dei santi : fra tradizione classica e innovazione cristiana," *Augustinianum* 29, pp. 213–235.
Gianni, A. (ed.), 2000, *Santità ed eremitismo nella Toscana medievale*, Siena.
Gilles, H., 1988, "Le statut de la femme en droit toulousain," *CF* 23, pp. 79–97.
Gioacchino da Fiore fra Bernardo di Clairvaux e Innocenzo III [Atti del 5° CISG. San Giovannni in Fiore—16–21 settembre 1999, OGFTS 13], ed. R. Rusconi, Roma, 2001.
Given, J. B., 1990, *State and Society in Medieval Europe : Gwynedd and Languedoc under Outside Rule*, Ithaca (NY).
———, 1997, *Inquisition and Medieval Society : Power, Discipline, & Resistance in Languedoc*, Ithaca-London.
Gnädinger, L., 1972, *Eremitica : Studien zur altfranzösischen Heiligenvita des 12. und 13. Jahrhunderts*, Tübingen.
Gold, P. S., 1985, *The Lady and the Virgin : Image, Attitude and Experience in Twelfth Century France*, Chicago-London.
Golinelli, P. (ed.), 1984, *La Pataria : Lotte religiose e sociali nella Milano dell'XI secolo*, Novara-Milano.
———, 1988, *Indiscreta sanctitas : Studi sui rapporti tra culti, poteri e società nel pieno Medio Evo* [SS 197–198], Roma.
Goll, K., 1917, "Die Geisslerfahrten in J. 1260 und 1261," in *39. Jahresbericht des k. k. Staats-Realgymnasium in 17. Bezirke Wiens*, pp. 3–51.
Gonnet, G. (ed.), 1976, *Le eresie e i movimenti popolari nel Basso Medioevo*, Messina-Firenze.
———, 1984, "A propos du Nichil, une controverse désuète mais courtoise sur la conception du bien et du mal," *Heresis* 2, pp. 5–14.
———, 1989, *«Il grano e le zizzanie» : Tra eresia e riforma (secoli XII–XVI)*, 3 vols., Soveria Mannelli (CZ).
——— & Molnar, A., 1974, *Les vaudois au Moyen Age*, Torino.
Goodich, M., 1973–74, "Childhood and Adolescence among the Thirteenth-Century Saints," *History of Childhood Quarterly : The Journal of Psychohistory* 1, pp. 285–309 (repr. in Goodich [2004]).
———, 1975, "The Politics of Canonization in the Thirteenth Century : Lay and Merdicant Saints," *Church History* 44, pp. 294–307 (repr. in Goodich [2004]).
———, 1975–76, "Bartholomaeus Anglicus on Child-Rearing," *History of Childhood Quarterly : The Journal of Psychohistory* 3, pp. 75–84 (repr. in Goodich [2004]).
———, 1982, *Vita Perfecta : The Ideal of Sainthood in the Thirteenth Century*, Stuttgart.
———, 1983, "Encyclopaedic Literature : Child-Rearing in the Middle Ages," *History of*

Education 12, pp. 1-8 (repr. in Goodich [2004]).
———, 1989, *From Birth to Old Age : The Human Life Cycle in Medieval Thought, 1250-1350*, New York-London.
———, 1992, "Il fanciulli come fulcro di miracoli e potere spirituale (XIII e XIV secolo)," in A. Paravicini-Bogliani & A. Vauchez (eds.), *Poteri carismatici e informali : Chiesa e società medievali*, Palermo, pp. 38-57 (repr. in Goodich [2004]).
———, 2004, *Lives and Miracles of the Saints : Studies in Medieval Latin Hagiography* [VR], Ashgate.
Goossens, J., 1984, *De kwestie Lambertus, li Beges' († 1177)* [Verhandelingen van de Koninklijke Academie voor Wetenschappen, Letteren en schone Kunsten van Belgie. Klasse der Letteren 46, 110], Brussels.
Gorce, M. M., 1923, *Saint Vincent Ferrier, 1350-1419*, Paris.
Gorre, 1982, *Die ersten Ketzer im 11. Jahrhundert : Religiöse Eiferer-soziale Rebellen? : Zum Wandel der Bedeutung religiöser Weltbilder*, (Diss. Konstanz).
Gougaud, L., 1908, "Some Liturgic and Ascetic Traditions of the Celtic Church, I : Genuflexion," *The Journal of Theological Studies* 9, pp. 556-561.
———, 1914, "La danse dans les églises," *RHE* 25, pp. 5-22, 229-245.
———, 1921-23, "*Mulierum consortia*, étude sur le synéisaktisme chez les ascètes celtiques," *ÉRIU : Journal of the School of Irish Learning* 9, pp. 147-156.
———, 1925, *Dévotions et pratiques ascétique au Moyen Age*, Paris.
———, 1928, *Ermites et reclus : études sur d'anciennes formes de vie religieuse*, Ligugé.
———, 1992, *Christianity in Celtic Lands : A History of the Churches of the Celts, Their Origin, Their Development, Influence and Mutual Relations*, 2nd ed., Dublin.
Gouguenheim, S., 1999, *Les fausses terreurs de l'an mil : attente de la fin des temps ou approfondissement de la foi?*, Paris.
Gouron, A., 1958, *La réglementation des métiers en Languedoc*, Paris.
———, 1963, "Diffusion des consulats méridionaux et expansion du droit romain aux XIIe et XIIIe siècles," *BEC* 121, pp. 26-76.
Gozier, A., 1994, *Béguine, écrivain et mystique. Portrait et tête de Hadewijch d'Anvers (XIIIe siècle)*, Montrouge.
Grandjean, M., 1994, *Laïcs dans l'Eglise : regards de Pierre Damien, Anselme de Cantorbéry, Yves de Chartres* [Théologie historique 97], Paris.
Graus, F., 1987, *Pest-Geissler-Judenmorde : Das 14. Jahrhundert als Krisenzeit* [Veröffentlichungen des Max-Planck-Instituts für Geschichte 86], Göttingen.
Greenaway, G. W., 1931, *Arnald of Brescia*, Cambridge.
Grégoire, R., 1972, "L'adage ascétique «Nudus nudum Christum sequi»," in *Studi storici in onore di O. Bertolini*, I, Pisa, pp. 395-409.
———, 1982, *La vocazione sacerdotale : I canonici regolari nel Medioevo*, Roma.
———, 1987, *Manuale di Agiologia : Introduzione alla letteratura agiografica* [Bibliotheca Montisfani 12], Fabriano.
———, 1990, "La foresta come esperienza religiosa," in *L'Ambiente vegetale nell'alto medioevo. Settimane de studio del Centro italiano di studi sull'alto medioevo, 30 marzo-5 aprile 1989* (Settimane di studio, 37), 2 vols., Spoleto 1990, pp. 663-707.

Greven, J., 1912, *Die Anfänge der Beginen : Ein Beitrag zur Geschichte der Volksfrömmigkeit und des Ordenswesens im Hochmittelalter*, Münster i. W.
———, 1914, "Der Ursprung des Beginenwesens," *HJ* 35, pp. 26-58, 291-318.
Griffe, E., 1969, *Les débuts de l'aventure cathare en Languedoc (1140-1190)*, Paris.
———, 1971-80, *Le Languedoc cathare*, 3 vols., Paris.
———, 1974, *Les anciens pays de l'Aude dans l'antiquité et au Moyen Age*, Carcassonne.
Grillon, J., 1953, "Bernard et les ermites et les groupements d'ermites," in *Bernard de Clairvaux*, Paris, pp. 251-262.
Grosse, E. U., 1988, "Sens et portée de l'Evangile de saint Jean pour les cathares," *Heresis* 10, pp. 9-19.
Grübel, I., 1987, *Bettelorden und Frauenfrömmigkeit im 13. Jahrhundert : Das Verhältnis der Mendikanten zu Nonnenklöstern und Beginen am Beispiel Straßburg und Basel* [Kulturgeschichtliche Forschungen 9], München.
Grundman, J. P., 1992, *The Popolo at Perugia 1139-1309* [Fonti per la storia dell'Umbria 20], Perugia.
Grundmann, H., 1927, *Studien über Joachim von Floris*, Leipzig-Berlin.
———, 1928, "Die Papstprophetien des Mittelalters," *AKG* 19, pp. 77-138 (repr. in Grundmann [1976-78], t. II).
———, 1929, "Liber de Flore : Eine Schrift der Franziskaner-Spiritualen aus dem Anfang des 14. Jahrhunderts," *HJ* 49, pp. 33-91 (repr. in Grundmann [1976-78], t. II).
———, 1931, "Zur Geschichte der Beginen im 13. Jahrhundertt," *AKG* 21, pp. 296-320.
———, 1950, *Neue Forschungen über Joachim von Fiore, Marburg*, 1950.
———, 1960, "Zur Biographie Joachims von Fiore und Rainers von Ponza," *DA* 16, pp. 437-546 (repr. in Grundmann [1976-78], t. II).
———, 1962, "Zur «Vita s. Gerlaci eremitae»," *DA* 18, pp. 539-554 (repr. in Grundmann [1976-78], t. II).
———, 1963, *Ketzergeschichte des Mittelalters*, Göttingen [邦訳，H・グルントマン（今野國雄訳）『中世異端史』，創文社，1974 年].
———, 1965, "Eremiti in Germania dal X al XII secolo : «Einsiedler» e «Klausner»," *L'eremitismo in Occidente*... [1965], pp. 311-329 (repr. in Grundmann [1976-68], t. II).
———, 1976-78, *Ausgewählte Aufsätze* [MGH Schriften 25], 3 vols., Stuttgart.
———, 1977, *Religiöse Bewegungen im Mittelalter*, 4th ed., Darmstadt.
Guarnieri, R, (ed.), 1965, *Il movimento del Libro Spirito : Testi e documenti*, Roma.
———, 1980, art. «Pinzochere», in *DIP* VI, Roma, col. 1721-1749.
Guelphe, W., 1986, "L'érémitisme dans le sud-ouest de la Gaule à l'époque mérovingienne," *AM* 98, pp. 293-315.
Guerrini, P., 1997, *Propaganda politica e profezie figurate nel tardo Medioevo* [Nuovo Medioevo 51], Napoli.
Guillou, A., 1965, "Il monachesimo greco in Italia meridionale e in Sicilia nel medioevo," in *L'eremitismo in Occidente*... [1965], pp. 355-381.
Guiraud, J., 1904, "Le «consolementum» cathare," *Revue des questions historique* 75, pp. 74-112.
Hagenmeyer, H., 1879, *Peter der Eremite : Ein kritischer Beitrag zur Geschichte des ersten*

Kreuzzuges, Leipzig.
Hagman, Y. & Brenon, A., 1993, "Le consolament, initiation chrétienne et sacrement," *Heresis* 20, pp. 7-55.
Hakozaki, S. [箱崎総一], 1988,『カバラ――ユダヤ神秘思想の系譜』, 青土社.
Haller, J., 1912, *Die Marbacher Annalen*, Berlin.
———, 1914-15, "Zu den Marbacher Annalen," *Historische Vierteljahrschrift* 17, pp. 343-360.
Hallinger, K., 1950-51, *Gorze-Kluny : Studien zu den monastischen Lebensformen und Gegensätzen im Hochmittelalter* [SA 22-25], 2 vols., Roma.
———, 1956, "Woher kommen die Laienbrüder?," *Analecta Sancti Ordinis Cisterciensis* 12, pp. 1-104
Hamburger, J. F., 1989, "The Visual and the Visionary : The Image in Late Medieval Monastic Devotions," *Viator* 20, pp. 161-182.
———, 1997, *Nuns as Artists : The Visual Culture of a Medieval Convent*, Berkeley-Los Angeles-London.
Hamilton, B., 1978, "The Cathar Council of Saint-Félix Reconsidered," *AFP* 48, pp. 23-53 (repr. in Hamilton [1979]).
———, 1979, *Monastic Reform, Catharism and Crusades* [VR 5], London.
Hancke, G., 2001, *Les belles hérétiques. Être femme, noble et cathare*, Castelnaud la chapelle.
Hansbery, J. E., 1938-39, "The Children's Crusade," *The Catholic Historical Review* 24, pp. 30-38.
Harada, T. [原田武], 1991,『異端カタリ派と転生』, 人文書院.
Hartwig, J., 1908, "Die Frauenfrage im mittelalterlichen Lübeck," *Hansische Geschichtsblätter* 14, pp. 35-94.
Hastings, A., 1950, "Saint Benedict and the Eremitical Life," *The Downside Review* 68, pp. 191-211.
Hauber, A., 1919, "Fragment einer Beginenordnung von Tirlement," *AKG* 14, pp. 279-292.
Haupt, H., 1903, "Lambert le Bègue, prêtre liégeois du XIIe siècle et l'origine des béguinages," *Wallonia. Archives Wallonnes historiques, ethnographiques, littéraires et artistiques* 11, pp. 5-10, 34-53.
Hecker, J. F. C., 1832, *Die Tanzwuth, eine Volkskrankheit im Mittelalter*, Berlin.
———, 1865, "Kinderfahrten," in Idem, *Die grossen Volkskrankheiten des Mittelalters*, Berlin, 1865, pp. 124-142.
Heers, J., 1971, *Fêtes, jeux et joutes dans les sociétés d'Occident à la fin du Moyen Age*, Paris.
———, 1983, *Fêtes de fous et Carnavals*, Paris.
Hehl, E.-D., 1994, "Was ist eigentlich ein Kreuzzug?," *HZ* 259, pp. 297-336.
Heid, U., 1988, "Studien zu Marguerite Porète und ihrem «Miroir des Simples Âmes»," in Dinzelbacher & Bauer (eds.) [1988], pp. 185-214.
Helbling, B. & al. (eds.), 2002, *Bettelorden, Bruderschaften und Beginen in Zürich : Stadtkultur und Seelenheil im Mittelalter*, Zürich.
Helvétius, A.-M., 1993, "Les béguines : des femmes dans la ville aux XIIIe et XIVe siècles," in E. Gubin & J.-P. Nandrin (eds.), *La ville et les femmes en Belgique : histoire et sociologie* [Travaux et Recherches 28], Bruxelles, pp. 17-40.

———, 2003, "Solitude et cénobitisme du Ve au Xe siècle," in Vauchez (ed.) [2003], pp. 1-27.
Henderson, J., 1978, "The Flagellant Movement and Flagellant Confraternities in Central Italy, 1260-1400," *SCH* 15, pp. 147-160.
———, 1994, *Piety and Charity in Late Medieval Florence*, Oxford.
Henriet, P., 1997, "Verbum vitae disseminando : la parole des ermites prédicateurs d'après les sources hagiographiques (XIe-XIIe siècle)," in R. M. Dessì & Lauwers (eds.) [1997], pp. 153-185.
———, 2000, *La parole et la prière au Moyen Âge : le Verbe efficace dans l'hagiographie monastique des XIe et XIIe siècles* [Bibliothèque du Moyen Âge 16], Bruxelles.
Hershon, C. P., 1999, *Faith and Controversy : The Jews of Mediaeval Languedoc*, Birmingham.
———, 2003, "Rapports entre les Juifs de Béziers et les autorités ecclésiastiques et civiles," in Heusch [2003], pp. 49-60.
Heszler, E., 1985, "Stufen der Minne bei Hadewijch," in Dinzelbacher & Bauer (eds.) [1985], pp. 99-122.
Heuclin, J., 1988, *Aux origines monastiques de la Gaule du Nord : ermites et reclus du Ve au XIe siècle*, Lille.
Heusch, C., 2003, *Biterris : Béziers et son rayonnement culturel au Moyen Âge*, Perpignan.
Higounet, Ch., 1968, "Le Groupe aristocratique en Aquitaine et en Gascogne," *AM* 80, pp. 563-571.
Hilka, A., 1927, "Altfranzösische Mystik und Beginentum," *Zeitschrift für Romanische Philologie* 47, pp. 121-170.
Hilpisch, S., 1928, *Die Doppelklöster : Entstehung und Organisation* [Beiträge zur Geschichte des alten Mönchtums und des Benediktinerordens 15], Münster in Westf.
Hinnebusch, W. A., 1966-73, *The History of the Dominican Order*, 2 vols., New York.
Historiographe du catharisme [CF 14], 1979.
Hiver-Bérenguier, J.-P., 1984, *Constance de Rabastens, mystique de Dieu ou de Gaston Fébus?*, Toulouse.
Hoberg, 1953, "Das Bruderschaftswesen am Oberrhein im Spätmittelalter," *HJ* 72, pp. 238-252.
Hoffmann, G. & Krebber, W., 2004, *Die Beginen : Geschichte und Gegenwart*, Kevelaer.
Hoffmann, H., 1963, "Von Cluny zum Investiturstreit," *AKG* 45, pp. 165-203.
Hofmeister, A., 1926, "Puer, Iuvenis, Senex. Zum Verständnis der mittelalterlichen Altersbezeichnungen," in A. Brackmann (ed.), *Papst und Kaisertum : Paul Kehr zum 65. Geburtstag dargebracht*, München, pp. 287-316.
Hogg, J., 2003, *Der heilige Bruno*, Salzburg.
Holder-Egger, O., 1908, "Italienische Prophetien des 13. Jahrhunderts," *NA* 33, pp. 96-187.
Holdsworth, C. J., 1978, "Christina of Markyate," in *Medieval Women*, ed. D. Baker [SCH Subsidia 1], Oxford, pp. 185-204.
Hoornaert, R., 1924, *Les béguines de Bruges, leur histoire, leur règle, leur vie*, Bruges.
———, 1930, *Le Béguinage de Bruges, son histoire, sa règle, sa vie*, Bruges.
Horigome, Y. [堀米庸三], 1958, 『西洋中世世界の崩壊』, 岩波書店.
———, 1964, 『正統と異端』, 中公新書.
———, 1976, 『ヨーロッパ中世世界の構造』, 岩波書店.

Hotz, B., 1988, *Beginen und willig Arme im spätmittelalterlichen Hildesheim* (Schriftenreihe des Stadtarchivs und der Stadtbibliothek Hildesheim 17), Hildesheim.
Housley, N. J., 1982, "Politics and Heresy in Italy: Anti-Heretical Crusades, Orders and Confraternities, 1200–1500," *JEH* 33, pp. 201–208.
Howe, J., 1979, *Greek Influence on the Eleventh-Century Western Revival of Hermitism*, (Diss. California).
———, 1997, *Church Reform and Social Change in Eleventh-Century Italy: Dominic of Sora and His Patrons*, Philadelphia (PA).
Hoyer, 1967, "Die thüringische Kryptoflagellantenbewegung in 15. Jahrhundert," *Jahrbuch für Religionsgeschichte* 2 (1967), pp. 148–174.
Huchet, J.-Ch., 1983, "Les femmes troubadours ou la voix critique," *Littérature* 51, pp. 59–90.
———, 1985, "Les déserts du roman médiéval: le personnage de l'ermite dans les romans des XIIe et XIIIe siècles," *Littérature* 60, pp. 89–108.
Hübner, A., 1931, *Die deutschen Geisslerlieder: Studien zum geistlichen Volksliede des Mittelalters*, Berlin-Leipzig.
Huizinga, J., 1938, *Homo ludens*, Haarlem [邦訳, J・ホイジンガ（高橋英夫訳）『ホモ・ルーデンス』中央公論社, 1971年].
Hutchison, C., 1989, *The Hermit Monks of Grandmont*, Kalamazoo (MI).
"L'idée de Croisade," 1956, in *Relazioni del X Congresso*... [1956], pp. 543–652.
Ikegami, S. [池上俊一], 1999, 『ロマネスク世界論』, 名古屋大学出版会.
———, 2003, 『遊びの中世史』（ちくま学芸文庫）, 筑摩書房.
Ilarino da Milano, 1945, *L'eresia di Ugo Speroni nella confutazione del maestro Vacario*, Città del Vaticano.
———, 1983, *Eresie medioevali: Scritti minori*, Rimini.
Iogna-Prat, D., 1977, "La femme dans la perspective pénitentielle des ermites du Bas-Maine (fin XIe–début XIIe siècle)," *RHS* 53, pp. 47–64.
———, 1998, *Ordonner et exclure: Cluny et la société chrétienne face à l'hérésie, au judaïsme et à l'islam, 1000–1150*, Paris.
———, 2002, *Études clunisiennes* [Les Médiévistes français 2], Paris.
Ishiwatari, A. [石渡明夫], 1983, 「西欧中世における歴史思想の問題——フィオーレのヨアキム」, 『学習院史学』1983-4.
Istituzioni monastiche e istituzioni canonicali in Occidente (1123–1215) [MCSM 9], Milano, 1980.
Izutsu, T. [井筒俊彦], 1983, 『意識と本質——精神的東洋を索めて』, 岩波書店, 1983年.
Jacobs, H., 1961, *Die Hirsauer: Ihre Ausbreitung und Rechtsstellung im Zeitalter des Investiturstreites* [Kölner Historische Abhandlungen 4], Köln.
Janssens, G. de, 1891, *Etienne de Cloyes et les croisades d'enfants au XIIIe siècle*, Châteaudun.
Jeanroy, A., 1934, *La poésie lyrique des troubadours*, 2 vols., Toulouse-Paris.
Jessee, W. S., 1994, "Robert d'Arbrissel: Aristocratic Patronage and the Question of Heresy," *JMH* 20, pp. 221–235.
Jimenez, P., 1994, "Relire la charte de Niquinta," *Heresis* 22, pp. 1–26; 23, pp. 1–28.
Johnson, P. D., 1991, *Equal in Monastic Profession: Religious Women in Medieval France*,

Chicago.
Jonin, P., 1968, "Des premiers ermites à ceux de La Queste del Saint Graal," *Annales de la Faculté des Lettres et Sciences Humaines d'Aix-en-Provence* 44, pp. 293–350.
Jordan, W. Ch., 1996, *The Great Famine : Northern Europe in the Early Fourteenth Century*, Princeton (NJ).
Jostmann, Ch., 2001, "Die Sibilla Erithrea : Eine historiographische Skizze," *Florensia* 15, pp. 109–141.
Jotischky, A., 1995, *The Perfection of Solitude : Hermits and Monks in the Crusader States*, University Park (PA).
Juifs et judaïsme de Languedoc [CF 12], Toulouse, 1977.
Kabayama, K. [樺山紘一], 1976, 『ゴシック世界の思想像』, 岩波書店.
Kahles, W., 1960, *Geschichte als Liturgie : Die Geschichtstheologie des Rupertus von Deutz*, Münster.
Kaiser-Guyot, M.-Th., 1974, *Le berger en France aux XIVe et XVe siècles*, Paris.
Kamijo, T. [上條敏子], 2001, 『ベギン運動の展開とベギンホフの形成——単身女性の西欧中世』, 刀水書房.
Kampers, F., 1895, *Kaiserprophetieen und Kaisersagen im Mittelalter : Ein Beitrag zur Geschichte der deutschen Kaiseridee* [Historische Abhandlungen 8], München.
Die Kartäuser und ihre Welt——Kontakte und gegenseitige Einflüsse [Analecta Cartusiana 62], 2 vols., Salzburg, 1994.
Katayama, Y. [片山佳子], 1975, 「フィオーレのヨアキムの歴史観」, 『西洋史学』 99, pp. 160–178.
Kaup, M., 2003, "Der Liber Horoscopus : Ein bildloser Übergang von der Diagrammatik zur Emblematik in der Tradition Joachims von Fiore," in Patschovsky (ed.) [2003], pp. 147–184.
———, 1998, *«De prophetia ignota» : Eine frühe Schrift Joachims von Fiore*, Hannover.
Kawahara, A. [河原温], 2001, 『中世フランドルの都市と社会——慈善の社会史』, 中央大学出版部.
Keller, H., 1968, "«Adelsheiliger» und Pauper Christi in Ekkeberts Vita sancti Haimeradi," in J. Fleckenstein & K. Schmid (eds.), *Adel und Kirche. Gerd Tellenbach zum 65. Geburtstag dargebracht von Freunden und Schülern*, Freiburg-Basel-Wien, pp. 307–324.
Kellum, B. A., 1972, "Ekkeberts Vita Haimeradi," *AKG* 54, pp. 26–63.
———, 1973–74, "Infanticide in England in the Later Middle Ages," *History of Childhood Quarterly* 1, pp. 367–388.
Kennedy, A. J., 1969, *The Hermit in French Arthurian Romance* (*c. 1170–1530*), (Diss. Glasgow).
———, 1974, "The Hermit's Role in French Arthurian Romance (c. 1170–1530)," *Romania* 95, pp. 54–83.
Kern, L., 1930, "Le bienheureux Rainier de Borgo San Sepolcro de l'Ordre des Frères Mineurs," *Revue d'Histoire Franciscaine* 7, pp. 233–283.
Keul, H., 2004, *Verschwiegene Gottesrede : Die Mystik der Begine Mechthild von Magdeburg* [Innsbrucker Theologische Studien 69], Innsbruck-Wien.
Kieckhefer, R., 1974, "Radical Tendencies in the Flagellant Movement of the Mid-Fourteenth

Century," *JMRS* 4, pp. 157-176.
———, 1984, *Unquiet Souls : Fourteenth-Century Saints and Their Religious Milieu*, Chicago.
Kienzle, B. M., 2000, *The Sermon* [TSMAO 81-83], Turnhout.
Klapisch-Zuber, Ch., 1982, "Les saintes poupées. Jeu et dévotion dans la Florence du Quattrocento," in P. Ariès & J.-C. Margolin (eds.), *Les jeux à la Renaissance*, Paris, pp. 65-79 (repr. in Klapisch-Zuber [1990]).
———, 1983, "La «mère cruelle» : maternité, veuvage et dot dans Florence des XIVe-XVe siècles," *Annales ESC* 38, pp. 1097-1109 (repr. in Klapisch-Zuber [1990]).
———, 1990, *La maison et le nom : stratégies et rituels dans l'Italie de la Renaissance* (Civilisations et Sociétés 81), Paris.
Knight, G. R., 1996, "The Language of Retreat and the Eremitic Ideal in Some Letters of Peter the Venerable," *AHDLMA* 63, pp. 7-43.
Koch, G., 1962, *Frauenfrage und Ketzertum im Mittelalter : Die Frauenbewegung im Rahmen des Katharismus und des Waldensertums und ihre sozialen Wurzeln (12.-14 Jh.)* [Forschungen zur mittelalterlichen Geschichte 9], Berlin.
———, 1964, "Die Frau im mittelalterlichen Katharismus und Waldensertum," *SM* 3rd series 5, pp. 742-774.
Köhler, E., 1962, *Trobadorlyrik und höfischer Roman*, Berlin.
———, 1976, *Sociologia della fin'amor : Saggi trobadorici*, Padova.
Kolmer, L., 1982, *Ad capiendas vulpes : die Ketzerbekämpfung in Südfrankreich in der ersten Hälfte des 13. Jahrhunderts und die Ausbildung des Inquisitionsverfahrens*, Bonn.
Konno, K. [今野國雄], 1973, 『西欧中世の社会と教会』, 岩波書店.
Koorn, F. W. J., 1981, *Begijnhoven in Holland en Zeeland gedurende de middeleeuwen*, Assen.
———, 1986, "The Case of the Beguines and the Sisters of the Common Life in the Northern Netherlands," in *Women and Men in Spiritual Culture, XIV-XVII Centuries*, ed. E. Schulte van Kessel, The Hague.
———, 1998, "Von der Peripherie ins Zentrum : Beginen und Schwestern vom Gemeinsamen Leben in den nördlichen Niederlanden," in Wehrli-Johns & Opitz (eds.) [1998], pp. 95-118.
Kottje, R. & Maurer, H. (eds.), 1989, *Monastische Reformen im 9. und 10. Jahrhundert* [VF 38], Sigmaringen.
Kouda, T. [國府田武], 2001, 『ベギン運動とブラバントの霊性』, 創文社.
Künssberg, E. F. von, 1952, *Rechtsbrauch und Kinderspiel*, 2nd ed., Heidelberg.
Kurfess, A., 1951, *Sibyllinische Weissagungen*, München-Nördlingen.
Kurth, G., 1912, "De l'origine liégeoise des béguines," *BARB Classe des Lettres*, pp. 457-462.
———, 1919, "Encore l'origine liégeoise des béguines," *BARB Classe des Lettres*, pp. 133-168.
Kurze, D., 1966, "Nationale Regungen in der spätmittelalterlichen Prophetie," *HZ* 202, pp. 1-23.
Kurze, W., 1971, "Zur Geschichte Camaldolis im Zeitalter der Reform," in *Il Monachesimo*

e la Riforma ecclesiastica... [1971], pp. 399-415.
Lacger, L. de, 1933, "L'Albigeois pendant la crise de l'albigéisme," *RHE* 29, pp. 272-315, 586-633, 849-904.
Ladner, G. B., 1956, "The Gregorian Letters on the Sources and Nature of Gregory VII's Reform Ideology," *SG* 5, pp. 221-242.
Lafont, R. & al., 1982, *Les Cathares en Occitanie*, Paris.
Lagarde, G. de, 1956, *La naissance de l'esprit laïque au déclin du moyen âge*, 6 vols., Louvain-Paris.
I laici nella «societas christiana» dei secoli XI e XII [MCSM 5], Milano, 1968.
Lake, K., 1903-04, "The Greek Monasteries in South Italy," *The Journal of Theological Studies* 4, pp. 345-368, 517-542 ; 5, pp. 22-41, 189-202.
Lambert, M. D., 1961, *Franciscan Poverty : The Doctrine of the Absolute Poverty of Christ and the Apostles in the Franciscan Order, 1210-1323*, London.
———, 1998a, *The Cathars*, Oxford.
———, 1998b, "Catharism as Reform Movement," in Šmahel (ed.) [1998], pp. 23-39.
———, 2002, *Medieval Heresy : Popular Movements from the Gregorian Reform to the Reformation*, 3rd ed., Oxford.
Lambertini, R. & Tabarroni, A., 1989, *Dopo Francesco : L'eredità difficile*, Torino.
Landes, R., 1995, *Relics, Apocalypse, and the Deceits of History : Ademar of Chabannes, 989-1034*, Cambridge (MA)-London.
———& al. (eds.), 2003, *The Apocalyptic Year 1000 : Religious Expectation and Social Change, 950-1050*, New York-Oxford.
Lang, P. G., 1941, "Gunther, der Eremit, in Geschichte, Sage und Kult," Studien und Mitteilungen zur Geschichte des Benediktiner-Ordens und seine Zweige 59, pp. 3-83.
Laqua, H. P., 1976, *Traditionen und Leitbilder bei dem Ravennater Reformer Petrus Damiani : 1042-1052* [MMS 30], München.
Laudage, J., 1984, *Priesterbild und Reformpapsttum im 11. Jahrhundert*, Köln.
———, 1993, *Gregorianische Reform und Investiturstreit*, Darmstadt.
Lausing, C., 1997, *Power and Purity : Cathar Heresy in Medieval Italy*, Oxford.
Lauwers, M., 1989a, "Expérience béguinale et récit hagiographique. A propos de la «Vita Mariae Oigniacensis» de Jacques de Vitry (vers 1215)," *Journal des Savants*, janvier-juin, pp. 61-103.
———,1989b, "Paroles de femmes, sainteté féminine. L'Église du XIIIe siècle face aux béguines," in G. Braive & J.-M. Cauchies (eds.), *La critique historique à l'épreuve. Liber discipulorum Jacques Paquet*, Bruxelles.
———, 1992a, "Entre béguinisme et mysticisme : La vie de Marie d'Oignies († 1213) de Jacques de Vitry ou la définition d'une sainteté féminine," *OGE*, 66, pp. 46-70.
———, 1992b, "«Noli me tangere» : Marie Madeleine, Marie d'Oignies et les pénitentes du XIIIe siècle," in *La Madeleine* [1992], pp. 209-268.
———, 1997, "Praedicatio-exhortatio : l'Église, la réforme et les laïcs (XIe-XVe siècle)," in Dessì & Lauwers (eds.) [1997], pp. 187-233.
Lazar, M., 1964, *Amour courtois et "fin'amours" dans la littérature du XIIe siècle*, Paris.
Le Bras, G., 1959, *Institutions ecclésiastiques de la Chrétienté médiévale* [Histoire de l'Église

12], Paris.
Lechner, K., 1884, "Die große Geißelfahrt des Jahres 1349," *HJ* 5, pp. 437-462.
Leclercq, J., 1947, "Une lettre inédite de saint Pierre Damien sur la vie érémitique," *SA* 18-19, pp. 283-293.
———, 1956, "Pierre le Vénérable et l'érémitisme clunisien," in *Petrus Venerabilis (1156-1956) : Studies and Texts Commemorating the Eighth Centenary of His Death* [SA 40], pp. 99-103.
———, 1957, *L'amour des lettres et le désir de Dieu : initiation aux auteurs monastiques du Moyen Age*, Paris [邦訳, J・ルクレール（神崎忠昭・矢内義顕訳）『修道院文化入門——学問への愛と神への希求』, 知泉書館, 2004年].
———, 1958a, "Le poème de Payen Bolotin contre les faux ermites," *RB* 68, pp. 52-86.
———, 1958b, "La crise du monachisme aux XIe et XIIe siècles," *BISIAM* 70, pp. 19-41.
———, 1960, *Saint Pierre Damien, ermite et homme d'Église* [Uomini e dottrine 8], Roma.
———, 1961a, *Etudes sur le vocabulaire monastique du Moyen Age* [SA 48], Roma.
———, 1961b, "Sur le statut des ermites monastiques," *Supplément de la Vie spirituelle* 58, pp. 384-394.
———, 1962a, "Deux opuscules médiévaux sur la vie solitaire," *Studia monastica* 4, pp. 93-109.
———, 1962b, "La flagellazione volontaria nella tradizione," in *Il Movimento dei Disciplinati...* [1962], pp. 73-83.
———, 1962c, "Pour une histoire de la vie à Cluny," *RHE* 57, pp. 386-408, 783-812.
———, 1963a, "«Eremus» et «eremita» : pour l'histoire du vocabulaire de la vie solitaire," *Collectanea Ordinis Cisterciensium Reformatorum* 25, pp. 8-30.
———, 1963b, *Otia monastica : études sur le vocabulaire de la contemplation au Moyen Age* [SA 51].
———, 1964, *Aux sources de la spiritualité occidentale : étapes et constances*, Paris.
———, 1965, "L'érémitisme en Occident jusqu'à l'an Mil," in *L'eremitismo in Occidente...* [1965], pp. 27-44.
———, 1966, *St. Bernard et l'esprit cistercien*, Paris.
———, 1982, *Monks on Marriage : A Twelfth-Century View*, New York.
———, 1992, "Monks and Hermits in Medieval Love Stories," *JMH* 18, pp. 341-356.
———& Vandenbrouche, F., 1961, *La spiritualité du Moyen Age*, Paris [邦訳, J・ルクレール＆F・ヴァンダンブルーク（上智大学中世思想研究所監修, 岩村清太他訳）『キリスト教神秘思想史　2——中世の霊性』, 平凡社, 1997年].
Lee, H. & al., 1989, *Western Mediterranean Prophecy : The School of Joachim of Fiore and the Fourteenth-Century «Breviloquium»* [ST 88], Toronto.
Lees, J. T., 1998, *Anselm of Havelberg : Deeds into Words in the Twelfth Century*, Leiden.
Leff, G., 1967, *Heresy in the Later Middle Ages*, 2 vols., Manchester-New York.
Le Goff, J. (ed.), 1968, *Hérésies et sociétés dans l'Europe pré-industrielle : 11e-18e siècles. Communications et débats du Colloque de Royaumont, 27-30 mai, 1962* [Civilisations et Sociétés 10], Paris.
———, 1970, "Ordres mendiants et urbanisation dans la France médiévale : état de l'enquête," *Annales ESC* 25, pp. 924-946.

———, 1985, "Le désert-forêt dans l'Occident médiéval," in Idem, *L'imaginaire médiéval*, Paris.
———& Rémond, R. (eds.), 1988, *Histoire de la France religieuse*, t. 2 : *Du christianisme flamboyant à l'aube des Lumières*, Paris.
———& Schmitt, J.-Cl., 1979, "Au XIIIe siècle : une parole nouvelle," in Delumeau (ed.) [1979], pp. 257–279.
———& Vidal-Naquet, J., 1974, "Lévy-Strauss en Brocéliande," *Critique*, no. 325, juin, pp. 541–571.
Le Grand, L., 1893, "Les béguines de Paris," *Mémoires de la Société de l'Histoire de Paris* 20, pp. 295–357.
Lehmann, M., 1867, *Die annalibus qui vocantur Colonienses Maximi quaestiones criticae*, Berlin.
Lehmann, O. H., 1957, "The Theology of the Mystical Book Bahir and Its Sources," *Studia Patristica* 1, pp. 477–483.
Leicht, I., 1999, *Marguerite Porète : Eine fromme Intellektuelle und die Inquisition* [Freiburger Theologische Studien 163], Freiburg-Basel-Wien.
Lekai, L. J., 1977, *The Cistercians : Ideals and Reality*, Kent (OH) [邦訳，L・J・レッカイ（朝倉文市・函館トラピスチヌ訳）『シトー会修道院』，平凡社，1989 年].
Lemarignier, J. F., 1957, "Structures monastiques et structures politiques dans la France de la fin du X siècle et des débuts du XI siècle," in *Il monachesimo nell'alto Medioevo*, Spoleto, pp. 357–400.
Le Merrer, M., 1986, "Des sibylles à la Sapience dans la tradition médiévale," *MEFRM* 98, pp. 13–33.
Lenglet, M. O., 1978, "La biographie du bienheureux Géraud de Sales," *Cîteaux, Commentarii Cistercienses* 29, pp. 7–40.
Leonardi, C., 1982, "Caterina da Siena : Mistica e profetessa," in Maffei & Nardi (eds.) [1982], pp. 155–172.
Lerner, R., 1972, *The Heresy of the Free Spirit in the Later Middle Ages*, Berkeley-Los Angeles-London.
———, 1983, *The Powers of Prophecy : The Cedar of Lebanon Vision from the Mongol Onslaught to the Dawn of the Enlightenment*, Berkeley-Los Angeles-London.
———, 1988, "On the Origins of the Earliest Latin Pope Prophecies : A Reconsideration," in *Fälschungen im Mittelalter*, V. *Fingierte Briefe——Frömmigkeit und Fälschung——Realienfälschungen* [MGH Schriften 33, V], Hannover, pp. 611–635.
———, 1992, "Ecstatic Dissent," *Speculum* 67, pp. 33–57.
———, 1995, *Refrigerio dei santi : Gioacchino da Fiore e l'escatologia medievale* [OGFTS 5], Roma.
———& Schwartz, 1994, "Illuminated Propaganda : The Origins of the «Ascende Calve» Pope Prophecies," *JMH* 20, pp. 157–191.
Le Roy Ladurie, E., 1975, *Montaillou, village occitan*, Paris [邦訳，E・ルロワ・ラデュリ（井上幸治・渡邊昌美訳）『モンタイユー——ピレネーの村　1294–1324』（上・下），刀水書房，1990–91 年].
Lett, D., 1997, *L'enfant des miracles : enfance et société au Moyen Âge (XIIe–XIIIe siècle)*,

Paris.
Leube-Fey, C., 1971, *Bild und Funktion der 'dompna' in der Lyrik der Trobadors*, Heidelberg.
Lewis, A. R., 1974, "The Formation of Territorial States in Southern France and Catalonia, 1050-1270 A. D.," in *Mélanges Roger Aubenas, Montpellier*, pp. 505-516.
Leyser, H., 1984, *Hermits and the New Monasticism : A Study of Religious Communities in Western Europe, 1000-1150*, London.
L'Hermite-Leclercq, P., 1986, "La réclusion volontaire au Moyen Âge : une institution religieuse spéciclement féminine," in *La condición de la mujer en la edad media. Actas del coloquio celebrado en la Case de Velázquez del 5 al 7 de noviembre de 1984*, Madrid, 1986, pp. 135-154.
———, 1988a, "Reclus et recluses dans le sud-ouest de la France," *La Femme dans la vie religieuse du Languedoc (XIIIᵉ-XIVᵉ s.)* [CF 23], Toulouse, pp. 281-298.
———, 1988b, "Le reclus dans la ville au bas moyen âge," *Journal des savants* 1, pp. 219-262.
———, 1994, "Les reclus parisiens au bas Moyen Age," in *Villes et sociétés urbaines au Moyen Âge : Hommage à M. le Professeur Jacques Heers*, ed. G. Jehel & al., Paris, pp. 223-231.
———, 1997, *L'Église et les femmes dans l'Occident chrétien des origines à la fin du Moyen Age*, Turnhout.
———, 2003, "La réclusion dans le milieu urbain français au Moyen Âge," in Vauchez (ed.) [2003], pp. 155-173.
Limouzin-Lamothe, R., 1932, *La commune de Toulouse et les sources de son histoire (1120-1249)*, Toulouse.
Little, L. K., 1988, *Libertà, carità, fraternità : Confraternite laiche a Bergamo nell'Età del comune*, Bergamo.
Lo Bello, R. A., 2002-03, "Arnaldo di Villanova dall'esegesi alla profezia," *Florensia* 16-17, pp. 169-214.
Lobrichon, G., 1994a, *La religion des laïcs en Occident : XIᵉ-XVᵉ siècles*, Paris.
———, 1994b, "Erémitisme et solitude," in *Monteluco...* [1994], pp. 125-148.
Lods, J., 1960, "Le thème de l'enfance dans l'épopée française," *CCM* 3, pp. 58-62.
Lohmer, C., 1991, *Heremi Conversatio : Studien zu den monastischen Vorschriften des Petrus Damiani* [Beiträge zur Geschichte des alten Mönchtums und des Benedictinertums 39], Münster.
Longère, J., 1983, *La prédication médiévale* [Études Augustiniennes. Séries du Moyen Âge et des Temps Modernes 9], Paris.
———, 2004, "Robert d'Arbrissel prédicateur," in Dalarun (ed.) [2004], pp. 87-104.
Lubac, H. de, 1978-81, *La postérité spirituelle de Joachim de Flore*, 2 vols., Paris.
Lucchesi, G., 1965, "La «Vita S. Rodulphi et S. Dominici Loricati» di S. Pier Damiano," *RSCI* 19, pp. 166-177.
Lüers, G., 1926, *Die Sprache der deutschen Mystik des Mittelalters im Werke der Mechthild von Magdeburg*, München.
Luongo, F. Th., 2006, *The Saintly Politics of Catherine of Siena*, Ithaca-London.

Macé, L., 2000, *Les comtes de Toulouse et leur entourage XIIe–XIIIe siècles : Rivalités, alliances et jeux de pouvoir*, Toulouse.
McDonnell, E. W., 1954, *The Beguines and Beghards in Medieval Culture with Special Emphasis on the Belgian Scene*, New Brunswick (NJ).
McGinn, B., 1978, "Angel Pope and Papal Antichrist," *Church History* 47, pp. 155–173 (repr. in McGinn [1994]).
———, 1979a, *Visions of the End : Apocalyptic Traditions in the Middle Ages*, New York.
———, 1979b, *Apocalyptic Spirituality : Treatises and Letters of Lactantius, Adso of Montier-en-Der, Joachim of Fiore, The Spiritual Franciscans, Savonarola*, New York.
———, 1980, "Symbolism in the Thought of Joachim of FIore," in *Prophecy and Millenarianism : Essays in Honour of Marjorie Reeves*, New York, pp. 143–164.
———, 1985a, *The Calabrian Abbot : Joachim of Fiore in the History of Western Thought*, New York-London [邦訳，B・マッギン（宮本陽子訳）『フィオーレのヨアキム——西欧思想と黙示的終末論』，平凡社，1997 年].
———, 1985b, "*Teste David cum Sibylla :* The Significance of the Sibylline Tradition in the Middle Ages," in J. Kirshner & S. F. Wemple (eds.), *Women of the Medieval World : Essays in Honor of John H. Mundy*, Oxford, pp. 7–35 (repr. in McGinn [1994]).
———, 1989, "*Pastor Angelicus :* Apocalyptic Myth and Political Hope in the Fourteenth Century," in *Santi e Santità nel secolo XIV* [Atti del XV Convegno internazionale della SISF], Perugia (repr. in McGinn [1994]).
———, 1994, *Apocalypticism in the Western Tradition* [VR], Aldershot.
———(ed.), 1994, *Meister Eckhart and the Beguine Mystics : Hadewijch of Brabant, Mechthild of Magdeburg, and Marguerite Porete*, New York.
———(ed.), 1998, *Apocalypticism in Western History and Culture* [Encyclopedia of Apocalypticism, t. II], Chicago.
McLaughlin, E., 1976, "Les femmes et l'histoire médiévale," *Concilium* 111, pp. 73–90.
McNeill, J. T., 1974, *The Celtic Churches*, Chicago.
McNulty, P. & Hamilton, B., 1979, "Orientale lumen et magistra latinitas : Greek Influences on Western Monasticism (900–1100)," in *Le millénaire du Mont Athos*, Chevtogne, pp. 181–217 (repr. in Hamilton [1979]).
La Madeleine [MEFRM 104/1], Roma, 1992.
Maffei, D. & Nardi, P. (eds.), 1982, *Atti del Simposio internazionale cateriniano-bernardiniano, Siena, 17–20 aprile 1980*, Siena.
Magli, I., 1995, *Gli uomini della penitenza*, Padova.
Magnou-Nortier, E., 1968, "Fidélité et féodalité méridionales d'après les serments de fidélité (X^{e}–début XIIe siècle)," *AM* 80, pp. 457–484.
———1974, *La société laïque et l'Église dans la province ecclésiastique de Narbonne (zone cispyrénéenne), de la fin du VIIIe à la fin du XIe siècle*, Toulouse.
Magrassi, M., 1959, *Teologia e storia nel pensiero di Ruperto di Deutz*, Roma.
Maier, Ch. T., 1994, *Preaching the Crusades*, Cambridge.
Male, É., 1949, *L'Art religieux de la fin du Moyen Âge en France*, 5th ed., Paris.
Mancini, F., "I Disciplinati di Porta Fratta di Todi e il loro primo statuto," in *Il movimento dei Discilinati...* [1962], pp. 269–292.

Mandonnet, P., 1898, *Les origines de l'Ordo de Poenitentia*, Fribourg.
Manselli, R., 1951, "La religiosità d'Arnaldo di Villanova," *BISIAM* 63, pp. 1-100.
———, 1953, "Il monaco Enrico e sua eresia," *BISIAM* 65, pp. 1-63.
———, 1955, *La «Lectura super Apocalipsim» di Pietro di Giovanni Olivi : Studi sull' escatologismo medievale* [SS 19-21], Roma.
———, 1959, *Spirituali e Beghini in Provenza* [SS 31-34], Roma.
———, 1962, "L'anno 1260 fu anno gioachimitico?," in *Il Movimento dei Disciplinati...* [1962], pp. 99-108.
———, 1970, "Ricerche sull'influenza della profezia nel basso medioevo : Premessa," *BISIAM* 82, pp. 1-12.
———, 1975a, *La religion populaire au Moyen Âge : problèmes de méthode et d'histoire* [Conférence Albert-le-Grand], Montréal-Paris [邦訳, R・マンセッリ (大橋喜之訳)『西欧中世の民衆信仰――神秘の感受と異端』, 八坂書房, 2002 年].
———, 1975b, *Studi sulle eresie del secolo XII* [SS 5], 2nd ed., Roma.
———, 1980, *L'eresia del Male*, 2nd ed., Napoli.
———, 1983, *Il secolo XII : Religione popolare ed eresia*, Roma.
———(ed.), 1983, *La religiosità popolare nel Medio Evo*, Bologna.
———, 1997, *Da Gioacchino da Fiore a Cristoforo Colombo : Studi sul francescanesimo spirituale, sull'ecclesiologia e sull'escatologismo bassomedievali* [NSS 36], Roma.
Mantese, G., 1972, "Statuti della Fraglia dei battuti di Borgo Porta Nova e l'ospedale dei SS. Ambrogio e Bellino in Vicenza," *Bollettino della deputazione di storia patria per l'Umbria* 69, pp. 129-142.
Manteuffel, T., 1970, *Naissance d'une hérésie : les adeptes de la pauvreté volontaire au moyen âge* [Civilisations et Sociétés 6], Paris-La Haye.
Markowski, M., 1984, "Cruccesignatus," *JMH* 3, pp. 157-165.
Martin, H., 1975, *Les Ordres Mendiants en Bretagne* (*vers 1230-vers 1530*), Paris.
———, 1988, *Le métier de prédicateur à la fin du Moyen Age 1350-1520*, Paris.
Martin, J.-M., 1993, *La Pouille du VIe au XIIe siècle* [CEFR 179], Roma.
———, 2003, "L'érémitisme grec et latin en Italie méridionale (Xe-XIIIe siècle)," in Vauchez (ed.) [2003], pp. 175-198.
Martini, G., 1935, *Storia delle Confraternite italiane, con speciale riguardo al Piemonte*, Torino.
Matter, E. A., 1994, "Il matrimonio mistico," in Scaraffia, L. & Zarri, G. (eds.) [1994], pp. 43-60.
Maurin, K., 1995, *Les Esclarmonde : la femme et la féminité dans l'imaginaire du catharisme*, Toulouse.
Mause, L. de (ed.), 1976, *The History of Childhood*, London.
Mayr-Harting, H., 1975, "Functions of a Twelfth-Century Recluse," *History* 60, pp. 337-352.
Mazzatinti, G., 1896, "Lezenda de fra Raniero Faxano," *Bollettino della deputazione di storia patria per l'Umbria* 2, pp. 561-563.
Meersseman, G., 1948, "Les frères prêcheurs et le mouvement dévot en Flandre au XIIIe s.," *AFP* 18, pp. 69-130.
———, 1965, "Eremitismo e predicazione itinerante dei secoli XI e XII," in *L'eremitismo in*

Occidente... [1965], pp. 164–179.
———, 1977, *Ordo fraternitatis : Confraternite e pietà dei laici nel Medioevo*, 3 vols., Roma.
Méhu, D., 2001, *Paix et communautés autour de l'abbaye de Cluny X^e–XVe siècle*, Lyon.
Meier, G., 1915, "Die Beginen in der Schweiz," *ZSKG* 9, pp. 23–34, 119–133.
Meisen, K., 1931, *Nikolauskult und Nikolausbrauch im Abendlande*, Düsseldorf.
Meloni, P. L., 1972, "Topografia, diffusione e aspetti delle confraternite dei Disciplinati," in *Risultati*... [1972], pp. 15–98.
Ménager, L. R., 1958–59, "La «byzantinisation» religieuse de l'Italie méridionale (IXe–XIIe siècles) et la politique monastique des normands d'Italie," *RHE* 53, pp. 747–774 ; 54, pp. 5–40.
Mens, A., 1944, *Nederlandse begijnen- en begardenbeweging*, Antwerp.
———, 1947, *Oorsprong en betekenis van de Nederlandse begijnen- en begardenbeweging : Vergelijkende studie : XII^de–XIII^de eeuw*, Antwerpen.
———, 1958, "Les béguines et le béghards dans le cadre de la culture médiévale (à propos d'un livre récent)," *MA* 64, pp. 305–315.
Merlo, G. G., 1989, *Eretici ed eresie medievali*, Bologna.
———, 1991, *Tra eremo e città : Studi su Francesco d'Assisi e sul francescanesimo medievale*, Assisi.
———, 2003, *Nel nome di san Francesco : Storia dei frati Minori e del francescanesimo sino agli inizi del XVI secolo*, Padova.
Metz, R., 1976, "L'enfant dans le droit canonique médiéval," in *L'enfant*, II [RSJB 37], pp. 10–96.
Miccoli, G., 1958, "Per la storia della pataria milanese," *BISIAM* 70, pp. 42–123 (repr. in Miccoli [1966]).
———, 1960, *Pietro Igneo : Studi sull'età gregoriana*, Roma.
———, 1961, "La «crociata dei fanciulli» del 1212," *SM* 3rd series 2, pp. 407–443.
———, 1966, *Chiesa Gregoriana : Ricerche sulla Riforma del secolo XI*, Firenze.
———, 1978, "La storia religiosa," in *Storia d'Italia*, ed. R. Romano & C. Vivanti, II, t. I, Torino, pp. 734–875.
Michaud-Quantin, P., 1964, "La conscience d'être membre d'une universitas," in *Beiträge zum Berufsbewußtsein des mittelalterlichen Menschen* [MM 3], Berlin, pp. 1–14.
———, 1970, *Universitas : Expressions du mouvement communautaire dans le Moyen Âge latin*, Paris.
Michelet, J., 1833, *Histoire de France*, t. II, Paris.
Milhaven, J. G., 1993, *Hadewijch and Her Sisters : Other Ways of Loving and Knowing*, New York.
Milis, L., 1979, "Ermites et chanoines réguliers en XIIe siècle," *CCM* 22, pp. 39–80.
———, 1980, "L'évolution de l'érémitisme au canonicat régulier dans la première moitié du douzième siècle : transition ou trahison?," in *Istituzione monastiche*... [1980], pp. 223–238.
«Militia Christi» e Crociata nei secoli XI–XIII [MCSM 13], Milano, 1992.
Millet, H., 2002, *«Il libro delle immagini dei papi» : Storia di un testo profetico medievale* [La corte dei papi 9], Roma, 2002.

Möhring, H., 2000, *Der Weltkaiser der Endzeit : Entstehung, Wandel und Wirkung einer tausendjährigen Weissagung*, Stuttgart.
Mohr, W., 1954, "Tanchelm von Antwerpen," *Annales Universitatis Saraviensis, Philosophie-Lettres* 3, pp. 234–247.
Molinier, A., 1879, "Etude sur l'administration féodale dans le Languedoc," in *HL* 7, pp. 132–213.
Mollat, M., 1978, *Les pauvres au Moyen Age*, Paris.
Molnar, A., 1974, *Storia dei Valdesi*, I : *Dalle origini all'adesione alla Riforma (1176–1532)*, Torino.
Mommaers, P., 1989, *Hadewijch, Schrijfster-Begijn-Mystica*, Averbode-Kampen.
———, 2004, *Hadewijch : Writer, Beguine, Love Mystic*, Leuven.
Il monachesimo e la riforma ecclesiastica (1049–1122) [MCSM 6], Milano, 1971.
Monteluco e i monti sacri [Atti dell'incontro di studio, Spoleto, 30 settembre–2 ottobre 1993], Spoleto, 1994.
Monti, G. M., 1927, *Le confraternite medievali dell'alta e media Italia*, 2 vols., Venezia.
Monzio Compagnoni, G. (ed.), *I Vallombrosani nella società italiana dei secoli XI e XII*, Vallombrosa, 1995 [Archivio vallombrosano 2].
Moore, R. I., 1975, *The Birth of Popular Heresy* [Documents of Medieval History I], London.
———, 1985, *The Origins of European Dissent*, 2nd ed., Oxford.
Moorman, J., 1968, *A History of the Franciscan Order from its Origins to the Year 1517*, Oxford.
Moos, P. von, 1965, *Hildebert von Lavardin 1056–1133 : Humanitas an der Schwelle des höfischen Zeitalters*, Stuttgart.
Morghen, R., 1959, *L'origine e la formazione del programma della riforma gregoriana*, Roma.
———, 1962, "Ranieri Fasani e il movimento dei disciplinati del 1260," in *Il Movimento...* [1962], pp. 29–42.
———, 1972, "Le confraternite di disciplinati e gli aspetti della religiosità laica nell'età moderna," in *Risultati...* [1972], pp. 317–327.
———, 1974, *Gregorio VII e la riforma della Chiesa nel secolo XI*, new ed., Palermo.
———, 1978, *Medioevo cristiano*, 4th ed., Bari.
Morin, G., 1928, "Rainaud l'Ermite et Yves de Chartres : un épisode de la crise du cénobitisme aux XIe–XIIe siècle," *RB* 40, pp. 99–115.
Morini, E., 1977, "Eremo e cenobio nel monachesimo greco dell'Italia meridionale nei secoli IX e X," *RSCI* 31, pp. 1–39, 354–390.
Mornese, C. & Buratti, G. (eds.), 2000, *Fra Dolcino e gli Apostolici tra eresia, rivolta e roghi*, Roma.
Mottu, H., 1977, *La manifestation de l'Esprit selon Joachim de Fiore : herméneutique et théologie de l'histoire, d'après le «Traité sur les Quatre Évangiles»*, Neuchâtel-Paris.
Mousnier, M., 1997, *La Gascogne toulousaine aux XIIe–XIIIe siècles : une dynamique sociale et spatiale*, Toulouse.
Le mouvement confraternel au Moyen Age : France, Italie, Suisse [Actes de la table ronde organisée par l'Université de Lausanne (Lausanne 9–11 mai 1985) = CEFR 97], Rome,

1987.
Il Movimento dei Disciplinati nel settimo centenario dal suo inizio (*Perugia-1260*) [Convegno Internazionale: Perugia, 25-28 Settembre 1960], Perugia, 1962.
Il movimento religioso femminile e San Francesco [Atti del VII Convegno della Società internazionale di studi francescani], Assisi, 1981.
Moyniham, R., 1986, "The Development of the Pseudo-Joachim Comentary Super Heremiam," *MEFRM* 98, pp. 109-142.
Muchembled, R., 1993, *Le roi et la sorcière : l'Europe des bûchers XVe-XVIIIe siècle*, Paris.
Müller, D., 1996, *Frauen vor der Inquisition : Lebensform, Glaubenszeugnis und Aburteilung der deutschen und französischen Katharerinnen*, Mainz.
Mundy, J. H., 1954, *Liberty and Political Power in Toulouse, 1050-1230*, New York.
———, 1985, *The Repression of Catharism at Toulouse : The Royal Diploma of 1279*, Toulouse.
———, 1990, *Men and Women at Toulouse in the Age of the Cathars* [ST 101], Toronto.
———, 1997, *Society and Government at Toulouse in the Age of the Cathars* [ST 129], Toronto.
———, 2006, *Studies in the Ecclesiastical and Social History of Toulouse in the Age of the Cathars*, Aldershot.
Munro, D. C., 1914, "The Children's Crusade," *AHR* 19, pp. 516-524.
Murk-Jansen, S. M., 1991, *The Measure of Mystic Thought : A Study of Hadewijch's Mengeldichten*, Göppingen.
———, 1998, *Brides in the Desert : The Spirituality of the Beguines*, Maryknoll (NY).
Neal, C., 1989, "The Origin of the Beguines," in J. M. Bennett & al. (eds.), *Sisters and Workers in the Middle Ages*, Chicago (IL), pp. 241-260.
Nelli, R., 1948a, "L'amour provençal," *Revue de synthèse* 64, pp. 15-20.
———, 1948b, "Du catharisme à l'amour provençal," *Revue de synthèse* 64, pp. 31-38.
——— (ed.), 1953, *Spiritualité de l'hérésie : le Catharisme*, Paris-Toulouse.
———, 1963, *L'érotique des troubadours*, (Diss. Toulouse).
———, 1964, *Le phénomène cathare*, Paris.
———, 1968, *Ecritures cathares : la totalité des textes cathares traduits et commentés*, 2e ed., Paris.
———, 1969, *La vie quotidienne des Cathares du Languedoc au XIIIe siècle*, 3rd ed., Paris.
———, 1975, *La philosophie du catharisme : le dualisme radical au XIIIe siècle*, Paris [邦訳, R・ネッリ（柴田和雄訳）『異端カタリ派の哲学』, 法政大学出版局, 1996 年].
———, 1977, *Écrivains anticonformistes du Moyen Age occitan*, 2 vols., Phébus.
Nelli, S., 1982, *Esclarmonde de Foix*, Carcassonne.
Neumann, E. G., 1960, *Rheinisches Beginen- und Begardenwesen*, Meisenheim am Glan.
Newman, B., 1995, "*La mystique courtoise*: Thirteenth-Century Beguines and the Art of Love," *From Virile Woman to Woman Christ*, Philadelphia (PA), pp. 137-167.
Niccoli, O. (ed.), 1993, *Infanzie : funzioni di un gruppo liminale dal mondo classico all'Età moderna*, Firenze, 1993.
Nicolini, U., 1966, "Ricerche sulla sede di Fra Raniero Fasani fuori Porta Sole di Perugia," *QCDMD* 5 , pp. 3-18.

———, 1993, *Scritti di storia*, Napoli, 1993.
———& al. (eds.), 1989, *Le fraternite medievali di Assisi : Linee storiche e testi statutari*, Assisi-Perugia.
Niderst, R., 1952, *Robert d'Arbrissel et les origines de l'ordre de Fontevraud*, Rodez.
Niel, F., 1955, *Albigeois et Cathares* [Coll. Que sais-je? 689], Paris [邦訳, F・ニール (渡邊昌美訳)『異端カタリ派』, 白水社, 1979 年].
Nimal, H., 1908, "Les béguinages," *Annales de la Société Archéologique de l'arrondissement de Nivelles* 9, pp. 1-126.
Nitschke, A., 1956, "Die Wirksamkeit Gottes in der Welt Gregors VII," *SG* 5, pp. 115-219.
———, 1972, "Das Verständnis für Gregors Reformen im 11. Jahrhundert," *SG* 9, pp. 141-166.
Noguchi, Y. [野口洋二], 1978,『グレゴリウス改革の研究』, 創文社.
Nolin-Benjamin, C., 1992, "La fonction charnière de l'ermite dans la quête de l'identité," *Romance Quarterly* 39 : 4, pp. 387-397.
Nübel, O., 1970, *Mittelalterliche Beginen- und Sozialsiedlungen in den Niederlanden : Ein Beitrag zur Vorgeschichte der Fuggerei*, Tübingen.
Obolensky, D., 1948, *The Bogomils : A Study in Balkan Neo-Manichaeism*, Cambridge.
O'Brien, J. M., 1967-68, "Jews and Cathari in Medieval France," *Comparative Studies in Society and History* 10, pp. 215-220.
Obrist, B., "Image et prophétie au XIIe siècle : Hugues de Saint-Victor et Joachim de Flore," *MEFRM* 98 (1986), pp. 35-63.
Odauchi, T. [小田内隆], 1997,「11, 12 世紀の隠修士運動について」,『立命館文学』551, pp. 314-339.
Oliver, J. H., 1988, *Gothic Manuscript Illumination in the Diocese of Liège (c. 1250-c. 1330)* [Corpus of Illuminated Manuscripts from the Low Countries 2-3], 2 vols., Leuven, 1988.
Olsen, A. H., 1981, *Guthlac of Croyland*, Washington D. C..
Olsen, G., 1969, "The Idea of the *Ecclesia primitiva* in the Writings of the Twelfth Century Canonists," *Traditio* 25, pp. 61-86.
Opitz, C. & Wehrli-Johns, M. (eds.), 1998, *Fromme Frauen oder Ketzerinnen? Leben und Verfolgung der Beginen im Mittelalter*, Freiburg.
Oppermann, O., 1913, "Zur Entstehungsgeschichte der sogenannten Marbacher Annalen," *MIÖG* 34, pp. 561-595.
Orabona, L., 1988, *La Chiesa dell'anno mille : Spiritualità tra politica ed economia nell' Europa medievale* [La Spiritualità Cristiana, Storia e testi 6], Roma.
Orcibal, J., 1969, "Le «Miroir des simple âmes» et la secte du Libre Esprit," *RHR* 176, pp. 35-60.
Ordine, N., 1987, *La cabala dell'asino : Asinità e conoscenza in Giordano Bruno*, Napoli [邦訳, N・オルディネ (加藤守通訳)『ロバのカバラ——ジョルダーノ・ブルーノにおける文学と哲学』, 東信堂, 2002 年].
L'Ordine della Penitenza di san Francesco d'Assisi nel secolo XIII [Collectanea franciscana 43], Roma, 1973.
Les Ordres Mendiants et la Ville en Italie centrale [MEFRM 89], 1977.
Orioli, R., 1975, *L'eresia a Bologna fra XIII e XIV secolo*, t. II : *L'eresia dolciniana* [SS 93-

96], Roma.
———(ed.), 1987, *Fra Dolcino: Nascita, vita e morte di un'eresia medievale*, 2nd ed., Novara-Milano.
———, 1988, *«Venit perfidus heresiarcha»: Il movimento apostolico-dolciniano dal 1260 al 1307* [SS 193-196], Roma.
Orme, N., 2001, *Medieval Children*, New Haven.
Osheim, D. J., 1983, "Conversion, *Conversi*, and the Christian Life in Late Medieval Tuscany," *Speculum* 58, pp. 368-390.
Othon, R. P., 1929, "De l'institution et des us des convers dans l'ordre de Cîteaux (XIIe et XIIIe siècles)," in *Saint Bernard et son temps*, t. II, Dijon, pp. 139-201.
Oudart, H., 2003, "Robert d'Arbrissel *Magister* dans le récit de Baudri de Dol," in Vauchez (ed.) [2003], pp. 137-154.
Ourliac, P., 1959, "La *convenientia*," in *Études d'histoire du droit privé offertes à Pierre Petot*, Paris, pp. 413-422.
———, 1968, "Le Pays de la Selve à la fin du XIIe siècle," *AM* 80, pp. 581-592.
———, 1971, "La société languedocienne du XIIIe siècle et le droit romain," in *Le Credo, la Morale et l'Inquisition* [CF 6], Toulouse, pp. 199-216.
———, 1979, *Etudes d'histoire du droit médiéval*, Paris.
Oury, G. M., 1964, "L'érémitisme à Marmoutier aux XIe-XIIe siècle," *Bulletin trimestriel de la Société archéologique de Touraine* 33, pp. 319-333.
———, 1970-71, "L'Erémitisme au XIIe siècle dans le diocèse de Tours," *RM* 58, pp. 43-64, 65-92.
———, 1980, "Gérard de Corbie avant son arrivée à la Sauve-Majeure," *RB* 90, pp. 306-314.
———, 1986-88, "Les survivants des ermites du Bas-Maine: le groupement de Fontaine-Gérard," *RM* 61, pp. 355-371.
Pacaut, M., 1986, *L'ordre de Cluny (909-1789)* [Nouvelles études historiques 18], Paris.
———, 1993, *Les moines blancs: histoire de l'ordre de Cîteaux*, Paris.
Paden, W. D. (ed.), 1989, *The Voice of the trobairitz: Perspectives on the Women Troubadours*, Philadelphia (PA).
Pagès, A. & Valois, N., 1896, "Les prophéties de Constance de Rabastens," *AM* 8, pp. 241-278.
Palès-Gobilliard, Annette, 1976, "Le Catharisme dans le comté de Foix des origines au début du XIVe siècle," *RHR* 189, pp. 181-200.
Pampaloni, G., 1976, "Il movimento penitenziale a Prato nella seconda metà del XIII secolo. Il Terz'Ordine francescano," *Archivio Storico Pratese* 52/2, pp. 31-71.
Panarelli, F., 2003, "L'eremitismo in Puglia (sec. XI-XIV)," in Vauchez (ed.) [2003], pp. 199-209.
Panzer, E. M., 1994, *Cistercian Women and the Beguines: Interaction, Cooperation and Interdependence*, (Diss. Wisconsin).
Paolini, L., 1989, *L'albero selvatico: Eretici del Medioevo*, Bologna.
Papi, M., 1977, "Confraternite ed ordini mendicanti a Firenze: Aspetti di una ricerca quantitativa," *MEFRM* 89, pp. 723-732.
Papini, C., 2001, *Valdo dei Lione e i poveri nello spirito*, Torino.

Parisse, M., 1983, *Les nonnes au Moyen Age*, Le Puy.

——— (ed.), 1989, *Les Religieuses en France au 13e siècle. Table ronde organisée par l'Institut d'Études Médiévales à Nancy II, 25-26 juin 1983*, Nancy.

———, 2004, "La tradition du monachisme féminin au haut Moyen Âge," in Dalarun (ed.) [2004], pp. 107-120.

«Parole inspirée» et pouvoir charismatique [= MEFRM 98 (1986), pp. 7-327].

Passerat, G., 2006, *La croisade des Pastoureaux*, Cahors.

Pásztor, E., 1976, "L'immagine di Cristo negli Spirituali," in *Chi erano gli Spirituali*? [1976], pp. 107-124.

———, 1986, "Ideale del monachesimo ed «età dello Spirito» come realtà spirituale e forma d'utopia," in *L'età dello Spirito...* [1986], pp. 55-139.

———, 2000, *Donne e sante : Studi sulla religiosità femminile nel Medio Evo*, Roma.

Paterson, L., 1993, *The World of the Troubadours : Medieval Occitan Society, c. 1100-1300*, Cambridge.

Patschovsky, A., 1974, "Straßburger Beginenverfolgungen im 14. Jahrhundert," *DA* 30, pp. 56-198.

——— (ed.), 2003, *Die Bildwelt der Diagramme Joachims von Fiore : Zur Medialität religiös-politischer Programme im Mittelalter*, Ostfildern.

Payen, J. C., 1977, "La pénitence dans le contexte culturel des XIIe et XIIIe siècles," *Revue des sciences philosophique et théologiques* 61, pp. 399-428.

Pazzelli, R., 1982, *San Francesco e il Terz'Ordine : Il movimento penitenziale pre-francescano e francescano*, Padova.

——— & L. Temperini (eds.), 1982, *Prime manifestazioni di vita comunitaria maschile e femminile nel movimento francescano della penitenza (1215-1447)* [Analecta tertii ordinis regularis sancti Francisci 15].

Pedersen, E. M. W., 1999, "The In-Carnation of Beatrice of Nazareth's Theology," in Dor & al (eds.) [1999], pp. 61-79.

Pegrari, M. (ed.), 1991, *Arnaldo da Brescia e il suo tempo*, Brescia.

Penco, G., 1961, "San Giovanni Battista nel monachesimo medievale," *Studia Monastica* 3, pp. 7-32.

———, 1985, "L'eremitismo irregolare in Italia nei secoli XI-XII," *Benedictina* 32, pp. 201-221.

"Pénitents au Moyen Age," in *DS* XII, col. 1010-1023.

Peretto, E., 1985, *Movimenti spirituali laicali del Medioevo : Tra ortodossia ed eresia* [La Spiritualità Cristiana, Storia e testi 8], Roma.

Peters, G., 1969-70, "Norddeutsches Beginen- und Begardenwesen in Mittelalter," *Niedersächsisches Jahrbuch für Landesgeschichte* 41-42, pp. 50-118.

———, 1988, *Religiöse Erfahrung als literarisches Faktum : Zur Vorgeschichte und Genese frauenmystischer Texte des 13. und 14. Jahrhunderts*, Tübingen.

———, 1992, "Die Bremer Beginen im Mittelalter : Entstehung und Struktur einer städtischen Frauengemeinschaft," *Niedersächsisches Jahrbuch für Landesgeschichte* 64, p. 131-181.

Pétigny, J. de, 1854, "Robert d'Arbrissel et Geoffroi de Vendôme," *BEC* 15, pp. 1-30.

Petit, F., 1947, *La spiritualité des Prémontrés aux XIIe et XIIIe siècles*, Paris.

———, 1981, *Norbert et l'origine des Prémontrés*, Paris.

Petroff, E., 1986, *Medieval Women's Visionary Literature*, New York-Oxford.

Peuchemaurd, M., 1962, "Le prêtre ministre de la parole dans la théologie du XIIe siècle," *RTAM* 29, pp. 52-76.

Philippart, G., 1974, "Vitae Patrum," *AB* 92, pp. 353-365.

———, 1994-96, *Hagiographies : histoire internationale de la littérature hagiographique latine et vernaculaire en Occident, des origines à 1550*, I et II, Turnhout.

Philippen, L. J. M., 1918, *De Begijnhoven : Oorsprong, geschiedenis, inrichting*, Antwerpen.

———, 1929, "Begijnhoven en spiritualiteit," *OGE* 3, pp. 165-195.

———, 1943, *Het ontstaan der begijnhoven : Een synthetische studie*, Antwerpen.

Phillips, D., 1941, *Beguines in Medieval Strasburg : A Study of Social Aspect of Beguine Life*, Stanford (CA).

Pichot, D., 1995, *Le bas Maine du Xe au XIIIe siècle, étude d'une société*, Laval.

———, 2002, *Le village éclaté : habitat et société dans les campagnes de l'Ouest au Moyen Âge*, Rennes.

Pietro di Giovanni Olivi : Opera edita et inedita, Grottaferrata, 1999 [= AFH 91 (1998), pp. 327-520].

Ploß, H., 1912, *Das Kind in Brauch und Sitte der Völker*, 3rd ed., 2 vols., Leipzig.

Poeck, D. W., 1998, *Cluniacensis Ecclesia : Der cluniacensische Klosterverband (10.-12. Jahrhundert)* [MMS 71], München.

Poly, J.-P. 1974, "Les légistes provençaux et la diffusion du droit romain dans le Midi," in *Mélanges Roger Aubenas*, Montpellier, pp. 613-635.

———, 1976, *La Provence et la société féodale 879-1166*, Paris.

Posada, G., 1980, *Maestro Bruno, padre de monjes*, Madrid.

Potestà, G. L., 1980, *Storia ed escatologia in Ubertino da Casale*, Milano.

———, 1990, *Angelo Clareno : Dai poveri eremiti ai fraticelli* [NSS 8], Roma.

——— (ed.), 1991, *Il profetismo gioachimita tra Quattrocento e Cinquecento*, Genova.

——— (ed.), 1997, *Gioacchino da Fiore : Vita e opere*, Roma, 1997.

———, 1999, "La visione della storia di Gioacchino : Dal modello binario ai modelli alfa e omega," in *Gioacchino da Fiore...* [1999], pp. 183-208.

———, 2000, "Die «Genealogia» : Ein frühes Werk Joachims von Fiore und die Anfänge seines Geschichtsbildes," *DA* 56 (2000), pp. 55-101.

———, 2001, "La visione della storia di Gioacchino : dal modello binario ai modelli alfa e omega," in *Gioacchino da Fiore tra Bernardo...* [2001], pp. 183-208.

———, 2004, *Il tempo dell'Apocalisse : Vita di Gioacchino da Fiore*, Roma-Bari.

——— & Rusconi, R. (eds.), 1996, "Lo statuto della profezia nel Medio Evo," *Cristianesimo nella storia* 17, pp. 243-413.

Poupin, R., 1992, "Esquisse d'une histoire de la théologie du catharisme," *Heresis* 19, pp. 31-40.

———, 2000, *La papauté, les cathares et Thomas d'Aquin*, Loubatières.

Pourrat, R., 1921-28, *La spiritualité chrétienne*, 4 vols., Paris.

Povertà e ricchezza nella spiritualità dei secoli XI e XII [CCSSM 8], Todi, 1969.

La predicazione dei frati dalla metà del '200 alla fine del '300 [Atti del XXII Convegno

internazionale della SISF], Spoleto, 1995.
Pullan, B., 1971, *Rich and Poor in Renaissance Venice: The Social Institutions of a Catholic State to 1620*, Cambridge (MA).
Quilici, B., 1941-42, "Giovanni Gualberto e la sua riforma monastica," *ASI* 99, II, pp. 113-132; III-IV, pp. 27-62, 100; I-II, pp. 45-99.
Raedts, P., 1977, "The Children's Crusade of 1212," *JMH* 3, pp. 279-323.
Rahn, O., 1933, *Kreuzzug gegen den Gral*, Freiburg i. Br..
Rainini, M., 2006, *Disegni dei tempi: Il «Liber Figurarum» e la teologia figurativa di Gioacchino da Fiore* [OGFTS 18], Roma, 2006.
Raison, L. & Niderst, R., 1948, "Le mouvement érémitique dans l'Ouest de la France à la fin du XIe siècle et au début du XIIe siècle," *Annales de Bretagne* 55, pp. 1-46.
Rapp, F., 1981, *L'Église et la vie religieuse à la fin du Moyen Age* [Nouvelle Clio 25], 2nd ed., Paris.
Rau, K., 2006, *Augsburger Kinderhexenprozesse 1625-1730*, Wien-Köln-Weimar.
Ravier, A., 1981, *Saint Bruno le Chartreux*, Paris.
Redon, O., 1990, "Les ermites des forêts siennoises (XIIIe-début XIVe siècle)", *RM* n. s. 1, pp. 213-240.
Reeves, M., 1950, "The Liber Figurarum of Joachim of Fiore," *MRS* 2 (1950), pp. 57-81.
———, 1974, "History and Prophecy in Medieval Thought," in *MH* n. s. 5, pp. 51-75.
———, 1976, *Joachim of Fiore and the Prophetic Future*, London.
———, 1977, "The Abbot Joachim's Sense of History," in *1274. Année charnière, Mutations et Continuités*, Paris, pp. 781-796.
———, 1980, "Originality and Influence of Joachim of Fiore," *Traditio* 36, pp. 269-316.
———, 1992, "The «Vaticinia de summis pontificibus»: A Question of Authorship," in L. Smith & B. Ward (eds.), *Intellectual Life in the Middle Ages*, London, pp. 145-156.
———, 1993, *The Influence of Prophecy in the Late Middle Ages: A Study of Joachimism*, new ed., Notre Dame-London [邦訳，M・リーヴス（大橋喜之訳）『中世の預言とその影響——ヨアキム主義の研究』，八坂書房，2006年].
———, 1999, *Prophetic Sense of History in Medieval and Renaissance Europe* [VR], Aldershot.
———& Hirsch-Reich, B., 1954, "The Seven Seals in the Writings of Joachim of Fiore," *RTAM* 21, pp. 211-247.
———& Hirsch-Reich, B., 1972, *The* Figurae *of Joachim of Fiore*, Oxford.
Rehberg, A., 1991a, "Ein Orakel-Kommentar vom Ende des 13. Jahrhunderts und die Entstehungsumstände der Papstvatizinien. Ein Arbeitbericht," *Quellen und Forschungen* 71, pp. 749-773.
———, 1991b, "Der «Kardinalsorakel»-Kommentar in der «Colonna»-Handschrift Vat. lat. 3819 und die Entstehungsumstände der Papstvatizinien," *Florensia* 5, pp. 45-112.
Rehm, G., 1992, "Beginen am Niederrhein," in *«Zahlreich wie die Sterne des Himmels». Beginen am Niederrhein zwischen Mythos und Wirklichkeit. Dokumentation einer Studienkonferenz* [Bensberger Protokolle 70], Bensberg, pp. 57-84.
Reichstein, F.-M., 2001, *Das Beginenwesen in Deutschland: Studien und Katalog*, Berlin.
Reitzel, J. M., 1980, "The Medieval Houses of Bons-Enfants," *Viator* 11, pp. 179-207.

Reitzenstein, R., 1929, *Die Vorgeschicite der christlichen Taufe*, Leipzig-Berlin.

Relazioni del X Congresso internazionale di scienze storiche, III, Storia del Medioevo, 1956.

Relazioni scientifiche tenute in occasione del «Convegno Internazionale di Studi Damianei, tenutosi a Ravenna, Faenza, Pomposa 2-7 ottobre 1972» [SG 10], 1975.

Les religieuses dans le cloître et dans le monde des origines à nos jours [Actes du Deuxième Colloque International du C. E. R. C. O. R., Poitiers, 29 Septembre-2 Octobre 1988], Saint-Etienne, 1994.

Reynaert, J., 1981, *De Beeldspraak van Hadewijch* [Studiën en Tekstuitgaven van OGE 21], Tielt-Bussum.

Reynolds, R., 1950, *Beards : An Omnium Gatherum*, London.

Reynolds, S., 1994, *Fiefs and Vassals*, Oxford.

Richard, J., 1957, *L'esprit de la croisade*, Paris [邦訳，J・リシャール（宮松浩憲訳）『十字軍の精神』，法政大学出版局，2004 年].

Riché, P., 1979, "La pastorale populaire en Occident (VIe-XIe siècle)," in Delumeau (ed.) [1979], pp. 195-224.

Rieger, A., 1991, *Trobairitz : Der Beitrag der Frau in der altokzitanischen höfischen Lyrik*, Tübingen.

Rigon, A., 1979, "I laici nella chiesa padovana del Duecento," in *Contributi alla storia della Chiesa padovana nell'età medioevale* 1, pp. 11-81.

Riley-Smith, J., 1977, *What Were the Crusades?*, London-Basingstoke.

———, 1993, *The First Crusade and the Idea of Crusading*, London.

Riol, J.-L., 1964, *Dernières connaissances sur des questions cathares*, Albi.

Risultati e prospettive della ricerca sul Movimento dei Disciplinati [Convegno Internazionale di Studio, Perugia, 5-7 dicembre 1969], Perugia, 1972.

Robinson, I. S., 1973, "Gregory VII and the Soldiers of Christ," *History* 58, pp. 161-192.

———, 1978, *Authority and Resistance in the Investiture Contest : The Polemical Literature of the Late Eleventh Century*, Manchester.

Roché, D., 1957, *Le Catharisme*, 2 vols., Narbonne.

———, 1969, *L'Eglise romaine et les cathare albigeois*, 3e ed., Narbonne, Cahiers d'Etudes cathares.

Roche, J., 2003, "Le catharisme à Béziers et dans le Biterrois au début du XIIIe siècle : aux frontières de l'hérésie ?," in Heusch [2003], pp. 61-104.

———, 2004, "Autour de Raymond de Miraval : les Miraval et l'hérésie," in Bordes (ed.) [2004], pp. 119-143.

Rode, R., 1957, *Studien zu den mittelalterlichen Kind-Jesu-Visionen*, (Diss. Frankfurt a. M.).

Rodgers, S. & Ziegler, J. E., 1999, "Elisabeth of Spalbeek's Dance of Faith : A Performance Theory Interpretation from Anthropological and Art Historical Perspectives," in Suydam & Ziegler (eds.) [1999], pp. 299-355.

Röckelein, H., 1996, "Hamburger Beginen im Spätmittelalter—"autonome" oder "fremdbestimmte" Frauengemeinschaft?," *Das Mittelalter : Perspektiven mediävistischer Forschung* 1(2), pp. 73-88.

Röhricht, R., 1876, "Die Kinderkreuzzug, 1212," *HZ* 36, pp. 1-8.

Roisin, S., 1943, "L'efflorescence cistercienne et le courant féminin de piéte au XIIIe siècle,"

RHE 39, pp. 342–378.
Rondeau, J. F., 1988, *Lay Piety and Spirituality in the Late Middle Ages : The Confraternities of North-Central Italy, ca. 1250 to 1348*, (Diss. Cornell).
Ronzani, M., 1977, "Penitenti e ordini Mendicanti a Pisa sino all'inizio del Trecento," *MEFRM* 89, pp. 733–741.
Roquebert, M., 1970–89, *L'Épopée cathare*, 4 vols., Privat.
———, 1985, "Le Catharisme comme tradition dans la ‹Familia› languedocienne," in *Effacement du Catharisme?* [CF 20], pp. 221–242.
———, 1995, "Un exemple de catharisme ordinaire : Fanjeaux," in *Europe et Occitanie, les pays cathares, collection Heresis*, Carcassonne, pp. 169–211.
———, 1999, *Histoire des Cathares : Hérésie, Croisade, Inquisition du XIe au XIVe siècle*, Paris.
———, 2001, *La religion cathare*, Paris.
Rosenwein, B. H., 1971, "Feudal War and Monastic Peace : Cluniac Liturgy as Ritual Agression," *Viator* 2, pp. 129–157.
———, 1982, *Rhinoceros Bound : Cluny in the Tenth Century*, Philadelphia.
———, 1989, *To be the Neighbor of Saint Peter : The Social Meaning of Cluny Property (909–1049)*, Ithaca-London.
Roth, F., 1952–54, "Cardinal Richard Annibaldi First Protector of the Augustinian Order 1243–1276 : A Study of the Order before and after Its Great Union in 1256," *Augustiniana* 2, pp. 26–60, 108–149, 230–247 ; 3, pp. 21–34, 283–313 ; 4, pp. 5–24.
Rottenwöhrer, G., 1982–93, *Der Katharismus*, 8 vols., München.
Rougemont, D. de, 1956, *L'Amour et l'Occident*, 2nd ed., Paris [邦訳，D・ド・ルージュモン（鈴木健郎・川村克己訳）『愛について』，岩波書店，1959 年].
Rousseau, H., 1969, "L'interprétation du catharisme," *Annales ESC* 24, pp. 138–141.
Rousset, P., 1954, *Les origines et les caractères de la première croisade*, Neuchâtel.
———, 1963, "La notion de Chrétienté aux XIe et XIIe siècles," *MA* 69, pp. 191–203.
———, 1983, *Histoire d'une idéologie : la Croisade*, Lausanne.
Roy, J., 1885, *L'an mille : formation de la légende de l'an mille, état de la France de l'an 950 à 1050*, Paris.
Ruggieri, G. (ed.), 1992, *La cattura della fine : Variazioni dell'Escatologia in regime di cristianità*, Genova, 1992.
Ruh, K., 1977, "Beginenmystik. Hadewijch, Mechthild von Magdeburg, Marguerite Porete," *Zeitschrift für deutschen Altertum und Literatur* 106, pp. 265–277.
———, 1983, "L'amore di Dio in Hadewijch, Mechtild di Magdeburgo e Margerita Porete," in *Temi e problemi nella mistica femminile trecentesca*, Todi, pp. 85–106.
———, 1990–99, *Geschichte der abendländischen Mystik*, 4 vols., München.
Runciman, S., 1947, *The Medieval Manichee*, Cambridge.
Runge, P. (ed.), 1900, *Die Lieder und Melodien der Geißler des Jahres 1349 nach der Aufzeichnung Hugo's von Reutlingen*, Leipzig.
Rusconi, R., 1977, "Fonti e documenti su Manfredi da Vercelli ed il suo movimento penitenziale," *AFP* 47, pp. 51–107.
———, 1979, *L'attesa della fine : Crisi della società, profezia ed Apocalisse in Italia al tempo*

del grande scisma d'Occidente (*1378-1417*) [SS 115-118], Roma.
———, 1981, *Predicazione e vita religiosa nella società italiana, da Carlo Magno alla Controriforma* [Documenti della storia 30], Torino.
———(ed.), 1984, *Il movimento religioso femminile in Umbria nei secoli XIII-XV*, Firenze-Città di Castello.
———, 1986, "Confraternite, compagnie e devozioni," in *Storia d'Italia. Annali 9: La Chiesa e il potere politico*, Torino, pp. 467-506.
———, 1999, *Profezia e profeti alla fine del Medioevo* [OGFTS 9], 1999.
———, 2002, *L'ordine dei peccati*, Bologna.
Russell, F. H., 1975, *The Just War in the Middle Ages*, Cambridge.
———, 1984, "Children's Crusade," in *Dictionary of the Middle Ages*, New York, Vol. IV, pp. 14-15.
Russell, J. B., 1965, *Dissent and Reform in the Early Middle Ages*, Berkeley-Los Angeles.
———, 1971, *Religious Dissent in the Middle Ages*, New York-London.
Russo, D., 1985, "Les corps des saints ermites en Italie centrale aux XIVe et XVe siècle," *Médiévales* 8, pp. 57-61.
Russo, F., 1951, "Il monachesimo calabro-greco e la cultura bizantina in Occidente," *Bollettino della Badia Greca di Grottaferrata* n. s. 5, pp. 5-29.
Sabbe, E., 1928, "Notes sur la réforme de Richard de Saint-Vannes dans les Pays-Bas," *RBPH* 7, pp. 551-570.
Sackur, E., 1892, *Die Cluniacenser und ihrer kirchlichen und allgemeinschichtlichen Wirksamkeit bis zur Mitte des elften Jahrhunderts*, 2 vols., Halle.
———, 1898, *Sibyllinische Texte und Forschungen: Pseudo-Methodius, Adso und die tiburtinische Sibylle*, Halle.
Saige, G., 1881, *Les Juifs de Languedoc antérieurement au XIVe siècle*, Paris.
Sainsaulieu, J., 1974, *Études sur la vie érémitique en France de la Contre-Réforme à la restauration*, thèse, Université de Sorbonne, 1973, Lille.
Sakaguchi, K. [坂口昂吉], 1999,『中世の人間観と歴史——フランシスコ・ヨアキム・ボナヴェントゥラ』, 創文社.
Salvini, A., 1943, *San Giovanni Gualberto, fondatore di Vallombrosa*, Alba.
Šanjek, F., 1972, "Le rassemblement hérétique de Saint-Félix-de-Caraman (1167) et les églises cathares au XIIe siècle," *RHE* 67, pp. 767-799.
———, 1976, *Les chrétiens bosniaques et le mouvement cathare, XIIe-XVe siècles*, Paris.
San Pier Damiano nel IX centenario della morte (*1072-1972*), 4 vols., Cesena, 1972-79.
San Romualdo: Storia agiografia e spiritualità [Atti del XXIII convegno del centro di studi avellaniti. Fonte Avellana, 23-26 agosto 2000], Negarine (VR), 2002.
San Romualdo: Vita iconografia [Documenti e studi 2], Fabriano, 1984.
Sansterre, J.-M., 1995, "Recherches sur les ermites du Mont-Cassin et l'érémitisme dans l'hagiographie cassinienne," *Hagiographica* 2, pp. 57-92.
———, 2000, "Attitudes à l'égard de l'errance monastique en Occident du VIe au XIe siècle," in Dierkens & Sansterre (eds.) [2000], pp. 215-234.
——, 2003, "Le monachisme bénédictin d'Italie et les bénédictins italiens en France face au renouveau de l'érémitisme à la fin du Xe et au XIe siècle," in Vauchez (ed.) [2003], pp.

29–46.
Santa, D., 1958–59, "La spiritualità di S. Norberto," *AP* 34, pp. 212–242 ; 35, pp. 198–226.
Santa Brigida profeta dei nuovi tempi [Roma, 3–7 ottobre 1991], Città del Vaticano, 1993.
Santi, F., "Gli «Scripta spiritualia» di Arnau de Vilanova," *SM* 3rd series 26, pp. 977–1014.
Santschi, C., 1995, "La solitude des ermites. Enquête en milieu alpin," in *Le choix de la solitude...* [1995], pp. 25–40.
Sardina, P., 1988, "Immagine e realtà dell'infanzia nel Trecento siciliano," *Quaderni medievali*, 26, pp. 45–77.
Sautel, G., 1955, "Les villes du Midi méditerranéen au moyen âge," *RSJB* 7, pp. 313–356.
Saxer, V., 1959, *Le culte de Marie-Madeleine en Occident des origines à la fin du Moyen-Âge*, 2 vols., Paris.
Sbriziolo, L., 1968, *Le confraternite veneziane di devozione : Saggio bibliografico e premesse storiografiche*, Roma.
Scaraffia, L. & Zarri, G. (eds.), 1994, *Donne e fede : Santità e vita religiosa in Italia* [Storia delle donne in Italia], Roma-Bari.
Scaramucci, L., 1972, "Considerazioni su statuti e matricole di confraternite di Disciplinati," in *Risultati...* [1972], pp. 134–203.
Schaller, H.-M., 1972, "Endzeit-Erwartung und Antichrist-Vorstellung in der Politik des 13. Jahrhunderts," in *Festschrift für Hermann Heimpel*, Göttingen, pp. 923–947.
Scheiwiller, 1987, *Dall'eremo al cenobio : La civiltà monastica in Italia dalle origini all'Età di Dante*, Milano.
Schelb, B., 1941, "Inklusen am Oberrhein," *Freiburger Diözesan-Archiv* N. F. 41, pp. 174–253.
Schieffer, R., 1978, "Gregor VII : Ein Versuch über die historische Grosse," *HJ* 97/98, pp. 87–107.
———, 1981, *Die Entstehung des päpstlichen Investiturverbots für den deutschen König* [MGH Schriften 28], Stuttgart.
Schieffer, Th., 1961, "Cluny et la Querelle des Investitures," *RH* 225, pp. 47–72.
Schlachta, A. von, 2006, "Die «Freiheit der Frömmigkeit»? : Volkssprachliche Dichtung und Mystik der Beginen," in E. Klueting (ed.), *Fromme Frauen—unbequeme Frauen? : Weibliches Religiosentum im Mittelalter*, Hildesheim-Zürich-New York, pp. 181–204.
Schlegel, U., 1970, "The Christchild as Devotional Image in Medieval Italian Sculpture," *Art Bulletin* 52, pp. 1–10.
Schmidt, Ch., 1849, *Histoire et doctrine de la secte des cathares ou Albigeois*, Paris-Genève.
Schmidt, C., 1858–61, "Die Strassburger Beginenhäuser im Mittelalter," *Alsatia* 7, pp. 149–248.
Schmidt, M., 1985, "Elemente der Schau bei Mechtild von Magdeburg und Mechtild von Hackeborn : Zur Bedeutung der geistlichen Sinne," in Dinzelbacher & Bauer (eds.) [1985], pp. 123–151.
Schmitt, J.-C., 1978, *Mort d'une hérésie : l'Église et les clercs face aux béguines et aux béghards du Rhin supérieur du XIVe au XVe siècle*, Paris.
———, 1979, *Le saint lévrier : Guinefort, guérisseur d'enfants depuis le XIIIe siècle*, Paris.
Schmitz-Valckenberg, G., 1971, *Grundlehren katharischer Sekten des 13. Jahrhunderts : Eine theologische Untersuchung mit besonderer Berücksichtigung von Adversus Catharos et Valdenses des Moneta von Cremona*, München.

Schmucki, O. (ed.), 1973, *L'Ordine della Penitenza di san Francesco d'Assisi nel secolo XIII* [Atti del Convegno di Studi Francescani, Assisi, 3-4-5 luglio 1972], Roma, 1973.
Schneider, M., 1981, *Europäisches Waldensertum im 13. und 14. Jahrhundert*, Berlin-New York.
Scholem, G., 1957, *Die jüdische Mystik in ihren Hauptströmungen*, Zürich [邦訳，G・ショーレム（山下肇他訳）『ユダヤ神秘主義』，法政大学出版局，1985 年].
———, 1960, *Zur Kabbala und ihrer Symbolik*, Zürich.
———, 1962, *Von der mystischen Gestalt der Gottheit*, Zürich.
———, 1966, *Les origines de la Kabbale*, Paris.
———, 1973, *Judaica*, t. III, Frankfurt am Main [邦訳，G・ショーレム（高尾利数訳）『ユダヤ教神秘主義』，河出書房新社，1975 年].
Schultz, J. A., 1995, *The Knowledge of Childhood in the German Middle Ages, 1100-1350*, Philadelphia (PA).
Schulz, I., 1992, *Schwestern, Beginen, Meisterinnen*, Ulm.
Schwob, M., 1896, *La croisade des enfants*, Paris.
Segl, P., 1988, "Die Religiöse Frauenbewegung in Südfrankreich im 12. und 13. Jahrhundert zwischen Häresie und Orthodoxie," in Dinzelbacher & Bauer (eds.) [1988], pp. 99-116.
Sekiguchi, T. [関口武彦]，1988，「聖堂参事会改革の歴史的位置」，『山形大学紀要（社会科学）』19-1，pp. 75-116.
———，2005，『クリュニー修道制の研究』，南窓社.
Selge, K.-V., 1967, *Die ersten Waldenser*, 2 vols., Berlin.
Semmler, J., 1954, *Studien zur Siegburger Reformbewegung*, (Diss. Mainz).
Sensi, M., 1971, "Fraternite di Disciplinati a Macerata nei secoli XIV-XV," *QCDMD* 13, pp. 3-51.
———, 1995, *Storie di bizzocche tra Umbra e Marche* [Storia e letteratura 192], Roma.
———, 2003, *Santuari, pellegrini, eremiti nell'Italia centrale*, 3 vols., Spoleto.
Sereno, C., 2002, "La «crisi del cenobitismo» : un problema storiografico," *BISIAM* 104, pp. 31-83.
Shahar, S., 1974, "Le catharisme et le début de la cabale," *Annales ESC* 29, pp. 1185-1210.
———, 1977, "Ecrits cathares et commentaire d'Abraham Abulafia sur le «Livre de la création» : images et idées communes," in *Juifs et judaisme*... [1977], pp. 345-362.
———, 1982-83, "Infants, Infant Care, and Attitudes toward Infancy in the Medieval Lives of Saints," *The Journal of Psychohistory* 10, pp. 281-309.
———, 1990, *Childhood in the Middle Ages*, London-New York.
Shatzmiller, J., 2000, "Les juifs du Languedoc avant 1306," in J. Berlioz (ed.), *Le Pays cathare : les religions médiévales et leurs expressions méridionales*, Paris, pp. 173-182.
Sicard, G., 1969, "Monocratie et féodalité : l'exemple des comtes de Toulouse (IXe-XIIIe siècles)," *RSJB* 21, pp. 405-429.
Sigal, P.-A., 1980, "Le vocabulaire de l'enfance et de l'adolescence dans les recueils de miracles latins des XIe et XIIe siècles," in *L'enfant au Moyen Age*... [1980], pp. 141-160.
Simoni, F., 1970, "Il «Super Hieremiam» e il gioachimismo francescano," *BISIAM* 82, pp. 13-46.
Simons, W., 1989, "The Beguine Movement in the Southern Low Countries : A Reassessment,"

BIHBR 59, pp. 63-105.
———, 1991, "Een zeker bestaan : De Zuidnederlandse begijnen en de Frauenfrage, 13de-18de eeuw," *Tijdschrift voor sociale geschiedenis* 17, pp. 125-146.
———, 1994, "Reading a Saint's Body : Rapture and Bodily Movement in the vitae of Thirteenth-Century Beguines," in *Framing Medieval Bodies*, ed. S. Kay & M. Rubin, Manchester, pp. 10-23.
———, 2001, *Cities of Ladies : Beguine Communities in the Medieval Low Countries, 1200-1565*, Philadelphia (PA).
——— & Ziegler, J. E., 1990, "Phenomenal Religion in the Thirteenth Century and Its Image : Elisabeth of Spalbeek and the Passion Cult," in *Women in the Church* [SCH 27], ed. W. J. Sheils & D. Woods, London, pp. 117-126.
Šmahel, F. (ed.), 1998, *Häresie und vorzeitige Reformation im Spätmittelalter* [Schriften des historischen Kollegs. Kolloquien 39], München.
Söderberg, H., 1949, *La religion des cathares : étude sur le gnosticisme de la Basse Antiquité et du Moyen Age*, Uppsala.
Spaapen, B., 1970-72, "Hadewijch en het vijfde Visioen," *OGE* 44, pp. 7-44, 113-141, 353-404 ; 45, pp. 129-178 ; 46, pp. 113-199.
Spätling, L., 1947, *De apostolicis, pseudoapostolis, apostolinis*, München.
Spicciani, A. (ed.), 1998, *La Devozione dei Bianchi nel 1399*, Pisa.
Spicilegium Beccense [Congrès international du IXe centenaire de l'arrivée d'Anselme au Bec], Paris, 1959.
Spies, M., 1998a, "Stiftungen für Beginengemeinschaften in Frankfurt am Main—ein Austausch zwischen Beginen und Bürgerschaft," in Wehrli-Johns & Opitz (eds.) [1998], pp. 139-167.
———, 1998b, *Beginengemeinschaften in Frankfurt am Main : Zur Frage der genossenschaftlichen Selbstorganisation von Frauen im Mittelalter*, Dortmund.
Spinelli, G. & Rossi, G., 1991, *Alle origini di Vallombrosa : Giovanni Gualberto nella società dell'XI secolo*, Novara.
Spirituali e fraticelli dell'Italia centro orientale [Picenum serahicum], Falconara, 1974.
Spiritualità cluniacense [Convegni del centro di Studi sulla spiritualità medievale 2], Todi, 1960.
"La spiritualità medievale : Metodi, bilanci, prospettive," *SM* 3rd series 28 (1987), pp. 1-65.
Sprandel, R., 1962, *Ivo von Chartres und seine Stellung in der Kirchengeschichte*, Stuttgart.
Stanislao da Campagnola, 1971, *L'angelo del sesto sigillo e l'«alter Christus»*, Roma.
Stauffer, M., 1959, *Der Wald : Zur Darstellung und Deutung der Natur im Mittelalter*, Bern.
Stein, F. M., 1977, *The Religious Women of Cologne : 1120-1320*, (Diss. Yale).
Stierling, H., 1907, *Studien zu Mechtild von Magdeburg*, Nürnberg.
Stoodt, H. Ch., 1996, *Katharismus im Untergrund : Die Reorganisation durch Petrus Auterii 1300-1310* [Spätmittelalter und Reformation, Neue Reihe 5], Tübingen.
Storia e messaggio in Gioacchino da Fiore [Atti del I° CISG], S. Giovanni in Fiore, 1980.
Structures féodales et féodalisme dans l'Occident méditerranéen (Xe-XIIIe siècles) (Rome, 1978), Paris, 1980.
Les structures sociales de l'Aquitaine, du Languedoc et de l'Espagne au premier âge féodal

(Toulouse, 1968), Paris, 1969.
Stumpf, A., 1836, "Historia Flagellantium, precipue in Thuringia. Una cum authenticis Documentis," *Neue Mittheilungen aus dem Gebiet historisch-antiquarischer Forschungen* 2, pp. 1-37.
Subrenat, J., 1978, "La place de quelques petits enfants dans la littérature médiévale," in *Mélanges Jeanne Lods*, Paris, pp. 547-587.
Sugisaki, T. [杉崎泰一郎], 2005,『12 世紀の修道院と社会』(改訂版), 原書房.
Susi, E., 1993, *L'eremita cortese : San Galgano fra mito e storia nell'agiografia toscana del sec. XII*, Spoleto.
Sutter, C., 1900, *Fra Giovanni da Vicenza e l'Alleluia del 1233*, Vicenza.
Suydam, M. A., 1999, "Beguine Texuality," in Suydam & Ziegler (eds.) [1999], pp. 169-210.
———& Ziegler, J. E. (eds.), 1999, *Performance and Transformation : New Approaches to Late Medieval Spirituality*, London.
Szabó-Bechstein, B., 1985, *Libertas ecclesiae : Ein Schlüsselbegriff des Investiturstreits und seine Vorgeschichte* [SG 12], Roma.
Székely, G., 1968, "Le mouvement des flagellants au 14ᵉ siècle, son caractère et ses causes," in Le Goff (ed.) [1968], pp. 229-241.
Tabacco, G., 1954, "«Privilegium amoris» : aspetti della spiritualità romualdiana," *Il Saggiatore* 4, pp. 1-20 (repr. in Tabacco [1993]).
———, 1960, "Eremo e cenobio," in *Spiritualità cluniacense* [1960], pp. 326-335 (repr. in Tabacco [1993]).
———, 1965, "Romualdo di Ravenna e gli inizi dell'eremitismo camaldolese," in *L'eremitismo in Occidente...* [1965], pp. 73-119 (repr. in Tabacco [1993]).
———, 1993, *Spiritualità e cultura nel Medioevo : Dodici percorsi nei territori del potere e della fede*, Napoli.
Talbot, C. H., 1963, "Godric of Finchale and Christina of Markyate," *The Month* 215, pp. 272-288.
Teetaert, P. A., 1926, *La confession aux laïques dans l'Eglise latine depuis le VIIIᵉ jusqu'au XIVᵉ siècle*, Bruges-Paris.
Tellenbach, G., 1970, *Church, State and Christian Society at the Time of the Investiture Contest*, trans. R. F. Bennett, Oxford.
Temi e problemi nella mistica femminile trecentesca [CCSSM 20], Todi.
Terpstra, N., 1990, "Women in the Brotherhood : Gender, Class, and Politics in Renaissance Bolognese Confraternities," *Renaissance and Reformation* 26, pp. 193-211.
———, 1995, *Lay Confraternities and Civic Religion in Renaissance Bologna*, Cambridge.
Terruggia, A. M., 1962, "In quale momento i disciplinati hanno dato origine al loro teatro?," in *Il Movimento...* [1962], pp. 434-459.
———, 1967, "Battuti della Fraternita di S. Maria di Cividale : Statuto e privilegio d'indulgenza," *QCDMD* 5, pp. 19-35.
Teske, W., 1974, *Laien, Laienmönche und Laienbrüder in der Abtei Cluny : ein Beitrag zum Konversenproblem*, (Diss. Freiburg i Br.).
Les textes prophétiques et la prophétie en Occident (*XII-XVI siècle*), Rome, 1991.
Thompson, A., 1992, *Revival Preachers and Politics in Thirteenth-Century Italy : The Great*

Devotion of 1233, Oxford.
———, 2005, *Cities of God : The Religion of the Italian Communes 1125–1325*, University Park (PA).
Thompson, S., 1978, "The Problem of the Cistercian Nuns in the Twelfth and Early Thirteenth Centuries," in D. Baker (ed.), *Medieval Women* [SCH, Subsidia I], Oxford, pp. 227–252.
Thouzellier, Ch., 1960, "Controverses vaudoises-cathares à la fin du XIIe siècle," *AHDLMA* 27, pp. 137–227.
———, 1969a, *Catharisme et valdéisme en Languedoc à la fin du XIIe et au début du XIIIe siècle*, 2nd ed., Paris-Louvain.
———, 1969b, "Les cathares languedociens et le «Nichil» (Jean, 1, 3)," *Annales ESC* 24, pp. 128–138.
———, 1969c, *Hérésie et hérétiques : vaudois, cathares, patarins, albigeois* [Raccolta di Studi e Testi 116], Roma.
Timbal, P.-C., 1954, "Les villes de consulat dans le Midi de la France," *RSJB* 6, pp. 343–370.
Tinsley, D. F., 2005, "Reflections of Childhood in Medieval Hagiographical Writing : The Case of Hartmann von Aue's *Der arme Heinrich*," in Classen (ed.) [2005], pp. 229–246.
Tobin, M., 1986, "Le «Livre des Révélations» de Marie Robine († 1399)," *MEFRM* 98, pp. 229–264.
———, 1992, "The Visions and Revelations of Marie Robine of Avignon, in the Prophetic Context of the Years 1400," in *Fin du monde...* [1992], pp. 309–329.
Tocco, F., 1905, "I fraticelli," *ASI* 238, pp. 331–368.
———, 1907, "Gli Apostolici e Fra Dolcino," *ASI* 5th series 19, pp. 241–275.
Töpfer, B., 1957, *Volk und Kirche zur Zeit der beginnenden Gottesfriedensbewegung in Frankreich*, Berlin [邦訳，B・テッファー（渡部治雄訳）『民衆と教会』，創文社，1975年].
———, 1964, *Das kommende Reich des Friedens : Zur Entwicklung chiliastischer Zukunftshoffnungen im Hochmittelalter* [Forschungen zur mittelalterlichen Geschichte 11], Berlin.
Tognetti, G., 1967, "Sul moto dei bianchi nel 1399," *BISIAM* 78, pp. 205–343.
———, 1982–83, "I fraticelli, il principio di povertà e i secolari," *BISIAM* 90, pp. 77–145.
Tognetti, S., 1987, "Questiti sui flagellanti del 1260," *La Cultura*, pp. 12–166.
Topsfield, L. T., 1975, *Troubadours and Love*, Cambridge.
Toubert, P., 1965–66, "Croisade d'enfants et mouvements de pauvreté au XIIIe siècle," *Recherches sur les pauvres et la pauvreté* 4, pp. 1–4.
Trexler, R. C., 1973–74, "Infanticide in Florence : New Sources and First Results," *History of Childhood Quarterly* 1, pp. 98–116.
Troeyer, B. de, 1977, "Béguines et tertiaires en Belgique et aux Pays-Bas aux XIIIe–XIVe siècles," in *I frati penitenti di San Francesco nella società del due e trecento* [Atti del 20 Convegno di studi francescani 7], Roma.
Tuchman, B. A., 1979, *A Distant Mirror : The Calamitous 14th Century*, London.
Tuilier, A., 1977, "La Révolte des pastoureaux et la querelle entre l'université de Paris et les ordres mendiants," in *La piété populaire au Moyen Age*, t. I, Paris, 1977, pp. 353–367.
Unger, H., 2005, *Die Beginen : Eine Geschichte von Aufbruch und Unterdrückung der*

Frauen, Freiburg im Breisgau.
Vallerani, M., 2005, "Mouvement de paix dans une commune de *Popolo* : les flagellants à Pérouse en 1260," in Dessì (ed.) [2005], pp. 313–355.
Vallombrosa nel IX centenario della morte del fondatore Giovanni Gualberto, 12 luglio 1074, ed. R. N. Vasaturo & al., Firenze, 1973.
Valois, N., 1902, "Jeanne d'Arc et la prophétie de Marie Robine," in *Mélanges Paul Fabre*, Paris, pp. 452–467.
Vandenbroeck, P. (ed.), 1994, *Hooglied : De beeldwereld van religieuze vrouwen in de Zuidelijke Nederlanden, vanaf de 13de eeuw*, Gent.
Vaneigem, R., 1994, *The Movement of the Free Spirit*, New York.
Van Engen, J., 1983, *Rupert of Deutz*, Berkeley.
Van Laarhoven, J., 1959–61, "«Christianitas» et réforme grégorienne," *SG* 6, pp. 1–98.
Van Luijk, B., 1968, *Gli eremiti neri nel dugento con particolare riguardo al territorio pisano e toscano : Origine, sviluppo ed unione*, Pisa.
Van Mierlo, J., 1924, "Hadewijch : une mystique flamande du treizième siècle," *RAM* 5, pp. 269–289, 380–404.
———, 1927, "Les béguines et Lambert li Beges : mise au point," *RHE* 23, pp. 785–801.
———, 1949, "Losse beschouwingen over het ontstaan der beginen-en begardenbeweging," *OGE* 23, pp. 121–149, 247–267.
Van Moolenbroek, J., 1990, *Vital l'ermite, prédicateur itinérant, fondateur de l'abbaye normande de Savigny*, Assen-Maastricht.
Varga, L., 1938, "Peire Cardinal était-il hérétique?," *RHR* 117, pp. 205–231.
Vasaturo, R. N., 1962, "L'espansione della Congregazione vallombrosana fino alla metà del secolo XII," *RSCI* 16, pp. 456–485.
Vauchez, A., 1966, "Une campagne de pacificaion en Lombardie autour de 1233," *Mélanges d'archéologie et d'histoire* 78, pp. 503–549.
———, 1975, *La spiritualité du Moyen Âge occidental, VIIIe–XIIe siècles*, Paris.
———, 1976, "La place de la pauvreté dans les documents hagiographiques à l'époque des Spirituels," in *Chi erano gli Spirituali?*, pp. 125–143.
———, 1980, *Religion et société dans l'Occident médiéval*, Torino.
——— (ed.), 1981, *Faire croire : modalités de la diffusion et de la réception des messages religieux du XIIe au XVe siècle* [CEFR 51], Rome.
———, 1987a, *Les laïcs au Moyen Âge : pratiques et expériences religieuses*, Paris.
———, 1987b, "Prosélytisme et action antihérétique en milieu féminin au XIIIe sècle : La Vie de Marie d'Oignies († 1213) par Jacques de Vitry," in J. Marx (ed.), *Propagande et contre-propagande religieuses* [Problème de l'histoire du christianisme 17], Bruxelles, pp. 95–110.
———, 1988, *La sainteté en Occident aux derniers siècles du Moyen Age, d'après les procès de canonisation et les documents hagiographiques*, 2nd ed., Roma.
———, 1990a, *Ordini Mendicanti e società italiana* (XIII–XV secolo), Milano.
——— (ed.), 1990b, *Les textes prophétiques et la prophétie en Occident* (*XIIe–XVIe siècle*) [MEFRM 102, pp. 291–685], Roma.
———, 1994, "Les origines de l'hérésie cathare en Languedoc d'après un sermon de l'archevê-

que de Pise Federico Visconti († 1277)," *Società, Istituzioni, Spiritualità. Studi in onore di Cinzio Violante*, Spoleto, 1994, t. II, pp. 1023-1036.
——— (ed.), 1995, *La religion civique à l'époque médiévale et moderne (Chrétienté et Islam)* [CEFR 213], Roma.
———, 1999, *Saints, prophètes et visionnaires : le pouvoir surnaturel au Moyen Age*, Paris.
——— (ed.), 2000, *Lieux sacrés, lieux de culte, sanctuaires* [CEFR 273], Roma.
——— (ed.), 2002, *L'attente des temps nouveaux : eschatologie, millénarisme et visions du futur du Moyen Age au XXe siècle*, Turnhout.
——— (ed.), 2003, *Ermites de France et d'Italie (XIe-XVe siècle)* [CEFR 313], Rome.
Vavra, E., 1985, "Bildmotiv und Frauenmystik : Funktion und Rezeption," in Dinzelbacher & Bauer (eds.) [1985], pp. 201-230.
Vecchio, S., 1995, "La prediche e l'istruzione religiosa," in *La predicazione dei frati*... [1995], pp. 301-335.
Vedovado, G. (ed.), 1994, *Camaldoli e la sua congregazione dalle origini al 1184 : Storia e documentazione* [Italia benedettina 13], Cesena.
Vekeman, H., 1972, "Vita Beatricis en Seven Manieren van Minne : Een vergelijkende studie," *OGE* 46, pp. 3-54.
———, 1985, "Beatrijs van Nazareth : Die Mystik einer Zisterzienserin," in Dinzelbacher & Bauer (eds.) [1985], pp. 78-98.
Verbeke W. & al. (eds.), 1988, *The Use and Abuse of Eschatology in the Middle Ages*, Louvain.
Verdeyen, P., 1986, "Le procès d'inquisition contre Marguerite Porete et Guirard de Cressonessart," *RHE* 81, pp. 47-94.
Vetere, B., 2003, "Giovanni da Matera monaco eremita," in Vauchez (ed.) [2003], pp. 211-240.
Vian, P., 2000, "Tempo escatologico e tempo della Chiesa : Pietro di Giovanni Olivi e i suoi censori," in *Sentimento del tempo e periodizzazione della storia nel Medioevo* [CCSSM 36], Spoleto, 2000, pp. 137-183.
Vicaire, M.-H., 1977, *Dominique et ses prêcheurs*, 2nd ed., Paris.
Villey, M., *La croisade : Essai sur la formation d'une théorie juridique*, Paris, 1942.
Vincent, C., 1988, *Des charités bien ordonnées : les confréries normandes de la fin du XIIIe siècle au début du XVIe siècle*, Paris.
———, 2000, "Discipline du corps et de l'esprit chez les Flagellants au Moyen Age," *RH* 302, pp. 593-614.
Violante, C., 1955, *La Pataria milanese e la Riforma ecclesiastica*, I : *Le premesse (1045-1057)*, Roma.
———, 1968, "I laici nel movimento patarino," in *I laici nella «societas christiana»*... [1968], pp. 597-697 (repr. in Violante [1972]).
———, 1972, *Studi sulla cristianità medioevale*, Milano.
La vita comune del clero nei secoli XI e XII [Atti della settimana di studio, Mendola, 1959], 2 vols., Milano, 1961.
Vitolo, G., 2001, "Forme di eremitismo indipendente nel mezzogiorno medioevale," *Benedictina* 48, pp. 309-323.

Volpe, G., 1972, *Movimenti religiosi e sette ereticali nella società medievale italiana : Secoli XI-XIV*, 4th ed., Firenze.
Vuolo, A., 1986, "Monachesimo riformato e predicazione : la «Vita» di san Giovanni da Matera (sec. XII)," *SM* 3rd series 27, pp. 69-121.
Wähler, M., 1940, "Der Kindertanzzug von Erfurt nach Arnstadt im Jahre 1237," *Zeitschrift des Vereins für thüringische Geschichte* N. F. 34, pp. 65-76.
Wagner, A., 1996, *Gorze au XIe siècle : contribution à l'histoire du monachisme bénédictine dans l'Empire*, Nancy-Turnhout.
Wakefield, W. L., 1974, *Heresy, Crusade and Inquisition in Southern France, 1100-1250*, London.
Walter, J. von, 1903-06, *Die ersten Wanderprediger Frankreichs : Studien zur Geschichte des Mönchtums*, 2 vols., Leipzig.
Walter, Ph., 1988, *Canicule : essai de mythologie sur «Yvain» de Chrétien de Troyes*, Paris.
———, 1989, *La mémoire du temps, fêtes et calendriers de Chrétien de Troyes à la Mort Avtu*, Paris-Genève.
Ward, B., 1987, *Harlots of the Desert : A Study of Repentance in Early Monastic Sources*, London-Oxford.
Warren, A. K., 1985, *Anchorites and Their Patrons in Medieval England*, Berkeley-Los Angeles-London.
Watanabe, M. [渡邊昌美], 1975, 「サン・フェリクスの異端会議——学説整理のための覚書」, 『高知大学学術研究報告』24 (人文科学), pp. 13-36.
———, 1989, 『異端カタリ派の研究——中世南フランスの歴史と信仰』, 岩波書店.
Weaver, Ch. P., 1924, *The Hermit in English Literature from the Beginnings to 1660*, Nashville (TN).
Weber, H., 1991, *Kinderhexenprozessse*, Frankfurt am Main.
Wehrli-Johns, M. & Opitz, C. (eds.), 1998, *Fromme Frauen oder Ketzerinnen? : Leben und Verfolgung der Beginen im Mittelalter*, Freiburg-Basel-Wien.
Weill, I., 1995, "Le clerc et "l'hermit preudome" dans le Lancelot-Graal," in *Le Clerc au Moyen Age* [CUERMA Sénéfiance 37], Aix-en-Provence, pp. 581-589.
Weinfurter, S., 1977a, "Norbert von Xanten : Ordensstifter und «Eigenkirchenherr»," *AKG* 59, pp. 66-98.
———, 1977b, "Neuere Forschung zu den Regularkanonikern im deutschen Reich des 11. und 12. Jahrhunderts," *HZ* 224, pp. 379-397.
Weinmann, U., 1997, *Mittelalterliche Frauenbewegungen : Ihre Beziehungen zur Orthodoxie und Häresie* [Frauen in Geschichte und Gesellschaft 9], Pfaffenweiler.
Weinstein, D. & Bell, R., 1982, *Saints and Society : The Two World of Western Christendom, 1000-1700*, Chicago.
Weissman, R. F. E., 1982, *Ritual Brotherhood in Renaissance Florence*, New York-London.
Wemple, S. F., 1981, *Women in Frankish Society : Marriage and the Cloister 500 to 900*, Philadelphia (PA).
Wendelborn, G., 1974, *Gott und Geschichte : Joachim von Fiore und die Hoffnung der Christenheit*, Wien-Köln.
Wensky, M., 1980, *Die Stellung der Frau in der stadtkölnischen Wirtschaft im Spätmittelalter*

[Quellen und Darstellungen zur Hansischen Geschichte N. F. 26], Köln-Wien.
———, 1984, "Die Stellung der Frau in Familie, Haushalt und Wirtschaftsbetrieb im spätmittelallalterlich-frühneuzeitlichen Köln," in A. Haverkamp (ed.), *Haus und Familie in der spätmittelalterlichen Stadt* [Städteforschung, Reihe A, 18], Köln-Wien, pp. 289–303.
Wentzel, H., 1937, "Christkind," *Reallexikon zur deutschen Kunstgeschichte*, t. III, München, col. 590–608.
Wentzlaff-Eggebert, F. W., 1947, *Deutsche Mystik zwischen Mittelalter und Neuzeit*, Berlin, 2nd ed., pp. 71–85.
Wermter, E. M., 1969, "Die Beginen im mittelalterlichen Preußenlande," *Zeitschrift für die Geschichte und Altertumskunde Ermlands* 33, pp. 41–52.
Werner, E., 1953, *Die gesellschaftliche Grundlagen der Klosterreform im 11. Jahrhundert*, Berlin.
———, 1956, *Pauperes Christi : Studien zu sozial-religiösen Bewegungen im Zeitalter des Reformpapsttums*, Leipzig.
———, 1963, "Die Entstehung der Kabbala und die südfranzösischen Katharer," *Forschungen und Fortschritte* 37, pp. 86–89.
———, 1975, *Häresie und Gesellschaft im 11. Jahrhundert*, Berlin.
———& Erbstößer, M., 1986, *Ketzer und Heilige : Das religiöse Leben im Hochmittelalter*, Berlin.
Wesoly, K., 1980, "Der weibliche Bevölkerungsanteil in spätmittelalterlichen und frühneuzeitlichen Städten und die Bestätigung von Frauen in zünftigen Handwerk (insbesondere am Mittel- und Oberrhein)," *Zeitschrift für die Geschichte des Oberrheins* 128, pp. 69–117.
Wessley, S. E., 1990, *Joachim of Fiore and Monastic Reform*, New York.
———, 1993, "A New Writing of Joachim of Fiore : Preliminary Observations," *Florensia* 7, pp. 39–58.
West, D. C. (ed.), 1975, *Joachim of Fiore in Christian Thought : Essays on the Influence of the Calabrian Prophet*, 2 vols., New York.
———& Zimdars-Swartz, S., 1983, *Joachim of Fiore : A Study in Spiritual Perception and Hisory*, Bloomington.
Wilmart, A., 1932, *Auteurs spirituels et textes dévôts du Moyen-Âge latin : Études d'histoire littéraire*, Paris.
———, 1934–38, "Ève et Goscelin," *RB* 46, pp. 414–438 ; 50, pp. 442–483.
Wilts, A., 1994, *Beginen im Bodenseeraum*, Sigmaringen.
Winter, F., 1865, *Die Prämonstratenser des zwölften Jahrhunderts*, Berlin.
Wolff, Ph., 1978, *Regards sur le Midi médiéval*, Toulouse.
Wollasch, J., 1973, *Mönchtum des Mittelalters zwischen Kirche und Welt* [MMS 7], München.
———, 1996, *Cluny, Licht der Welt : Aufstieg und Niedergang der klösterlichen Gemeinschaft*, Zürich-Düsseldorf.
Wormgoor, I., 1985, "Der vervolging van de Frije Geest, de begijnen en begarden," *Nederlands Archief voor Kerkgeschiedenis* n. s. 65, pp. 107–130.
Yamada, K. [山田欣吾], 1992, 『教会から国家へ——古層のヨーロッパ』, 創文社.
Young, K., 1933, *The Drama of the Medieval Church*, Oxford, 2 vols., Oxford.

Zacour, N. P., 1962, "The Children's Crusade," in K. M. Setton (ed.), *A History of the Crusades*, Philadelphia (PA), Vol. II, pp. 325–342.

Zahlreich wie die Sterne des Himmels, Beginen am Niederrhein zwischen Mythos und Wirklichkeit, Thomas Morus-Akademie Bensberg [Bensberger Protokolle 70], 1992.

Zambon, F., 1998 *Paratge. Els trobadors i la croada contra els Càtars*, Columna.

Zanella, G., 1979, "L'eresia catara fra XIII e XIVe secolo," *BISIAM* 88, pp. 239–258.

Zanoni, L., 1911, *Gli Umiliati nei loro rapporti con l'eresia, l'industria della lana ed i comuni nei secoli XII e XIII sulla scorta di documenti inediti*, Milano.

Zarri, G., 1990, *Le sante vive : Profezie di corte e devozione femminile tra '400 e '500*, Torino.

——— (ed.), 1997, *Il monachesimo femminile in Italia dall'alto medioevo al secolo XVII : A confronto con l'oggi* [Atti del VI Convegno del «Centro di studi farfensi»], Loc. Negarine di San Pietro in Cariano (Verona).

Zerfass, R., 1974, *Der Streit um die Laienpredigt : Eine pastoralgeschichtliche Untersuchung zur Verständnis des Predigtamtes und zu seiner Entwicklung im 12. und 13. Jahrhundert*, Freiburg-Basel-Wien.

Zerner, M. (ed.), 2001, *L'histoire du catharisme en discussion : le «concile» de Saint-Félix (1167)* [CEM 3], Nice.

Ziegler, J. E., 1986, "Women of the Middle Ages : Some Questions Regarding the Beguines and Devotional Art," *Vox Benedictina* 3/4, pp. 338–357.

———, 1987, "The *curtis* Beguinages in the Southern Low Countries and Art Patronage : Interpretation and Historiography," *BIHBR* 57, pp. 31–70.

———, 1992a, *Sculpture of Compassion : The Pietà and the Beguines in the Southern Low Countries c. 1300–c. 1600*, Brussel-Rome.

———, 1992b, "Secular Canonesses as Antecedent of the Beguines in the Low Countries : An Introduction to Some Older Views," *SMRH* n. s. 13, pp. 117–135.

———, 1993, "Reality as Imitation : The Role of Religious Imagery among the Beguines of the Low Countries," in U. Wiethaus (ed.), *Maps of Flesh and Light : The Religious Experience of Medieval Women Mystics*, Syracuse (NY), pp. 112–126.

Zuhorn, K., 1935, "Die Beginen in Münster : Anfänge, Frühzeit und Ausgang des münsterischen Beginentums," *Westfalische Zeitschrift* 91, pp. 1–149.

Zumhagen, O., 2002, *Religiöse Konflikte und kommunale Entwicklulng : Mailand, Cremona, Piacenza und Florenz zur Zeit der Pataria* [Städteforschung 1/58], Köln.

註

註における文献表記については，タイトルなどの詳細情報は「参考文献」に譲ることとして，以下のような方式を採用した。まず史料については Gioacchino da Fiore, *Expositio*... のように著者名とタイトル（長いものは途中まで）——著者不明ないし著者名を付さないことが慣例となっているものはタイトルのみ——と，必要に応じて巻・章・節や頁数を記す。つぎに研究文献については Manteuffel ［1970］; Beck ［1998］, pp. 17-20 のように著者の姓と出版年（必要に応じて頁数を付記）で表し，おなじ著者の文献を 2 点以上つづけて挙げるときは，Werner ［1956］; ［1975］のようにする。著者が明記されない文献については *L'eremitismo in Occidente*... ［1965］のように記す。

なお，ヨーロッパ中世の人名の日本語表記は，研究者共通の悩みだが，本書では，教皇をはじめとする高位聖職者や神学者についてはラテン語読みとし，俗人，民衆宗教運動の担い手などは現地語読みを原則とした。しかし慣例に従ったケースも多い。

序章　宗教運動とその霊性

（1） 宗教運動史研究は，長らくカトリック，プロテスタント双方の側からの護教的なアプローチが主流であったが，ローマでの国際研究集会（1955 年）以後，より客観的な研究が緒に就いた。それでも「正統と異端」という問題構成は根強く，宗教運動=異端運動とする視点からの研究が支配的であった。11 世紀以降の宗教運動を，正統と異端の弁証法の中で理解するパースペクティブを提供したのが，初版が 1935 年に出版された Grundmann ［1977］である。その後に中世の異端・宗教運動に関する夥しい研究がつづくことになった。カタリ派，ワルド派，ベギン会，後期中世の諸異端関連文献については，第 2，4，6 章の註に譲るとして，ここでは 11～12 世紀の異端，および中世異端史全般についての主要な研究を以下に挙げておこう。Grundmann ［1963］; ［1977］; Manteuffel ［1970］; Manselli ［1975b］; ［1983］; Morghen ［1978］, pp. 189-249; Russell ［1965］; ［1971］; De Stefano ［1990］; Ilarino da Milano ［1983］; Lambert ［2002］; Moore ［1975］; ［1985］; Capitani (ed.) ［1971］; ［1977］; Gonnet ［1976］; Merlo ［1989］; Volpe ［1972］; Russell (J. B.) ［1965］; ［1971］; Biller & Hudson ［1994］; Paolini ［1989］; Gorre ［1982］; Auffarth ［2005］. 他に旧東独の Werner ［1956］; ［1975］; Werner & Erbstößer ［1986］; Erbstößer ［1970］; Töpfer ［1964］; Koch ［1962］などが，社会経済史的な視点から研究している。近年は，ますます細分化した対象を標的に史料の新たな開拓と読み直しで異端像の刷新が行われている。ただし宗教運動と霊性を不可分のものとして研究する視点はずっと微弱であった。霊性は正統のもの，エリートのもの，との臆見がまかり通っていたからであろう。俗人の宗教生活の要素として，巡礼や慈善行為，悔悛者や信心会などに注目が集まり，俗人独自の霊性に興味がもたれるようになったのは，ようやくここ 10～20 年ほどである。俗人の宗教に焦点を当てた研究としては，本章註(3)，第 4 章註(5)，第 5 章註(3)で挙げるものの他，*I laici nella «societas christiana»*... ［1968］; Violante ［1972］; Miccoli ［1966］; ［1978］; Lobrichon ［1994a］; Peretto ［1985］; Gonnet ［1989］; Dal Pino ［1973］; Sensi ［2003］などがある。

(2) 池上［1999］, pp. 23–24, 287.

(3) 民衆的霊性（spiritualité populaire），民衆的敬虔心（piété populaire）を中世史研究のひとつの主役に据えるのに貢献したのは，E・ドラリュエル，R・マンセッリ，A・ヴォシェらである。以下の研究を参照。Delaruelle［1975］; Manselli［1975a］;［1982］; Manselli (ed.)［1983］; Vauchez［1975］;［1980］;［1987a］. また，エリート中心の中世の霊性全体を概観するには，Leclercq［1957］;［1961b］; Blasucci & al.［1988］; Angenendt［1997］などがよい。

第1章　隠修士

(1) 紀元千年の「飛躍」「革命的転換」，あるいは「千年恐怖」については，封建論争，テクスト論的な史料へのアプローチなどとも絡んで近年，論争が喧しい。〈霊性〉や「宗教的覚醒」にかかわる研究としては，Landes［1995］; Landes & al. (eds.)［2003］; Gouguenheim［1999］; Barthelémy［1999］などがある。

(2) このあり方を，「教会としてのフランク帝国」と捉えて初期中世社会の理解に一石を投じたのは，山田［1992］, pp. 19–84 である。

(3) 初期中世の「順応主義」については，Riché［1979］参照。

(4) 初期中世の霊性については，Chélini［1997］; Orabona［1988］; Leclercq & Vandenbroucke［1961］(邦訳), pp. 7–139 など参照。

(5) クリュニー主導の修道院改革については研究は無数にあるが，さしあたり古典的な Sackur［1892］の他，Cantarella［1993］; Wollasch［1996］など参照。関口［2005］にも改革に関する論文が含まれている。

(6) クリュニー修道院の外部の一般信徒とのかかわりについては，Fechter［1966］; Töpfer［1957］など参照。

(7) ゴルツェ修道院とその改革については，Hallinger［1950–51］; Wagner［1996］参照。

(8) クリュニーとは別系統の修道院改革があり，他の修道院，教皇，皇帝，司教，貴族層などとの関係でさまざまな改革形態を現出したことについては，Jacobs［1961］; Semmler［1954］; *Spicilegium Beccense*...［1959］; *Gérard de Brogne*...［1960］; Sabbe［1928］; *Il monachesimo*...［1971］など参照。

(9) グレゴリウス改革については，古典的な Tellenbach［1970］および Fliche［1924–37］;［1946］がまだ役に立つ。他により最近の研究として，Morghen［1974］; Laudage［1984］;［1993］; Cowdrey［1970］;［1998］; Schieffer (R.)［1981］; Robinson［1978］; Capitani［1990］; Fornasari［1996］; Cushing［2005］; Cantarella［2005］などがある。さらに野口［1978］; 堀米［1976］, pp. 303–411 をも参照。Miccoli［1960］;［1966］; Constable［1996］は，11 世紀末～12 世紀の改革運動をより広い視野で捉えている。

(10) パタリアについては，Violante［1955］;［1968］; Miccoli［1958］; Golinelli (ed.)［1984］; Zumhagen［2002］参照。

(11) Sackur［1892］.

(12) Cf. Hoffmann［1963］; Lemarignier［1957］; Brackmann［1955］; Hallinger［1950–51］; Cowdrey［1970］; Caron［1986］.

(13) Tellenbach［1970］. Schieffer (Th.)［1961］は極端な両説を折り合わせようとしている。また今野［1973］, pp. 249–269 は問題点を整理している。

(14) Cf. Cantarella [1993], pp. 198-209.

(15) グレゴリウス改革期に提起された新たな「キリスト教世界」観については，Arquillière [1934]; Van Laarhoven [1959-61]; Tellenbach [1970]; Morghen [1959]; [1974]; [1978], pp. 91-127; Nitschke [1956]; [1972]; Robinson [1973]; Szabó-Bechstein [1985] など参照。

(16) Leclercq [1958b]; Dereine [1948]; Morin [1928] など参照。

(17) もちろん11世紀後半から12世紀にかけて，クリュニーをはじめとする伝統的修道院に「危機」など存在しない，いや経済的に発展し，社会的な役割も増大していったという捉え方もある。「危機」のさまざまな捉え方，評価については，Sereno [2002] 参照。クリュニーの霊的保護と世俗支配の表裏一体性，修道士と俗人との諸関係，メモリアを介しての貴族家系との結びつきの強化，あるいは普遍教会と自己同一化し司牧によりさまざまな身分・職業の俗人を回心させて懐中に取り込むとともに，イスラーム教徒・ユダヤ人・異端者を排除する努力の過程で提示された修道院=教会観（ecclesia Cluniacensis）などについては，Werner [1953]; Rosenwein [1989]; Wollasch [1973]; [1996]; Poeck [1998]; Iogna-Prat [1998]; [2002]; Méhu [2001] が重要な論点を提起している。

(18) Cf. Cushing [2005].

(19) 「キリストの戦士」概念の幅の広さについての重要な論集は，*«Militia Christi»*... [1992] である。

(20) グレゴリウス改革期の（律修）聖堂参事会運動については，*La vita comune del clero*... [1961] がいまだに基本となる研究である。他に，Dereine [1950]; Châtillon [1992]; Weinfurter [1977b]; Grégoire [1982]; *Istituzioni monastiche*... [1980]; 関口 [1988]; 今野 [1973], pp. 355-447 参照。

(21) シトー会の修道生活理想については，Lekai [1977](邦訳), pp. 12-91; Pacaut [1993], pp. 211-250 参照。

(22) 民衆が自分たちのものにした宗教の「言葉」については，本章第一節④項参照。

(23) 11・12世紀を中心とした，中世の隠修士については，*L'eremitismo in Occidente*... [1965]; Vauchez (ed.) [2003]; Walter (J. von) [1903-06]; Gougaud [1928]; Leyser [1984]; 杉崎 [2005], pp. 228-277; 小田内 [1997] など参照。教会法的に，身分としての隠修士がいかに規定されていたかは，第二節冒頭で触れるようにあまり明確ではない。ここでは，当時 eremita，anachoreta などと呼ばれた者にかぎらず，本章で明らかにするような精神を十全に身に帯びた者を逆に「隠修士」と考えるよう，史料選択に際し手続き上の配慮を払った。しかし，厳密な概念規定は，今後の研究を俟たねばならない。

(24) Cf. VAnt.

(25) 初期中世の隠修士については，Heuclin [1988]; Leclercq [1965]; Helvétius [2003]; Guelphe [1986] など参照。

(26) 聖ベネディクトゥス戒律中の隠修士についての規定は，*La Règle de saint Benoît*, i, 3-5（邦訳), pp. 15-16. Cf. Hastings [1950].

(27) 後述70〜72頁の inclusus/inclusa についての記述および註を参照。他に修道院に下属した隠修士については，Constable [1980]; Oury [1964] 参照。

(28) ケルト系修道士については，McNeill [1974]; Gougaud [1992], pp. 52-103 など参照。

(29) Cf. Choux [1960]; Doerr [1934].

(30) ケルト系修道士の冷水浴についてはGougaud［1925］, pp. 155-174, 反復跪拝についてはGougaud［1908］, Mulierum consortiaについてはGougaud［1921-23］をそれぞれ参照。

(31) Howe［1979］がこの問題を本格的に扱っている。他にシチリアと南イタリアのギリシャ系修道制については, Lake［1903-04］; Russo（F.）［1951］; Ménager［1959］; Guillou［1965］; Morini［1977］; Ménager［1958-59］など参照。

(32) 南イタリアの隠修士とその生活形態については, Penco［1985］; Martin（J.-M.）［2003］; Panarelli［2003］; Vetere［2003］など参照。

(33) 南イタリアに赴いた例は, VSt, 9, pp. 109-110. パレスチナの例としては, VGuM, i, 28-37, pp. 459-462; VRa, 22-58, pp. 430-439などがある。

(34) 原典は, Rufinus, Historia…; VPatにある。Cf. Philippart［1974］. またこの時代およびそれ以後のVitae Patrumの浸透とその翻訳・翻案の広まりについては, Battle［1971］; Delcorno［2000］を参照。隠修士がその感化を受けた直接的な証言として, たとえばロムアルドが断食中に, Vitae Patrumの読書から着想を得たことが, VRom, 8, col. 962-963にある。11世紀後半においても直接カッシアヌスの著作やVitae Patrumから霊感を得て, 隠修生活を始める者が多くなったようである。Cf. Génicot［1965］.

(35) ロムアルドについては, Tabacco［1954］;［1965］; Franke［1913］; *San Romualdo: Storia…*［2002］; *San Romualdo: Vita…*［1984］など参照。伝記は, VRomにある。またペトルス・ダミアニについては, Leclercq［1960］; Dressler［1954］; *Relazioni scientifiche…*［1975］; Laqua［1976］; Lohmer［1991］; *San Pier Damiano…*［1972-79］; Bultot［1963］, t. Iなど参照。

(36) グァルベルトについては, Degl'Innocenti［1984］; Spinelli & Rossi (eds.)［1991］; Di Re［1974］; Quilici［1941-42］; Salvini［1943］など参照。

(37) 西フランスにおける隠修士運動の展開については, Walter（J. von）［1903-06］; Raison & Niderst［1948］; Foulon［2003a］; Caby［2004］など参照。

(38) ロベールについてはDalarun［1985a］;［1986］; Bienvenu［1975］;［1981］; Jessee［1994］; 杉崎［2005］, pp. 228-258, ベルナールについてはBeck［1998］; Bascher［1979-80］, ヴィタルについてはVan Moolenbroek［1990］, ジェロについてはLenglet［1978］が基本研究である。

(39) ミュレのエティエンヌについてはBecquet［1998］, pp. 3-38, オバジンのエティエンヌについてはDurand［1966］を参照。

(40) Cf. VBeT, 20, col. 1380: "vastae solitudines quae tunc temporis quasi altera Aegyptus florebant multitudine eremitarum."

(41) ドイツの隠修士については, Grundmann［1965］参照。

(42) イングランドの隠修士については, Clay［1914］; Olsen［1981］; Dauphin［1965］など参照。

(43) ゴドリックについては, Mayr-Harting［1975］; Talbot［1963］; Alexander［2003］参照。

(44) 以下, 西フランス農村社会の特徴については, Pichot［1995］;［2002］を参照。

(45) 南イタリアの隠修士が定着した社会のうち, プーリアについては浩瀚な研究, Martin（J. M.）［1993］がある。

(46) 十字軍兵士がシリア・パレスチナに建てた「十字軍諸国家」には, 西欧の自由な隠修

士運動が終熄に向かったまさに1130〜40年代から，キリスト・使徒・殉教者らの足跡で聖化された土地で隠修士になろうとする者が続出した。この興味深い現象については，Jotischky［1995］参照。

(47) この「Vita」のはらむ問題については，本章第三節「隠修士の記号学」のA項を参照。

(48) 隠修士の〈孤独〉については，Leclercq ［1963a］; Lobrichon ［1994b］; Santschi［1995］参照。

(49) 孤独への憧れの表現としては，たとえば“remotioris vitae secretum unanimi devotione quaerere coepimus, in quo, naufragia mundi fugientes, soli Deo attentius vacare et requiem sine fine mansuram animabus nostris possemus praeparare”（われわれは，そこで世俗の災厄を逃れて唯一の神により熱心に仕え，われわれの魂にかぎりなく持続する安息を準備できるより辺鄙な生活の孤独を一致した信心で求め始めた）: Seherus, Primordia..., 1, p. 326.

(50) “tanto Deo propinquior, quanto ab humanis remotior” : VAr, i, 8, p. 514. 同様な表現として，VBa, 11, p. 304 ; VRoC, i, 11, p. 199.

(51) Cf. *Lettres des premiers chartreux*, I, pp. 68-70 ; S. Petrus Damianus, Op. XI, 19, col. 246-251.

(52) たとえばハイムラート Heimrad について“pro Christo exul et peregrinus”（キリストのための追放者であり放浪者）: VMe, 12, p. 21と表現されている。ハイムラートについては，Keller［1968］;［1972］参照。

(53) アナスタージョについては，Arnoux［1995］参照。また隠修士（修道士）の放浪理想については，Sansterre［2000］; Campenhausen［1930］参照。

(54) 中世のイマジネールにおける森の意味ついては，Stauffer ［1959］; Le Goff ［1985］; Grégoire［1990］; Cardini［1994］など参照。Andreoli & Montanari (eds.)［1988］には，物理的現実としての森とイマジネールの森についての重要な論文が多数含まれている。

(55) *Libellus de diversis...*, chap. I とくに pp. 14-16.

(56) アルブリッセルのロベールの「荒野」への出発の模様については，VRoA (1), 11, col. 1049. また Bienvenu［1981］, p. 29 ; Oudart［2003］参照。

(57) たとえばタイスやパウルス・シンプレクスなどの例。

(58) 隠修士の下僕・従者・仲間についての史料の典拠は，VRoA (1), 11, col. 1049 ; VNo (1), 4-6, pp. 673-674 ; VNo (2), 22, col. 1272 ; VGo, 17, p. 62 ; 37, p. 92 ; VRom, 17, col. 970 ; 21, col. 972 ; VTh, 4, p. 160 ; VBe, 23, col. 1384 ; VEt, i, 2, p. 48 ; VGauc, 6, p. 48 ; V. Gauf, 1, p. 79 ; VRoC, i, 9, p. 197 ; i, 11, p. 199 ; Fundatio monasterii Arrosiensis, 2, p. 1119 ; Herimannus monachus, De miraculis..., 2, p. 655などである。

(59) Beck［1998］, pp. 17-20参照。

(60) “quanto pluribus indigerent temporalibus, tanto plura recepturos aeterna” : VRoC, i, 11, p. 199.

(61) “nudus nudum Christum in cruce sequi” : Une lettre inédite de Robert d'Arbrissel..., p. 227 ; Morin ［1928］, p. 102. 同様な表現として，Continuatio Praemonstratensis, a. 1116, p. 148 ; VBr, 8, col. 485 ; VNo (2), 22, col. 1272など参照。

(62) “Pauperem Dominum ad mortem pauper spiritu sequebatur” : VBeT, 111, col. 1432. キリストのため，キリストに倣って清貧・無所有を求めたその他の表現として，S.

Petrus Damianus, Sermo IX, col. 549 ; VBeT, 87, col. 1419 ; VEt, i, 2, p. 46 ; VSt, prologus, p. 103. Cf. Foulon [2003b].

(63) 「キリストの貧者」pauperes Christi の呼称の例は，Chronicon Affligemense, 7, p. 410 ; Fundatio monasterii Gratiae Dei, 2, p. 686 ; Liber de doctrina, 37, p. 24 ; VBeT, 124, col. 1438 ; 134, col. 1443 ; VHu, 15, col. 1188 ; VNo (1), 12, p. 684 ; VNo (2), 27, col. 1276 ; VRoA (1), 19, col. 1053 ; VTh, 7, p. 162. また Werner [1956] 参照。

(64) 「清貧」概念については，Capitani (ed.) [1979] ; *Povertà e ricchezza…* [1969] 参照。

(65) S. Petrus Damianus, Op. XII, 3-7, col. 253-258 ; VAy, 14, p. 674 ; VBeT, 26, col. 1384 ; VGuF, 14, p. 337.

(66) Dalarun [1986], pp. 24-30 参照。

(67) Ordericus Vitalis, *Historia ecclesiastica*, viii, 27, t. IV, p. 330.

(68) 集まり来る帰依者への慈愛の表れの例は以下の通り。Cartae ad Coenobium Lanthoniense spectantes, Num. I, p. 130 ; De S. GeA, 18, p. 419 ; *Rouleaux des morts…*, 38, p. 284 ; Ordericus Vitalis, *Historia ecclesiastica*, viii, 27, t. IV, p. 332 ; William of Malmesbury, *De gestis regum Anglorum*, 440, Vol. II, p. 512 ; VAna, 6, p. 1138 ; VAr, i, 18, pp. 519-520 ; VAy, 14, p. 674 ; 17-20, pp. 675-676 ; VBa, 11, pp. 304-305 ; VBeT, 39, col. 1391 ; 61, col. 1404 ; 72, col. 1410 ; 87, col. 1418 ; 129-130, col. 1440-1441 ; VDoS, 20-22, p. 38 ; VEt, i, 9, p. 58 ; VGauf, 4, p. 86 ; 6, p. 100 ; VGer, i, 22, p. 310 ; i, 25, p. 310 ; VGo, 59-60, pp. 138-139 ; 133, p. 258 ; VGuA, 16, p. 103 ; 32, p. 107 ; VHa, 9, p. 601 ; 14, p. 603 ; VPau, 25, p. 921 ; VPr, altera vita, p. 48 ; VRoA (1), 12, col. 1050 ; VRoC, i, 16, pp. 201-202 ; VRom, 35, col. 986 ; VSt, 20, p. 115 ; VTh, 10, p. 163 ; VWu, 31, p. 48.

(69) VBeT, 74, col. 1411 ; 92, col. 1421-1422 ; 130, col. 1441 ; VGauf, 9, p. 105 ; VGo, 60, p. 139 ; VRoA (1), 23, col. 1055 ; VSt, 28, p. 120 などに，こうした態度についての証言がある。

(70) VAna, 6, p. 1138 ; VBa, 21, p. 313 ; VBeT, 92, col. 1422 ; 131, col. 1441 ; VCa, p. 175 ; VEt, ii, 21, p. 136 ; ii, 39, p. 162 ; VGal, 7, p. 751 ; VGiM, 11, p. 496 ; VGo, 16, p. 61 ; 26, p. 74 ; 60, p. 139 ; VGuF, 14-15, p. 337 ; VHa, 6, p. 599 ; 16, p. 603 ; VJoG, 11, col. 676 ; VJoL, 5, p. 162 ; VNo (1), 6, p. 675 ; VNo (2), 22, col. 1272 ; 27, col. 1276 ; VRoC, i, 12-13, p. 200 ; VRom, 24, col. 975 ; VSi, 13, p. 383 ; VWu, 47, p. 65.

(71) VBeT, 92, col. 1421 ; 130, col. 1441.

(72) 動物への愛については，Fragmenta ex Herberti…, 6, col. 458 ; VBa, 19, p. 311 ; 25, p. 316 ; VBeT, 73, col. 1411 ; VGiM, 9-10, p. 495 ; VGo, 10, p. 43 ; 21, pp. 67-68 ; 39-40, pp. 96-99 ; VGuA, 35, p. 108 ; VGuF, 25, p. 340 ; VGuM, ii, 11, p. 464 ; VPr, 2, pp. 42-43. 宮廷文学の隠修士と動物との関係については，第三節 B 項を見ること。

(73) 隠修士の女性，とりわけ娼婦への愛については，以下の書物と史料を参照。Michelet [1833], pp. 298-300 ; Iogna-Prat [1977] ; Dalarun [1984] ; VGiS, 21, col. 998 ; VVi, I, 9, p. 365 ; *Rouleaux des morts…*, 38, p. 284 ; VGuF, 8, p. 335 ; Ex gestis pontificum Cenomannensium, p. 549 ; V. Guibertus…Novigento, Gesta Dei…, ii, 4, col. 705 ; VRoA (2), 71-72 ; Dalarun [1985a], pp. 130-131, 343-349 ; [1985b] ; [1986], pp. 102-113.

(74) 売春宿の娼婦たちを改心させたロベールの事績の史料は，Dalarun [1985a], p. 349 にある。

(75) 娼婦を正式に嫁がせる試みの例として，“De reliquo pudicitiam conjugalem spondentes, nuptum tradebat,” VVi, i, 9, p. 365.

(76) アンリの娼婦への態度については，Ex gestis pontificum Cenomannensium, p. 549.

(77) “nouerat enim uir beatus Gaucherius neutrum sexum a regno Dei exceptum ; quare ex utroque pariete, uirorum scilicet ac mulierum, celestem nitens edificare Iehrusalem...” : VGauc, 12, p. 52. Gaucher d'Aureil については，Becquet［1964］参照。

(78) ノルベルトについては，Petit［1981］; Weinfurter［1977a］; Santa［1958-59］; Dauzet［1995］など参照。

(79) VRoA (1), 19, col. 1053 参照。

(80) ティロンのベルナールの女性への語り掛けについては，VBeT, 130, col. 1441.

(81) Van Moolenbroek［1990］, pp. 128-147.

(82) 隠修士の巡歴説教については，Walter (J. von)［1903-06］; Meersseman［1965］; Delaruelle［1965］; Henriet［1997］; Longère［2004］など参照。

(83) VDoS, *passim*. ソーラのドミニコについては，Dolbeau［1990］; Franklin (C. V.)［1993］; Sansterre［1995］;［2003］; Howe［1997］参照。

(84) VRoA (1), ii, 14, col. 1050 : “Locutus est ergo loculenter ad populum : cuius verba ualde domino papae complacuerunt. Intellexit etenim quod spiritus sanctus os eius aperuerit. Imperat denique et iniungit ei praedicationis officium, et aliquantulum renitenti ei talis obedientiae commendat ministerium. Secundum a se eum statuit Dei seminiuerbum, utque ubique discurrat, adhortatur ad huiusmodi studium”. Cf. VRoA (2), I, 6, col. 1060. ウルバヌス2世のロベールへの委嘱については，Bienvenu［1980］, pp. 71-73 ; Longère［2004］, pp. 88-89 参照。これについては，聖人伝特有のフィクションとの考えもある。Cf. Niderst［1952］, pp. 31-32 ; Werner［1956］, p. 45.

(85) Historia monasterii Viconiensis, 3, p. 296.

(86) Dereine［1983］;［1987］.

(87) 隠修士の雄弁の様子については，Analecta Norbertina, i, 1, col. 1343 ; *Rouleaux des morts*..., 38, Tit. 20, p. 293 ; Tit. 76, p. 310 ; Tit. 134, p. 324 ; Tit. 173, p. 334 ; Fundatio monasterii Gratiae Dei, 2, p. 686 ; Ex gestis pontificum Cenomannensium, p. 548 ; Ordericus Vitalis, *Historia ecclesiastica*, vii, 27, t. IV, p.332 ; Petrus Pictaviensis episcopus, Privilegia..., 1, col. 1089 ; William of Malmesbury, *De gestis regum Anglorum*, 440, t. II, p. 512 ; VBeT, 39, col. 1392 ; VGiS, 10, col. 993 ; VNo (1), 8, p. 676 ; VRoA (1), 12, col. 1050 ; 14, col. 1050 ; VRoA (2), 23, col. 1068-1069.

(88) “et quid sanctitatis religionisque bonum esset minus agnoscebant : sed efferos eorum animos servus Dei electus, tam exemplis quam praedicationibus multoties mitigabat et eorum plurimos ad poenitentiam confessionemque provocabat” : VGeA 24, col. 1040.

(89) たとえばロベール・ダルブリッセルについては，Petrus Pictaviensis episcopus, Privilegia..., I, col. 1089 ; Diversorum donationes..., VIII, col. 1099 参照。

(90) ヴィタルの雄弁については，VVi i, 4, p. 362. Ordericus Vitalis, *Historia ecclesiastica*, viii, 27, t. IV, p. 332 ; *Rouleax des morts*..., 173, p. 334.

(91) VGeA, 24, col. 1040 ; VAy, 18, p. 675. したがって隠修士は，司教や教皇から説教権の他にしばしば悔悛の秘蹟の特権的執行権を得ていた。もとの身分がどうあれ重罪の重荷に打ちひしがれた罪人の告白を聞いてそこから解放できる「権能」があったのは，彼らが自由な境涯ながらも他方で諸制度と結びついていたからだという逆説について

は，Payen [1977]; Buttner [1980] 参照。教皇パスカシウス2世の licentia poenitendi を得た聖エベールは典型例。Cf. Dereine [1988]. また11世紀には，「悔悛」の秘蹟の一環として，司祭ではなく周囲にいる俗人に告白する慣習が広く定着したことも，こうした柔軟性のおかげである。Cf. Teetaert [1926], pp. 38-84.

(92) VRoA (1), iii, 18, col. 1052-1053: "...poenitentibus lenis, austerus uitiosis, lugentibus blandus et facilis, uirga irreuerentium, baculus senum et uacillantium...."

(93) それぞれの「説教権」については，VBeT, 59, col. 1403; VNo (1), p. 674; Becquet [1964], p. 45 参照。

(94) S. Bernardus..., Ep. CCXLII, col. 437.

(95) VBeT, 52-54, col. 1398-1399;「士師記」第15章15節参照。

(96) Manselli [1953], p. 18; [1975b], p. 102.

(97) VNo (1), 4, p. 673. ただしノルベルトは，おなじ公会議で自分が司祭として，説教権を得ているということも主張している。"Potestas autem praedicandi data est nobis ex susceptione sacerdotii": VNo (1), 4, p. 673.

(98) Dereine [1983], pp. 171-172. この時代の説教権をめぐる論議，俗人説教の可能性については，Lauwers [1997]; Miccoli [1958]; Violante [1955] など参照。

(99) 「使徒的生活」の意味の変化およびそれに関する論争については，Spätling [1947]; Chenu [1954] 参照。

(100) VBa, 30, p. 320; VGauc, 7, p. 49; VGo, 27, p. 76; 36, p. 89; VRom, 9, col. 964.

(101) Fragmenta ex Herberti...(cit.), 3, col. 456; VAy, 6, p. 672; 12, p. 674; VBeT, 22-23, col. 1382-1383; 27, col. 1384; 93, col. 1423; VEt, i, 5, p. 52; VGez, 5, p. 173; VGiM, 11, p. 496; VGiS, 17, col. 997; VGo, 10, p. 43; 23, p. 71; VGuA, 25, p. 105; VGuF, 13, p. 336; VRom, 24, col. 975; VTh, 8, p. 163.

(102) VGer, i, 26, p. 310; VGo, 29-30, pp. 79-81; VGuA, 15, p. 102.

(103) VBa, 9, p. 301; VEt, i, 5, p. 52; VGauf, 6, p. 99; VGer, i, 39, p. 312; VGiM, 6, p. 495; 12, p. 496; VGo, 10, p. 43; 31-32, pp. 82-83; VGuA, 4, p. 100; 15, p. 102; VGuM, i, 30, p. 459; ii, 16, p. 466; VHu, 1, col. 1181; 15, col. 1189; VJoL., 5, p. 162; VSt, 17, p. 114; VTh, 9, p. 163; VWu, 4, p. 18.

(104) ギョーム・フィルマの睡眠「対策」については，VGuF, 13, pp. 336-337.

(105) マテーラのジョヴァンニの水中寝については，VJoM, i, 4, p. 37. この南イタリアの隠修士については，Vuolo [1986]; Vetere [2003] 参照。

(106) 隠修士のキリキウムについては，Alexander [2003] 参照。

(107) ドミニコ・ロリカーティの伝記は，VDoL. Cf. Lucchesi [1965].

(108) ヴェルチェッリのグッリエルモの苦行については，VGuV, pp. 85-87.

(109) VBa, 9, p. 302; VEt, i, 5, p. 52; VGal, 11, p. 752; VGal alia vita, 13, p. 757; VGiS, 8, col. 992; VGo, 28, p. 78; VHe, p. 24.

(110) VBa, 9, p. 301.

(111) 反復跪拝の例は，VAy, 14, p. 674; VBa, 11, p. 305; VEt, i, 19, p. 74; VGal alia vita, 11, p. 756; VGo, 32, p. 84; 38, p. 93; 100, p. 213; VHi, 6, p. 362; VRoC, i, 12, p. 199; VSt, 19, p. 115; VWu, 5, p. 19.

(112) 冷水浴の例は，VChA, 2, p. 15; VEt, i, 2, p. 44; VGauc, 11, pp. 51-52; VGo, 33, pp. 85-86; VHa, 13, p. 602; VPe, 2, col. 118; VWu, 5, p. 19.

(113) 裸足歩行については，Continuatio Praemonstratensis, a.1116, p. 448; a.1118, p. 448;

Fundatio monasterii Gratiae Dei, 2, p. 686 ; Ex gestis pontificum Cenomannensium, p. 547 ; V. Guibertus...de Novigento, De vita sua..., i, 9, col. 851 ; Idem, Gesta Dei..., ii, 4, col. 705 ; Herimannus monachus, De miraculis..., 8, pp. 659-660 ; Marbodus..., Ep. VI, col. 1483, 1485 ; VAy, 7, p. 672 ; VBeT, 50, col. 1397 ; VChA, 2, p. 16 ; VEt, i, 3-4, pp. 48-50 ; i, 24, p. 80 ; VGer, i, 5, p. 307 ; i, 13-14, p. 308 ; i, 32, p. 311 ; VGo, 40, p. 98 ; 108, p. 225 ; VGuA, 4, p. 100 ; 17, p. 103 ; VGuF, 21, p. 339 ; VJoL, i, 11, p. 163 ; VNo (1), 5-6, pp. 674-675 ; 9, p. 677 ; 18, p. 694 ; VNo (2), 22-23, col. 1272-1273 ; 25, col. 1274 ; 28, col. 1276 ; VPe, 5, col. 122 ; VRoA (1), 18, col. 1052 ; VRom 13, col. 967 ; 64, col. 1002 ; VTh, 4-5, pp. 160-161.

(114) 鞭打ちの例としては，VChA, 2, p. 15 ; VChM, 44, p. 114 ; VEt, i, 6, pp. 52-54 ; i, 17, pp. 70-72 ; VGal, 10, p. 752 ; VGal alia vita, 13, p. 757 ; VGuid, 11, p. 513 ; VHa, 7, pp. 600-601 ; VPau, 20, p. 919 ; VPe, 18, col. 138 ; VRoDo, 3, col. 1011 ; 10, col. 1017-1019 ; VRom, 4, col. 959 ; 64, col. 1002 ; VTh, 9, p. 163 ; VSt, 16-17, p. 114.

(115) “Hanc autem centum annorum poenitentiam, ut mihi ipse professus est, facile sex diebus ex more consumat” : VDoL, p. 211.

(116) VDoL, p. 221.

(117) Goffridus..., Ep. XLVII, col. 182 ; Marbodus..., Ep. VI, col. 1481.

(118) フライジンクのオットーは，隠修士の苦行について “crucemque per mortificationem carnis iugiter portantes caelesti desiderio pleni Christum secuntur”（そして彼らは，肉の苦行のためにつねに十字架を負い，天の望みに満たされてキリストに従う）: Otto von Freising, *Chronica sive historia de duobus civitatibus*, vii, 35, p. 369.

(119) とくに顕著な例は，意識的に侮辱・虐待される機会を求め，犬をけしかけて自分の身体を咬み裂かせることまでしたハイムラートや，仲間にも自分とおなじように凍傷で張り裂けた足で雪の上に血の足跡をつけるよう命じたジェルラック（ヘルラッハ），あるいは住民の石つぶてなどの迫害を喜んで堪え，かえって感謝して迫害者のために祈ったシメオンやラ・シェーズ=ディユのロベールなどに見出される。VHa, 6, p. 600 ; VGer, i, 14, p. 308 ; VSy, 13, p. 334 ; VRoC, i, 11, p. 199.

(120) VRoA (2), vi, 38-41, col. 1075-1078.

(121) “Frequenter enim tanta illum divinitatis contemplatio rapiebat, ut quasi totus in lacrimas resolutus, estuante inenarrabili divini amoris ardore, clamaret : Care Iesu, care, mel meum dulce desiderium ineffabile, dulcedo sanctorum, suavitas angelorum...” : VRom, 31, col. 983.

(122) ティロンのベルナールについては VBeT, 101, col. 1427，またオバジンのエティエンヌについては VEt, 18, p. 72.

(123) Chronicon Affligemense, 1-3, pp. 407-408. Cf. Dereine [1959]. 贖罪を目的として隠修士になったその他の騎士の例として，VRoM, 4-5, p. 677 ; V. Guibertus...de Novigento, De vita sua..., i, 9, col. 850-851 ; VGer, *passim* ; VGuM, *passim*.

(124) “In cilicio et cynere et cordis conpuncti contritione non solum sua sed totius mundi peccata lugentes” : Jacques de Vitry, *The Historia Occidentalis*, xx, p. 128

(125) VBa, 19, pp. 311-312 ; VGo, 65, pp. 148-149 ; VGuF, 25, p. 340.

(126) 中世におけるキリストへの帰依，キリストの模倣の理想については，一般に Constable [1995], pp. 143-248 参照。

(127) Liber de doctrina, p. 5. またミュレのエティエンヌがいかに福音書のみを特権視して

いるかは，戒律にも現れている。Regula venerabilis viri Stephani..., prologus, p. 66.

(128) S. Petrus Damianus, Op. XI, 19, col. 250 ; *Libellus de diversis ordinibus*, i, 4, pp. 10-12.

(129) 乗り物としての驢馬については，*Rouleaux des morts...*, 38, Tit. 134, p. 324 ; V. Guibertus...de Novigento, Gesta Dei..., ii, 4, col. 705 ; J. Leclercq (ed.), Le poème de Payen Bolotin..., p. 89 ; W. Wattenbach (ed.), Mitteilungen aus Handschriften, II, 12, p. 193 ; VBeT, 55, col. 1400 ; VGiM, 32, p. 501 ; VNo (1), 15, p. 689 ; VNo (2), *passim*.

(130) VEt, i, 20, p. 74.

(131) VBeT, 107, col. 1430.

(132) *Rouleaux des morts...*, 37, p. 280 ; VGis, 19, col. 997.

(133) Cf. Penco [1961].

(134) Cartae ad Coenobium Lanthoniense spectantes, Num. I, p. 130 ; *Rouleaux des morts...*, 37, p. 280 ; Giraldus Cambrensis, Itinerarium Kambriae, i, 3, p. 37 ; Herimannus monachus, De miraculis..., 4, p. 656 ; Joannes Saresberiensis, *Policraticus*, vii, 21, t. II, p. 193 ; Marbodus..., Ep. VI, col. 1483 ; S. Petrus Damianus, Op. XV, 2, col. 338 ; VGoE, 9, p. 202 ; VBr, 7, col. 484 ; VDoE, 4, p. 303 ; VGiS, 8, col. 993 ; 19, col. 997 ; VGo, 10, pp. 42-43 ; 54, p. 126 ; 67, pp. 152-153 ; 71, pp. 160-161 ; 97, p. 208 ; 166, p. 316 ; VGun, 6, p. 277 ; VPr, 3, p. 43 ; VTh, 4, p. 160.

(135) Tertullianus, Adversus Marcionem, IV, 18, 8, p. 591 ; V, 3, 8, p. 670 ; Idem, Adversus Judaeos, IX, 24, p. 1372 ; S. Hieronymus, *Lettre*, LX, 3, t. III, p. 92.

(136) S. Isidorus Hispalensis episcopus, De ecclesiasticis officiis, II, xvi, 2, col. 794-795.

(137) この時代のマグダラのマリア崇敬と隠修士の関係については，Dalarun [1985a], pp. 183-191 ; [1992] ; Leclercq [1982], pp. 82-105 ; Ward [1987], pp. 10-25 参照。

(138) VGiS, 9, col. 993.

(139) VGo, 50, pp. 117-118.

(140) VPau, 18, p. 918.

(141) Cf. Saxer [1959], t. I, p. 126.

(142) Fundatio monasterii Arrosiensis, 6, p. 1120.

(143) Pétigny [1854], p. 10 ; Walter (J. von) [1903-06], t. I, p. 151, note 1.

(144) Saxer [1959], t. I, p. 120.

(145) Saxer [1959], t. I, pp. 110-113, 125-126. および巻末付録の地図参照。

(146) 隠修士の祈りについては，Henriet [2000], pp. 143-180 参照。

(147) VGoE, 9, p. 202 ; VGun, 6, p. 277. グンターについては Lang [1941] 参照。

(148) VQu, 31, p. 738.

(149) オバジンのエティエンヌの詩篇の祈りについては，VEt, 6, p. 52.

(150) VSt, 20, p. 115.

(151) VGer, i, 37, p. 312. ジェルラックについては，Grundmann [1962] ; Damen [1956-57] 参照。

(152) どんなことを観想したのかは，隠修士の伝記は黙して語らない。その代わり，リーヴォーのアエルレドゥスが隠修女となった妹のために書いた規則が参考になろう。彼はそこで三重の観想を勧めている。第一は過去の観想で，福音書に記されたキリストの生の主要なエピソードを思い起こし，キリストの心情を追体験すること。第二は現在の観想で，自分が神から受けているすべての恩恵を思いめぐらすこと。第三は未来の観想で，死や最後の審判，天国と地獄などを思い浮かべることである。Aerled de

Rievaulx, *La vie de recluse*, pp. 116–166.

(153) 助修士については，Teske［1974］; Hallinger［1956］; Dubois［1968b］参照。

(154) Cf. "Oratio brevis utilis est ; oratio cordis, non labiorum est accepta Deo. Non attendit Deus ad verba, sed ad cor deprecantis" : Une lettre inédite de Robert d'Arbrissel…, p. 232.

(155) Focillon［1971］, p. 44.

(156) "Eia, charissimi, quid faciemus? Omnes simul peribimus, non salvabitur, nisi qui fugerit (...) Si homo tantae dignitatis, tantae litteraturae, qui videbatur tam honestae vitae, qui erat, tam celebris famae, sic indubitanter damnatus est, quid nos miserrimi homunculi faciemus? Si lugubri voce unius homuncionis tam horribili et stupendo timore et tremore concussi et stupefacti sumus, quid faciemus, dum rugitus leonis, cum extremi judicii tuba aures nostras perculerit? Cum omnes audiemus : Surgite, mortui, venite ad judicium? Quo tunc fugiemus? Quomodo in tam horrendo judicio, ubi columnae coeli contremiscent, et angeli terrebuntur et territi turbabuntur, apparere poterimus? Ubi tunc latebimus? Impossibile erit latere, intolerabile apparere ; fugiamus igitur a facie gladii Dei, praeoccupemus faciem ejus in confessione, venite adoremus, et procidamus ante Deum, ploremus coram Domino, qui fecit nos (...) in montibus nos salvos faciamus, ut aeterni Judicis iram, et sententiam damnationis aeternae, et diluvium peccatorum in arca Noe, et in navicula petri, in qua Christus ventum et tempestatem cessare fecit, id est, in navi poenitentiae evadere valeamus et pervenire possimus ad portum et traquillitatem salutis aeternae" : VBr, 6–7, col. 484. 聖ブルーノについては，Ravier［1981］; Posada［1980］; Hogg［2003］など参照。

(157) 隠者ピエールについてはHagenmeyer［1879］; Dereine［1953］を，ピエールの見た幻視および預言的説教とその大きな反響については，とくにHagenmeyer［1879］, pp. 62–85, 108–128参照。また民衆十字軍における貧者の選抜と終末論的次元については，Alphandéry & Dupront［1954–59］, t. I, pp. 127–135参照。

(158) S. Bernardus…, Ep. LVI, col. 162–163.

(159) S. Petrus Damianus, Op. L, 7, col. 739–742 ; Op. LIX, col. 837–842.

(160) Manselli［1953］, pp. 27–28 ;［1975b］, p. 105.

(161) ハイムラートは，奴隷も自由人もキリストにおいてはおなじであり，ひとつであるとの聖書の言葉から，自分は下層の出身であったが皇帝と兄弟だと述べた。VHa, 7, pp. 600–601. またロムアルドはあらゆる物質的・世俗的なものを否定したのみでなく，既存の共同体・文化を拒否し，全世界をひとつの孤独の地に変革しようと考えた。VRom, 37, col. 988.

(162) Gougaud［1928］, pp. 3–7参照。

(163) 隠修士の法的身分についての議論は，Le Bras［1959］, pp. 196–197 ; Elm［1998］; Leclercq［1961b］など参照。

(164) ゴッフリドゥスについてはCompain［1891］，イヴォについてはSprandel［1962］; Grandjean［1994］, pp. 293–418，マルボドゥスについてはErnault［1889］，ヒルデベルトゥスについてはMoos［1965］，聖ベルナルドゥスについてはLeclercq［1966］をそれぞれ参照。

(165) Goffridus…, Ep. XLVII, col. 181–184.

(166) Marbodus…, Ep. VI, col. 1480–1486.

(167) Idem, Ep. II, col. 1472–1473 ; Ep. III, col. 1473–1474.
(168) D. Ivo Carnotensis episcopus, Ep. XXXIV, col. 46 ; Ep. XXXVII, col. 49–50.
(169) Idem, Ep. CXCII, col. 198–202.
(170) Idem, Ep. CCLVI, col. 260–262.
(171) Manselli [1953], pp. 14–15.
(172) V. Hildebertus Cenomanensis episcopus, Ep. XXIV, col. 242.
(173) S. Bernardus..., Ep. CXV, col. 261–262.
(174) Idem, Ep. CCXLI, col. 434–436 ; Ep. CCXLII, col. 436–437.
(175) Idem, Sermones de tempore, III, col. 137–142 ; Idem, Sermones in Cantica Canticorum, LXIV, col. 1084–1088. 以上の聖ベルナルドゥスの隠修士・隠修制についての態度については，Leclercq [1962a] ; Grillon [1953] をも参照。
(176) この怠惰・懈怠（acedia）を隠修士を襲うきわめて危険な敵だと，最初に戒めたのは，カッシアヌスである。Cf. Joannes Cassianus, Collationes, v, 9, col. 620–621.
(177) ラヴェンナ大司教レオの言葉については，Sanserre [2003], p. 33.
(178) Ordelicus Vitalis, *Historia ecclesiastica*, viii, 26, t. IV, pp. 310–312.
(179) Dereine [1988], p. 140.
(180) VBeT, 51, col. 1397.
(181) VHa, 9, p. 601 ; VGer, i, 18, p. 309 ; i, 28, p. 311 ; i, 33, pp. 311–312 ; VGauf, 4, pp. 85–90 ; Becquet [1963] ; VNo (1), 3, pp. 672–673 ; Becquet [1971], pp. 158–159 参照。またジェルラックが教皇から課された7年間の償いの業を終え，ローマに行って教皇と面会した際，教皇は彼にまず修道士か聖堂参事会員になるよう勧めた——より厳格な生活を望んでいたジェルラックはそれを拒んで隠修士になったけれども。このことも教会の隠修生活への不信を示すものとして示唆的である。VGer, i, 8–9, p. 307.
(182) Vuolo [1986], pp. 97–98 ; Henriet [2000], p. 261.
(183) Leclercq [1958a].
(184) VJoG, 9–11, col. 675 ; VAna, 3, p. 1137.
(185) VRom, 35, col. 986.
(186) VBeT, 51, col. 1397
(187) VRoA (1), 9, col. 1048–1049 ; VRoA (2), 16, col. 1065 ; 41, col. 1077–1078.
(188) Marbodus..., Ep. II, col. 1472–1474.
(189) Liber de doctrina, pp. 5–6.
(190) Morin [1928].
(191) S. Petrus Damianus, Ep. L, t. II, p. 128.
(192) Foulon [2003a], p. 101. Cf. Ex gestis pontificum Cenomannensium, pp. 547–551.
(193) *Règle de saint Benoît*, I, 1–13 (邦訳), pp. 15–18 ; *Règle du Maître*, I, 1–74, t. I, pp. 328–346.
(194) *Règle de saint Benoît*, I, 3–5 (邦訳), pp. 15–16.
(195) *Ibid*., I, 3–5 (邦訳), pp. 15–16. Cf. *Ibid*., IV, 78 ; LVIII, 15 (邦訳), pp. 40, 233.
(196) 籠居修士（inclusus），籠居修女（inclusa）については，Asen [1927] ; Gougaud [1928] ; Doerr [1934] ; Darwin [1944] ; Schelb [1941] ; L'Hermite-Leclercq [1986] ; [1988a] ; [1988b] ; [1994] ; [2003] ; Sensi [1995] ; Pásztor [2000], pp. 65–96 なども参照。イングランドでは12世紀以降，きわめて多数の籠居修士・修女が，国王・貴族・ジェントリー・商人など各階層に後援されて，中世末まで貴重な社会的役割をは

たしたという。Cf. Warren [1985].

(197) それぞれ，Grimlaicus presbyter, Regula solitarium ; Aerled de Rievaulx, *La vie de recluse*.

(198) Petrus Venerabilis (Pierre le Vénérable), Lettre à Gislebert.... また Leclercq [1956] ; Knight [1996] 参照。修道生活と隠修生活の同調性について，より一般には，Constable [1980] 参照。

(199) カマルドリ会については，Caby [1999] ; Vedovado (ed.) [1994] 参照。

(200) ペトルス・ダミアニのこうした態度については Leclercq [1960], pp. 43-47 ; [1947] を，また，フォンテ・アヴェッラーナについては *Fonte Avellana*... [1979] 参照。

(201) カルトジオ会については，Bligny [1960], pp. 245-318 ; Ravier [1981] ; *Die Kartäuser*... [1994] ; 杉崎 [2005], pp. 181-227 参照。

(202) Guigo Carthusiae, Consuetudines, 78-79, col. 751-753.

(203) ヴァロンブローザについては，*Vallombrosa nel IX*... [1973] ; Boesch Gajano [1964] など参照。

(204) フォントヴローについては Dalarun (ed.) [2004] ; Bienvenu [1980]，また二重修道院については Elm & Parisse (eds.) [1993] ; Hilpisch [1928] ; Berlière [1923] など参照。

(205) Cf. Buhot [1936].

(206) プレモントレ修道会については，Winter [1865] ; Petit [1947] ; Dereine [1947] など参照。

(207) Becquet [1998], pp. 41-60, 91-118 ; Fouquet & Etienne [1985] ; Hutchison [1989] ; 杉崎 [2005], pp. 259-275 参照。

(208) Cf. Dubois [1968a]. しかし，バ・メーヌのフォンテーヌ=ジェアール Fontaine-Géhard のように，12 世紀中，原初の形態と理想を保った隠修士団体もあった。Cf. Oury [1986-88]. 聖堂参事会がその起源となった隠修士の理想と生活形態をどの程度引き継いだか検証した論文に Milis [1979] がある。

(209) これについては Van Luijk [1968] の先駆的研究がある。他に Elm [1965] ; [1971] ; Benvenuti [2003] ; Ghignoli [2003] ; Vauchez [1988], pp. 227-234, 380-388 など参照。

(210) なかでももっとも重要なアウグスティノ会については，Elm [1962] ; Roth [1952-54] など参照。フランシスコ会には当初より一貫して町中での共住と，人込みを避けた隠修生活との双方への志向があったことを，Merlo [1991] ; *Eremitismo nel francescanesimo*... [1991] などが明らかにしている。

(211) 文学中の隠修士・隠者については，Bretel [1995] が総括的で詳しい。その他には，Bretel [1998] ; Weill [1995] ; Huchet [1985] ; Nolin-Benjamin [1992] ; Leclercq [1992] ; Kennedy [1974] ; Jonin [1968] ; Colliot [1978] ; Finoli [1965] ; Le Goff & Vidal-Naquet [1974] ; Gnädinger [1972] など参照。中世英文学中の隠修士についての研究としては，Weaver [1924] がある。

(212) Ariosto, *Orlando furioso* (邦訳), pp. 341-342, 403-408 参照。

(213) 聖人伝の史料としての特徴については，Grégoire [1987] ; Philippart [1994-96] : Aigrain [1953] など参照。

(214) Grégoire [1987], pp. 9-107, 190-237.

(215) Delcorno [2000].

(216) Walter (Ph.) [1988] ; [1989] など参照。

(217) 全体として，Bretel [1995] にもっとも教えられるところが多かった。

(218) En un bos en entra grant et plenier ;
De. v. lieues plenieres n'avoit plaisié,
Ne vile, ne recet por herbergier
For〔s〕 seul a l'ermitage c'avoit laisié : *Aiol*, 16, vv. 556–559, p. 17.

(219) *La Mort le Roi Artu*, 200 (邦訳), p. 248.

(220) *Roi Flore et la belle Jeanne* (邦訳), p. 283–284.

(221) *Le Moniage Guillaume*, vv. 2520–2566, pp. 126–127.

(222) *Le Moniage Guillaume*, vv. 2586–2591, pp. 127–128.

(223) *Doon de Maience*, pp. 3–4. Cf. Bretel [1995], p. 518.

(224) Chrētien de Troyes, *Le Chevalier au Lion* (邦訳), p. 76.

(225) Cf. Guillaume de Berneville, *La Vie de saint Gilles*, vv. 1919–1928, p. 122 ; Stephanus Tornacensis, Ep. CLIX, col. 448.

(226) *Le Moniage Guillaume*, vv. 2827–2832, p. 135.

(227) Cf. Bretel [1995], p. 746.

(228) *Perlesvaus*..., p. 153.

(229) Ordericus Vitalis, *Historia ecclesiastica*, viii, 26, t. IV, p. 312.

(230) Alexander [2003] 参照。

(231) Ex gestis pontificum Cenomannensium, pp. 547–549.

(232) 本章扉絵参照。

(233) 中世における髭のさまざまな意味については，Reynolds [1950] ; Constable [1985] など参照。11・12世紀の改革修道院の下働きをした助修士たちの髭を擁護する興味深い著作が，ベルヴォーのブルカルドゥスによって1160年代はじめに書かれた。Cf. Burchardus abbatis Bellevallis, Apologia de barbis.

(234) Marbodus..., Ep. VI, col. 1483, 1485 ; VBeT, 42, col. 1393 ; 125, col. 1438 ; VGo, 100, p. 212 ; VGer, 38, p. 312 ; VGuidA, i, 8, IV, p. 43. Cf. Constable [1985], p. 122.

(235) VBeT, 66, col. 1407.

(236) V. Guibertus...Novigento, Gesta Dei..., II, 4, col. 705.

(237) 驢馬はキリスト教的伝統においてのみでなく，古代以来の人文主義的伝統においても肯定的・否定的双方の象徴となった。Cf. Ordine [1987] (邦訳), pp. 54–86.

(238) VBeT, 22, col. 1382.

(239) Wolfram von Eschenbach, *Parzival*, ix, 485 (邦訳), pp. 257–258.

(240) "je preig des herbes crues, teles com je les truis en la roche, si les manju" : *Le roman de Tristan en prose*, t. I, sec. 30, ll. 11–12, p. 50.

(241) "Que il ne manjast a nul jor
Fors que solement recinetes
Et fruit salvage et herbetes" : *Joufroi de Poitiers*..., vv. 1677–1682, p. 125.

(242) Guillaume de Berneville, *La Vie de saint Gilles*, vv. 1489–1540, pp. 92–96.

(243) *La Queste del Saint Graal*, 2 (邦訳), pp. 199, 214, 249.

(244) Chrētien de Troyes, *Le Chevalier au Lion* (邦訳), pp. 76–77.

(245) Gerbert de Montreuil, *La Continuation de Perceval*, vv. 14146–14164, t. III, pp. 7–8.

(246) *Lancelot*..., t. IV, § LXXXI, 14, p. 273.

(247) Ex gestis pontificum Cenomannensium, pp. 547–549.

(248) 隠修士の「歓待」については，Bretel [1995], pp. 533–567 参照。

(249) Béroul, *Tristan et Iseut*, vv. 1369–1376 (邦訳), p. 185.
(250) Chrétien de Troyes, *Le roman de Perceval*..., vv. 6394–6398 (邦訳), p. 261.
(251) *Lancelot*..., t. V, § XCVI, 23, p. 220.
(252) Chrétien de Troyes, *Le roman de Perceval*...
(253) *The Continuations of the Old French «Perceval»*..., t. I, vv. 9859–9863, p. 268 ; Gerbert de Montreuil, *La Continuation de Perceval*, vv. 8420–8429, t. II, pp. 47–48 ; 15739–15752, t. III, pp. 55–56 ; *Lancelot*..., t. I, § IX, 8–9, pp. 155–157 ; t. II, § XLVIII, 42, p. 206 ; t. III, § IX, 8–9, p. 95.
(254) *L'Estoire del saint Graal*, 218–219, t. I, pp. 136–137.
(255) *Yvain ou Le Chevalier au Lion*, vv. 2804–3031 (邦訳), pp. 76–80.
(256) *La Mort le Roi Artu*, 194 (邦訳), p. 242.
(257) *La Mort le Roi Artu*, 200 (邦訳), pp. 248–249.
(258) *La Queste del Saint Graal*, 7 (邦訳), p. 417.
(259) Chétien de Troyes, *Le roman de Perceval*..., 13, vv. 6499–6503 (邦訳), p. 263.
(260) *La Queste del Saint Graal*, 2 (邦訳), pp. 199–200, 214, 249–250.
(261) とくに霊性の助言者としての隠修士については，Bretel [1995], pp. 525–633 参照。
(262) *Le Chevalier au barisel*.
(263) *Perlesvaus*..., pp. 212–213. Cf. Bretel [1995], pp. 578–579.
(264) *La Queste del Saint Graal*, 2 (邦訳), pp. 90–92.
(265) Béroul, *Tristan et Iseut*, vv. 1377–1422 (邦訳), pp. 185–186.
(266) 池上 [1999], pp. 296–310.
(267) Cf. Rousset [1963].

第 2 章　カタリ派

(1) Grundmann [1977].
(2) 正統と異端の交錯した関係については，堀米 [1964] 参照。
(3) これら 12 世紀の群小異端については，Manselli [1953] ; [1975b] ; [1983] ; Fearns [1966] ; Frugoni [1954] ; Greenaway [1931] ; Pegrari (ed.) [1991] ; Ilarino da Milano [1945] など参照。
(4) ワルド派については，Comba [1930] ; Molnar [1974] ; Schneider [1981] ; Gonnet & Molnár [1974] ; Selge [1967] ; Audisio [1998] など参照。
(5) 樺山 [1976], pp. 137–163 参照。
(6) Schmidt (Ch.) [1849].
(7) Dondaine (ed.), Un *traité néo-manichéen du XIII*^{e} *siécle*... ; Idem, "Les actes du concile albigeois de Saint-Félix de Caraman," ; Dondain [1959] ; [1949–50].
(8) Reitzenstein [1929] ; Söderberg [1949] ; Runciman [1947] ; Borst [1953] ; Manselli [1980] ; Thouzellier [1969a] ; [1969c].
(9) J・デュヴェルノワと A・ブルノンの主要な仕事としては，Duvernoy [1976–79] ; Brenon [1990] ; [1992] ; [1996] ; [2000] などがある。
(10) ボゴミール派については，Angelov [1969] 参照。
(11) ラングドックのカタリ派以前のカタリ派，すなわち，11 世紀のプレ=カタリ派とライ

ン地方のカタリ派については，Brenon [2000], pp. 31-67; Bonnassie & Landes [1992]; Bautier [1975] など参照。11 世紀前半の西欧の異端がまさに「カタリ派」そのものだと思わせるとくに明瞭な史料としては，修道士エクベルトゥスがペリゴールの異端者について警告した「回状」lettre circulaire である。Cf. Bonnassie & Landes [1992].

(12) サン=フェリックス・ド・カラマン宗教会議については，17 世紀にオリジナルが失われたとされる史料によってのみ存在が「確認」され，その史料が偽文書との説もあった。しかし A・ドンデーヌ，F・サンゼク，B・ハミルトンらにより，その真正性はほぼ裏づけられた。Cf. Dondaine (ed.), "Les actes du concile..."; Šanjek [1972]; Hamilton [1978]; 渡邊 [1975]. しかしいまだに偽文書だという見解もある。Y・ドッサによって疑問視された (Dossat [1968]) ことがあったが，最近，新たに史料論および 13 世紀と 17 世紀の二時点における捏造操作の可能性を指摘して，「真正性」を否定する見解が出された。その討議集は，Zerner (ed.) [2001] である。他に真正性を再確認する Jimenez [1994]; Brenon [2000], pp. 71-83 などを参照。

(13) ラングドックのカタリ派についての主要な通史は，*Cathares en Languedoc* [1968]; *Effacement du Catharisme?* [1985]; Griffe [1969]; [1971-80]; Roquebert [1970-89] である。他に近年の概説および地域研究を挙げておけば，Niel [1955]; Lafont & al. [1982]; 原田 [1991]; Lambert [1998a]; Roquebert [1999]; Barber [2000]; Aurell (ed.) [2005]; Bordes [2005].

(14) コンソラメントゥムについては，Guiraud [1904]; Duvernoy [1976-79], t. I, pp. 143-170; Brenon [2000], pp. 129-151; Hagman & Brenon [1993] など参照。

(15) Cf. *Rituel cathare*, 9, p. 230.

(16) *Rituel cathare*; Un Recueil cathare...I et II; *Le Nouveau Testament...*, pp. vi-xxvi (以上の rituels の現代仏語訳は Nelli & Brenon (eds.), *Écritures cathares*, pp. 215-322 にある。以下，リヨンのオック語典礼定式書については，この現代フランス語訳を利用した)。また Brenon [2000], pp. 99-109 参照。

(17) *Rituel cathare*, 7, pp. 222-224; Nelli & Brenon (eds.), *Écritures cathares*, p. 234.

(18) Nelli & Brenon (eds.), *Écritures cathares*, p. 234.

(19) Cf. Nelli & Brenon (eds.), *Écritures cathares*, pp. 236-238.

(20) Nelli & Brenon (eds.), *Écritures cathares*, p. 232.

(21) カタリ派のカテキスムについては，Brenon [2000], pp. 153-171 参照。

(22) 以上，カタリ派の食生活については，*L'inquisiteur Geoffroy d'Ablis...*, pp. 118-120, 136, 214, 244, 264, 294, 312-314, 320, 334, 388 参照。

(23) *L'Inquisition en Quercy...*, p. 35.

(24) *L'Inquisition en Quercy...*, p. 257.

(25) Cf. "Item dixit quod, anno predicto in messibus, quadam die de qua non recordatur, ivit ipsa testis Ramunda filia sua ad domum dicti Arnaldi Piquerii ad videndum dictos hereticos quos invenerunt ibi. Interrogata quid fecit cum eis, dixit quod ivit ad faciendum eis reverentiam et adoravit eos ter flexis genibus, dicendo ut supra et dicti heretici similiter respondebant ut supra.": *L'inquisiteur Geoffroy d'Ablis...*, p. 220; "(...) quod Ramundus Auterii de *Ax* socer suus et Petrus Rosselli dicti loci quilibet per se fecerunt ipsi testi mentionem de hereticis videlicet de Petro et Guillelmo Auterii et Pradas Tavernerii, dicentes ei quod erant boni homines et sancti et tenebant bonam

fidem et sanctam vitam ducebant, rogantes eum et inducentes quod videret eos et haberet eorum familiaritatem et noticiam et quod ipsos reciperet in domo sua et quod multum poterat magis valere de eis." : *ibid.*, p. 250 ; "Interrogatus quid fecit vel dixit ibi, respondit quod placebat sibi quando videbat eos et dicebat et offerebat eis si volebant aliquid quod posset facere pro ipsis." : *ibid.*, p. 256.

(26) 註(16)参照。Cf. Lambert [1998b] ; "Évangélisme et hérésie" [1999].

(27) Un Recueil cathare...I, pp. 823-827 (現代仏語訳は Nelli & Brenon (eds.), *Écritures cathares*, pp. 278-282).

(28) Evervinus Steinfeldensis, Epistola ad S. Bernardum, col. 677-678.

(29) カタリ派思想についての研究文献としては，とくに以下のものを参照。Schmidt (Ch.) [1849], t. II ; Borst [1953] ; Duvernoy [1976-79], t. I ; Schmitz-Valckenberg [1971] ; Söderberg [1949] ; Broeckx [1916] ; Nelli [1964] ; [1975] ; Rottenwöhrer [1982-93] ; Manselli [1980] ; Cazenave [1977] ; Thouzellier [1969b] ; Rousseau [1969] ; Nelli (ed.) [1953], pp. 119-204 ; Poupin [2000].

(30) *Livre des deux principes*.

(31) *Un traité cathare inédit*... (現代仏語訳は Nelli & Brenon (eds.), *Écritures cathares*, pp. 189-213). フエスカのドゥランドゥスの二著は，[Durandus de Huesca], *Une Somme anti-cathare*... と Durandus de Huesca, Liber Antiheresis である。本書では，Liber Antiheresis, ed. C. Thouzellier を用いた。

(32) Eckbertus Schonaugiensis, Sermones... ; Alanus ab Insulis, De fide catholica... ; Raynerius Sacconi, Summa de Catharis... ; Bonacursus, Manifestatio haeresis Catharorum ; Manifestatio... ; Moneta Cremonensis, *Adversus Catharos*... ; Ermengaudus, Tractatus contra haereticos.

(33) Bernard Gui, *Manuel*....

(34) "Luciferum (...) esse deum et deum sine inicio confitentur" (彼らは，ルシフェルが神でありはじまりをもたない神であると告白する) : Liber Antiheresis, p. 208. 他に同様な文言は，カタリ派の教説の記述には無数に現れる。

(35) Döllinger [1890], t. II, pp. 374-375 ; Raynerius Sacconi, Summa de Catharis..., p. 71 ; Petrus Vallium Sarnarii Monachi, *Historia Albigensis*, t. I, pp. 9, 32 ; Alanus ab Insulis, De fide catholica..., col. 337 ; Le témoignage de Geoffroy..., p. 196.

(36) Raynerius Sacconi, Summa de Catharis..., p. 64 ; Bernard Gui, *Manuel*..., t. I, p. 10 ; Guillaume de Puylaurens, *Chronique*..., pp. 50-52.

(37) "Docent etiam eum quotidie facere, quidquid in mundo isto naturaliter et corporaliter fieri videtur ; dicunt etiam, quod lucere facit solem et lunam et stellas, pluere quoque et alia, quae en aëre fiunt, herbas et arbores de terra fructificare et alia hujusmodi" (また彼らは，彼――悪魔――が，この世において自然に，そして有形的に生ずるように見えるモノは何でも日ごとに創っていると説く。彼らはさらに，彼が太陽や月や星を輝かせ，雨並びに大気中に生ずる他のものを降らせ，土から草木その他を成長させると述べる) : Döllinger [1890], t. II, p. 374. その他，Ermengaudus, Tractatus contra haereticos, col. 1235.

(38) 地獄については，たとえば Liber Antiheresis, p. 231 ; Raynerius Sacconi, Summa de Catharis..., p. 72 に記述がある。

(39) *Un traité cathare inédit*..., pp. 94-95.

(40) Liber Antiheresis, pp. 213, 215-216 ; Manifestatio..., pp. 384-385 ; Raynerius Sacconi, Summa de Catharis..., p. 71 ; Petrus Vallium Sarnarii Monachi, *Historia Albigensis*, t. I, p. 13 ; Alanus ab Insulis, De fide catholica..., col. 316. 次節で検討する異端審問記録にも頻繁に登場する。

(41) nihil (nichil)については，*Un traité cathare inédit*..., pp. 102-103. また，この語の解釈についての現代の研究者間の論争については，Thouzellier [1969b]; Gonnet [1984] ; Grosse [1988] 参照。

(42) Cf. "habetis voluntatem recipiendi baptismum spirituale Ihesu Christi et perdonum estrorum peccatorum, propter deprecationem bonorum christianorum cum impositione manuum(...)?" (あなたは，善信徒らの嘆願によって按手をえて，イエス=キリストの霊的洗礼とあなたの罪の宥しを受ける意志がありますか)：*Rituel cathare*, p. 224.

(43) Brenon [2000], pp. 111-127.

(44) Petrus Vallium Sarnarii Monachi, *Historia Albigensis*, t. I, p. 13.

(45) Manifestatio..., p. 386 ; Bernard Gui, *Manuel*..., t. I, p. 18 ; Douais (ed.), *Documents*..., t. II, p. 100 ; Raynerius Sacconi, Summa de Catharis..., p. 71 ; Petrus Vallium Sarnarii Monachi, *Historia Albigensis*, t. I, p. 13 ; Alanus ab Insulis, De fide catholica..., col. 316-317. 輪廻については，次節で扱う異端審問記録にも頻出する。

(46) 一例を挙げれば，"Item nullo modo occidunt aliquod animal, nec volatile, quia dicunt et credunt, quod in animalibus brutis et in avibus sint spiritus illi, qui recedunt de corporibus hominum, quando non sunt recepti ad sectam nec ordinem suum et quod transeunt de uno corpore in aliud corpus" (同様に，彼らはけっしていかなる動物も鳥も殺さない。というのは，彼らは人間の身体を離れた魂が彼らの宗派にも完徳者の列にも受け容れられなかったとき，野獣や鳥に宿り，しかもそれらは，ひとつの身体から他の身体へと遍歴する，と語り信じているからである)：Döllinger [1890], t. II, p. 4.

(47) Manifestatio..., p. 386.

(48) Döllinger [1890], t. II, pp. 286, 375 ; Manifestatio..., p. 385 ; Bernard Gui, *Manuel*..., t. I, p. 14 ; Douais (ed.), *Documents*..., t. II, p. 93 ; Raynerius Sacconi, Summa de Catharis..., p. 71 ; Petrus Vallium Sarnarii Monachi, *Historia Albigensis*, t. I, p. 11 ; Alanus ab Insulis, De fide catholica..., col. 321-322, 335 ; Ermengaudus, Tractatus contra haereticos, col. 1243 ; Le témoignage de Geoffroy..., p. 196 ; Rottenwöhrer [1982-93], t. IV (1-3) は，史料，宗派，地域，人物別に個々の教義を調べ上げている。南フランスのカタリ派におけるキリスト論については，t. IV/2, pp. 33-35, 84-95, 162-164, 214, 270-285, 378-379 ; t. IV/3, pp. 112-118, 141-142, 158, 168-169, 228, 253-254, 317-322 にまとめられている。

(49) 南フランスのカタリ派における聖母マリアと福音書記者ヨハネについては，Rottenwöhrer [1982-93], t. IV/2, pp. 35, 106-108, 166-167, 296-297, 381 参照。

(50) この時期のカタリ派の特徴については，Brenon [1988] ; Duvernoy [1970] ; [1985] ; Stoodt [1996] など参照。

(51) *L'inquisiteur Geoffroy d'Ablis*....

(52) *Le Livre des sentences de l'inquisiteur Bernard Gui*....

(53) *Le registre d'Inquisition de Jacques Fournier*.... また現代フランス語訳がデュヴェルノワによってなされている。以下引用はフランス語ヴァージョンに拠る。

(54) 研究者にはよく知られているように，カタリ派の審問記録のオリジナルの過半は消失

したが，17 世紀に財務総監コルベールの命によって写しが作られ，フランス国立図書館に所蔵されている（Collection Doat）。そのうちとりわけカタリ派に関係の深いのは，Nr. 21-26 である。いまひとつは，ラングドックのカタリ派の最盛期に，それに対抗すべくトゥールーズ伯領に送り込まれた異端審問官であるベルナール・ド・コーとジャン・ド・サン=ピエールの審問録（1245～46 年）である。こちらはトゥールーズ市立図書館に Ms No 609 として収められており，まもなく A・パレス・ゴビヤールによる校訂版が出版される予定と聞く。

(55) *Le registre d'Inquisition de Jacques Fournier...*, t. III, p. 884.

(56) *Le Livre des sentences de l'inquisiteur Bernard Gui...*, p. 538.

(57) *Le Livre des sentences de l'inquisiteur Bernard Gui...*, p. 684.

(58) *L'inquisiteur Geoffroy d'Ablis...*, p. 104.

(59) *L'inquisiteur Geoffroy d'Ablis...*, p. 188.

(60) *Le registre d'Inquisition de Jacques Fournier...*, t. III, pp. 761-762, 929, 995-996.

(61) *Le registre d'Inquisition de Jacques Fournier...*, t. III, p. 931. しかし *Ibid.*, t. II, p. 570 では，騙され地上に連れてこられ，失った善（神）を思い出して悲しげな表情をしている霊たちに悪魔が，習慣になっているように「雅歌」を歌ってみよと言うが，どうして異国の地で主の雅歌など歌えようか?と答えた。すると悪魔は，霊たちが天のことを忘れて帰らないように，天で味わった善きこと，悦びを忘れるトゥニカを着せようと言った，とある。

(62) *Le registre d'Inquisition de Jacques Fournier...*, t. I, p. 270.

(63) *Le registre d'Inquisition de Jacques Fournier...*, t. III, pp. 943-948.

(64) *L'inquisiteur Geoffroy d'Ablis...*, p. 336.

(65) *L'inquisiteur Geoffroy d'Ablis...*, p. 188.

(66) *Le registre d'Inquisition de Jacques Fournier...*, t. II, p. 570 ; t. III, p. 764.

(67) *Le registre d'Inquisition de Jacques Fournier...*, t. III, pp. 762-763.

(68) *Le registre d'Inquisition de Jacques Fournier...*, t. II, p. 194 ; t. I, pp. 264, 270-271.

(69) *L'inquisiteur Geoffroy d'Ablis...*, p. 190, 198 ; *Le registre d'Inquisition de Jacques Fournier...*, t. 1, pp. 204, 207, 472-473.

(70) *Le registre d'Inquisition de Jacques Fournier...*, t. III, p. 996.

(71) *L'inquisiteur Geoffroy d'Ablis...*, pp. 336-338.

(72) *L'inquisiteur Geoffroy d'Ablis...*, p. 190.

(73) *Le Livre des sentences de l'inquisiteur Bernard Gui...*, p. 196.

(74) Cf. Bru [1953] ; Wakefield [1974], pp. 65-80 ; Griffe [1969], pp. 166-208.

(75) Grundmann [1977].

(76) Borst [1953].

(77) Manselli [1980].

(78) Dossat [1944] はこのような見解はあまり根拠がないことを示している。

(79) Nelli [1969], pp. 107-120 ; Riol [1964], pp. 56-57 ; Duvernoy [1962-63] など参照。

(80) 渡邊 [1989].

(81) Braudel (ed.) [1985-86] (邦訳), pp. 9-36 参照。

(82) カバラ思想については，主に以下の文献を参照。Scholem [1957] ; [1960] ; [1962] ; [1966] ; [1973] ; 井筒 [1983] ; 箱崎 [1988].

(83) 『清明の書』のテクストは，*Das Buch Bahir...* を用いた。Cf. Lehmann [1957].

(84) 主に以下の文献を参照。Köhler [1976] ; [1962] ; Lazar [1964] ; Leube-Fey [1971] ; Jeanroy [1934] ; Topsfield [1975] ; Denomy [1945] ; Frappier [1959].

(85) Köhler [1976] ; [1962].

(86) ラングドックのユダヤ人については，Saige [1881] ; *Juifs et judaïsme*... [1977] ; Shatzmiller [2000] ; Hershon [1999] ; [2003] など参照。

(87) Shahar [1974] ; [1977] ; Werner [1963] 参照。また O'Brien [1967-68] も南フランスのカタリ派とユダヤ人の関係を論じている。

(88) *Cena secreta* は，Bozóky, E. (ed.), *Le livre secret des Cathares*... にラテン語原典校訂版と対訳が，また Nelli & Brenon (eds.), *Écritures cathares*, pp. 39-70 にフランス語訳，*La cena segreta*..., pp. 97-124 にイタリア語訳がある。

(89) トゥルバドゥール即カタリ派説を唱えたのは，O・ラーン，L・ヴァルガ，D・ド＝ルージュモンらである。Cf. Rahn [1933] ; Varga [1938] ; Rougemont [1956] (邦訳), pp. 98-147.

(90) Gere [1955], pp. 86-146 参照。R・ジアーの批判の骨子はつぎのようなものである――トゥルバドゥールは宗教的問題にはあまり関心を示さず，きわめて世俗的である。『トゥルバドゥール評伝』は，数人のトゥルバドゥールがカタリ派ないしカタリ派と関係をもっていたと記しているが，これにはまったく信憑性がない。他のどのトゥルバドゥールよりカタリ派と関係の深そうなピエール・ヴィダルとレイモン・ド・ミラヴァルも，詩中ではカタリ派に言及していない（前者に一カ所ある言及箇所は，反駁意見である）。トゥルバドゥールは堕落した聖職者を批判しているとはいえ，異端審問に召喚された事実はない。異端審問制成立以前には，カタリ派は貴族の保護下に公然と活動しており，その信仰を隠し，暗号で語るなどという必要は少しもなかった。仮にそういう事実があるとするなら，カタリ派から改宗して異端審問官に仕えた者も何人もいたのだから，審問官がその「秘密」を知らなかったはずはない。ヴァルガ，そして彼を介してルージュモンの拠っているピエール・カルドナルの詩句には何ら異端を明示するものはなく，概してカトリック的で，カタリ派と相容れない理念が多い……などである。なお Russell (J. B.) [1965] ; "Débat autour du catharisme... [1968] をも参照。

(91) Cf. Nelli [1963], pp. 221-246. しかし Nelli [1948a] ; [1948b] では，トゥルバドゥールが愛を三つの部分に分けたことや結婚外に真実の愛を見出したのはカタリ派の影響かもしれず，トゥルバドゥールの抒情詩は，カタリ派哲学を貴族階級の社会的要求に適応させたものにほかならないとしている。

(92) たとえば Brenon [2004] 参照。また Zambon [1998] ; Brunel-Lobrichon & Duhamel-Amado [1997], pp. 213-229 をも参照。

(93) Mundy [1954] ; [1985] ; [1990] ; [1997] ; [2006] 参照。

(94) Armengaud & Lafont (eds.) [1979], pp. 139-408 は優れた概説であり，本章の南仏社会の記述においても多くの示唆を得た。また Magnou-Nortier [1974] は，ラングドックの社会構造の形成と変容について 11 世紀末まで詳細に考察しており，12・13 世紀を扱う際にも大いに参考になる。また中世のラングドック社会全般については，Paterson [1993] 参照。

(95) 南フランスの封建制，社会関係については，*Les structures sociales*... [1969] ; Magnou-Nortier [1974] ; Bonnassie [1975] ; Poly [1976] ; *Structures féodales*... [1980] ; Bourin-Derruau [1987] ; Magnou-Nortier [1968] ; Débax [2003] ; Higounet

[1968]; Ourliac [1968] など参照。

(96) たとえば Reynolds [1994] の議論を参照。

(97) Cf. 池上 [1999], pp. 423-431.

(98) Biget [1988]; Duvernoy [1984] 参照。

(99) 以下，ラングドック社会における約定（convenenza），誠実誓約，慣習法的契約については，Ourliac [1959]; Débax [2003], pp. 99-141; Magnou-Nortier [1968]; Castaing-Sicard [1959] など参照。

(100) 相続に関しては，Molinier [1879] 参照。

(101) 農民の土地に対する権利については，Magnou-Nortier [1974], pp. 141-142.

(102) 南フランス，とくにラングドックのカストルムについては，Griffe [1974], pp. 140-156; Bourin-Derruau [1987]; Cursente [1988]; Mousnier [1997]; Gardel [2004] など参照。

(103) カストルムと農村のコンスル制については，Bourin-Derruau [1987], t. I, pp. 273-326 参照。

(104) 北カルカッセ地方のケースについては，Roche [2004] 参照。

(105) トゥールーズ伯などの諸侯権力，とりわけ彼らの領邦の細分化とその後の集権化の進展については，Fliche [1957]; Lewis [1974]; Sicard [1969] など参照。

(106) ラングドックの都市に関しては，註(93)で挙げたJ・H・マンディーの諸著の他，Limouzin-Lamothe [1932]; Gouron [1963]; Timbal [1954]; Sautel [1955]; Wolff [1978] など参照。

(107) ラングドックの職業団体については，Gouron [1958] が唯一のまとまった研究である。

(108) なぜラングドックに広まったのか，貴族，商人・職人らが支持し，惹きつけられた社会的・経済的条件については，Brenon [1990], pp. 135-187 参照。

(109) Roche [2003], pp. 83-84.

(110) *l'Inquisition en Quercy..., passim.*

(111) Brenon [1990], p. 186 参照。

(112) Biget [1988].

(113) Abel & Harrison [1979].

(114) Koch [1962]; [1964].

(115) Barber [1977]. さらに Müller [1996], pp. 129-270 参照。

(116) McLaughlin [1976].

(117) Segl [1988].

(118) Abels & Harrison [1979].

(119) Le Roy Ladurie [1975] (邦訳)，上巻，pp. 44-80 参照。

(120) Benad [1990] 参照。さらにカタリ派と〈家〉については，Roquebert [1985]; Brenon [2000], pp. 205-226 参照。

(121) Brenon [1990], pp. 189-214; [1992]; [2000], pp. 205-226; Müller [1996]; Hancke [2001].

(122) Cf. Hancke [2001], p. 41.

(123) 13世紀におけるラングドックの女性の地位悪化については，Aurell I Cardona [1985]; Gilles [1988] 参照。またラングドック（南フランス）のローマ法受容とその影響については，Ourliac [1971]; Castaing-Sicard [1959], pp. 523-563; Poly [1974] など参照。

(124) *L'inquisiteur Geoffroy d'Ablis...*, p. 354.
(125) 父系・母系双方から家名を受け継ぐ可能性については，Le Roy Ladurie [1975](邦訳)，上巻，pp. 56, 76 参照。
(126) Cf. Roquebert [1985].
(127) Cf. Brenon [2000], pp. 205-226.
(128) たとえば *L'inquisiteur Geoffroy d'Ablis...*, pp. 150, 160.
(129) 女トゥルバドゥールについては，その詩のエディションは，Bec, *Chants d'amour...* にある。また，Paden (ed.) [1989] ; Huchet [1983] ; Bec [1979] ; Bogin [1987] など参照。

第 3 章　少年十字軍

(1) 少年十字軍についてはつぎのような研究がある。Raedts [1977] ; Janssens [1891] ; Miccoli [1961] ; Alphandéry [1916] ; Röhricht [1876] ; Munro [1914] ; Zacour [1962] ; Gäbler [1978] ; Hecker [1865] ; Hansbery [1938-39] ; Toubert [1965-66] ; Delalande [1962] ; Dickson [1992] ; [1995] ; Cardini & Del Nero [1999].
(2) Schwob [1896].
(3) 「少年十字軍」関係史料の一覧とそれらの信憑性については，Raedts [1977] を参照。
(4) Cf. Toubert [1965-66] ; Raedts [1977] ; Russell (F. H.) [1984] ; Cf. Dudy [1964] ; [1966]. G・ディックソンも最近出された論文で「少年十字軍」の pueri は子供だけでなく羊飼いや農民・都市民の若者，大人のデラシネ・下層民だとし，農村の安い労働力が都市に流入する趨勢から理解すべきだする。Cf. Dickson [1995].
(5) Cf. Metz [1976] ; Sigal [1980] ; Hofmeister [1926].
(6) 少年十字軍の最初の発祥地については，Zacour [1962] 以来，従来のイル・ド・フランス起源の東漸説を否定して，ライン沿岸都市発祥説を採る者が多くなった。一史料に，復活祭（3 月 25 日）と聖霊降臨祭（5 月 13 日）のあいだに始まったと記されているからである。しかし Dickson [1995] は，スペインの危機に直面してのインノケンティウス 3 世の呼び掛けに呼応する連禱および行列との関連に着目し，まずイル・ド・フランスで 3 月下旬から 5 月下旬にかけて散発的に行われた行列と祈願が，やがて聖職者の統制を離れて 6 月にカリスマ的指導者の下に糾合して「少年十字軍」となったこと，ついで 6 月末から 7 月はじめにかけて，ケルンを中心に形成され始めたドイツ（ライン地方，ロレーヌ地方）の少年十字軍が，7 月半ばに南下行動をとったことを説得的に示した。
(7) 不可思議な自然の前兆については，たとえば，Annales S. Medardi Suessionensibus, p. 521 など参照。
(8) 以下 Ex chronico anonymi Laudunensis canonici, p. 715 ; Albrici monachi Triumfontium Chronicon, p. 893 ; Chronica monasterii Sancti Bertini, p. 828 ; Ex chronico coenobii Mortui-Maris, p. 355 ; Anonymi continuatio appendicis Roberti de Monte ad Sigebertum, p. 344 ; Ex chronico Savigniacensis monasterii, p. 351 参照。
(9) "Domine Deus, exalta christianitatem ; Domine Deus, redde nobis veram crucem" : Ex chronico coenobii Mortui-Maris, p. 355 ; Ex Annalium Rotomagensium continuationibus, p. 501 ; Matthaeus Parisiensis, *Chronica majora*, t. II, p. 558 にも同

様な言葉が載録されている。Cf. "Requisiti autem quid proposuissent, dicebant, ut fertur, se Christi crucem recuperaturos" : Memoriale fratris Walteri de Coventria, t. II, p. 205 ; "Erat autem eorum intentio mare se velle transire, et, quid potentes et Reges non fecerant, se sepulcru Christi recuperare" : Ex Reineri ad S. Jacobum monachi chronico Leodiensi, p. 623.

(10) Ex chronico anonymi Laudunensis canonici, p. 715.

(11) Matthaeus Parisiensis, *Chronica majora*, t. II, p. 558 ; Albrici monachi Triumfontium Chronicon, p. 893 ; Willelmi chronica Andrensis, p. 754 ; Ex Annalium S. Medardi Suessionensibus, p. 521.

(12) Willelmi chronica Andrensis, p. 754 ; Chronica monasterii Sancti Bertini, p. 828.

(13) Albrici monachi Triumfontium Chronicon, pp. 893-894.

(14) Hansbery [1938-39] ; Zacour [1962] ; Raedts [1977].

(15) ドイツの「少年十字軍」に関しては，Chronica regia Coloniensis continuatio II, pp. 190-191 ; Chronica regia Coloniensis continuatio III, p. 234 ; Annales Marbacenses, pp. 82-83 などが基本史料である。

(16) "gestans super se signum quasi crucis, formam thau habentis, quod debebat esse signum sanctitatis in eo et miraculositatis ; nec facile erat discernere, cuius generis et metalli esset" : Gestorum treverorum continuatio IV, p. 399.

(17) Alberti Milioli notarii Regini Cronica imperatorum, p. 657 ; Salimbene de Adam, *Cronica*, t. I, p. 42. Cf. Continuatio Admutensis, p. 592.

(18) "Plurimi ex eis a parentibus claudebantur, in vanum tamen, quia fractis clausuris aut parietibus exilierunt" : Annales Stadenses, p. 355.

(19) "sepulcrum Domini de manibus et virtute iniquorum ac pessimorum Saracenorum recuperare" : *Iohannis Codagnelli Annales Placentini*, p. 42. Cf. Salimbene de Adam, *Cronica*, p. 42 ; Richerus Gesta Senoniensis ecclesiae, p. 301.

(20) "in hoc se nutui parere divino et ideo, quicquid Deus de eis fieri vellet, ipsi libenti ac prono animo sustinerent" : Chronica regia Coloniensis continuatio II, p. 191. Cf. "ad subventionem Sanctae Terrae Iherosolimam proficisci divinitus sibi imperatum affirmabant" ; Chronica regia Coloniensis continuatio III, p. 234.

(21) "mare sicut quondam populo Israelitico siccum iter prebere" : Annales Scheftlarienses maiores, p. 338 ; また Chronicon Ebersheimense, p. 450 ; Salimbene de Adam, *Cronica*, t. I, p. 42 ; Alberti Milioli notarii Regini Cronica imperatorum, p. 657 ; Sicardi episcopi Cremonensis Cronica, p. 181 ; Iacobus de Varagine, *Chronica...*, p. 373 にも同様の文言が見られる。

(22) シュパイエルの年代記の証言は，Annales Spirenses, p. 84.

(23) ピアチェンツァについては，*Iohannis Codagnelli Annales Placentini*, p. 42.

(24) Cafari et continuatorum Annales Ianuae, p. 131 ; Iacobus de Varagine, *Chronica...*, p. 373.

(25) Annales Marbacenses, p. 82 ; Richerus, Gesta Senoniensis ecclesiae, p. 301.

(26) Jacobus de Voragine, *Chronica...*, p. 373.

(27) Annales Marbacenses, p. 82.

(28) Cf. Richerus, Gesta Senoniensis ecclesiae, p. 301 ; Annales Marbacenses, p. 82 ; Chronicon Ebersheimense, p. 450.

(29) Gestorum treverorum continuatio IV, p. 399.

(30) Richerus, Gesta Senoniensis ecclesiae, p. 301 ; Annales Marbacenses, pp. 82–83 ; Chronicon Ebersheimense, p. 450.

(31) 『ケルン国王年代記』については，Lehmann [1867] など参照。

(32) 『マールバッハ年代記』については，Haller [1912]; [1914–15]; Bloch [1913]; Oppermann [1913] など参照。

(33) Oppermann [1913].

(34) 十字軍の精神については，Erdmann [1956]; Alphandéry & Dupront [1954–59]; Dupront [1997] ; Richard [1957] ; Rousset [1954] ; [1983] ; Bull [1993] ; Riley-Smith [1993] など参照。

(35) Cf. "L'idée de Croisade" [1956].

(36) Villey [1942] ; Brundage [1969] ; Russell [1975] ; Riley-Smith [1977] 参照。また，教皇や代表的教会人の十字軍の捉え方（拡張された十字軍概念）については，Hehl [1994] を見ること。

(37) 十字軍のビザンツ攻撃の正当化については，Villey [1942], pp. 228–235 参照。

(38) "Reliqui vero pervenientes Romam, cum viderent, quod non poterant habere processum utpote nulla fulti auctoritate, tandem laborem suum cognoverunt esse frivolum et inanem, et tamen a voto crucis minime fuerunt absoluti preter pueros infra annos discretionis existentes et eos quos senium deprimebat" : Annales Marbacenses, p. 82.

(39) "De illis tamen quicunque inde evaserunt dedi papa preceptum, ut cum ad etatem pervenerunt, tanquam cruce signati mare transirent" : Albrici monachi Triumfontium Chronicon, p. 893.

(40) 中世の祭りに関しては，Heers [1971] ; [1983] が概観を得るには便利である。

(41) 「聖嬰児の祭り」については，前註の2著の他，Young [1933], t. I, pp. 104–111, t. II, pp. 102–124 ; Chambers [1903], t. I, pp. 336–371 を参照。

(42) Alphandéry [1916].

(43) "Nycolaus famulus Christi transfretabit, Et cum innocentibus Ierusalem intrabit. Mare siccis pedibus securus calcabit, Iuvenes et virgines caste copulabit. Ad honorem Domini tanta perpetrabit, Quod pax, iubilacio, Deo laus sonabit. (...)" : Chronicon rhythmicum Austriacum, p. 356.

(44) "Et sic vere illa parva gens illis magis innocentibus, qui pro Christo occisi sunt, comparari creditur ; quia et ipsa in tam tenera etate labores immensos et mortem famis, que crudelior est gladio, subire meruit" : Richerus, Gesta Senoniensis ecclesiae, p. 301.

(45) Albrici monachi Triumfontium Chronicon, p. 893.

(46) Dickson [1995], pp. 76–82.

(47) 中世の子供の遊びについては，Künssberg [1952] ; Ploß [1912], pp. 252–268 ; Boesch [1900], pp. 62–78 ; Fraser [1966] (邦訳), pp. 47–60 ; 池上 [2003], pp. 19–45 など参照。また Huizinga [1938] をも参照。

(48) Caillois [1958].

(49) Ariès [1960].

(50) Ph・アリエスを批判し，中世の子供の独自の存在感の大きさ，両親の愛情などを強調した研究については，以下のものを参照——Arnold [1980] ; *L'Enfant* [1976] ; *L'Enfant au Moyen-Age* [1980] ; Mause (ed.) [1976] ; Shahar [1990] ; Demaitre

[1976-77], pp. 460-490 ; Berkvam [1980] ; Lods [1960] ; Goodich [1975-76] ; [1983] ; Alexandre-Bidon [1991] ; Alexandre-Bidon & Lett [1997] ; Lett [1997] ; Orme [2001] ; Classen (ed.) [2005].

(51) 文学（そして図像）における子供像については，以下の研究を参照。*L'enfant au Moyen-Age* [1980] ; Lods [1960] ; Subrenat [1978].

(52) Jean Renart, *L'Escoufle*..., vv. 1816-1921, pp. 60-64.

(53) 奇蹟譚中の母や父の子供への愛情については，たとえば Lett [1997], pp. 193-218 参照。

(54) フランス・イタリアの孤児院の誕生については，Heers [1983], pp. 111-113 参照。

(55) Bons-Enfants については，Reitzel [1980] 参照。

(56) 子殺し，捨て子については，Coleman [1978] ; Brissaud [1972] ; Trexler [1973-74] ; Kellum [1973-74] ; Sardina [1988], pp. 50-52 ; Boswell [1988] 参照。

(57) 母親は子供を愛しつつも，彼女自身力をもたず，父親が体現する厳格にヒエラルキー化した社会の一員として子供を育て，その価値観を体得させて送り出す「仲介者」としての役割・責任をもっていたために，この感情的な遺棄にかかわったとするのは，Adams [2005] である。Klapisch-Zuber [1983] は，感情的のみならず経済的にもしばしば子供を見限ることになる寡婦の再婚が，14〜15 世紀のフィレンツェで否定的に見られていたことを明らかにしている。中世の「母親」についてはさらに Atkinson [1991] 参照。

(58) 以下子供の法的地位については，Fehr [1912], pp. 87-306 参照。

(59) レーゲンスブルクのベルトルトの言葉（Rechtssume）は，Arnold [1980], pp. 135-136 にある。

(60) 中世の子供の教育については，Alexandre-Bidon & Lett [1997], pp. 73-96, 219-248 ; Alexandre-Bidon & Closson [1985] ; Beaune [1999], pp. 19-32 など参照。

(61) 刊本は，[Guillelmus Tornacensis], *The De instructione puerorum of William of Tournai O. P.* である。また Fluck [1953] を参照。

(62) 俗人への教育手段としての托鉢修道士らによる説教については，Beaune [1999], pp. 189-203 ; Vecchio [1995] など参照。

(63) Cf. Jean Gobi, *Scala coeli*, 900-904 : «De Puero», pp. 550-551 ; Batany [1973].

(64) Salimbene de Adam, *Cronica*, t. II, p. 864 ; Cf. Coletti [1983], p. 65.

(65) 本節の **C** 項「子供の聖性」および註(77) (78)参照。嬰児イエス崇拝については，"Enfance de Jésus" ; "Enfance spirituelle" 参照。

(66) 中世の聖人についての総合的著作である D・ワインステインと R・ベルの本には，子供・若者聖人について，大きな紙幅が割かれているし，M・グーディッチも 13 世紀の聖人の聖性の誇示と子供時代の様子のかかわりについて研究している。Weinstein & Bell [1982], pp. 19-72 ; Goodich [1973-74] ; [1975] ; [1982], pp. 100-123 ; [1983]. 他に Shahar [1982-83] ; Tinsley [2005] など参照。

(67) 13 世紀都市社会における子供の聖性への接近と家族との軋轢については，Barbero [1991], pp. 203-257 参照。

(68) Cf. VRaP.

(69) Goodich [1992].

(70) 「聖なる子供」の表象については，Benvenuti Papi & Giannarelli [1991] ; Lett [1997], pp. 57-90 ; Bonney [1980] など参照。また，Finucane [1997] は危険に晒された子供

が対象となる奇蹟について研究している。

(71) Hildegardis Bingensis, *Liber divinorum*..., I, iv, 42, p. 177.

(72) *La Règle de saint Benoît*, III, 3（邦訳）, p. 30.

(73) Jacobus de Voragine, *Legenda aurea* 78（邦訳）, 第 2 巻, pp. 296–298.

(74) Joannes Saresberiensis, *Policraticus*, ii, 28, t. I, p. 164.

(75) Cf. Lett [1997], pp. 73–90.

(76) Jacobus de Voragine, *Legenda aurea*, 10（邦訳）, 第 1 巻, pp. 149–158.

(77) Cf. Johannes Beleth, *Summa*..., 70, pp. 130–132 ; Young [1933], t. II, pp. 3–198, 307–360.

(78) Salimbene de Adam, *Cronica*, t. I, p. 101 には，1233 年のこととして角笛のベネデットに付き従い，その言葉を模倣する子供たちについて触れられている。

(79) 聖ニコラウス崇敬については，Clare [1985] ; Meisen [1931] など参照。

(80) 「聖なる猟犬」崇敬については，Schmitt [1979] を参照。

(81) Cf. Goodich [1992] ; Lett [1997], pp. 73–90.

(82) 羊飼いについては，Kaiser-Guyot [1974] 参照。羊飼いの手引きとして貴重な作品は Jehan de Brie, *Le bon berger*... である。

(83) 子供の魔女・妖術師（魔児）については，Weber [1991] ; Muchembled [1993], pp. 164–170 ; Rau [2006] など参照。

(84) Muchembled [1993], pp. 168–169.

(85) 以下の議論についてはつぎの研究を参照。Wähler [1940] ; Hecker [1982] ; Gougaud [1914] ; Braekman [1981] ; Delalande [1962].

(86) アレルヤ運動については，Sutter [1900] ; Brown [1988] ; Fumagalli [1968] ; Thompson (A.) [1992] など参照。

(87) 「羊飼いの十字軍」については，Dickson [1988] ; Tuilier [1977] ; Passerat [2006] を参照。

(88) Gäbler [1969] 参照。

第 4 章　ベギン会

(1) 「都市の宗教」については，Vauchez (ed.) [1995] ; Thompson (A.) [2005] 参照。

(2) Goodich [1975].

(3) 慈愛の精神と施療院，貧民救済の関係については，Mollat [1978], pp. 73–142 ; *Assistance et charité* [1978] など参照。

(4) 托鉢修道士と都市的な環界との密接な関係については，J・ルゴフの先駆的な仕事以来，多くの研究が各国・地域の都市を対象に遂行されている。ここでは以下の研究を参照。Le Goff [1970] ; Freed [1977] ; Martin (H.) [1975] ; *Les Ordres Mendiants*... [1977]. また，ドミニコ会については全般に Vicaire [1977] ; Hinnebusch [1966–73] を，フランシスコ会については Moorman [1968] ; Merlo [2003] をそれぞれ参照。

(5) 第三会については，*I frati Minori* ... [1985] ; Casagrande [1995], pp. 75–161 ; Pazzelli [1982] ; Andreozzi [1993] など参照。また教会や修道院の「周縁」で展開した第三会を含む俗人の悔悛運動解明に大きく貢献したのが，Meersseman [1977] ; Meersseman (ed.), *Dossier*... である。

(6) ベギンについては，Greven [1912]; McDonnell [1954] が基本的な研究で今なお必読文献である。とりわけE・W・マクドネルの書物は，刊行史料に綿密にあたり，かつ主要問題を網羅していてそれ以前の諸研究の集大成となっている。Nübel [1970] は，ネーデルラントのベギン会の成立期から宗教改革に際会しての凋落まで，その特徴的な集落形態の発展を跡づけた。組織発展の諸段階や慈善・福祉施設との親縁性，ベギン会の内部構造と外部諸権力との関係などをとりわけ詳しく扱い，これまでの研究史の欠落を補っている。霊性に重点を置くのは，Mens [1944]; [1947] である。Simons [2001] は，McDonnell [1954] 以後積み重ねられた地域史研究成果の上に，古文書館の写本をも渉猟して成った新たな総合の試みである。また最近の概説その他参考になるのは，Geybels [2004]; Hoffmann & Krebber [2004]; Unger [2005]; Fößel & Hettinger [2000]; Weinmann [1997], pp. 145-261; Bolton [1981] などである。日本での唯一のまとまった研究は，上條 [2001] である。

(7) 教会法上，ベギンは ordo, religio でなく，status であった。この status の者は，貞潔，服従を守らなければならなかったが，清貧は必要なく，家庭生活と訣別する必要はなかった。

(8) Greven [1912], pp. 27-158; [1914].

(9) Kurth [1912]; [1919].

(10) Greven [1914].

(11) Oliver [1988], t. I, pp. 109-112; Goossens [1984], p. 110.

(12) Cf. Jacques de Vitry, *The Historia Occidentalis*..., 15 pp. 116-118.

(13) Haüber [1919].

(14) Bücher [1910]. Cf. Hartwig [1908].

(15) Cf. Wesoly [1980].

(16) Stein [1977]; Asen [1927-29]; Degler-Spengler [1969-70]; [1995] など参照。

(17) Cf. Stein [1977], pp. 171-235. またバーゼルのベギンについては，Degler-Spengler [1969-70], t. 69, pp. 61-64; [1995], pp. 35-36 が，1330年ころまでは主に下級貴族と富裕市民の家系から来たが，それ以後は職人家系出身者と下働きの女性が優位を占めると同時に，バーゼル以外からの周辺地域からの出身者もふえることを明らかにしている。

(18) Greven [1912]; Grundmann [1977], pp. 319-354.

(19) Mens [1947].

(20) McDonnell [1954], pp. 120-121. マクドネルは，女子聖堂参事会員とベギンとの密接な関係をも指摘している。Cf. Ziegler [1992b].

(21) 初期中世の女性の修道生活については，Wemple [1981], pp. 149-188; Les religieuses... [1994]; L'Hermite-Leclercq [1997], pp. 79-154 など参照。

(22) プレモントレ会の女性については，Erens [1929] を，またシトー会系女子修道院については，Panzer [1994], pp. 7-95; Degler-Spengler [1982] など参照。

(23) 以下シトー会とベギン会誕生との関係については，Panzer [1994] とくに pp. 168-176, 200-286 参照。Cf. Roisin [1943].

(24) Elm [1998], pp. 242-243.

(25) それぞれ VBeN, pp. 24-29; VIdN, 1e-2a, pp. 31-34; VIdL, pp. 165-168 を参照。

(26) Reichstein [2001], pp. 78-88.

(27) Stein [1977].

(28) Jacques de Vitry, *The Historia Occidentalis*..., pp. 165-166.
(29) ベギン登場の社会経済史的背景を重視しているのは，Bücher［1910］; Nübel［1970］などである。
(30) D'Haenens［1981］.
(31) Simons［1989］; pp. 68-78. Cf. De Keyzer［1986］.
(32) ボーデンゼー湖畔の農村ベギンについては，Wilts［1994］, p. 217 参照。この地域では，1321 年〜1525 年に新設された 84 の共同体のうち 3 分の 2 近くにあたる 52 が，農村部の村や森，孤独地に建てられたという。
(33) 後期中世の都市における活発な女性労働については，Wensky ［1980］; ［1984］; Ennen［1984］(邦訳), pp. 280-295 など参照。
(34) Cf. Panzer［1994］, pp. 153-199, 249-266.
(35) Cf. *Cartulaire du bēguinage de Sainte-Élisabeth*..., p. 74 ; McDonnell［1954］, pp. 205-217. これは「女性問題」，女性の相対的過剰によって本当に生活苦に悩んだのは，織物業，洗濯業，製パン業，種々の小売業など百以上の職種が開かれていた中下層民よりも，むしろ貴族など「卑しい職」に就けない社会上層の女性ではなかったのか，との考え方とかかわってくる。
(36) フランスのベギンについては，Delmaire［1985］参照。パリ，オルレアン，トゥールなどのベギン館は聖王ルイが建てた。パリのベギンについては，Le Grand［1893］参照。
(37) ドイツ全般については，Reichstein［2001］がよい。個別地方・都市研究は，ブレーメンはじめ北ドイツについて Peters［1969-70］;［1992］，ケルンについて Asen［1927-29］; Stein［1977］，ミュンスターについて Zuhorn［1935］，ニュルンベルクについて Bennewitz［1997］，ハンブルクについて Boese & Tiemann［1996］; Röckelein［1996］，フランクフルトについて Spies［1998a］;［1998b］などの研究がある。
(38) スイスのベギンについては，*Die Beginen und Begarden* ...［1995］が今日の研究の水準，成果を示している。他に Meier［1915］参照。また，ボーデンゼー周辺については Wilts［1994］，チューリヒについては Bless-Grabher［2002］, バーゼルについては Degler-Spengler［1969-70］，ローザンヌについては Andenmattenn［1986］をそれぞれ参照。
(39) プロイセンについては，Wermter［1969］参照。
(40) スイスのベギンとイタリアのフミリアーティとの関係への示唆は，Wilts［1994］, pp. 269-270 にある。
(41) フミリアーティについては，Andrews［1999］; Brolis［1991］; Zanoni［1911］; Alberzoni & al. (eds.)［1997］など参照。
(42) Philippen［1918］. なお L・J・M・フィリッペンは，ベギンの起源についてヒルザウ修道院における助修士の運動が，まず農村，ついで都市にも伝播してベギンを生み出したとしたが，それについてはほとんど賛同する研究者はいない。ネーデルラントにおけるベギンとベギンホフ研究は，地域史的研究を含めると夥しいが，主要な研究としては註(6)に挙げたものの他，Koorn［1981］など参照。
(43) フィリッペン説の修正については，Simons［1989］; Koorn［1998］など参照。
(44) ベギンホフの様子の紹介は，上條［2001］にも詳しい。また，クルチス型ベギナージュ（ベギンホフ）については，Ziegler［1987］をも参照。
(45) デルフトの例は，Koorn［1998］, p. 103.

(46) ネーデルラントにおけるベギンホフの支援者たちについては，Panzer [1994], pp. 153-199 参照。
(47) 南ネーデルラントにおけるベギンと托鉢修道会の関係については，Panzer [1994], pp. 176-180 など参照。托鉢修道士や在俗聖職者によるベギンへの説教の例として，Bériou [1978] 参照。
(48) Meersseman [1948], pp. 90-91.
(49) Reichstein [2001].
(50) Reichstein [2001], pp. 148-151.
(51) Neumann [1960], pp. 72-80.
(52) Wilts [1994], pp. 217-267.
(53) Reichstein [2001], pp. 62-78. 他にドイツ（およびスイス）のベギンと托鉢修道会との関係については，Phillips [1941], pp. 45-144 ; Grübel [1987], pp. 93-109 など参照。ただし，シトー会が，女性の救霊に無関心になったわけではまったくない。それどころか托鉢修道会がベギンと密接な関係を結んだ都市では，托鉢修道会の女子修道院（第二会）は——シュトラースブルク，バーゼル，コンスタンツなど南西ドイツをのぞけば——13 世紀にはごくわずかしか設立されなかったのに，シトー会の女子修道院のほうは多数建設されたのである。Cf. Freed [1972].
(54) Cf. Phillips [1941], pp. 45-141.
(55) Phillips [1941], pp. 91-126.
(56) Asen [1927-29], t. 111, pp. 93-94.
(57) ベギンの大家としての托鉢修道会については，Phillips [1941], p. 217 参照。
(58) Meersseman [1948], p. 81 参照。
(59) ヴィトリのヤコブスについては Funk [1909] を，ベギンとの関係については McDonnell [1954] pp. 154-157 をそれぞれ参照。
(60) ヴィトリのヤコブスが教皇ホノリウスから得た認可については，Jacques de Vitry, *Lettres...*, Ep. I, p. 74 参照。
(61) 伝記は，VMaO である。「乙女のための説教 2」は，Jacques de Vitry, Secundus sermo... にある。上條 [2001], p. 298 の訳文に従った。
(62) Gregorius IX, Gloriam virginalem, in Fößel & Hettinger [2000], pp. 137-138.
(63) Gregorius IX, Ep. ad Johannem, in Fößel & Hettinger [2000], p. 139.
(64) Cf. McDonnell [1954], p. 159.
(65) McDonnell [1954], p. 161.
(66) McDonnell [1954], p. 163.
(67) Thomas de Eccleston, Libro de Adventu..., p. 568.
(68) Cf. Grundmann [1977], p. 385, note 62.
(69) Cf. Wehrli-Johns & Opitz (eds.) [1998], p. 11.
(70) Cf. McDonnell [1954], p. 122.
(71) Cf. Épiney-Burgard & Zum Brunn [1988], pp. 5-6.
(72) マインツ大司教区の司教らの態度は，Hefele & Leclercq (eds.), *Histoire des conciles...*, t. V-2, pp. 1546-1547.
(73) フリッツラー教会会議については，Hartzheim (ed.), *Concilia Germaiae...*, t. III, p. 603.
(74) オロモーツ司教ブルーノの言については，Bruno, Relatio de statu ecclesiae..., 8, pp.

593–594. Cf. Schmitt [1978], pp. 58–59 ; Grundmann [1977], pp. 336–337. J・C・シュミットは，こうした論争を跡づけそこに伏在する心性を探り，また非難が「異端」から「健康乞食」にかわった事実が，教会ヒエラルキーの立場や都市の経済・社会的局面状況といかなる関係を有しているのかについて論究している。

(75) 第2回リヨン公会議については，Hefele & Leclercq (eds.), *Histoire des conciles*..., t. VI–1, p. 201–202.

(76) ヴィエンヌ公会議でのベギン断罪については，Hefele & Leclercq (eds.), *Histoire des onciles*..., t. VI–2, p. 681.

(77) *Corpus juris canonici* 中の "Cum de quibusdam mulieribus" と "Ad nostrumqui" は，*Corpus juris canonici*, Clem. lib. III, tit. XI, cap. 1, col. 1169 ; lib. V, tit. III, cap. 3, col. 1183–1184. Cf. Tarrant [1974].

(78) 「異端」として男性のベガルドともども迫害されたベギンについては，Wormgoor [1985] ; Schmitt [1978] ; Cohn [1957] (邦訳), pp. 159–163 ; Lerner [1972], pp. 35–60 ; Patschovsky [1974] ; Degler-Spengler [1969–70], t. 69, pp. 25–28 など参照。

(79) Cf. McDonnell [1954], pp. 456–464 ; Grundmann [1977], pp. 385–386.

(80) Rutebeuf, *Œeuvres complètes*, t. I, pp. 225–241. Cf. McDonnell [1954], pp456–474 ; Grundmann [1977], pp. 386–387.

(81) ジャン・ド・マン，ロマンのフンベルトゥス，ビブラのニコラウスのベギン批判については，McDonnell [1954], pp. 421, 456–457, 473 ; Reichstein [2001], pp. 103, 188 参照。

(82) 全体的に，Dor & al. (eds.) [1999] 参照。

(83) Matthaeus Parisiensis, *Chronica majora*, t. IV, p. 278.

(84) ブリュージュのラ・ヴィーニュのベギンホフの規則は，Hoornaert (ed.), La plus ancienne règle... にある。

(85) *Cartulaire du béguinage de Sainte-Élisabeth*..., pp. 17. 規約は，*Ibid.*, pp. 17–22 に載っている。

(86) 以下は，前註に挙げた当ベギンホフの規約と，1328年にトゥールネ司教の代理人に提出された「覚書」Mémoire からの情報である。Cf. *Cartulaire du béguinage de Sainte-Élisabeth*..., pp. 74–76.

(87) VMaO, I, i, 14, p. 550.

(88) ケルンとウルムのベギンによる病人介護については，Asen [1927–29], t. 111, pp. 87–88 ; Schulz [1992], pp. 26–39 参照。他に Spies [1998b], pp. 137–143 など参照。

(89) 「聖霊の食卓」については，河原 [2001], pp. 88–144 ; 上條 [2001], pp. 145–173 参照。

(90) ベギンの仕事，多様な職種については，McDonnell [1954], pp. 271–272 ; Neumann [1960], pp. 93–104 ; Unger [2005], pp. 77–88 参照。

(91) ベギンの仕事が，ギルドの利害を損ねたことについては，McDonnell [1954], pp. 273–275 参照。

(92) VMaO, I, iii, 25, pp. 552–553.

(93) Cf. *Die Beginen und Begarden*... [1995], p. 501.

(94) Bennewitz [1997], pp. 36–44 ; Spies [1998b], pp. 144–146 ; Neumann [1960], p. 98 ; Peters [1992], p. 150 など参照。

(95) 國府田 [2001]. また本節全体として，Dinzelbacher & Bauer (eds.) [1985] ; [1988] ; Beyer [1989], pp. 101–216 ; DeGanck [1991] ; Épiney-Burgard & Zum Brunn [1988] ;

Schlachta [2006] ; Ruh [1977] ; [1983] ; [1990-99], t. II, pp. 81-371 ; Peters [1988] ; Bowie (ed.) [1989] など参照。

(96) ヴィトリのヤコブスによるワニーのマリの伝記は，VMaO である。國府田 [2001], pp. 133-168 の他に Geyer [1992] ; Lauwers [1989a] ; [1992a] ; [1992b] ; Calzá [2000] 参照。

(97) Geyer [1992] ; Vauchez [1999], pp. 175-188 はこの伝記の反カタリ派戦略について強調している。

(98) VMaO, I, i, 15-16, pp. 550-551.

(99) VMaO, II, ix, 81, p. 565.

(100) VMaO, II, x, 87, p. 566 ; II, x, 92, p. 568 ; II, xii, 105, p. 571.

(101) VMaO, I, i, 16, p. 551.

(102) VMaO, I, ii, 23, p. 552.

(103) VMaO, I, ii, 21, pp. 551-552.

(104) VMaO, I, ii, 20, p. 551.

(105) VMaO I, ii, 22, p. 552.

(106) VMaO, I, iii, 29, p. 553.

(107) VMaO, II, v, 45, p. 557.

(108) *Ibid*.

(109) ナザレトのベアトレイスについては，Pedersen [1999] ; Vekeman [1972] ; [1985] を参照。また伝記は，VBeN（英訳が The Life of Beatrice...）である。ナザレト修道院の修道士で聴罪司祭をしていた修道士によるこの伝記は，ベアトレイスの内面，霊的上昇の記録になっている。

(110) Beatrijs van Nazareth, *Seven Manieren van Minne....*

(111) *Ibid.*（邦訳）, p. 423.

(112) とくに *Ibid.*（邦訳）, p. 422 参照。

(113) ハデウェイヒの著作の原典は，Hadewijch, *De Visioenen* ; Idem, *Strophische Gedichte* ; Idem, *Brieven* ; Idem, *Mengeldichten* である。全著作の英訳をマザー・コランバ・ハートが行っている（Hadewijch, *The Complete Works*）。彼女の思想・霊性については，国府田 [2001], pp. 169-212 ; Spaapen [1970-72] ; Reynaert [1981] ; Milhaven [1993] ; Heszler [1985] ; Dinzelbacher [1980] など参照。

(114) Milhaven [1993] pp. 1-72.

(115) Hadewijch, *Strophische Gedichte* XXIX, 5, 8（英訳）, pp. 209-210 ; Idem, *Brieven* XXII（英訳）, pp. 99-100.

(116) Idem, *Brieven* XIII, XXIV（英訳）, pp. 75, 103.

(117) Idem, *Strophische Gedichte* XXX（英訳）, pp. 212-215.

(118) Idem, *Brieven* IX（英訳）, p. 66.

(119) Idem, *De Visioenen* VII（邦訳）, pp. 384-385.

(120) Idem, *Brieven* II（英訳）, p. 49. また第 16 と 25 の手紙でも隣人，病人への奉仕が語られている。Cf. Idem, *Brieven* XVI, XXIV（英訳）, pp. 81, 103.

(121) Mechtild von Magdeburg, *Das fließend Licht*... 参照。メヒティルトについては，Ancelet-Hustache [1926] ; Lüers [1926] ; Schmidt (M.) [1985] ; Stierling [1907] ; Franklin [1978] ; Keul [2004] ; Ruh [1990-99], t. II, pp. 245-295 など参照。

(122) Mechtild von Magdeburg, *Das fließend Licht*..., i, 19-20（小竹澄栄訳）, p. 446.

(123) *Ibid.*, i, 44（小竹澄栄訳）, pp. 461–462.

(124) Cf. *Ibid.*, i, 44（小竹澄栄訳）, pp. 460–461.

(125) Cf. *Ibid.*, i, 35（小竹澄栄訳）, pp. 455–456.

(126) Marguerite Porete, *Le Miroir...*（古フランス語原典）; Margareta Porete, *Speculum simplicium animarum*（ラテン語版）. また現代仏語訳が，Huot de Longchamp［1984］にある。以下の引証は古フランス語原典に拠る。マルグリット・ポレートについては，Guarnieri（ed.）［1965］, pp. 363–708 ; Bryant［1984］; Heid［1988］; Leicht［1999］; Orcibal［1969］など参照。

(127) Marguerite Porete, *Le Miroir...*, LXI, pp. 137–139 参照。*Ibid.*, CXVIII, pp. 220–227 には第 1〜7 段階の魂の様子が詳しく述べられる。

(128) *Ibid.*, LVIII, pp. 131–133.

(129) *Ibid.*, LXXXI, p. 168.

(130) *Ibid.*, XC, pp. 182–184.

(131) *Ibid.*, LII, pp. 122–123.

(132) *Ibid.*, XLIII, pp. 109–112.

(133) 後期中世の女性の霊性と図像の関係については，Hamburger［1989］; Vavra［1985］参照。

(134) ベギンの周囲にあって，その霊性と感応した図像については，Ziegler ［1992a］;［1993］参照。

(135) たとえばバイエルン地方のアルトミュール峡谷の丘の上にあり，アイヒシュテット市を見下ろす聖ヴァルブルク修道院で作られ保存されている稚拙だが興味深い礼拝画シリーズについて，Hamburger［1997］が研究している。

(136) 3 種類の図像については，Ziegler ［1993］が重要な視点を提供している。他に Ziegler［1986］;［1987］;［1992a］; Vandenbroeck（ed.）［1994］参照。

(137) Simons & Ziegler［1990］; Rodgers & Ziegler［1999］.

(138) 信心の対象としての，嬰児イエスの人形，図像については，Schlegel［1970］; Klapisch-Zuber［1990］, pp. 291–307 ; Wentzel［1937］参照。

(139) Ziegler［1993］, p. 126.

(140) 雅歌解釈における神秘的結婚については，Matter［1994］参照。

(141) *Leben und Offenbarungen...*, p. 124 : "Festinabat quoque eo citius fieri begina, ut posset saepius communicare. Hujus quoque saporis dulcedinem et suavitatem, quando communicat, non solum dulcedinem gustu corporali sensit et sentit, sed etiam in anima miram spiritualem suavitatem."

(142) Mechtild von Magdeburg, *Das fließend Licht...*（香田訳）, pp. 84–85.

(143) 13 世紀フランドルの悔悛女 pénitente で，ベギンに近い存在であったイープルのマルグリットにも，キリストへの信心とともに，聖母マリアへの崇敬の情が篤く，光り輝くマリアの顕現を体験した。Cf. VMaY, 27, 31, pp. 120–121.

(144) ベギンや女性宗教家が身体を核にイエスと交流し，霊性を練り上げていったことについては，Bynum［1985］;［1987］;［1992］;［1994］; Bell［1985］; Kieckhefer［1984］など参照。

(145) 以下，ベギンの身体を舞台とする不思議な神秘体験については，Rode ［1957］; Bell［1985］; Kieckhefer［1984］; Weinstein & Bell［1982］, pp. 234–235 ; Simons & Ziegler［1990］, p. 117 ; Bynum［1984］;［1985］; Suydam［1999］など参照。

(146) 女性の修道生活については，Carpinello［2002］; Johnson［1991］; Parisse［1983］;［2004］; *Les religieuses*…［1994］; Zarri (ed.)［1997］; Pasztor［2000］など参照。

(147) Weinmann［1997］, pp. 266–267.

(148) この問題についての鳥瞰図を得るには，Lagarde［1956］, t. I; Michaud-Quantin［1970］;［1964］がよい。

第5章　鞭打ち苦行団

(1) 政治史的な動向の基本線を鋭く見透したのは，堀米［1958］である。また一般に危機の時代としての13世紀末～14世紀の特徴については，Tuchman［1979］; Bois［2000］など参照。

(2) 以下古典的なLagarde［1956］, t. I参照。

(3) 信心会については，イタリアのものが——イタリア人のみならず多くの英米系の歴史家が研究に乗り出すことによって——もっとも充実した研究成果を上げている。Cf. Monti［1927］; Martini［1935］; Angelozzi［1978］; *Le mouvement confraternel*…［1987］; De Rosa (ed.)［1980］; Fiorani (ed.)［1984］; *Il buon fedele*…［1998］; Rusconi［1986］; Sbriziolo［1968］; Black［1989］; Terpstra［1995］; Banker［1988］; Henderson［1994］; Weissman［1982］; Little［1988］; Pullan［1971］; Rondeau［1988］; Frank［2002］. 鞭打ち苦行信心会については，註(80)に挙げる文献をも参照。またイタリア以外の信心会については，たとえばフランスのノルマンディーについてVincent［1988］の研究がある。

(4) 後期中世の——都市における——説教については，Dessì (ed.)［2005］; Dessì & Lauwers (eds.)［1997］, pp. 235–478; Longère［1983］; Kienzle［2000］; Le Goff & Schmitt［1979］; Delcorno［1974］; Rusconi［1981］, pp. 113–199; Casagrande (ed.)［1978］; Casagrande & Vecchio［1987］; Vauchez (ed.)［1981］; Bataillon［1993］; *La predicazione dei frati*…［1995］など参照。

(5) 鞭打ち苦行団については，ペルージャでの発生700周年記念に国際研究集会が行われて以後多くの研究者の注目を浴びるようになった。ペルージャでの集会の報告集および十年後にふたたび開かれた集会の報告集は，*Il Movimento dei Disciplinati*…［1962］; *Risultati e prospettive*…［1972］である。他にまとまった鞭打ち苦行団の研究としては，Hübner［1931］; Förstemann［1828］; Wentzlaff-Eggebert［1947］などがある。より最近の研究として，Erkens［1999］; Vincent［2000］参照。

(6) 鞭打ち一般については，Boileau［1986］; Cooper［2002］; "Flagellants," in *DS*; "Flagellants," in *DHGE*; "Flagellanti," in *DIP*など参照。

(7) キリスト教・修道院の修行としての鞭打ちについては，Leclercq［1962b］; Gougaud［1925］, pp. 175–199など参照。

(8) *La Règle de saint Benoît*, II-28, XXVIII-1 (邦訳), pp. 25–26, 131.

(9) *La Règle de saint Benoît*, XXVIII-1 (邦訳), p. 131.

(10) S. Petrus Damianus, Op. XXXIII, 33, col. 565.

(11) Regino Prumiensis, De ecclesiasticis disciplinis…, ii, 442–444, col. 369–370.

(12) Dickson［1989］, p. 229.

(13) 1260年の鞭打ち苦行団発生に焦点を当てた研究としては，本章註(5)に挙げたペ

ルージャでの国際研究集会の報告集の他に，Tognetti [1987] ; Dickson [1989] ; Meersseman [1977], t. I, pp. 451–512 ; Vallerani [2005] などがある。

(14) この運動発生（とペルージャでの鞭打ち苦行信心会創設）に際して，ラニエロ・ファザーニに大きな役割を与えているのは，たとえば Morghen [1962] ; Frugoni [1963] ; Meersseman [1977], t. I, pp. 466–468 であるが，その場合でも伝説中の人物とペルージャの現存のラニエロの同定には，ときに疑念が差し挟まれている（R・モルゲンやA・フルゴーニ)。反対に伝説を信用せず，ラニエロの存在まで否定しているのが Kern [1930] である。著名なボランディストの見解もあって，ラニエロと鞭打ち苦行団の関係は長らく大いなる疑問に晒されてきた。しかしその後，ペルージャ郊外ポルタ・ソーレのボルゴ外にあるフォンテヌオーヴォの小屋——そこからモンテローネまでに広がる地域は，一種のテーバイドとして，ラニエロを中心に多くの悔悛女や隠修士・籠居修士・修女らが修行している——が大聖堂参事会によってラニエロに賃貸されたことや市の外交的な使節・相談役としての彼の活動などにかかわる新たな史料が発掘されて，ふたたび両者の関係が肯定されつつある。Cf. Nicolini [1993], pp. 293–335 ; Cecchini [1975]. 伝説は Ardu [1962], pp. 93–98 にある。ただし Ardu [1962] はラニエロは歴史上の現存人物だとしつつも，鞭打ち苦行団や信心会の創始者としての事績には確証がないとした。

(15) Memoriale Guilielmi Venturae…, p. 153.

(16) Nicolini [1993], p. 298

(17) ロマーニャ地方への伝播については，Cf. Meersseman [1977], t. I, pp. 458–460.

(18) イタリア各地で鞭打ち苦行団が出没したことを証言する年代記は，Dickson [1989], pp. 261–267 中に列挙されている。

(19) «Eodem tempore inceperunt venire de versus Romam homines nudi, qui se de coriis verberabant, invocantes pacem et beatam Mariam ; qui venerunt usque Bononiam. Quo viso Bononienses ceperunt et ipsi comuniter tam milites quam pedites et omnis turba se eodem modo verberare, et inde venerunt Bononienses usque Mutinam. Similiter Mutinenses illud idem fecerunt veniendo usque Regium. Similiter Regini illud idem fecerunt venientes usque Parmam. (…)» : Annales Placentini Gibellini, p. 512.

(20) «multe quoque inimicicie et guerre nove et antique in civitate Ianue et in tota fere Ytalia ad pacem et concordiam fuerunt reducte» : Jacobus de Voragine, *Chronica…*, p. 389.

(21) シチリアや北イタリアのシニョリーア制下の都市で，敵意を受けたことについては，たとえば Annales S. Iustinae Patavini, p. 180 に証言がある。また Dickson [1989], p. 245 ; Meersseman [1977], t. I, pp. 461–462 ; Vallerani [2005], p. 314 参照。

(22) Annales S. Iustinae Patavini, p. 179 : "In tantum itaque timor Domini irruit super eos, quod nobiles pariter et ignobiles, senes et iuvenes, infantes etiam quinque annorum, nudi per plateas civitatum, opertis tantum pudendis, deposita verecundia, bini et bini processionaliter incedebant ; singuli flagellum in manibus de corigiis continentes, et cum gemitu et ploratu se acriter super scapulis usque ad effusionem sanguinis verberantes ; et effusis fontibus lacrimarum, acsi corporalibus oculis ipsam Salvatoris cernerent passionem, cantu lacrimabili Domini misericordiam et Dei genitricis auxilium implorabant ; suppliciter deprecantes, ut, qui Ninivitis penitentibus est placatus, et ipsis, iniquitates proprias cognoscentibus, parcere dignaretur. Non solum itaque in

die, verum etiam in nocte cum cereis accensis, in hyeme asperrima, centeni et milleni, decem milia quoque per civitates et ecclesias circuibant, et se ante altaria humiliter prosternebant, precedentibus eos sacerdotibus cum crucibus et vexillis. Similiter in villis et oppidis faciebant, ita quod a vocibus clamantium ad Dominum resonare videbantur simul campestria et montana. Tunc siluerunt omnia musica instrumenta et amatorie cantilene. Sola cantio penitentium lugubris audiebatur ubique, tam in civitatibus quam in villis, ad cuius flebilem modulationem corda saxea movebantur, et obstinatorum oculi se a lacrimis non poterant continere. Mulieres quoque tante devotionis fuerunt minime inexpertes, sed in cubiculis suis non tantum populares, sed etiam matrone nobiles et virgines delicate cum omni honestate hec eadem faciebant. Tunc fere omnes discordes ad concordiam redierunt, usurarii et raptores male ablata restituere festinabant, ceterique diversis criminibus involuti, peccata sua humiliter confitentes, se a suis vanitatibus corrigebant. Aperiebantur carceres, dimittebantur captivi, et exules redire ad propria sunt permissi. Tanta breviter opera sanctitatis et misericoredie tam viri quam femine ostendebant, acsi timerent, quod divina potentia ipsos vellet igne celesti consumere vel hiatu terre subito absorbere aut concutere vehementissimo terre motu seu aliis plagis, quibus divina iustitia se ulcisci de peccatoribus consuevit."

(23) *Ibid.*: «non fuisset a summo pontifice institutus qui tunc Anagnie residebat, nec ab alicuius predicatoris vel auctorizabilis persone industria vel facundia persuasus, sed a simplicibus sumpsit initium, quorum vestigia docti pariter indocti sunt secuti». Cf. Jacobus de Voragine, *Chronica...*, pp. 389–390: «ista tanta devocio a quibusdam pauperibus et simplicibus in Tuscia fuit inventa et per totam Ytaliam difusa et tam a pueris quam a magnis, tam a nobilibus quam ab ignobilibus observata». Annales Ianuenses, p. 241 によると，それまで揺りかごに寝ていた嬰児によって始められたとの噂もあった。

(24) «Si quis autem non se verberasset, peior diabolo reputabuntur, et omnes ostendebant eum digito tamquam notabilem et hominem diabolicum. Sed et, quod pluris est, usque ad breve tempus post, aliquod infortunium incurrebat, aut moriendo aut graviter infirmando»: Salimbene de Adam, *Cronica*, t. I, p. 676.

(25) ペルージャでの都市制度改革との関連については，Casagrande [1995], pp. 369–374 参照。Cf. Grundman [1992], p. 390.

(26) Meersseman [1977], t. I, pp. 461–462.

(27) Vallerani [2005].

(28) トルトーナからジェノヴァへのポーポロ隊長による導きについては，*Annali genovesi di Caffaro...*, t. IV, p. 40 参照。さらにチヴィダーレには，アクィラの聖堂参事会長たる Asquinus が率いてきた。Cf. Juliani Canonici..., p. 4.

(29) De Sandre Gasparini [1985], pp. 82, 87 参照。

(30) アルプス以北への伝播については，Förstemann [1828], pp. 39–51; Runge (ed.) [1900], pp. 91–94 参照。

(31) 進み方については，Goll [1917] など参照。

(32) シュタイアーマルクの年代記とアルタイヒのヘルマンの年代記の関連記述は，それぞれ *Anonymi Leobiensis chronicon*, p. 14 と Hermanni Altahensis Annales, p. 402 であ

る。
(33) ナウムブルク司教によって発見された鞭打ち苦行団セクトの弾圧については，Runge (ed.)［1900］, p. 93 参照。
(34) 1296 年の運動については，Closener, Fritsche, Chronik, p. 104 参照。
(35) この 14 世紀半ばの鞭打ち苦行団については，Runge (ed.)［1900］; Lechner［1884］; Förstemann［1828］; Erkens［1999］; Graus［1987］, pp. 38–59 ; Delaruelle［1962］など参照。
(36) 1349 年の鞭打ち苦行運動がドイツで始まったことについては，デュ・フェイが教皇クレメンスの前での非難の弁論でそう申し立てているし，教皇もそれに従っている。Cf. *Fredericq*, t. I, Nr. 202, p. 200 ; t. III, Nr. 26, p. 33.
(37) 黒死病については，Biraben［1975］; Bergdolt［1994］; Jordan［1996］など参照。
(38) 畳みかけるような人災・天災と鞭打ち苦行団の関係については，Graus［1987］参照。
(39) «Et sic ecclesiam intrantes, claudunt eam super se, vestes deponentes, sub custodia ponunt. Pannis lineis multas plicas habentibus, ut est inferior pars vestis muliebris, que Theutonice dicitur kedel, corpus suum ab umbilico inferius cooperiunt, supeiori parte totaliter nuda remanente; flagella manibus accipiunt. Quibus actis, ostium ecclesie meridionale,si fuerit aliquod, aperitur. Senior prius ecclesiam egreditur, ad orientalem partem ostii juxta viam se prosternit super terram. Post eum secundus ad partem occidentalem, postea tertius juxta primum, ct quartus juxta secundum, et sic deinceps se prosternunt. Quidam dextram sublevando quasi juratori, quidam super ventrem, quidam super dorsum, quidam in latere dextro vel sinistro jacent, exprimentes sic peccata, pro quibus penitentiam agebant. Post hec unus eorum cum flagello primum percutit, dicens : 'Deus tribuat tibi remissionem peccatorum tuorum omnium ; surge'! Et ille surgit. Post similiter facit de secundo, et sic per ordinem de singulis aliis. Omnibus stantibus et binis binisque processionaliter ordinatis et sociatis, duo ex eis in medio processionis incipiunt alta voce cantionem unam devotam cum melodia dulci, unum versum ejus ex integro prosequentes. Et processione tota ilum versum cantando resumente, cantatores secundum versum prosequuntur. Et processio post eos iterum similiter prosequitur usque in finem. Cum autem psallendo venerint ad partem cantionis, ubi de passione Cristi mentio fit, ubicumque tunc fuerint, sive terra munda, sive lutum, sive spine sive tribuli, sive urtica, sive lapides ibi sint, se subito totos ex alto proni prosternunt in terram, non genibus successive vel aliquo alio fulcimento se demittentes, sed quasi ligna cadentes, se totos super ventrem, faciem et brachia proicientes, et sic in modum crucis jacentes, orant. Cor lapideum esset, quod talia sine lacrimis posset aspicere. Post signo dato per unum eorum, surgunt, cantionem suam processeionaliter sicut prius prosequentes. Et ut plurimum cantionem dictam ter complent, et ter, ut dictum est, prosternuntur. Et tunc cum redierint ad ostium ecclesie, per quod exierant, in ecclesiam regrediuntur, vestes suas resumunt, pannos lineos deponunt, et procedentes de ecclesia, nichil a quoquam petunt, nec cibum nec hospitium requirentes, sed eis oblata libenter et cum gratitudine multa recipientes» : Heinricus de Hervordia, *Liber de rebus...*, p. 281.
(40) Closener, Fritsche, Chronik, pp. 105–111.
(41) Die Limburger Chronik..., p. 32.

(42)　*Chronica Mathiae de Nuwenburg*, B, 117, pp. 270-271.

(43)　Closener, Fritsche, Chronik, p. 111-117. 他に，以下の年代記も天来書状に触れている。*Chronica Mathiae de Nuwenburg*, B, 117, p. 271 ; Chronicon Elwacense, p. 40 ; Heinrich von Diessenhofen, p. 74 ; *Fredericq*, t. II, Nr. 71, p. 119. Cf. Stumpf [1836], pp. 9-15.

(44)　だが，ロイトリンゲンのフーゴーは別様な終わり方について述べている――鞭打ちの後，「さあ，嘆願の行列はかくも貴い」を歌い，鞭打ち業の最初と同様な行列をした。それから彼らは，十字架のところにおもむき，跪拝して「母にして処女マリア」を最後まで歌う。その後彼らは再び膝を折って，団長が「めでたし，甘美なるマリアよ，貧しく不幸なキリスト教徒たちを憐れみ給え」と先唱し他の者たちが復唱する。さらに団長が「アヴェ・マリア（めでたし，マリア)」と言うと他の者は十字架型に崩折れる。それから団長は，彼らに「キリスト受難」を思い返すよう慫慂し，さらにふたたび「アヴェ・マリア」と述べると兄弟らは立ち上がり，彼とともに「すべての罪人の慰め人（Trösterin）よ，大罪を犯したすべての男女を憐れみたまえ」と言った。それから団長はもう一度「アヴェ・マリア」の名を聞かせ，それに際して，兄弟たちは十字架型に倒れる。最後に兄弟らは3度目に「めでたし天国のバラ，マリア，われらとすべての悲しめる信心深い魂たち，そして聖なるキリスト教世界の中で変転常なきものすべてを憐れみ給え，アーメン」と言う。最後に団長は締めくくって勧告する――「親愛なる兄弟たちよ，神に祈りなさい。われらが苦行と巡礼をするのは神がわれらを永遠の堕地獄から守ってくれ，あなたがたの行により哀れな信心深い魂たちが解放されるためであり，またわれらおよびあらゆる罪人が神の恩寵を手に入れすべての善きキリスト教徒が慈悲の中に死ぬよう神が慮ってくれるために。アーメン」。Cf. Runge (ed.) [1900], p. 142.

(45)　*Fredericq*, t. II, Nr. 61, p. 108.

(46)　*Fredericq*, t. II, Nr. 61, p. 106.

(47)　*Chronica Mathiae de Nuwenburg*, B, 117, p. 270 : «Et venerunt DCC[ti] de Swevia Argentinam predicto anno XLIX in medio Iunii,...».

(48)　Die Limburger Chronik..., p. 31 : «gingen mit den geiseln hondert zweihundert oder druhondert oder in der maße».

(49)　Heinrich von Diessenhofen, Liber XXV, p. 73.

(50)　Heinricus de Hervordia, *Liber de rebus...*, p. 282 : «Quousque per principes et nobiles et civitates potiores arceri ceperunt, Osnabrugenses eos numquam intromiserunt, uxoribus eorum et mulieribus aliis hoc impatientissime ferentibus».

(51)　In nodo ferra transuersa duo preacuta
Quatuor in formis infligunt vulnera dorsis
Prespiter atque comes, miles, armiger hiis sociatur
Hiisque scole varii se coniūxere magistri
Et monachi, ciues, rurenses atque scolares : Runge (ed.) [1900], p. 24.

(52)　«fuerunt inter eos etiam quidam spectabiles, probi et honesti viri, sed et episcopi, puta Trajectensis et ceteri, quamquam communiter de plebeis terrarum et etiam de ribaldis collecti fuerint» : Heinricus de Hervordia, *Liber de rebus...*, p. 282.

(53)　Berlière, U., Trois traités inédits..., p. 342.

(54)　Cf. Heinricus Rebdorfensis, Annales..., p. 561 ; Closener, Fritsche, Chronik, p. 119.

(55) Cf. Runge (ed.) [1900], pp. 128–129.
(56) Annales Mechovienses, p. 670.
(57) Closener, Fritsche, Chronik, p. 119.
(58) *Chronica Mathiae de Nuwenburg*, WAU, 117, p. 428.
(59) Heinricus de Hervordia, *Liber de rebus*..., p. 282.
(60) Cf. Stumpf [1836], pp. 9–15 ; Delehaye [1966].
(61) Closener, Fritsche, Chronik, pp. 111–117.
(62) Documents...Flagellants, pp. 306–307.
(63) 十分の一税への言及は，たとえば Closener, Fritsche, Chronik, p. 115.
(64) *Fredericq*, t. I, Nr. 200, pp. 197–198 ; Nr. 201, pp. 198–199 ; t. II, Nr. 80, pp. 131–133.
(65) *Fredericq*, t. II, p. 126 ; Berlière, U., Trois traités inédits..., pp. 355–356. マクデブルクでは，悔悛の秘蹟のみならず，あらゆる秘蹟を否定する鞭打ち苦行団まで現れた。Cf. Gesta archiepiscoporum Magdeburgensium..., 42, p. 437.
(66) «Constat autem per experientiam in multis quod taliter se flagellantes non curant de sacramento confessionis vel poenitentiae sacramentalis, dicentes quod haec flagellatio potior est ad delendum peccata quam quaecumque confessio ; immo etiam aequiparant nonnulli vel praeponunt martyrio, quoniam facimus, inquiunt, ultro fundendo sanguinem proprium, quod ab aliis martyres pati cogebantur. Formidandum tamen istis est ne apud personas clericales et in locis sacris causet haec pollutio sanguinis vel excommunicationem vel irregularitatem vel contaminationem et profanationem in eisdem locis sacris» : Gerson, Jean, Contra sectam Flagellantium, p. 47.
(67) *Fredericq*, t. I, Nr. 194, pp. 191–192 ; t. III, Nr. 16, p. 15 ; Nr. 19, p. 18 ; Coville (ed.), Documents..., p. 395.
(68) フェイのヨハネスの説教は，*Fredericq*, t. III, Nr. 26, pp. 28–38 ; Fredericq, Deux sermons inédits de... などに所収。
(69) *Fredericq*, t. I, Nr. 202, p. 199–201.
(70) 末期の鞭打ち苦行団の堕落については，Heinricus de Hervordia, *Liber de rebus*..., pp. 281–282 ; *Fredericq*, t. I, Nr. 201, pp. 198–199 ; t. II, Nr. 84, p. 136 ; Closener, Fritsche, Chronik, p. 118 など参照。
(71) Cf. Hoyer [1967].
(72) ネーデルラントの鞭打ちについては，すでに本節でも活用してきた *Fredericq* に史料が集められており，また Coville (ed.), Documets... にもそのうち主要なものが収録されている。
(73) *Fredericq*, t. II, Nr. 62, pp. 111–112 ; t. III, Nr. 15, pp. 13–14 ; Coville (ed.), Documents..., p. 394.
(74) *Fredericq*, t. II, Nr. 61, p. 108.
(75) Cf. Berlière, U., Trois traités inédits....
(76) Delaruelle [1972].
(77) 農村の贖罪者たちについては，Meerseman [1977], t. I, pp. 305–354 参照。
(78) 13 世紀以降，都市で急増した贖罪者運動については，G・メールセマンによる先駆的な史料集成および研究 (Meerssseman (ed.), *Dossier*... ; Meerssseman [1977]) があるが，近年，研究はきわめて盛んになりつつあり，とくにイタリアの各都市，地域の実態が克明に明らかになってきた。Cf. Mandonnet [1898] ; *L'Ordine della penitenza*...

[1973] ; Casagrande [1995] ; Benvenuti Papi [1990] ; D'Alatri (ed.) [1977] ; [1980] ; D'Alatri [1993] ; *I frati Minori* ... [1985] ; *Francescanesimo e vita religiosa*... [1981] ; Pampaloni [1976] ; Ronzani [1977] ; Rigon [1979].

(79) Börner [1988].

(80) イタリアの鞭打ちの信心会についての研究としては，*Il Movimento dei Disciplinati*... [1962] ; *Risultati e prospettive*... [1972] に多くの関連論文が含まれている。他に以下のものを参照。Nicolini [1966] ; [1993] ; Casagrande [1995], pp. 353-438 ; Banker [1988], pp. 145-173 ; Henderson [1994], pp. 113-154.

(81) Meersseman [1977], t. I, p. 463-468.

(82) ボローニャの信心会成立事情については，Meersseman [1977], t. I, pp. 468-475 ; Fanti [1969] 参照。

(83) ペルージャの鞭打ち苦行信心会については，Cf. Meersseman [1977], t. I, pp. 467-468.

(84) 初出の史料は，Cenci (ed.), *Documentazione*..., t. I, p. 59. またアッシジの鞭打ち苦行信心会については *Le fraternite medievali di Assisi*... [1989] 参照。

(85) ヴィチェンツァについては，Meersseman [1977], t. I, pp. 473-475 参照。

(86) パドヴァについては De Sandre Gasparini [1985], p. 93, n. 43 を，パルマについては Statuti piacentini-parmensi..., p. 52 を参照。

(87) ベルガモの鞭打ち苦行信心会の会則は，Little [1988], pp. 191-205 にある。

(88) フィレンツェについては，Papi [1977], p. 730, n. 14 参照。

(89) チヴィダーレについては，Terruggia [1967] 参照。

(90) マチェラータについては，Sensi [1971] 参照。

(91) ドイツ・ネーデルラントの鞭打ち苦行信心会については，Runge (ed.) [1900], pp. 115-144 参照。

(92) ドイツの信心会（兄弟団）については，Hoberg [1953] ; Ebner [1978] 参照。

(93) Closener, Fritsche, Chronik, pp. 119-120.

(94) *Chronica Mathiae de Nuwenburg*, B, 117, pp. 270-271.

(95) ブリュージュの鞭打ち苦行団がトゥールネの聖堂参事会に提出した規約は，*Fredericq*, t. II, Nr. 62, pp. 111-112 にあり，またトゥールネの規約は，*Fredericq*, t. II, Nr. 61, pp. 106-107 にジル・リ・ミュイジが報告している。Hübner [1931], pp. 33-46 をも参照。

(96) クレメンス 6 世の教勅は，*Fredericq*, t. I, Nr. 202, pp. 199-201.

(97) Cf. Runge (ed.) [1900], pp. 126-127.

(98) イタリアの鞭打ち苦行信心会の規約については，Scaramucci [1972] が最初の概観をして，そこから窺われる組織，信心行などを時代別に辿っている。

(99) Cf. Meersseman [1977], t. I, pp. 451-512.

(100) アッシジのサント・ステファノ信心会については，Brufani [1989] 参照。規約は，Statuto...S. Stefano である。また Nicolini & al. (eds.) [1989] は，アッシジの鞭打ち苦行信心会についてのまとまった研究および史料集成である。

(101) «Hic est, dilectissimi, disciplinatorum Domini nostri Iesu Christi crucifixi vivendi modus et forma : in istis vivere, ista meditari, hec cupere, ista procurare, ab illicitis abstinere, procurare meritoria, abrenuntiare peccatis, de preteritis penitentiam agere, flere commissa, ulterius flenda non comictere ; quod si in ipsa incidere humana fragillitate contingat, ad penitentiam, que sola est tabula post naufragium, cito recurrer-

e, in nobis et aliis pacem diligere, çelare statum pacificum civitatis et pro ipso statu pacifico Dominum exorare ; cotidie in nobis et in aliis litem extinguere, malis et periculis obviare pro posse ; quod si non possit, saltem apud Deum instare gemitibus ac precibus humilibus exorare ; homines ad bonum spirituale, maxime bonum comune civitatis, inducere ; contraria impedire, si est possibile, illis revelare, qui possunt mores nostros corrigere, vitam in melius emendare, bonis exemplis provocare ad bonum, correctiones et gastigationes de peccatis susscipere humiliter et libenter atque omnia» : Statuto...S. Stefano, p. 242.

(102) «De divino officio et ieiunio. Secundum capitulum :

(...) Debeat etiam diebus dominicis et festivis audire missam totam usque ad finem, nisi manifesta necessitate vel infirmitate detentus. Aliis autem diebus audire debeat missam si commode poterit vel saltem videre corpus Comini nostri Iesu Christi die qualibet ; (...)

De confessione et communione. Tertium capitulum

Quilibet de fraternitate nostra de conscientia prioris semel in mense ad minus debeat confiteri ; et senper secum habeat unum sotium de fraternitate nostra qui sibi valeat super hoc testimonium perhibere. (...) Quilibet etiam teneatur ad minus bis in anno sumere corpus Christi, scilicet in Nativitate Domini et in Resurrectione ipsius. (...)» : *Ibid*., pp. 246-247.

(103) *Ibid*., pp. 247-249.

(104) *Ibid*., pp. 256-258.

(105) アッシジの鞭打ち苦行信心会の規約以外で参照し検討した規約としては，Little [1988], pp. 191-205（ベルガモ）; The 1364 Statutes...Santa Croce（サン・セポルクロ）; Meersseman [1977], t. I, pp. 476-496（ボローニャ）; Terruggia [1967], pp. 28-32（チヴィダーレ）; Statuti della Fraglia... と Gli Statuti della Confraternita della B. Vergine di Arzignano および Statuti della Confraternita del Santissimo Corpo di Cristo di Valdagno（ヴィチェンツァ）; Statuti piacentini-parmensi dei Disciplinati（ピアチェンツァ・パルマ）; Le antiche regole de li disciplinati di Madonna S. Maria de la morte e di S. Giovanne Baptista（ミラノ）; Capitoli della Confraternita dei Disciplinati di S. Croce（トリノ）; Regula e ammestramento...del 1443（ボローニャ）などである。また本章註(80)に挙げた文献を参照。

(106) «Item ordinaverunt quod quicumque amore altissimi, et dulcissimi Redemptoris se verberat, carnem et corpus suum despiciat, ac flagellare voluerit, licet in quaterno, vel rotulo cum fratribus non sit scriptus, bene veniat in nostra processione...» : Terruggia [1967], p. 29.

(107) 鞭打ち苦行信心会の「平和」理想については，Casagrande [1995], pp. 428-429 参照。

(108) とくに Alberigo [1962] ; Ardu [1967] など参照。

(109) Regolamento della Arciconfraternita..., pp. 62-63.

(110) Cf. Alberigo [1962] ; Meersseman [1977], t. I, pp. 578-697.

(111) «effusis fontibus lacrimarum acsi corporalibus oculis ipsam Salvatoris cernerent passionem» : Annales S. Iustinae Patavini, p. 179.

(112) Cf. *Ibid*., p. 179 ; Jacobus de Voragine, *Chronica*..., pp. 389-390.

(113) «Nam in civitate Perusii ceperunt homines ire per civitatem nudi verberando se cum flagellis a maximo usque ad parvum, et clamando : *Domina sancta Maria, recipite peccatores et rogetis Iesum Christum, ut nobis parcere debeat*» : Annales Ianuenses, p. 241.

(114) «et depositis pannis ad domum fratrum Minorum per civitatem Ianue nudi ire ceperunt verberando se et clamando alta voce : Domina sancta Maria, ut supra dictum est, et proicientis se in terram unanimiter clamabant : Misericordia! Misericoria! Et subsequenter clamabant : Pax ! Pax!» : *Ibid*., p. 242.

(115) «homines nudi, qui se de coriis verberabant, invocantes pacem et beatam mariam» : Annales Placentini Gibellini, p. 512.

(116) «similiter in villis et oppidis faciebant, ita quod a vocibus clamantium ad Dominum resonare videbantur simul campestria et montana. Siluerunt tunc temporis omnia musica instrumenta et amatoriae cantilenae. Sola cantio poenitentium lugubris audiebatur ubique..., ad cuius flebilem modulationem corda saxea movebantur, et obstinatorum oculi se a lacrimis non poterant continere» : Annales S. Iustinae Patavini, p. 179 ; Cf. Little [1988], p. 196.

(117) ラウダ信心会については，Meersseman [1977], t. II, pp. 921–1117 に充実した関係記述がある。イタリアのラウダについては，他に Galli [1906] ; Baldelli [1962] ; Terruggia [1962] 参照。ラウダ集として有名なのは，コルトナのラウダ集である。Cf. *Laude cortonesi*.... また，トーディのヤコポーネは，至芸の域に達したラウダ詩人として著名である。Cf. Jacopone da Todi, *Laude*.

(118) Weissman [1982], pp. 43–58 には，ラウダ信心会と鞭打ち苦行信心会の霊性の違いが論及されている。

(119) «Et componebant laudes divinas ad honorem Dei et beate Virginis, quas cantabant dum se verberando incederent» : Salimbene de Adam, *Cronica*, t. II, p. 675.

(120) 鞭打ち苦行信心会のラウダ集は，多数出版されているが，ここでは，*Laudi inedite... ; Il Laudario «frondini»...* など参照。

(121) 原文は以下の通り――

6 Lamentatio Marie

«Venète a piangere con Maria,
voie filgloli desciplinate,
la più dolente che maie sia
fra•ll'altre donne tribulate!
En vodovança so' venuta,
a cui diè' l'angelo tale saluta!

'Ave, disse el Gabriello,
pina de consolamento !
Dio, da cui parte favello,
con tieco fa demoramento'.
Puoi me disse : 'Benedecta,
de te gran fructo el mondo asspecta'.

Oi me quanto m'ẽ fallita
la 'npromessa che•mme fece !
Mortalemente so' ferita,
onne iudeo me maledice.
De gratia, disse, ch'io era pina.
Vedete quanta ẽ•lla mia pena !

Dolcemente m'enpromise,
quanto ch'io no 'n fosse dengna,
e de me suo carne prese,
per suo caritã benengna ;
oi me, spãrtemes' el core,
puoi che sença me tu mori.

Molto fui en quel dĩ contenta
che me fuste annuntiato !
Or par che gaudio se reverta
en dolore sĩ 'smesurato.
Vegote, filglolo, morire
e non te põçço sovenire !

Filglolo, almeno or me favella,
che me vi' sĩ desolata ;
ressguarda a questa vedovella
c'a te apressare non ẽ lassata !
Overo de gratia l'ademanda
ch'io po te non ce remanga !

(...)» : *Il Laudario «Frondini»*..., pp. 154-156.

(122) 原文は以下の通り——

7 Lauda del venerdi sancto

Levate gl'oc‹c›hi e ressguardate,
morto ẽ Cristo ogge per noi !
Le mano e i piẽ en croce chiavate,
operto ẽ 'l lato ; o triste noie !
Piangiamo e feciamo lamento,
e 'nnarriamo del suo tormento.

Maria ad sorores :
«O sorelle della 'sscura,
or me dãite uno manto nero,
a quella che giammai non cura
nẽ de manto nẽ buon velo !
Puoi che so' sĩ abandonata

e del mieo filglo vedovata».

Sorores ad Mariam :
«Ode, pin' de vedovança,
pin' de pena e de dolore !
Morta è la nostra sperança,
Cristo, nostro salvataore.
Ciascun faccia novo pianto
et a Maria dàite esto manto».

(...) : *Ibid*., pp. 159-161.

(123) ドイツの鞭打ち苦行団歌謡については，『1349年までのロイトリンゲンの司祭フーゴーの六脚韻年代記』を載せたRunge (ed.) [1900] の他，Hübner [1931] など参照。

(124) Closener, Fritsche, Chronik, pp. 105, 107-111 ; cf. Hübner [1931], pp. 107-108.

(125) Closener, Fritsche, Chronik, pp. 107-108 参照。原文は以下の通り（Hübner [1931] により綴りを訂正）——

(1)
Nu tretent her zu, die bußen wellen !
Fliehen wir die heißen hellen !
Lucifer ist ein bose geselle.
Sin mut ist wie er uns vervelle.
Wande er hette daz bech ze lon.
Des su^{e}llen wir von den sunden gon.

(2)
Der unserre buße welle pflegen,
Der sol bihten und widerwegen.
Der bihte rehte, lo sunde varn,
So wil sich got uber in erbarn.
Der bihte rehte, lo su^{e}nde ruwen,
So wil sich got selber im ernu^{e}wen.

(3)
Jesus Crist der wart gevangen,
An ein kru^{e}tze wart er erhangen.
Daz cru^{e}tze wart von blute rot.
Wir klagent gotz martel und sinen tot.
Durch got vergießen wir unser blut,
Daz si uns fu^{e}r die su^{e}nde gut.
Daz hi^{e}lf uns, lieber herregot,
Des biten wir dich durch dinen tot.

(4)
Su^{e}nder, wo mit wilt du mir lonen?

Drie nagel und ein duͤrnin kronen,
Daz cruͤtze fron, eins speres stich,
Sunder, daz leit ich alles durch dich.
Waz wilt du liden nu durch mich?

(5)
So rufen wir us lutem done:
'Unsern dienest gen wir dir zu lone.
Durch dich vergißen wir unser blut,
Dez hilf uns, lieber herre got !
Des bitt wir dich durch dinen tot.'

(6)
Ir lugener, ir mainswoͤrere,
Ir sint dem lieben got ummere.
Ir bihtend dhaîne sunde gar,
Dez moͤsd ir in die helle varn.
Da sind ir eweclich verlorn,
Dar zuͦ so bringt uͥĉh gottes zorn.
Da vor behoͤt uns, herre got!
Dez bit wir dich durch dinen tot.

(...)

(126) 一部の鞭打ち苦行団が自分の血をキリストの血と同一視したことについては，本章註(67)に挙げた史料および Documents...Flagellants, p. 310 参照。 Cf. Autissier [1994].

(127) 鞭打ち苦行団が各地で奇蹟を起こしたとのジル・リ・ミュイジの報告は *Fredericq*, t. II, Nr. 61, p. 105 を，クローゼナーの伝える子供の甦りの奇蹟は，Closener, Fritsche, Chronik, p. 119 を参照。Cf. Magdeburger Schöppenchronik, p. 206.

(128) クレメンス 6 世のドイツの鞭打ち苦行団への断罪は，教勅 Inter sollicitudines を参照。

(129) Cohn [1957] (邦訳), pp. 125–147.

(130) Dickson [1989].

(131) Manselli [1962].

(132) Cf. Morghen [1962].

(133) Cf. Salimbene de Adam, *Cronica*, t. II, p. 675–677.

(134) Manselli [1962].

(135) Annales Erphesfurdenses, p. 541.

(136) ブレスラウ写本については，Hübner [1931], p. 29 参照。

(137) Delaruelle [1962], p. 115.

(138) ビアンキ運動については，Bornstein [1993a]がまとまった最新研究である。他に Tognetti [1967] ; Spicciani (ed.) [1998] ; Frugoni [1962] など参照。

(139) *Le Cronache di Giovanni Sercambi*, t. II, pp. 290–371.

(140) Giorgio Stella, Annales Genuenses, p. 240.

(141) Frugoni [1962] とくに note (13), pp. 235–236.

(142) Bornstein [1993], pp. 117–161.

第6章　千年王国運動

(1) 千年王国説および，終末観一般についての研究は汗牛充棟であるが，ここではさしあたり以下の研究を参照。Carozzi & Taviani-Carozzi [1982] ; Carozzi [1999] ; Emmerson & McGinn (eds.) [1992] ; Emmerson [1981] ; Aertsen & Pikavé (eds.) [2002] ; Verbeke & al. (eds.) [1988] ; McGinn [1979a] ; [1994] ; McGinn (ed.) [1998] ; Rusconi [1979] ; *L'attesa dell'età nuova...* [1962] ; Capitani & Miethke (eds.) [1990] ; Ruggieri (ed.) [1992] ; Vauchez (ed.) [2002].

(2) 偽メトディオスの預言書とティブルティナのシビュラ神託については，Sackur [1898] ; McGinn [1985b] ; Jostmann [2001] ; Dronke [1995] など参照。

(3) 千年恐怖については，Roy [1885] ; Focillon [1952] ; Duby [1967] など参照。アドソの反キリスト論は，Adso Dervensis, *De ortu et tempore...* である。

(4) タンケルムとエトワールのエオンについては，Mohr [1954] ; Paolini [1989], pp. 56-60 参照。

(5) 中世末の信仰心の特徴については，Delaruelle & al. [1964] ; Rapp [1981] ; Mâle [1949] ; Delumeau [1983] ; Le Goff & Rémond (eds.) [1988], pp. 11-183 参照。

(6) ヨアキムの生涯については，弟子の執筆した伝記（VJoF と Luca di Cosenza, Memorie）から知られる。また研究書としては，Buonaiuti [1931], pp. 113-163 ; McGinn [1985a] ; Bett [1931], pp. 1-36 ; Potestà [2004] などがヨアキムの経歴を比較的詳しく取り上げている。

(7) ヨアキム思想とその影響については，きわめて多くの研究がある。ここでは，Reeves [1976] ; [1993] ; Fournier [1909] ; Grundmann [1927] ; [1950] ; [1976-78], t. II ; West (ed.) [1975] ; Crocco [1976] ; McGinn [1985a] ; Mottu [1977] ; Lerner [1995] ; *L'età dello Spirito...* [1986] ; *Gioacchino da Fiore fra Bernardo...* [2001] ; Potestà [2004] など参照。D'Elia [1991] は，ヨアキムの著作から抜粋し伊訳したアンソロジーに解説が付けられていて，彼の思想の全体像を俯瞰するのに便利である。邦語文献として，今野 [1973], pp. 487-514 ; 樺山 [1976], pp. 267-293 ; 片山 [1975].

(8) たとえば Gioacchino da Fiore, *Expositio...*, VI, f. 211r を参照。

(9) S. Augustinus, *De Civitate Dei...* (邦訳), XVIII, 53, t. IV, pp. 509-512 ; XX, 7-9, t. V, pp. 139-163.

(10) *Ibid*., XIV, 1, t. III, pp. 259-260 ; XVIII, 54, t. IV, pp. 513-518 ; XXII, 30, pp. 488-496.

(11) ヨアキムの歴史観・歴史神学に焦点を当てた研究としては，Wendelborn [1974] ; West & Zimdars-Swartz [1983] ; *Storia e messaggio...* [1980] などがある。註(7)の諸研究も概ねこの問題を扱っている。またヨアキムによるアウグスティヌスの二分法歴史観の超克については，Crocco [1986] 参照。

(12) Cf. Lerner [1995], pp. 194-195.

(13) Gioacchino da Fiore, *Psalterium...*, II, f. 276v 参照。

(14) ハーフェルベルクのアンセルムスの歴史思想については，Lees [1998] ; Berges [1956] ; Fina [1956-58] 参照。

(15) ルペルトゥスの神秘主義的歴史思想については，Kahles [1960] ; Magrassi [1959] ; Van Engen [1983] ; Arduini [1987] 参照。

(16) Gioacchino da Fiore, *Liber Concordie...*, V, 21, f. 70v.

(17) *L'età dello Spirito…* [1986] 参照。
(18) Gioacchino da Fiore, *Expositio…*, VI, f. 192r.
(19) *Ibid*., II, f. 119r.
(20) *Ibid*., Introd., 6, f. 6r ; III, f. 137v1-2 ; Idem, *Liber Concordie…*, V, f. 133r.
(21) Gioacchino da Fiore, *Expositio…*, Introd., 5, f. 5v.
(22) しかし『形象の書』の存在が知られたのは最近で，1940年にはじめて出版された。この書に載せられた図解は彼自身が描いたわけではないにせよ，この書から彼の思想を探る試みは正当化されよう。言葉による著作での説明以上，あるいは以前に，こういったさまざまな形象によって直接神の教えを理解できる，あるいは理解させるという考え方はヨアキム自身のものでもあるからである。
(23) それぞれの著作のエディションと研究について述べておこう。『十弦琴』Psalterium-decem chordarum は，1527年にヴェネツィアでエディションが出され，1965年にドイツでリプリントが出された。『黙示録注解』Expositio in Apocalypsim も，ヴェネツィアで1527年にエディションが出され，リプリントが1964年に出ている。『新約聖書と旧約聖書の照応（の書）』Concordia Novi et Veteris Testamenti は1519年にヴェネツィアでエディションが出され，やはり1964年にリプリントが出ている。また長大な第5巻をのぞいた第1～4巻にかぎり，D・R・ダニエルにより1983年に新たな校訂版が作られた。『四福音書論考』Tractatus super IV Evangelia (Concordia Evangeliorum) については，1930年にE・ブオナイウ ティによって校訂版が作られ，1999年にはL・ペッレグリーニによってイタリア語訳された。
(24) Cf. Gioacchino da Fiore, *Expositio…*, I, f. 37v ; Idem, *Liber de Concordia…*, (ed. Daniel), II, cap. 6, f. 9r.
(25) 『古代聖人の系譜』Genealogia については，Wessley [1993] ; Potestà [2000] 参照。後者の論文には，Genealogia… のテクストが載っている。『神の予知と選民の予定についての対話』Dialogi de prescientia Dei et predestinatione electorum については，G・L・ポテスタが校訂版とイタリア語との対訳を刊行した。『未知の預言』De prophetia ignota については，Gioacchino da Fiore, De prophetia ignota ; Idem, *Commento a una profezia ignota* にM・カウプの校訂したテクストがあり，後者には現代イタリア語訳および詳しいイントロダクションが付いている。
(26) 「3つの世」の理論のもっとも完全な叙述は『照応の書』の第5巻84章にある。Cf. Gioacchino da Fiore, *Liber Concordie…*, V, 84, f. 112r-v. Cf. Idem, *Expositio…*, I, f. 37v.
(27) 『黙示録注解』の序論 (liber introductorius) でも，また『照応の書』の第5巻でも修道制が特権化されている。ヨアキムの歴史ヴィジョンにおける修道士の中心的役割については，Pástzor [1986] 参照。またヨアキムと修道院改革のかかわりについては，Fonseca [2001] ; Wessley [1990] 参照。
(28) Gioacchino da Fiore, *Expositio…*, Introd., 5, f. 5r-v.
(29) 三位一体とオルドー双方のダイナミックな展開の関係については，Potestà [2004], pp. 113-115 参照。
(30) Gioacchino da Fiore, *Dialogi…*, III, pp. 121-129.
(31) Gioacchino da Fiore, *Expositio…*, Introd., 5, f. 6r.
(32) Reeves [1950], pp. 74-78 ; [1977] ; [1993], pp. 16-27 ; Reeves & Hirsch-Reich [1954], p. 212f ; [1972], pp. 7-12 など参照。

(33) Potestà [2004], pp. 5-6, 128-156. Cf. Potestà [2001].
(34) Gioacchino da Fiore, *Psalterium...*, I, f. 239r.
(35) *Ibid*., II, f. 257v ; Idem, *Expositio...*, I, f. 8.
(36) Gioacchino da Fiore, *Liber de Concordia...*, (ed. Daniel), II, i, 9, pp. 74-76.
(37) *Ibid*., II, i, 25-30, pp. 107-128.
(38) Cf. Gioacchino da Fiore, *Expositio...*, Introd., 5, f. 6r.
(39) ヨアキムの「聖霊の世」については，*L'età dello...* [1986] 参照。
(40) Gioacchino da Fiore, *Expositio...*, lib. VII.
(41) Cf. Gioacchino da Fiore, *De articulis fidei*, p. 22 ; Idem, *Liber de Concordia...*, (ed. Daniel), II, i, 10, pp. 77-79 ; Idem, *Expositio...*, I, f. 57v.
(42) *Ibid*., I, f. 57v.
(43) Gioacchino da Fiore, *Liber Concordie...*, II, i, 4, f. 8r ; V, 76, f. 105r ; Idem, *Expositio...*, Introd., 5, f. 5r ; Idem, *Tractatus super quatuor Evangelia*, (ed. Buonaiuti), pp. 291-292.
(44) Gioacchino da Fiore, *Psalterium...*, I, 5, f. 238v ; Idem, *Dialogi...*, III, p. 119, ll. 2-7.
(45) ヨアキムのシンボリズムの特徴については，McGinn [1980] が簡潔にまとめている。
(46) Gioacchino da Fiore, *Psalterium...*, II, f. 243v-244v.
(47) *Ibid*., I, f. 242r ; II, 245r.
(48) Gioacchino da Fiore, *Liber de Concordia...*, (ed. Daniel), III, ii, 1-7, pp. 285-306.
(49) *Ibid*.
(50) Gioacchino da Fiore, Prefatio, (ed. Selge), pp. 113-115 ; Cf. Potesà [2004], pp. 292-293.
(51) Cf. Gioacchino da Fiore, *Expositio...*, Introd., 18, f. 16v-17v.
(52) Reeves & Hirsch-Reich [1972], pp. 13-16.
(53) Gioacchino da Fiore, Tractatus de vita..., pp. 53-54 ; Idem, *Liber de Concordia...*, (ed. Daniel), IV, ii, 2, pp. 409-415 ; Idem, *Expositio...*, Introd., f. 16v-17v.
(54) 旧約と新約の人物（群）や戦争などの numerus における照応関係については，Gioacchino da Fiore, *Liber de Concordia...*, (ed. Daniel), II, i, 2, pp. 62-64 参照。
(55) 「5」については，*Ibid*., IV, ii, 2, pp. 411-415 参照。
(56) 「車輪のヴィジョン」については，Potestà [2004], pp. 270-271 参照。
(57) Reeves & Hirsch-Reich [1972] とくに pp. 75-98 参照。以下の例示についても，*Ibid*., pp. 20-74 および McGinn [1985a]（邦訳), pp. 201-251 を主に参照。また Patschovsky (ed.) [2003] は，ヨアキムの図表=イメージを，中世の聖書解釈における図表利用の伝統の中に据えた論文集である。
(58) Gioacchino da Fiore, *Psalterium...*, I, 1-7, f. 228r-243v.
(59) *Ibid*., I, 7, f. 243r.
(60) Cf. «Exterge mentis oculos a pulveribus terre. Relinque tumultuantes turbas strepitumque verborum. Sequere angelum in desertum in spiritu. Ascende cum eodem angelo in montem magnum et altum ; et tunc poteris videre alta consilia abscondita a diebus antiquis et generationibus seculorum» : Gioacchino da Fiore, *Liber de Concordia...*, (ed. Daniel), II, i, 1, p. 52.
(61) Gioacchino da Fiore, *Expositio...*, I, f. 38r.
(62) ヨアキムは，消え去るのがモノそのものではなく，そのイメージであるということを，

列王記上第 18 章 38 節の主の火が降って献げ物，薪，石，塵を焼き尽くす件の解釈で打ち出している。Cf. Gioacchino da Fiore, *Liber Concordie...*, V, 74, f. 103r-v.

(63) ヨアキムの「天使教皇」についての預言は，Gioacchino da Fiore, *Liber de Concordia...*, (ed. Daniel), IV, i, 45, p. 402 と Idem, *Liber Concordie...*, V, 92, f. 122v にある。Cf. McGinn [1978]; [1989].

(64) これら後期中世の宗教運動を全体として扱ったのは，Leff [1967], t. I; Erbstösser [1970]; 樺山 [1976], pp. 135-253 などである。

(65) フランシスコ会におけるヨアキム主義の拡大については，基本的な Lubac [1978-81], t. I の他，Benz [1934]; Töpfer [1964]; Burr [1976]; Manselli [1955]; [1997]; Simoni [1970]; Daniel [1968] など参照。

(66) フランシスコ会における「清貧論争」については，Leff [1967], t. I, pp. 51-166; Lambert [1961]; Lambertini & Tabarroni [1989]; Vauchez [1976] など参照。聖霊派一般については，Douie [1932]; *Chi erano gli Spirituali?* [1976]; *Spirituali e fraticelli...* [1974]; Ehrle [1885] など参照。

(67) アンジェロ・クラレーノについては，Potestà [1990]; Auw [1979] など参照。

(68) Angelo Clareno, *Liber Chronicarum...*.

(69) 聖霊派の福音主義，キリストへの崇敬，キリストの再来としての聖フランチェスコ観については，Stanislao da Campagnola [1971]; Pásztor [1976] など参照。

(70) ピエール・オリウ（ピエトロ・ディ・ジョヴァンニ・オリヴィ）とその思想については，Manselli [1955]; Burr [1976]; [1981]; [1989]; [1993]; Boureau & Piron (eds.) [1999] など参照。

(71) これら二著には未だ校訂版がない。Lectura super Apocalipsim については，Petrus Ioannes Olivi, *Scritti scelti*, pp. 115-144 にイタリア語の抄訳がある他，Manselli [1955] が分析している。

(72) この点を強調するのは，Vian [2000] である。

(73) Cf. Burr [1981]; [1983].

(74) 南フランスのベガン派については，Manselli [1959] が基本である。また *Franciscains d'Oc...* [1975] をも参照。

(75) Bernard Gui, *Manuel...*, t. I, pp. 120-134, 140-146.

(76) この小著は，Manselli [1959], Appendice I, pp. 287-290 に載っている。

(77) カザーレのウベルティーノについては，Callaey [1911]; Damiata [1988]; Potestà [1980] など参照。

(78) Ubertino da Casale, *Arbor vitae crucifixae Iesu*.

(79) *Ibid*., v, 8, 464a.

(80) *Ibid*., v, 8, 466b.

(81) *Ibid*., v, 1, 416b, 418a.

(82) フラティチェッリ，急進的聖霊派については，古典的な Douie [1932], pp. 209-247 の他，Tocco [1905]; *Spirituali e fraticelli...* [1974]; Dupré Theseider [1970]; Tognetti [1982-83]; Burr [2001]; *Franciscain d'Oc...* [1975] など参照。

(83) Bernard Gui, *Manuel...*, t. I, p. 148.

(84) 使徒兄弟団（とドルチーノ）については，Tocco [1907]; Orioli [1975]; [1988]; Orioli (ed.) [1987]; Anagnine [1964]; Dupré Theseider [1958]; Mornese & Buratti (eds.) [2000] など参照。

(85) Salimbene de Adam, *Cronica*, t. I, pp. 369–372 ; Bernard Gui, *Manuel*..., t. I, pp. 84–106 ; t. II, pp. 66–120.

(86) 1300 年の書簡は，Bernard Gui, *Manuel*..., t. II, pp. 76–92 ; Orioli [1987], pp. 117–121 参照。

(87) 1303 年の書簡は，Bernard Gui, *Manuel*..., t. II, pp. 92–98 ; Orioli [1987], pp. 121–123 参照。

(88) ピエモンテでのドルチーノ軍と「十字軍」との最後の戦いの模様は，Historia fratris Dulcini... に克明に記されている。

(89) Cohn [1957]（邦訳), pp. 148–190 ; Erbstösser & Werner [1960] ; Guarnieri (ed.) [1965] 参照。

(90) Lerner [1972] ; Vaneigem [1994]. 他に Leff [1967], t. I, pp. 308–407 参照。邦語文献としては，樺山 [1976], pp. 164–253 ; 石渡 [1981] などがある。

(91) Lerner [1972], pp. 237–238.

(92) Cf. Grundmann [1927], pp. 157–192.

(93) Cf. Leff [1967], t. I, pp. 308–314.

(94) Vauchez (ed.) [1988], pp. 460–473 ; [1990b], pp. 577–588.

(95) 預言と政治の関係，そして政治的プロパガンダとして教皇や各国君主に利用されたヨアキムの流れを汲む千年王国説については，近年大いなる研究の盛り上がりを見せている。Döllinger [1871] ; Manselli [1970] ; Vauchez (ed.) [1990b] ; Rusconi [1979] ; [1999] ; Guerrini [1997] ; Lerner [1983] ; Potestà (ed.) [1991] ; Potestà & Rusconi (eds.) [1996] ; McGinn [1979a] ; [1979b] ; Schaller [1972] ; *«Parole inspirée»*... [1986] ; *Fin du monde et signes des temps*... [1992] ; Kurze [1966] ; Lee & al. [1989] ; Blumenfeld-Kosinski [2006] など参照。

(96) 最後の皇帝伝説については，Kampers [1895] ; Möhring [2000] 参照。

(97) 両注釈書については，Töpfer [1964], pp. 118, 137 ; Simoni [1970] ; Wessley [1990], pp. 101–124 ; Moynihan [1986] など参照。

(98) 「永遠の福音書」については，Denifle [1885] 参照。

(99) Cf. Gioacchino da Fiore, *Psalterium*..., 259v–260r1 ; Idem, *Expositio*..., I, f. 95v1 ; Idem, *Tractatus super quatuor Evangelia*, (ed. Buonaiuti), pp. 86–89.

(100) アルナルドについては，Lerner [1992] ; Gerwing [1996] ; Lo Bello [2002–03] など参照。

(101) Arnaldo da Villanova, (Tractatus) De tempore adventus Antichristi. なおアルナルドの著作の校訂版出版とその研究は，J・ペラルナウ・イ・エスペルトとJ・メンサ・イ・バルスの二人が中心となり，雑誌 «Arxiu de textos Catalans Antics» を主要発表媒体として近年精力的になされている。

(102) Liber de Flore と，Liber Horoscopus については，Grundmann [1929] ; Kaup [2003] など参照。

(103) 教皇預言については，Grundmann [1928] ; Fleming [1999] ; Reeves [1992] ; Rehberg [1991a] ; [1991b] ; Lerner [1988] ; Lerner & Schwartz [1994] ; Guerrini [1997] ; Millet [2002] など参照。

(104) Vaticinia de summis pontificibus の原文とその現代語訳は，Fleming [1999], pp. 147–200 ; Millet [2002], pp. 253–259 にある。

(105) 1386 年前後にコゼンツァのテレスフォロが，教会大分裂の現状を憂いフランス王の

保護の下に教皇庁が浄化されるという改革預言をして大成功を収めたのも，類似の教皇預言である。Cf. Donckel [1933].

(106) ルペスキッサについての基本書は，Bignami-Odier [1952] ; [1981] である。前者は，多くの作品の縮訳をフランス語で掲載していてきわめて便利である。Vauchez (ed.) [1990b] も，過半をルペスキッサ関係の論考が占めている。他に Vauchez [1999], pp. 134-148 も参照。

(107) Johannes de Rupescissa, *Liber Secretorum*....

(108) 文字通り「千年」つづくとの考えは，Johannes de Rupescissa, *Liber Secretorum*..., 74, p. 175 ; 92, p. 195 などに示されている。

(109) Johannes de Rupescissa, *Liber ostensor*....

(110) 中世末の煽動的な巡歴説教師については，Gorce [1923] ; Delaruelle & al. [1964], pp. 636-656 ; Martin (H.) [1988], pp. 51-57 など参照。

(111) 中世末の女性預言者については全般に，Vauchez [1987a], pp. 239-286 ; [1999] ; Zarri [1990] など参照。

(112) スウェーデンのビルイッタについては，*Santa Brigida*... [1993] 参照。

(113) シエナのカテリーナについては夥しい研究があるが，その巫女的側面については，Leonardi [1982] ; Cardini [1982] ; Duprè Theseider [1962], pp. 118-121 参照。しかしE・デュプレ・テセイデルは，カテリーナは啓示を顕す人ではあったが震撼すべき終末のヴィジョンで脅迫する預言者ではなかったとする。

(114) カテリーナの「八聖人戦争」時の聖なる政治活動については，Luongo [2006] 参照。

(115) ラバスタンスのコンスタンスについては，Pagès & Valois [1896] 参照。

(116) マイエのジャンヌ=マリーについては，Vauchez [1987a], pp. 225-236 参照。

(117) マリ・ロビーヌについては，Valois [1902] ; Tobin [1986] ; [1992] 参照。『啓示の書』のラテン語テクストは，Tobin [1986], pp. 248-264 にある。

(118) ジャンヌ・ダルクとその霊性については，Delaruelle [1964] ; Astell & Wheeler [2003] 参照。

(119) *Journal d'un bourgeois de Paris*..., année 1429, 503, p. 257 : "Item, en celui temps avait une Pucelle, comme on disait, sur la rivière de Loire, qui se disait prophète, et disait : «Telle chose adviendra pour vrai.»"

(120) *Procès de condamnation*... (邦訳), pp. 71-72.

(121) 中世のシビュラ預言については，Kurfess [1951] ; Sackur [1898] ; Le Merrer [1986] など参照。